Tu mundo

español sin fronteras

Tu mundo

español sin fronteras

Third Edition

Magdalena Andrade

María José Cabrera Puche
West Chester University
of Pennsylvania

Jeanne Egasse
Emerita, Irvine Valley College

Elías Miguel Muñoz

Mc Graw Hill

TU MUNDO: ESPAÑOL SIN FRONTERAS, THIRD EDITION

Published by McGraw Hill LLC, 1325 Avenue of the Americas, New York, NY 10019.

This book is printed on acid-free paper.

1 2 3 4 5 6 7 8 9 LWI 26 25 24 23 22

ISBN 978-1-260-89980-1 (bound edition)
MHID 1-260-89980-2 (bound edition)
ISBN 978-1-264-36930-0 (loose-leaf edition)
MHID 1-264-36930-1 (loose-leaf edition)
ISBN 978-1-264-36933-1 (instructor's edition)
MHID 1-264-36933-6 (instructor's edition)

Senior Portfolio Manager: *Katie Crouch*
Product Developer: *Pennie A. Nichols*
Senior Product Developer: *Shaun Bauer*
Executive Marketing Manager: *Ann Helgerson*
Marketing Manager: *Moisés Riméris*
Senior Content Project Manager: *Sherry Kane*
Lead Assessment Project Manager: *Jodi Banowetz*
Senior Buyer: *Susan K. Culbertson*
Designer: *Beth Blech*
Lead Content Licensing Specialist: *Brianna Kirschbaum*
Cover Image: *Luis Molina*
Compositor: *Aptara®, Inc.*

All credits appearing on page or at the end of the book are considered to be an extension of the copyright page.

Library of Congress Cataloging-in-Publication Data

Cataloging-in-Publication Data has been requested from the Library of Congress

mheducation.com/highered
Design Credits: Kundra/Shutterstock (globe); Kundra/Shutterstock (headphones).

Preface

Tu mundo immerses the Introductory Spanish classroom in a culturally rich world, full of opportunities to discover and explore the powerful connections between language and culture. Designed to work well with a variety of communicative approaches, this program emphasizes communicative practice, consistent performance, community, and high-interest culture.

Focus on communicative practice

Sam Edwards/OJO Images/age fotostock

One of the main goals of the *Tu mundo* program is to provide an ideal environment where students can acquire Spanish without fear of making mistakes. By jumping directly into communicative practice, students immerse themselves in the experience of active learning, supported by an array of state-of-the-art learning resources.

Communicative activities play a vital role in *Tu mundo*, while grammar serves as an aid in the language acquisition process. Grammar and vocabulary are taught through comprehensible input as well as communicative activities, all presented in a congenial atmosphere in which students feel free to express themselves in Spanish.

McGraw Hill's Connect™ platform now includes both synchronous and asynchronous voice tools for online communication practice; these are **Recordable Video Chat** and **Voice Board,** powered by GoReact.™ Whether your course is taught face to face, hybrid, or fully online, your students can connect online to do paired and group real-time conversation practice as well as threaded asynchronous chats. Instructor grading time is vastly cut down thanks to easy time-stamped comments and high-frequency, customizable markers—making online grading of video chats a breeze.

Achieve consistent performance

Hero Images/Corbis/Fancy/Glow Images

Introductory Spanish courses typically contain a mix of true beginners, false beginners, and even heritage speakers in the same classroom. Varying levels of language proficiency among students represent one of the greatest challenges for the majority of instructors of introductory Spanish.

Tu mundo offers a dynamic adaptive tool called **Adaptive Learning Assignments** (ALAs, formerly known as LearnSmart) that focuses students on the grammar and vocabulary they haven't yet mastered, filling the gaps to prepare them for in-class communication. The extensive built-in reporting system tracks student progress, providing instructors with a unique snapshot of their progress. Instructors can leverage additional tools in Connect to ensure that students are getting ample practice time, whether they are working in a face-to-face, hybrid, or online format. Our new ALAs are more accessible, more mobile-friendly, and allow more granularity in terms of what learning objectives are included within each assignment. Students can also access them offline, via the ReadAnywhere app.

Create community and connections

Shutterstock

Creating a respectful discourse community in the face-to-face or virtual classroom is a huge part of language learning and something that *Tu mundo* does implicitly. Whether in a physical classroom or online, students are provided with opportunities to engage in meaningful conversations and collaborative task-based activities.

The characters who appear throughout the *Tu mundo* program are all members of a student club called **Amigos sin Fronteras.** As the name suggests, these characters are from all over the Spanish-speaking world. These characters and their stories serve more than one pedagogical purpose.

The students follow their scripted stories through the **Amigos sin Fronteras** video segments, which serve as models to help students apply the Spanish they've learned to interactions with classmates.

In the **Mi país** video segments, the characters share stories about their countries, families, and customs, providing an opportunity for introductory Spanish students to explore these cultures from a variety of perspectives.

Finally, in the **Los actores hablan** video segments, the real-life actors speak about their lives, their families, their routines, and so on, providing unscripted cultural input.

Find meaning through high-interest culture and comparisons

Jacob Lund/Shutterstock

Culture is featured throughout *Tu mundo* in a variety of contexts: through the cast of characters who share information about themselves and their countries and through culture-focused boxed features, readings, and contextualized activities.

Each chapter spotlights the home country or region of one of the **Amigos sin Fronteras** characters. The activities, readings, features, and illustrations showcase the culture and people of the target country, often drawing on comparisons not only of the cultural experiences of the students using *Tu mundo,* but of the cultural experiences of different Spanish-speaking regions.

In the **Comunícate** section, illustrations, activities, and features like the new **¡Cuida tu mundo!** and **Nuestra gente** provide cultural input.

Following the **Comunícate** section, the **Cultura** section offers a robust set of cultural information: **Mundopedia** (a longer reading related to the country of focus), **Palabras regionales** (regional lexical variants and expressions from the featured country or region), and **Conexión cultural** (an introduction to the cultural reading that appears in the *Cuaderno de actividades* (workbook/lab manual) and in Connect.

The videos also support cultures and comparisons. The **Amigos sin Fronteras** stories are woven with the cultural experiences of the characters and, in many instances, include comparisons of different Spanish-speaking cultures. Each **Amigos sin Fronteras** character narrates the **Mi país** video segment that features his or her country, offering information and anecdotes here as well. And finally, in the **Los actores hablan** segments, the actors for **Amigos sin Fronteras** relate personal anecdotes and information about their experiences and countries.

Eloy Ramírez Ovando, 21, is Mexican American. He is a pre-med student majoring in biology. Eloy is also co-founder of the club **Amigos sin Fronteras.**

Claudia Cuéllar Arapí, 19, is from Paraguay and studies economics. Claudia co-founded the club **Amigos sin Fronteras** with Eloy.

Omar Acosta Luna, 29, is Ecuadorian. He is married to Marcela Arellano Macías, and they have two children, Carlitos, age 6, and Maritza, age 4. Omar is a graduate student in business administration at the Pontífica Universidad Católica de Ecuador.

Camila Piatelli de la Fuente, 18, is Argentinean and studies psychology.

Xiomara Asencio Elías, 20, was born in the United States to Salvadoran parents. She is a student of Latin American literature.

Lucía Molina Serrano, 23, is from Chile. She studies marketing.

Rodrigo Yassín Lara, 27, is a single father and a student of political science. He is from Colombia.

Nayeli Rivas Orozco, 18, is Mexican. She studies history.

Sebastián Saldívar Calvo, 18, is from Perú. He is a student of social science.

Radamés Fernández Saborit, 24, is a Cuban-American graduate student in ethnomusicology. He is a singer-songwriter and a member of the musical group Cumbancha.

Ana Sofía Torroja Méndez, 20, is from Spain. She studies English as a Second Language (ESL) at the College of Alameda and is a good friend of Franklin's. She is planning to transfer to Berkeley soon.

Jorge Navón Rojas, 21, is Venezuelan. He studies computer engineering.

Franklin Sotomayor Sosa, 28, is from Puerto Rico. He teaches Spanish at the College of Alameda.

Estefanía Rosales Tum, 24, is from Guatemala and studies anthropology. Estefanía is Franklin's girlfriend.

Juan Fernando Chen Gallegos, 19, is from Costa Rica. He studies pharmaceutical chemistry at the University of Costa Rica and lives in San José.

Fátima Ondo Mangue, 22, is from Equatorial Guinea. She studies music history at UC Berkeley. Fátima loves to sing and sometimes joins Radamés's group Cumbancha.

Eloy, Claudia, Omar, Nayeli, Sebastián, Radamés, Ana Sofía, Franklin: Klic Video Productions/McGraw Hill; Camila: Purestock/SuperStock; Xiomara: Frank Merfort/Alamy Stock Photo; Lucía: Marc Romanelli/Blend Images/Getty Images; Rodrigo: Dave and Les Jacobs/Blend Images; Jorge: cristovao/Shutterstock; Estefanía: Fotoluminate LLC/Shutterstock; Juan Fernando: Glow Images; Fátima: Igor Alecsander/Getty Images.

Additional cultural readings are available in the Instructor's Resource Kit (IRK).

The variety of cultural input in *Tu mundo* helps students develop cultural awareness and a wide range of knowledge about of the Spanish-speaking world. This integration of language and culture will create a stimulating and meaningful learning experience for all types of Introductory Spanish classrooms.

The *Tu mundo* program is the result of extensive visionary input provided by today's instructors and students of Introductory Spanish—thank you!

LuckyImages/Shutterstock

What's New in the 3rd Edition

New graphic novel feature *El mensaje de Yaria:* Each chapter contains a stunningly illustrated one-page graphic novel episode that tells the story of Yaria, a woman from the Dominican Republic who suddenly and inexplicably feels compelled to untangle the mysteries of her ancestors, the Taino people. With the help of Alex, her friend from the United States, Yaria looks for clues to explain the symbols she sees everywhere, and finds herself transported into another time period without knowing if it's a dream or if it's real.

Streamlined *Bienvenidos* chapter: Based on reviewer feedback, we have reduced the content in the **Bienvenidos** chapter so less time is needed to get through the brief introduction and classes can more quickly jump into **Capítulo 1.**

Reduction in *Comunícate* activities: Based on reviewer input, we have reduced content in the **Comunícate** section by two activities per chapter.

New grammar tutorial videos: Short and engaging, the new grammar tutorial videos, which are conveniently available in the eBook, are hosted by a friendly cast of characters who provide clear explanations in English with examples of Spanish grammatical concepts.

New *Nuestra gente* feature: This short reading features a native speaker from the target country of the chapter, who speaks to cultural practices relevant to chapter themes.

New *¡Cuida tu mundo!* feature: This short reading highlights local conservation and sustainability efforts in the target country of the chapter.

The *Videoteca* videos

***Amigos sin Fronteras* and *Mi país* activities:** In this edition, activities for the **Amigos sin Fronteras** and **Mi país** videos are all housed in the *Cuaderno de actividades* and Connect.

New *Los actores hablan* segments and activities: This edition offers new **Los actores hablan** video segments. These are unscripted interviews with the **Amigos sin Fronteras** actors. Activities supporting these segments have been added to both the *Cuaderno de actividades* and to Connect.

Cultural diversity and inclusivity: We expanded the representation of the richness and diversity of the Spanish-speaking world.

Adaptive Learning Assignments: Our Adaptive Learning Assignments (formerly LearnSmart) have been upgraded to be more accessible, more mobile-friendly, and to allow instructors more control over what learning objectives are assigned. Each module now includes both grammar and vocabulary and contains updated content within the adaptive experience that directs students to where they need the most practice.

Components of *Tu mundo*

Whether you're using the *Tu mundo* program in print form, in digital form through Connect, or a combination of both, *Tu mundo* offers a variety of additional components to support instructional needs and learning goals, many of which are free to adopting institutions. Please contact your McGraw Hill representative for details on policies, prices, and availability.

- **CONNECT:** Used in conjunction with *Tu mundo*, Connect provides a digital solution for schools with multiple course formats, whether 100% online, hybrid, or face to face. Some of the key features and capabilities of Connect include an interactive, media-rich, and accessible eBook; assignable content from the eBook and *Cuaderno de actividades* (with audio); a complete Testing Program with multiple versions; and additional tools like Adaptive Learning Assignments, Spanish Grammar Tutorial Videos, and Practice Spanish.

- ***CUADERNO DE ACTIVIDADES* (Workbook / Laboratory Manual):** Written entirely by the program authors, the *Cuaderno de actividades* to accompany *Tu mundo* links culture to the main text and to students' lives. The *Cuaderno* addresses writing, listening comprehension, speaking, and reading practice. Writing activities integrate and reinforce the content presented in the corresponding chapter of the main text. Both the **Escríbelo tú** and the **Conexión cultural** sections are introduced in the *Tu mundo* main text and are fully explored in the *Cuaderno,* thus offering stimulating cultural content linked to the Spanish-speaking world. Included as well are two exciting activities for **El mensaje de Yaria,** the new graphic novel. The **Enlace auditivo** section in each chapter features two extended listening segments that include dialogues, ads, and announcements.

  The full **audio program** is available directly within Connect audio-based activities or as separate MP3s available online.

- **Videos:** The video program is integrated in Connect and contains three unique video segments per chapter: **Amigos sin Fronteras** (scripted situational storylines featuring the *Tu mundo* cast of characters), **Mi país** (country-specific "virtual tours" in the format of video and photo essays delivered by the **amigos**), and **Los actores hablan** (unscripted interviews with the **Amigos sin Fronteras** actors). The videos are further explored in the **Videoteca** feature that appears in every chapter of the *Cuaderno* and on Connect. Videos are available on DVD on demand.

- **INSTRUCTOR RESOURCES** Many instructor resources are available for use with *Tu mundo,* all within Connect. Some of these resources include:
  - *Annotated Instructor's Edition:* A key instructor resource with a review of second-language acquisition, extensive notes, and annotations that offer bountiful pre-text activities, teaching hints, and suggestions for using and expanding materials, as well as references to the supplementary activities in the Instructor's Manual and the Instructor's Resource Kit
  - *Instructional Videos:* Short video segments shot in the classroom on how to teach communicatively with *Tu mundo,* available in Connect
  - *Instructor's Manual:* Extensive introduction to second-language learning, teaching techniques, guidelines for instructors, suggestions for lesson planning, detailed chapter-by-chapter suggestions, and more

- *Instructor's Resource Kit:* A chapter-specific source for ACTFL Oral Proficiency Interview (OPI)-type situations and role-plays and task-based activities, as well as many additional communicative activities and simple short stories and legends in Spanish
- *Testing Program:* A series of tests for every chapter that fully assess the vocabulary, grammar, and culture presented in the program
- *Connect Implementation Guide:* A helpful guide for adopters of Connect, with many how-to tips and guidelines for administering an online component of your course
- *Audioscript* (full transcript to accompany the *Cuaderno de actividades*) and *Videoscript* (complete transcript of the **Amigos sin Fronteras, Mi país,** and **Los actores hablan** video segments)

Practice Spanish:
Study Abroad

Practice Spanish: Study Abroad is a 3-D language game designed for college and university students looking to make the Spanish language come to life in an engaging, motivating, and immersive environment.

Practice Spanish: Study Abroad

Attend a fictional study abroad program in Colombia and live with a host family, make friends, and experience life in a Spanish-speaking environment.

Choose and customize an avatar and interact with non-player game characters in a variety of real-life quests to earn points and rewards.

Fun, adaptive mini-games are also available to practice the target vocabulary and grammar.

Acknowledgments

We would like to thank the overwhelming number of friends and colleagues who served as consultants, completed reviews or surveys, and attended symposia or focus groups. Their feedback was indispensable in creating this exciting new *Tu mundo* program. We couldn't have done it without them! The appearance of their names in the following lists does not necessarily constitute their endorsement of the program or its methodology.

Nancy Allah
Saddleback College

Ellen Aramburu
East Central College

Corinne Arrieta
American River College

Maria E. Blackmon
Ozarks Technical Community College

Donna Brown
Coastal Carolina University

Anna Dulaney Butler
Concordia University, St. Paul

Lisa M. Calvin. Ph.D.
Indiana State University

Angela Carlson-Lombardi
Bethel University

Maria Carlsson
Miracosta College

Rosa María Castaneda, Ph.D.
Fort Hays State University

Tanya Chroman
California Polytechnic State University, San Luis Obispo

Beatriz Cobeta
Simmons University

Christopher M. Connolly
Middlebury College

David Cooper
Shasta College

Dr. Kathleen Cunniffe Peña
Muskingum University

Ana Maria Currea
American River College

Tania De Clerck
Ventura College

Carlos Drumond
Riverside City College

Anna Dulaney Butler
Concordia University, St. Paul

María Enciso
Chapman University

Luz Marina Escobar
Collin College

Chita Espino-Bravo, Ph.D.
Fort Hays State University

Erin M. Farb
Community College of Denver

Inés García-Adams
American River College

Rocío Giráldez Betrón
Foothill College

Angelo Glaviano
Middlesex Community College

Julie A. Glosson, Ed.D.
Union University

Diego Emilio Gómez, Ph.D.
Saddleback College

Jennifer Gómez Menjívar
University of Minnesota, Duluth

Laura Graham
Mexican American Catholic College

Ryan Hallows, Ph.D.
Carroll College

Alex Herrera
Cypress College

Chris Jacobs
Temple University

Karen Jones
Florida Gateway College

Constance Kihyet
Saddleback College

José A. Losada Montero
Southwest Minnesota State University

Esteban E. Loustaunau
Assumption University

Dr. Karen Martin
Union University

Iván Martínez Cepeda
Ball State University

Mark J. Mascia
Sacred Heart University

Angelica McMillan
Front Range Community College

Adrienne Merlo
Cypress, Irvine Valley, and Orange Coast Colleges

José Luis Mireles
Coastal Carolina University

Jeanne Mullaney
Community College of Rhode Island

Tony Rector-Cavagnaro
Cuesta College

Marcos Rohena-Madrazo
Middlebury College

Mariam Saada
New Horizon School, Irvine

Ana Sánchez
West Chester University

Julie A. Sellers
Benedictine College

Jocelyn Sherman Falcioni
Orange Coast College

Andrew Snustad
University of Minnesota, Duluth

Michael Tallon
University of the Incarnate Word

Lucia Taylor, Ph.D.
Dixie State University

Beatrice Tseng
Irvine Valley College

Patricia Villegas-Bonno
Orange Coast College

Carol J. Wallace
University of Minnesota, Duluth

Amber Williams-Lara
Lone Star College, Kingwood

Ana Maria Zurbuch
Collin College

Julie Zweig
Cypress College

Many people participated in the creation of this third edition of *Tu mundo*. Our Portfolio Manager, Katie Crouch, once again supported our vision for this book enthusiastically, green-lighting and overseeing the development of many of our ideas—such as the graphic novel. We also owe a debt of gratitude to Pennie Nichols, the most talented and resourceful lead editor our author team has ever had. Thank you, Pennie, for your guidance, expertise, and support!

We would like to thank our production team at McGraw Hill: Jodi Banowetz, Beth Blech, Sherry Kane, and Brianna Kirschbaum. We also thank photo researcher Steve Rouben of Photo Affairs, Inc., who found for us many of the beautiful photographs featured in *Tu mundo*.

There are several other people who made an important contribution to this third edition. Bodhi Allan sparked in us the initial "graffiti" idea for our graphic novel, and the very talented graphic artist Luis Fernando Molina transformed our script for that feature into a visually stunning story. Thank you, Bodhi and Luis Fernando! We would also like to thank Aidan Muñoz-Christian and Sebastián Ospina León for their cultural sensitivity reading; their comments and observations were not only helpful but enlightening. *¡Gracias!*

We appreciate as well the contribution of Beatriz Tseng, creator of the Jeopardy games to accompany *Tu mundo* and a contributor to the section in the *Instructor's Manual* on teaching online; the Costa Rican painter Hugo Sánchez Bonilla, who kindly shared with us one of his paintings; and his niece, Ana C. Sánchez, who gave us the opportunity to interview her and feature her in our program; Joshua Pongan, for his excellent work on the task-based activities in the *Instructor's Resource Kit;* Faride Ovalles, for her insightful observations on the culture of the Dominican Republic, as we developed the graphic novel; Carmen María Cabrera Puche, who gave us some very useful pointers on graffiti art; and last but not least, our family members and friends who supported us during the writing process, José Ricardo Basto Mesa, Sofía Basto-Cabrera, Marina Basto-Cabrera, Andre Muñoz, Annika Muñoz-Christian, Karen S. Christian, Foxtrot, and Chewie.

This textbook would never have existed without Tracy D. Terrell and Stephen D. Krashen, indefatigable scholars whose vision and research in second-language acquisition made our communicative approach possible. Dr. Krashen's insights into reading and the teaching of foreign languages have always informed our methodology. And our beloved friend, the late Dr. Terrell, continues to guide us and inspire us. This book is a tribute to Tracy's lasting legacy.

Contents

¡Bienvenidos!

1 ¡A conversar!

ESTADOS UNIDOS

2 Amigos y compañeros

PARAGUAY

Cultura

Videoteca

Klic Video Productions/McGraw Hill

Gramática

Cultura

Videoteca

Klic Video Productions/McGraw Hill

Gramática

3 Las actividades en familia

ARGENTINA Y URUGUAY

Comunícate

Exprésate

4 La rutina y los planes

ECUADOR

Comunícate

Exprésate

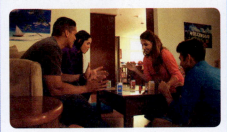

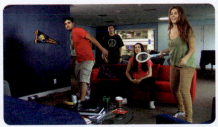

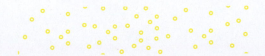

5 Las celebraciones y las comidas

EL SALVADOR, NICARAGUA Y HONDURAS

Comunícate

Exprésate

6 Las carreras y los oficios

CHILE

Klic Video Productions/McGraw Hill

Klic Video Productions/McGraw Hill

7 Los lugares y la residencia

COLOMBIA Y PANAMÁ

Comunícate

Exprésate

8 Hablando del pasado

MÉXICO

Comunícate

Exprésate

Cultura

Videoteca

Klic Video Productions/McGraw Hill

Klic Video Productions/McGraw Hill

Gramática

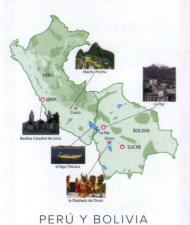

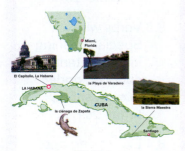

Cultura

Videoteca

Klic Video Productions/McGraw Hill

Gramática

Klic Video Productions/McGraw Hill

11 De viaje

ESPAÑA

Comunícate

Exprésate

12 La salud

VENEZUELA

Cultura

Videoteca

Klic Video Productions/McGraw Hill

Gramática

Cultura

Videoteca

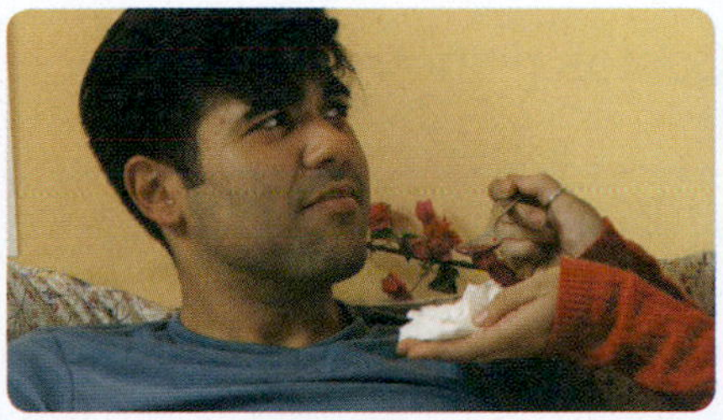

Klic Video Productions/McGraw Hill

Gramática

13 La familia y la crianza

PUERTO RICO Y LA REPÚBLICA DOMINICANA

Comunícate

Exprésate

14 De compras

GUATEMALA

Comunícate

Exprésate

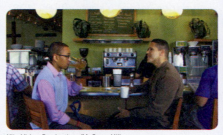

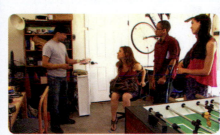

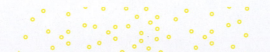

15 Nuestro futuro

COSTA RICA

Comunícate

Exprésate

Cultura

Videoteca

Klic Video Productions/McGraw Hill

Gramática

About the Authors

Magdalena Andrade received her first BA in Spanish and French and a second BA in English from California State University, San Diego. After teaching in the Calexico Unified School District Bilingual Program for several years, she taught elementary and intermediate Spanish at both San Diego State and the University of California, Irvine, where she also taught Spanish for Heritage Speakers and Humanities Core Courses. Upon receiving her PhD from the University of California, Irvine, she continued to teach there for several years and also at the University of California, Riverside, and California State University, Long Beach, where she taught the graduate foreign language methods courses and coordinated the Spanish and French TA Programs as well as the Credential Program for foreign languages. For several years she has taught at the community college level, but currently, she is taking time off from regular teaching to help dyslexic children hone their reading skills. She also tutors special-needs students taking college-level Spanish courses. Professor Andrade has coauthored the textbook *Dos mundos: Comunicación y comunidad* and the readers *Mundos de fantasía: Fábulas, cuentos de hadas y leyendas* and *Cocina y comidas hispanas* (McGraw Hill).

María José Cabrera Puche received her BA from the Universidad de Murcia (Spain), her MA and MEd from West Virginia University, and her PhD in Second-Language Acquisition and Bilingualism from Rutgers University.

Dr. Cabrera Puche is a Full Professor of Spanish at West Chester University of Pennsylvania (WCU), where she coordinates the lower-level Spanish program and the language-teaching certification program. At WCU, she also serves as the Assessment Coordinator in the Department of Languages and Cultures and as the Director of General Education Assessment for the university. She has completed ACTFL OPI and WPT tester training, and she serves as an ACTFL CAEP Reviewer. Dr. Cabrera Puche has taught at public schools, community colleges, and universities. She teaches graduate and undergraduate courses in Spanish, Spanish for Heritage Speakers, Spanish Linguistics, Bilingualism, and Foreign-Language Teaching Methodology. Dr. Cabrera Puche is co-editor of *Romance Linguistics 2006: Selected papers from the 36th Linguistic Symposium on Romance Languages* (John Benjamins).

Jeanne Egasse received her BA and MA in Spanish Linguistics from the University of California, Irvine. She also holds California Credentials for Spanish as well as for Bilingual Cross-Cultural Education. Professor Egasse has taught foreign-language methodology courses and introductory linguistics, and served as supervisor of foreign language and ESL teachers in training for the Department of Education at the University of California, Irvine. From 1980 to 2020 she was a full-time professor of Spanish, coordinator of the Spanish Department, and co-chair of World Languages at Irvine Valley College. Professor Egasse continues to offer online conversation groups for local college students and volunteers for the Irvine Valley College Foundation. In addition, she serves as a consultant for local schools and colleges on implementing the Natural Approach in the language classroom. She has coauthored the first-year college Spanish textbook *Dos mundos: Comunicación y comunidad* and the readers *Cocina y comidas hispanas* and *Mundos de fantasía: Fábulas, cuentos de hadas y leyendas* (McGraw Hill).

Elías Miguel Muñoz holds a PhD in Spanish from the University of California, Irvine, and he has taught language and literature at the university level. Dr. Muñoz is the author of *Viajes fantásticos* and *Ladrón de la mente*, titles in the Storyteller's Series by McGraw Hill, and coauthor of the textbook *Dos mundos: Comunicación y comunidad*, also from McGraw Hill. He has published six novels, which include *Vida mía, Brand New Memory*, and *Diary of Fire*; two books of literary criticism, and two poetry collections. One of his plays was produced off-Broadway, and his creative work has been featured in numerous anthologies and source books, including Herencia: *The Anthology of Hispanic Literature of the United States, The Encyclopedia of American Literature,* W.W. Norton's *New Worlds of Literature,* and *The Scribner Writers Series: Latino and Latina Writers*. He is currently at work on a sci-fi historical novel.

Tu mundo

español sin fronteras

¡Bienvenidos!°

Welcome!

©Melina Litauer (Italia, Argentina), *Rumbo a lo nuevo*

In this short introductory chapter, you will learn to understand a good deal of spoken Spanish and get to know your classmates. You will also meet some of the characters who appear throughout *Tu mundo*. The listening skills you develop during these first days of class will enhance your ability to understand Spanish and make the process of learning to speak it easier.

Upon successful completion of the **¡Bienvenidos!** chapter you will be able to: ask people their names; introduce yourself; greet people and say goodbye to them; describe people's clothing; follow some commands; and say and use numbers 0–30 to express quantity.

Comunícate

Saludos

¡Muévete!

¿Qué ropa llevas?

McGraw Hill connect

EL ESPAÑOL

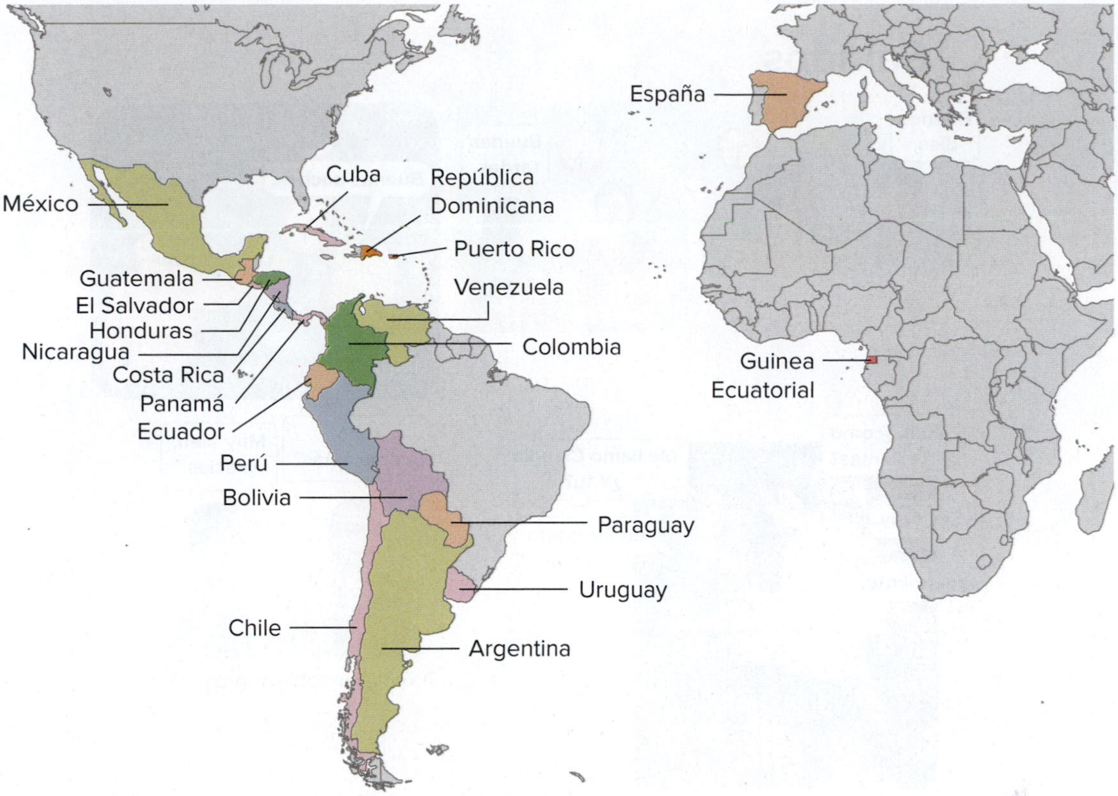

Conócenos° *Get to Know Us*

Amigos sin Fronteras

Eloy
(México y Estados Unidos)

Claudia
(Paraguay)

Omar
(Ecuador)

Camila
(Argentina)

Xiomara
(El Salvador y Estados Unidos)

Lucía
(Chile)

Rodrigo
(Colombia)

Nayeli
(México)

Sebastián
(Perú)

Radamés
(Cuba y Estados Unidos)

Ana Sofía
(España)

Jorge
(Venezuela)

Franklin
(Puerto Rico)

Estefanía
(Guatemala)

Juan Fernando
(Costa Rica)

Fátima
(Guinea Ecuatorial)

Eloy, Claudia, Omar, Nayeli, Sebastian, Radamés, Ana Sofía, Franklin: Klic Video Productions/McGraw Hill; Camila: Purestock/SuperStock; Xiomara: Frank Merfort/Alamy Stock Photo; Lucia: Marc Romanelli/Getty Images; Rodrigo: Dave and Les Jacobs/Blend Images; Jorge: cristovao/Shutterstock; Estefania: Fotoluminate LLC/Shutterstock; Juan Fernando: Glow Images; Fátima: Igor Alecsander/Getty Images.

Saludos

Eloy y Claudia, estudiantes de la universidad

El profesor habla con un amigo.

Actividad 1 ¿Cómo te llamas?

A. Completa la conversación con estas frases:

Mucho gusto **Me llamo** (x2) **llamas**

B. Ahora tú.

ESTUDIANTE 1: Hola, ¿cómo te llamas?
ESTUDIANTE 2: Me llamo ________. ¿Y tú?
ESTUDIANTE 1: Me llamo ________.
ESTUDIANTE 2: Mucho gusto.
ESTUDIANTE 1: Igualmente.

Actividad 2 ¿Cómo se llama?

Lee (*Read*).

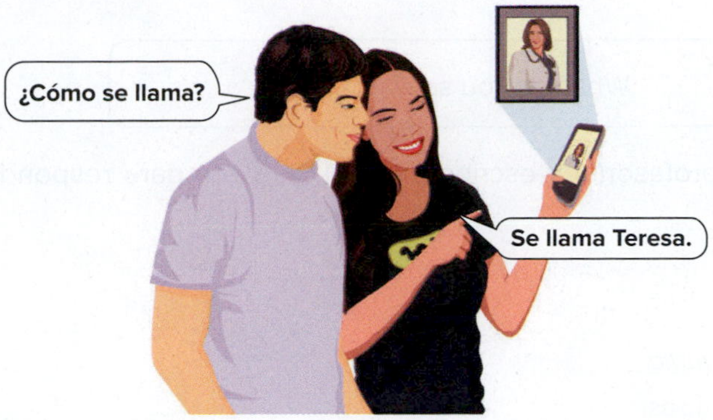
¿Cómo se llama?
Se llama Teresa.

Se llama Eloy Ramírez Ovando.

Se llama Claudia Cuéllar Arapí.

Conversa con tu compañero/a (*partner*, *classmate*). Sigue (*Follow*) el modelo.

Yalitza Aparicio	**Lionel Messi**	**Rafael Nadal**
Concha Buika	**Lin-Manuel Miranda**	**Shakira**

MODELO: **ESTUDIANTE 1:** **1. (uno):** ¿Cómo se llama *esta persona famosa*?
ESTUDIANTE 2: Se llama *Concha Buika*.

Jessica Rinaldi/REUTERS/Alamy Stock Photo

1 (uno).

Derek Storm/Everett Collection Inc/Alamy Stock Photo

2 (dos).

Tinseltown/Shutterstock

3 (tres).

Otto Greule Jr/Getty Images

4 (cuatro).

Europa Press/Getty Images

5 (cinco).

Luis Acosta/AFP/Getty Images

6 (seis).

Vocabulario

Some activities have a **Vocabulario** box to provide you with key vocabulary for the task. English translations of words and phrases will be included in **¡Bienvenidos!** and **Capítulo 1** only. From **Capítulo 2** onward your instructor will present unfamiliar vocabulary from the **Vocabulario** boxes. You can also look up vocabulary items that you don't know in the end-of-chapter **Vocabulario** or in the Spanish-English **Vocabulario** section at the end of the text.

este, esta this

Actividad 3 ¿Qué dices?

Vocabulario

¿Qué dices?	What do you say?

Escucha (*Listen*) a tu profesor(a) y escribe (*write*) 1, 2, 3 ó 4 para responder (*answer*).

____ Buenos días.

____ Igualmente.

____ Me llamo <u>*Claudia*</u>.

____ Muy bien, gracias.

¡Muévete!

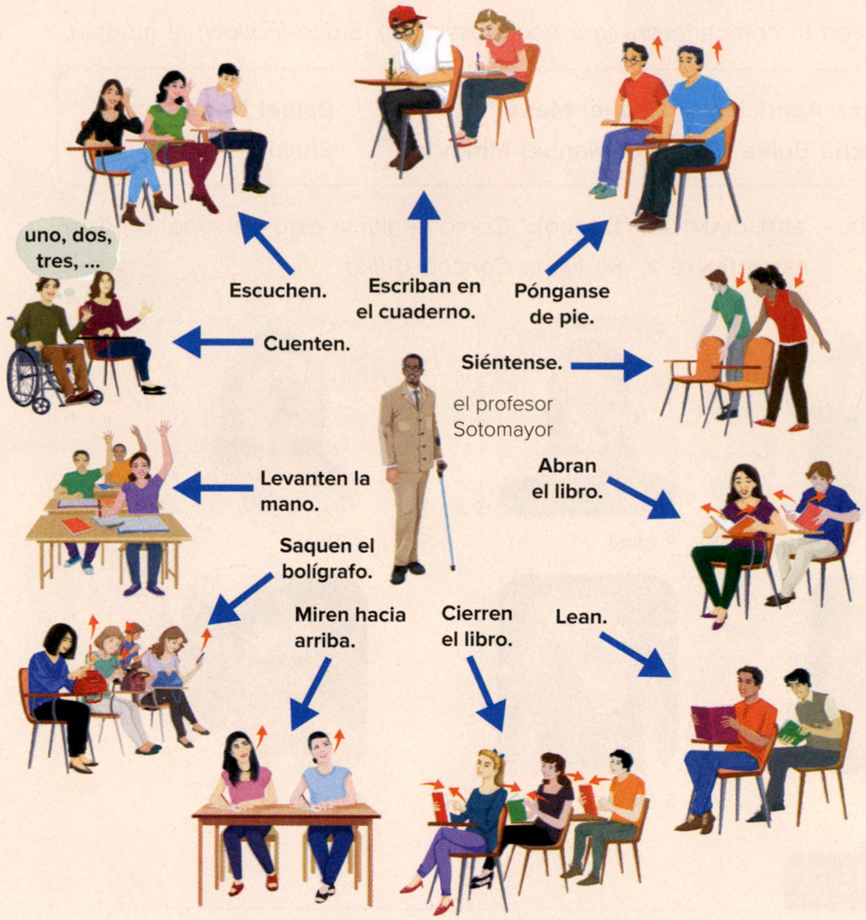

uno, dos, tres, ...
Escuchen.
Escriban en el cuaderno.
Pónganse de pie.
Cuenten.
Siéntense.
el profesor Sotomayor
Levanten la mano.
Abran el libro.
Saquen el bolígrafo.
Miren hacia arriba.
Cierren el libro.
Lean.

Actividad 4 Los mandatos (*commands*)

Escucha los mandatos de tu profesor(a). Indica (*Indicate*) el dibujo (*drawing*) correcto.

___ 1 (uno).

___ 2 (dos).

___ 3 (tres).

___ 4 (cuatro).

___ 5 (cinco).

___ 6 (seis).

___ 7 (siete).

___ 8 (ocho).

___ 9 (nueve).

___ 10 (diez).

___ 11 (once).

a. Abran el libro.
b. Cierren el libro.
c. Cuenten.
d. Escriban en el cuaderno.
e. Escuchen.
f. Lean.
g. Levanten la mano.
h. Miren hacia arriba.
i. Pónganse de pie.
j. Saquen el bolígrafo.
k. Siéntense.

¿Qué ropa llevas?

Robin MacDougall/Photographer's Choice/Getty Images

Hero/Corbis/Fancy/Glow Images

Ljupco Smokovski/LJSphotography/Alamy Stock Photo

Actividad 5 ¿Cómo se llama la persona que...?

Mira los dibujos de la página 8 y escribe cómo se llama la persona.

Camila	**Eloy**	**Maritza**
Carlitos	**Marcela**	**Rodrigo**

1. ________ Lleva un vestido rosado y unas sandalias blancas.
2. ________ Lleva unos vaqueros azules y una camiseta verde.
3. ________ Lleva un gorro blanco, un abrigo rojo, una falda blanca y negra y unas botas rojas. También (Also) lleva una bufanda blanca.
4. ________ Lleva unos pantalones cortos color café claro, unos zapatos de tenis amarillos y una sudadera anaranjada.
5. ________ Lleva unos pantalones color café claro, una camisa azul y unos zapatos color café oscuro.
6. ________ Lleva un gorro morado y una chaqueta morada. También lleva unos pantalones grises y unas botas negras.

Actividad 6 ¿Qué ropa llevan mis compañeros de clase?

Selecciona a cuatro compañeros de clase. Escribe el nombre de cada (*each*) estudiante, la ropa que lleva y el color de la ropa. En el número 5 (cinco), escribe qué ropa llevas tú.

MODELO: Claudia lleva unos vaqueros azules.

Lengua *Using the Verb* **llevar**

The verb **llevar** is often used with clothing.

NOMBRE		ROPA	COLOR
1. ________	lleva	________	________
2. ________	lleva	________	________
3. ________	lleva	________	________
4. ________	lleva	________	________
5. Yo	llevo	________	________

Actividad 7 En mi clase de español

¡A contar! Los números del 0 al 30		
0 cero		
1 uno	11 once	21 veintiuno
2 dos	12 doce	22 veintidós
3 tres	13 trece	23 veintitrés
4 cuatro	14 catorce	24 veinticuatro
5 cinco	15 quince	25 veinticinco
6 seis	16 dieciséis	26 veintiséis
7 siete	17 diecisiete	27 veintisiete
8 ocho	18 dieciocho	28 veintiocho
9 nueve	19 diecinueve	29 veintinueve
10 diez	20 veinte	30 treinta

Cuenten los estudiantes en la clase que llevan…

LLEVAN

(pantalones) vaqueros	________	falda	________
zapatos de tenis	________	gorro	________
sudadera	________	camiseta	________
camisa	________	chaqueta	________

¿Cuántos estudiantes hay en tu clase de español?

Hay ________ estudiantes.

Vocabulario

hay there is, there are
más de more than

Actividad 8 Las diferencias

Mira los dibujo. ¡Hay diez (*ten*) diferencias!

MODELO: En el dibujo uno, Eloy lleva unos pantalones cortos azules y en el dibujo dos, (Eloy) lleva unos pantalones cortos color café.

Dibujo 1 (uno)

Dibujo 2 (dos)

Lo que aprendí

After completing this chapter, I can:

- ☐ say my name when asked in Spanish,
- ☐ ask other people their names,
- ☐ introduce myself,
- ☐ greet people,
- ☐ describe people's clothing,
- ☐ follow some commands,
- ☐ say and use numbers 0–30.

Now I also know more about . . .

- ☐ which countries have Spanish as the official language,
- ☐ some famous Spanish-speaking people.

Vocabulario

Las preguntas y las respuestas	Questions and Answers
¿Cómo estás tú?	How are you (*pol./fam. sing.*)?
(Muy) Bien, gracias.	(Very) Well, thanks.
¿Y tú?	And you (*pol./fam. sing.*)?
¿Cómo se llama?	What is his/her name?
Se llama...	Her/His name is . . .
¿Cómo te llamas (tú)?	What is your (*fam. sing.*) name?
Me llamo...	My name is . . .
¿Cuál es tu nombre?	What's your name?
Mi nombre es...	My name is . . .
¿Qué dices?	What do you say?

Los saludos y las presentaciones	Greetings and Introductions
Buenas noches.	Good night.
Buenas tardes.	Good afternoon.
Buenos días.	Good morning.
Hola.	Hello., Hi.
Igualmente.	Likewise, same here.
Mucho gusto.	Nice to meet you.

Las personas	People
el/la amigo/a	friend
yo, tú	I, you (*fam. sing.*)
Palabras semejantes: el/la estudiante, el/la profesor(a)	

The chapter **Vocabulario** includes thematic and comprehension vocabulary that will help you understand and converse with native speakers. **Palabras semejantes** are cognates, words that have the same meaning, and often the same spelling, as their counterparts in English. Spanish and English share a great many cognates, and this will make learning Spanish easier for you.

Los mandatos (ustedes)	Commands (*pol. pl.*)
Abran	Open
Cierren	Close
Corran	Run
Cuenten	Count
Escriban	Write
Escuchen	Listen
Lean	Read
Levanten la mano	Raise your hands
Miren hacia arriba	Look up
Pónganse de pie	Stand up
Saquen	Take out
Siéntense	Sit down

La ropa	Clothing
¿Qué ropa lleva?	What is he/she wearing?
¿Qué ropa llevas tú?	What are you (*fam. sing.*) wearing?
Llevo...	I'm wearing (a/an) . . .
Lleva	He/She is wearing (a/an) . . .
abrigo	overcoat
botas	boots
bufanda	scarf
camisa	shirt
camiseta	T-shirt
chaqueta	jacket
falda	skirt
gorro	cap
pantalón (*m.*) / **pantalones**	pants
pantalones cortos	shorts
sandalias	sandals
sudadera	sweatshirt
vaqueros	jeans
vestido	dress
zapatos (de tenis)	(tennis) shoes

Los colores	Colors
amarillo/a	yellow
anaranjado/a	orange
azul	blue
blanco/a	white
color café (claro/oscuro)	(light/dark) brown
gris	gray
morado/a	purple
negro/a	black
rojo/a	red
rosado/a	pink
verde	green

Los números del 0 al 30	Numbers from 0 to 30
¡A contar!	Let's count!
cero, uno, dos, tres, cuatro, cinco, seis, siete, ocho, nueve, diez, once, doce, trece, catorce, quince, dieciséis, diecisiete, dieciocho, diecinueve, veinte, veintiuno, veintidós, veintitrés, veinticuatro, veinticinco, veintiséis, veintisiete, veintiocho, veintinueve, treinta	

Las cosas	Things
el bolígrafo	pen
la clase de español	Spanish class
el cuaderno	notebook
el libro	book
el nombre	name
Palabra semejante: la conversación, la universidad	

Los verbos	Verbs
habla	he/she talks
hay	there is, there are
soy	I am

Palabras y expresiones útiles	Useful Words and Expressions
a	to
ahora	now
con	with
de	of, from; by
de... al	from... to
el, los, la, las	the
en	in, on
este, esta	this
más	more
mi(s)	my (*sing., pl. possessive pronouns*)
no	no; not
para	for
sí	yes
tu(s)	your (*fam. sing., pl. possessive pronouns*)
un (una) / unos (unas)	a, an / some
y	and

Palabras y expresiones del libro de texto	Words and Expressions from the Textbook
¡Bienvenido/a(s)!	Welcome!
la actividad	activity
el español	Spanish
la página	page
Mandatos (tú)	Commands (*fam. sing.*)
Escribe	Write
Escucha	Listen
Lee	Read
Mira	Look
Muévete	Move
Palabra semejante: el modelo	

Design elements: (Communication, Connections, Comparisons, Cultures and Communities icons): McGraw Hill Education; (Mundopedia Globe Icon): Kundra/Shutterstock; (Audio icon): Orchid24/Shutterstock; (Cuida tu mundo image): Ekaterina Simonova/Shutterstock; (Sun icon): McGraw Hill Education; (Magazine background): McGraw Hill Education

1 ¡A conversar!

The **Historical Mural** (by Salvador Barajas, Guillermo Aranda, Guillermo Rosete, Armando Nunez, and Victor Ochoa) at Chicano Park in San Diego, California

Photo: joseph s giacalone/Alamy Stock Photo; Artwork: ©Sal Barajas

Upon successful completion of **Capítulo 1,** you will be able to: ask people their names both politely and informally; spell in Spanish; greet and say goodbye to people; converse about your immediate family; describe people's clothes, their physical appearance, and their personality; say and use the numbers 30–299 to express quantity and prices; and introduce yourself and others. Additionally, you will have learned about some interesting places and people from Spanish-speaking areas of the U.S.

Comunícate

Los saludos y las presentaciones

Hablando de los hispanos Los nombres y los apellidos de los hispanos

Las descripciones

La familia y los amigos

¿Cuánto cuesta?

Exprésate

Escríbelo tú ¿Cómo eres?

Cuéntanos Mi mejor amigo/a

Cultura

Mundopedia La comunidad *latinx:* Los inmigrantes del mundo hispano

Conexión cultural La presencia vital de los hispanos

Novela gráfica, Episodio 1

Videoteca

Amigos sin Fronteras, Episodio 1 Los nuevos amigos

Mi país Estados Unidos

Los actores hablan

Gramática

1.1 Subject Pronouns and the Verb **ser**

1.2 Gender and Number of Nouns

1.3 Using Adjectives and Nouns Together: Agreement and Placement

1.4 Negation

McGraw Hill connect

ESTADOS UNIDOS

Festival de La Parada, Nueva York

Las Posadas in Langley Park

Iglesia de Nuestra Señora la Reina de Los Ángeles en la Placita Olvera

Festival del Cinco de Mayo, San Antonio

Festival de la Calle Ocho en la Pequeña Habana, Miami

la bandera de Estados Unidos
ciudad capital: Washington, D. C.
moneda nacional el dólar

Conócenos°

Get to Know Us

Klic Video Productions/McGraw Hill

Eloy Ramírez Ovando

Eloy Ramírez Ovando es mexicoamericano, de Los Ángeles. Tiene veintiún años y es estudiante de biología en la Universidad de California, Berkeley. Sus actividades favoritas son leer blogs, ver partidos de fútbol e ir al cine.

Eloy Ramírez Ovando *is Mexican-American, from Los Angeles. He's 21 years old and is a biology student at the University of California, Berkeley. His favorite activities are reading blogs, watching soccer matches, and going to the movies.**

*Starting with **Capítulo 2,** descriptions of **Amigos sin Fronteras** characters will not be accompanied by an English translation.

Susy

Comunícate

Los saludos y las presentaciones

Lee *Gramática 1.1*

Hola, ¿cómo estás?

La clase es interesante.
Sí. ¿Cómo te llamas?
Me llamo Eloy. ¿Y tú?
Me llamo Susan. ¡Somos compañeros de clase!

Eloy y Susan son compañeros de clase (*classmates*).

Me llamo Ricardo. ¿Y usted?
Me llamo Martha.

Martha Brizuela y Ricardo González son profesores de la universidad.

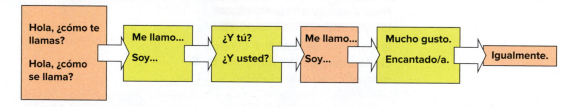

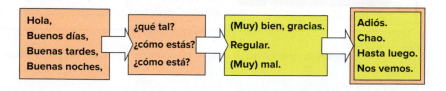

Buenos días, profesora. ¿Cómo está usted?
Bien, gracias. ¿Y usted?

Hola, ¿qué tal?
Bien, gracias. ¿Y tú?
Regular.

Adiós.
Hasta luego, Claudia.

¿Qué tal, Camila?

Claudia, te presento a un amigo nuevo, Rodrigo Yassín Lara.

Mucho gusto, Rodrigo.
Encantado, Claudia.

Hola, ¿cómo te llamas? / **Hola, ¿cómo se llama?** → **Me llamo...** / **Soy...** → **¿Y tú?** / **¿Y usted?** → **Me llamo...** / **Soy...** → **Mucho gusto.** / **Encantado/a.** → **Igualmente.**

Gramática ¿Cómo te llamas? *and* ¿Cómo se llama?

This box appears throughout the text to help you with grammar structures and some aspects of the Spanish language.

¿Cómo te llamas?	*What is your name?* (*familiar setting*)
Me llamo...	*My name is . . .*
¿Cómo se llama?	*What is his/her name?* *What is your name?* (*polite setting*)
Se llama...	*His/her name is . . .* *Your name is . . .* (*polite setting*)

The goal of the **Gramática** feature is to help you with the meaning of key grammatical structures. Some are presented as lexical items, and others provide a succinct grammatical explanation that will help you do the communicative activities.

Hola, / **Buenos días,** / **Buenas tardes,** / **Buenas noches,** → **¿qué tal?** / **¿cómo estás?** / **¿cómo está?** → **(Muy) bien, gracias.** / **Regular.** / **(Muy) mal.** → **Adiós.** / **Chao.** / **Hasta luego.** / **Nos vemos.**

Cultura Los saludos[a]

Para los hispanos, los saludos son muy importantes. En situaciones informales, es normal dar un abrazo[b] y un beso,[c] pero en España y Paraguay ¡son dos besos! En situaciones formales se da la mano,[d] como[e] en Estados Unidos. También es importante preguntar[f] cómo está la familia.

[a]*Greetings* [b]*hug* [c]*kiss* [d]*hand* [e]*like* [f]*to ask*

The goal of the **Cultura** feature found throughout *Tu mundo* is twofold: to help you get acquainted with cultural products, practices, and perspectives across the Spanish-speaking world, as well as provide you with the tools to compare the cultures of the Spanish-speaking world with your own and find similarities and differences between the two.

Actividad 1 ¿Cómo se llama?

Completa los diálogos.

Vocabulario

el apellido / los apellidos	last name(s)
¿Cuál(es)... ?	Which/What . . . ?
Es... / Son...	It is . . . / They are . . .
su(s)	his, her, their

El profesor Franklin Sotomayor Sosa en su clase de español.

E1: ¿Cómo se llama el profesor?
E2: Se llama _____.
E1: Y, ¿cuáles son sus apellidos?
E2: Son _____.

Jerry Black conversa con Destiny Wallace.

E1: ¿Cómo se llama el/la compañero/a de _____?
E2: Se llama _____.
E1: Y, ¿cuál es su apellido?
E2: Es _____.

Gramática *Using* su *and* sus

Su and **sus** can mean *his/her* as well as *their.* They also mean *your* (*pol.*). **Su** is used with singular nouns, whereas **sus** is used with plural nouns.

su apellido	*your* (*pol.*), *his/her/their last name*
sus apellidos	*your* (*pol.*), *his/her/their last names*

Cultura *Addressing Each Other* ¿Tú o usted?

Simple rule of thumb: if people address each other using their first names, they use **tú.** If they say **profesor(a), doctor(a), señor(a), señorita** (sometimes they add a last name), they use **usted.**

Actividad 2 Los saludos y las despedidas

A. Saluda a (*Greet*) un compañero / una compañera.

E1: Buenas tardes, ____. ¿Qué tal?
E2: Bien, bien, gracias. ¿Y tú?
E1: ____. Gusto de verte.

B. Saluda a un profesor / una profesora.

ESTUDIANTE: Buenos días, profesor(a). ¿_____ está _____?
PROFESOR(A): ____. ¿Y usted?
ESTUDIANTE: ____, gracias.
PROFESOR(A): Hasta luego.
ESTUDIANTE: ____, profesor(a).

Vocabulario

adiós	goodbye
¿Cómo está usted?	How are you?
Gusto de verte.	Nice to see you.
hasta luego	see you later
nos vemos	see you later
¿Qué tal?	How are you?

¿Recuerdas?° *Do you remember?*

Use **tú** to speak with a classmate, but use **usted** to speak with a professor.

Lengua *Gracias y De nada*

Las expresiones **Gracias** (*Thank you*) y **De nada** (*You're welcome*) son muy comunes en español. ¡Úsalas!

Actividad 3 El abecedario en español

El abecedario en español					
a	a	j	jota	r	erre,* ere
b	be, be grande	k	ca	s	ese
c	ce	l	ele	t	te
d	de	m	eme	u	u
e	e	n	ene	v	uve, ve chica
f	efe	ñ	eñe	w	doble ve, uve doble
g	ge	o	o	x	equis
h	hache	p	pe	y	ye,* i griega
i	i, i latina	q	cu	z	zeta

A. Di cómo se escriben los nombres de los estudiantes del club.

MODELO: ¿Cómo se escribe Xiomara?
Se escribe así: *equis, i latina, o, eme, a, ere, a.*

1. ¿Cómo se escribe *Eloy*?
2. ¿Cómo se escribe *Ángela*?
3. ¿*Arapí* se escribe con hache o sin hache?
4. ¿*Ovando* se escribe con be grande o ve chica?
5. ¿Cómo se escribe el apellido de Claudia (Cuéllar)? ¿Con ce o con cu? ¿Con i griega o con doble ele (elle)?

B. Conversa (Habla [*Speak*, *Talk*]) con un compañero / una compañera.

MODELO:
E1: Hola, ¿cómo te llamas?
E2: Me llamo _____.
E1: ¿Cómo se escribe tu nombre?
E2: Se escribe _____.
E1: ¿Y cómo se escribe tu apellido?
E2: Es muy fácil/difícil. Se escribe _____.
E1: ¿Cuál es tu email?
E2: Es _____.

The goal of the **Lengua** feature, found throughout *Tu mundo*, is twofold: to help you get acquainted with specific linguistic uses across the Spanish-speaking world and to provide you with the tools to find similarities and differences between Spanish and your own language.

Gramática *The Difference Between* tú *and* tu

Note that **tú** with an accent mark over the **u** means *you*, but **tu** without an accent means *your.*

tú *you* tu *your*

Vocabulario

¿Cómo se escribe... ?	How do you spell . . . ? / How is . . . spelled?
Se escribe así...	It is spelled . . .
con	with
sin	without
tilde/acento	accent mark

*Official recommendation (2010) made by Real Academia Española (RAE).

Actividad 4 Las presentaciones

Vocabulario

encantado/a pleased to meet you, delighted
igualmente likewise
mucho gusto pleased to meet you

A. Completa las presentaciones.

MODELO:

Hola, Camila, gusto de verte. Mira, te presento a una amiga, Claudia Cuéllar Arapí.
Mucho gusto, Claudia.
Igualmente, Camila.

Klic Video Productions/McGraw Hill

Klic Video Productions/McGraw Hill

CLAUDIA: Eloy, te _____ a una nueva socia del club. Se llama Ana Sofía.
ELOY: Mucho _____, _____.
ANA SOFÍA: _____.

ANA SOFÍA: Franklin, _____ a mi amiga Claudia.
FRANKLIN: Mucho _____, Claudia.
CLAUDIA: _____.

B. Ahora presenta tú a (*introduce*) tus compañeros/as.

MODELO: E1: _____, te presento a un amigo nuevo / una amiga nueva, _____.
E2: Mucho gusto, _____.
E3: Encantado/a (Igualmente), _____.

¡Mira! ¡Hola! → **Te presento a (amigo/a, mamá...)** → **Mucho gusto. Encantado/a.** → **Igualmente.**

Hablando de los hispanos°

LOS NOMBRES Y LOS APELLIDOS DE LOS HISPANOS

°Hablando... *Speaking of Hispanics*

En Estados Unidos muchas personas tienen dos nombres, pero usan uno solamente. Muchos hispanos tienen dos nombres: María Cristina, Ana Sofía, Juan Fernando, Carlos Antonio, Miguel Ángel. Algunos usan los dos, otros solamente[a] uno.

Los hispanos tienen dos apellidos, el de[b] su padre y el de su madre. Por ejemplo, los padres de Eloy son Antonio Ramírez del Valle y Estela Ovando Hernández. El nombre completo de Eloy es Eloy Ramírez Ovando. Ramírez es el apellido de su padre; Ovando es el de su madre. Si la persona usa uno o dos nombres, no es importante, pero en los documentos legales, es necesario usar los dos apellidos.

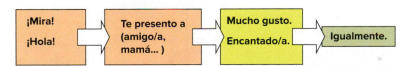

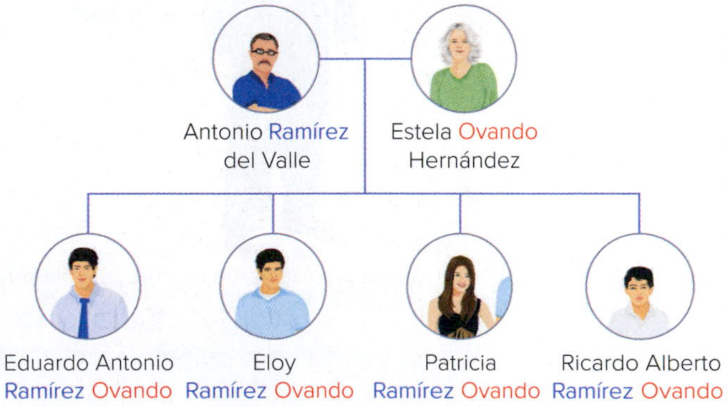

Muchos hispanos que viven[c] en Estados Unidos con frecuencia tienen nombres en inglés (Brandon, Jonathan, Michelle, Stephanie). Pero casi todos usan solamente un apellido, como las personas de este país.

[a]*only* [b]*el... the one belonging to* [c]*live*

Las descripciones

Lee *Gramática* 1.2, 1.3, 1.4

¿Cómo eres tú?

Chris Ryan/age fotostock

Soy de estatura mediana y tengo el pelo castaño, no muy largo.

Ariel Skelley/Blend Images

Roberto, un chico, un muchacho

el señor López, un hombre

Raulito, un niño

Tania, una niña

el señor Rosales, un hombre

la señora Mendoza, una mujer

Ximena, una chica / una muchacha

un niño / una niña

Vocabulario	
tiene*	he/she has
lleva	is wearing

Actividad 5 ¿Qué persona es?

Lee (*Read*) las descripciones y di (*say*) cómo se llama la persona.

1. Es bajo y gordo. Tiene barba y bigote. ___________
2. Es una chica baja y delgada. Tiene el pelo corto y castaño. Lleva una camiseta verde. _____
3. Es un hombre fuerte. Tiene el pelo largo y castaño. ____________
4. Es una chica de estatura mediana. Tiene el pelo largo y castaño. Lleva lentes. ______
5. Es un chico moreno, guapo y atlético. Tiene el pelo corto. Lleva pantalones vaqueros. _______
6. Es una chica baja y delgada. Tiene el pelo largo y ondulado. Lleva un vestido morado bonito. _____

Actividad 6 ¿Cómo se llama la persona?

Escucha a tu profesor(a) y di a quién describe.

*You will learn more about the verb **tener** in **Gramática 2.2** and **3.1**.

Actividad 7 La personalidad y las descripciones

A. Completa las siguientes oraciones con una o dos palabras de la lista.

Palabras para describir la personalidad			
agresivo/a	difícil	impulsivo/a	sincero/a
antipático/a (*unpleasant, unfriendly*)	egocéntrico/a	inteligente	tacaño/a (*stingy*)
	entusiasta	materialista	temperamental
cómico/a	estudioso/a	perezoso/a (*lazy*)	tímido/a (*shy*)
conservador(a)	filosófico/a	práctico/a	tonto/a
considerado/a	generoso/a	serio/a	trabajador(a) (*hardworking*)
creativo/a	idealista	simpático/a (*pleasant, nice*)	

1. Algunos hombres son ____.
2. Los famosos son ____.
3. Todos mis compañeros de clase son ____.
4. Todas los perros ____.
5. Los niños pequeños son ____.
6. Las personas viejas son ____.
7. Los políticos son ____.
8. Los jóvenes son ____.
9. Muchos profesores son ____.
10. Algunas mujeres son ____.

B. Ahora, di cómo eres tu y cómo es tu mejor amigo/a.

E1: ¿Cómo eres tú?
E2: Soy _____, _____ y _____.
No soy _____ ni _____.
E1: ¿Cómo es tu mejor amigo/a?
E2: Él/Ella es _____, _____ y _____.
No es _____ ni _____.

Vocabulario

todos/as all

CULTURES C

Cultura *Expressing* stingy

Para expresar que una persona es **tacaña** (que no es generosa), los hispanos se tocan el codo con la mano.

En España y México **tacaño** es **codo (duro)**,[a] en Chile es **manito de guagua**[b] y en Argentina es **amarrete/a.**

[a]codo... *stiff, hard elbow* [b]manito... *baby's hand*

The goal of the ***Nuestra gente*** feature is twofold: to help you get acquainted with cultural products, practices, and perspectives across the Spanish-speaking world as well as to provide you with the tools to compare its cultures with your own and find similarities and differences between the two.

Nuestra gente

COMMUNITIES C

¿Quién soy?

Me llamo Xóchitl María. Mis padres son inmigrantes mexicanos. Yo soy chicana, de California. Soy estudiante en la universidad. Hablo inglés y español. Mis comidas favoritas son los tacos, las enchiladas y las hamburguesas. Celebro días importantes de México con mi familia, por ejemplo, el Día de la Independencia, pero también celebro el Día de la Independencia de Estados Unidos con mis amigos.

lunamarina/Shutterstock

Xóchitl María, de California

Actividad 8 ¿Cómo eres tú?

Mira el modelo y luego (*then*) preséntate a tu grupo. Usa el **Vocabulario.**

Vocabulario

llevo	I am wearing
me llamo	my name is
soy (alto/a, delgado/a, ...)	I am (tall, thin, . . .)
soy (trabajador[a], estudioso/a, ...)	I am (hard-working, studious)

MODELO: Buenos días. Me llamo Rodrigo Yassín Lara. Hoy llevo una camisa blanca, vaqueros y zapatos de tenis negros. No soy ni alto ni bajo; soy de estatura mediana y gordito (un poco gordo). Tengo el pelo negro. Soy serio, estudioso y trabajador. No soy ni tonto ni perezoso.

Ahora tú. Buenos días (Buenas tardes/noches, Hola). Me llamo...

La familia y los amigos

Lee *Gramática* 1.2, 1.3, 1.4

¿Cuántas personas hay en tu familia?

Actividad 9 La familia

A. Tu profesor describe a varias (*several*) personas. Escucha y escribe el número de la descripción en el espacio.

El/la profesor(a) describe…

_______ al padre de Eloy

_______ a la madre de Eloy

_______ a la hermana de Eloy

_______ el perro de Daniel

_______ al hermano de Eloy _________ (nombre)

_______ a una amiga de Eloy, _________ (nombre)

_______ a un amigo de Eloy, _________ (nombre)

B. Ahora describe a una persona de tu familia.

Mi padre (*madre, hermano, hermana…*) no es_______; es _______… y…
Es *simpático/a, inteligente, trabajador(a), generoso/a…*
Tiene el pelo *rubio, castaño, canoso, largo, corto, lacio, rizado…*
Normalmente lleva *pantalones, camisa, falda, zapatos, sandalias…*

Actividad 10 ¿Cómo son estas personas?

En parejas (*pairs*), miren los dibujos (*drawings*) de la familia y los amigos de Eloy. E1 (Estudiante 1) selecciona a una persona y E2 (Estudiante 2) hace preguntas (*asks questions*) para adivinar (*guess*) quién es. Miren el modelo.

Vocabulario

¿Cómo son estas personas?	What are these people like?
¿Cómo es... ?	What is . . . like?
es	he/she is
ni	nor
niño/a	boy/girl

Antonella Piatelli de la Fuente

MODELO: **E1:** ¿Cómo es él o ella?

E2: Ella es muy joven. Tiene el pelo castaño, largo y lacio.

E1: ¿Es alta y delgada?

E2: Sí, es delgada, pero no es alta.

E1: ¿Lleva sombrero?

E2: Sí, lleva un sombrero gris.

E1: ¡Es Antonella!

Ahora, ustedes. Primero (*First*), seleccionen a dos amigos de Eloy. Después (*Later*), seleccionen a dos miembros de la familia de Eloy.

E1: ¿Cómo es él o ella?

E2: Él/Ella es ________. No es _______. (delgado/a, alto/a...)

E1: ¿Tiene el pelo ________? (castaño, rubio, canoso,...)

E2: No, no tiene el pelo ________; tiene el pelo ________. / Sí, tiene el pelo _________.

E1: ¿Lleva ________? (falda, pantalones, camisa, sandalias,...)

E2: No, no lleva _______; lleva ________. / Sí, lleva ________.

E1: ¿Es ________? (Camila, el padre de Eloy, Sebastián...)

E2: No/Sí.

CONNECTIONS

¡CUIDA TU MUNDO!

El objetivo de Latino Outdoors es crear interés en la conservación del medio ambiente[a] en la comunidad *latinx*. Invita a las familias a andar en bicicleta, a visitar lugares de interés, a acampar en los parques y a explorar. También organiza actividades para conservar el medio ambiente: proteger las plantas nativas, quitar[b] las plantas invasoras y limpiar[c] las playas.[d]

[a]medio... *environment* [b]*remove* [c]*clean* [d]*beaches*

Ekaterina Simonova/Shutterstock

¿Cuánto cuesta?

Lee *Gramática 1.4*

¿Cuánto cuestan tus libros de texto?

fizkes/Shutterstock

NewStock/Alamy Stock Photo

Lengua *Variaciones léxicas*

- En Cuba **la falda** es **la saya** y **los pantalones vaqueros** son **el bluyín.**
- En México **la camiseta** es **la playera** y en Argentina es **la remera.**
- **El suéter** es **el jersey** en España y **la chompa** en Ecuador, Colombia y Perú.
- **Los lentes** en España son **las gafas**, en Cuba son **los espejuelos**, en Venezuela son **los anteojos** y en México son **los lentes**.

¡A contar! Los números del 30 al 299			
treinta	30	**cincuenta**	50
treinta y uno	31	cincuenta y uno	51
treinta y dos	32	**sesenta**	60
treinta y tres	33	sesenta y dos	62
treinta y cuatro	34	sesenta y tres	63
treinta y cinco	35	**setenta**	70
treinta y seis	36	setenta y cuatro	74
treinta y siete	37	setenta y cinco	75
treinta y ocho	38	**ochenta**	80
treinta y nueve	39	ochenta y seis	86
cuarenta	40	ochenta y siete	87
cuarenta y uno	41	**noventa**	90
cuarenta y dos	42	noventa y tres	93
cuarenta y tres	43	noventa y ocho	98
cuarenta y cuatro	44	**cien**	100
cuarenta y cinco	45	ciento uno	101
cuarenta y seis	46	ciento diez	110
cuarenta y siete	47	ciento cincuenta	150
cuarenta y ocho	48	**doscientos**	200
cuarenta y nueve	49	doscientos doce	212
		doscientos noventa y nueve	299

Actividad 11 Los precios

Escucha a tu profesor(a) y escribe el precio debajo de los objetos.

$185,99	$119,78	$130,75	$279,00	$1,99	$85,50
$2,50	$15,29	$215,99	$30,98	$9,00	$2,65

MODELO: **PROFESOR:** El libro verde cuesta ciento ochenta y cinco dólares con noventa y nueve centavos.

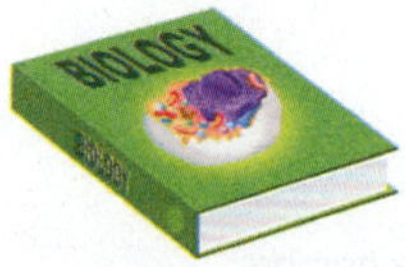

$185,99

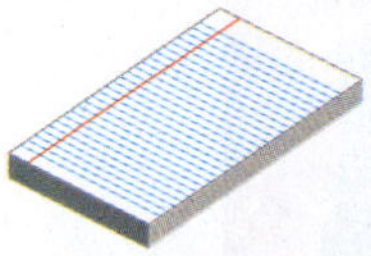

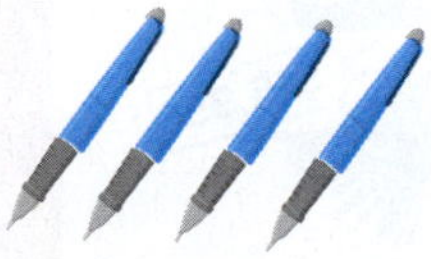

Actividad 12 ¿Cuánto cuesta(n)?

Habla con tu compañero/a sobre los dibujos. Mira el modelo.

MODELO:
E1: ¿Qué es? ¿Qué son?
E2: Son unos zapatos elegantes y un vestido.
E1: ¿De qué color son?
E2: Son rojos.
E1: ¿Cuánto cuestan?
E2: Los zapatos cuestan $166,98 y el vestido cuesta $197,00.
E1: Tienen buen precio.
E2: ¡No, no tienen buen precio! ¡Cuestan mucho!

unos zapatos caros

un vestido y unos zapatos elegantes

Vocabulario

los centavos	cents
los dólares	dollars
—¿Qué es/son?	What is it / are they?
—Es/Son…	It is / They are . . .
—¿De qué color es/son?	What color is it / are they?
— Es/Son…	It is / They are . . .
—¿Cuánto cuesta(n)?	How much is it / does it cost (are they / do they cost)?
—Cuesta(n)…	It is/costs (They are/cost) . . .
—Cuesta(n) mucho.	It costs (They cost) a lot.
—Tiene(n) buen precio.	It has (They have) a good price.

una falda bonita

un abrigo para hombre

una botas de vaquero

un sombrero para mujer

una bufanda y un gorro

una camisa y una corbata

una chaqueta de esquí

un suéter para hombre

un traje azul

Exprésate°

Express Yourself

ESCRÍBELO TÚ° *(You) Write It*

¿Cómo eres?

Escribe una composición corta en cuatro partes: 1) saluda, 2) di cómo te llamas, 3) da una buena descripción de tu apariencia física y de tu personalidad y finalmente 4) describe la ropa que llevas frecuentemente (*frequently*). Usa la información de las **Actividades 1, 3, 6, 7, 8, 10** como modelos. Prepara la información y luego escribe tu composición en el *Cuaderno de actividades* o en Connect.

Vocabulario

hola **me llamo** **tengo**

llevo I'm wearing **soy**

This is the last time the **Vocabulario** box will appear with any English translations. From **Capítulo 2** onward, your instructor will present unfamiliar vocabulary in the **Vocabulario** boxes, and/or you can look up any vocabulary items that you don't know in the **Vocabulario** section at the end of the chapter or in the Spanish-English Vocabulary at the very back of the book.

CUÉNTANOS° *Tell Us*

Mi mejor amigo/a

Trae (*Bring*) a clase una foto de tu mejor amigo/a. Muestra (*Show*) la foto y descríbela (*describe it*) con tres de tus compañeros. Contesta estas preguntas para describir a la persona en la foto.

- ¿Cómo se llama (él/ella)?
- ¿Qué ropa lleva en la foto y de qué color es?
- ¿Cómo es (físicamente)?
- ¿Cómo es su personalidad?

Ahora prepara tu descripción.

Es mi mejor amigo/a. Se llama __________. En la foto lleva __________.
Es/Son __________. Tiene __________.
Es __________.

Vocabulario

Se llama...

Es (alto/a, bajo/a, delgado/a, lleva lentes, tiene el pelo...)

Tiene el pelo (rubio, castaño...., largo, corto, rizado...)

Es (entusiasta, tímido/a, conservador[a],...)

En la foto lleva...

Cultura

Mundopedia

La comunidad *latinx:* Los inmigrantes del mundo hispano

La **mayoría** de los hispanos **vive** en países hispanos **grandes** y pequeños, por ejemplo, España, Nicaragua, Chile, Argentina y México. Pero muchos viven en otros países como Estados Unidos, Italia, **Reino Unido, Alemania**, Francia y Canadá, unos con documentos legales y otros **sin** documentos.

Vocabulario de consulta

mayoría	majority	**razones**	reasons
vive	lives	**trabajan**	work
grandes	large	**comidas**	foods
Reino Unido	United Kingdom	**también**	also
Alemania	Germany	**cine**	movies
sin	without	**lema**	motto
emigran	emigrate	**voz**	voice

LA SITUACIÓN DE LOS INMIGRANTES

Los hispanos **emigran** de su país por muchas **razones**; la más común: las oportunidades económicas. Algunos estudian en las universidades de otros países y después **trabajan** allí. Muchos inmigrantes son personas trabajadoras y responsables. Algunos países aprecian sus contribuciones, pero otros no, especialmente cuando esos países tienen problemas económicos.

LOS CHICANOS

Los hijos de los inmigrantes de México en Estados Unidos usan las palabras mexicoamericano/a, chicano/a y chicanx* para identificarse. Eloy Ramírez Ovando es chicano. Es un joven (un chico) estudioso y trabajador. Ahora, es estudiante de la Universidad de California, Berkeley y, en el futuro, estudiante de medicina. Sus **comidas** favoritas son los tacos y los tamales y **también** las hamburguesas y los sándwiches. Él dice: «Soy chicano: mi familia es de México, pero yo soy de Los Ángeles, California. Hablo inglés y español. Tengo dos apellidos, Ramírez de mi padre y Ovando de mi madre.»

*In Spanish, the masculine is used when referring to all males or to males and females. Many Chicanos and Latinos reject this feature of the language. To avoid it, they prefer the inclusive *Chicanx* instead of *Chicano* or *Chicana*, also *Latinx* instead of *Latino* or *Latina*.

SUS HÉROES

Eloy admira a dos activistas chicanos, Edward James Olmos y Lydia Camarillo. Olmos es actor de **cine** y televisión; también trabaja para la comunidad hispana en Estados Unidos, especialmente como promotor del Festival Latino del Libro y la Familia. Lydia Camarillo es presidenta desde 2018 de la organización *Southwest Voter Registration Education Project.* El **lema** de esta organización es «Su voto es su **voz**». Para ella, es muy importante el voto hispano. El plan de Eloy es estudiar para médico (doctor) y ser activista como estos dos chicanos.

Klic Video Productions/ McGraw Hill

COMPRENSIÓN

Contesta las preguntas.

1. Menciona tres países donde vive la mayoría de los hispanos.
2. ¿Tienen documentos legales todos los inmigrantes?
3. ¿Cuál es la razón más común para inmigrar?
4. ¿Qué palabras usan los hijos de los inmigrantes de México a Estados Unidos para identificarse? ¿Usan otra palabra para ser inclusivos?
5. ¿A qué personas admira Eloy porque trabajan para la comunidad hispana?
6. ¿Qué plan tiene Eloy para el futuro? ser ____ y ____

CONEXIÓN CULTURAL

LA PRESENCIA VITAL DE LOS HISPANOS

Hay más de 60 millones de inmigrantes hispanos* en los Estados Unidos. La mayoría trabaja en el sector de servicio. Son trabajadores muy necesarios, pero también muchos tienen éxito[a] en el cine y la música, en los negocios[b] y en las ciencias. Lee ***La presencia vital de los hispanos*** en el *Cuaderno de actividades* o en ***Connect*** y entérate de[c] las contribuciones culturales de los hispanos.

[a]tienen... *succeed* [b]*business* [c]entérate... *find out*

*As of 2018, the Census Bureau estimated that there were almost 60 million Hispanics living in the United States (about 18% of the overall population): https://en.wikipedia.org/wiki/Hispanic_and_Latino_Americans

EL MENSAJE DE YARIA Episodio 1 : En la universidad

Yaria Martínez Reyes es estudiante de idiomas (*languages*) en la Universidad Autónoma de Santo Domingo, República Dominicana. Ella vive (*lives*) en Santo Domingo con su familia. Yaria es simpática, inteligente y estudiosa. Su mejor (*best*) amigo se llama Alex Murphy y es de Nueva Jersey; Alex es estudiante de español avanzado y antropología en la UASD.

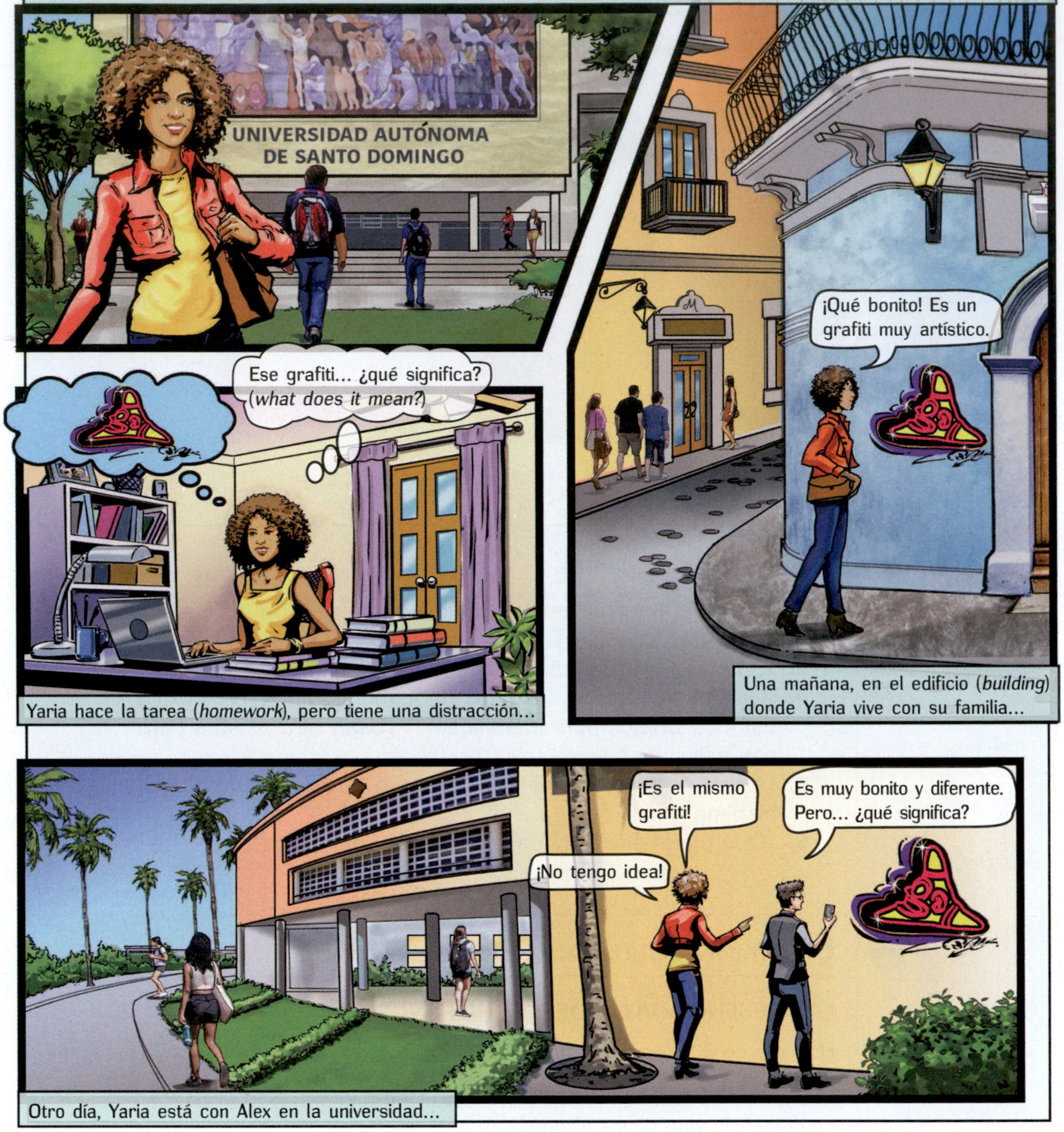
UNIVERSIDAD AUTÓNOMA DE SANTO DOMINGO
Ese grafiti... ¿qué significa? (*what does it mean?*)
Yaria hace la tarea (*homework*), pero tiene una distracción...
Una mañana, en el edificio (*building*) donde Yaria vive con su familia...
¡Qué bonito! Es un grafiti muy artístico.
Otro día, Yaria está con Alex en la universidad...
¡Es el mismo grafiti!
Es muy bonito y diferente. Pero... ¿qué significa?
¡No tengo idea!

Videoteca

Amigos sin Fronteras°

Amigos... *Friends without Borders*

Episodio 1: Los nuevos amigos

Klic Video Productions/McGraw Hill

Klic Video Productions/McGraw Hill

Klic Video Productions/McGraw Hill

Resumen (*Summary*)

In the student lounge, Eloy Ramírez Ovando is watching a soccer match while he studies. He meets Claudia Cuéllar Arapí, a student from Paraguay, and they come up with the idea of starting the **Amigos sin Fronteras** club.

Mi país ESTADOS UNIDOS

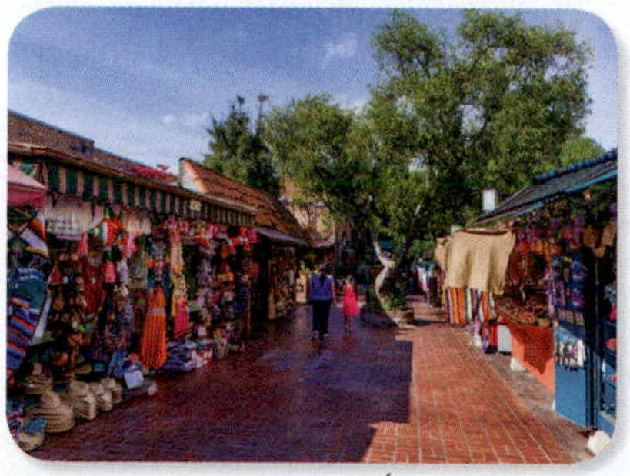
Ian Dagnall/Alamy Stock Photo

En la Placita Olvera, Los Ángeles, California

Lars A. Niki

La Parada, Nueva York

Resumen

Eloy introduces himself and talks about Spanish speakers in the United States. He also describes some Hispanic celebrations.

Los actores hablan

Klic Video Productions/McGraw Hill

Susy

Klic Video Productions/McGraw Hill

Dan

Preguntas (*Questions*)

¿Cómo te llamas?

¿Cómo eres?

¿Tienes una familia grande?

¿Cuántas personas hay en total?

Gramática

Introduction

The **Gramática** section of this book is designed for your use outside of class. It contains grammar explanations and exercises. The explanations present concepts in nontechnical language, so it should not be necessary to go over all of them in class.

In every chapter, at the beginning of most **Comunícate** sections, there is a note indicating the grammar (**Gramática**) point(s) you should read for that topic. Study the specified grammar point(s), complete the exercises, and check your answers. If you have little or no trouble with the exercises, you have probably understood the explanation. Remember, it is not necessary to memorize these grammar rules.

Keep in mind that successful completion of a grammar exercise means only that you have understood the explanation. It does not mean that you have *acquired* the rule. True acquisition comes not from the study of grammar but from hearing and reading a great deal of meaningful Spanish. Learning the rules of grammar through study will allow you to use those rules when you have time to think about correctness, as during careful writing. It can also help you understand what you read.

The grammar explanations in the **Gramática** sections of *Tu mundo* contain basic information about Spanish grammar. If you find an exercise too challenging or if you don't understand the explanation, ask your instructor for assistance. In difficult cases, your instructor will go over the material in class to be sure everyone has understood, but probably will not spend too much time on the explanation in order to save class time for real communication experiences.

Some Useful Grammatical Terms

You may recall from your study of grammar in your native language that sentences can be broken down into parts. All sentences have at least a subject (noun or pronoun) and a verb.

Claudia (*noun, subject*) runs. (*verb*)

In addition, sentences may have objects (nouns and pronouns), modifiers (adjectives and adverbs), prepositions, conjunctions, and/or articles.

Claudia is tall. (tall: *adjective*)

Claudia runs gracefully. (gracefully: *adverb*)

Eloy sees a (*indefinite article*) beautiful (*adjective*) bird. (*noun, object*)

Claudia runs at (*preposition*) the (*definite article*) gym. (*noun, object*)

She (*subject, pronoun*) runs.

Eloy and (*conjunction*) Claudia run.

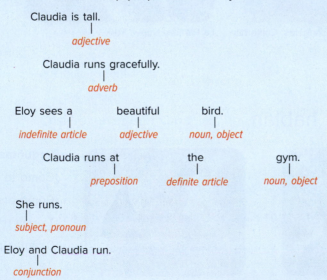

1.1 Subject Pronouns and the Verb ser

ser = *to be* (identification)

Soy estudiante. *I am a student.*

A. Spanish uses the verb **ser** (*to be*) to identify people and things.

—¿Quién **es** ese chico? *Who is that young man?*
—**Es** Eloy. *It's Eloy.*
—¿Qué **es** esto? *What is this?*
—**Es** una camisa. *It is a shirt.*

B. Personal pronouns are used to refer to a person without mentioning the person's name. Here are the personal pronouns that can serve as the subject of a sentence. They appear with the corresponding forms of the verb **ser.**

ser			
(yo)	**soy**	*I*	*am*
(tú)*	**eres**	*you* (*fam. sing.*)	*are*
usted*	**es**	*you* (*pol. sing.*)	are
él†/ella	**es**	*he/she*	*is*
(nosotros/nosotras)	**somos**	*we*	*are*
(vosotros/vosotras‡)	**sois**	*you* (*fam. pl.*)	*are*
ustedes	**son**	*you* (*pol. pl.*)	*are*
ellos/ellas	**son**	*they*	*are*

fam. = *familiar*
pol. = *polite*
sing. = *singular*
pl. = *plural*
m. = *masculine*
f. = *feminine*

—¿Usted **es** profesor? *Are you a professor?*
—Sí, soy profesor de biología. *Yes, I am a biology professor.*

C. Spanish-speakers do not use subject pronouns as often as English-speakers do. In most cases there is no confusion since the verb forms tell native speakers what the subject is. The personal pronouns that are used most of the time are: **usted, ustedes, él, ella, ellos,** and **ellas.** These subject pronouns share verb forms, so it is important to clarify. For example, **Soy inteligente** can only mean *I am intelligent* but **Es inteligente** can mean *You* (*pol. sing.*) *are intelligent* or *He is intelligent* or *She is intelligent.* When the other subject pronouns (**yo, tú, nosotros/as, vosotros/as**) are used in Spanish, they often express emphasis.

Yo soy de Nuevo México. ***I*** *am from New Mexico.*

An important fact to remember: Spanish does not have a subject pronoun for *it* or for *they*, referring to things.

¿Mi automóvil? Sí, **es** nuevo. *My car? Yes, it is new.*
¿Las faldas de Chanel? **Son** caras. *Chanel skirts? They are expensive.*

***Tú** is a familiar (informal) singular form of *you*, whereas **usted** is a polite (formal) singular form of *you*. See **Gramática 2.1, 2.2** and **3.3** for more information on forms of address. Alternate form for recognition only: **vos sos.**

†The pronoun **él** (*he*) is written with an accent to distinguish it in writing from the definite article **el** (*the*).

‡The pronouns **vosotros/vosotras** are familiar plural forms of *you* and are used only in Spain. Latin America uses **ustedes** for both polite and familiar plural *you*.

D. The pronouns **ellos** (*they*), **nosotros** (*we*), and **vosotros** (*you, fam. pl.*) can refer to groups of people that consist of males only or of males and females. On the other hand, **ellas** (*they, f.*), **nosotras** (*we, pl. f.*), **vosotras** (*you, fam. pl. f.*) can refer only to two or more females.

—¿Quiénes son **ellos**?	*Who are those guys?*
—¿Eloy y Claudia? Son amigos de Camila.	*Eloy and Claudia? They are Camila's friends.*
—¿Y **ellas**? ¿Son compañeras de clase?	*What about them (f.)? Are they classmates?*
—No, Estefanía y Fátima son amigas.	*No, Estefanía and Fátima are friends.*
—¿Y Eloy y Xiomara son amigos también?	*And are Eloy and Xiomara friends too?*
—Sí, **ellos** son amigos también.	*Yes, they are friends too.*

¿Recuerdas?

Remember that most subject pronouns in Spanish are used only when there is a possibility of confusion:

Él es estudiante.
He is a student.

Soy estudiante.
I am a student.

Ejercicio 1

Choose the correct pronoun.

MODELO: —¿ *Ella* lleva pantalones?
—¿Camila? No, lleva una falda color café.

1. —¿ __________ es profesor en esta universidad?
   —¿Quién, Eloy? No, es estudiante.
2. —¿ __________ son argentinas?
   —Sí, Camila y Antonella son argentinas.
3. ¡¿Viejas, __________?! ¡No! Ángela y yo somos muy jóvenes.
4. —Señor Ramírez, __________ no tiene bigote, ¿verdad?
5. —¿Y __________? ¿Son estudiantes aquí en Berkeley?
   —No, Omar y su amigo son estudiantes en Ecuador.

a. ellos
b. nosotras
c. él
d. ellas
e. usted

Ejercicio 2

Complete the dialogues with the correct form of the verb **ser: soy, eres, es, somos, son.**

1. —¿Es usted Omar?
   —Sí, __________ Omar Acosta Luna.
2. —¿Quién __________ ella?
   —¿La chica rubia de falda blanca? Se llama Camila. Ella y Omar __________ amigos.
3. —¿ __________ profesores ustedes?
   —No, Omar y yo __________ estudiantes de la universidad.

1.2 Gender and Number of Nouns

Masculine nouns usually end in **-o.**

Feminine nouns usually end in **-a.**

A. Nouns (words that represent people and things) in Spanish are classified as either *masculine* or *feminine*. Masculine nouns often end in **-o** (**el sombrero**); feminine nouns often end in **-a** (**la falda**). In addition, words ending in **-ción, -sión,** or **-d** (with suffixes like **-dad, -tad,** and **-tud**) are also feminine.

Madrid es una ciu**dad** muy bonit**a.**	*Madrid is a beautiful city.*
La civiliza**ción** maya fue muy avanzad**a.**	*The Mayan civilization was very advanced.*

You will acquire these endings later. For now, don't worry about them as you speak. You can refer to your text if you have any doubts when you are editing your writing.

But the terms *masculine* and *feminine* are grammatical classifications only; Spanish speakers do not perceive things such as notebooks or doors as being "male" or "female." On the other hand, words that refer to males are usually masculine (**el amigo**), and words that refer to females are usually feminine (**la amiga**).

Eloy es mi **amigo** y Claudia es **amiga** de él.	*Eloy is my friend and Claudia is a friend of his.*

B. Because Spanish nouns have gender, adjectives (words that describe nouns) also have gender, to agree with the corresponding noun: **camisa negra; sombrero negro**. They end in **-o** or **-a** according to the gender of the nouns they modify. (See **Gramática 1.3C** for information on adjectives that end in **-e, -ista,** or a consonant.)

The words **el** and **la** both mean *the*. **El** is used with masculine nouns and **la** is used with feminine nouns.

C. Like English, Spanish has definite articles (to express *the*) and indefinite articles (to express *a, an*). Articles in Spanish also change form according to the gender of the nouns they accompany.

	DEFINITE (*the*)	INDEFINITE (*a, an*)
masculine	**el** suéter, **el** sombrero	**un** suéter, **un** sombrero
feminine	**la** blusa, **la** chaqueta	**una** blusa, **una** chaqueta

The words **un** and **una** both mean *a* or *an*. **Un** is used with masculine nouns and **una** is used with feminine nouns.

Hoy Claudia lleva un vestido nuevo.	*Claudia is wearing a new dress today.*
La chaqueta de Omar es roja.	*Omar's jacket is red.*

D. How can you determine the gender of a noun? The gender of the article and/or adjective that modifies the noun will usually tell you whether the noun is masculine or feminine. In addition, the following two simple rules will help you determine the gender of a noun most of the time.

Spanish nouns are classified as either masculine or feminine. The articles change according to grammatical gender and agree with the nouns they modify.

un abrigo = ***a*** *coat*

una blusa = ***a*** *blouse*

una universidad = ***a*** *university*

el libro = ***the*** *book*

la casa = ***the*** *house*

Rule 1: A noun that refers to a male is masculine; a noun that refers to a female is feminine. Sometimes they are a pair distinguished by the endings **-o/-a;** other times they are completely different words.

un amigo	una amiga	(*male*) *friend* / (*female*) *friend*
un hombre	una mujer	*man/woman*
un chico/muchacho	una chica/muchacha	*boy/girl*
un niño	una niña	(*male*) *child* / (*female*) *child*

For some nouns referring to people, the masculine form ends in a consonant and the feminine form adds **-a** to the masculine noun.

un profesor	una profesora	(*male*) *professor* / (*female*) *professor*
un señor	una señora	*a man* (*Mr.*) / *a woman* (*Mrs., Ms.*)

Other nouns do not change at all; only the accompanying article changes.

un estudiante	(*male*) *student*	una estudiante	(*female*) *student*
un joven	*young man*	una joven	*young woman*
un recepcionista	(*male*) *receptionist*	una recepcionista	(*female*) *receptionist*

Rule 2: For most nouns that refer to things (rather than to people or animals), the gender is reflected in the last letter of the word. Nouns that end in **-o** are usually grammatically masculine (**un/el vestido**) and nouns that end in **-a** are usually grammatically feminine (**una/la puerta**).*

Nouns that end in **-dad, -tad,** or **-tud** (**una/la universidad, una/la libertad, una/la actitud**) or in the letter combinations **-ción** or **-sión** (**una/la nación; una/la división**) are always feminine.

MASCULINE: -o	**FEMININE: -a, -ción, -sión, -dad**
un/el abrigo	una/la camisa
un/el sombrero	una/la descripción
un/el vestido	una/la falda
un/el zapato	una/la universidad

Words that refer to things may also end in **-e** or in consonants other than **-d** or **-n** from the letter combinations **-dad, -tad, -tud, -sión,** or **-ción.** Most of these words that you have heard so far are masculine, but some are feminine.

un/el automóvil	*automobile*	un/el lápiz	*pencil*
una/la clase	*class*	un/el reloj	*clock*
un/el color	*color*	un/el traje	*suit*
una/la luz	*light*	un/el país	*country*

Don't worry if you can't remember all these rules! Note where they are in this book so you can refer to them when you are editing your writing and when you are unsure of which gender a noun is.

*Three common exceptions are **la mano** (*hand*), **el día** (*day*), and **el mapa** (*map*).

E. Spanish and English nouns may be singular (**la camisa** [*shirt*]) or plural (**las camisas** [*shirts*]). Almost all plural words in Spanish end in **-s** or **-es: blusas** (*blouses*), **suéteres** (*sweaters*), **zapatos** (*shoes*), **niñas** (*little girls*), and so on. In Spanish, unlike English, articles before plural nouns and adjectives that describe plural nouns must also be plural. Here are some basic rules for forming plurals in Spanish.

1. Words that end in the vowels **a, e,** and **o** form their plural by adding **-s.**

Singular	Plural
la corbata	**las corbatas**
el muchacho	**los muchachos**
el traje	**los trajes**

2. Words that end in a consonant add **-es.**

Singular	Plural
la muje**r**	las muje**res**
la pare**d**	las pare**des**
el suéte**r**	los suéte**res**

3. If the consonant at the end of a word is **-z,** it changes to **-c** and adds **-es.**

Singular	Plural
el lápi**z**	los lápi**ces**
la lu**z**	las lu**ces**

Ejercicio 3

Complete the sentences with **El** or **La.** Use **La** if the noun is feminine; use **El** if it is masculine. Sometimes the noun will help you, sometimes the adjective, so look at the entire sentence before deciding which article to use.

1. ________ estudiante es rubia.
2. ________ profesor de español es guapo.
3. ________ clase de biología es buena.
4. ________ señorita Cuéllar no es baja.
5. ________ automóvil es negro.
6. ________ universidad no es pequeña.
7. ________ muchacho es joven.
8. ________ sudadera es amarilla.
9. ________ abrigo es muy feo.
10. ________ niño es cómico.

1.3 Using Adjectives and Nouns Together: Agreement and Placement

A. In Spanish, adjectives generally follow the noun they modify: **zapatos nuevos, camisas blancas, corbatas bonitas, sombreros negros.** In a few cases, adjectives that express inherent characteristics may precede the noun: **la blanca nieve.*** For now, you should remember the main rule: place descriptive adjectives after the noun, except in **(mi) mejor amigo/a.**

A singular adjective is used to describe a singular noun. A plural adjective is used to describe a plural noun.

B. Adjectives must agree in gender and number with the nouns they describe; that is, if the noun is singular and masculine, the adjective must also be singular and masculine. Adjectives that end in **-o** in the masculine form and **-a** in the feminine form, including those that indicate nationality, will appear in the vocabulary lists in *Tu mundo* like this: **bonito/a, mexicano/a.** Such adjectives have four possible forms.

	Singular	Plural
masculine	vie**o**	vie**os**
feminine	vie**a**	vie**as**

Claudia lleva un suéter **bonito** y una falda **larga** y **roja.** — *Claudia is wearing a pretty sweater and a long red skirt.*

Mis zapatos de tenis **negros** son **viejos.** — *My black tennis shoes are old.*

C. Adjectives that end in a consonant, the vowel **-e,** or the ending **-ista** have only two forms because the masculine and feminine forms are the same.†

Singular adjective	Plural adjective
azul	azul**es**
costarricense	costarricense**s**
elegante	elegante**s**
interesante	interesante**s**
joven	jóven**es**
pesimista	pesimista**s**

Adjectives that describe plural nouns must also be plural: **ojos azules** (*blue eyes*), **niños cómicos** (*funny boys*).

Xiomara lleva una blusa **azul** y zapatos **azules.** — *Xiomara is wearing a blue blouse and blue shoes.*

Mi amigo Franklin es **pesimista,** pero mis amigas Estefanía y Camila son **optimistas.** — *My friend Franklin is pessimistic, but my friends Estefanía and Camila are optimistic.*

Yo no soy **joven**, pero todos mis amigos son **jóvenes.** — *I am not young, but all my friends are young.*

You will notice that the word **joven** does not have a written accent, but its plural form, **jóvenes,** does. This happens when a syllable is added to a word, thus shifting the stressed syllable back as the third syllable from the end. Whenever the stress is on this syllable, there is always a written accent.

D. If an adjective modifies a masculine and a feminine noun at the same time, the adjective will take the masculine form.

Feminine Only	Masculine and Feminine
Claudia es creativ**a** y filosófic**a.**	Eloy y Claudia son creativ**os** y filosófic**os.**
Mi blusa y mi falda son blanc**as.**	Mi blusa y mi vestido son blanc**os.**

E. In Spanish, adjectives of nationality (**argentino, chilena, colombianos, panameñas**) and the names of languages (**español, inglés**) are not capitalized. However, names of countries are capitalized: **Colombia, Panamá, Chile, Argentina.**

Limiting adjectives* (numerals, possessives, demonstratives, and indefinite adjectives) also precede the noun: **dos amigos, mis zapatos, esta mesa, otro ejemplo.

†There are some exceptions to this. Adjectives that end in **-r** have four forms: **trabajador, trabajadora, trabajadores, trabajadoras.** Adjectives of nationality that end in a consonant also have four forms: **español, española, españoles, españolas.**

Ejercicio 4

Select *all* the possible descriptions from the list, based on the gender of each person. Keep in mind masculine/feminine and singular/plural. Do not change the adjectives; use them as they appear here.

alto	chicas	hombre	mujer
amigos	creativo	inteligentes	niño
bajo	delgada	(muy) joven	rubias
bonita	guapos	moreno	vieja

MODELO: Franklin → hombre, alto, moreno

1. Camila y Antonella
2. Eloy
3. Ricardito (6 años [*six years old*])
4. el profesor de arte (45 años)
5. Ana Sofía
6. Rodrigo y Sebastián
7. la señora Pérez (85 años)

Ejercicio 5

Write correct sentences in Spanish by adding the necessary verb **(es, son)** and changing the endings of the adjectives appropriately. Use plural for two or more people; use feminine forms for women. Remember that if the sentence is about a man and a woman (a masculine and a feminine noun), you must use masculine forms for the adjectives.

MODELOS: el gato Garfield: agresivo, perezoso → El gato Garfield es agresivo y perezoso.

Hillary Clinton: inteligente, rubio → Hillary Clinton es inteligente y rubia.

1. Javier Bardem: alto, guapo
2. Penélope Cruz: bajo, delgado, moreno
3. Jack Black: bajo, cómico
4. Beyoncé: bonito, creativo
5. Justin Bieber y Jaden Smith: joven, impulsivo, materialista
6. Mark Zuckerberg y Scarlett Johansson: rico, famoso, trabajador

Ejercicio 6

Use the information to create complete sentences. Remember to use the correct form: masculine or feminine, singular or plural depending on the subject of the sentence. If there are three adjectives, place the first one before the verb (as in the second **modelo**).

MODELOS: el automóvil: nuevo, pequeño → El automóvil es nuevo y pequeño.

las blusas: rojo, viejo, feo → Las blusas rojas son viejas y feas.

1. las mujeres: considerado, trabajador
2. los chicos: perezoso, creativo
3. el libro: interesante, difícil
4. los zapatos: blanco, nuevo, pequeño
5. los políticos: mentiroso, agresivo
6. el sombrero: negro, elegante, caro
7. la amiga: impulsivo, sincero
8. la casa: amarillo, viejo, bonito
9. los hermanos: generoso, tímido
10. las faldas: azul, corto, bonito

1.4 Negation

Statements in Spanish are normally formed by using a subject, then the verb, and then an object and/or description.

Las blusas	son	bonitas.		Jorge	tiene	un traje	gris.
subject	*verb*	*adjective*		*subject*	*verb*	*object*	*adjective*

In a negative sentence, the word **no** precedes the verb.

Las blusas **no** son bonitas.	*The blouses are not pretty.*
Jorge **no** tiene un traje gris.	*Jorge does not have a gray suit.*
Xiomara es una chica muy entusiasta. **No** es tímida.	*Xiomara is a very enthusiastic girl. She is not shy.*
Franklin **no** es mi novio. Es el novio de Estefanía.	*Franklin is not my boyfriend. He is Estefanía's boyfriend.*

There are no additional words in Spanish that correspond to the English negatives *don't* and *doesn't.*

Eloy **no** tiene el pelo largo ahora.	*Eloy doesn't have long hair now.*

Spanish, like many other languages, often uses more than one negative in a sentence. (You will learn more about negative words and their placement in **Gramática 9.2.**)

No hay **nada** en este salón de clase.	*There is nothing in this classroom.*

When answering a question affirmatively, start your answer with **Sí,** but if you want to answer negatively, you may start your sentence with **No, no.** However, if a pronoun or a name should appear after that first **No,** make sure to place the second **no** directly before the verb.

—Rodrigo, ¿eres estudiante?	*Rodrigo, are you a student?*
—**Sí,** soy estudiante aquí en la universidad. / **No, no** soy estudiante. Soy profesor.	*Yes, I am a student here at the university. / No, I am not a student. I am a professor.*
—¿Lleva falda hoy Fátima?	*Is Fátima wearing a skirt today?*
—**No,** Fátima **no** lleva falda. Hoy lleva pantalones. Claudia lleva falda.	*No, Fátima is not wearing a skirt. Today she is wearing pants. Claudia is wearing a skirt.*

If you do not wish to repeat the information in the question, you may also answer using **no** just once, then provide additional information.

—Omar, ¿eres de México?	*Omar, are you from México?*
—No, soy de Ecuador.	*No, I am from Ecuador.*
—¿Cuesta $40,00 (cuarenta dólares) este vestido?	*Does this dress cost $40?*
—No, cuesta $36,49 (treinta y seis dólares con cuarenta y nueve centavos).	*No, it costs $36.49.*

Ejercicio 7

Rewrite these affirmative statements in the negative form.

MODELO: Eloy es gordo. → Eloy no es gordo.

1. El ex presidente Obama es muy cómico.
2. Justin Bieber es muy feo.
3. Los estudiantes son millonarios.
4. Tú eres muy materialista.
5. Nosotros somos tontos.
6. Greta Thunberg es vieja.

Ejercicio 8

Answer the following questions in the negative form, using the information in parentheses. The **modelos** show the three possible answers.

MODELOS: —¿Son unos vaqueros? (pantalones cortos)
—No, no son unos vaqueros. / No, son unos pantalones cortos. / No, no son unos vaqueros. Son unos pantalones cortos.

—¿Es una niña? (niño)
—No, no es una niña. / No, es un niño. / No, no es una niña. Es un niño.

1. ¿Qué es? ¿Es una falda? (vestido)
2. ¿Meryl Streep es hombre? (mujer)
3. ¿Es muy bajo LeBron James? (alto)
4. ¿Es la Pequeña Habana una zona de Nueva York? (de Florida)
5. ¿Son zapatos de mujer? (de hombre)
6. ¿La corbata cuesta $40,00? ($25,00)
7. ¿Es Madrid la capital de México? (de España)
8. ¿Es la Placita Olvera una zona de Florida? (de California)

Lo que aprendí*

At the end of this chapter, I can:

- ☐ ask other people their names, politely and informally.
- ☐ spell in Spanish.
- ☐ recognize and use some words to express basic family relationships.
- ☐ describe people: clothing and color, physical characteristics, and personality.
- ☐ say and use the numbers 30–299.
- ☐ greet and say goodbye to people.
- ☐ introduce myself and others.

Now I also know a lot more about:

- ☐ places in the United States where many Hispanics live.
- ☐ some of the members of the club **Amigos sin Fronteras.**

I also know this information:

- ☐ Hispanics have and use two last names.
- ☐ Hispanics greet people by kissing one or more times on the cheeks.
- ☐ words Mexican Americans use to speak about themselves.
- ☐ ecological projects in the United States.

*Lo... *What I Learned*

Vocabulario

Las preguntas y las respuestas	
Repaso: ¿Cómo está usted / estás? → (Muy) bien gracias. ¿Y usted (tú)?, ¿Cómo se llama (usted)? / ¿Cómo te llamas? → Me llamo... , ¿Cómo se llama él/ella? / ¿Cómo se llaman ellos/ellas? → Se llama(n)... ; ¿Qué tal?	
¿Cómo es usted / eres?	What are you (*pol./fam. sing.*) like?
Soy...	I am . . .
¿Cómo es él/ella?	What is he/she like?
Es...	He/She is . . .
¿Cómo son ellos/ellas?	What are they like?
Son...	They are . . .
¿Cómo se escribe tu apellido?	How do you spell your (*fam. sing.*) last name?
Se escribe ele-o-pe-e-zeta.	It's spelled l-o-p-e-z.
Se escribe así...	It's written (spelled) like this . . .
¿Cuánto cuesta(n)?	How much does it (do they) cost?
Cuesta(n)...	It costs (They cost) . . .
Tiene(n) buen precio.	That's a good price.
¿Qué es?	What is it?

Los saludos y las despedidas	Greetings and Good-byes
Repaso: Buenas noches, Buenas tardes, Buenos días, ¿Cómo estás (tú)?, Estoy bien, Hola.	
Adiós.	Good-bye.
¿Cómo está usted?	How are you (*pol. sing.*)
Estoy (muy) bien / mal.	I am (very) well. / Not (at all) well.
(Estoy) regular.	(I am) OK.
Chao.	Bye.
Hasta luego.	See you later.
Nos vemos.	See you later.
¿Qué tal?	How's it going / What's up?

Las presentaciones	Introductions
Repaso: ¿Cómo te llamas?, Me llamo..., ¿Cómo se llama?, Se llama..., Mucho gusto, Igualmente	
Encantado/a.	Pleased to meet you. / Delighted.
Gusto de verte.	Nice to see you.
Preséntate.	Introduce yourself (*fam. sing.*).
Te presento a.....	I'd like to introduce you to:...

Las personas	People
Repaso: el/la amigo/a, el/la compañero/a de clase, el/la estudiante, el/la profesor(a).	
los Amigos sin Fronteras	Friends without Borders
el/la chico/a	boy/girl
el hombre	man
el/la joven (los jóvenes)	young man/woman (young people)
la madre	mother
el/la mejor amigo/a	best friend
el miembro	member
la mujer	woman
el niño / la niña	boy/girl
el señor	man; Mr.
la señora	woman; Mrs.
la señorita	young lady; Miss
yo, tú, usted, él/ella	I, you (*fam. sing.*), you (*pol. sing.*), he/she
nosotros/as, vosotros/as, ustedes, ellos/ellas	we, you (*fam. pl., Sp.*), you (*pol. pl.*), they
Palabras semejantes: la mamá	

La descripción de las personas	Describing People
Es...	He/She is . . .
alto/a	tall
bajo/a	short
bonito/a	pretty
de estatura mediana	medium height
delgado/a	thin
fuerte	strong
gordo/a	fat
guapo/a	handsome, good-looking
joven	young
moreno/a	brunette; dark-skinned
rubio/a	blond
viejo/a	old
Tiene...	He/She has . . .
barba	a beard
bigote	a mustache
Tiene el pelo...	His/Her hair is . . . (He/She has . . . hair)
canoso/a	white-haired
castaño (negro, rubio)	brown (black, blond)
corto	short
lacio	straight
largo	long
ondulado	wavy
rizado	curly
Palabras semejantes: atlético/a, elegante	

La personalidad	
Es...	He / She is . . .
antipático/a	unpleasant
callado/a	quiet
chico/a	small
mentiroso/a	liar
perezoso/a	lazy
serio/a	serious
simpático/a	nice
tacaño/a	stingy
tímido/a	shy
tonto/a	silly, foolish
trabajador(a)	hardworking
Palabras semejantes; agresivo/a, cómico/a, conservador(a), considerado/a, creativo/a, entusiasta, estudioso/a, famoso/a, generoso/a, filosófico/a, idealista, impulsivo/a, inteligente, materialista, práctico/a, sincero/a, temperamental	

La ropa	
Repaso: ¿Qué ropa llleva(s)? → Llevo... / Lleva... ; el abrigo, las botas, la bufanda, la camisa, la camiseta, la chaqueta, la falda, el gorro, el pantalón, los pantalones, las sandalias, la sudadera, los vaqueros, el vestido, los zapatos de tenis	
¿Qué ropa llevan?	What are they / you (*pol. pl.*) wearing?
las botas de vaquero	cowboy boots
la chaqueta de esquí	ski jacket
la corbata	tie
la gorra	cap
los lentes de sol	sun glasses
el sombrero	hat
el suéter	sweater
el traje	suit

Los verbos	
Repaso: Habla, Hay, Llevo/Lleva/Llevas	
ser (*irreg.*): **soy, eres, es, somos, sois, son**	to be
tengo	I have
tiene(n)	he/she has / you (*pol. sing.*) have (they have / you [*pol. pl.*] have)

Los sustantivos	Nouns
Repaso: la cosa, los lentes (de sol), el modelo, la palabra	
la arroba	@ sign
el centavo	cent
el dibujo	drawing
el lápiz	pencil
la mochila	backpack
el móvil	(mobile) phone, cell(phone)
el papel	paper
el reloj	clock; wrist watch
Palabras semejantes: el arte, el celular, el club, el diálogo, el dólar, familia, el grupo, la personalidad, el precio	

Los adjetivos	Adjectives
alguno/a(s) (algún)	some (*form used before m. sing. noun*)
caro/a	expensive
difícil	difficult
fácil	easy
feo/a	ugly
mucho/a(s)	many, a lot; many (*pl.*)
nuevo/a	new
pequeño/a	small, little
todo/a(s)	all
Palabras semejantes: famoso/a, interesante	

Palabras y expresiones útiles	
Repaso: con, de, en, gracias, mi(s), no, para, tu(s) sí, y	
¿Cuál? / ¿Cuáles?	Which? Which one? / Which ones?
de nada	you're welcome
hoy	today
No soy... ni...	I am not/neither . . . nor . . .
o	or
pero	but
un poco	a small amount, a little bit
sin	without
su(s)	his/her, their (*sing., pl. possessive pronouns*)
también	also

Los números del 30 al 299
treinta, treinta y uno...
cuarenta, cuarenta y dos...
cincuenta, cincuenta y tres...
sesenta... , sesenta y cuatro...
setenta... , setenta y cinco...
ochenta... , ochenta y seis...
noventa... , noventa y ocho...
cien, ciento uno...
ciento diez... , ciento cincuenta...
doscientos... , doscientos doce... , doscientos noventa y nueve

Palabras y expresiones del libro de texto	
Repaso: la actividad, el español	
el capítulo	chapter
el espacio	space
la gramática	grammar
Mandatos (tú)	Commands (*fam., sing.*)
Repaso: Escribe, Escucha, Lee, Mira, Muévete	
Di	Say
Habla	Talk
Palabras semejantes: Completa, Usa	

El abecedario	Alphabet
a **(A)**, be, (be grande) **(B)**, ce **(C)**, de **(D)**, e **(E)**, efe **(F)**, ge **(G)**, hache **(H)**, i (i latina) **(I)**, jota **(J)**, ca **(K)**, ele **(L)**, eme **(M)**, ene **(N)**, eñe **(Ñ)**, o **(O)**, pe **(P)**, cu **(Q)**, ere, erre **(R)**, ese **(S)**, te **(T)**, u **(U)**, uve, (ve chica) **(V)**, doble ve (uve doble) **(W)**, equis **(X)**, ye (igriega) **(Y)**, zeta **(Z)**	

Design elements: (Communication, Connections, Comparisons, Cultures and Communities icons): McGraw Hill Education; (Mundopedia Globe Icon): Kundra/Shutterstock; (Audio icon): Orchid24/Shutterstock; (Cuida tu mundo image): Ekaterina Simonova/Shutterstock; (Sun icon): McGraw Hill Education; (Magazine background): McGraw Hill Education

2 Amigos y compañeros

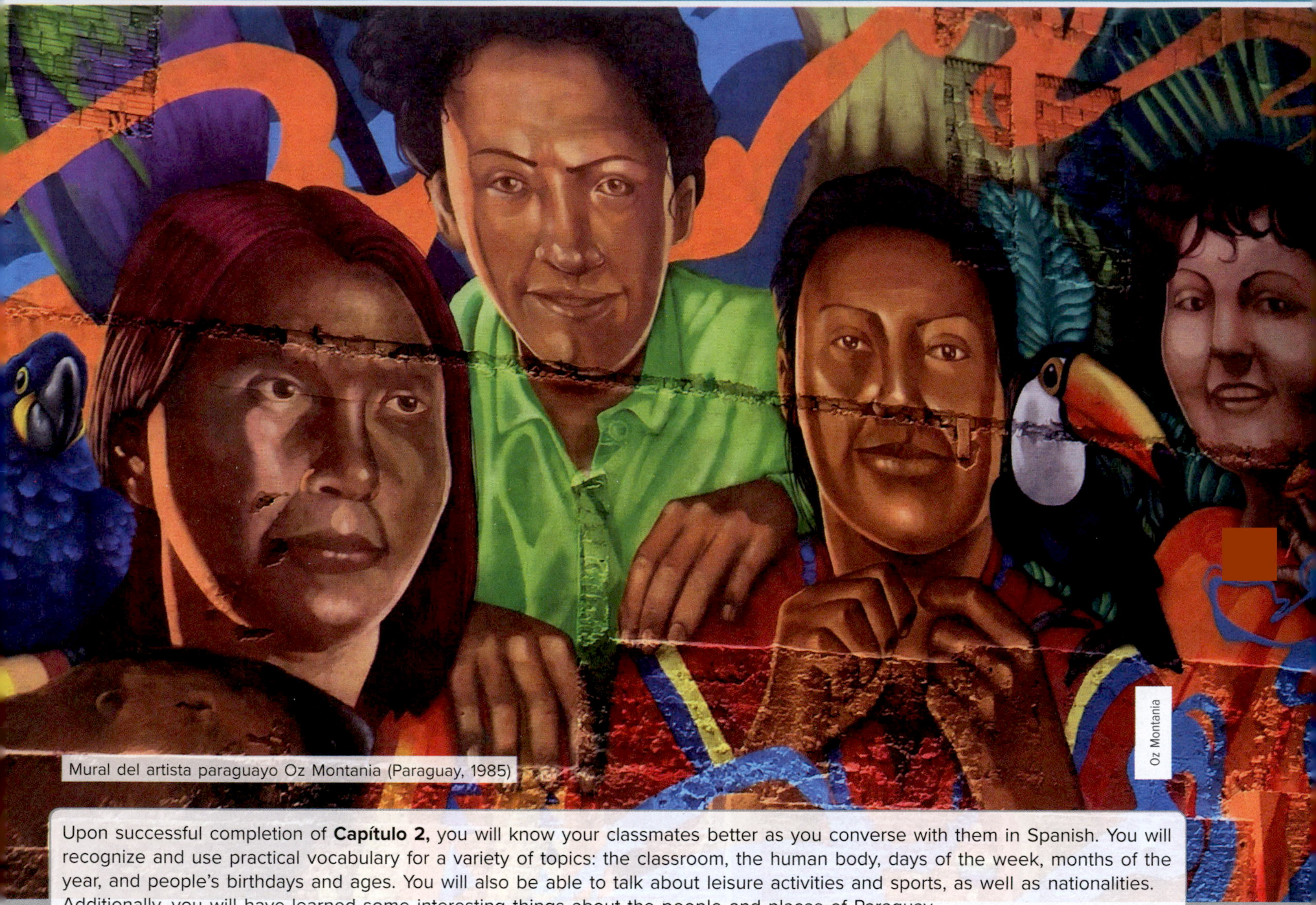
Mural del artista paraguayo Oz Montania (Paraguay, 1985)

Oz Montania

Upon successful completion of **Capítulo 2,** you will know your classmates better as you converse with them in Spanish. You will recognize and use practical vocabulary for a variety of topics: the classroom, the human body, days of the week, months of the year, and people's birthdays and ages. You will also be able to talk about leisure activities and sports, as well as nationalities. Additionally, you will have learned some interesting things about the people and places of Paraguay.

Comunícate

El salón de clase y el cuerpo humano
Los cumpleaños y la edad
Las actividades favoritas
Amigos sin Fronteras
Hablando de los idiomas El árabe y los idiomas indígenas

Exprésate

Escríbelo tú Amigos hispanos
Cuéntanos ¡Describe a tu persona favorita!

Cultura

Mundopedia Los jóvenes paraguayos y la tecnología digital
Palabras regionales Paraguay
Conexión cultural Paraguay, corazón de América
Novela gráfica Episodio 2

Videoteca

Amigos sin Fronteras, Episodio 2 ¡Buenos días, profesor!
Mi país Paraguay
Los actores hablan

Gramática

2.1 Expressing Location: The Verb **estar**
2.2 Expressing Age: The Verb **tener**
2.3 Using **gustar** to Express Likes and Dislikes
2.4 Origin: **ser de**

McGraw Hill connect

PARAGUAY

la bandera de Paraguay
ciudad capital: Asunción
moneda nacional: guaraní

Conócenos

Klic Video Productions/McGraw Hill

Claudia Cuéllar Arapí

Claudia Cuéllar Arapí es paraguaya. Tiene diecinueve años y estudia economía. Claudia nació en Asunción y su cumpleaños es el veintiuno de junio. Sus actividades favoritas son pasar tiempo con los amigos y andar en bicicleta.

Comunícate

En el salón de clase

Lee *Gramática 2.1*

¿Qué hay en el salón de clase?

El salón de clase del profesor Franklin Sotomayor Sosa

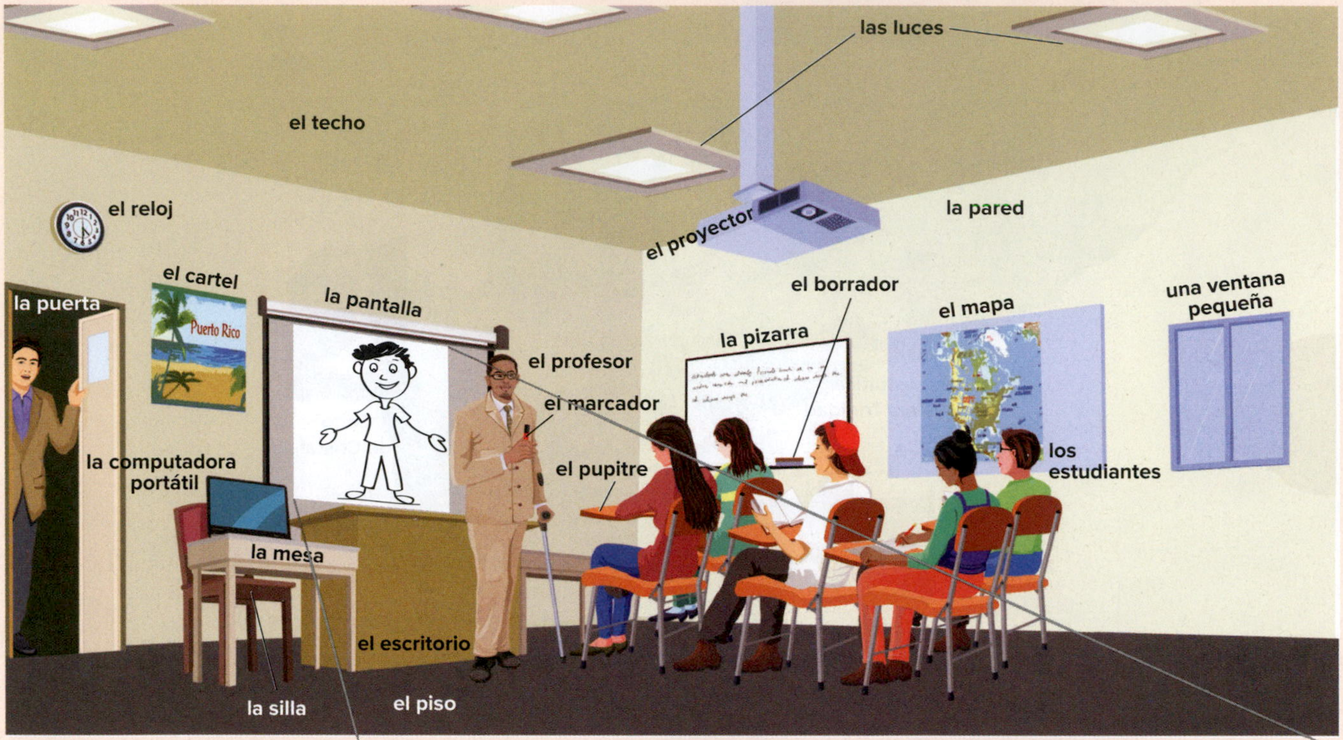

Lengua *Los objetos del salón de clase*

Some classroom objects have other names as well. For example, **bolígrafo** is also called **pluma** and **lapicero.** The standard word for poster in Spanish is **cartel,** but you will also hear **afiche** and **póster.** There are several words for whiteboard: **pizarra** (the most common), **pizarrón, tablero**, and **encerado.**

Gramática *Saying Where Things Are Located*

In Spanish, the following words are used for saying where things are located. Try to identify them as your professor uses them.

al lado (de)	*next to, beside*
debajo (de)	*below*
delante (de)	*in front (of)*
detrás (de)	*behind*
encima (de)	*on top (of)*
entre	*between*
—¿Dónde está la niña?	*Where is the girl?*
—Está **detrás de** la puerta.	*She is behind the door.*

¿Dónde estás, hija?
¡Estoy detrás de la puerta, Mamá!
Kamira/Shutterstock

Actividad 1 ¿Dónde están las cosas?

Mira el dibujo del salón de clase en esta sección. ¿Dónde están las cosas? Marca las respuestas correctas.

1. La computadora portátil está _______.
   a. debajo de la mesa.
   b. encima de la mesa.
   c. al lado de la mesa.
2. El cartel está _______.
   a. al lado de la pantalla.
   b. detrás de la pizarra.
   c. entre la pantalla y la puerta.
3. La pizarra está _______.
   a. al lado del mapa.
   b. detrás del escritorio.
   c. delante de la puerta.
4. La mesa está _______.
   a. detrás del escritorio.
   b. al lado del escritorio.
   c. entre la pizarra y la ventana.

Actividad 2 ¿Qué hay en el salón de clase?

Describe las cosas de tu salón de clase.

MODELOS: En el salón de clase hay *un lápiz amarillo.*
En el salón de clase hay *una computadora pequeña.*

Vocabulario

Colores: **azul, blanco/a, color café, gris, negro/a, rojo/a**

---

complicado/a ≠ simple
fácil ≠ difícil
grande ≠ pequeño/a
interesante ≠ aburrido/a
largo/a ≠ corto/a
moderno/a ≠ antiguo/a
viejo/a ≠ nuevo/a

1. una ventana
2. una pizarra
3. una mesa
4. un reloj
5. un bolígrafo
6. una pantalla
7. un libro
8. un mapa
9. un móvil
10. un cartel

Actividad 3 ¿Quién es?

Mira los dibujos. Escucha la descripción y di quién es.

Juan Fernando Camila el extraterrestre Franklin Nayeli Lucía

Actividad 4 ¡Hay un extraterrestre en tu clase!

Con tu compañero/a, inventen un extraterrestre raro, fantástico o cómico. ¿Cómo se llama el extraterrestre? ¿Cuántos años tiene? ¿Cómo se llama su planeta? Describan su cuerpo y su personalidad.

MODELO:
E1: El extraterrestre se llama _____.
E2: Sí, y tiene una cabeza pequeña, un estómago grande y tres brazos largos. También tiene los ojos verdes y __________.
E1: ¡Y una mano en cada (*each*) brazo y tres dedos en cada mano!
E2: Su planeta se llama _____.

Los cumpleaños y la edad

Lee *Gramática* 2.2

¿Cuándo es tu cumpleaños?

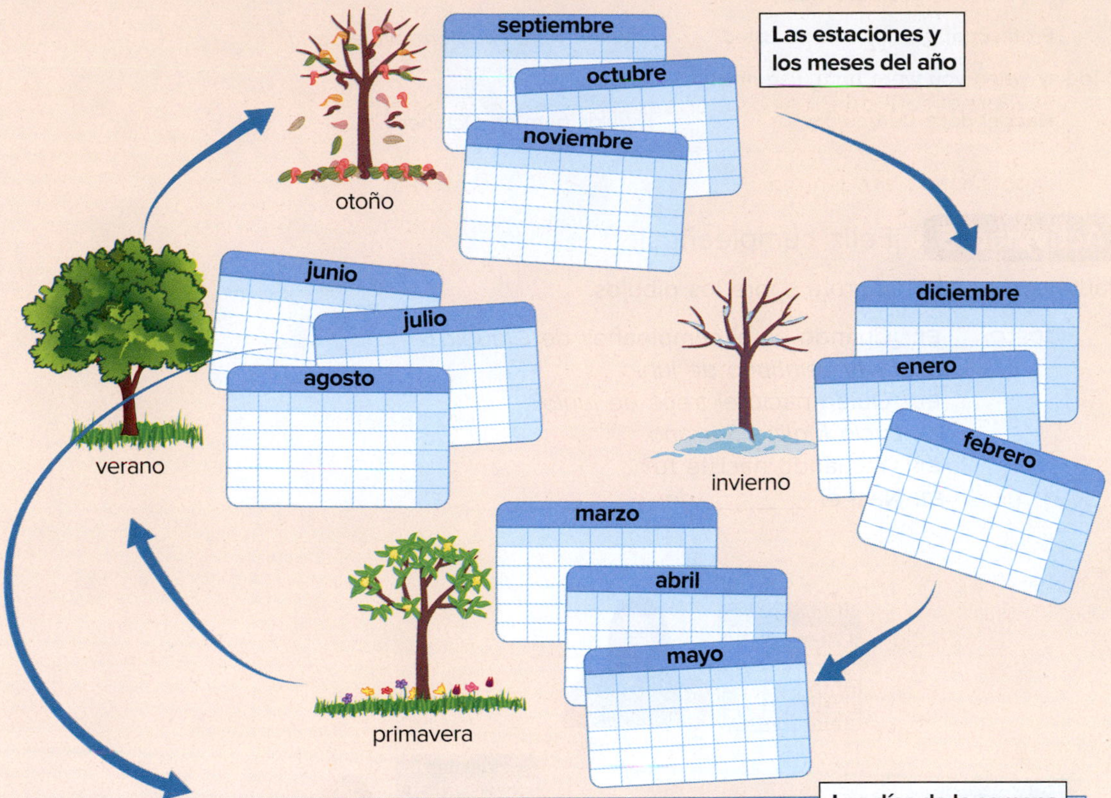

Los días de la semana

junio						
lunes	martes	miércoles	jueves	viernes	sábado	domingo
	1	2	3	4	5	6

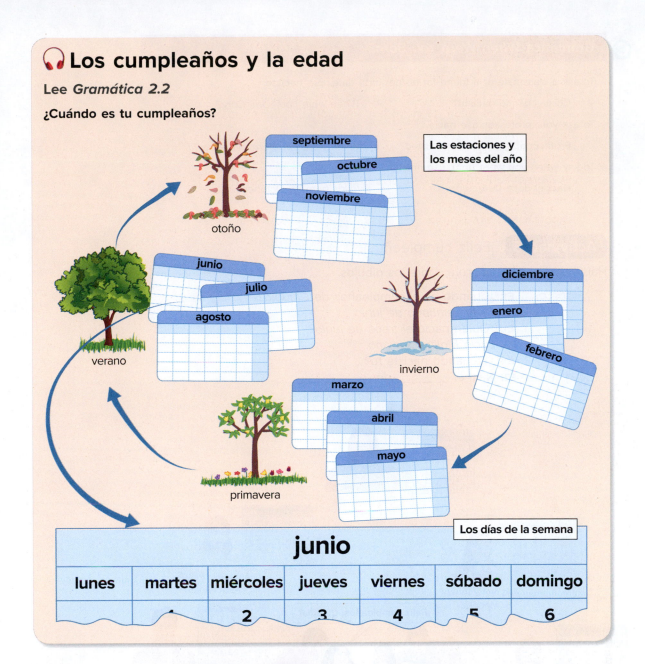

JORGE: ¿Cuándo naciste? (*were you born*)
CLAUDIA: Nací el veintiuno de junio.
JORGE: ¡Hoy es el veintiuno de junio! ¡Feliz cumpleaños, Claudia!

Vocabulario

hoy

mañana

Si hoy es martes, mañana es miércoles.

ayer

Si hoy es martes, ayer fue (*was*) lunes.

pasado mañana

Hoy es viernes y pasado mañana es domingo.

anteayer

Hoy es jueves y anteayer fue (*was*) martes.

Gramática *When Were You Born?*

To ask a classmate or a friend for his/her birth date, use **naciste.**

Cory, ¿cuándo **naciste?**	*When were you born, Cory?*

To ask your professor, use **nació.**

Profesor(a), ¿cuándo **nació** usted?	*When were you born, professor?*

To say when you were born, use **nací.**

Nací el doce de octubre.	*I was born on October 12.*

Actividad 5 ¡Feliz cumpleaños!

Habla con tu compañero/a sobre los dibujos.

MODELO: **E1:** ¿Cuándo es el cumpleaños *de Claudia*?
E2: Es *el veintiuno de junio.*
E1: ¿Quién nació *el trece de junio?*
E2: *Lucía Molina Serrano.*
E1: ¿Y cuándo naciste tú?
E2: Nací *el* _______ de _____________.

Cultura *Un día de mala suerte* (*A Day of Bad Luck*)

In English, Friday the 13th is considered a day of bad luck. But in Spanish, Tuesdays are what to watch out for, especially if they fall on the 13th. A popular Spanish saying warns not to get married or travel on Tuesdays: **El martes ni te cases ni te embarques.**

Actividad 6 ¿Cuántos años tienes?

Conversa con tu compañero/a.

MODELOS:

E1: ¿Cuántos años tienes?
E2: Tengo _____ años.

E1: ¿Y tu mamá?
E2: Mi mamá tiene _____ años.

E1: ¿Cuántos años tiene tu papá?
E2: Él tiene _____ años.

E1: ¿Cómo es tu papá/mamá?
E2: Es *alto/a, delgado/a y muy cómico/a.*

Esta es mi mamá. Se llama Teresa y tiene cuarenta y seis años.
¡Tu mamá es muy joven!

Lengua *Cómo escribir la fecha* (*How to Write The Date*)

In Hispanic countries, the week begins on Monday, not Sunday. Also, the words for days and months are not capitalized.

lunes	Monday
abril	April

When writing the date in Spanish, the order is day, month, and year.

06/11/22 = el seis de noviembre de 2022

When writing the date in Spanish, the month can be written with Roman numerals.

3-III = el tres de marzo

21-VI = el veintiuno de junio

¡A contar! Los números del 300 al 2.000			
trescientos	300	**ochocientos**	800
cuatrocientos	400	**novecientos**	900
quinientos	500	**mil**	1.000
seiscientos	600	**dos mil**	2.000
setecientos	700		

Elizabeth Goodenough/Everett Collection/Alamy Stock Photo

Edward James Olmos, famoso actor y activista chicano

CULTURES CONNECTIONS

Actividad 7 La edad de las personas famosas

En grupos, decidan cuántos años tienen estas personas famosas. Luego, comparen las edades y digan quién es mayor y quién es menor.

MODELO: Shakira nació en 1977, pero Simone Biles nació en 1997. Entonces Shakira es mayor que Simone Biles. (Entonces Simone Biles es menor que Shakira).

1. Beyoncé nació el cuatro de septiembre de 1981. **Edad:** ____
2. Jane Fonda nació el veintiuno de diciembre de 1937. **Edad:** ____
3. Kamala Harris nació el veinte de octubre de 1964. **Edad:** ____
4. Lin-Manuel Miranda nació el dieciséis de enero de 1980. **Edad:** ____
5. Shakira nació el dos de febrero de 1977. **Edad:** ____
6. Taylor Swift nació el trece de diciembre de 1989. **Edad:** ____
7. Billie Eilish nació el dieciocho de diciembre de 2001. **Edad:** ____
8. Betty White nació el diecisiete de enero de 1922. **Edad:** ____
9. Simone Biles nació el catorce de marzo de 1997. **Edad:** ____
10. Edward James Olmos nació el veinticuatro de febrero de 1947. **Edad:** ____
11. Oprah Winfrey nació el veintinueve de enero de 1954. **Edad:** ____
12. Fernando Valenzuela nació el primero de noviembre de 1960. **Edad:** ____

Las actividades favoritas

Lee *Gramática 2.3*

¿Qué les gusta hacer?

A Sebastián le gusta ver videos en línea.

A los estudiantes les gusta salir a bailar.

A Omar y a su amigo les gusta jugar al fútbol.

A Camila le gusta mucho textear a sus amigos.

A Nayeli le gusta montar a caballo.

A Eloy le gusta andar en patineta.

A Juan Fernando le gusta levantar pesas en el gimnasio.

A Sebastián le gusta comer en restaurantes con su compañero Daniel.

Nuestra gente

COMMUNICATION C

Brian Atkinson/Alamy Stock Photo

Ramón Duarte Villalva tiene dieciséis años y es paraguayo.

¿Por qué hay muchas personas en la plaza? ¿Es hoy un día especial?

Sí, hoy es el ocho de diciembre y aquí, en Caacupé (Paraguay), es un día religioso importante. A los paraguayos nos gusta celebrar este día con la familia y los amigos. Ah, y hoy también es el cumpleaños de mi mamá, Inma. A ella le gusta pasear por esta plaza el día de su cumpleaños porque hay muchas personas.

Actividad 8 Mis actividades favoritas

¿Qué te gusta hacer? Responde con **sí, no, mucho** o **¡para nada!**

MODELOS: Generalmente por la noche, me gusta ver la televisión. → Sí.

Durante las vacaciones, me gusta acampar en la montaña. → ¡Para nada!

1. Generalmente por la noche, me gusta...
   - **a.** ver la televisión.
   - **b.** leer un libro.
   - **c.** ver Instagram o Tik Tok.
2. Durante las vacaciones, me gusta...
   - **a.** nadar en una piscina.
   - **b.** acampar en las montañas.
   - **c.** conversar y janguear con mis amigos.
3. Los fines de semana, me gusta...
   - **a.** cenar en restaurantes.
   - **b.** bailar en un club.
   - **c.** ir al cine o al teatro.
4. Cuando estoy con mis amigos, me gusta...
   - **a.** cocinar.
   - **b.** tocar la guitarra / el piano.
   - **c.** pasear / dar un paseo.
5. En la universidad, me gusta...
   - **a.** escuchar a mis profesores.
   - **b.** tomar apuntes.
   - **c.** escuchar música en mi teléfono.
6. Generalmente, por la tarde, me gusta...
   - **a.** practicar un deporte.
   - **b.** descansar.
   - **c.** ir de compras.

Gramática *Morning, Afternoon, or Nighttime*

To say whether something is happening during the morning, afternoon, or nighttime in Spanish, use **por + la mañana/tarde/noche.**

Me gusta hacer ejercicio **por la mañana.**
I like to exercise in the morning.

Actividad 9 Las actividades de los estudiantes

Conversa con tu compañero/a sobre las actividades de estos estudiantes.

MODELOS:
E1: ¿A quién le gusta *jugar al fútbol con sus hijos en el parque*?
E2: A *Omar*.

E1: ¿Cuándo?
E2: *Los domingos*

E1: ¿A *quiénes les gusta nadar en la piscina?*
E2: A *Ángela* y a *sus amigas*.

Nombre(s)	Todos los días le(s) gusta...	Los domingos le(s) gusta...
Sebastián y Daniel	mirar videos y noticias en línea	cocinar juntos
Xiomara	leer novelas latinoamericanas	salir a bailar con un grupo de amigos
Omar	escuchar música ecuatoriana	jugar al fútbol (*soccer*) con sus hijos en el parque
Eloy	ver la televisión, programas de misterio y detectives	andar en patineta cerca de la playa
Camila	textear y ver Instagram y Tik Tok	ir de compras y jugar al tenis
Ángela y sus amigas	nadar en la piscina juntas	ir al cine o al teatro

Vocabulario

comer
comida rápida
deportes
mirar series en maratón

Actividad 10 ¡A conversar!

Conversa con tu compañero/a.

1. ¿Te gusta ver la televisión? ¿Cuáles son tus programas favoritos? ¿Tienes servicio de *streaming*? ¿Te gusta mirar series en maratón?
2. ¿Te gusta comer en restaurantes? ¿Con quién? ¿En qué tipo de restaurante te gusta comer, en los restaurantes elegantes o en los restaurantes de comida rápida? ¿Por qué?
3. ¿Te gusta viajar? ¿Adónde? ¿Con quién?
4. ¿Te gusta escuchar música? ¿Qué tipo de música te gusta (la música clásica, rock, popular, rap, alternativa, indie, jazz, folclórica, etcétera)?
5. ¿Te gusta textear? ¿Te gusta hacer Snapchat y Tik Tok también?

CULTURES COMMUNITIES

Lengua *Un código de texteo*

¿Te gusta textear? Mira este código de texteo que usan algunos jóvenes paraguayos y úsalo con tus amigos de la clase de español. ¡También puedes inventar tu propio (*your own*) código!

bn	bien	**QS?**	¿Quieres salir?
mml	muy mal	**nc**	No sé.
Salu2	Saludos	**grcs**	Gracias.
q tal?	¿Qué tal?	**xam!**	¡Hay examen!
q tpasa?	¿Qué te pasa?	**flz qmple!**	¡Feliz cumpleaños!
xq?	¿Por qué?	**NPH**	No puedo hablar ahora.
NT1G	No tengo un guaraní. (No tengo dinero.)	**M1M**	Mándame un mensaje.

Destino Córdoba Siempre

¿Te gusta hacer las actividades de Río Ceballos? ¿Te gusta andar en bicicleta (nadar, navegar...)? ¿Hay anuncios como este en tu ciudad (pueblo) para atraer a los turistas? ¿Son diferentes o similares al anuncio de Río Ceballos?

Amigos sin Fronteras

Lee *Gramática 2.4*

¿De dónde son los miembros del club?

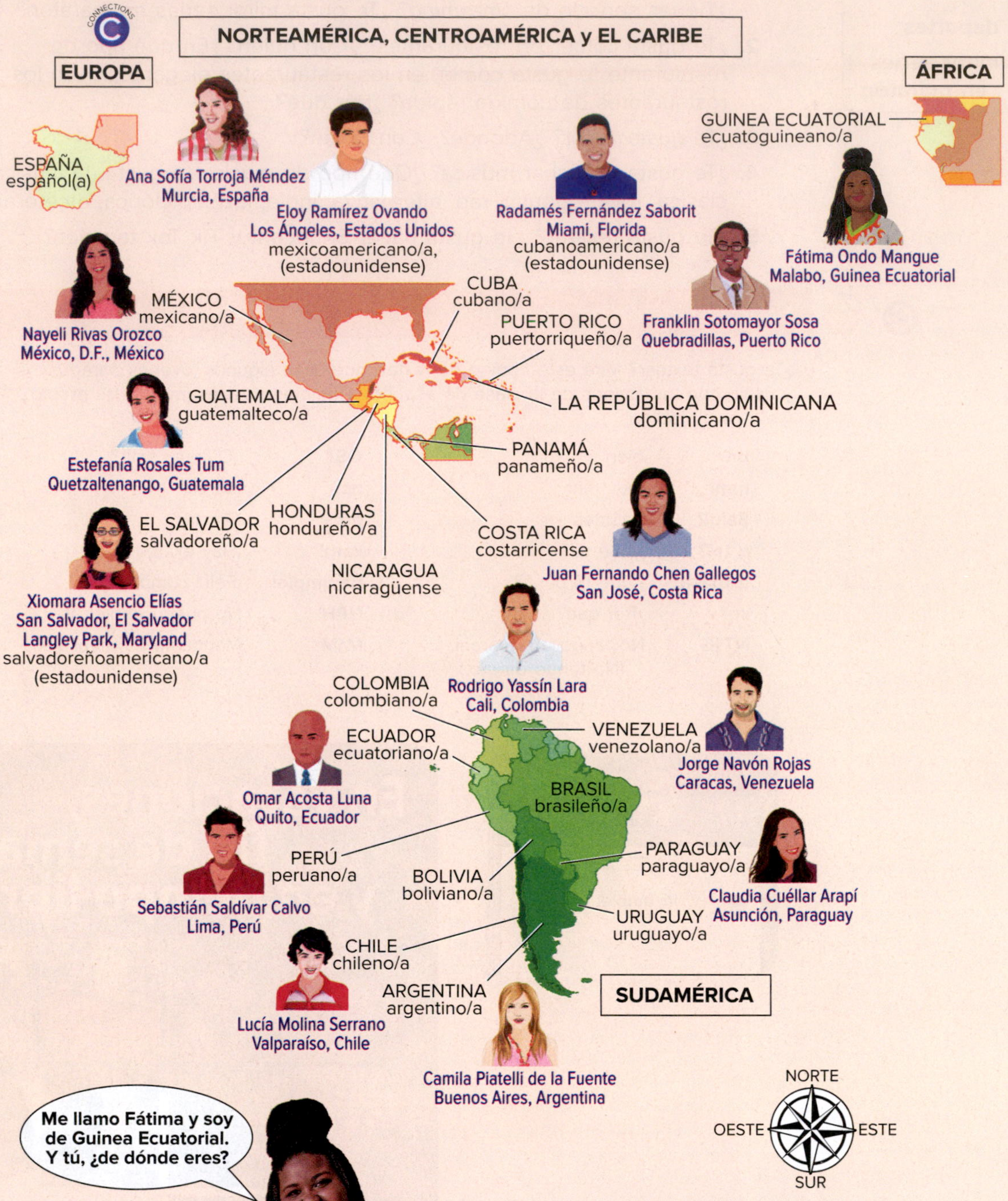

CONNECTIONS
C
NORTEAMÉRICA, CENTROAMÉRICA y EL CARIBE
EUROPA
ESPAÑA
español(a)
Ana Sofía Torroja Méndez
Murcia, España
Eloy Ramírez Ovando
Los Ángeles, Estados Unidos
mexicoamericano/a,
(estadounidense)
Radamés Fernández Saborit
Miami, Florida
cubanoamericano/a
(estadounidense)
ÁFRICA
GUINEA ECUATORIAL
ecuatoguineano/a
Fátima Ondo Mangue
Malabo, Guinea Ecuatorial
MÉXICO
mexicano/a
Nayeli Rivas Orozco
México, D.F., México
CUBA
cubano/a
PUERTO RICO
puertorriqueño/a
Franklin Sotomayor Sosa
Quebradillas, Puerto Rico
LA REPÚBLICA DOMINICANA
dominicano/a
GUATEMALA
guatemalteco/a
Estefanía Rosales Tum
Quetzaltenango, Guatemala
PANAMÁ
panameño/a
EL SALVADOR
salvadoreño/a
HONDURAS
hondureño/a
COSTA RICA
costarricense
NICARAGUA
nicaragüense
Xiomara Asencio Elías
San Salvador, El Salvador
Langley Park, Maryland
salvadoreñoamericano/a
(estadounidense)
Juan Fernando Chen Gallegos
San José, Costa Rica
COLOMBIA
colombiano/a
Rodrigo Yassín Lara
Cali, Colombia
VENEZUELA
venezolano/a
Jorge Navón Rojas
Caracas, Venezuela
ECUADOR
ecuatoriano/a
Omar Acosta Luna
Quito, Ecuador
BRASIL
brasileño/a
PERÚ
peruano/a
Sebastián Saldívar Calvo
Lima, Perú
BOLIVIA
boliviano/a
PARAGUAY
paraguayo/a
Claudia Cuéllar Arapí
Asunción, Paraguay
URUGUAY
uruguayo/a
CHILE
chileno/a
Lucía Molina Serrano
Valparaíso, Chile
ARGENTINA
argentino/a
SUDAMÉRICA
Camila Piatelli de la Fuente
Buenos Aires, Argentina
NORTE
OESTE
ESTE
SUR

Me llamo Fátima y soy de Guinea Ecuatorial. Y tú, ¿de dónde eres?

Igor Alecsander/GettyImages

Lengua *Los países y las nacionalidades*

In Spanish, the names of countries are capitalized, as in English, but adjectives of nationality are not.

argentino/a	Argentinean
mexicano/a	Mexican
paraguayo/a	Paraguayan
Claudia Cuéllar Arapí es de **Paraguay.** Ella es **paraguaya.**	*Claudia Cuéllar Arapí is from Paraguay. She is Paraguayan.*

Actividad 11 Las ciudades capitales del mundo hispano

Consulta los mapas en el libro de texto para completar las oraciones.

1. La capital de Paraguay es _______.
a. La Habana **b.** Santo Domingo **c.** Asunción **d.** Buenos Aires

2. La capital de Venezuela es _______.
a. Bogotá **b.** Tegucigalpa **c.** Caracas **d.** La Paz

3. _______ es la capital de Ecuador.
a. Quito **b.** La Habana **c.** Montevideo **d.** Lima

4. La capital de Chile es _______.
a. Asunción **b.** Bogotá **c.** Santiago **d.** San José

5. _______ es la capital de Nicaragua.
a. Managua **b.** Buenos Aires **c.** Guatemala **d.** Panamá

6. La capital de la República Dominicana es _______.
a. San Salvador **b.** Madrid **c.** Lima **d.** Santo Domingo

¡CUIDA TU MUNDO!

Ekaterina Simonova/Shutterstock

En la colonia de Naranjito, Departamento de San Pedro, Paraguay, hay un grupo de más de cien mujeres indígenas que trabajan[a] en proyectos medioambientales[b] en beneficio de su comunidad. Para ellas es importante la conservación del medio ambiente.[c] Estos proyectos son parte del Programa Pequeñas Donaciones (PPD). Su enfoque[d] es la biodiversidad y su objetivo es tener una vida sostenible.[e]

[a]*work* [b]*environmental* [c]*environment* [d]*focus*
[e]vida... *sustainable life*

Actividad 12 ¿De dónde son... ?

Mira a los miembros del club Amigos sin Fronteras en el mapa de esta sección y conversa con tu compañero/a.

1. **E1:** ¿De dónde es *Nayeli*?
   E2: Es de _______.
2. **E1:** Y *Franklin*, ¿de dónde es?
   E2: Es de _______.
3. **E1:** ¿Cuál es la nacionalidad de *Ana Sofía*?
   E2: Es _______.
4. **E1:** ¿Tienes un amigo de algún país hispano?
   E2: Sí, tengo un amigo (una amiga) de _______. (No, no tengo amigos de países hispanos.)
5. **E1:** ¿Cómo se llama tu amigo/a?
   E2: Se llama _______.

Hablando de los idiomas

EL ÁRABE* Y LOS IDIOMAS INDÍGENAS

Los países hispanos tienen un idioma[a] en común: el español. Pero en el español hay palabras de idiomas indígenas y del árabe. La influencia del idioma árabe en España es muy fuerte. Los árabes ocuparon[b] España por casi ochocientos años y en el español hay muchas palabras de su idioma, como *álgebra, barrio*[c], *alcohol y yogur*.

La papaya y el maíz son de origen taíno.

Las palabras *chocolate, tamal* y *guacamole* vienen (*come*) del náhuatl.

La papa (*potato*) es una comida de la cultura inca y una palabra del quechua.

En el español hay muchas palabras árabes, como por ejemplo, *yogur*.

La palabra *tapioca* viene del guaraní.

En Latinoamérica, hay un gran número de idiomas indígenas. En la región del Caribe, está el taíno o arahuaco, con muchas palabras que hoy usamos, como *papaya, maíz, canoa* y *tabaco*. El idioma indígena que más se habla en México es el náhuatl, la lengua[d] del imperio azteca. Hay muchas palabras del náhuatl en español; por ejemplo *coyote, chocolate, tamal y guacamole*. ¡Pero en México hay 300 idiomas indígenas! En Guatemala y El Salvador, muchas personas hablan dialectos del idioma maya. La palabra *cigarro*,[e] por ejemplo, viene de la palabra maya *siyar*. El quechua es la lengua del imperio inca y se habla en Colombia, Ecuador, Bolivia y Perú. Las palabras *cóndor, puma* y *papa*[f] son del quechua. Y del idioma guaraní —que hablan los bolivianos y los paraguayos—son las palabras *petunia, tapir, tapioca* y *maraca*. En Paraguay, el guaraní es un idioma oficial.

[a]*language* [b]*occupied* [c]*neighborhood* [d]*language* [e]*cigar* [f]*potato*

---

*Note that words for languages in Spanish are not capitalized: **árabe** (Arabic), **maya** (Mayan). You may recall that this same rule applies to days, months, and nationalities: **lunes** (Monday), **febrero** (February), **paraguayo** (Paraguayan).

Exprésate

ESCRÍBELO TÚ

Amigos hispanos

¿Tienes amigos hispanos? ¡Describe uno! ¿Cómo se llama? ¿De dónde es? ¿Cuántos años tiene? Incluye cinco características físicas y tres características de su personalidad. ¿Es alto/a, delgado/a, creativo/a, entusiasta, talentoso/a? Si no tienes amigos hispanos, inventa uno. Escribe tu composición en el *Cuaderno de actividades* o en Connect.

CUÉNTANOS

¡Describe a tu persona favorita!

Describe su apariencia física y un poco de su personalidad. ¿Cómo se llama? ¿Qué edad tiene? ¿Cómo es? ¿Es joven? ¿Es alto/a o bajo/a? Puedes usar el vocabulario del **Capítulo 1** también para tu descripción. ¿Qué te gusta hacer con esa persona? Usa la siguiente tabla para organizar tus ideas y luego... ¡a conversar!

Mi persona favorita se llama ______________.

	MI PERSONA FAVORITA
¿Cómo se llama?	**Se llama...**
¿De dónde es?	Es de... (*país/estado*).
¿Cuándo es su cumpleaños?	Su cumpleaños es el... de... (*día y mes*).
¿Cuántos años tiene?	Tiene... años.
Descripción física	Es...
Descripción de su personalidad	Es...
¿Qué (no) le gusta hacer?	(No) Le gusta...

Cultura

Mundopedia

Los jóvenes paraguayos y la tecnología digital

DOS GENERACIONES

En Paraguay, como en todo el mundo, hay dos generaciones de jóvenes que **se caracterizan** por su edad, sus gustos y su uso del Internet. El grupo más joven es el de la generación Z, que nace **a partir de** 1997. El otro grupo es el de los *millennials* o milenios, que nacen entre 1981 y 1996. Los dos grupos tienen varias características en común; por ejemplo, su dependencia de la tecnología digital.

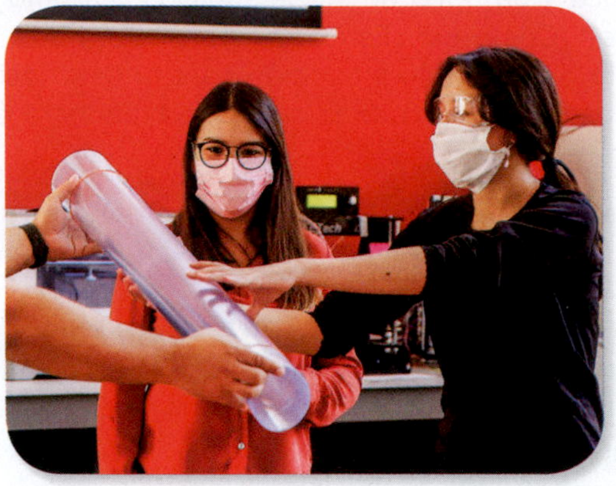

Nathalia Aguilar/EFE/Newscom

Jóvenes milenias paraguayas que ayudan durante la pandemia

Vocabulario de consulta

se caracterizan	are characterized
a partir de	starting
encuestas	surveys
muestran	(they) show
redes sociales	social media
aplicaciones	apps
películas	movies
ha creado	has created
proveer	provide
ayuda	help
inventaron	invented
ascensores	elevators
sin tocar ningún botón	without touching any buttons

EL USO DEL INTERNET ENTRE LOS JÓVENES

Varias **encuestas** en Paraguay **muestran** que a los jóvenes paraguayos de la generación Z y de la generación de los milenios les gusta usar el Internet para escuchar música, informarse, conectarse a las **redes sociales** y, en los días de pandemia, para tomar sus clases en línea. A estos chicos también les gusta jugar con **aplicaciones** y ver **películas** y series en plataformas de *streaming*. Pero no todos los jóvenes paraguayos tienen acceso al Internet por razones económicas, especialmente en áreas rurales. El cuarenta y ocho por ciento (48%) de los chicos de estas dos generaciones no tiene computadora. Afortunadamente, el gobierno paraguayo **ha creado** un plan para **proveer** conectividad y computadoras a todas las escuelas del país.

LA TECNOLOGÍA Y LA CREATIVIDAD

La tecnología digital es muy importante y necesaria cuando las circunstancias (como las restricciones del Covid-19) limitan los contactos sociales. A algunos jóvenes paraguayos, la pandemia les presenta la oportunidad de ser creativos y ofrecer **ayuda**. Un buen ejemplo es el de cuatro hermanos de Asunción que en julio de 2020 **inventaron** un sistema para reducir el contagio viral en los **ascensores**. Los inventores son Sofía Domaniczky Rein (veintiún años de edad) y sus hermanos, Nicolás (veintitrés años), Fernando (diecinueve años) y Santiago (dieciséis años). Gracias a este invento, es posible llamar ascensores **sin tocar ningún botón**. ¡Es una invención muy práctica!

COMPRENSIÓN

Contesta las preguntas.

1. ¿Cuál es el primer año de nacimiento (*year of birth*) de la generación Z? ________
2. ¿Cuáles son los años de nacimiento de la generación de los milenios? ________
3. ¿Para qué usan los jóvenes paraguayos el Internet? Menciona cuatro actividades. ____
4. ¿Qué oportunidad presenta la pandemia del Covid-19 para los jóvenes paraguayos? ________________________
5. ¿Cuál es el invento de los cuatro hermanos Domaniczky Rein? ________________________

Palabras regionales: Paraguay	
acarasy*	hangover
yiyi	girl, young woman
julepe	a big scare
pororó*	popcorn

CONEXIÓN CULTURAL

PARAGUAY, CORAZÓN[a] DE AMÉRICA

Hay muchos datos interesantes sobre Paraguay. Por ejemplo, ¿sabías que el noventa por ciento de los paraguayos son mestizos? Los mestizos son personas de ascendencia[b] indígena y ascendencia europea. Lee la lectura «Paraguay, corazón de América» en el *Cuaderno de actividades* o en Connect y ¡descubre muchos datos más!

[a]*heart* [b]*ancestry*

*palabras de origen guaraní

EL MENSAJE DE YARIA Episodio 2: En la clase

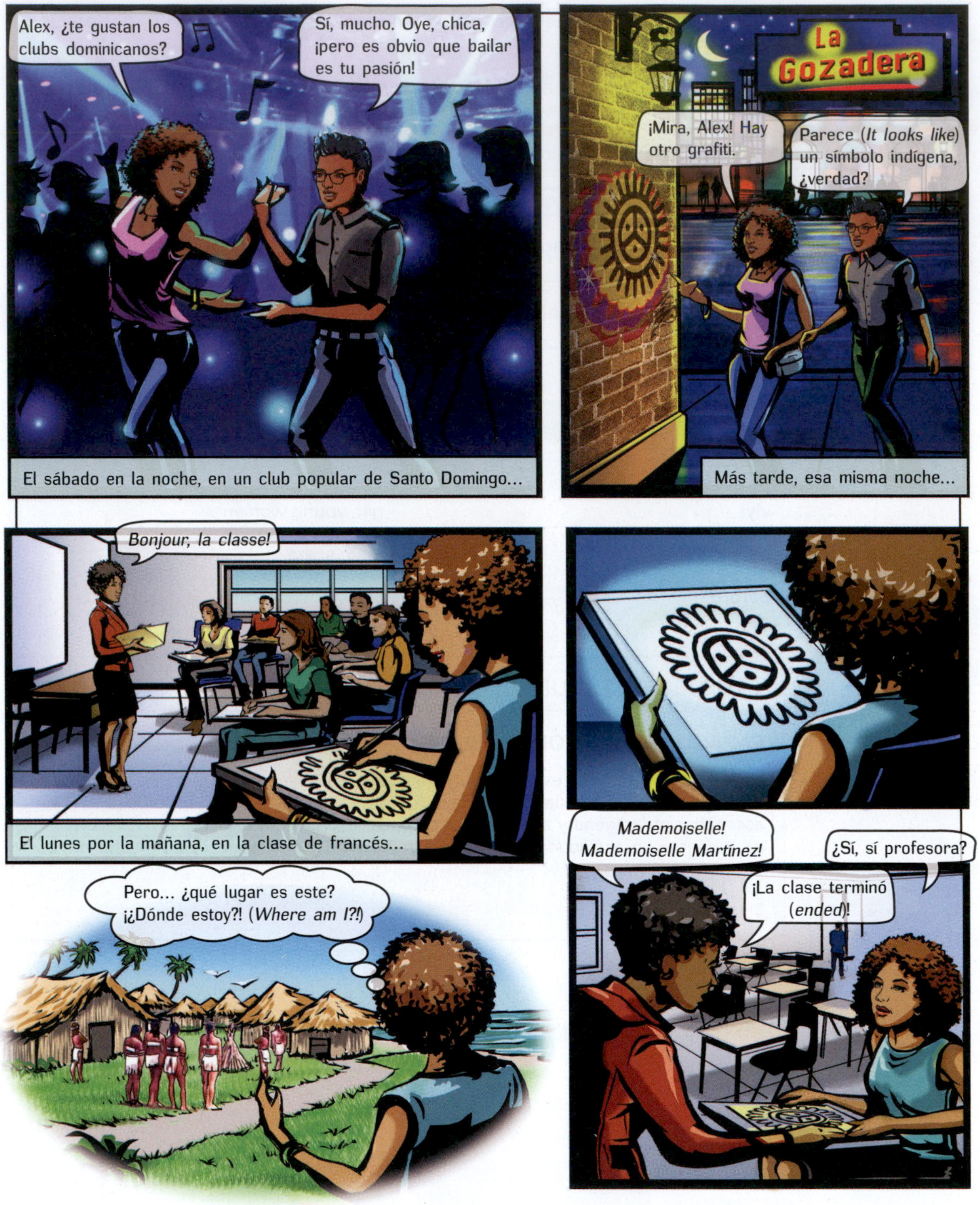

Videoteca

Amigos sin Fronteras

Episodio 2: ¡Buenos días, profesor!

Klic Video Productions/McGraw Hill

Klic Video Productions/McGraw Hill

Klic Video Productions/McGraw Hill

Resumen

Claudia and Eloy are reading e-mail messages from students who want to join the **Amigos sin Fronteras** club. Two days later, they meet new member Ana Sofía Torroja, who is from Spain. Ana Sofía tells Claudia and Eloy about her Puerto Rican friend Franklin Sotomayor, a professor at the College of Alameda who wants to join the club. Ana Sofía has a surprise in mind for Franklin.

Mi país PARAGUAY

Heeb Christian/Prisma by Dukas Presseagentur GmbH/Alamy Stock Photo

J.Enrique Molina/Alamy Stock Photo

Resumen

Claudia talks about some exciting places in her country, including her favorite one.

Klic Video Productions/McGraw Hill

Klic Video Productions/McGraw Hill

Los actores hablan

Preguntas

¿Cuál es la parte más expresiva del cuerpo?

¿De dónde son ustedes?

Klic Video Productions/McGraw Hill

Klic Video Productions/McGraw Hill

Klic Video Productions/McGraw Hill

Gramática

You will learn other uses of the verb **estar** in **Capítulo 5.**

Note that, like the verb **ser** (**Gramática 1.1**) the verb **estar** also has two forms for *you*: **(tú) estás** and **usted está.** In fact all verbs in Spanish make a distinction between these two forms of *you.* You will learn more about forms of address in **Gramática 3.3.**

2.1 Expressing Location: The Verb **estar**

You already know the verb **estar** (*to be*) when used in greetings.

—¿Cómo estás?	*How are you?*
—Estoy bien, gracias.	*I'm fine, thank you.*

You can also use **estar** to locate people and objects.

—¿Dónde está el profesor Sotomayor?	*Where is Professor Sotomayor?*
—Está en clase.	*He's in class.*
—Eloy, ¿dónde está tu móvil?	*Eloy, where is your phone?*
—Está en mi carro.	*It's in my car.*

Here are the present tense forms of the irregular verb **estar.**

estar	
(yo) est**oy**	*I am*
(tú) est**ás***	*you (fam. sing.) are*
(usted, él/ella) est**á**	*you (pol. sing.) are; he/she is*†
(nosotros/as) est**amos**	*we are*
(vosotros/as) est**áis**	*you (fam. pl., Sp.) are*
(ustedes, ellos/as) est**án**	*you (pl.) are; they are*

Ejercicio 1

Di dónde están los objetos y las personas.

MODELO: El profesor *está* en el salón de clase.

1. Yo __________ en la universidad.
2. Los estudiantes __________ en su clase de español.
3. Eloy __________ al lado de Claudia.
4. El teléfono __________ encima de la mesa.
5. Xiomara y Camila __________ detrás de Rodrigo.
6. Ángela y yo __________ en la fiesta del club Amigos sin Fronteras.
7. ¿Por qué (tú) no __________ en tu pupitre?
8. Los libros __________ debajo de la silla.

*For recognition only: **vos estás. Vos** is a regional variant of informal singular address used in Argentina, Uruguay, Paraguay, and some parts of Chile, as well as most of Central America. Other Spanish-speaking countries use **tú.** Spanish speakers from regions that use **vos** understand the use of **tú,** and if you travel to or live in areas where **vos** is used, you will soon acquire this form.

†Remember that there is no Spanish equivalent for the English subject pronoun *it.* The third-person verb form conveys the meaning of *it* as well as of *he* or *she.*

2.2 Expressing Age: The Verb **tener**

In English, the verb *to be* (*am, is, are*) is used for telling age (*I am 21 years old*), but in Spanish the verb **tener** (*to have*) is used. To ask about age, use the question **¿Cuántos años… ?** (*How many years . . . ?*) with a form of the verb **tener.**

> In **Gramática 3.1** you will learn more uses of the verb **tener.**
>
> Note that, like the verb **estar** (**Gramática 2.1**) the verb **tener** also has two forms for *you*: **(tú) tienes** and **usted tiene.**

—Profesor Sotomayor, **¿cuántos años tiene** usted?	*Professor Sotomayor, how old are you?*
—**Tengo** veintiocho (años).	*I'm 28 (years old).*

The verb **tener,** like the verb **ser**, is classified as an irregular verb because of changes in its stem. However, the endings that attach to the stem are regular.*

tener	
(yo) tengo	*I have*
(tú) tienes†	*you (fam. sing.) have*
(usted, él/ella) tiene	*you (pol. sing.) have; he/she has*
(nosotros/as) tenemos	*we have*
(vosotros/as) tenéis	*you (fam. pl., Sp.) have*
(ustedes, ellos/as) tienen	*you (pl.) have; they have*

Ejercicio 2

> The number **uno** shortens to **un** before masculine nouns.
>
> En el salón de clase hay cuarenta y **un** pupitres.
>
> Mi madre tiene cincuenta y **un** años.
>
> Mi amigo tiene veinti**ún** años.

Escribe la edad de estas personas.

MODELO: Claudia Cuéllar Arapí / diecinueve → Claudia *tiene diecinueve años.*

1. Radamés Fernández Saborit / veinticuatro
2. Rodrigo Yassín Lara / veintisiete
3. Yolanda Lara (mamá de Rodrigo) / cincuenta y cuatro
4. Sebastián Saldívar Calvo / dieciocho
5. Eduardo Saldívar (papá de Sebastián) / cuarenta y cinco
6. Omar Acosta Luna / veintinueve
7. Mi papá y el amigo de mi papá / cincuenta y uno (cincuenta y un)
8. Mi amigo y yo / treinta y tres
9. Mi profesor / sesenta y dos

---

*See **Gramática 3.3** for more information on verb stems.

†Alternative form for recognition only: **vos tenés.**

Ejercicio 3

Mira los dibujos y escribe la edad de estas personas. Usa palabras para expresar los números.

MODELO: Alfredo Cuéllar tiene __________. → cuarenta y nueve (en 2023)

Alfredo Cuéllar, papá de Claudia (n. 1974)

1. Teresa Arapí, mamá de Claudia (n. 1977)
2. Claudia Cuéllar Arapí (n. 2004)
3. Franklin Sotomayor Sosa (n. 1995)
4. don Rafael Sotomayor, abuelo (*grandfather*) de Franklin (n. 1935)
5. Ángela McNeil Mendívil, club Amigos sin Fronteras (n. 1981)

2.3 Using **gustar** to Express Likes and Dislikes

A. ***Gustar* + infinitive**

The Spanish verb **gustar** expresses the meaning of the English verb *to like*. Its literal translation is *to be pleasing*. Just as in English, you can express liking a thing (noun) or an activity (verbal form). When speaking about a favorite activity, the verb form that follows **gustar** is always an infinitive, such as **hablar, aprender** (*to learn*), or **vivir** (*to live*).

Me **gusta** estudiar español. *I like to study Spanish.* (*Studying Spanish is pleasing to me.*)

You may have noticed that in this structure the subject is what is liked: the person, object, or action that is pleasing to someone. The following table shows the pronouns used with **gustar** to express *to whom* something is pleasing (the person who likes). The pronouns precede **gusta(n)** in this structure.

me	*to me*	nos	*to us*
te	*to you* (tú; vos)	os	*to you* (vosotros/as, *Sp.*)
le	*to you* (usted), *to him/her*	les	*to you* (ustedes), *to them*

—¿Qué **te gusta** hacer en verano? — *What do you (fam. sing.) like to do in the summer?*

—**Me gusta** nadar en el mar. — *I like to swim in the ocean.*

—¿Qué **les gusta** hacer por la noche? — *What do you (pl.) like to do at night?*

—**Nos gusta** mucho leer. — *We really like to read.*

Since **le** can refer to *you* (**usted**), *him*, or *her*, and **les** can refer to *you* (**ustedes**) or *them*, the prepositional phrase **a** (*to*) + *noun/pronoun* is often used to clarify to whom the pronoun refers: **a mi papá, a Juan, a los estudiantes, a ellos.** The prepositional phrase is used in addition to the pronoun **le** or **les.**

A Omar le gusta pasar tiempo con la familia. — *Omar likes to spend time with his family.*

—¿**A usted le** gusta ver telenovelas? — *Do you like to watch soap operas?*

—No, no **me** gusta. — *No, I don't like to.*

—¿**Les** gusta escuchar música a los estudiantes? — *Do students like to listen to music?*

—Sí, **a ellos les** gusta mucho. — *Yes, they like it very much.*

B. Gustar + **noun**

Gustar is used with nouns to express likes and dislikes when referring to people, places, or things.

Me **gusta** el té pero no me **gusta** el café. — *I like tea, but I don't like coffee.*

A mis hijos les **gustan** mucho los perros. — *My children like dogs a lot.*

A Fátima no le **gustan** los gatos. — *They don't like cats.*

Me **gusta** mucho esta piscina. — *I really like this (swimming) pool.*

¿Te **gusta** la música de Shakira? — *Do you like Shakira's music?*

If the person, place, or thing that is liked (the grammatical subject of **gustar** in this structure) is singular, use the singular form of **gustar: gusta.** If the noun liked is plural, use the plural form of **gustar: gustan. OJO: gustar** does not become plural even if two activities (infinitives) are liked.

Lengua *¡Es muy importante!*

In the Hispanic world, the word OJO is used to indicate that something is particularly important.

Me **gusta** esa bicicleta roja. — *I like that red bicycle.* (lit., *That red bicycle **is pleasing** to me.*)

Me **gustan** esas dos bicicletas. — *I like those two bicycles.* (lit., *Those two bicycles **are pleasing** to me.*)

A Omar le **gusta** el té verde. — *Omar likes green tea.* (lit., *Green tea **is pleasing** to Omar.*)

A Camila le **gustan** los vinos argentinos. — *Camila likes Argentinean wines.* (lit., *Argentinean wines **are pleasing** to Camila.*)

A nosotros nos **gusta** nadar y jugar al tenis. — *We like to swim and play tennis.* (lit. *Swimming and playing tennis **are pleasing** to us.*)

The following table includes examples of the verb **gustar** with all pronouns and with both infinitives and nouns.

Me gusta leer y mirar series en maratón.	*I like to read and binge watch series.*
Me gusta mi nuevo móvil.	*I like my new phone.*
Me gustan las novelas de ciencia ficción.	*I like science fiction novels.*
Te gusta textear a tus amigos.	*You like to text your friends.*
¿**Te gustan** los deportes?	*Do you like sports?*
Le gusta el carro azul.	*He/She likes* (*You* [*pol. s.*] *like*) *the blue car.*
Nos gustan los perros y los gatos.	*We like dogs and cats.*
¿**Os gusta** visitar sitios históricos?	*Do you like to visit historical sites?*
Les gusta jugar al básquetbol y levantar pesas.	*They/You* (*pol. pl.*) *like to play basketball and lift weights.*

Ejercicio 4

Completa cada diálogo con **me, te, le, nos** o **les.**

MODELO: —Omar, ¿qué *les* gusta hacer a tu esposa y a ti?
—*Nos* gusta mucho jugar con nuestros hijos.

1. —Camila, ¿_________ gusta jugar al ráquetbol?
—No, no _________ gusta mucho.
2. —Xiomara, ¿_________ gusta viajar?
—Sí, _________ gusta mucho pero no tengo dinero.
3. —Eloy y Claudia, ¿a ustedes _________ gusta dar fiestas?
—Sí, _________ gusta mucho dar fiestas para el club Amigos sin Fronteras.
4. —Omar, ¿a tu esposa _________ gusta cocinar?
—Sí, a ella _________ gusta cocinar pero solamente para la familia.
5. —Claudia, ¿qué _________ gusta hacer a tus amigos y a ti (a ustedes)?
—A nosotros _________ gusta mucho bailar y escuchar música.
6. —Ángela, ¿a tus hijos _________ gusta jugar al fútbol americano?
—A ellos _________ gusta jugar un poco.

Ejercicio 5

A. Mira los dibujos y di qué (no) les gusta hacer a los amigos del club Amigos sin Fronteras.

1. A Eloy _____ mucho _____ blogs.

2. A Claudia y a su amigo _____.

3. A los hijos de Omar _____ con su perro Jefe.

4. A Camila no _____ los platos.

5. A Xiomara _____ novelas.

Vocabulario

bailar	
cocinar	
escribir	to write
escuchar	
jugar	
lavar	to wash
leer	

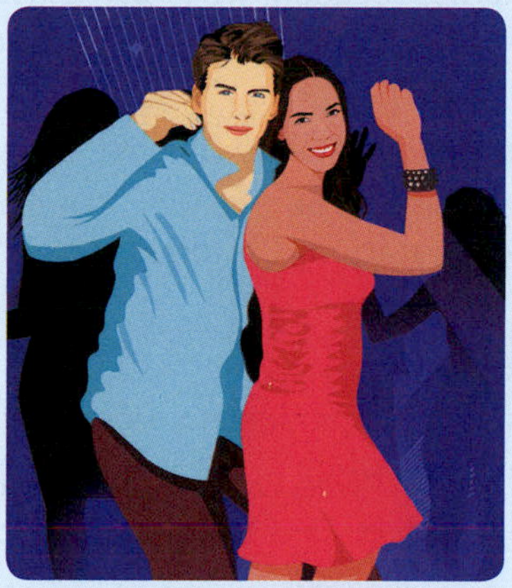

B. Ahora completa las oraciones para decir qué cosas les gustan a estos amigos. Usa **le gusta(n)** o **les gusta(n).**

1. A Claudia _________ mucho las canciones de Billie Eilish.

2. A Omar y a Eloy _________ el gimnasio de la universidad.

3. A Camila _________ las películas de Gael García Bernal.

4. ¿_________ el fútbol a Eloy?

5. A Fátima _________ mucho todas sus clases.

2.4 Origin: ser de

A. A form of the verb **ser** (*to be*) followed by **de** (*from, of*) can specify origin. The following questions show you how to ask where someone is from.

—Nayeli, ¿**de dónde es** Camila Piatelli de la Fuente?	*Nayeli, where is Camila Piatelli de la Fuente from?*
—**Es de** Argentina.	*She is from Argentina.*
—Y tú, ¿**de dónde eres**?	*And where are you from?*
—**Soy de** México.	*I am from Mexico.*

As you know, **ser** can be followed directly by an adjective of nationality (see **Gramática 1.3**).

—Sr. Sotomayor, ¿**es** usted dominicano?	*Mr. Sotomayor, are you Dominican?*
—No, **soy** puertorriqueño.	*No, I am Puerto Rican.*

B. Two verbs in Spanish correspond to the English verb *to be*. **Estar** can be used to express location, while **ser** is used with **de** to tell where someone is from.

Ana Sofía **es de** España, pero este año **está en** los Estados Unidos.	*Ana Sofía is from Spain, but this year she is in the United States.*
Omar y Marcela **son de** Ecuador, pero ahora **están en** California.	*Omar y Marcela are from Ecuador, but now they are in California.*

Ejercicio 6

Di de dónde son estas personas y dónde están ahora.

MODELO: Nayeli Rivas Orozco: México (Berkeley) → Nayeli es de México, pero ahora está en Berkeley.

1. Omar Acosta Luna y Marcela Arellano Macías: Ecuador (Los Ángeles)
2. Juan Fernando Chen Gallegos: Costa Rica (Nueva York)
3. Estefanía Rosales Tum: Guatemala (Santo Domingo)
4. Claudia Cuéllar Arapí: Paraguay (España)
5. Sebastián Saldívar Calvo: Perú (México)

¿Recuerdas?

In **Gramática 1.1** you saw how the verb **ser** is used to identify people and things, whereas the verb **estar** is used to locate people and objects (**Gramática 2.1**). Review these verbs and their conjugations now, if necessary.

Lo que aprendí

At the end of this chapter, I can:

- ☐ ask questions about birthdays and age in Spanish.
- ☐ describe classroom objects and say where they are located.
- ☐ describe people's physical characteristics, personality, and nationality.
- ☐ talk about parts of the body.
- ☐ talk about the location of things.
- ☐ talk about my favorite activities and those of others.

Now I also know a lot more about:

- ☐ Paraguay.
- ☐ indigenous languages of the Hispanic world.
- ☐ ecological projects in Paraguay.

Vocabulario

Las cosas en el salón de clase	Things in the Classroom
Repaso: el bolígrafo, el cuaderno, el lápiz, el libro, la mochila, el móvil, el reloj, el papel, la silla	
¿Qué es esto?	What is this?
Es un lápiz (una silla).	It's a pen (chair).
el borrador	eraser
el cartel	poster
la computadora (portátil)	laptop (computer)
el escritorio	(office) desk
el libro de texto	textbook
la luz (*pl.* las luces)	light
el marcador	marker
la mesa	table
la pantalla	screen
la pared	wall
el piso	floor
la pizarra	(chalk)board; whiteboard
la puerta	door
el pupitre	classroom desk
el salón (de clase)	classroom
la silla	chair
el techo	ceiling
la ventana	window
Palabras semejantes: el mapa, el proyector	

¿Dónde está(n)... ?	Where is (are) . . . ?
al lado (de)	to the side (of)
cerca (de)	close (to)
debajo (de)	below, under, underneath
delante (de)	in front (of)
detrás (de)	behind
encima (de)	on top (of)
entre	between

The chapter **Vocabulario** includes thematic and comprehension vocabulary that will help you understand and converse with native speakers. **Palabras semejantes** are cognates, words that have the same meaning, and often the same spelling, as their counterparts in English. Spanish and English share a great many cognates, and this will make learning Spanish easier for you.

El cuerpo humano	The Human Body
la boca	mouth
el brazo	arm
la cabeza	head
la cara	face
el cuello	neck
el dedo	finger
la espalda	back
el estómago	stomach
el hombro	shoulder
la mano	hand
la nariz	nose
el ojo	eye
la oreja	ear
el pie	foot
la pierna	leg

Los cumpleaños y los meses del año	Birthdays and Months of the Year
¿Cuándo es tu/su cumpleaños?	When is your (*fam./pol. sing.*) birthday?
¿Cuándo naciste / nació usted?	When were you (*fam./pol.*) born?
Nací el ocho de enero.	I was born on January 8.
Naciste/Nació el primero de julio.	You (*fam. sing*) were born / You (*pol. sing.*) were (he/she was) born on July first.
¡Feliz cumpleaños!	Happy birthday!

Las estaciones y los meses del año	Seasons and Months of the Year
el otoño	fall
el invierno	winter
la primavera	spring
el verano	summer
Los meses del año: enero, febrero, marzo, abril, mayo, junio, julio, agosto, septiembre, octubre, noviembre, diciembre	

La edad	Age
¿Cuántos años tiene(n)?	How old is he/she (are they)?
¿Cuántos años tienes / tiene usted?	How old are you (*fam./pol.*)?
Soy / Es mayor/menor que...	I am / He/She is (You [*pol., sing.*] are) older/younger than . . .
Tengo... años.	I am . . . years old.
Tiene... años.	He/She is (You [*pol. sing.*] are) . . . years old.
Tienen... años.	They / You (*pol. pl.*) are . . . years old.

Los días de la semana	Days of the Week
lunes	Monday
martes	Tuesday
miércoles	Wednesday
jueves	Thursday
viernes	Friday
sábado	Saturday
domingo	Sunday
el fin de semana	weekend
el jueves	on Thursday
los jueves	on Thursdays

¿Cuándo?	When?
Repaso: del... al	
anteayer	day before yesterday
ayer	yesterday
durante	during
mañana	tomorrow
pasado mañana	day after tomorrow
por la mañana	in the morning
por la noche	at night
por la tarde	in the afternoon
¿Qué día es hoy?	What day is today?
Hoy es el quince de febrero.	Today is February 15th.
¿Qué día es mañana?	What day is tomorrow?
Mañana es martes.	Tomorrow is Tuesday.
todos los días	every day

El origen y las nacionalidades	
¿De dónde eres (tú) / es usted?	Where are you (*fam./pol.*) from?
Soy de...	I am from . . .
¿De dónde es/son?	Where is he/she (are you [*pol. sing.*]) / are they/you (*pol. pl.*) from?
Es/Son de...	He/She is (You [*pol. sing.*] are) / They/You (*pol. pl.*) are from . . .
el país (hispano)	(Hispanic) country

Las nacionalidades: argentino/a, boliviano/a, brasileño/a, chileno/a, colombiano/a, costarricense, cubano/a, cubanoamericano/a, dominicano/a, ecuatoguineano/a, ecuatoriano/a, español(a), estadounidense, guatemalteco/a, hondureño/a, latinoamericano/a, mexicoamericano/a, nicaragüense, panameño/a, panamericano/a, paraguayo/a, peruano/a, puertorriqueño/a, salvadoreño/a, salvadoreñoamericano/a, uruguayo/a, venezolano/a

Las regiones y los países: África, Argentina, Bolivia, Brasil, el Caribe, Centroamérica, Chile, Colombia, Costa Rica, Cuba, Ecuador, El Salvador, España, Europa, Guatemala, Guinea Ecuatorial, Honduras, México, Nicaragua, Norteamérica, Panamá, Paraguay, Perú, Puerto Rico, la República Dominicana, Sudamérica, Uruguay, Venezuela

Los lugares	Places
la ciudad (capital)	(capital) city
la montaña	mountain
el mundo	world
la playa	beach
Palabras semejantes: el gimnasio, el parque, el planeta	

Las actividades favoritas	Favorite activities
¿Que te gusta hacer?	What do you (*fam. sing.*) like to do?
Me gusta...	I like to . . .
¿Qué le gusta hacer?	What do you (*pol. sing*) / does he/she like to do?
Le gusta...	You (*pol. sing*) like to... / He/She likes to...
acampar	to camp
andar (*irreg.*) **en patineta**	to skateboard
bailar	to dance
cenar	to eat dinner/supper
cocinar	to cook
comer (en restaurantes)	to eat (out)
dar (*irreg.*) **un paseo**	to go for a walk
descansar	to rest
escuchar música	to listen to music
hacer (*irreg.*)	to do; to make
hacer Snapchat	to Snapchat
ir (*irreg.*)	to go
ir al cine (al teatro)	to go to the movies (to the theater)
ir de compras	to go shopping
ir de vacaciones	to go on vacation
janguear (con) (*slang*)	to hang out/spend time (with)
jugar (*irreg.*) **al fútbol / al tenis**	to play soccer / tenis
leer	to read
leer las noticias (en línea)	to read the news (on line)
leer novelas	to read novels

levantar pesas	to lift weights
mirar	to watch, look at
mirar series en maratón	to binge watch
montar a caballo	to ride a horse/horseback
nadar	to swim
nadar en una piscina	to swim in a pool
pasear	to stroll, go for a walk
practicar (un deporte)	to play/practice (a sport)
salir (*irreg.*) **a bailar**	to go out dancing
textear	to text
tocar la guitarra (el piano)	to play the guitar (the piano)
ver (*irreg.*)	to see, watch
ver deportes	to watch sports
ver televisión	to watch television
ver videos	to watch videos
viajar	to travel

Los verbos	
estar (*irreg.*)	to be
llevar	to take
tener (*irreg.*)	to have
tomar apuntes	to take notes
Palabras semejantes: completar, conversar	

Los sustantivos	
la comida rápida	fast food
el extraterrestre	alien, extraterrestrial
Palabras semejantes: el detective, el misterio, la música (jazz, rap, rock) el papá, el programa, el servicio, el teléfono, el tipo	

Los adjetivos	
Repaso: algún, alguno/a(s), caro/a, difícil, fácil, interesante, mucho/a(s), pequeño/a	
aburrido/a	bored
antiguo/a	old; ancient
este, esa / estos, estas	this / these
feliz (*pl.* **felices)**	happy
grande (gran)	large, big
juntos/as	together
mismo/a	same
raro/a	strange
Palabras semejantes: alternativo/a, clásico/a, complicado/a, correcto/a, fantástico/a, favorito/a, folclórico/a, popular, moderno/a, rápido/a, simple	

Los números del 300 al 2.000
trescientos, cuatrocientos, quinientos, seiscientos, setecientos, ochocientos, novecientos, mil, dos mil

Palabras y expresiones útiles	
Repaso: ¿Cuál?, ¿Cuáles?, más	
¿Adónde?	To where?
cada	each
entonces	so, then
generalmente	generally
luego	then, afterwards
¡para nada!	not at all!
¿Por qué?	Why?
que	that, who (*pronoun*)
sobre	about

Palabras y expresiones del libro de texto	
el dibujo	drawing
la oración	sentence
si	if
Los mandatos (tú)	Commands (*fam. sing.*)
Repaso: Completa, Di, Escribe, Escucha, Habla, Lee, Mira	
Palabras semejantes: Consulta, Conversa, Describe, Responde	
Los mandatos (ustedes)	Commands (*pol. pl.*)
Repaso: Escriban, Miren	
Digan	Say
Palabras semejantes: Decidan, Describan	

Design elements: (Communication, Connections, Comparisons, Cultures and Communities icons): McGraw Hill Education; (Mundopedia Globe Icon): Kundra/Shutterstock; (Audio icon): Orchid24/Shutterstock; (Cuida tu mundo image): Ekaterina Simonova/Shutterstock; (Sun icon): McGraw Hill Education; (Magazine background): McGraw Hill Education

3 Las actividades en familia

Pedro Figari (Uruguay, 1861–1938), *Pericón*

Upon successful completion of **Capítulo 3,** you will be able to: talk about your family tell time, describe daily activities and places, as well as talk about the weather and seasons. Additionally, you will have learned about some interesting places and people from Argentina and Uruguay.

Comunícate

- **En familia**
- **La hora**
- **Las actividades y los lugares**
- **El tiempo**
- **Hablando del tiempo** Las estaciones del año en el mundo

Exprésate

- **Escríbelo tú** Actividades típicas
- **Cuéntanos** En el verano y en el invierno

Cultura

- **Mundopedia** Argentina y Uruguay: Un tapiz de relaciones humanas
- **Palabras regionales** Argentina y Uruguay
- **Conexión cultural** ¡A tomar mate!
- **Novela gráfica** Episodio 3

Videoteca

- **Amigos sin Fronteras, Episodio 3** Una noche de juegos
- **Mi país** Argentina y Uruguay
- **Los actores hablan**

Gramática

- **3.1** Possession: **tener, ser de,** and Possessive Adjectives
- **3.2** Telling Time: **¿Qué hora es? ¿A qué hora (es)... ?**
- **3.3** Present Tense of Regular **-ar, -er,** and **-ir** Verbs
- **3.4** Demonstratives

McGraw Hill connect

ARGENTINA Y URUGUAY

la bandera de Argentina
ciudad capital: Buenos Aires
moneda nacional: el peso

la bandera de Uruguay
ciudad capital: Montevideo
moneda nacional: el peso

Conócenos

Purestock/SuperStock

Camila Piatelli de la Fuente

Camila Piatelli de la Fuente es argentina. Tiene dieciocho años y es estudiante de psicología. Su cumpleaños es el tres de marzo. Sus padres y su hermana menor, Antonella, viven en Buenos Aires. Sus actividades favoritas son salir a bailar, jugar al tenis, cocinar y textear a sus amigos.

Comunícate

En familia

Lee *Gramática 3.1*

¿Es grande o pequeña tu familia?

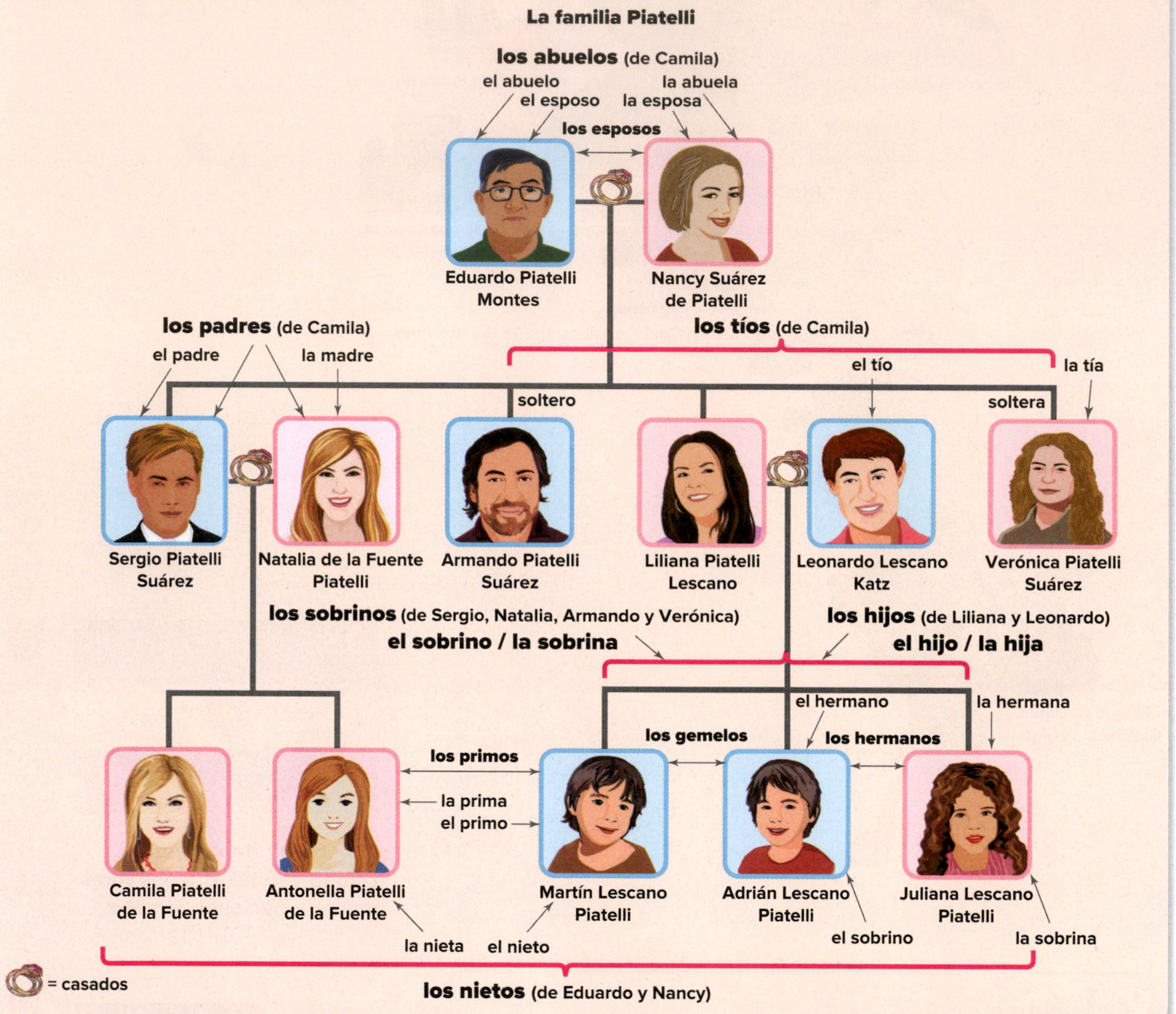

Gramática *Relatives*

The plural **hermanos** can include sisters as well. It is the same with all members of the family: **padres (padre/papá y madre/mamá), hijos (hijos e hijas), abuelos (abuelo y abuela), tíos (tío y tía), primos (primo y prima), sobrinos (sobrino y sobrina).**

Cultura *La familia hispana*

En general, las familias hispanas son grandes y muy unidas.[a] A veces, en una casa viven varios miembros de la familia: los padres con sus hijos, los abuelos y, en algunos casos, también los sobrinos. Hay hogares[b] donde viven las madres o los padres solteros con el resto de la familia. Y también hay otros tipos de familias no tradicionales.

[a]*close* [b]*homes*

Actividad 1 La familia Piatelli

A. ¿Cierto o falso? Contesta según (*according to*) el dibujo.

1. La esposa de Leonardo se llama Liliana.
2. Eduardo y Nancy tienen cuatro hijos: tres hijos y una hija.
3. Natalia es hermana de Sergio.
4. Armando está casado con su compañero Lucas.
5. Juliana y Adrián son idénticos porque son hermanos gemelos.
6. Verónica es soltera y tiene cinco sobrinos.
7. Nancy tiene cinco nietos en total, dos nietos y tres nietas.
8. Juliana no tiene primas.
9. Sergio y Natalia son los padres de Camila y Antonella.
10. Los abuelos de Martín y Adrián se llaman Sergio y Natalia.

B. Trabaja con tu compañero/a para hacer y contestar preguntas según el dibujo.

MODELO: **E1:** ¿Cómo se llama *el hermano de Sergio, Liliana y Verónica?*
E2: Se llama *Armando*.
E1: ¿Cuántos *hermanos* tiene *Juliana?*
E2: Tiene dos.

Consejo Publicitario Argentino

Este anuncio es parte de una campaña (*campaign*) del Consejo Publicitario Argentino (*Argentinean Ad Council*) para promover las relaciones familiares y usar menos el Internet.

COMPARISONS

Gramática *Possession*

Note that Spanish does not express possession by adding an apostrophe (').

Mary's father El padre **de** Mary

Mary's father

El padre **de** Mary

Actividad 2 ¿De quién es... ?

Contesta las preguntas según los dibujos.

MODELOS: ¿De quién es *el libro*?
Es de *Ángela*.

¿Quién tiene *dos gatos*? ¿Cómo son?
Andrés. Un gato es anaranjado y el otro es gris y negro.

1. ¿De quién son los trajes nuevos? ¿De qué color son?
2. ¿Quién tiene dos libros? ¿Cómo son (los libros)?
3. ¿Quiénes tienen bicicletas nuevas?
4. ¿De quién son los perros? ¿Cómo son?
5. ¿De quién es el coche nuevo? Descríbelo.
6. ¿Quién tiene un vestido de fiesta? ¿Cómo es?

Actividad 3 Mi familia y mis mascotas

Charla con tu compañero/a sobre tu familia y tus mascotas.

1. —¿Cómo te llamas?
   —Me llamo ________.
2. —¿Cuántos hermanos (primos, tíos, abuelos, nietos) tienes?
   —Tengo ______ hermano(s) (primo[s], abuelo[s], nieto[s]).
3. —¿Eres casado/a o soltero/a? ¿Tienes hijos?
   —Soy _______. Tengo ______ hijos. (No, no tengo hijos.)
4. —¿Tienes mascota(s)?
   —Sí, tengo un(a) ________ perro (gato, pájaro, pez, tortuga). (No, no tengo mascota.)
5. —¿Cómo se llama tu mascota? / ¿Cómo se llaman tus mascotas?
   —Se llama(n)_________.

La hora

Lee *Gramática 3.2*

¿Qué hora es?

Es medianoche.

Son las once menos veinte de la noche.

Son las tres menos veinticinco.

Son las siete y seis (minutos).

Es la una y media.

Es mediodía.

Son las once y cuarto de la mañana.

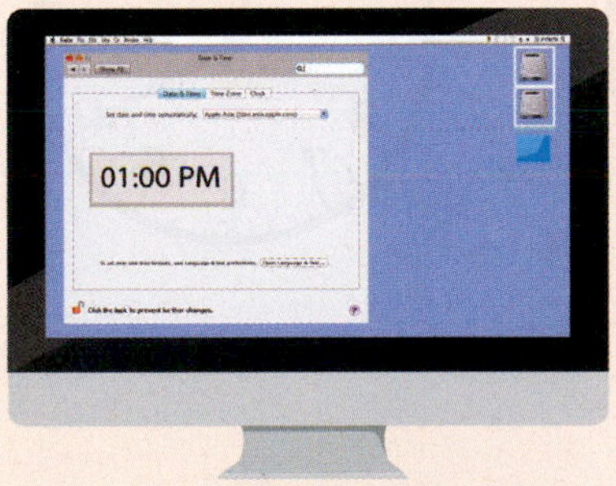

Es la una de la tarde.

Son las diez menos diez (minutos).

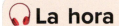

—Oye, Fátima, por favor dime qué hora es.
—Es casi medianoche.
—¡Ya es tarde!

Actividad 4 ¿Qué hora es?

Indica la hora que corresponde a cada reloj.

1.

2.

3.

4.

5.

6.

a. Son las cinco y cuarto.
b. Son las dos menos veinte.
c. Son las seis menos cuarto.
d. Es la una y cinco.
e. Son las once y veinte.
f. Son las doce en punto.

HOLA, ¿NOTAN ALGO?
SÍ, QUE NO ES AUTOMÁTICO, SUMERGIBLE, LUMINOSO NI CON CALENDARIO COMO EL DE MI PAPÁ

Actividad 5 La hora alrededor del mundo

Di qué hora es en la ciudad que menciona tu profesor(a). Luego, hazle preguntas (*ask him/her questions*) a tu compañero/a, según el modelo.

MODELO: **E1:** ¿Qué hora es en _________?
E2: Es la _________. / Son las _________.

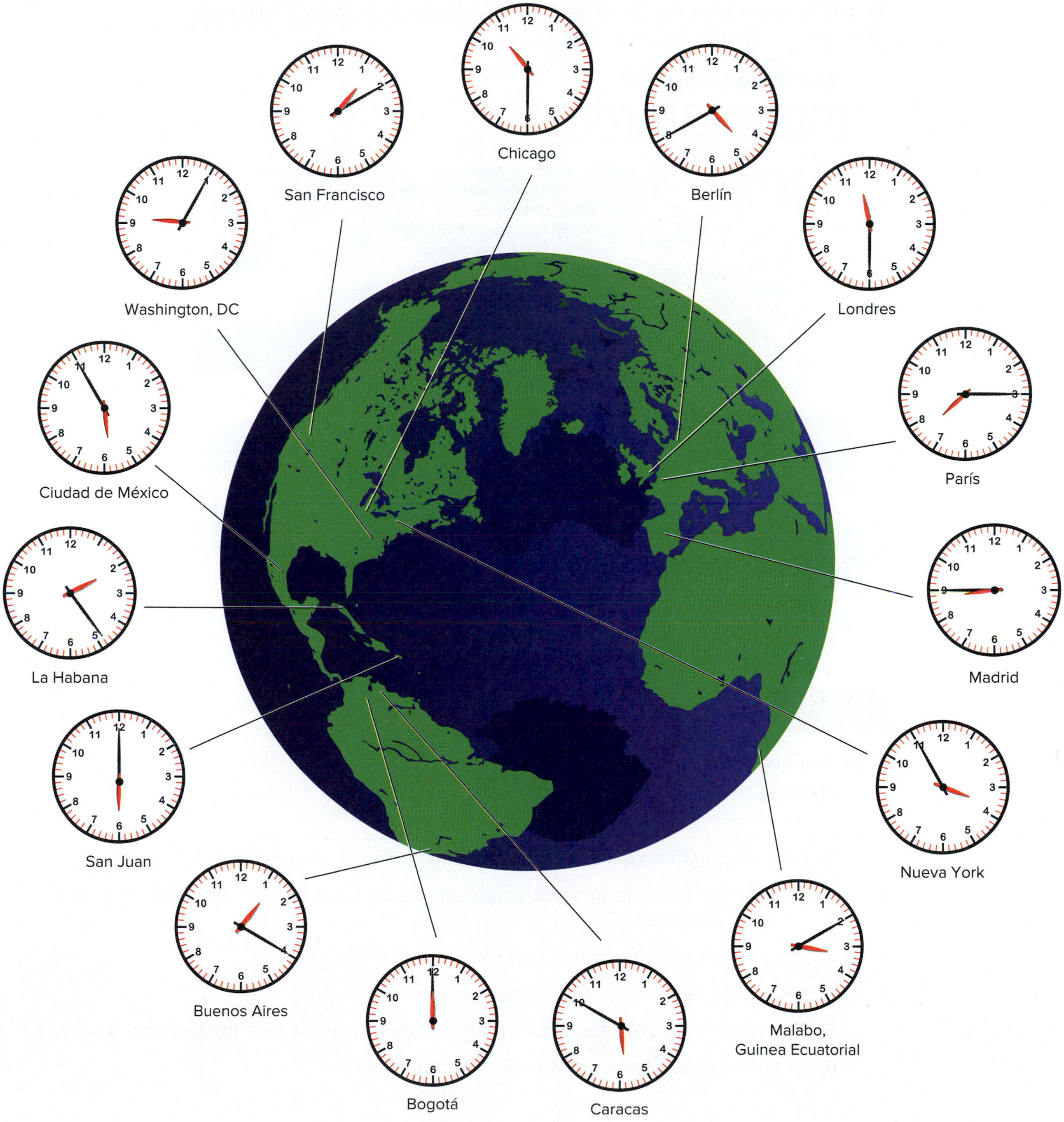

Cultura *El reloj de veinticuatro horas*

En muchos países hispanos se usa el reloj de veinticuatro horas. Después del mediodía (12:00), la una es las 13:00, las dos son las 14:00, las tres son las 15:00, etcétera. La medianoche es a las 00:00 y a las 00:00 comienza el día. (Lee la explicación en **Gramática 3.2B.**)

Actividad 6 El canal TNU de Uruguay

Mira la programación del Canal de Televisión Nacional Uruguay (TNU) para el viernes y contesta las preguntas.

TNU PROGRAMACIÓN

L M M J **V** S D

Digital Archive Japan/Alamy Stock Photo

Vocabulario

¿A qué hora es... ?	**Es a la / a las...**
vez (veces)	**se presenta**

1. ¿Hay un programa para los niños? ¿Cómo se llama? ¿A qué hora es?
2. ¿A qué hora es el programa *Buscadores*? ¿Se presenta también a otra hora? ¿Cuántas veces se presenta?
3. ¿A qué hora es el programa *Luces en la ciudad*?
4. Si te gusta cocinar, ¿qué programa hay para ti (*for you*)?
5. Si te gustan los deportes, ¿qué programa hay para ti? ¿A qué hora se presenta?
6. ¿A qué hora termina la transmisión del canal TNU?

Las actividades y los lugares

Lee *Gramática 3.3, 3.4*

¿Qué hace la familia Acosta?

Todos los días Omar toma café y lee el periódico en el patio.

Por la mañana los Acosta desayunan juntos.

07:45 AM

Omar y los niños salen de la casa a las ocho menos cuarto. Omar lleva a sus hijos a la escuela y luego él va al trabajo.

Omar limpia la casa por la tarde.

Por la mañana Marcela hace la compra en el supermercado.

Por la tarde Omar, Marcela y sus hijos juegan al fútbol en el parque.

Por la noche Marcela descansa y lee una novela.

ES UN DÍA DE PRIMAVERA EN EL PARQUE.
Aquellos chicos andan en moto.
Aquellas personas hacen senderismo.
Esos amigos hacen un picnic debajo de ese árbol.
Estos niños andan en bici.
Esa señora lee una novela.
Esos chicos juegan al fútbol.
Este señor toma una siesta.
Estás aquí.

Vocabulario

aquí / acá
allí / allá

Actividad 7 Las actividades diarias

Di quién hace las actividades y cuándo.

MODELOS: **E1:** ¿Quién trabaja en una librería?
E2: Juan Fernando.

E1: ¿Cuándo cena Marcela con su esposo?
E2: Los viernes por la noche.

¿Quién? → ¿Cuándo?	Juan Fernando Chen Gallegos; San José, Costa Rica	Marcela Arellano Macías; Quito, Ecuador	Radamés Fernández Saborit; Berkeley, California
los lunes por la mañana	Asiste a clases en la Universidad de Costa Rica.	Corre cuatro kilómetros en el parque.	Toma café en la cafetería de la universidad.
los miércoles por la tarde	Trabaja en la librería de la universidad.	Prepara la cena.	Va a la biblioteca para estudiar.
los viernes por la noche	Sale a bailar con su novia en un club.	Cena con su esposo en un restaurante en el centro.	Toca la guitarra con el grupo (musical) Cumbancha.
los sábados por la mañana	Levanta pesas en el gimnasio.	Anda en bicicleta con sus hijos.	Desayuna con sus compañeros del club Amigos sin Fronteras.
los domingos por la tarde	Va al cine con su novia.	Almuerza con toda la familia.	Hace su tarea en casa.

Nuestra gente

Azul Images/Getty Images

Aneta Gu/Shutterstock

María Alejandra y su esposo viven en Buenos Aires, Argentina.

¿Qué hacen los fines de semana? Y, ¿qué es el mate?

Los domingos a la hora del almuerzo nos reunimos con toda la familia en la casa de mis padres aquí en Buenos Aires. Después nos gusta mucho venir a este parque y tomar mate.

El mate es una bebida muy popular en Argentina y en Uruguay. Es un tipo de té que se prepara en un recipiente[a] especial que también se llama *el mate*. ¿Quieres[b] beber un poco de mate? ¡Pruébalo![c]
Lee más en **Conexión cultural.**

[a]*container* [b]*Do you want* [c]*Try it!*

Actividad 8 Un día en la vida de Camila

Narra el día típico de Camila, primero con tu profesor(a) y después con tu compañero/a.

Vocabulario

¿A qué hora... ?	**primero**	**luego**
A la(s)...	**después**	**finalmente**
por la mañana/tarde/noche	**más tarde**	**por último**

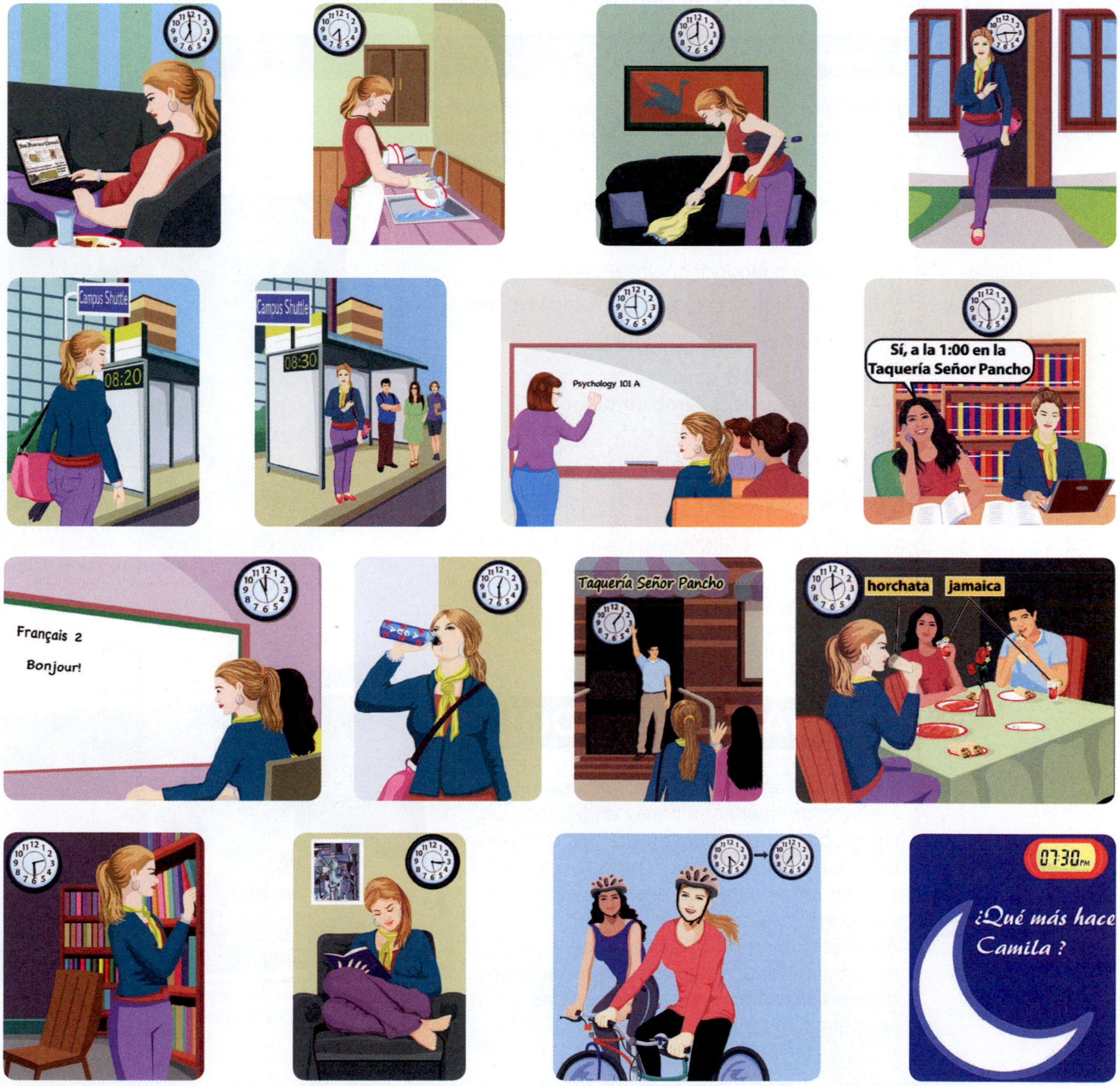

Actividad 9 ¿Con qué frecuencia?

Di con qué frecuencia haces estas actividades durante la semana.

Vocabulario

siempre	**de vez en cuando**
con frecuencia	**(casi) nunca**
a veces	

MODELO: **E1:** *Casi nunca* lavo el carro. ¿Y tú?
E2: Lavo el carro *de vez en cuando*.

Gramática *El verbo* ver

Note that the **yo** form of **ver** is irregular, with an added **-e.**

Veo partidos de fútbol (*football games*) los fines de semana.

1. Veo la televisión por la noche.
2. Ceno con la familia.
3. Texteo cuando manejo el carro.
4. Como algo en el carro, un sándwich, por ejemplo.
5. Miro películas en mi tableta.
6. Lavo el carro.
7. Hago ejercicio aeróbico o yoga.
8. Preparo la cena.
9. Escucho música en el móvil mientras estudio.
10. Veo un Tik Tok.

Thinkstock Images/Comstock Images/Getty Images

Este muchacho y su perro juegan al fútbol en el parque.

CONNECTIONS C

¡CUIDA TU MUNDO!

Huertizate[a] es un programa que estimula la creación de huertas[b] urbanas en Montevideo. Un grupo de activistas ofrece talleres[c] para enseñar a las personas a producir comida en pequeños espacios urbanos y así tener una dieta más saludable.[d] Y en Buenos Aires el gobierno de la capital tiene el programa Manos a la Tierra[e] que también ofrece talleres para fomentar[f] huertas en los patios, las terrazas y los balcones.

Ekaterina Simonova/Shutterstock

[a]*Get Your Garden On* [b]*vegetable gardens* [c]*workshops* [d]*healthy* [e]*Earth* [f]*encourage*

Actividad 10 ¿Qué hacen estas personas?

Empareja los dibujos con las actividades de la lista. **OJO:** Hay más actividades que dibujos.

MODELO: Eloy, Rodrigo y Sebastián *hacen snowboard*.

Vocabulario

anda(n) en patineta
baila(n) en las fiestas
hace(n) snowboard
juega(n) videojuegos
lava(n) el carro
lee(n) una novela por la noche
nada(n) en la piscina
trabaja(n) los sábados
va(n) a la playa en verano
va(n) al cine los sábados
ve(n)/mira(n) la televisión
viaja(n) a España en vacaciones

Eloy, Rodrigo y Sebastián...

1. Claudia...

2. Camila y Antonella...

3. Xiomara...

4. Omar...

5. Rodrigo, Nayeli y Lucía...

6. Ana Sofía...

7. Sebastián y su compañero...

El tiempo

¿Qué tiempo hace?

Es invierno y hace mucho frío.

Es primavera y hace fresco.

Es verano y hace mucho calor.

Es otoño y hace viento.

Hace mal tiempo.

Hace sol. / Hace buen tiempo.

Está nublado.

Llueve. / Está lloviendo.

Nieva. / Está nevando.

Siri, ¿cuál es la temperatura mínima esta noche en Bariloche?
La mínima esta noche es de un grado centígrado bajo cero. La máxima durante el día es de doce grados centígrados.
Entonces hace mucho frío en la noche, pero hace fresco durante el día.

ESB Professional/Shutterstock

Ana Laura

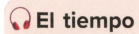

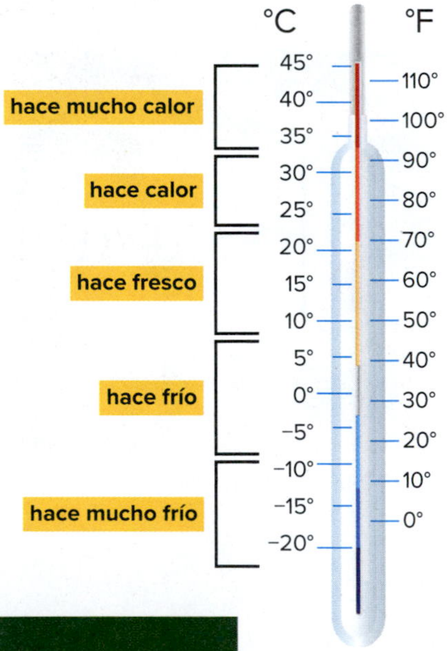

Cultura *Los grados centígrados*

Para hablar de la temperatura en español usamos grados (°): 12°C = doce grados (centígrados). Si[a] hace mucho frío, lo expresamos así: −7°C = siete grados/centígrados bajo cero.

[a]*If*

Javier Perini CM/Image Source

¿Cuándo te gusta ir a las montañas, en verano o en invierno? (San Carlos de Bariloche, Argentina)

Actividad 11 Las estaciones y el clima

Lee estas descripciones y di qué estación representa cada una: **la primavera, el verano, el otoño** o **el invierno.**

1. Muchos estudiantes tienen vacaciones. La gente viaja. Hace calor y buen tiempo para ir a la playa.
2. Hace frío y en algunos lugares nieva. Mucha gente esquía o hace snowboard.
3. En algunos lugares llueve y a veces hace viento. Las montañas están verdes; hay muchas flores y plantas nuevas en los jardines.
4. Hace fresco. En algunos lugares los árboles cambian de verde a anaranjado, rojo y amarillo. Las clases empiezan en esta estación. A las personas les gusta ver el fútbol americano en televisión.
5. Es octubre en Buenos Aires, Argentina. Hace buen tiempo, pero a veces llueve.
6. Es febrero en Montevideo, Uruguay. Hace buen tiempo y los estudiantes están de vacaciones.

Hablando del tiempo

LAS ESTACIONES DEL AÑO EN EL MUNDO

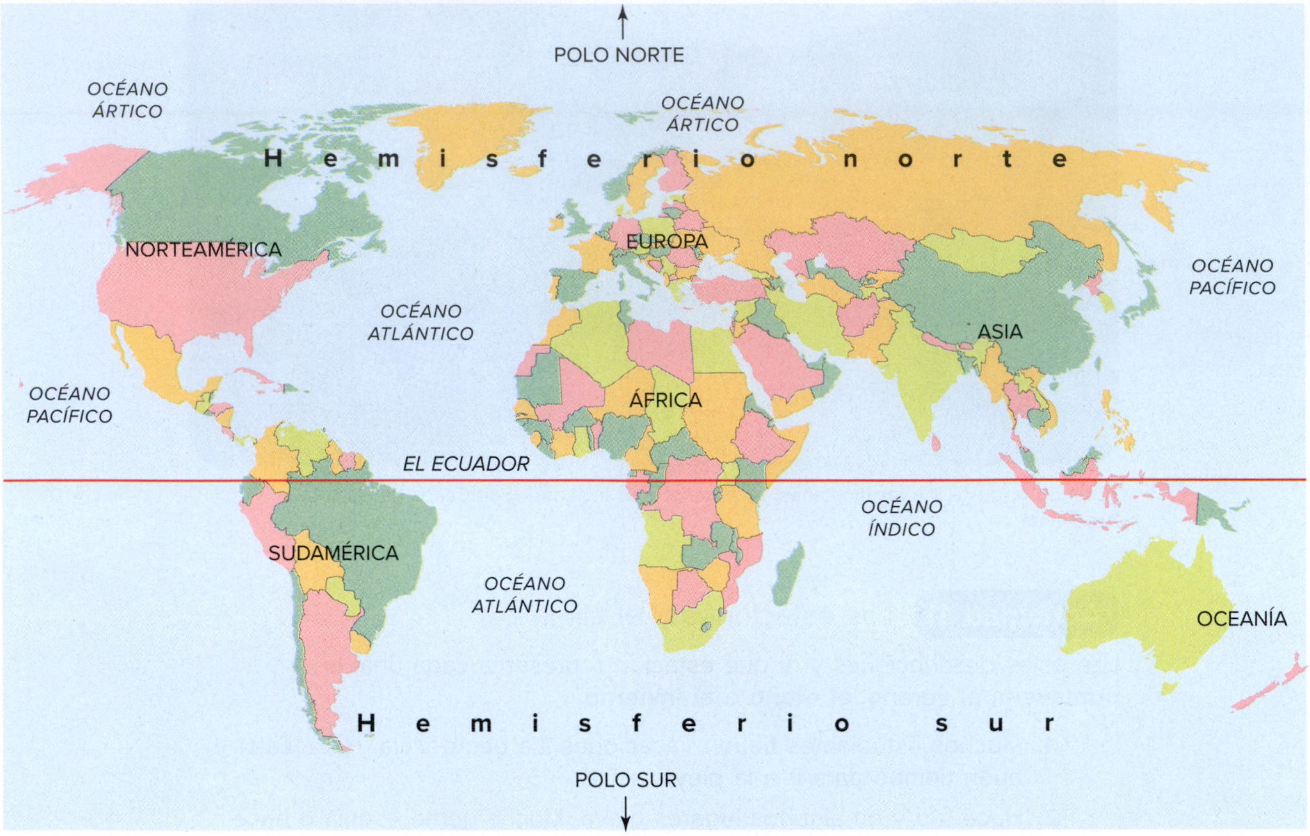

ESTACIONES: HEMISFERIO NORTE	MESES/FECHAS	ESTACIONES: HEMISFERIO SUR
primavera	21 de marzo a 21 de junio	otoño
verano	21 de junio a 21 de septiembre	invierno
otoño	21 de septiembre a 21 de diciembre	primavera
invierno	21 de diciembre a 21 de marzo	verano

El planeta se divide en dos hemisferios: el hemisferio del norte y el del sur. En el hemisferio norte de la Tierra[a] tenemos cuatro estaciones: la primavera, que empieza aproximadamente el 21 de marzo; el verano, que empieza el 21 de junio; el otoño, que empieza el 21 de septiembre y el invierno, que empieza el 21 de diciembre. Pero cuando es invierno en los países del hemisferio norte, como México, Estados Unidos, Canadá y España, hace mucho calor en Argentina y Uruguay porque es verano. Cuando es otoño en Estados Unidos, las hojas de los árboles son de muchos colores (anaranjado, rojo y amarillo) y empiezan las clases; pero en el hemisferio sur, los argentinos y los uruguayos disfrutan del[b] clima agradable[c] de la primavera. En contraste, en los países ecuatoriales y tropicales hay dos estaciones: la estación de las lluvias y la estación seca.[d] En lugares como Costa Rica, Panamá, Colombia y Ecuador la temperatura varía muy poco y el clima tropical mantiene una temperatura uniforme la mayor parte[e] del año.

[a]la... *Earth* [b]disfrutan... *enjoy* [c]*pleasant* [d]*dry* [e]mayor... *majority*

Actividad 12 Las actividades y el tiempo

Vocabulario

- ando en bicicleta
- corro por el parque
- esquío
- estudio en la biblioteca
- hago snowboard
- leo en casa
- llevo (suéter, abrigo, camiseta)
- nado
- salgo a pasear con el perro
- tomo café
- tomo el sol
- veo películas en mi tableta

1. ¿Qué ropa llevas cuando hace mucho frío o nieva? ¿Qué haces en el invierno?
2. ¿Qué haces en el verano? Y, ¿qué ropa llevas cuando hace calor?
3. ¿Llevas suéter o abrigo cuando hace fresco? ¿Qué haces cuando hace fresco?
4. Cuando está nublado, ¿qué haces? ¿y cuando hace viento?
5. En tu opinión, ¿es mejor vivir (*to live*) donde llueve mucho o donde el clima es seco?
6. ¿Te gusta ir a la playa? Por lo general, ¿qué haces en la playa?

Domino/Getty Images

A muchas personas les gusta ir a la playa de Punta del Este, Uruguay en diciembre y enero.

Exprésate

ESCRÍBELO TÚ

Actividades típicas

Escribe una composición sobre las actividades típicas de los jóvenes de tu edad (tus amigos y tú) y las actividades de los adultos como tus padres. Primero, haz una lista de cinco actividades de los jóvenes y luego haz otra lista con cinco actividades de los adultos. Usa el vocabulario del **Capítulo 3** para escribir tu composición. Después, escribe dos párrafos en el *Cuaderno de actividades* o en Connect con la información. Usa palabras y frases como **también, siempre, a veces, con frecuencia, nunca.**

CUÉNTANOS

En el verano y en el invierno

Cuéntanos sobre tus actividades favoritas de verano y de invierno. ¿Qué haces y con quién? En verano, ¿vas a la playa? ¿Andas en bicicleta? ¿Pasas tiempo con tus amigos? En invierno, ¿vas a las montañas? ¿Haces snowboard? ¿Juegas en la nieve? ¿Qué otras actividades haces?

Cultura

Mundopedia

Argentina y Uruguay: Un tapiz de relaciones humanas

Jules Ingall/Moment/Getty Images

En Argentina, los hijos llevan el primer apellido de uno de sus padres/madres o de los dos en su orden preferido. ¡Hay muchas opciones!

Vocabulario de consulta

tapiz	tapestry
creciente	growing
hogares	homes
ambos	both
aprueba	approves
ley	law
derecho	right
parejas	couples
sigue	follows
legitiman	legitimize

LAS DEFINICIONES DE LA FAMILIA

Por décadas, la familia típica latinoamericana es la familia extendida: padre y madre, varios hijos, abuelos y quizás algún tío y los sobrinos. Pero la definición de la familia típica en el mundo hispano está cambiando rápidamente. La familia en Argentina y Uruguay es un verdadero **tapiz** de relaciones humanas. En estos dos países, la familia extendida forma solo el once por ciento (11%) de todas las familias. Hay familias de madre soltera o padre soltero e* hijos; hay familias de dos padres e hijo(s) o dos madres e hijo(s) y un **creciente** número de **hogares** de una sola persona, el diecisiete por ciento (17%) en **ambos** países.

NUEVAS LEYES, NUEVOS DERECHOS

En 2003, Buenos Aires es la primera ciudad en América Latina que legaliza la unión civil entre personas del mismo sexo, y el Congreso de Argentina **aprueba** el matrimonio igualitario para todo el país en julio de 2010. Uruguay aprueba su **ley** de matrimonio gay en 2013. En ambos países estas leyes incluyen el **derecho** a adopción para las **parejas** homosexuales y derechos para las personas no binarias.

Argentina y Uruguay no son los únicos lugares del mundo hispano que legalizan el matrimonio entre personas del mismo sexo: España lo legaliza en 2005 junto con muchos países de Europa; la Ciudad de México en 2009; en 2016 Colombia legaliza el matrimonio gay y en el año 2020 **sigue** Costa Rica. Las normas están cambiando y estas leyes **legitiman** la nueva sociedad de las familias uruguayas y argentinas.

*The word **y** becomes **e** when it comes before a word that begins with **i** or **hi: madres e hijos, español e inglés.**

¿Recuerdas?

Remember that when saying a year in Spanish you must say the entire number. Spanish speakers do not divide a year into two parts as English speakers do: *eighteen ninety seven*, but rather, state the year as a number starting with thousands: *one thousand eight hundred ninety seven*.

1897: mil ochocientos noventa y siete
1933: mil novecientos treinta y tres
1985: mil novecientos ochenta y cinco
2000: dos mil
2009: dos mil nueve
2023: dos mil veintitrés

COMPRENSIÓN

Contesta las preguntas.

1. ¿Quiénes forman parte de la familia extendida latinoamericana?
2. ¿Qué porcentaje (*percentage*) de hogares en Uruguay y Argentina son de una sola persona?
3. ¿Cuál es el primer país en legalizar el matrimonio igualitario en América Latina?
4. ¿Qué países hispanos tienen leyes que permiten el matrimonio gay?

Palabras regionales			
Argentina		**Uruguay**	
che	hey; buddy	**tá**	**está bien, de acuerdo**
el bife	steak	**una pila de**	**mucho**
la campera	**la chaqueta**	**el bondi**	**el autobús**
ni a gancho	**¡No!**	**el/la pibe**	**el/la chico/a**

CONEXIÓN CULTURAL

¡A TOMAR MATE!

En muchos países del Cono Sur[a] es común tomar mate. El mate es la bebida[b] nacional de tres países de esta región: Argentina, Paraguay y Uruguay. Lee la lectura «¡A tomar mate!» en el *Cuaderno de actividades* o en Connect para saber más sobre esta importante planta.

[a]*Cono... Southern Cone, term used to describe the group of countries of Chile, Paraguay, Uruguay, and Argentina* [b]*drink*

EL MENSAJE DE YARIA Episodio 3; En el parque

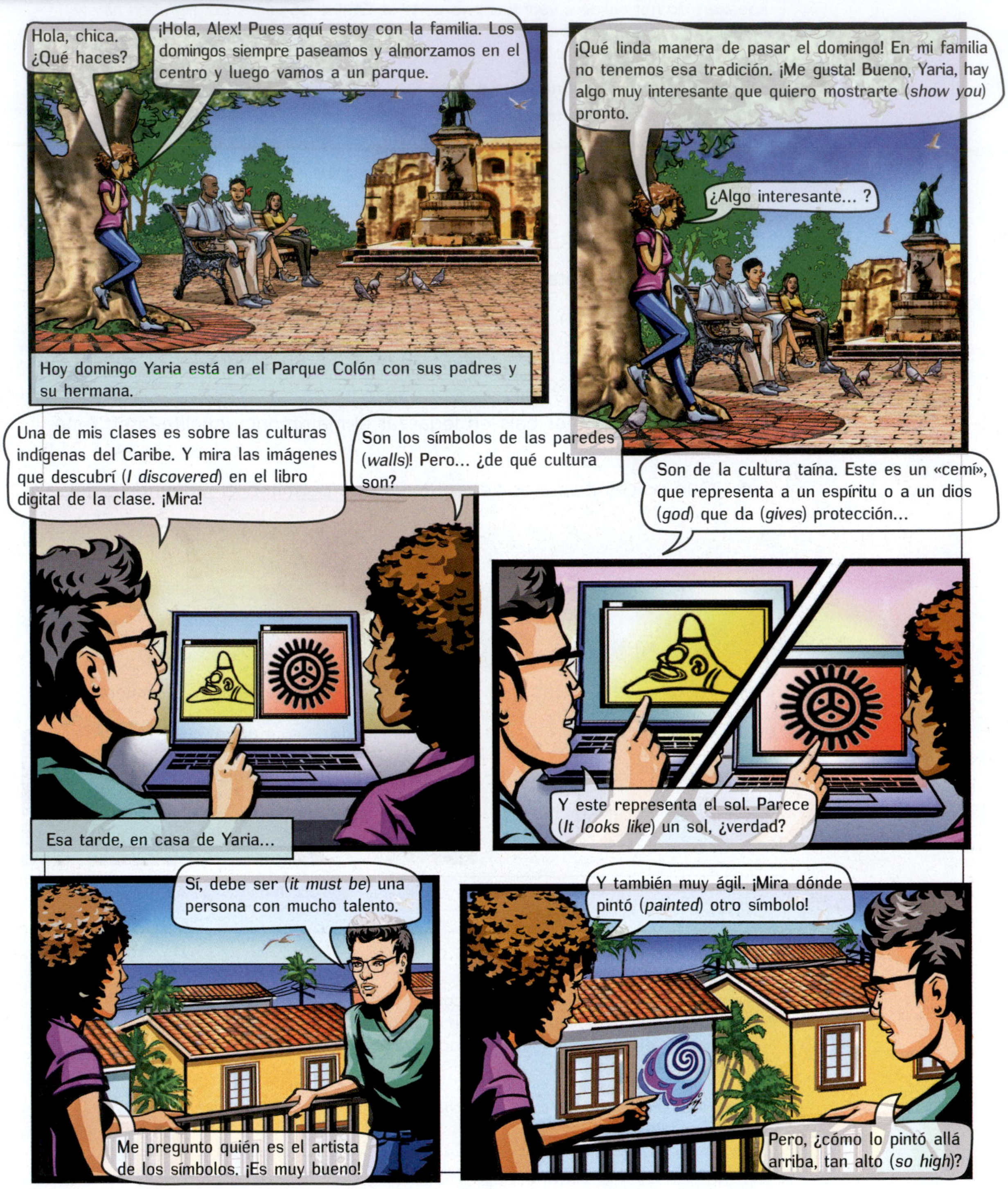

Hola, chica. ¿Qué haces?
¡Hola, Alex! Pues aquí estoy con la familia. Los domingos siempre paseamos y almorzamos en el centro y luego vamos a un parque.
Hoy domingo Yaria está en el Parque Colón con sus padres y su hermana.
¡Qué linda manera de pasar el domingo! En mi familia no tenemos esa tradición. ¡Me gusta! Bueno, Yaria, hay algo muy interesante que quiero mostrarte (*show you*) pronto.
¿Algo interesante... ?
Una de mis clases es sobre las culturas indígenas del Caribe. Y mira las imágenes que descubrí (*I discovered*) en el libro digital de la clase. ¡Mira!
Son los símbolos de las paredes (*walls*)! Pero... ¿de qué cultura son?
Esa tarde, en casa de Yaria...
Son de la cultura taína. Este es un «cemí», que representa a un espíritu o a un dios (*god*) que da (*gives*) protección...
Y este representa el sol. Parece (*It looks like*) un sol, ¿verdad?
Sí, debe ser (*it must be*) una persona con mucho talento.
Me pregunto quién es el artista de los símbolos. ¡Es muy bueno!
Y también muy ágil. ¡Mira dónde pintó (*painted*) otro símbolo!
Pero, ¿cómo lo pintó allá arriba, tan alto (*so high*)?

Videoteca

Amigos sin Fronteras

Episodio 3: Una noche de juegos

Klic Video Productions/McGraw Hill

Klic Video Productions/McGraw Hill

Klic Video Productions/McGraw Hill

Resumen

Claudia invita a algunos amigos del club Amigos sin Fronteras a una reunión en casa de Sebastián Saldívar, estudiante de Perú. Allí están Claudia, Ana Sofía y Radamés Fernández, estudiante cubanoamericano. Estos cuatro amigos juegan al Cranium. Después... ¡Sebastián pide (*orders*) pizza para todos!

Mi país ARGENTINA Y URUGUAY

Resumen

Claudia nos habla de las costumbres y de algunos lugares interesantes en Uruguay y Argentina.

Javier Perini CM/Image Source

Glaciar Perito Moreno, Patagonia, Argentina

Krzysztof Dydynski/Getty Images

Punta del Este, Uruguay

Los actores hablan

Klic Video Productions/McGraw Hill

Klic Video Productions/McGraw Hill

Preguntas

¿Cuál es tu estación favorita?

¿Cómo es tu rutina diaria?

Gramática

3.1 Possession: **tener, ser de,** and Possessive Adjectives

Just like English, Spanish has several ways of expressing possession. Unlike English, however, Spanish does not add an apostrophe *'s* to words.

English: **'s**	Spanish: **de** + *person*
Miguel's new car	el carro nuevo **de Miguel**
Juana's friends	los amigos **de Juana**

Mary's father

El padre **de** Mary

A. The simplest way of expressing possession is to use the verb **tener** (*to have*). Like the verb **ser**, **tener** is classified as an irregular verb because of changes in its stem.* The endings that attach to the stem, however, are regular. The forms of **tener** are: **tengo, tienes, tiene, tenemos, tenéis, tienen.**† See **Gramática 2.2** for a chart of the verb **tener**.

—Profesor Sotomayor, ¿**tiene** usted un automóvil nuevo?	*Professor Sotomayor, do you have a new automobile?*
—Sí, **tengo** un Prius™ verde.	*Yes, I have a green Prius.*

B. The verb **ser** (*to be*) followed by the preposition **de** (*of*) can also be used to express possession. The equivalent of the English word *whose* is **¿de quién?** (lit., *of whom?* or *to whom?*)

—¿De quién es el cuaderno?	*To whom does the notebook belong?*
—Es de Claudia.	*It's Claudia's. / It belongs to Claudia.*

de + el = del

de + la = de la

C. The preposition **de** (*of, from*) followed by the masculine article **el** (*the*) contracts to **del** (*of the*).

—¿De quién es el suéter?	*Whose sweater is this?*
—Es del profesor.	It's the professor's.

The other combinations of **de** + *article* do not contract: **de la, de los, de las.**

Los ojos **de la** niña son bonitos.	*The girl's eyes are pretty.*
Los libros **de los** estudiantes son nuevos.	*The students' books are new.*

Remember that with time you will acquire much of this material as you listen to and read Spanish.

D. Possession can also be indicated by using possessive adjectives. The particular adjective you choose depends on the owner. However, the adjective itself, like other Spanish adjectives, agrees in gender and number with the word it describes, that is, with the *object owned*, not with the owner.

¿**Mi** padre? Tiene los ojos castaños.	*My father? He has brown eyes.*
Camila, **tu** hermana menor es bonita.	*Camila, your little sister is pretty.*
Nuestra casa nueva es muy grande.	*Our new house is very large.*
Mi falda es vieja, pero **mis** zapatos son nuevos.	*My skirt is old but my shoes are new.*
Carlitos y Maritza tienen una casa. **Su** casa es grande.	*Carlitos and Maritza have a house. Their house is big.*
Eloy, ¿**tus** hermanos son gemelos?	*Eloy, are your siblings twins?*
Carlitos y Maritza tienen dos tías y un tío. **Sus** tías son muy divertidas.	*Carlitos and Maritza have two aunts and one uncle. Their aunts are a lot of fun.*

*See **Gramática 3.3** for more information on verb stems.

†Alternative form for recognition only: **vos tenés**

su = *his, her, its,* (pol. sing.) *your, their* (one item)

sus = *his, her, your* (pol. sing.), *their* (multiple items)

SINGULAR POSSESSION (One Item)			
Singular Owner		Plural Owner	
mi	abrigo	nuestro	abrigo
	camisa	nuestra	camisa
tu	abrigo	vuestro	abrigo
	camisa	vuestra	camisa
su	abrigo	su	abrigo
	camisa		camisa

PLURAL POSSESSION (Multiple Items)			
Singular Owner		Plural Owner	
mis	abrigos	nuestros	abrigos
	camisas	nuestras	camisas
tus	abrigos	vuestros	abrigos
	camisas	vuestras	camisas
sus	abrigos	sus	abrigos
	camisas		camisas

Keep in mind that the pronoun **su(s)** can have various meanings: *your* (*pol. sing., pl.*), *his, her, its*, or *their*. The context normally clarifies to whom **su(s)** refers.

Camila no vive con **sus** padres. — *Camila doesn't live with her parents.*

In Spanish, when we say **(los) señores** plus a last name it usually means *Mr. and Mrs.* Use **los** when talking *about* the couple.

Buenos días, señores Acosta. — *Good morning, Mr. and Mrs. Acosta.*

Los señores Acosta van a la fiesta. — *Mr. and Mrs. Acosta are going to the party.*

Los señores Acosta no tienen **su** carro aquí. — *Mr. and Mrs. Acosta don't have their car here.*

Generally speaking, use **usted** and **su(s)** when addressing a person by his or her last name.

Señor Piatelli, ¿es usted argentino? ¿y **sus** padres? — *Mr. Piatelli, are you Argentinean? and your parents?*

When using a first name to address someone, use **tú** and **tu(s).**

Omar, **tu** amiga es chilena, pero **tú** y **tus** padres son ecuatorianos, ¿no? — *Omar, your friend is Chilean but you and your parents are Ecuadorian, aren't you?*

Ejercicio 1

Di qué tienen estas personas. Usa las formas del verbo **tener.**

MODELO: Omar *tiene* un traje negro muy elegante.

1. Mi esposo y yo __________ un coche viejo.
2. Camila __________ una falda blanca muy bonita.
3. Claudia, tú no __________ hermanos, ¿verdad?
4. (Yo) __________ muchos amigos generosos.
5. Eloy y Claudia no __________ hijos, ¿verdad?

Ejercicio 2

Di de quién son estas cosas.

MODELOS: Eloy / sombrero → El sombrero *es de* Eloy.
Nayeli / libros → Los libros son de Nayeli

1. Franklin / carro
2. Marcela / blusa
3. Eloy / perros
4. Xiomara / lentes
5. Rodrigo / saco (*sports coat*)
6. Carlitos y Maritza / bicicletas

Ejercicio 3

Completa estas oraciones con la forma apropiada del adjetivo posesivo: **mi(s), tu(s), su(s)** o **nuestro(s)/nuestra(s).**

MODELO: Omar, ¿dónde están *tus* hijos ahora?

1. **MARITZA:** Carlitos, esa es mi bicicleta. ¿Dónde está __________ bicicleta?
   CARLITOS: ¿ __________ bicicleta? Está en casa de los abuelos.
2. — Señores Piatelli, ¿dónde están __________ hijas?
   — __________ hijas, Camila y Antonella, están en casa.
3. **ELOY:** Sebastián, __________ reloj es muy elegante. ¿Es nuevo?
   SEBASTIÁN: Sí, es nuevo, pero es de Daniel. __________ reloj es muy viejo y feo.
4. Un amigo de mis padres trabaja en __________ jardín los sábados porque ¡nosotros somos muy perezosos!
5. **ÁNGELA:** Claudia, ¿no tienes __________ móvil aquí? ¿Quieres usar mi iPhone?
   CLAUDIA: Gracias, Ángela, eres muy generosa. __________ móvil está en casa de Eloy.
6. Mírame los pies, ¿te gustan __________ nuevos zapatos de tenis?
7. Claudia, me gustan mucho __________ ojos; son grandes y bonitos.
8. Cuando necesita más espacio, papá usa el coche de mamá porque __________ carro es pequeño.
9. Franklin, quiero conocer a __________ amigos del club Amigos sin Fronteras.
10. Mi hermano menor prefiere jugar conmigo y con __________ amigos, pero a nosotros no nos gusta porque (él) es muy joven.

conmigo with me
contigo with you

Ejercicio 4

Completa los diálogos con la forma apropiada del adjetivo posesivo.

MODELO: **RODRIGO:** Eloy, ¡qué bonita es *tu* amiga!
ELOY: Sí, y es muy inteligente también.

1. **RODRIGO:** Eloy, __________ perro, Lobo, es muy inteligente.
   ELOY: Gracias, pero no es mi perro. Es el perro de mi primo. __________ perros se llaman Chulis y Pecas y son muy inteligentes también.
2. **ESTEFANÍA:** Ana Sofía, ¿tienen auto __________ padres?
   ANA SOFÍA: Sí, __________ padres tienen un Seat™ rojo.
3. **ELOY:** ¿Cómo se llama __________ esposa?
   OMAR: __________ esposa se llama Marcela.
4. **ABUELA:** Camila y Antonella, ¡qué bonitas son __________ faldas! ¿Son nuevas?
   CAMILA: Sí, abuelita. Y __________ blusas son nuevas también.

3.2 Telling Time: ¿Qué hora es? ¿A qué hora (es)... ?

A. The phrase **¿Qué hora es?** is often used in Spanish to ask what time it is.[*] The answer usually begins with **son.**

—¿Qué hora es?	*What time is it?*
—**Son** las tres.	*It's three o'clock.*

Es (not **son**) is used to tell the time with one o'clock.[†]

—¿**Es** la una?	*Is it one o'clock?*
—No, **es** la una y veinte.	*No, it's one twenty.*

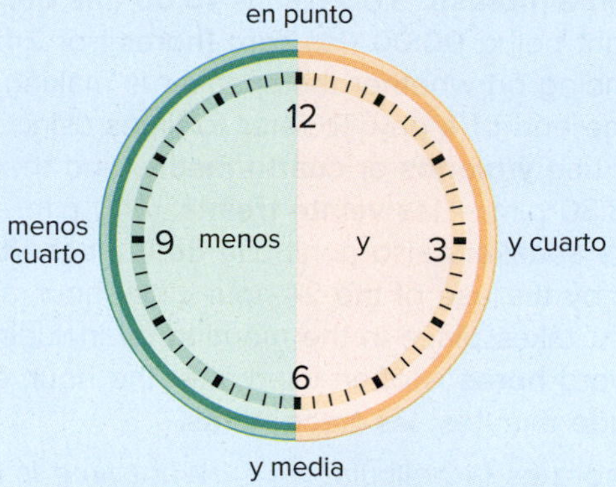

Use **y** (*and*) to express minutes (up to 29) after the hour.

—¿Son las seis **y** diez?	*Is it ten after six* (*six ten*)?
—No, son las seis **y** veinte.	*No, it's twenty after six* (*six twenty*).

Use **menos** (*less*), **para** (*to, till*), or **faltan... para** (. . . [*minutes left*] *before*) to express minutes before the hour.

Son las siete **menos** veinte.	*It's twenty to* (*till, of*) *seven.* (lit., *It's seven less/minus twenty.*)
Son veinte **para** las siete.	*It's twenty to seven.*
Faltan veinte **para** las siete.	*It's twenty to seven.* (lit., *There are twenty* [*minutes*] *missing before seven.*)

Use **cuarto** (*quarter*) and **media** (*half*) for fifteen and thirty minutes, respectively.

—¿Son las ocho y **cuarto?**	*Is it* (*a*) *quarter past eight* (*eight fifteen*)?
—No, ya son las ocho y media.	*No, it's eight thirty already.*
—¿Qué hora tiene usted?	*What time do you have?*
—Las tres y **media.**	*Half past three.*
Son las cuatro menos **cuarto** y Fátima toma un café.	*It's* (*a*) *quarter till* (*to, of*) *four and Fátima is drinking a cup of coffee.*

B. Use **a** to express *when* (*at what time*) an event occurs: **a la una** (*at one o' clock*), **a las cuatro y media** (*at four thirty*).

Tengo clase **a** las nueve.	*I have a class at nine.*
El concierto es **a** las ocho.	*The concert is at eight.*

---

[*]Another common way to ask the time is: **¿Qué hora tiene usted?** / **¿Qué hora tienes?** (*What time do you have?*) or **¿Qué horas son?**

[†]1:00 = **Es la una;** 1:25 = **Es la una y veinticinco;** 1:50 = **Es la una y cincuenta** o **Son las dos menos diez.**

C. The expressions **de la tarde** and **de la noche** vary in terms of the hours of the day they refer to. In Spain, speakers say: **(a) las siete de la tarde** and **(a) las ocho de la tarde.** In Latin America there is more variation, with some speakers saying **(a) las siete de la tarde, (a) las ocho de la tarde,** but others using **(a) las siete de la noche, (a) las ocho de la noche.** From 9.00 p.m. to midnight Spanish speakers use **de la noche.**

D. Many Hispanic countries use the 24-hour clock to tell time after the noon hour, especially for television programs, movies, and events. The 24-hour clock is also the standard system for telling time in the United States Armed Forces and in many world organizations. Using this system, noon is **12:00 (las doce [horas]),** 1:00 p.m. is **13:00 (las trece [horas]),** 2:00 p.m. is **14:00 (las catorce [horas]),** 3:00 p.m. is **15:00 (las quince [horas]),** and so on, with midnight being **00:00 (las cero [horas])** or **24:00 (las veinticuatro [horas]),** depending on whether the speaker is making reference to the beginning or the end of a day. To refer to times using the 24-hour clock, speakers don't use **y/menos** or **cuarto/media,** and the use of **a.m.** or **p.m.** is redundant: 8:30 p.m. = **las veinte treinta;** 7:40 p.m. = **las diecinueve cuarenta.** While speakers also don't use **de la noche/tarde,** as this information is clear by the use of the 24-hour clock hour, a speaker might clarify that an event takes place in the morning by including **de la mañana.** In addition, the word **horas** is often used after the hour, especially with times that don't include minutes: **las trece horas.**

—¿A qué hora es la película?	*What time is the movie?*
—A las **dieciocho treinta.**	*At six thirty p.m.*
—¿Cuándo llega el autobús?	*When does the bus arrive?*
—A las **veinte cuarenta y cinco.**	*At eight forty-five p.m.*
—¿A qué hora es la fiesta de tu hija?	*What time is your daughter's party?*
—Es a las **diez** de la mañana / a las **diez** horas.	*It's at ten in the morning.*

Ejercicio 5

¿Qué hora es?

MODELOS: 2:20 → Son las dos y veinte.
2:15 → Son las dos y cuarto. / Son las dos y quince.
2:40 → Son las tres menos veinte. / Son veinte para las tres. / Faltan veinte para las tres.

1. 4:20
2. 6:15
3. 8:13
4. 1:10
5. 7:07
6. 5:30
7. 3:35
8. 1:49
9. 12:30
10. 5:15

Ejercicio 6

¿A qué hora es… ?

MODELO: ¿A qué hora es *el → concierto?* (8:30)
El concierto es *a las ocho y media*.

1. ¿A qué hora es la clase de español? (11:00)
2. ¿A qué hora es el baile? (9:30)
3. ¿A qué hora es la conferencia? (10:00)
4. ¿A qué hora es la clase de álgebra? (1:00)
5. ¿A qué hora es la fiesta del club Amigos sin Fronteras? (7:30)

Cultura

En inglés, se puede escribir la hora con *A.M./P.M., AM/PM* o *a.m./p.m.* En español, generalmente se escriben con minúscula[a] y puntos:[b] a.m./p.m.

a.m. = antemeridiano o ante merídiem, de la mañana, antes del mediodía

p.m. = postmeridiano o post merídiem, de la tarde, después del mediodía

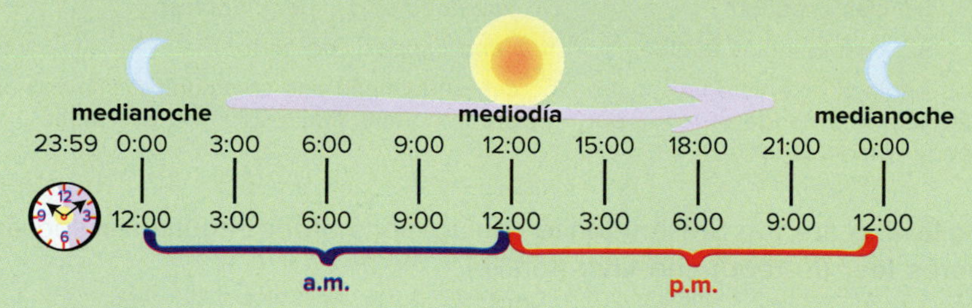

[a]*lower case* [b]*periods*

Ejercicio 7

Expresa estas horas con el reloj de 24 horas.

MODELOS: 7:15 p. m. → Son las diecinueve quince.
6:00 a. m. → Son las seis (de la mañana).

1. 5:05 p. m.
2. 3:12 p. m.
3. 7:30 a. m.
4. 1:15 p. m.
5. 2:50 a. m.
6. 4:00 p. m.

3.3 Present Tense of Regular -ar, -er, and -ir Verbs

A. The verb form listed in the dictionary and in most vocabulary lists is the *infinitive*. In Spanish many infinitives end in **-ar (llamar, llevar),** but some end in **-er (tener)** or in **-ir (vivir).** The forms of the verb in a particular verb tense (such as present, future, and so on) are its *conjugation*. Below is the present-tense conjugation of the regular **-ar** verb **hablar** (*to speak*). Regular verbs are classified as such because their stem (the infinitive minus the endings **-ar, -er,** or **-ir**) remains the same in all forms. The only change is in the endings, which are added to the stem.

> *infinitive* = verb form ending in **-ar, -er, -ir**
>
> You will not find the conjugated forms of a verb (**hablo, hablas, habla,** and so forth) as main entries in the dictionary. You must know the infinitive in order to look up a verb.

hablar		
(yo)	habl**o**	*I speak*
(tú)	habl**as***	*you (fam. sing.) speak*
usted, él, ella	habl**a**	*you (pol. sing.) speak; he/she speaks*
(nosotros/as)	habl**amos**	*we speak*
(vosotros/as)	habl**áis**	*you (fam. pl. Sp.) speak*
ustedes, ellos/ellas	habl**an**	*you (pl.) speak; they speak*

*Alternative form for recognition only: **vos hablás**

¿Recuerdas?

In Spanish, the forms of a verb change to show who is performing the action. You have already seen conjugated forms of many verbs, including **llevar (¡Bienvenidos!), ser (Gramática 1.1), estar (Gramática 2.1),** and **tener (Gramática 2.2).**

Note that in many cases Spanish verb endings indicate who or what the subject is, so it is not always necessary to mention the subject explicitly. That is why most of the pronouns are in parentheses in the verb tables in this text.

—¿Habl**as** español? *Do you (fam. sing.) speak Spanish?*

—Sí, y habl**o** inglés también. *Yes, and I speak English too.*

These endings take time to acquire. You can understand and communicate having an incomplete knowledge of them, but they are important. Make sure you use them properly when you write.

B. Following are the present-tense conjugations of the regular **-er** and **-ir** verbs **leer** (*to read*) and **vivir** (*to live*).

	leer		**vivir**	
(yo)	le**o**	*I read*	viv**o**	*I live*
(tú)	le**es***	*you* (*fam. sing.*) *read*	viv**es***	*you* (*fam. sing.*) *live*
usted, él/ella	le**e**	*you* (*pol. sing.*) *read, he/she reads*	viv**e**	*you* (*pol. sing.*) *live, he/she lives*
(nosotros/as)	le**emos**	*we read*	viv**imos**	*we live*
(vosotros/as)	le**éis**	*you* (*fam. pl. Sp.*) *read*	viv**ís**	*you* (*fam. pl. Sp.*) *live*
ustedes, ellos/ellas	le**en**	*you* (*pl.*) *read, they read*	viv**en**	*you* (*pl.*) *live, they live*

Use **tú** and its corresponding verb forms only when speaking *to* someone, *not* when speaking *about* someone.

Omar, ¿(tú) vives en Ecuador?

but:

Omar vive en Ecuador.

By now, you must have noticed that there are two pronouns **(tú, usted)** that both mean *you*, and they have different verb forms.

Usted habla inglés. / **Tú hablas** inglés.
Usted lee. / **Tú lees.**
Usted vive aquí en Berkeley. / **Tú vives** aquí en Berkeley.

Use the pronoun **usted** (when necessary for clarification or emphasis) and the verb form that corresponds to it when addressing professionals (doctors, lawyers, professors), older people, strangers, or people you don't know well. This form shows respect. Use the pronoun **tú** (when necessary for clarification or emphasis) and its corresponding forms when addressing children, young people, your family, friends, and classmates. Remember to use **él** or **ella** (and the corresponding verb forms) to speak *about* someone else and **ellos** or **ellas** (and the corresponding verb forms) to speak *about* other people.

Lengua *El uso de* vos

Vos and its verb forms are used in Argentina, Uruguay, Paraguay, and Costa Rica in place of **tú** to interact with friends and family. For example, because Claudia Cuéllar is Paraguayan, she uses **vos** in the **Amigos sin Fronteras** video. This same verb form is also used in Guatemala, Honduras, El Salvador, and Nicaragua, although speakers in these countries may combine usage with **tú,** especially when talking with their friends from other Spanish-speaking countries. Do not worry about learning the **vos** forms. In conversation the context will make the meaning clear, and Spanish speakers who use **vos** always understand **tú** verb forms. For more on the forms of **tú** and **vos** see the **¿Sabías que... ?** reading in the *Cuaderno de actividades* or in Connect.

*Alternative form for recognition only: **vos leés** and **vos vivís**

Ejercicio 8

Estamos en una fiesta del club Amigos sin Fronteras. Completa estas oraciones con la forma correcta del verbo **hablar.**

1. **RADAMÉS:** Eloy, las dos chicas rubias __________ alemán, ¿verdad?
2. **CLAUDIA:** Camila, ¿__________ italiano tu padre?
3. **ANA SOFÍA:** Xiomara y Lucía, ¿vosotras __________ francés?
4. **SEBASTIÁN:** Juan Fernando, ¿tú __________ chino y español?
5. **JUAN FERNANDO:** Sí, yo __________ bien los dos idiomas.
6. **FÁTIMA:** Ángela, ¡usted __________ español muy bien!

Ejercicio 9

Completa estas oraciones con la forma correcta de los verbos indicados.

leer

1. Muchos españoles __________ el periódico *El País*.
2. ¿(Tú) __________ muchas novelas?
3. Mi amigo __________ la Biblia todos los días.
4. (Yo) __________ revistas en español.
5. Profesora, ¿__________ usted todas las composiciones de los estudiantes? ¿Es aburrido?

vivir

1. —Juan Fernando, ¿(tú) __________ en México? ¿__________ con tus padres?

   —No, mis padres y yo __________ en Costa Rica. ¿Y tú?
2. Omar y su familia __________ en Quito, la capital de Ecuador.
3. (Yo) __________ en casa, con mis padres.
4. ¿Ustedes son primos de Xiomara? ¿__________ ustedes en El Salvador?

Cultura

En los países hispanos, muchos jóvenes[a] viven con sus padres mientras[b] asisten a la universidad y hasta casarse.[c]

[a]*young people* [b]*while* [c]hasta... *until getting married*

Ejercicio 10

Estas son las actividades de Lucía y algunos miembros del club Amigos sin Fronteras. Completa cada oración con la forma correcta del verbo entre paréntesis.

1. Estefanía y yo __________ **(escribir)** muchos mensajes electrónicos.
2. La novia de Eloy siempre __________ **(llevar)** ropa muy bonita.
3. Mi mamá y yo __________ **(limpiar)** la casa los sábados.
4. Mis padres __________ **(desayunar)** juntos por la mañana.
5. Antonella, la hermana menor de Camila, __________ **(leer)** las tiras cómicas todos los domingos.
6. Omar y Marcela no __________ **(comer)** juntos al mediodía.
7. Yo __________ **(hablar)** por teléfono con mis padres en Chile. ¡Uso Zoom!
8. Carlitos y Maritza __________ **(andar)** en bicicleta los sábados.
9. Eloy, Camila y Ángela __________ **(asistir)** a clases de lunes a jueves.
10. Mis amigos Eloy y Franklin y yo __________ **(escuchar)** música hispana en la radio o en el Internet.

3.4 Demonstratives

A. Demonstrative adjectives are normally used to point out nouns (persons, places, or things).

Prefiero terminar **esta tarea** primero.	*I prefer to (I'd rather) finish this homework first.*
Mi hijo quiere leer **estos** dos **libros.**	*My son wants to read these two books.*

Demonstrative adjectives are placed before the noun that they modify and must agree in gender (masculine or feminine) and number (singular or plural) with the noun. They are frequently used with words like **aquí/acá** (*here*, close to the person speaking), **allí** (*there*, at a short distance from the person speaking), and **allá** (*over there*, further from the person speaking and the person listening).

DEMONSTRATIVE ADJECTIVES			
Singular		**Plural**	
aquí/acá (*here*)			
est**e** libro	*this book*	est**os** libros	*these books*
est**a** chica	*this girl*	est**as** chicas	*these girls*
allí (*there*)			
es**e** libro	*that book*	es**os** libros	*those books*
es**a** chica	*that girl*	es**as** chicas	*those girls*
allá (*over there*)			
aquel libro	*that book*	aquell**os** libros	*those books*
aquell**a** chica	*that girl*	aquell**as** chicas	*those girls*

In the past a demonstrative pronoun could be easily recognized because it had a written accent and was not followed by a noun. Today an accent mark is not necessary, and the style of *Tu mundo* is not to include accents on demonstrative pronouns. However, be aware that you will still see accents on these pronouns in some older reading sources.

B. These demonstrative forms can be used as pronouns as well. They are considered pronouns when they are used instead of the noun. The corresponding demonstrative pronouns in English are: *this one, that one* (*there*), *that one* (*over there*); *these, those* (*there*), and *those* (*over there*).

Adjective: Mira, **este** vestido es mi favorito.	*Look, this dress is my favorite.*
Pronoun: **Este** (or **Éste**) me gusta mucho también, pero no me gustan **aquellos** (or **aquéllos**) de allá.	*I like this one a lot too, but I don't like those over there.*

Ejercicio 11

En la fiesta del club Amigos sin Fronteras, los miembros preguntan sobre las otras personas que están en la fiesta. Llena los espacios en blanco con adjetivos y pronombres demostrativos.

Singular: **este, ese, aquel; esta, esa, aquella**

Plural: **estos, esos, aquellos; estas, esas, aquellas**

1. —Claudia, ¿cómo se llama __________ chica que está allí con Camila?

   —¿ __________ del vestido rojo? Se llama Fátima y es de Guinea Ecuatorial.

2. —Oye, Eloy, ¿quién es __________ chica tan bonita que está allá en la puerta?

   —¿La chica de pantalones negros? Es mi amiga Claudia. Es muy inteligente. Estudia economía.

3. —¿Y __________ chico que está aquí al lado de los refrescos?

   —Mmm... __________ es Rodrigo, un colombiano que quiere ser (*wants to be*) miembro del club.

4. —¿Y __________ chicos que están allá en el jardín?

   —¿ __________ de pelo rubio? No sé (*I don't know*), tal vez (*perhaps*) son amigos de Camila.

5. —Mira __________ chicas que están allí con Eloy. Son bonitas, ¿no?

   —¿Cuáles? ¿ __________ que llevan pantalones cortos o __________ que llevan vestido?

6. —¿Es amiga de Claudia o de Eloy __________ señora que está aquí con Rodrigo?

   —¿ __________ de aquí? Es amiga de los dos. Se llama Ángela.

Ejercicio 12

Mira el dibujo y completa las oraciones usando los adjetivos demostrativos correctos, según el dibujo.

1. __________ niños juegan al fútbol.
2. __________ familia celebra un cumpleaños con una merienda (*picnic*) y globos (*balloons*).
3. __________ dos amigos almuerzan en el parque.
4. __________ niños juegan debajo del árbol mientras sus padres y su abuela charlan.
5. __________ persona corre en el parque.
6. __________ niño se sube (*climbs*) al árbol.

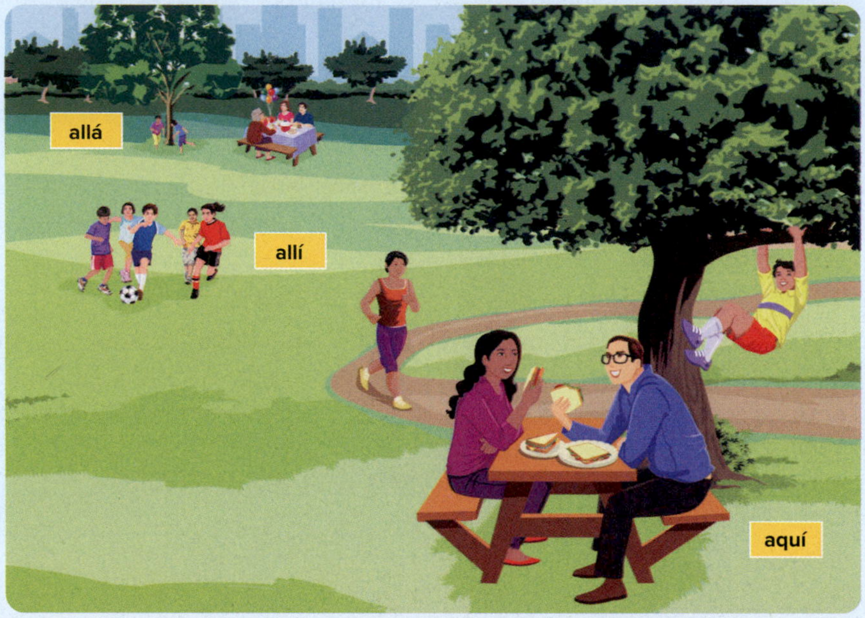

Lo que aprendí

After completing this chapter, I can:

- ☐ describe family relationships.
- ☐ talk about various places.
- ☐ tell time and say at what time events are scheduled.
- ☐ tell time using the 24-hour clock.
- ☐ narrate and converse (formally and informally) about daily activities (in the present) and incorporate expressions of frequency.
- ☐ find information in schedules and TV guides, and ask or answer questions about this information.
- ☐ discuss weather, temperature, and seasons.

Now I also know more about:

- ☐ Argentina and Uruguay.
- ☐ the members of the **Amigos sin Fronteras** club.
- ☐ the 24-hour clock system used in some Hispanic countries.
- ☐ the use of **vos** instead of **tú** in some Hispanic countries.
- ☐ the different seasons around the world.
- ☐ the changing structure of families in Argentina, Uruguay, and other Spanish-speaking countries.
- ☐ community gardening programs in Montevideo and Buenos Aires.

Vocabulario

La familia	Family
Repaso: el hermano / la hermana, el hijo / la hija, la madre, la mamá, el padre, el papá	
el abuelo / la abuela	grandfather/grandmother
el esposo / la esposa	husband/wife
los/las gemelos/as	(identical) twins
el nieto / la nieta	grandson/granddaughter
el novio / la novia	boyfriend/girlfriend
los padres	parents
el primo / la prima	(male) cousin / (female) cousin
el sobrino / la sobrina	nephew/niece
el tío / la tía	uncle/aunt
¿Eres / Es casado/a?	Are you (*fam./ pol. sing*) married?
¿Eres / Es soltero/a?	Are you (*fam./ pol. sing*) single, unmarried?

Las mascotas	Pets
Repaso: el perro	
el/la gato/a	cat
el pájaro	bird
el pez (peces)	fish
la tortuga	turtle

La posesión	Possession
¿De quién es? / ¿De quién son?	Whose is it? / Whose are they?
Es de mi compañero/a de apartamento.	It belongs to my roommate. / It's my roommate's.
Son de mis padres.	They belong to my parents. / They're my parents'.
mi(s)	my
nuestro/a, nuestros/as	our
su(s)	his/her; your (*sing., pl. pol.*); their
tu(s)	your (*fam. sing.*)
vuestro/a, vuestros/as	your (*fam. pl. Sp.*)

La hora	Time; Hour
¿Qué hora es?	What time is it?
Es la una y media.	It's one thirty.
Son las nueve menos cuarto.	It's eight forty-five / (a) quarter to (of, till) nine.
de la mañana / tarde / noche	in the morning/afternoon/ evening (*when telling time*)
Es medianoche.	It's midnight.
Es mediodía.	It's noon.
y cuarto / menos cuarto	quarter after / quarter till
y media	half past
¿A qué hora (es)?	At what time (is it)?
¿A qué hora empieza/termina?	What time does it start/end?
Es a la una y media.	It's at one thirty.
Es a las once (en punto).	It's at eleven o'clock (sharp).
Palabra semejante: el minuto	

Las actividades	
Repaso: andar en patineta, bailar, cenar, cocinar, comer, descansar, escuchar música, ir (*irreg.*) **al cine, leer (novelas), levantar pesas, mirar la televisión, nadar, pasear, practicar un deporte, tocar la guitarra, viajar**	
¿Qué haces (tú) / hace usted todos los días?	What do you (*fam. sing.*) / (*form., sing.*) do every day?
¿Qué hace él/ella por la mañana?	What does he/she do in the morning?
¿Qué hacen ellos/as por la tarde?	What does they do in the afternoon?
almorzar (ue)*	to have lunch
andar en bicicleta (bici) / en motocicleta (moto)	to ride a bicycle (bike) / motor-cycle ([motor]bike)
asistir (a clases)	to attend (classes)
beber	to drink
caminar	to walk
charlar	to chat
correr	to run
desayunar	to have breakfast
dormir (ue)*	to sleep
escribir	to write
estar de vacaciones	to be on vacation

*The vowels in parentheses after some verbs indicate that these verbs have stem vowel changes when conjugated. You will learn more about stem-changing verbs in **Gramática 5.1.**

estudiar	to study
hablar por teléfono	to talk on the phone
hacer (*irreg.*)[†]	to do; to make
hacer ejercicio	to exercise
hacer la compra	to grocery shop
hacer un picnic	to have a picnic
hacer senderismo	to hike; to backpack
hacer snowboard	to snowboard
ir	to go
ir a casa	to go home
ir a fiestas	to go to parties
jugar (ue)*	to play
jugar (a) videojuegos	to play video games
jugar al fútbol americano	to play football
lavar (los platos / el carro)	to wash (dishes / the car)
limpiar	to clean
llegar	to arrive
manejar	to drive
pasar tiempo	to spend time
regresar a casa	to return home
salir (*irreg.*)[†] **(a cenar)**	to go out (to eat)
salir de casa	to leave home
tomar	to take; to drink
tomar café	to drink coffee
tomar el sol	to sunbathe
tomar una siesta	to take a nap
ver (*irreg.*) **películas**	to watch movies
Palabra semejante: esquiar (esquío)	

Los lugares	
Repaso: la ciudad, el gimnasio, la playa, la piscina	
la biblioteca	library
el centro	downtown
la escuela	school
el jardín	garden
la librería	bookstore
la parada del autobús	bus stop
la taquería	taco stand/restaurant
el trabajo	work, job
Palabras semejantes: la cafetería, la oficina, el patio, el supermercado	

Los demostrativos	Demonstratives
Repaso: este/a, estos/as	
aquel/aquella	that (over there)
aquellos/as	those (over there)
ese/a	that (there)
esos/as	those (there)

¿Cuándo?	
Repaso: durante, por la mañana (la tarde, la noche), todos los días	
cuando	when
después (de)	afterwards; after
esta noche	tonight
los jueves (viernes/sábados...)	on Thursdays (Fridays/ Saturdays . . .)
mientras	while
por último	lastly
¿Con qué frecuencia? ¿Cuántas veces?	How often? How many times?
a veces	sometimes
con frecuencia	frequently
de vez en cuando	once in a while
diario/a	daily
(casi) nunca	(almost) never
siempre	always

El tiempo	Weather
¿Qué tiempo hace?	What is the weather like?
Está lloviendo	It's raining
Está nevando	It's snowing
Está nublado.	It's overcast (cloudy)
Hace buen/mal tiempo.	The weather is nice/bad.
Hace calor.	It's hot.
Hace fresco.	It's cool.
Hace frío.	It's cold.
Hace sol.	It's sunny.
Hace viento.	It's windy.
Llueve.	It rains. / It's raining.
Nieva.	It snows. / It's snowing.
bajo cero	below zero, minus
grado centígrado	degree centigrade
Palabras semejantes: el clima, la temperatura mínima/máxima	

*The vowels in parentheses after some verbs indicate that these verbs have stem vowel changes when conjugated. You will learn more about stem-changing verbs in **Gramática 5.1.**

[†]The word *irreg.* in parentheses after some verbs indicates that these verbs have one or more irregularities when conjugated. You will learn more about irregular verbs in **Gramática 5.1.**

Los verbos	
buscar	to look for
cambiar	to change
contestar	to answer
empezar (ie)*	to begin
esperar	to wait
llevar	to take; to wear
recoger (recojo)	to pick up
regresar	to return, come back
saludar	to greet
terminar	to finish
trabajar	to work
Palabras semejantes: corresponder, preparar, presentar	

Los sustantivos	
Repaso: el juego	
el agua	water
algo	something
el árbol	tree
el canal	channel
la cena	dinner
el coche	car
la flor	flower
el francés	French
la gente	people
la horchata	rice drink
la jamaica	tropical drink made from hibiscus petals
el periódico	newspaper
la pregunta	question
la tarea	homework
la vida	life
Palabras semejantes: el burrito, el grupo musical, el kilómetro, la opinión, la planta, el sándwich, la tableta, el yoga	

Los adjetivos	
Repaso: juntos/as	
otro/a, otros/as	(an)other, others
primero/a (primer)	first (*before m. sing. nouns*)
seco/a	dry
Palabras semejantes: aeróbico/a, delicioso/a, idéntico/a, nacional, típico/a	

Palabras y expresiones útiles	
Repaso: aquí	
acá	here
allí/allá	there
alrededor (de)	around
en total	altogether
finalmente	finally
por	for, by
por dos horas	for two hours
por ejemplo	for example
por favor	please
por lo general	generally
porque	because
(más) tarde	late (later)
¡Ya es tarde!	It's already late!

Palabras y expresiones del libro de texto	
cierto/a	correct, true
Los mandatos (tú)	Commands (*fam. sing.*)
Repaso: Di, Conversa, Escribe, Escucha, Habla, Mira	
Contesta	Answer
Dime	Tell me
Charla	Converse, Chat
Empareja	Match
Narra	Narrate
Oye	Listen, Hey
Trabaja	Work
¡Ojo!	Attention!, Watch out!
según	according to
Palabras semejantes: la conversación, la lista, la opinión, falso/a	

Design elements: (Communication, Connections, Comparisons, Cultures and Communities icons): McGraw Hill Education; (Mundopedia Globe Icon): Kundra/Shutterstock; (Audio icon): Orchid24/Shutterstock; (Cuida tu mundo image): Ekaterina Simonova/Shutterstock; (Sun icon): McGraw Hill Education; (Magazine background): McGraw Hill Education

*The vowels in parentheses after some verbs indicate that these verbs have stem vowel changes when conjugated. You will learn more about stem-changing verbs in **Gramática 5.1.**

4 La rutina y los planes

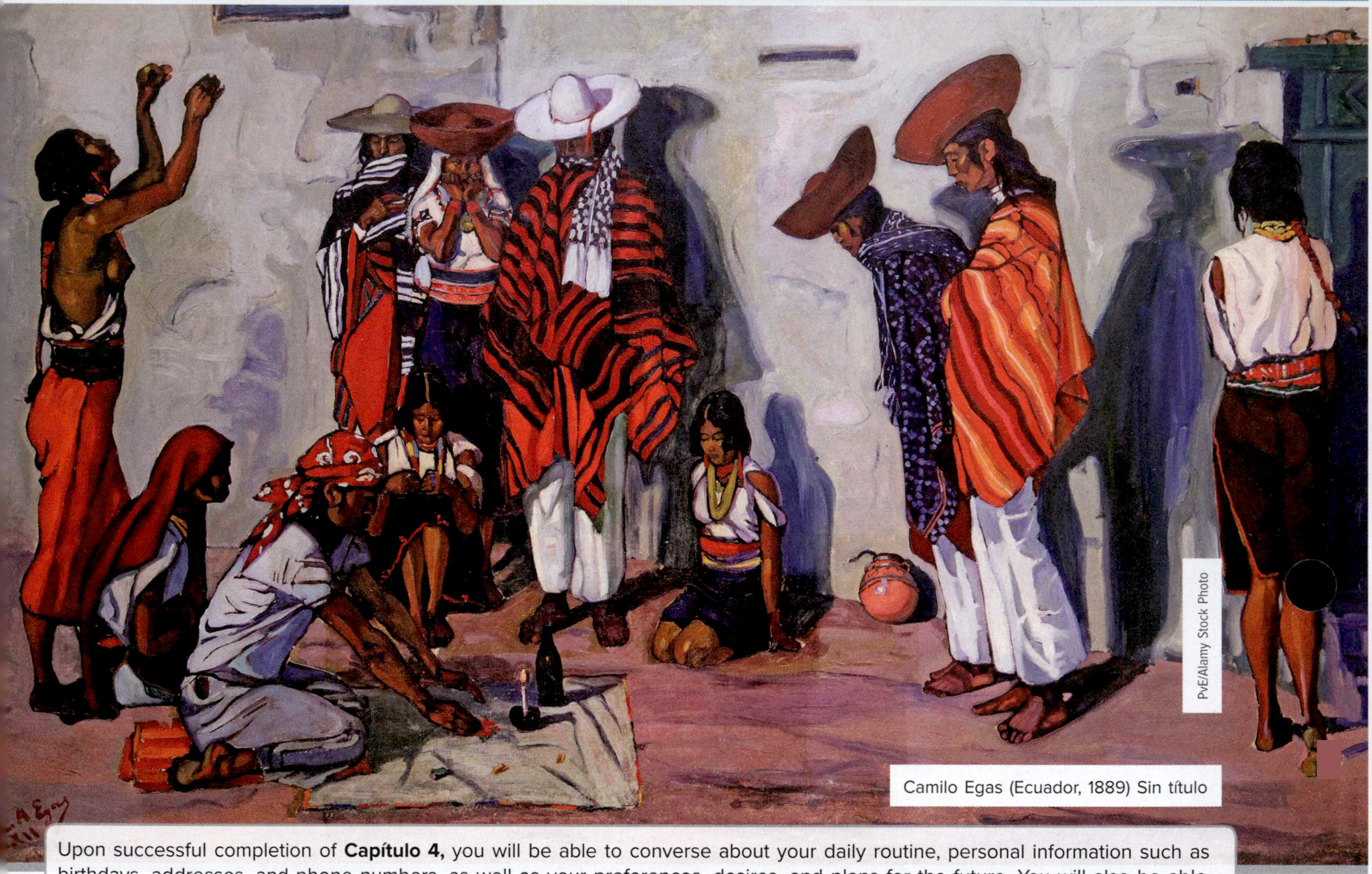

PvE/Alamy Stock Photo

Camilo Egas (Ecuador, 1889) Sin título

Upon successful completion of **Capítulo 4,** you will be able to converse about your daily routine, personal information such as birthdays, addresses, and phone numbers, as well as your preferences, desires, and plans for the future. You will also be able to speak about more languages and nationalities of the world. Additionally, you will have learned about some interesting places and people from Ecuador.

Comunícate

- **La rutina diaria**
- **Los datos personales**
- **Las preferencias y los deseos**
- **Hablando de Ecuador** Un país intercultural y plurinacional
- **Los planes**

Exprésate

- **Escríbelo tú** Un semestre en Ecuador
- **Cuéntanos** Mis planes y preferencias para las próximas vacaciones

Cultura

- **Mundopedia** ¡En Ecuador te vas a sentir como en tu casa!
- **Palabras regionales** Ecuador
- **Conexión cultural** Las islas Galápagos, tesoro de la naturaleza
- **Novela gráfica** Episodio 4

Videoteca

- **Amigos sin Fronteras, Episodio 4** El nuevo equipo de fútbol
- **Mi país** Ecuador
- **Los actores hablan**

Gramática

- **4.1** Present Tense of Reflexive Verbs
- **4.2** Question Formation
- **4.3** The Verbs **preferir** and **querer** + *inf.*
- **4.4** Making Plans: **pensar, tener ganas de,** and **ir a** with Activities and Places

McGraw Hill connect

ECUADOR

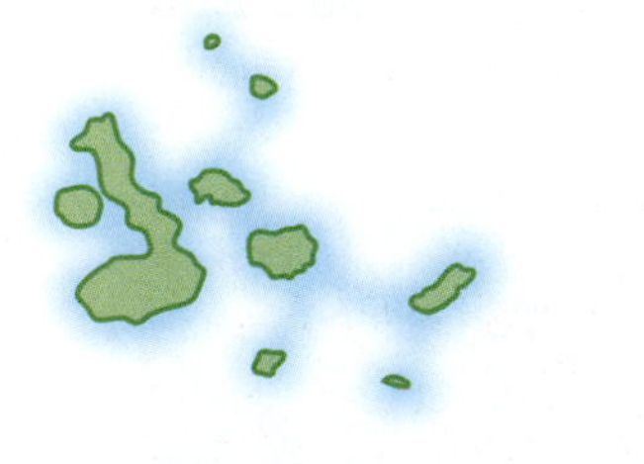

las islas Galápagos

Conócenos

Klic Video Productions/McGraw Hill

Omar Acosta Luna

Omar Acosta Luna es ecuatoriano. Tiene veintinueve años; trabaja y estudia en Ecuador. Le gusta escuchar música, pasar tiempo con la familia y jugar al fútbol. Su esposa se llama Marcela Arellano Macías y sus hijos se llaman Carlos Antonio (Carlitos) y Maritza.

la bandera de Ecuador
ciudad capital: Quito
moneda nacional: el dólar

Comunícate

La rutina diaria

Lee *Gramática 4.1, 4.2*

Esta noche hay una fiesta del club Amigos sin Fronteras. ¿Qué hacen los estudiantes antes de la fiesta?

Eloy se ducha. Luego, se seca. Después de secarse, se afeita.

Jorge se acuesta para descansar antes de la fiesta. ¡Por fin se despierta!

Estefanía se lava el pelo con agua caliente, champú y acondicionador. Después se seca el pelo.

Camila se maquilla y después se cepilla el pelo.

Xiomara se pone un vestido morado.

Antes de vestirse para salir, Franklin se lava (se cepilla) los dientes.

Radamés se viste rápidamente. La fiesta empieza a las ocho y ¡ya es muy tarde!

Lengua *Variaciones léxicas*

Las palabras para referirse a la rutina diaria pueden variar entre hablantes (*speakers*).

cepillarse los dientes	= **lavarse los dientes, lavarse la boca**
la pasta dental	= **la pasta dentífrica, la pasta de dientes**
lavarse el pelo	= **lavarse la cabeza**
el secador	= **la secadora**
la afeitadora	= **la rasuradora, la maquinilla (maquinita) de afeitar**

Gramática *Irregular reflexive verbs*

Verbs like **acostarse, despertarse, dormir, ponerse la ropa,** and **(des) vestirse** have one or more irregularities, which will be presented in **Gramática 5.1.** Here are the first and third person forms of these irregular verbs.

Infinitives	**yo**	**él/ella, usted**
acostarse	me acuesto	se acuesta
despertarse	me despierto	se despierta
desvestirse	me desvisto	se desviste
vestirse	me visto	se viste
dormir	duermo	duerme
ponerse	me pongo	se pone

Actividad 1 Mi rutina

¿Es así tu rutina? Responde usando **siempre, nunca** o **a veces.** Luego, conversa con tu compañero/a sobre su rutina.

Vocabulario

a veces	**nunca**	**siempre**
caliente	**frío/a**	**tarde**
cómodo/a	**el pijama**	**temprano**

1. Por la mañana...
   - **a.** me baño con agua caliente.
   - **b.** desayuno mucho.
   - **c.** me visto rápidamente.
2. Cuando voy a una fiesta...
   - **a.** me ducho y me lavo el pelo.
   - **b.** me pongo ropa elegante.
   - **c.** me maquillo / me afeito.
3. Los fines de semana...
   - **a.** me levanto temprano.
   - **b.** me afeito.
   - **c.** me acuesto tarde.
4. Por la noche, antes de acostarme...
   - **a.** me cepillo los dientes.
   - **b.** escucho música.
   - **c.** me pongo el pijama.
5. De lunes a viernes...
   - **a.** me levanto tarde.
   - **b.** me ducho con agua fría.
   - **c.** me pongo ropa cómoda.

Hola, Tania. ¿Qué tal en tu nueva universidad? Yo estoy bien. ¿Y tú?

David Malan/Gallo Images ROOTS RF collection/Getty Images

Yo también estoy muy bien, pero no duermo mucho. ¡Aquí ya hace mucho calor! Me despierto temprano para estudiar y me acuesto muy tarde.

JKstock/Shutterstock

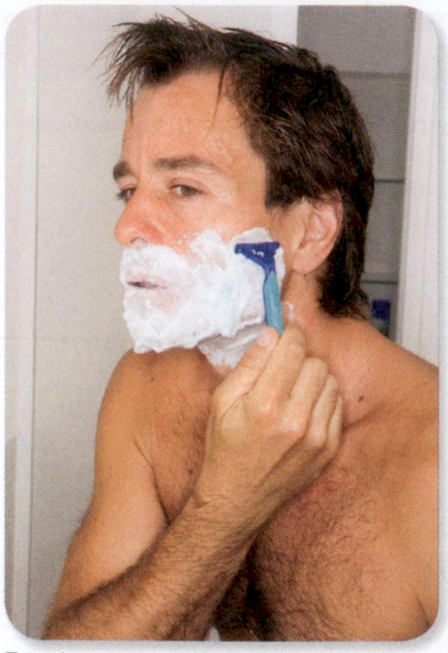

Purestock/Superstock

Este hombre se afeita todos los días, pero no usa una afeitadora eléctrica.

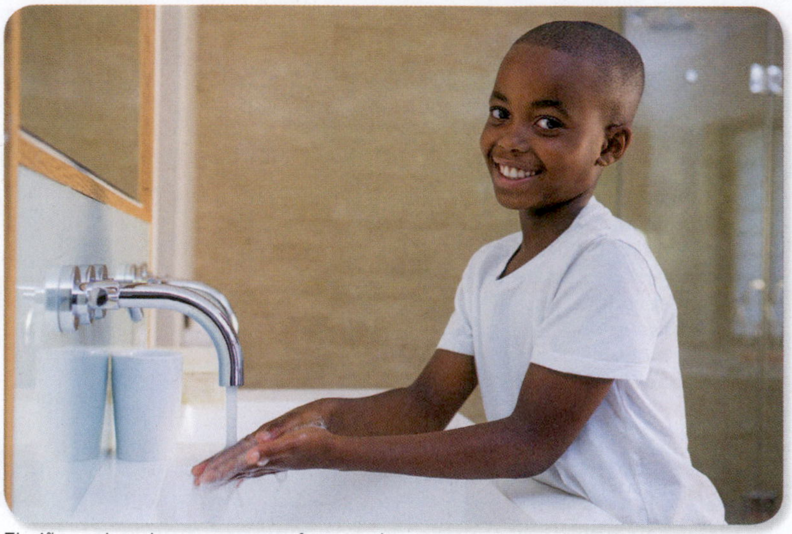

wavebreakmedia/Shutterstock

El niño se lava las manos con frecuencia.

Franckreporter/E+/Getty Images

Este hombre se lava los dientes y mira sus mensajes en el teléfono.

Kwame Zikomo/Purestock/SuperStock

Esta chica se ducha todos los días. ¡Le gusta ducharse!

Actividad 2 Una rutina lógica

Di el orden en que tú haces estas acciones. Usa las palabras **primero, luego**, **después** y **por último.**

MODELO: **a.** Me lavo el pelo. **b.** Me quito la ropa. **c.** Me seco el pelo. → Primero *me quito la ropa*, luego *me lavo el pelo.* Después *me ducho* y por último *me seco.*

1. **a.** Me seco. **b.** Me lavo los dientes. **c.** Me baño.
2. **a.** Me maquillo. **b.** Me levanto. **c.** Me pongo la ropa.
3. **a.** Me peino. **b.** Me afeito. **c.** Me ducho.
4. **a.** Me baño. **b.** Me levanto. **c.** Me despierto.
5. **a.** Me lavo los dientes. **b.** Desayuno. **c.** Preparo el desayuno.
6. **a.** Me pongo el pijama. **b.** Me acuesto. **c.** Me quito la ropa.

Vocabulario

primero
luego
después
por último

Actividad 3 Un sábado en la vida de Xiomara

Primero escucha a tu profesor(a). Luego, con tu compañero/a, describe las actividades de Xiomara durante un sábado típico, en orden cronológico.

MODELO: Xiomara se despierta a las ocho y diez.

Vocabulario

primero
luego
más tarde
por último / finalmente

---

a la(s)...
antes de
desde la(s)... hasta la(s)...
después de

Vocabulario

antes de
después de
hacer la compra

Gramática Before *and* after

To express *before/after (doing something)*, Spanish speakers use **antes de / después de** + *inf.*

Después de levantarse, mi hermana se ducha.	*After getting up, my sister takes a shower.*
Mi padre se afeita **antes de** ducharse.	*My father shaves before showering.*

If the infinitive that follows **antes de** or **después de** is reflexive, then the reflexive pronoun must agree with the subject of the sentence and be attached to the infinitive.

Antes de acostar**me**, **me cepillo** los dientes.

¿**Te bañas** antes de afeitar**te**?

Después de levanta**mos**, **corremos** en el parque.

Actividad 4 El orden de las actividades diarias

A. Escucha a tu profesor(a) mientras describe los dibujos. Di el nombre de la persona en el dibujo.

MODELOS: Por la mañana, se afeita antes de ducharse. → *Omar*
Después de jugar al fútbol con Daniel, bebe agua. → *Sebastián*

Eloy

Ángela

Carlitos

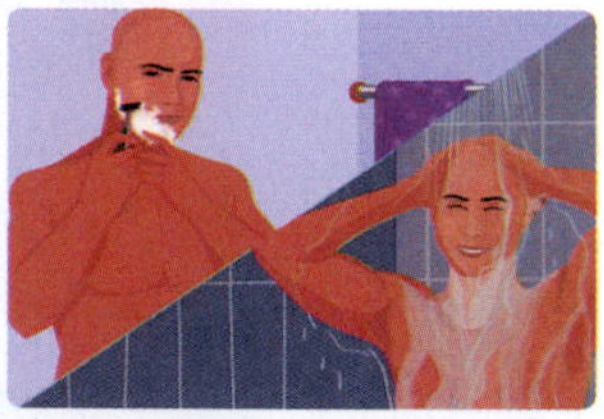
Omar

Sebastián

Radamés

Marcela

Xiomara

B. Ahora mira los dibujos de la **parte A** y pregúntale a tu compañero/a qué hace cada persona antes o después. Usa **antes de / después de.**

MODELOS: **E1:** ¿Qué hace Omar *antes de ducharse*?
E2: *Antes de ducharse, Omar se afeita.*

E1: ¿Qué hace Sebastián *después de jugar al fútbol*?
E2: *Después de jugar al fútbol, Sebastián bebe agua.*

Cultura *Un desayuno de empanadas*

Melissa Hom/Purestock/Alamy Stock Photo

Para el desayuno, la familia Acosta Luna y muchos ecuatorianos comen empanadas,[a] un plato típico de Ecuador.

[a]*small, deep-fried pastries stuffed with cheese, meat, or potatoes*

Los datos personales

Lee *Gramática 4.2*

¿De dónde es Omar? ¿Cuándo nació?

Klic Video Productions/McGraw Hill

Nombre: Omar Acosta Luna
Lugar de nacimiento: Quito, Ecuador
Nacionalidad: ecuatoriano
Cumpleaños: 31 de octubre
Edad: 29 años
Estado civil: casado (esposa: Marcela Arellano Macías, dos hijos: Carlos Antonio y Maritza)
Idioma(s): español e inglés
Estudios: Pontificia Universidad Católica del Ecuador (MBA), Colegio Americano de Quito
Empleo: Seguros Pichincha, S. A.
Dirección: Calle Andalucía Número 24-359, barrio La Floresta, Quito, Ecuador
Número de teléfono: (móvil) 593 9 870–5312

COMPARISONS C

Lengua *Los países, los idiomas y las nacionalidades*

En español los nombres de los países llevan mayúscula (**Italia, Rusia**), pero las nacionalidades y los idiomas no (**italiano/a, italiano; ruso/a, ruso**).

Dieter Schmidt es alemán y habla alemán.

Zahra Hamadani es iraní y habla persa.

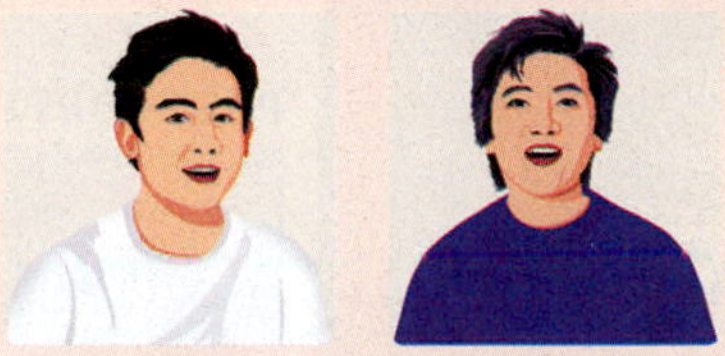

Masato Yamaguchi y Sadao Nakamura son japoneses y hablan japonés.

País	Nacionalidad	Idioma
Alemania	alemán, alemana	alemán
Australia	australiano/a	inglés
Brasil	brasileño/a	portugués
Canadá	canadiense	inglés, francés
China	chino/a	chino
Corea	coreano/a	coreano
Estados Unidos	estadounidense	inglés
Francia	francés, francesa	francés
Inglaterra	inglés, inglesa	inglés
Irak	iraquí	árabe
Irán	iraní	persa
Irlanda	irlandés, irlandesa	irlandés, inglés
Italia	italiano/a	italiano
Japón	japonés, japonesa	japonés
Marruecos	marroquí	árabe y berebere
Rusia	ruso/a	ruso
Sudáfrica	sudafricano/a	afrikáans, inglés y otros

Actividad 5 Los famosos del mundo

Di cuál es la nacionalidad de estas personas famosas y qué idioma(s) hablan.

MODELO: Antonio Valencia / Ecuador →
Antonio Valencia es ecuatoriano y habla español.

PERSONA	PAÍS
1. Felicia Chateloin	Cuba
2. Andrea Bocelli	Italia
3. Boris Johnson	Inglaterra
4. Vladimir Putin	Rusia
5. Emmanuel Macron	Francia
6. Bono (grupo U2)	Irlanda
7. Hugh Jackman	Australia
8. Angela Merkel	Alemania
9. Zang Yimou	China
10. Shirin Ebadi	Irán

Actividad 6 El pasaporte

A. Mira el pasaporte de Omar y contesta las preguntas de tu profesor(a).

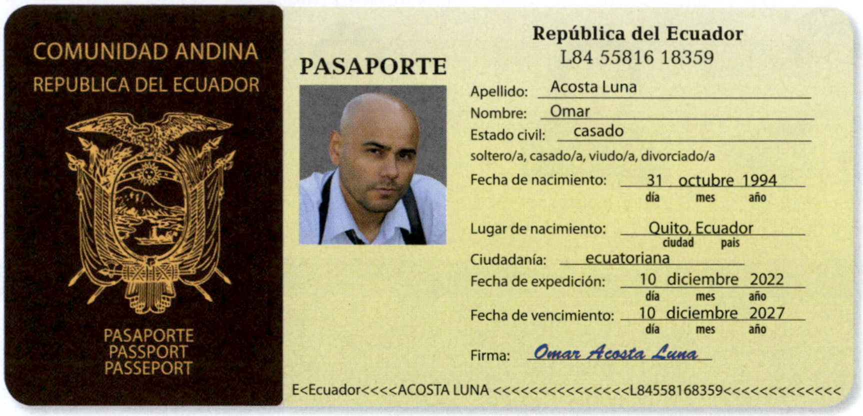

Passport: Source: Maksim Grebeshkov/Alamy Stock Photo; Omar: Klic Video Productions/McGraw Hill

B. Ahora eres turista y tu compañero/a es agente de inmigración. Contesta las preguntas que el/la «agente» hace.

1. ¿Cómo se llama usted?
2. ¿De qué país es?
3. ¿Qué idioma(s) habla usted? (inglés, español, etcétera)
4. ¿Cuál es su fecha de nacimiento? (¿Cuándo nació?)
5. ¿Cuál es su lugar de nacimiento? (¿Dónde nació?)
6. ¿Cuál es su estado civil? (¿Es usted soltero/a, casado/a, divorciado/a o viudo/a?)
7. ¿Cuál es su dirección? (¿Dónde vive?)
8. ¿Cuál es su número de teléfono móvil?

¡CUIDA TU MUNDO!

Ekaterina Simonova/Shutterstock

Ecuador, uno de los países más biodiversos del planeta, tiene también problemas ecológicos, por ejemplo, el exceso de basura.[a] Pero, afortunadamente, hay en Ecuador un proyecto comunitario llamado Ecopapel para la creación de papel reciclado. Ecopapel es un proyecto comunitario para la creación de papel reciclado. El proyecto invita a los jóvenes a recoger papel basura y ofrece a las mujeres de la comunidad la oportunidad de trabajar, creando y decorando papel reciclado. Venden[b] sus productos y enseñan[c] a los jóvenes a transformar la basura en una artesanía hermosa[d] y útil.[e]

[a]*trash* [b]*They sell* [c]*they teach* [d]muy bonita [e]*useful*

Actividad 7 Los datos personales

¿Recuerdas?

Remember that the date in Spanish is ordered as follows: day-month-year.

2-1-1971
2-I-1971 = el dos de enero de 1971 (mil novecientos setenta y uno)

12-10-2023
12-X-2023 = el doce de octubre de 2023 (dos mil veintitrés)

¿Recuerdas?

100 **cien**	600 seis**cientos**
101 **ciento** uno	700 s**e**te**cientos**
133 **ciento** treinta y tres	800 ocho**cientos**
200 dos**cientos**	900 n**o**ve**cientos**
300 tres**cientos**	1.000 mil
400 cuatro**cientos**	2.000 dos mil
500 **quinientos**	2.023 dos mil veintitrés

Conversa con tu compañero/a sobre sus datos personales para organizar un grupo de estudio.

E1: Hola, __________ ¿cómo estás?

E2: Muy bien, ¿y tú?

E1: Bien, bien. Oye, necesito tu dirección y otros datos personales para el grupo de estudio.

E2: Sí, claro. Necesito tus datos también.

E1: ¿Dónde vives?

E2: Vivo en la calle __________, número __________. ¿Y tú?

E1: Vivo en la calle __________, número __________. ¿Cuál es tu dirección electrónica?

E2: Es __________ @ __________. ¿Y *la tuya* (tu dirección electrónica)?

E1: Es __________ @ __________. ¿Y tu número de *móvil* (teléfono celular)?

E2: Es el __________. ¿Y *el tuyo* (tu número)?

E1: Es el __________.

Gramática *Possessive pronouns*

tuyo/a(s) yours
mío/a(s) mine

Lengua *Variaciones léxicas*

En el mundo hispano las palabras para *e-mail* varían: **correo electrónico, email, mail.** El símbolo @ es **arroba** en español, y el «.» es **punto.**

Las preferencias y los deseos

Lee *Gramática 4.3*

¿Qué planes tienen estas personas para el sábado?

Eloy quiere salir a cenar, pero Susan, su novia, prefiere asistir a un concierto.

Y tú, ¿que prefieres hacer, salir a cenar o asistir a un concierto?

Claudia quiere ir al cine, pero Xiomara prefiere ver videos en YouTube.

Y tú, ¿quieres ir al cine o prefieres ver videos en YouTube?

Omar y su esposa quieren descansar, pero sus hijos prefieren jugar en el parque.

Y tú, qué quieres hacer, descansar o jugar al fútbol en el parque?

Actividad 8 Situaciones

¿Qué quieres hacer en las siguientes situaciones? Conecta cada situación con una actividad o inventa una actividad original.

Vocabulario

el regalo

Gramática Este/a *with time periods*

In Spanish, **este** and **esta** are used with upcoming time periods.

este fin de semana	*this* (*coming*) *weekend*
esta primavera	*this* (*coming*) *spring*

To say *tonight* in Spanish, follow the same rule: **esta noche.** See section **B** of **Gramática 3.4** for more examples.

SITUACIONES

1. Esta noche hay una fiesta del club Amigos sin Fronteras.
2. Hay una nueva película de mi actor favorito.
3. Mañana hay un examen muy difícil en mi clase de español.
4. El fin de semana próximo es el cumpleaños de mi mamá.
5. ¡Necesito unas vacaciones!
6. Hoy es mi cumpleaños.
7. Necesito hacer un poco de ejercicio.
8. Hay mucha tarea en mis clases.
9. ¡Mi (teléfono) móvil es muy viejo!
10. Hoy es un día muy bonito y estoy con mis amigos en el parque.

QUIERO...

a. comprar un regalo especial para ella.
b. celebrarlo con mi familia.
c. nadar en el mar (la piscina).
d. ir al gimnasio.
e. comprar ropa nueva para la fiesta.
f. ir al cine para ver su película.
g. hacer mi tarea todos los días.
h. comprar un modelo nuevo.
i. hacer un picnic (tener una merienda).
j. viajar a Ecuador.
k. estudiar mucho esta noche.
l. ¿ ?

Nuestra gente

COMMUNITIES CULTURES

Margarita, ¿qué tipo de música te gusta? ¿Hay un(a) cantante que te gusta mucho?

Frank Sanchez/Alamy Stock Photo

Margarita Acosta Guaricela, estudiante universitaria en Quito

Pues, me gusta escuchar muchos tipos diferentes, pero prefiero la música andina. Por ejemplo, me gusta Enrique Males Morales, un poeta y cantautor quichua ecuatoriano. Él toca instrumentos contemporáneos y precolombinos; es una de las voces más importantes del país. Me gusta porque mi madre es indígena y Males quiere, con sus canciones y su música andina, recuperar[a] las tradiciones y la lengua quichuas. Dice que los jóvenes cantantes de hoy son muy buenos músicos, pero que sus canciones tienen un contenido materialista. Males presenta la perspectiva indígena y produce canciones con contenido social y música hermosa.[b]

[a]*recover* [b]muy bonita

Actividad 9 Los gustos diarios

Conversa con tu compañero/a sobre los gustos diarios de los adolescentes y los adultos en Ecuador.

MODELO: **E1:** ¿Cuál es la *cuarta* preferencia de los *jóvenes* ecuatorianos?
E2: *Textear a los amigos.*
E1: ¿Y de los *adultos?*
E2: Los adultos *prefieren leer libros y revistas.*

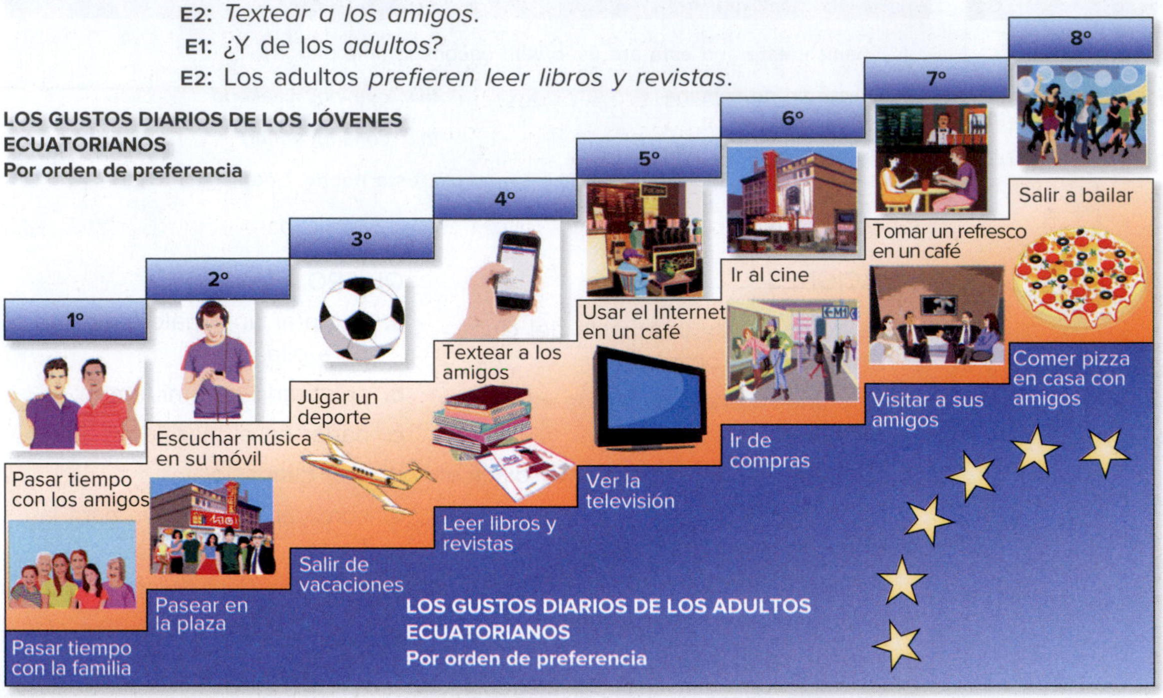

Gramática *Ordinal numbers*

Numbers that tell order are called *ordinal numbers.*

primer, primero/a	first	**sexto/a**	sixth
segundo/a	second	**séptimo/a**	seventh
tercer, tercero/a	third	**octavo/a**	eighth
cuarto/a	fourth	**noveno/a**	ninth
quinto/a	fifth	**décimo/a**	tenth

Ordinal numbers are adjectives. In Spanish, they typically precede the noun they modify and they must agree with the noun: **el segundo grupo / la primera preferencia.**

Note that **primero** and **tercero** drop the final **-o** when they are in front of a masculine noun: **el primer chico / el tercer lugar.**

Actividad 10 El fin de semana

¡Conversa con tu compañero/a!

GENERALMENTE LOS FINES DE SEMANA...

1. ¿Sales con tus amigos? ¿Prefieres ir al cine o ir a un club?
2. ¿Trabajas? ¿Hasta qué hora?
3. ¿Cenas en un restaurante? ¿Prefieres cenar en un restaurante familiar o en uno elegante? ¿Cuál es tu favorito?
4. ¿Lees un libro? ¿Escuchas música o prefieres jugar videojuegos? ¿Juegas a las cartas?
5. ¿Te gusta ir a fiestas o prefieres dar fiestas? ¿Por qué?

ESTE FIN DE SEMANA...

1. ¿Quieres practicar algún deporte? ¿Cuál prefieres?
2. ¿Quieres ver la televisión? ¿Qué programas te gustan?
3. ¿Quieres ir de compras? ¿Adónde? ¿Qué quieres comprar?
4. ¿Quieres ir a una fiesta o prefieres ir al cine? ¿Con quién(es)?
5. ¿Quieres estudiar? ¿Dónde prefieres estudiar? ¿Con quién(es)?

Hablando de Ecuador

UN PAÍS INTERCULTURAL Y PLURINACIONAL

Ecuador estima y respeta a sus comunidades indígenas y afroecuatorianas. Esto es evidente en su Constitución Política (2008), donde se declara que el país es una nación intercultural y plurinacional. Ecuador tiene una población de más de diecisiete millones de habitantes y la mayoría son mestizos: mezcla[a] de español e indígena. También hay criollos, que son descendientes de europeos sin mezcla. La cultura de estos dos grupos es la que predomina en el país. Las dos minorías más importantes de Ecuador son la de los indígenas y la de los afroecuatorianos, descendientes de los esclavos[b] africanos. La religión que más practican los ecuatorianos es la católica. Su idioma oficial es el español, pero ¡hay trece lenguas nativas en el país!

Fotos593/Shutterstock

Celebración de Inti Raymi en Cayambe, Ecuador

Los incas conquistan el territorito de Ecuador a fines del siglo XV. La civilización de los pueblos anteriores* a la llegada de los incas[b] estaba basada en la agricultura. En contraste, de la civilización de los yumbos existen ruinas interesantes en Tulipe. Allí es evidente su interés por la astronomía. Aunque el imperio inca se terminó con la muerte[c] del último monarca, Atahualpa, en 1533, el grupo indígena más grande en Ecuador es el de los descendientes de los incas. Su identidad étnica se basa en su cultura y en su lengua, el quichua. Viven principalmente en la sierra.[d]† Su fiesta más importante es Inti Raymi, una celebración en el solsticio de invierno.

En Ecuador también vive una población de 1.120.000 descendientes de africanos, esclavos fugitivos durante la conquista española. Viven mayormente en la costa del noroeste. Hay todavía pobreza en estas zonas y discriminación por parte de los mestizos y los criollos. La esclavitud[e] se abolió en Ecuador en 1851, pero los dueños[f] de las plantaciones dominan a esta población. Su cultura es una mezcla de costumbres africanas y ecuatorianas. Es famosa su música: la marimba y la bomba. La marimba es más africana; la bomba tiene más influencia mestiza e indígena. Hay afroecuatorianos importantes en Ecuador: una fiscal general[g] del país, poetas, jugadores de fútbol y un atleta olímpico.

Maremagnum/The Image Bank Unreleased/Getty Images

La música marimba viene de Esmeraldas.

[a]*mix* [b]*slaves* [c]*death* [d]*mountains* [e]*slavery* [f]*owners* [g]fiscal... *attorney general*

*Algunas comunidades anteriores: los pastos, los caras, los panzaleos, los puruhaes, los cañaris y los paltas

†Ecuador se divide en tres regiones: Costa, Oriente y Sierra.

Los planes

Lee *Gramática 4.4*

¿Qué vamos a hacer este fin de semana?

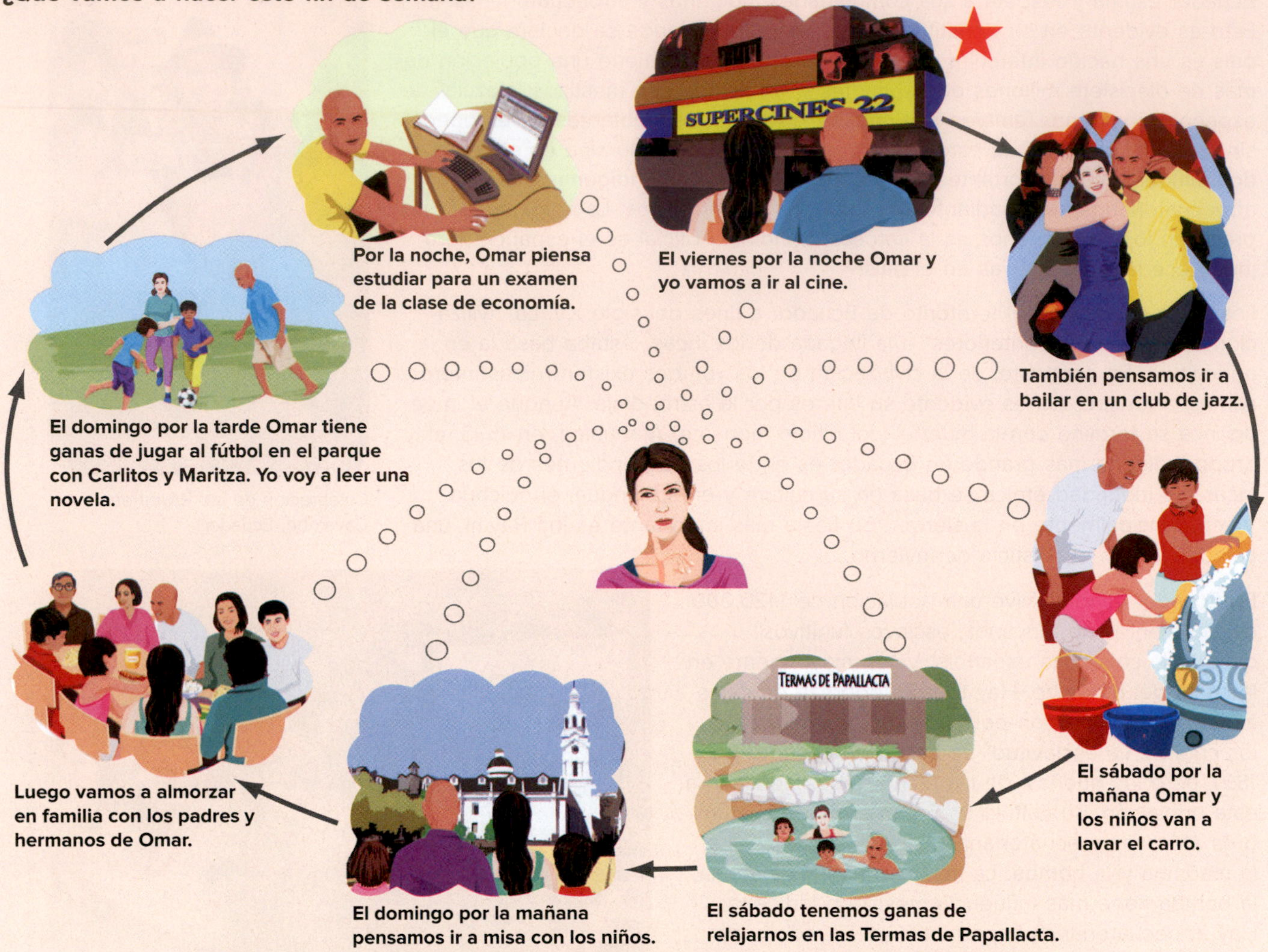

SUPERCINES 22
El viernes por la noche Omar y yo vamos a ir al cine.
También pensamos ir a bailar en un club de jazz.
El sábado por la mañana Omar y los niños van a lavar el carro.
TERMAS DE PAPALLACTA
El sábado tenemos ganas de relajarnos en las Termas de Papallacta.
El domingo por la mañana pensamos ir a misa con los niños.
Luego vamos a almorzar en familia con los padres y hermanos de Omar.
El domingo por la tarde Omar tiene ganas de jugar al fútbol en el parque con Carlitos y Maritza. Yo voy a leer una novela.
Por la noche, Omar piensa estudiar para un examen de la clase de economía.

Cultura *Papallacta*

Un lugar favorito de los ecuatorianos es Papallacta, un pueblo pequeño en los Andes, muy cerca de Quito. Es famoso por sus termas[a] de agua caliente que fluyen[b] de dos volcanes, el Cayambe y el Antisana. Como[c] el agua contiene minerales, beneficia la salud[d] y es buena para relajarse.

[a]*hot springs* [b]*flow* [c]*Since* [d]*health*

Bernard van Dierendonck/Image Professionals GmbH/Alamy Stock Photo

Varias personas se relajan en las aguas calientes de una terma del Hotel Las Termas.

Actividad 11 Conversación sobre los planes

Gramática *Lo que*

lo que = *that which, what*

Lo que me gusta de esta clase son las conversaciones.	*What I like about this class are the conversations.*

Conversa con tu compañero/a sobre lo que ustedes van a hacer en estas ocasiones.

MODELO: **E1:** ¿Qué vas a hacer *en tu próximo cumpleaños?*
E2: Voy a *salir a cenar con mi familia*. ¿Y tú?
E1: Pienso / Tengo ganas de / Voy a...

¿Recuerdas?

mañana	tomorrow
la mañana	(the) morning
por la mañana	in the morning
mañana por la mañana	tomorrow morning

Vocabulario

mañana por la mañana / tarde / noche
próximo/a(s)

Ocasiones	Actividades	
durante las próximas vacaciones	acampar	leer una novela
el próximo fin de semana	bucear	nadar en un lago/río
el próximo verano/mes/año	descansar	salir a bailar
el viernes por la noche	dormir	salir a cenar
en tu próximo cumpleaños	estudiar	subir fotos a Instagram
hoy, después de clase,	ir al cine	textear
mañana por la noche	ir a muchas fiestas	trabajar
mañana por la mañana	ir a la playa	ver la televisión
	ir de compras	¿ ?

Cultura *Atractivos de Ecuador*

Ecuador nos atrae con su cultura y su belleza natural. Además de museos, teatros, restaurantes, iglesias y ruinas indígenas, ofrece sitios naturales de gran diversidad ecológica. Hay también fiestas llenas de color y alegría, por ejemplo, Inti Raymi en quichua (Fiesta del Sol). El dios Sol renace para empezar un nuevo ciclo anual. Esta festividad presenta las tradiciones de Ecuador antes de llegar los conquistadores.

Actividad 12 Los planes

Habla con tu compañero/a de tus planes, los planes de tus amigos y los de tu familia. Expresa tus reacciones con las frases de **Y tú, ¿qué dices?**

MODELO: **E1:** Durante las vacaciones, pienso *viajar*.
E2: ¿Con quién?
E1: Con mi mejor amiga.
E2: ¡Qué divertido! Yo voy a *pasar tiempo con mis abuelos*.

Vocabulario

bailar en un club	**leer una novela**
bucear	**levantar pesas**
dar una fiesta	**limpiar la casa**
descansar	**pasar tiempo con...**
dormir	**patinar en el hielo**
esquiar/hacer snowboard	**practicar un deporte**
estudiar mucho	**reparar el carro**
ir al cine	**salir a cenar**
jugar a las cartas	**salir de vacaciones**
jugar al tenis	**viajar**
jugar videojuegos	**¿ ?**

1. Mañana por la mañana, (yo) voy a...
2. El viernes por la noche, mis amigos y yo pensamos...
3. El domingo por la tarde, (yo) tengo ganas de...
4. La semana próxima, mis hermanos van a...
5. Durante las vacaciones, (yo) pienso...
6. El día de su cumpleaños, mi madre tiene ganas de...
7. Este invierno/verano, mi novio/a va a...
8. Hoy después de clase, los estudiantes tienen ganas de...

Y tú, ¿qué dices?

¿A qué hora?	¿Dónde?	¡Qué divertido!
¿Con quién?	¡Qué aburrido!	Yo también.
¿Cuándo?	¡Qué buena idea!	Yo no.

Exprésate

ESCRÍBELO TÚ

Un semestre en Ecuador

Imagínate que vas pasar un semestre en Ecuador con la familia Acosta. Ellos quieren saber algo de ti. Incluye tus datos personales: ¿Cómo te llamas? ¿Cuántos años tienes? Di cómo eres (descripción física y de tu personalidad). Menciona también tus actividades favoritas. Luego, habla un poco de tu rutina diaria. Termina con dos o tres cosas divertidas que vas a / quieres hacer en Ecuador. Usa la tabla que aparece en Connect para organizar tus ideas en varios párrafos cortos. Luego, escribe tu ensayo.

CUÉNTANOS

Mis planes y preferencias para las próximas vacaciones

Cuéntanos sobre tus planes y preferencias para las próximas vacaciones. ¿Qué vas a hacer? ¿Qué prefieres hacer para divertirte? ¿Quieres viajar o prefieres quedarte en casa? ¿Tienes ganas de ir al cine? ¿Piensas descansar un poco? Habla de los planes más importantes y de los más divertidos. Di qué vas hacer, por qué y con quién. Menciona cuatro o cinco planes, mínimo.

Ecuadorpostales/Shutterstock

Mitad del Mundo, Ecuador

Cultura

Mundopedia

¡En Ecuador te vas a sentir como en tu casa°!

te... *you will feel at home*

En Ecuador hay **lugares** muy hermosos. Por ejemplo, hay varios volcanes —el Pichincha, el Chimborazo y el Cotopaxi, entre ellos— todos cerca de la capital. Este país tiene ruinas incas, como Pucará de Rumicucho, a treinta kilómetros al norte de Quito, e Ingapirca a 398 kilómetros de Cuenca. Hay también **sitios** naturales en la costa y en las montañas donde hay una gran biodiversidad. Muchas ciudades de Ecuador son **bellas** e interesantes. Dos de ellas son ahora sitios que la UNESCO declara Patrimonio Cultural de la Humanidad*: Quito en 1978 y Cuenca en 1999†.

Vocabulario de consulta	
lugares	places
sitios	places
bellas	**bonitas**
sobre el nivel del mar	above sea level
seca	dry
lluviosa	rainy
amistosa	friendly
teleférico	cable car
desde la falda	from the slope
desde... hasta	from . . . to
se pueden ver	one can see

Fotos593/Shutterstock

Ingapirca, Ecuador: Templo del Sol

LA CAPITAL

Quito, la capital, es una ciudad colonial. Los españoles la fundan en el siglo XVI en las ruinas de una ciudad inca. Está en los Andes, a una altitud de 2.850 metros (9.200 pies) **sobre el nivel del mar.** Tiene solamente dos estaciones, una **seca** y una **lluviosa**. Su clima es agradable, no hace ni mucho frío ni mucho calor. También ofrece un gran número de atractivos: naturaleza, cultura, gastronomía (comida) muy variada y también gente muy **amistosa**.

*Patrimonio... *World Cultural Heritage*

†En Ecuador, además de Quito y Cuenca, otros dos lugares son declarados también Patrimonio Cultural de la Humanidad: el Parque Nacional Sangay (1983) y las islas Galápagos (1978 y 2001).

EL TELEFÉRICO

Quito tiene un **teleférico** que sube **desde** la **falda** del volcán Pichincha, a 2.950 metros sobre el nivel del mar, **hasta** Cruz Loma a 4.050 metros. Durante el viaje de aproximadamente diez minutos, **se pueden ver** los volcanes con nieve, los valles y la ciudad.

Un domingo en la plaza

David Litschel/Alamy Stock Photo

MITAD DEL MUNDO

Muy cerca de Quito, al norte, está la ciudad Mitad del Mundo. Ecuador está sobre la línea del ecuador, que cruza al norte de Quito. En Mitad del Mundo puedes poner un pie en el hemisferio norte y otro en el hemisferio sur.

Vale la pena visitar Ecuador, un país rico en paisajes naturales y ruinas indígenas. Además, en sus bellas ciudades hay muchas cosas que hacer y lugares que visitar. ¡En Ecuador te vas a sentir como en tu casa!

COMPRENSIÓN

1. ¿Cuántas estaciones hay en Quito y cómo se llaman?
2. Menciona el tipo de atractivos que hay en Quito.
3. Menciona dos atractivos turísticos que hay cerca (*near*) de Quito.
4. ¿En qué puedes viajar por diez minutos y ver los volcanes con nieve, los valles y la ciudad?
5. ¿Cómo te vas a sentir al visitar Ecuador?

Palabras regionales: Ecuador	
andar chiro/a = no tener dinero	**shunsho* = tonto/a**
camellar = trabajar	**el taita* = el padre**

CONNECTIONS C

CONEXIÓN CULTURAL

LAS ISLAS GALÁPAGOS, TESORO DE LA NATURALEZA

Las islas Galápagos, la inspiración para la teoría de la evolución de Charles Darwin y para su famoso libro *El origen de las especies*, forman un archipiélago de islas volcánicas a 972 kilómetros al oeste de Ecuador. Son parte de este país sudamericano desde 1832. Están sobre el ecuador y en la zona hay una gran variedad de flora y fauna terrestre y marina. Lee la lectura «Las Galápagos, tesoro de la naturaleza» en el *Cuaderno* de *actividades* o en Connect y ¡descubre mucho más sobre este fascinante lugar!

*palabras de origen quichua

EL MENSAJE DE YARIA Episodio 4: En el malecón

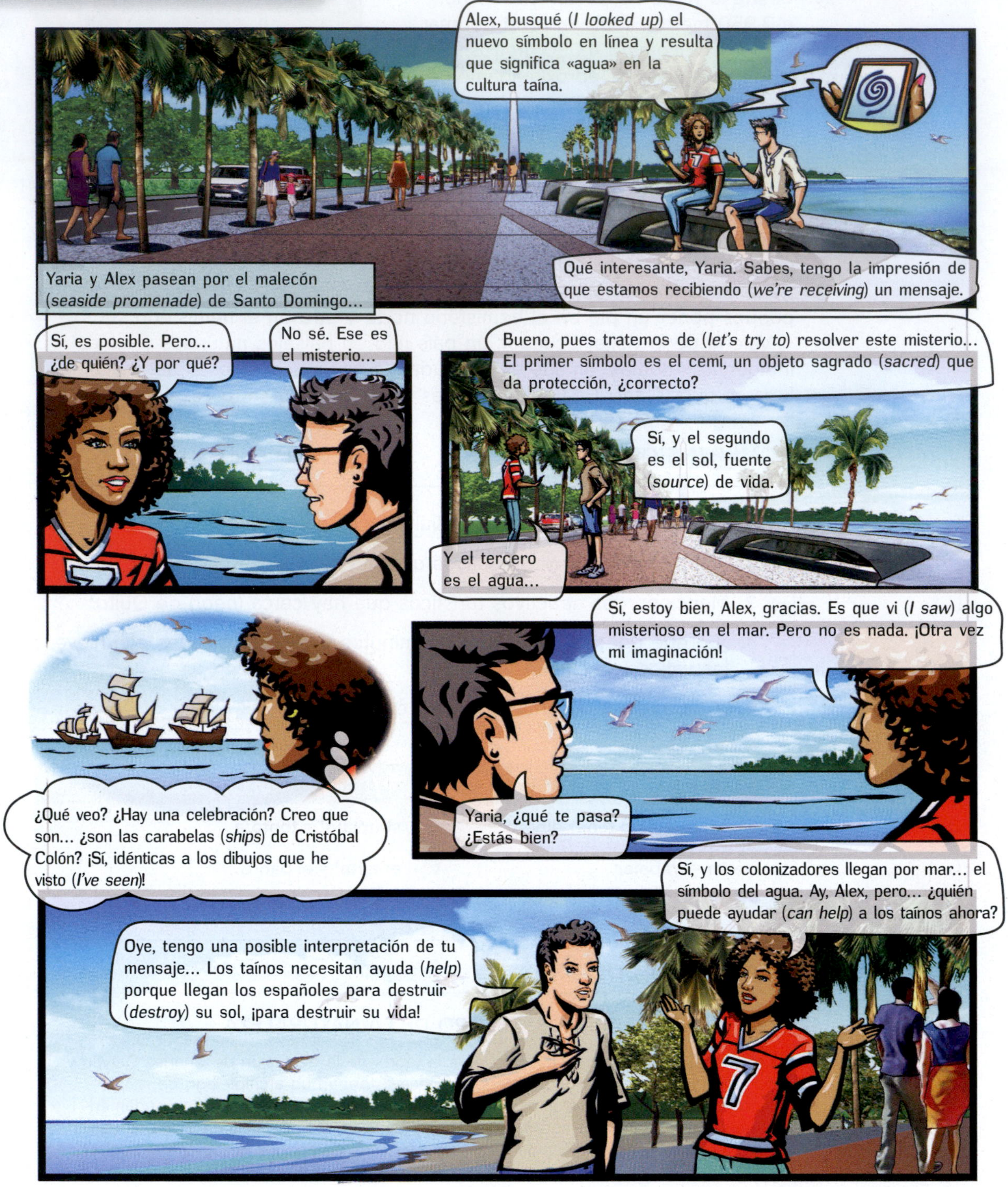

Videoteca

Amigos sin Fronteras

Episodio 4: El nuevo equipo de fútbol

Klic Video Productions/McGraw Hill

Klic Video Productions/McGraw Hill

Klic Video Productions/McGraw Hill

Resumen
En el centro estudiantil, Ana Sofía y Eloy juegan al tenis con el programa Wii. Radamés y Claudia animan (*cheer*) a los jugadores. Reciben una llamada de Omar Acosta por Skype™. Omar va a viajar de Ecuador a Berkeley en marzo. Al final, los cuatro amigos del club deciden jugar al fútbol.

Mi país ECUADOR

Resumen
Omar habla de Ecuador, de su geografía, su historia y la naturaleza. Menciona las atracciones de Quito y habla de los diecisiete grupos de indígenas de Ecuador. Muchos hablan quichua y usan técnicas artesanales para crear textiles, como los de Otavalo. Incluye información sobre Mitad del Mundo, las islas Galápagos y los volcanes el Cotopaxi y el Quilotoa.

Paul Franklin/LatinFocus.com
Las islas Galápagos

Nigel Pavitt/AWL/Getty Images
Otavalo

Los actores hablan

Klic Video Productions/McGraw Hill

Klic Video Productions/McGraw Hill

Preguntas

¿Cuál es tu rutina diaria?
¿Y los fines de semana?

Gramática

4.1 Present Tense of Reflexive Verbs

A. You have already seen verb conjugations in Spanish. Reflexive verbs follow the same pattern as those conjugations with one small difference. Look at the following examples.

Lucía **lava** la ropa.

Lucía **se lava** las manos.

Sebastián **pone** el libro en la mesa.

Sebastián **se pone** la ropa.

COMPARISONS

Actions done to oneself are expressed using reflexive words.

Me afeito.	*I shave (myself).*
Nos ponemos la ropa.	*We put on our clothes.*

Note that in Spanish, possessives generally are not used with clothing or body parts.

Me lavo **las** manos.	*I wash my hands.*
Te cepillas **los** dientes.	*You (fam. sing.) brush your teeth.*

The conjugation of **lavar** and **poner** is exactly like the conjugation of the verbs you learned in **Capítulo 3** (**Gramática 3.3**). However, adding the pronoun **se** to the end of an infinitive (**lavarse, ponerse**), indicates that the verb is being used reflexively. Reflexive verbs usually refer to actions people do to themselves. When conjugating a verb with **se** (*self*) at the end, you will need to add a reflexive pronoun before the conjugated form.

English also has reflexive pronouns that indicate that the subject of a sentence does something to himself or herself. These pronouns end in *-self* or *-selves.*

He cut *himself*.	Babies often talk to *themselves*.
She looked at *herself* in the mirror.	We didn't blame *ourselves*.

Note that some actions that are expressed as reflexive in Spanish are not expressed with *-self* or *-selves* in English.

Yo **me levanto** a las siete. **Me ducho** y luego **me pongo** la ropa.	*I get up at 7:00. I take a shower and then get dressed.*

B. Here is the present tense of the verb **levantarse** (*to get up*) with the corresponding reflexive pronouns.

levantarse		
(yo)	**me** levanto	*I get up*
(tú)	**te** levantas*	*you (fam. sing.) get up*
usted, él, ella	**se** levanta	*you (pol. sing.) get up; he/she gets up*
(nosotros/as)	**nos** levantamos	*we get up*
(vosotros/as)	**os** levantáis	*you (fam. pl., Sp.) get up*
ustedes, ellos/ellas	**se** levantan	*you (pl.) get up; they get up*

C. Following is a list of verbs with the reflexive pronouns **me** (*myself*), **te** (*yourself* [*fam. sing*]), and **se** (*yourself* [*pol. sing.*], *himself/herself, yourselves, themselves*) that you can use to describe your daily routine or that of someone else. Notice that reflexive infinitives end in **-se.** Note the red letters, which show a change in the root of the verb.

Infinitives	Conjugated Verb Forms	Translation
acostarse†	Me acuesto.	*I go to bed.*
afeitarse	Te afeitas.	*You (fam. sing.) shave.*
bañarse	Se baña.	*You (pol. sing.) take a bath. / He/She takes a bath.*
despertarse†	Me despierto.	*I wake up.*
ducharse	Te duchas.	*You (fam. sing.) take a shower.*
lavarse el pelo	Se lava el pelo.	*You (pol. sing.) wash your hair. / He/She washes his/her hair.*
lavarse los dientes	Me lavo los dientes.	*I brush my teeth.*
levantarse	Te levantas.	*You (fam. sing.) get up.*
maquillarse	Se maquilla.	*You (pol. sing.) put on makeup. / He/She puts on makeup.*
peinarse	Me peino.	*I comb my hair.*
ponerse†	Me pongo la ropa. / Te pones la ropa.	*I put on my clothes. / You (fam. sing.) put on your clothes.*
quitarse	Se quita la ropa.	*You (pol. sing.) take off your clothes. / He/She takes off his/her clothes.*
secarse	Me seco.	*I dry off.*
(des)vestirse†	Te (des)vistes.	*You (fam. sing.) get (un)dressed.*

Me levanto temprano y **me ducho** enseguida. Generalmente **me lavo** el pelo. Luego, **me seco** y **me peino.** — *I get up early, and I take a shower right away. I usually wash my hair. Afterward, I dry off and comb my hair.*

Eloy, ¿tú **te afeitas** todos los días? — *Eloy, do you shave every day?*

Jorge **se levanta** tarde. **Se ducha** rápidamente, pero no **se afeita. Se pone la ropa** y **se peina.** — *Jorge gets up late. He showers quickly, but he doesn't shave. He gets dressed and combs his hair.*

---

*Alternative form for recognition only: **vos te levantás.**

†**Acostarse, despertarse, ponerse, vestirse,** and **desvestirse** are all stem-changing verbs. In **acostarse,** the stem vowel **o** changes to **ue** in all but the **nosotros/as** and **vosotros/as** forms. In **despertarse,** the stem vowel **e** changes to **ie** in all but the **nosotros/as** and **vosotros/as** forms. The verb **ponerse** is irregular only in the **yo** form, adding a **g: (me) pongo.** And **vestirse** and **desvestirse** change the stem vowel **e** to **i** in all but the **nosotros/as** and **vosotros/as** forms. You will learn more about stem-changing verbs and irregular verbs in **Gramática 5.1**.

D. Reflexive pronouns are normally placed directly before the conjugated verb (**me seco**), but they may be attached to the end of infinitives (**secarme**) and present participles (**secándome**).*

Me gusta **afeitarme** primero y luego **bañarme**.	*I like to shave first and then take a bath.*
Omar va a **levantarse** y **bañarse** inmediatamente.	*Omar is going to get up and take a bath immediately.*
—Estefanía, ¿qué estás haciendo?	*Estefanía, what are you doing?*
—Estoy **lavándome** los dientes.	*I'm brushing my teeth.*
Antes de **ducharme**, **me quito** la ropa.	*Before showering, I take my clothes off.*

Ejercicio 1

¿Cuál es la oración que mejor describe cada par de dibujos?

1. ______

2. ______

3. ______

4. ______

5. ______

6. ______

a. El niño se baña después de bañar al perro.
b. Él se quita la camiseta, pero ella se pone los zapatos de tenis.
c. La muchacha se maquilla antes de cepillarse el pelo.
d. Este hombre se ducha por la mañana, pero la niña se baña por la noche.
e. Él se afeita la cara, pero su esposa se afeita las piernas.
f. Se acuesta a las once y media y se levanta a las seis.

*You will learn about the present participle (or present progressive) verb forms in **Gramática 6.2.**

Ejercicio 2

Mira los dibujos y decide qué hace la persona en cada dibujo.

1.

a. Marcela se baña por la mañana.

b. Marcela baña a su hija por la noche.

2.

a. Maritza se viste sola todos los días.

b. Maritza viste a su muñeca (*doll*).

3.

a. Eloy pone sus libros en el escritorio.

b. Eloy se pone el pijama para dormir.

4.

a. Xiomara se maquilla un poco por la mañana.

b. La asistente maquilla a la diva.

5.

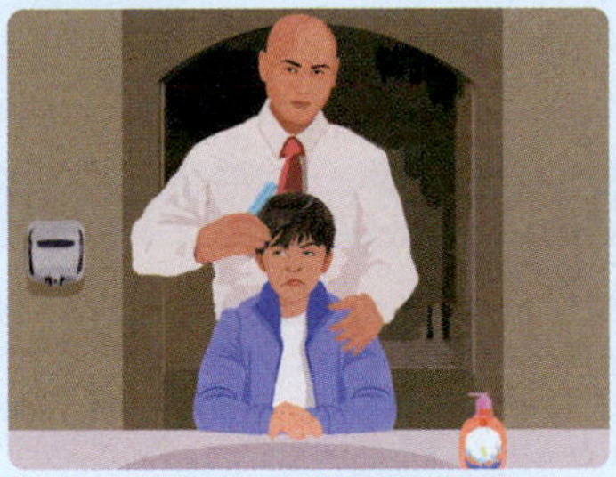

a. A veces Omar peina a Carlitos.

b. Carlitos se peina solo.

Ejercicio 3

Imagínate que tu hermanito de tres años te hace estas preguntas. Contéstale correctamente.

MODELO: ¿Te lavas los dientes con jabón? →
No, me lavo los dientes con pasta dental.

1. ¿Te bañas a las cuatro de la mañana?
2. ¿Te lavas el pelo con detergente?
3. ¿Te afeitas en tu clase de español?
4. ¿Te levantas temprano los domingos?
5. ¿Te duchas en el patio de la casa?
6. ¿Te acuestas tarde de lunes a viernes?
7. ¿Te cepillas el pelo con una afeitadora eléctrica?

el baño *bathroom*

4.2 Question Formation

You have already seen and heard many questions in Spanish.

¿Cómo se llama usted?	¿Es alto Eloy?
¿Dónde vives?	¿Habla usted español?
¿Cuándo nació Lucía?	¿Tienes hijos?
¿Eres (tú) sincera?	¿Qué día es hoy?
¿Cuánto cuesta el vestido?	¿Cuántos años tienes?

A. As you learned in **Capítulo 1,** statements in Spanish are normally formed by using a subject, then the verb, and then an object and/or description.

Omar tiene dos hijos muy activos.

subject verb object adjective

Camila es rubia.

subject verb adjective

Negative statements are formed by using a negative immediately before the verb.

Ana Sofía **no** tiene hijos.	*Ana Sofía doesn't have kids.*
Juan Fernando **no** es muy alto.	*Juan Fernando isn't very tall.*

¿Recuerdas?

Spanish verb endings usually indicate who the subject is, so it is generally not necessary to use the subject pronouns **yo, tú, nosotros/as, vosotros/as.** On the other hand, it is often necessary to use **usted, él/ella,** as well as **ustedes, ellos/ellas** since they share the same verb endings and there is a possibility of confusion.

¿Tienes **(tú)** un móvil nuevo?

¿Dónde vive **ella?**

¿Qué idiomas hablan **ustedes?**

B. Questions are usually formed by placing the subject after the verb. The object and/or any description can either follow or precede the subject.*

¿Es joven Jorge?	*Is Jorge young?*
¿Eres (tú) trabajadora, Estefanía?	*Estefanía, are you (a) hardworking (person)?*
¿Tienes (tú) hermanos, Ana Sofía?	*Ana Sofía, do you have brothers and sisters?*
¿Quieres (tú) un nuevo móvil para el día de tu cumpleaños?	*Do you want a new phone for your birthday?*
¿Nació en julio Radamés?	*Was Radamés born in July?*

¿Recuerdas?

When asking a question of a friend, family member, or classmate, use the corresponding verb form for **tú.**

Xiomara, ¿**tienes** los ojos castaños (**tú**)?

When asking a question of an older person, a person of respect such as a doctor, professor, lawyer, or a stranger, use **usted** and the corresponding verb form.

Profesor Sotomayor, ¿**es usted** casado?

---

*Questions with the verb **gustar** (see **Gramática 2.3**) are slightly different. The question starts with a pronoun and then the verb **gustar** and places a phrase at the end: **A Lucía le gusta cantar. → ¿Le gusta cantar a Lucía?; A los estudiantes les gustan las fiestas. → ¿Les gustan las fiestas a los estudiantes?**

C. Another way to ask questions is to use interrogative words: **¿Qué?, ¿Cuándo?, ¿(De) Quién?, ¿Dónde?, ¿Cuántos/as?, ¿Cómo?, ¿Cuál?, ¿Por qué?** These words are usually placed before the verb to create questions.

¿**Cuántos** hermanos tienes, Eloy?	*How many brothers and sisters do you have, Eloy?*
¿**Dónde** vive Fátima?	*Where does Fátima live?*
¿**Cuándo** nació usted?	*When were you born?*
¿**Por qué** no hablamos inglés en clase?	*Why don't we speak English in class?*
¿**Qué** prefieres hacer esta noche?	*What do you prefer to do tonight?*
¿**Cuál** es más bonito?	*Which one is prettier?*
¿**De quién** es este libro?	*Whose book is this?*

Note that question words always have a written accent.

¿Qué?	What?	**¿Cuánto/a/os/as?**	How much? / How many?
¿Cuándo?	When?	**¿Cómo?**	How? / What?
¿Quién(es)?	Who?	**¿Cuál(es)?**	Which (ones)? / What?
¿De quién?	Whose?	**¿Por qué?**	Why?
¿Dónde?	Where?		

D. As you learned in Capítulo 1 (**Gramática 1.4**), answers to *yes/no* questions are regular statements preceded by the word **sí** or the word **no.** A negative answer can have one or two negative words, depending on whether you are simply answering the question or offering the correct information as well.

In Spanish, note that there is no word to express the English helping verb *does* or *do* when formulating a question.

Q:	¿Vive Omar en Ecuador?	*Does Omar live in Ecuador?*
A:	**Sí,** Omar vive en Ecuador.	*Yes, Omar lives in Ecuador.*
Q:	¿Tiene un Prius negro Franklin?	*Does Franklin have a black Prius?*
A:	**No,** Franklin **no** tiene un Prius negro. / **No,** tiene un Prius verde.	*No, Franklin does not have a black Prius. / No, he has a green Prius.*
Q:	¿Es delgado Daniel?	*Is Daniel thin?*
A:	**Sí,** Daniel es delgado.	*Yes, Daniel is thin.*
Q:	¿Hablan español ellas?	*Do they speak Spanish?*
A:	**No,** (ellas) **no** hablan español. / **No,** (ellas) hablan portugués.	*No, they do not speak Spanish. / No, they speak Portuguese.*

Ejercicio 4

Convierte las oraciones en preguntas de **sí** o **no.**

MODELO: Claudia y Camila son amigas. → ¿Son amigas Claudia y Camila?

1. Ángela es una estudiante muy buena.
2. Juan Fernando Chen Gallegos habla japonés.
3. Fátima y Ana Sofía son amigas.
4. Eloy tiene tres perros.
5. Nosotros somos buenos amigos.

¿Recuerdas?

In Spanish, an upside-down question mark is used to indicate the beginning of a question.

Ejercicio 5

Hazles preguntas a estas personas. Usa las formas correctas de **tú, usted** o **ustedes.**

MODELOS: Pregúntale a don Antonio Ramírez si *va en coche al trabajo.* → Don Antonio, *¿va (usted) en coche al trabajo?*

Pregúntales a Juan Fernando y a Eloy si *estudian medicina.* → Juan Fernando, Eloy, *¿estudian medicina ustedes? / ¿estudian ustedes medicina?*

Cultura *Don y doña*

En español, para indicar respeto hacia[a] una persona mayor, con frecuencia se usan los títulos **don** y **doña** antes de su nombre.

Don Antonio y **doña** Estela son los padres de Eloy.

Doña Estela es la madre y **don** Antonio es el padre.

[a]*towards*

1. Pregúntales a Claudia y a Camila si toman mucho café cuando estudian.
2. Pregúntale a doña Estela Ovando Hernández si cocina todos los días.
3. Pregúntales a Jorge y a Eloy si hacen ejercicio en un gimnasio.
4. Pregúntale a Franklin si trabaja por la noche.
5. Pregúntale al señor Calvo si ve la televisión durante el día.

Ejercicio 6

Convierte las oraciones en preguntas. Usa estas palabras interrogativas: **cuándo, cuántos, cómo, dónde**.

MODELO: Jorge tiene veintiún años. → ¿**Cuántos** años tiene Jorge?

Remember to place the question word before the verb and the object.

1. Juan Fernando y su familia viven en Costa Rica.
2. Juan Fernando habla dos idiomas, chino y español.
3. La fiesta es el viernes.
4. Omar y Marcela tienen dos hijos.
5. Radamés nació el veintiséis de julio de 1999.
6. El padre de Eloy se llama Antonio Ramírez del Valle.

4.3 The Verbs **preferir** and **querer** + *inf.*

The verbs **preferir** (*to prefer*) and **querer** (*to want*) are used to express preferences and desires. When used to express a preference or desire to do something, they are followed by an infinitive, that is, a verb form that ends in **-ar** (for example, **hablar**), **-er** (**comer**), or **-ir** (**vivir**). As in English, infinitives tell you what the action is but not who does it or when. When **preferir** is followed by an infinitive, the meaning is often *would rather.*

Omar **quiere** hablar por teléfono pero yo **prefiero** textear. — *Omar wants to talk on the phone but I would rather text.*

	preferir STEMS: **prefer-, prefier-***		**querer** STEMS: **quer-, quier-***	
(yo)	prefiero	*I prefer*	quiero	*I want*
(tú)	prefieres†	*you* (*fam. sing.*) *prefer*	quieres†	*you* (*fam. sing.*) *want*
usted, él/ella	prefiere	*you* (*pol. sing.*) *prefer; he/she prefers*	quiere	*you* (*pol. sing.*) *want; he/she wants*
(nosotros/as)	preferimos	*we prefer*	queremos	*we want*
(vosotros/as)	preferís	*you* (*fam. pl. Sp.*) *prefer*	queréis	*you* (*fam. pl. Sp.*) *want*
ustedes, ellos/ellas	prefieren	*you* (*pol. pl.*) *prefer; they prefer*	quieren	*you* (*pol. pl.*) *want; they want*

You can also use **querer** and **preferir** followed by infinitives to talk about future actions in Spanish.

Quiero ir a la casa de mi abuela. — *I want to go to my grandma's house.*

Prefiero ir mañana por la tarde. — *I prefer to go tomorrow afternoon.*

Ejercicio 7

Di qué quieren o prefieren hacer estas personas. Sigue el modelo.

MODELO: En las fiestas, Claudia y Lucía siempre *quieren* bailar con Sebastián, pero esta noche él *prefiere* escuchar música.

1. Mis amigos __________ jugar al golf los fines de semana, pero yo __________ jugar al fútbol ahora.
2. Los estudiantes __________ escuchar música en clase, pero la profesora __________ mostrar (*show*) un video de historia.
3. Omar __________ descansar después de trabajar un día largo, pero sus hijos y su esposa __________ ir al parque La Carolina.
4. ¡Qué problema! Tú __________ ver una película, pero yo __________ dormir porque estoy cansado.
5. Xiomara y Camila __________ salir a cenar esta noche, pero Eloy y Rodrigo __________ quedarse en casa para ver un partido de fútbol.

---

*Note that these verbs have two stems. (The stem of the verb is what is left after you remove the endings **-ar, -er,** and **-ir.**) One stem, **quier-/prefier-,** is used for four forms (**yo, tú, usted/él/ella,** and **ustedes/ellos/ellas**) and the other one, **quer-/prefer-,** for two (**nosotros** and **vosotros**). See **Gramática 5.1** for more information.

†Alternative forms for recognition only: **vos preferís, vos querés.**

Ejercicio 8

Completa los deseos y preferencias que expresan estas personas en las oraciones. Usa las formas correctas de los verbos **querer** y **preferir.** Usa primero el verbo **querer** y luego el verbo **preferir.**

1. **CAMILA:** Fátima y yo __________ ir al cine esta noche. ¿Y ustedes?

   RODRIGO: No, nosotros __________ salir a bailar salsa.

2. **EL ABUELO DE XIOMARA:** Nieta querida, yo __________ viajar a Berkeley para visitarte.

   XIOMARA: Ay, no abuelo, yo __________ viajar a El Salvador para estar con la familia.

3. —Camila, ¿ __________ **(tú)** hacer la tarea de matemáticas en mi casa esta noche?

   —No, gracias, Fátima, __________ **(yo)** quedarme en casa porque hace mal tiempo.

4. —Omar, ¿qué __________ **(tú)** hacer el domingo, ver la televisión o jugar al golf?

   —Pues no me gusta ninguna de las dos actividades. __________ **(yo)** dormir hasta las nueve.

5. —Chicos, ¿ __________ ustedes tomar el examen hoy o el lunes?

   —Profesora, __________ **(nosotros)** tener el examen el lunes, gracias.

4.4 Making Plans: **pensar, tener ganas de** with Activities, and **ir a** with Activities and Places

¿Recuerdas?

You already know that the verbs **querer** and **preferir,** followed by infinitives, are commonly used to talk about future actions in Spanish (**Gramática 4.3**).

A. The most common way of expressing future plans is to use the verb **ir** (*to go*) plus the preposition **a** (*to*) followed by an infinitive (for example, **hablar, leer, vivir**). **Pensar** (*to think about* [doing something] / *plan to* [do something]) and **tener ganas de** (*to feel like* [doing something]**),** followed by an infinitive, are also used to express plans. These constructions are commonly referred to as the *immediate future*, because Spanish has another future tense, generally reserved for talking about longer-term future plans.*

—¿Qué **vas a hacer** (tú) mañana?	*What are you going to do tomorrow?*
—**Voy a esquiar.**	*I am going to ski.*
—¿Qué **piensan hacer** ustedes este fin de semana?	*What are you planning to do this weekend?*
—**Pensamos ir** al cine.	*We're planning to go to the movies.*
—¿Qué **tienen ganas de hacer** Fátima y Sebastián después de la clase?	*What do Fátima and Sebastián feel like doing after class?*
—**Tienen ganas de jugar** al básquetbol.	*They feel like playing basketball.*

*You will learn how to form the future tense in Gramática 15.1.

tener ganas de + *inf.* = *to feel like (doing something)*

—¿Qué tienes ganas de hacer el viernes por la noche?	*What do you feel like doing Friday night?*
—Tengo ganas de ir al cine contigo.	*I feel like going to the movies with you.*

You have already seen the forms of the verb **tener** (**Gramática 2.2**). Here are the forms of the verbs **pensar** and **ir.**

pensar + *inf.*		
(yo)	pienso + *inf.*	*I am planning to* (do something)
(tú)	piensas* + *inf.*	*you (fam. sing) are planning to* (do something)
usted, él/ella	piensa + *inf.*	*you (pol. sing.) are planning to* (do something); *he/she is planning to* (do something)
(nosotros/as)	pensamos + *inf.*	*we are planning to* (do something)
(vosotros/as)	pensáis + *inf.*	*you (fam. pl. Sp.) are planning to* (do something)
ustedes, ellos/ellas	piensan + *inf.*	*you (pol. pl.) are planning to* (do something); *they are planning to* (do something)

pensar = *to think*

pensar + *inf.* = *to think about* (doing something), *to plan to* (do something)

¿Qué piensas hacer después de clases?	*What are you planning to do after school?*
Pienso ir a la biblioteca y luego voy a trabajar.	*I'm planning to go to the library, and then I'm going to work.*

ir + a + *inf.*		
(yo)	**voy** + **a** + *inf.*	*I am going* (to do something)
(tú)	**vas**† + **a** + *inf.*	*you (fam. sing.) are going* (to do something)
usted, él/ella	**va** + **a** + *inf.*	*you (pol. sing.) are going* (to do something); *he/she is going* (to do something)
(nosotros/as)	**vamos** + **a** + *inf.*	*we are going* (to do something)
(vosotros/as)	**vais** + **a** + *inf.*	*you (fam. pl. Sp.) are going* (to do something)
ustedes, ellos/ellas	**van** + **a** + *inf.*	*you (pol. pl.) are going* (to do something); *they are going* (to do something)

COMPARISONS

Remember that the Spanish present tense may be expressed in English in more than one way; for example, **él va** could be expressed as: *he goes, he is going, he will go, he does go.*

ir = *to go*

ir a + *inf.* = *to be going to* (do something) (in the future)

¿Qué vas a hacer esta noche?	*What are you going to do tonight?*
Voy a estudiar.	*I'm going to study.*

*Alternative form for recognition only: **vos pensás.**
†Alternative form for recognition only: **vos vas.**

B. **¿Adónde?** ([*To*] *Where?*) is used to ask where someone is going. The verb **ir,** followed by the preposition **a,** is used to express the idea of movement toward a location. Note that **a + el** contracts to **al** (*to the*). There is no similar contraction with the other articles: **a la, a los, a las.**

—**¿Adónde vas?**	*Where are you going?*
—**Voy a la** piscina.	*I am going to the (swimming) pool.*
—**¿Adónde van** ustedes los sábados?	*Where do you go on Saturdays?*
—**Vamos al** mercado y luego **vamos a la** biblioteca para estudiar.	*We go to the market and then we go to the library to study.*

The expression **ir + a +** location can be used with an expression of time to indicate when you are going. Here are some ways to express future time. (Remember that the days of the week are masculine.)

esta noche	*tonight*	**el próximo sábado**	*next Saturday*
este viernes	*this Friday*	**la próxima semana**	*next week*
este fin de semana	*this weekend*	**el próximo mes**	*next month*
esta primavera	*this spring*	**el próximo año**	*next year*

Vamos al restaurante Miskay **la próxima semana.**	*We're going to the restaurant Miskay next week.*
Ellas **van a** Europa **esta primavera.**	*They are going to Europe this spring.*

Ejercicio 9

Lee las conversaciones y completa las oraciones con las formas correctas de la construcción **ir + a.**

MODELO: —¿Qué *va a* hacer Sebastián mañana?
—Sebastián *va a* hacer ejercicio en el parque.

> When using **ir** to refer to future events, don't forget to include the preposition **a** before the infinitive:
>
> —¿Vas a estudiar hoy, Claudia?
> —No, (yo) voy a asistir a un concierto.

1. —Ángela, ¿qué __________ hacer tú después de la clase?
   —(Yo) __________ ir de compras con una amiga.
2. —¿Y qué __________ hacer Franklin y Estefanía?
   —Franklin __________ trabajar y Estefanía __________ estudiar.
3. —¿Y qué __________ hacer ustedes?
   —Nosotros __________ ir al cine.
4. —Jorge, ¿cuándo __________ estudiar tú?
   —¿Yo? __________ estudiar más tarde, probablemente esta noche.
5. —Y tú, Eloy, ¿cuándo __________ hacer la tarea para la clase de biología?
   —(Yo) __________ hacer mi tarea mañana por la mañana.

Ejercicio 10

Completa las oraciones con las formas correctas de **pensar** y **tener ganas de.**

pensar

1. Juan Fernando __________ viajar a México este verano.
2. Xiomara y Lucía __________ asistir a clases durante la mañana y trabajar durante la tarde.
3. —¿Qué __________ hacer tú esta noche?
   —Yo __________ ir al cine con mi novio.

tener ganas de

1. Eloy y su novia __________ salir a bailar este fin de semana.
2. —En Año Nuevo, ¿ __________ dar una fiesta tú?
3. —Sí, mi familia y yo __________ dar una fiesta muy grande. ¿Y tú?
4. —¿Yo? ¡No, yo __________ ir a una fiesta! No me gusta dar fiestas; soy perezosa.

ir a + *inf.*	Voy a esquiar.
pensar + *inf.*	Pensamos ir al cine.
tener ganas de + *inf.*	Tienen ganas de jugar al básquetbol.

Ejercicio 11

¿Adónde van estas personas? Completa las oraciones con la forma apropiada del verbo **ir + al** o **a la.**

MODELO: (Tú) *vas al* trabajo después de las clases.

1. Mis hermanos siempre __________ cine los sábados.
2. **(Yo)** Siempre __________ biblioteca a estudiar.
3. Claudia, ¿ **(tú)** __________ playa para tomar el sol y nadar?
4. Juan Fernando y sus amigos siempre __________ restaurante que está cerca de su casa a cenar.
5. **(Nosotros)** __________ librería para comprar el nuevo Kindle.
6. Fátima __________ supermercado a comprar fruta todos los días.
7. Mi abuelo __________ discoteca para bailar los sábados por la noche.
8. El profesor Sotomayor __________ oficina de su amigo a trabajar.

Lo que aprendí

After completing this chapter, I can:

- ☐ describe my daily activities.
- ☐ ask and answer questions to express personal information.
- ☐ speak about languages and nationalities of the world.
- ☐ ask and answer questions regarding preferences and desires.
- ☐ list the order of things using ordinal numbers.
- ☐ talk about future plans.

Now I also know more about:

- ☐ some interesting places in Ecuador.
- ☐ some famous Hispanics.
- ☐ the different cultures and peoples of Ecuador.
- ☐ recycling programs in Ecuador.

Vocabulario

La rutina diaria	Daily Routine
Repaso: almorzar (ue), cenar, comer, desayunar, descansar, dormir (ue), hacer (*irreg.*) **ejercicio, tomar café**	
acostarse (ue) **me acuesto / se acuesta**	to go to bed
afeitarse	to shave
arreglarse	to get dressed up; to get ready
bañarse	to bathe
cepillarse el pelo / los dientes	to brush one's hair/teeth
despertarse (ie) **me despierto / se despierta**	to wake up
ducharse	to take a shower
encontrarse (ue)	to meet (*someone in someplace*)
lavarse el pelo / la cara	to wash one's hair/face
lavarse los dientes	to brush one's teeth
levantarse	to get up
maquillarse	to put on make-up
peinarse	to comb one's hair
ponerse (*irreg.*) **(la ropa)** **me pongo / se pone**	to put on (clothes)
quitarse (la ropa)	to take (clothes) off
relajarse	to relax
secarse	to dry off
secarse el pelo	to dry one's hair
vestirse (i) me visto / se viste	to dress

Los datos personales	Personal Data
Repaso: ¿Cuándo es su/tu cumpleaños?, Mi cumpleaños es el (*número*) de (*mes*), ¿Cuándo nació usted? / ¿Cuándo naciste?, Nací el (*número*) de (*mes*), ¿De dónde es usted? / ¿De dónde eres? Soy de...; casado/a, soltero/a	
¿Dónde vives/vive?	Where do you (*fam.*) / you (*pol. sing.*) live?
Vivo en la Calle Quinta, número 856.	I live at 856 Fifth Street.
¿Cuál es su dirección?	What is your address?
¿Cuál es tu dirección electrónica?	What is your e-mail address?
Es nrivas arroba berkeley punto edu.	It's nrivas@berkeley.edu.
el estado civil	marital status
la fecha de nacimiento	date of birth
el lugar de nacimiento	place of birth
viudo/a	widowed
Palabras semejantes: el pasaporte; divorciado/a	

Los países y las nacionalidades	
Repaso: España, español(a)	
Alemania	Germany
Estados Unidos	United States
Marruecos	Morocco
Sudáfrica	South Africa
alemán/alemana	German
canadiense	Canadian
chino/a	Chinese
estadounidense	American (person from United States)
francés/francesa	French
inglés/inglesa	English
marroquí	Moroccan
sudafricano/a	South African
Palabras semejantes: Australia, Brasil, Canadá, China, Corea, Francia, Irak, Irán, Irlanda, Italia, Israel, Japón, Rusia; americano/a, árabe, australiano/a, brasileño/a, coreano/a, iraní, iraquí, irlandés/irlandesa, israelí, italiano/a, japonés/japonesa, ruso/a	

Los idiomas (Las lenguas)	Languages
Repaso: el español, el francés	
el alemán	German
el chino	Chinese
el inglés	English
el persa	Persian
el ruso	Russian
Palabras semejantes: el afrikáans, el árabe, el coreano, el italiano, el japonés, el portugués	

¿Cuándo?	
Repaso: después, esta noche, por último, tarde	
antes (de)	before
antes de + *inf.*	before (*doing something*)
de lunes a viernes	from Monday to Friday
desde la(s)... hasta la(s)...	from . . . to/until . . . (*with time*)
después de + *inf.*	after (*doing something*)
hasta	until
mañana por la mañana / noche / tarde	tomorrow morning / night / afternoon (evening)
próximo/a(s)	next
el próximo año	next year
la próxima semana	next week
temprano	early

Los verbos	
Repaso: cocinar, cenar, jugar, mirar, pasar tiempo, pasear, salir a bailar, trabajar, ver	
bucear	to skin/scuba dive
comentar	to talk about, discuss
comprar	to buy to give
dar (*irreg.*)	to give
dar una fiesta	to throw a party
ir (*irreg.*) **a** + *inf.*	to be going to (*do something*)
ir a misa	to attend mass
jugar (ue) a las cartas	to play cards
necesitar	to need
patinar (en el hielo)	to (ice) skate
pensar (ie)	to think
pensar + *inf.*	to plan to (*do something*)
preferir (ie)	to prefer
querer (ie)	to want
salir (*irreg.*) **de vacaciones**	to go on vacation
subir fotos	to upload pictures
tener (*irreg.*) **ganas de** + *inf.*	to feel like (*doing something*)
vivir	to live
Palabras semejantes: celebrar, reparar, usar, visitar	

Los lugares	
Repaso: el centro, el parque, la piscina, el restaurante	
la cancha de tenis	tennis court
el lago	lake
la mar	sea
el río	river
Palabras semejantes: el café, la plaza	

Los sustantivos	
el acondionador	conditioner
la afeitadora eléctrica	electric razor
el cepillo (de dientes)	(tooth) brush
el correo electrónico	e-mail
el desayuno	breakfast
el deseo	wish
la ducha	shower
la (clase de) economía	economics (class)
el empleo	employment, job
el espejo	mirror
los estudios	studies
el gusto	pleasure; like
el hielo	ice
el jabón	soap
la leche	milk
el mensaje	message
la merienda	snack
la pasta dental	tooth paste
el refresco	soft drink
el regalo	gift
la revista	magazine
el secador	hair dryer
la toalla	towel
Palabras semejantes: la acción, el actor / la actriz, el/la adolescente, el/la adulto/a, el/la agente de inmigración, el blog, el champú, el concierto, el examen, el grupo, la parte, el pijama, la pizza, el plan, la preferencia, el/la turista	

Los adjetivos	
caliente	hot (*to the touch*)
cómodo/a	comfortable
familiar	family (*adj.*), of/relating to family; familiar
frío/a	cold
siguiente	following
varios/as	various
Palabras semejantes: eléctrico/a, especial, original	

Los números ordinales	Ordinal Numbers
primer, primero/a	first
segundo/a	second
tercer, tercero/a	third
cuarto/a	fourth
quinto/a	fifth
sexto/a	sixth
séptimo/a	seventh
octavo/a	eighth
noveno/a	ninth
décimo/a	tenth

Palabras y expresiones útiles	
claro (que sí)	of course
lo que	that which
por fin	at last, finally
¡Qué aburrido!	How boring!
¡Qué buena idea!	What a good idea!
¡Qué divertido!	How fun!
rápidamente	quickly, rapidly
Y tú, ¿qué dices?	And you, what do you think / (have to) say?
Yo no.	Not me, Not I.
Yo también.	Me too.

Palabras del libro de texto	
Los mandatos (tú)	
Conecta	Connect
Expresa	Express
Inventa	Invent
Pregúntale	Ask him/her
Palabras semejantes: la ocasión, la reacción, la situación	

5 Las celebraciones y las comidas

Fausto Pérez (El Salvador, 1962), *Festival de la cosecha*

Gallery of International Naïve Art (GINA)

Upon successful completion of **Capítulo 5,** you will be able to discuss important holidays in the Hispanic world and your own family's holiday traditions, as well as the three daily meals. You will also be able to express how you feel and what you normally do in certain situations. Additionally, you will have learned about some interesting places and people from El Salvador, Honduras, and Nicaragua.

Comunícate

Los días feriados

Hablando de los días feriados El Día de los Muertos

¡A comer!

Los estados físicos y anímicos

Las fiestas y otras experiencias

Exprésate

Escríbelo tú Tu presentación para el club

Cuéntanos Mi día feriado favorito

Cultura

Mundopedia ¡Grandes fiestas!

Palabras regionales El Salvador, Nicaragua, Honduras

Conexión cultural Círculo de amigas

Novela gráfica Episodio 5

Videoteca

Amigos sin Fronteras, Episodio 5 ¡Música, maestro!

Mi país El Salvador, Honduras y Nicaragua

Los actores hablan

Gramática

5.1 Verbs with Stem Vowel Changes **(ie, i, ue)** in the Present Tense and Irregular Verbs

5.2 Impersonal Direct Object Pronouns: **lo, la, los, las**

5.3 Using **estar** and **tener** to Describe States

5.4 Review of Present Tense

McGraw Hill connect

EL SALVADOR, NICARAGUA Y HONDURAS

la bandera de El Salvador
ciudad capital: San Salvador
moneda nacional: el colón

la bandera de Honduras
ciudad capital: Tegucigalpa
moneda nacional: el lempira

Conócenos

Frank Merfort/Alamy Stock Photo

Xiomara Asencio Elías

Xiomara Asencio Elías es estadounidense de padres salvadoreños y nació en Maryland. Su cumpleaños es el dieciséis de septiembre; tiene veinte años. Xiomara estudia literatura latinoamericana. Sus actividades favoritas son leer novelas y viajar por Latinoamérica. También le gusta bailar y jugar al tenis.

la bandera de Nicaragua
ciudad capital: Managua
moneda nacional: el córdoba

Comunícate

Los días feriados

Lee *Gramática* 5.1, 5.4

¿Qué fiestas celebras tú?

enero

L	M	M	J	V	S	D
1	2	3	4	5	6	7
8	9	10	11	12	13	14
15	16	17	18	19	20	21
22	23	24	25	26	27	28
29	30	31				

En los países hispanos, la noche del cinco al seis de enero, los niños duermen muy contentos porque esa noche **los Reyes Magos** les* traen regalos.

abril

L	M	M	J	V	S	D
	1	2	3	4	5	6
7	8	9	10	11	12	13
14	15	16	17	18	19	20
21	22	23	24	25	26	27
28	29	30				

la Semana Santa

la Pascua
el domingo de Pascua

La Pascua y **la Semana Santa** son días feriados muy importantes para los cristianos en el mundo hispano.

septiembre

L	M	M	J	V	S	D
1	2	3	4	5	6	7
8	9	10	11	12	13	14
15	16	17	18	19	20	21
22	23	24	25	26	27	28
29	30					

En El Salvador, Honduras y Nicaragua, se celebra **el Día de la Independencia** el quince de septiembre. Los centroamericanos celebran este día con desfiles y muchos otros eventos.

octubre

L	M	M	J	V	S	D
		1	2	3	4	5
6	7	8	9	10	11	12
13	14	15	16	17	18	19
20	21	22	23	24	25	26
27	28	29	30	31		

En Estados Unidos, muchos niños se ponen disfraces, salen y piden dulces **el Día de las Brujas**.

noviembre

L	M	M	J	V	S	D
					1	2
3	4	5	6	7	8	9
10	11	12	13	14	15	16
17	18	19	20	21	22	23
24	25	26	27	28	29	30

el Día de los Muertos

El dos de noviembre, muchos mexicanos y centroamericanos visitan las tumbas de sus familiares difuntos en el cementerio. Les* llevan comida, flores y dulces.

diciembre

L	M	M	J	V	S	D
1	2	3	4	5	6	7
8	9	10	11	12	13	14
15	16	17	18	19	20	21
22	23	24	25	26	27	28
29	30	31				

la Nochebuena **la Navidad**

el nacimiento

el arbolito de Navidad

Muchas familias hispanas ponen un arbolito o un nacimiento en su casa en **Navidad.** Con frecuencia se reúnen el veinticuatro y cenan todos juntos.

Jorge Navón Rojas es judío y, durante ocho días en diciembre, enciende velas para celebrar **Jánuca.**

Cultura *Más sobre los días feriados*

- En El Salvador, Honduras y Nicaragua, el **Día de los Enamorados** es una celebración del amor,[a] la familia y la amistad.[b] Por eso en Centroamérica este día se llama **el Día del Amor y la Amistad** y también **el Día del Cariño.**[c]
- En Guatemala, España y otros países hispanos, muchas personas celebran la Nochevieja[d] comiendo doce uvas[e] a medianoche. Además, los guatemaltecos se ponen ropa nueva. Es una buena idea, ¿no? ¡Año nuevo, ropa nueva!
- Hay diferentes fechas para **el Día de la Madre** en América Central. Este día se celebra el segundo domingo de mayo en Honduras, el diez de mayo en El Salvador y Guatemala, el treinta de mayo en Nicaragua y el quince de agosto en Costa Rica. En Panamá, **el Día de la Madre** es el ocho de diciembre y coincide con la festividad religiosa de **la Inmaculada Concepción.**
- Para **el Día del Padre** también hay varias fechas: el diecinueve de marzo en Honduras y España, el diecisiete de junio en El Salvador y Guatemala, y el veintitrés de junio en Nicaragua. En Panamá y Costa Rica, **el Día del Padre** se celebra el tercer domingo de junio.

[a]*love* [b]*friendship* [c]*Affection* [d]*New Year's Eve* [e]*grapes*

*The indirect object pronoun **les** (*to them*) will be formally introduced in **Capítulo 6.**

Actividad 1 ¿Qué día es?

Completa las oraciones 1–10 con los meses correctos. Luego, conecta cada día feriado con su descripción.

Vocabulario

Meses:
enero, febrero, marzo, abril, mayo, junio, julio, agosto, septiembre, octubre, noviembre, diciembre

DÍAS FERIADOS

1. ____ el Día de San Valentín: Se celebra en *febrero.*
2. ____ el Día de las Brujas: Se celebra en...
3. ____ mi cumpleaños: Se celebra en...
4. ____ el Día de los Muertos: Se celebra en...
5. ____ el Jánuca: Se celebra en...
6. ____ la Nochevieja y el Año Nuevo: Se celebran en...
7. ____ el Día de Acción de Gracias: Se celebra en...
8. ____ el Día de la Independencia (en Estados Unidos): Se celebra en...
9. ____ el Día de Reyes (los Reyes Magos): Se celebra en...
10. ____ el Día de los Presidentes (en Estados Unidos): Se celebra en...

DESCRIPCIÓN

a. Los niños van de casa en casa y piden dulces.
b. Mucha gente cena pavo este día y lo pasa con parientes y amigos.
c. Les damos flores y tarjetas a las personas que queremos.
d. Es una celebración de verano con fuegos artificiales.
e. Muchas personas van a fiestas y toman champaña. Al día siguiente ven partidos de fútbol en televisión.
f. Tres hombres en camellos les traen regalos a los niños.
g. Este día es para recordar a los parientes difuntos.
h. Una persona celebra el día en que nació con un pastel y regalos.
i. En Estados Unidos celebramos los cumpleaños de Lincoln y Washington.
j. Se celebra durante ocho días al final del año. Cada día se enciende una vela más y a veces los niños reciben pequeños regalos.

Actividad 2 En las fiestas

Conversa con tu compañero/a sobre tus preferencias durante las fiestas.

MODELO: **E1:** ¿Qué prefieres hacer para celebrar *tu cumpleaños?*
E2: Durante el día, prefiero *ir de compras y después tomar algo en un café*. Por la noche, me gusta *salir a cenar con mis amigos* o tal vez *ir a bailar a un club.*

¿Qué prefieres hacer para celebrar...

1. tu cumpleaños?
2. el Día de la Independencia?
3. la Navidad u otro día feriado? (el Jánuca, la Pascua, la Pascua Judía, el Ramadán)
4. tu aniversario de boda u otro aniversario importante?
5. el Día de la Madre o el Día del Padre?
6. el Día de Acción de Gracias?

Vocabulario

celebrar con mi familia
cenar en casa
cocinar comida rica
comer pastel
conversar con mis amigos
dar una fiesta
hacer ejercicio
ir a bailar a un club
ir a la iglesia
ir a la playa
ir de compras
mandar fotos a mis amigos por Instagram™
merendar en el parque
quedarme en casa
recibir regalos
salir a cenar en un restaurante
textear a mis amigos
tomar algo en un café
ver la televisión
ver partidos de fútbol

Hablando de los días feriados

EL DÍA DE LOS MUERTOS

¿Una fiesta que celebra la muerte[a]? ¡Así es! En México y América Central, el primero y el segundo día de noviembre son días dedicados al recuerdo[b] de los familiares[c] y amigos fallecidos.[d] El primero de noviembre es el Día de Todos los Santos y se dedica a los niños muertos. El dos de noviembre es el Día de los Muertos y ese día la gente honra[e] a sus familiares.

Kobby Dagan/Shutterstock

La celebración del Día de los Muertos en Oaxaca, México

Los mexicanos hacen muchos preparativos para el Día de los Muertos: compran calaveras de azúcar,[f] esqueletos de papel maché y un pan especial que se llama «pan de muerto». En las casas, la gente construye ofrendas[g] para los amigos y familiares muertos. Las ofrendas se adornan con velas,[h] papel picado,[i] flores de cempasúchil,[j] pan de muerto y algún objeto especial —un libro, una foto, alguna ropa— del difunto. En muchos pueblos,[k] por la mañana las familias van al cementerio y limpian las tumbas de sus seres queridos[l] en preparación para la celebración. De noche encienden[m] velas y comen comidas tradicionales en honor a los difuntos. Y por las calles hay muchos desfiles.

Como puedes ver, el Día de los Muertos es un día especial para honrar a los seres queridos que ya no están con nosotros.

[a]*death* [b]*memory* [c]*family members* [d]*deceased* [e]la... *people honor* [f]calaveras... *skulls made of sugar* [g]construye... *build altars* [h]*candles* [i]papel... *decorative cut tissue paper* [j]flores... *marigold flowers* [k]*towns* [l]seres... *loved ones* [m]*they light*

Actividad 3 Tus celebraciones

Conversa con tu compañero/a.

1. ¿Qué aspecto de la Navidad o Jánuca te gusta más? ¿Qué aspecto te gusta menos?
2. ¿Te acuestas tarde en Nochevieja? ¿A qué hora te acuestas? ¿Duermes hasta muy tarde la mañana de Año Nuevo?
3. ¿Celebras el Año Nuevo con tu familia o con tus amigos? ¿Qué hacen ustedes para celebrarlo?
4. ¿Con quién te gusta pasar tiempo el Día de la Independencia, con tu familia o con tus amigos? ¿Van a un parque o se quedan en casa? ¿Miran los fuegos artificiales?
5. ¿Qué otras fiestas celebras con tu familia o con tus amigos? ¿Qué hacen para celebrar estas fiestas? ¿Dan muchos regalos? ¿Ponen decoraciones en casa?

UpperCut Images/Alamy Stock Photo

¿Qué fiestas celebras con tu familia?

¡A comer!
Lee Gramática 5.2
¿Qué comidas te gustan?
¿Los refrescos? No los bebo con frecuencia.
¿El cereal? Lo como todas las mañanas.
Las bebidas
la leche
el agua
el jugo de naranja
el té
el café
los refrescos
la cerveza
el vino tinto
El desayuno
los huevos revueltos y el tocino
el cereal
el yogur
el yogur
el pan tostado con mantequilla
la fruta
¿Las papas fritas? No las como casi nunca porque son muy saladas.
El almuerzo
la sopa de tomate
la hamburguesa
el perro caliente
las papas fritas
los tacos
las galletas con/sin sal
el sándwich de jamón y queso
La cena
el pollo frito
el puré de papas
la ensalada de lechuga y tomate
la papa al horno
el bistec
las verduras
el pescado
los espaguetis
el pan
el pavo
los tamales
el relleno para el pavo
el jamón
¿La ensalada? Siempre la comemos en la cena.
El postre
las galletitas
el pastel de chocolate
el pastel de calabaza
el helado de fresa

Actividad 4 Las comidas y las bebidas

Conversa con tu compañero/a. Di si te gustan estas comidas y bebidas, y con qué frecuencia las comes o las bebes.

MODELO: la leche → **E1:** ¿Te gusta *la leche*? ¿Con qué frecuencia la bebes?
E2: Sí, me gusta. La bebo todos los días (en la cena).
No, no me gusta. No la bebo (casi) nunca.

Gramática *The pronouns* lo(s) / la(s)

Use the pronouns **lo, la, los, las** instead of repeating the names for foods and beverages.

—¿Comes mucha **fruta?**

—Sí, **la** como todos los días porque tiene muchas vitaminas.

Vocabulario

(no...) nunca	**a veces**	**con frecuencia**
(no...) casi nunca	**de vez en cuando**	**casi todos los días**
raras veces	**siempre**	**todos los días**

¿Te gusta(n)... ? ¿Con qué frecuencia lo/la/los/las comes/bebes?

1. el café/té
2. los perros calientes
3. la fruta
4. las hamburguesas
5. las papas fritas
6. el pollo (frito)
7. los tamales
8. la ensalada
9. el pescado
10. las verduras
11. el pavo
12. el sándwich de jamón

ZUMA Press, Inc./Alamy Stock Photo

Las deliciosas pupusas

Nuestra Gente

COMPARISONS C

¿Cuál es tu comida favorita?

Mi comida favorita es la pupusa, especialmente cuando mi abuela la prepara con queso. ¡Ella tiene mucho talento para cocinar! La pupusa es una tortilla gruesa[a] de maíz, típica de mi país. ¡Muy rica!

¿Cuáles son las horas de las comidas en tu país?

Pues, en El Salvador y en toda Centroamérica, el desayuno es entre las siete y las nueve de la mañana. El almuerzo es al mediodía y la cena se sirve entre las cinco y media y las siete. Es un horario[b] muy similar al de los Estados Unidos, ¿verdad?

[a]*thick* [b]*schedule*

martinedoucet/Getty Images

Alex García Moreno tiene 20 años y es de El Salvador.

Gramática *Making a Negative Statement*

Note that in Spanish there are two ways to make a negative statement using the words **no** and **nunca.** (Review *Gramática 1.4.*)

Place the word **nunca** *before* the verb (if a pronoun is used, also before the pronoun), in which case **no** is not used.

—**Nunca** como hamburguesas.	*I never eat hamburgers.*
—**Nunca** las como.	*I never eat them.*

Use a double negative, placing the word **no** *before* the verb (and before the pronoun.)

—**No** como hamburguesas **nunca.**	*I never eat hamburgers.*
—**No** las como **nunca.**	*I never eat them.*

Actividad 5 La dieta diaria

Mira las imágenes de la presentación **¡A comer!** y conversa con tu compañero/a para decir con qué frecuencia comen esas comidas o beben esas bebidas y por qué.

MODELO: **E1:** ¿Comes *verduras* con frecuencia?
E2: Sí, *las* como todos los días porque *son muy saludables.*
E1: ¿Te gusta *el pollo frito*?
E2: Sí, pero no *lo* como casi nunca porque *tiene mucha grasa.*

Vocabulario

es/son (muy/poco) saludable(s)
es/son muy salado/a(s)
(no) me llena(n) mucho
tiene(n) (mucho/poco) azúcar/colesterol
tiene(n) (mucha/poca) grasa/fibra/sal
tiene(n) (muchas/pocas) calorías/vitaminas

Actividad 6 Tus preferencias

Conversa con tu compañero/a.

1. ¿Qué desayunas todos los días? ¿Desayunas algo diferente los fines de semana? ¿Qué?
2. ¿Qué te gusta almorzar? ¿Dónde almuerzas de lunes a viernes: en la universidad, en un restaurante, en tu trabajo o en casa? ¿Con quién almuerzas?
3. ¿Dónde almuerzas los fines de semana? ¿Almuerzas solo/a o con tus amigos? ¿A qué hora almuerzas?
4. ¿Qué prefieres para la cena? ¿Carne (bistec), pollo, pescado o sopa de verduras? ¿Cuál de estas comidas es más saludable?
5. ¿Prefieres cenar en familia, solo/a o con tus amigos? ¿Por qué?
6. ¿Te gusta cocinar o prefieres salir a comer? ¿Cuál es tu restaurante favorito? ¿Por qué te gusta?

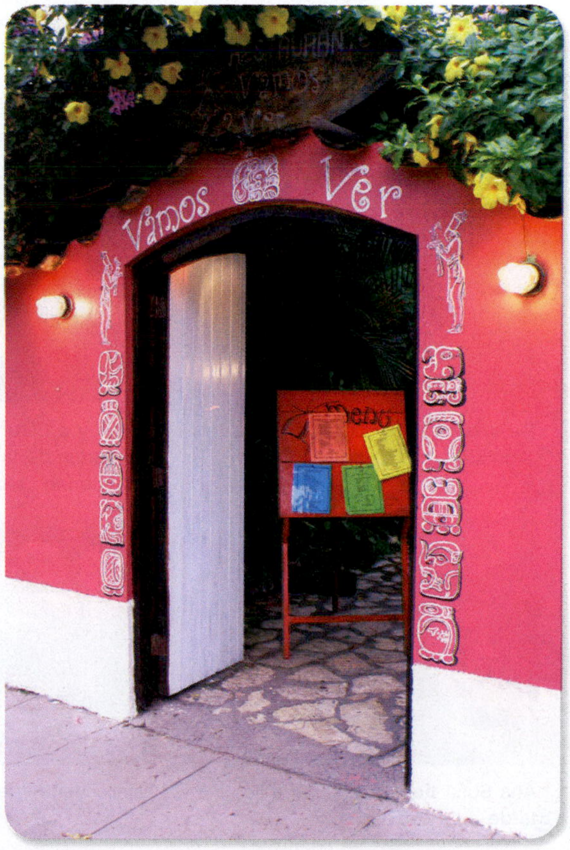

John Mitchell/Alamy Stock Photo

Vamos a Ver es un restaurante muy popular en Copán, Honduras.

Los estados físicos y anímicos

Lee *Gramática 5.3*

¿Qué tienen y cómo están?

Después de correr, Juan Fernando siempre **está cansado** y **tiene sed**.

Maritza **está triste**.

Radamés **está enojado.** ¡Su amplificador no funciona!

Franklin y Estefanía **tienen hambre**, pero van a comer pronto.

De lunes a viernes, Jorge siempre **está ocupado**.

Omar y Marcela van a salir de vacaciones. **¡Están contentos y emocionados!**

Durante el invierno en Maryland, Xiomara siempre **tiene frío**.

A Lucía y a Claudia les gusta trabajar en el jardín de la universidad. Pero ahora **tienen calor**.

Carlitos y Maritza **tienen miedo**.

Ana Sofía **tiene prisa**. ¡Va a llegar tarde a su clase!

Camila **tiene sueño.**

Jorge **está enfermo.**

Actividad 7 Situaciones

Conversa con tu compañero/a. ¿Qué hacen ustedes en estas situaciones? Expresen una reacción con las frases de **Y tú, ¿qué dices?**

MODELO: **E1:** Cuando tengo calor, tomo café caliente.
E2: Yo no. ¡Qué ocurrencia!

Y tú, ¿qué dices? Algunas reacciones

¡Ni pensarlo!	¡Qué buena/mala idea!	Yo no. / Yo tampoco.
¡Qué aburrido!	¡Qué divertido!	Yo sí. / Yo también.
¡Qué bien!	¡Qué ocurrencia!	

1. Cuando estoy triste...
2. Cuando estoy contento/a...
3. Cuando estoy cansado/a...
4. Cuando estoy aburrido/a...
5. Cuando estoy enojado/a...
6. Cuando tengo hambre...
7. Cuando tengo frío...
8. Cuando tengo calor...
9. Cuando tengo prisa...
10. Cuando tengo miedo...

(no) doy un paseo.
(no) camino rápidamente.
(no) como chocolate.
(no) veo un Tik Tok.
(no) duermo una siesta.
(no) escucho música.
(no) leo un libro.
(no) me baño (con agua caliente/tibia/fría).
(no) me pongo un suéter.
(no) prefiero estar solo/a.
(no) salgo a pasear en el carro.
(no) texteo a un(a) amigo/a.
(no) tomo un vaso de leche.
(no) tomo café (chocolate, té) caliente.
(no) voy de compras.
¿ ?

Gramática *Gender neutral subject pronouns and adjectives*

Like all Romance languages, Spanish uses a binary gender model (male/female) to describe people. However, in recent times and in countries such as Argentina and Uruguay, some speakers have started to use gender neutral pronouns and adjectives that do not denote "male" and "female." There is no official consensus yet about the endings for these words, but a popular usage takes an e in singular forms and es in the plural. So, for example, the subject pronouns **él** and **ella** become **elle,** and **ellos/ellas** become **elles.** Adjectives also take these endings: **contente/contentes, aburride/aburrides, cansade/cansades,** and so on. You are not expected to learn or use words with these new endings in class, but you might hear them in your conversations with some Spanish speakers.

Actividad 8 Los estados anímicos

Di cómo están o qué tienen las personas en estas situaciones.

1. Es medianoche y Marcela ve a una persona extraña en el patio de su casa.
2. Juan Fernando tiene un examen muy difícil en cinco minutos.
3. Es un sábado de verano y hace calor. Sebastián y su compañero Daniel quieren ir a la playa, pero tienen mucha tarea.
4. Es Nochevieja y Xiomara está en una fiesta con sus amigos.
5. Fátima ve que el aire está muy contaminado hoy.
6. Rodrigo recibe una mala nota en un examen de su clase más difícil.
7. Es la una de la tarde y Omar está en una reunión de trabajo desde las diez y media de la mañana.
8. Ana Sofía está enferma y piensa en su familia, que está muy lejos... ¡en España!
9. Es muy tarde en la noche y Estefanía quiere acostarse.
10. Radamés corre por el campus porque su clase empieza en tres minutos.

¿Recuerdas?

See **Gramática 2.1** to review forms of **estar** and **Gramática 2.2** to review forms of **tener.**

Halfpoint/Shutterstock

pathdoc/Shutterstock

¡CUIDA TU MUNDO!

Honduras tiene un proyecto ecológico muy importante: la siembra[a] de más de dos millones de árboles en áreas del país afectadas por los incendios[b] y por unos insectos que se multiplican con el calor que produce el cambio[c] climático. Nicaragua también tiene un proyecto ecológico notable: un plan de protección de las tortugas[d] marinas del océano Pacífico. Este plan es importante porque en Nicaragua hay dos de las siete playas del Pacífico donde las tortugas desovan.[e]

[a]*sowing* [b]*fires* [c]*change* [d]*turtles* [e]*lay eggs*

Ekaterina Simonova/Shutterstock

Actividad 9 ¿Qué tienen y cómo están?

Empareja cada dibujo con una condición y con una explicación.

MODELO: Condición: Tiene sueño.
Explicación: Quiere acostarse y dormir muchas horas.

Vocabulario

juguete

CONDICIÓN	EXPLICACIÓN
Tiene sueño.	Les gusta pasar tiempo juntos.
Están enamorados. ♥	Se ponen abrigo y guantes.
Está enferma. ¡Pobrecita!	Va a tomar toda la medicina.
Tienen mucho calor porque hace calor en julio.	Quiere acostarse y dormir muchas horas.
Están callados y aburridos.	Prefieren jugar con sus juguetes.
Tienen frío porque hace mucho frío en invierno.	Van a nadar en una piscina.

1. 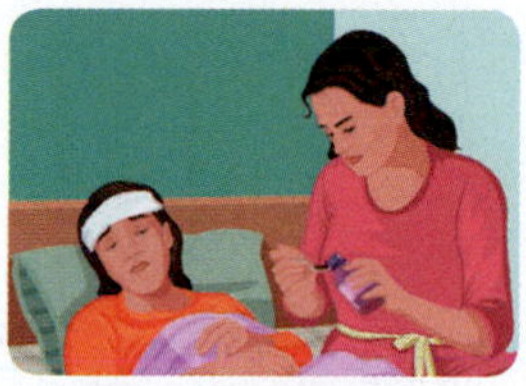
2. 
3. 
4. 
5. 
6. 

Gramática *The Words* calor, frío, *and* caliente

With the words **calor, frío** (*heat, cold*), and **caliente** (*hot*), several combinations are possible.

To describe people, use **tener + calor/ frío.**

Xiomara **tiene frío.**	*Xiomara is (feels) cold.*

To describe the weather, use **hacer + calor/frío.**

Hoy **hace mucho frío.**	*It's really cold today.*

To describe things, use **estar + caliente/frío.**

La sopa **está caliente.**	*The soup is hot.*

Las fiestas y otras experiencias

Lee *Gramática* 5.4

¿Qué hacen por lo general?

Eloy siempre estudia hasta muy tarde la noche antes de un examen. Si su primera clase empieza temprano, ¡Eloy no duerme mucho!

Cuando hace buen tiempo, los amigos comen, charlan y estudian al aire libre.

¿Qué planes tienen?

Xiomara está muy emocionada porque piensa viajar a Maryland para celebrar su cumpleaños con sus padres y su hermana.

DANIEL: ¿Qué quieres hacer para el día de San Valentín?

SEBASTIÁN: Quiero cenar contigo en nuestro restaurante favorito y luego... ¡ir a bailar!

Actividad 10 El cumpleaños de Xiomara

El cumpleaños de Xiomara es el dieciséis de septiembre. En grupos, describan sus actividades de celebración.

Vocabulario

el avión	**abrir regalos**	**cortar**	**hacer la maleta**	**el tren**	**el vuelo**

1.

2.

3.

4.

5.

6.

7.

8.

9.

10.

11.

12.

13.

14.

15.

16.

Actividad 11 ¿Qué haces?

Conversa con tu compañero/a sobre estas situaciones.

Vocabulario

beber: bebo	**dormir: duermo**	**ponerse: me pongo**
bostezar: bostezo	**esconderse: me escondo**	**sonreír: sonrío**
comerse las uñas: me como las uñas	**gritar: grito**	**soñar (despierto/a): sueño (despierto/a)**
	llorar: lloro	

1. ¿Qué haces cuando estás *emocionado/a* (*triste, nervioso/a, de buen/mal humor, enamorado/a, preocupado/a, contento/a, deprimido/a*)?
2. ¿Qué haces cuando tienes *frío* (*calor, miedo, sueño, sed, prisa, hambre*)?
3. ¿Qué haces normalmente en un día especial?
4. ¿Qué haces el día de un examen difícil?
5. ¿Qué haces cuando tienes una entrevista de trabajo?
6. ¿Qué haces cuando hace buen tiempo?

Actividad 12 Un nuevo día feriado

Inventa un nuevo día feriado con tu compañero/a. Luego, presenten ese día especial a la clase. Aquí tienen algunas preguntas posibles.

1. ¿En qué día y mes del año se celebra tu día feriado?
2. ¿Por qué se celebra? ¿Qué representa?
3. ¿Cuáles son las actividades típicas de ese día? ¿Se dan regalos?
4. ¿Qué come la gente en este nuevo día feriado?
5. ¿Dónde se celebra típicamente? ¿en un parque? ¿en casa? ¿en la ciudad?
6. ¿Con quién celebras tú este día? ¿con tus familiares? ¿con tus amigos?

Exprésate

ESCRÍBELO TÚ

Tu presentación para el club

Imagínate que vas a ser miembro del club Amigos sin Fronteras. Escribe una descripción de ti mismo/a (*yourself*) como presentación para los miembros del club. La descripción debe incluir algunos datos personales, como por ejemplo: ¿Cómo te llamas? ¿Cuántos años tienes? ¿Dónde vives?

Habla también de tus actividades: ¿Qué haces después de tus clases / del trabajo? ¿Qué haces cuando estás aburrido/a? ¿Qué prefieres hacer para celebrar tu día feriado favorito?

Usa la tabla en el *Cuaderno de actividades* o en Connect para organizar tus ideas y escribe allí tu composición.

CUÉNTANOS

Mi día feriado favorito

Cuéntanos sobre tu día feriado favorito. ¿Cómo se llama? ¿Lo celebras con amigos o familiares? ¿Viajas durante este día feriado? ¿Esta fiesta se celebra de día, de noche o durante varios días? ¿Se celebra con comidas típicas o tradicionales? ¿Cuáles? Y tú, ¿comes estas comidas? ¿Cocinas o sales a cenar? ¡Los detalles son importantes! ¡A conversar!

Cultura

Mundopedia

CULTURES C

¡Grandes fiestas!

Edgard Garrido/AP Images

El Carnaval de La Ceiba

Los días feriados más importantes de El Salvador, Honduras y Nicaragua representan diferentes culturas y tradiciones. Algunos tienen su origen en la religión católica, otros en tradiciones indígenas y otros más celebran eventos históricos. Pero todas estas grandes fiestas tienen varios elementos en común: la **alegría**, la música y la comida.

Vocabulario de consulta

alegría	joy
plato	dish
santo patrono	patron saint
tiene lugar	(it) takes place
mar	sea
carrozas	floats
poesía	poetry
lago	lake
ferias de artesanía	craft fairs
obras de teatro	plays

EL SALVADOR

Uno de los días feriados que se celebra con mucho entusiasmo en El Salvador es el Día del Niño, el primero de octubre. Los salvadoreños también celebran su **plato** nacional, la pupusa, del siete al trece de noviembre.

Muchas de las fiestas salvadoreñas son religiosas. La más popular es la del **santo patrono** del país, El Salvador del Mundo, que se celebra en la capital con eventos religiosos y actividades divertidas. El cinco de agosto hay un desfile que representa el comienzo de la festividad.

HONDURAS

El evento más grande de Honduras —¡y de toda América Central!— es el Carnaval de La Ceiba, que **tiene lugar** en La Ceiba, una hermosa ciudad del **mar** Caribe. Este carnaval se celebra en honor a San Isidro, el santo patrono de La Ceiba, con un desfile de lindas **carrozas**.

NICARAGUA

Una celebración nicaragüense muy popular es el Festival Internacional de **Poesía**, que se celebra en la ciudad de Granada durante una semana de febrero todos los años. Granada está cerca de la costa del océano Pacífico y al lado del **lago** de Nicaragua. Durante el festival hay muchos eventos: **ferias de artesanía**, presentaciones de libros, conciertos, danzas y **obras de teatro**. ¡Toda la ciudad de Granada participa!

COMPRENSIÓN

Contesta las preguntas.

1. ¿Qué representan los días feriados más importantes de El Salvador, Honduras y Nicaragua?
2. ¿En qué ciudad y en qué mes se celebra el Festival Internacional de Poesía?
3. ¿Qué elementos en común tienen las grandes fiestas de El Salvador, Honduras y Nicaragua?
4. ¿Cuál es el santo patrono de La Ceiba?

Palabras regionales					
El Salvador		**Nicaragua**		**Honduras**	
agüitado/a	sad, depressed	**la jupa**	**la cabeza** (de una persona)	**el pipirín**	food, meal
la lica	movie	**roco/a**	**viejo/a** (para personas)	**el tanate**	pile, lots
el tata	padre, papá	**íngrimo/a**	alone	**fúrico/a**	angry, furious

CULTURES COMMUNITIES

CONEXIÓN CULTURAL

CÍRCULO DE AMIGAS

En Jinotega, un pequeño pueblo nicaragüense, hay una organización que se llama Círculo de Amigas. El objetivo principal de Círculo de Amigas es ayudar a las niñas y mujeres jóvenes a mejorar su vida. Lee la lectura «Círculo de Amigas» en el *Cuaderno de actividades* o en Connect y ¡descubre esta importante organización!

EL MENSAJE DE YARIA Episodio 5: En el centro

Tengo hambre. ¿Y tú?
Yo también. Aquí cerca está nuestra cafetería favorita. ¡Vamos!
Hoy sábado, Yaria y su hermana, Adriana, deciden ir de compras al centro (*downtown*). Buscan regalos para su mamá porque mañana es el Día de la Madre.
A mami le van a gustar los regalos que tenemos para ella.
¡Creo que sí! Oye, este casabe (*cassava bread*) está muy rico.
Casabe, el pan de yuca (*cassava*) que comían (*ate*) los taínos... Delicioso con un buen café o con chocolate. ¡Y fácil de preparar!
Ay, Adriana, ¡eso es un anuncio (*ad*) comercial!
Oye, ¿cómo se prepara el casabe?
Ni idea. No me gusta cocinar.
Ah, sí, es verdad. Toma, aquí tienes un poco.
Toma, aquí tienes un poco. Necesitamos hacer más casabe.
¿Hacer más casabe? No entiendo. ¡¿Quién eres tú?!
Soy Maray, tu amiga. ¿Estás bien, Yaria?
¿Estás bien, Yaria...?
Sí, hermanita, creo que estoy bien...

Videoteca

Amigos sin Fronteras

Episodio 5: ¡Música, maestro!

Klic Video Productions/McGraw Hill

Klic Video Productions/McGraw Hill

Klic Video Productions/McGraw Hill

Resumen

Claudia le dice a Radamés que hoy hay una fiesta sorpresa de cumpleaños para Nayeli Rivas Orozco, estudiante mexicana que ahora es miembro del club Amigos sin Fronteras. Más tarde, Claudia, Eloy y Radamés conversan sobre su familia y sobre las cosas que van a llevar a la fiesta. Finalmente, todos le dan una sorpresa muy divertida a Nayeli y le cantan «Las mañanitas».

Mi país EL SALVADOR, HONDURAS Y NICARAGUA

Resumen

Descubre aquí algunos lugares espectaculares de estos tres países, como el volcán más joven de El Salvador y unas ruinas mayas de Honduras.

Paul Kennedy/Alamy Stock Photo

En el océano Pacífico, cerca de la costa de El Salvador

Orlando Sierra/AFP/Getty Images

Las ruinas mayas de Copán, Honduras

Los actores hablan

Klic Video Productions/McGraw Hill

Preguntas

¿Cuál es tu día feriado favorito y por qué?

Gramática

5.1 Verbs with Stem Vowel Changes **(ie, i, ue)** in the Present Tense and Irregular Verbs

Verbs with Stem Vowel Changes *(ie, i, ue)*

A. Here are the present-tense forms of several commonly used verbs that follow the same pattern of stem vowel changes as **preferir** and **querer** (from **-e** to **-ie**): **cerrar** (*to close*), **despertarse** (*to wake up*), **empezar** (*to begin*), **encender** (*to light; to turn on*), **pensar** (*to think*), and **perder** (*to lose*). Note that the stem vowel does not change in the **nosotros** and **vosotros** forms. **Pedir** (*to order*), **sonreír** (*to smile*), and **vestirse** (*to get dressed*) follow the same pattern with **-e** to **-i** stem changes. Note that **sonreír** has a written accent on the **í** in all forms.

¿Recuerdas?

Recall from **Gramática 4.3** that the verbs **preferir** (**prefiero, prefieres, prefiere, preferimos, preferís, prefieren**) and **querer** (**quiero, quieres, quiere, queremos, queréis, quieren**) use two stems in their present-tense conjugations. The stem containing the vowel **-e** appears only in the infinitive and in the **nosotros/as** and **vosotros/as** forms. The stem containing **-ie** occurs in the rest of the forms.

	-e → -ie				-e → -i	
	cerrar	**empezar**	**encender**	**pensar**	**pedir**	**sonreír**
(yo)	cierro	empiezo	enciendo	pienso	pido	sonrío
(tú)	cierras*	empiezas*	enciendes*	piensas*	pides*	sonríes*
usted, él/ella	cierra	empieza	enciende	piensa	pide	sonríe
(nosotros/as)	cerramos	empezamos	encendemos	pensamos	pedimos	sonreímos
(vosotros/as)	cerráis	empezáis	encendéis	pensáis	pedís	sonreís
ustedes, ellos/ellas	cierran	empiezan	encienden	piensan	piden	sonríen

—¿A qué hora **cierran** ustedes el fin de semana? — *What time do you close on the weekend?*

—**Cerramos** a las cinco de la tarde. — *We close at 5:00 p.m.*

—¿Qué **piensan** hacer este verano? — *What are you planning to do (thinking of doing) this summer?*

—**Pensamos** viajar y descansar. — *We're planning to travel and rest. (We're thinking of traveling and resting.)*

*Alternative forms for recognition only: **vos cerrás, vos empezás, vos encendés, vos pensás, vos pedís, vos sonreís.**

B. The verbs **acostarse** (*to go to bed*), **almorzar** (*to have lunch*), **jugar** (*to play*), **dormir** (*to sleep*), and **volver** (*to return / go back*) follow a similar pattern. In this case, the change is from **-o** or **-u** to **-ue.** Note that the stem vowel does not change in the **nosotros** and **vosotros** forms.

	almorzar	jugar	dormir	volver
(yo)	almuerzo	juego	duermo	vuelvo
(tú)	almuerzas*	juegas*	duermes*	vuelves*
usted, él/ella	almuerza	juega	duerme	vuelve
(nosotros/as)	almorzamos	jugamos	dormimos	volvemos
(vosotros/as)	almorzáis	jugáis	dormís	volvéis
ustedes, ellos/ellas	almuerzan	juegan	duermen	vuelven

Irregular Verbs

A. Some verbs have irregular **yo** forms. The verb **dar** (*to give*) is spelled with an **-oy** in the **yo** form, and **poner** (*to put*), **salir** (*to leave; to go out*), **tener** (*to have*), and **venir** (*to come*) are spelled with a **-g.** In addition, **tener** and **venir** have **-e → -ie** stem changes in all but the **yo, nosotros/as,** and **vosotros/as** forms. Note that because the **vosotros/as** form of **dar** is a single syllable, it is not spelled with a written accent.

vengo = *I come*

viene = *you (pol. sing.) come; he/she comes*

venimos = *we come*

	dar	poner	salir	tener	venir
(yo)	doy	pongo	salgo	tengo	vengo
(tú)	das†	pones†	sales†	tienes†	vienes†
usted, él/ella	da	pone	sale	tiene	viene
(nosotros/as)	damos	ponemos	salimos	tenemos	venimos
(vosotros/as)	dais	ponéis	salís	tenéis	venís
ustedes, ellos/ellas	dan	ponen	salen	tienen	vienen

—¿Siempre **viene** usted temprano? *Do you always come early?*
—Sí, casi siempre **vengo** a las ocho. *Yes, I almost always come at 8:00.*
—¿Dónde **pongo** mi ropa? *Where do I put my clothes?*
—Aquí mismo, encima de esta silla. *Right here, on this chair.*

*Alternative forms for recognition only: **vos almorzás, vos jugás, vos dormís, vos volvés.**
†Alternative forms for recognition only: **vos das, vos ponés, vos salís, vos tenés, vos venís.**

B. The **yo** form of **traer** (*to bring*) and **oír** (*to hear*) is spelled with **-ig.** In addition, **oír** is spelled with a **-y** in all but the **yo, nosotros/as,** and **vosotros/as** forms. The **yo** form of **hacer** (*to do; to make*) and **decir** (*to say; to tell*) has a **-c → -g** spelling change. **Decir** also has an **-e → -i** change in all but the **nosotros/as** and **vosotros/as** forms.

	hacer	**traer**	**oír**	**decir**
(yo)	hago	traigo	oigo	digo
(tú)	haces*	traes*	oyes*	dices*
usted, él/ella	hace	trae	oye	dice
(nosotros/as)	hacemos	traemos	oímos	decimos
(vosotros/as)	hacéis	traéis	oís	decís
ustedes, ellos/ellas	hacen	traen	oyen	dicen

—¿Qué **traes** a la universidad? *What do you bring to the university?*
—**Traigo** mis libros y mi almuerzo. *I bring my books and my lunch.*
—¿No **oyes** un ruido extraño? *Don't you hear a strange noise?*
—No, no **oigo** nada. *No, I don't hear anything.*

Ejercicio 1

Estefanía comenta cómo celebra la Nochevieja y el Año Nuevo con su familia. Ordena las actividades de la forma más lógica.

Vocabulario

el deseo	wish
campanadas	chimes (*clock*)
uvas	grapes

digo = *I say*

dice = *you (pol. sing.) say; he/she says*

decimos = *we say*

_______ En la Nochevieja, toda la familia cena en la casa de mis abuelos.
_______ Antes de comer mis uvas, pienso en un deseo.
_______ Después de cenar, juego a las cartas con mi familia.
_______ Después de comer las doce uvas, ¡empieza el Año Nuevo!
_______ El Día de Año Nuevo almuerzo con mi familia.
_______ Esa noche yo duermo dos horas y me levanto temprano.
_______ Mis padres se duermen a la una, pero yo no.
_______ Luego, todos miramos la televisión y esperamos oír las doce campanadas para comer las doce uvas.

¿Recuerdas?

In Guatemala, Spain, and other Hispanic countries, many people celebrate New Year's Eve by eating twelve grapes at the stroke of midnight—one grape for each month of the coming year.

*Alternative forms for recognition only: **vos hacés, vos traés, vos oís, vos decís.**

cierro = *I close*

cerramos = *we close*

cierran = *you (pl.) / they close*

empiezo = *I begin*

empezamos = *we begin*

empiezan = *you (pl.) / they begin*

juego = *I play*

jugamos = *we play*

juegan = *you (pl.) / they play*

pierdo = *I lose*

perdemos = *we return*

pierden = *you (pl.) / they return*

vuelvo = *I return*

volvemos = *we return*

vuelven = *you (pl.) / they return*

Ejercicio 2

¿Qué hacen tú y tus amigos? Completa estas oraciones con la forma correcta del verbo entre paréntesis.

MODELO: —¿*Cierran* **(Cerrar)** ustedes los ojos en clase?
—No, no *cerramos* **(cerrar)** los ojos en clase.

1. —¿__________ **(Dormir)** ustedes en su clase de español?
   —¡Claro que no! Nunca __________ **(dormir)** en clase, porque la clase es divertida.
2. —¿__________ **(Almorzar)** ustedes en casa o en el trabajo?
   —Generalmente __________ **(almorzar)** en casa con la familia.
3. —¿__________ **(Volver)** ustedes al trabajo después de almorzar?
   —Sí, __________ **(volver)** a las dos.
4. —¿__________ **(Jugar)** ustedes al tenis los fines de semana?
   —A veces __________ **(jugar)**, a veces no.
5. —Antes de un examen, ¿__________ **(cerrar)** ustedes los libros?
   —Claro. Siempre __________ **(cerrar)** los libros cuando hay un examen.
6. —¿__________ **(Perder)** ustedes frecuentemente cuando __________ **(jugar)** al básquetbol?
   —No, casi nunca __________ **(perder)** cuando __________ **(jugar)** al básquetbol.
7. —¿__________ **(Preferir)** ustedes ir al cine por la noche?
   —No, __________ **(preferir)** ir por la tarde con los niños.
8. —¿__________ **(Empezar)** ustedes las vacaciones en mayo o en junio?
   —Normalmente __________ **(empezar)** las vacaciones en junio.

Ejercicio 3

Contesta estas preguntas sobre tu clase de español.

MODELO: —En general, ¿vienes temprano a la clase de español?
—Sí, *vengo* temprano todos los días.

1. —¿Traes tu perro a la clase de español?
   —¡Claro que no! __________ solamente el libro y el cuaderno.
2. —¿Pones tu libro de español debajo de la mesa?
   —No, lo __________ encima de la mesa.
3. —¿Le dices «Buenos días» en español al profesor / a la profesora?
   —¡Qué va! A las dos de la tarde le __________: «Buenas tardes».
4. —¿Oyes música en tu clase?
   —Sí, __________ canciones en español, naturalmente.
5. —¿Sales de tu clase a las tres?
   —No, __________ a las tres menos diez.
6. —¿Siempre vienes a la clase preparado/a?
   —Sí, casi siempre __________ preparado/a.
7. —¿Tienes mucha tarea?
   —Sí, __________ tarea todos los días, excepto el fin de semana.
8. —¿Qué haces en tu clase?
   __________ un poco de todo: converso, leo, escribo. ¡Pero no texteo!

5.2 Impersonal Direct Object Pronouns: **lo, la, los, las**

When referring to direct objects that have already been mentioned, Spanish speakers use the direct object pronouns **lo** and **la,** which correspond to the English object pronoun *it*. The pronoun **lo** refers to masculine words and **la** refers to feminine words. In Spanish, **los** and **las** correspond to the English *them*. The pronoun **los** refers to plural masculine (or a combination of masculine and feminine) words and **las** refers to plural feminine words.

	DIRECT OBJECT PRONOUNS	
	Singular (*it*)	**Plural (*them*)**
Masculino	lo	los
Femenino	la	las

—Profesor Sotomayor, ¿toma usted **café?**	*Professor Sotomayor, do you drink coffee?*
—Sí, **lo** tomo todas las mañanas.	*Yes, I drink* **it** *every morning.*
—Claudia, ¿quién prepara **la comida** en tu casa?	*Claudia, who prepares the food at your house?*
—Yo **la** preparo.	*I prepare* **it.**
—Eloy, ¿te gustan **los huevos fritos?**	*Eloy, do you like fried eggs?*
—No, y no **los** como nunca.	*No, and I never eat* **them.**
—¿Quién quiere estas **papas fritas?**	*Who wants these French fries?*
—Yo **las** quiero. Me gustan mucho.	*I want* **them.** *I like them a lot.*

Like other pronouns in Spanish, direct object pronouns are usually placed before the verb.

—¿**La leche?** Mis hijos **la** beben todos los días.	*Milk? My children drink* **it** *every day.*

You will learn more about direct object pronouns in **Gramática 9.1, 14.2,** and **14.3.**

Ejercicio 4

Algunos miembros del club Amigos sin Fronteras van a tener una fiesta. ¿Qué va a preparar cada miembro? Completa cada diálogo con el pronombre apropiado: **lo, la, los** o **las.**

1. —¿Quién va a preparar la ensalada?
   —Fátima _________ va a preparar.
2. —Y las hamburguesas, ¿ _________ va a preparar Eloy?
   —No, a Eloy no le gustan. _________ va a preparar Claudia.
3. —¿Y las papas fritas y la salsa?
   —Las papas fritas, _________ va a preparar Xiomara pero la salsa, _________ va a preparar Eloy.
4. —¿Eloy va a preparar los tacos también?
   —Sí, él _________ va a preparar.
5. —¿Vamos a servir café y refrescos?
   —Sí. El café, _________ va a preparar Rodrigo. ¡Café de Colombia! Los refrescos, _________ vas a comprar tú.

Ejercicio 5

Los miembros del club Amigos sin Fronteras quieren conocerse bien. Tienen muchas preguntas. Completa sus respuestas con el pronombre apropiado: **lo, la, los** o **las.**

1. —¿Te gustan los huevos revueltos para el desayuno?
   —No, no me gustan y no _________ como nunca.
2. —¿Bebes té con el desayuno?
   —Ay, sí, _________ bebo todas las mañanas. El té verde me gusta mucho y es muy bueno para la salud.
3. —Xiomara, ¿en tu casa comen fruta con el desayuno?
   —No, pero _________ comemos en la cena porque a todos nos gusta mucho.
4. —Omar, ¿les gustan las galletitas a tus hijos?
   —Sí, les gustan mucho. _________ quieren comer todo el día.
5. —¿Desayunas cereal, Camila?
   —No, el cereal no me gusta mucho. Casi nunca _________ como.

5.3 Using **estar** and **tener** to Describe States

Estar (*To be*) and **tener** (*to have*) can be used to describe mental and physical states: how someone is at a particular time.

Estoy contento/a.	*I am happy.*
Estoy enojado/a.	*I am angry.*
Tengo hambre.	*I am hungry.* (Literally, *I have hunger.*)
Tengo prisa.	*I am in a hurry.* (Literally, *I have a rush/hurry.*)

Note that **tener** always takes a noun as an object. Thus English *to be* + adjective often corresponds to Spanish **tener** + *noun.* Look at the expressions literally: **tener calor/frío** = *to have heat/cold*, **tener miedo** = *to have fear*, **tener sed** = *to have thirst*, and **tener sueño** = *to have sleep*. See more examples below.

A. **Estar** + *adjective:* Use **estar** to describe how someone is, or is feeling, at a particular time.

—¿Cómo **estás**?	*How are you?*
—**Estoy** un poco cansado.	*I'm a bit tired.*
—¿Cómo **está** Jorge hoy?	*How is Jorge today?*
—**Está** enfermo.	*He's sick.*
—¿Cómo **están** ustedes?	*How are you (all)?*
—**Estamos** muy bien, gracias.	*We are fine, thank you.*

¿Recuerdas?

Remember that **ser** is used to identify or describe inherent characteristics of someone or something, *not* to tell how that person or thing is (feeling) at a particular moment.

Radamés **es** alto, delgado, joven y guapo.	*Radamés is tall, slim, young, and handsome.*
Hoy **está** confundido y enojado.	*Today he's confused and angry.*

B. **Tener** + *noun:* Some states of being are described in Spanish with the verb **tener** (*to have*), although they correspond to the verb *to be* in English. Common states expressed with **tener** are **tener hambre** (*to be hungry*), **tener sueño** (*to be sleepy*), **tener sed** (*to be thirsty*), **tener prisa** (*to be in a hurry*), **tener frío** (*to be cold*), **tener calor** (*to be hot*), and **tener miedo** (*to be afraid*).

—¿Cuándo quieres comer? **Tengo** mucha **hambre.**	*When do you want to eat? I am very hungry.*
—Marcela, ¿quieren ir al cine tú y Omar esta noche?	*Marcela, do you and Omar want to go to the movies tonight?*
—No. Queremos acostarnos temprano porque **tenemos** mucho **sueño.**	*No, we want to go to bed early because we're very sleepy.*

Ejercicio 6

Describe el estado fisico o anímico de estas personas.

MODELO: Estefanía → Estefanía *está nerviosa.*
Yo → Yo *estoy cansado.*

1. ______ yo	**a.** está nervioso
2. ______ mi primo	**b.** están ocupados
3. ______ Eloy y yo	**c.** estoy enojado/a
4. ______ Nayeli	**d.** estamos preocupados
5. ______ tú (*f.*)	**e.** estás contenta
6. ______ Fátima y Jorge	**f.** está deprimida

Ejercicio 7

Describe el estado de estas personas. Estados posibles: **tener + calor, frío, hambre, prisa, sed, sueño, miedo. OJO:** Vas a usar una expresión dos veces.

MODELO: (Yo) *Tengo prisa* porque mi clase empieza a las 8:00.

1. A mediodía, Lucía ________________.
2. Si **(tú)** ______________, ¿por qué no te pones un suéter?
3. **(Nosotros)** _____________ porque la temperatura está a 45° C (113° F) hoy.
4. A medianoche **(yo)** siempre _________________.
5. Ana Sofía está en casa. Son las 8:40 y su primera clase empieza a las 9:00. Ella ___________.
6. Hace mucho sol hoy. Carlitos y Maritza quieren tomar agua fría porque __________________.
7. Cuando estoy solo/a de noche, a veces _______________.
8. ¿Tienes algo para tomar? **(Yo)** ________________.

Regular Present Tense Verb Endings	
-ar	
-o	-amos
-as	-áis
-a	-an
-er	
-o	-emos
-es	-éis
-e	-en
-ir	
-o	-imos
-es	-ís
-e	-en

5.4 Review of Present Tense

A. Present Tense of Regular Verbs

You already know that the ending of a Spanish verb must correspond to its subject: that is, to the person or thing that performs the verb's action. The verb form must agree with the subject even when the subject is not explicitly stated. (See **Gramática 3.3.**)

—Fátima, ¿cuándo **estudias**? — *Fatima, when do you study?*

—**Estudio** por la mañana. — *I study in the morning.*

In Spanish, we decide how to conjugate a verb by looking at the ending of its infinitive form: **-ar, -er,** or **-ir.** Most Spanish verbs are **-ar** types. The endings for **-er** and **-ir** verbs are identical, except for the **nosotros/as** and **vosotros/as** forms.

—En mi familia, todos **comemos** juntos a la hora de la cena. — *In my family, we all eat together at suppertime.*

—Mi esposa y yo **vivimos** cerca del centro. — *My wife and I live near downtown.*

Ejercicio 8

Combina las personas con las actividades.

1. ______ el profesor Sotomayor
2. ______ tú
3. ______ mi hermano y yo
4. ______ yo
5. ______ mis compañeros de clase
6. ______ vosotros

a. estudian la lección para mañana
b. maneja un carro nuevo
c. hablamos mucho por teléfono
d. como en un restaurante con mis amigos
e. habláis español
f. lees el periódico en línea

Ejercicio 9

Completa estas oraciones con la forma correcta del verbo entre paréntesis.

MODELO: Nosotros ___________ **(conversar)** todos los días. →
Nosotros _conversamos_ todos los días.

1. Mis amigos y yo ___________ **(mirar)** los fuegos artificiales el Día de la Independencia.
2. Yo a veces _____________ **(correr)** a mi clase para no llegar tarde.
3. Los padres de mi novio ___________ **(hablar)** varios idiomas.
4. Mi hermanita ________ **(comer)** muchos dulces el Día de las Brujas.
5. ¿Tú _________ **(vivir)** cerca o lejos de la universidad?
6. Yo no ___________ **(cantar)** en la ducha nunca.

B. Present Tense of Reflexive Verbs

Pronouns that indicate that the subject of a verb does something to himself or herself are called reflexive. In English, the reflexive pronouns end in *-self* (*-selves*), but aren't always used with verbs whose subject performs the verb's action upon him/herself. However, in Spanish, when a verb is being used reflexively, it must always be accompanied by a reflexive pronoun: **me** (*myself*), **te** (*yourself* [*fam. sing.*]), **se** (*himself, herself, yourself* [*pol. sing.*]), **nos** (*ourselves*), **os** (*yourselves* [*fam. pl. Spain*]), **se** (*yourselves, themselves*). These reflexive pronouns are often placed before the conjugated verb. (See **Gramática 4.1.**)

Yo **me** levanto temprano y después **me** baño.	*I get up early and then bathe.*
Hoy nosotros **nos** ponemos la ropa nueva.	*Today we put on our new clothes.*

Ejercicio 10

Di qué hacen estas personas.

MODELO: Yo ___________ **(acostarse)** tarde a veces. →
Yo *me acuesto* tarde a veces.

1. Yo _________ **(lavarse)** el pelo todos los días.
2. Eloy ___________ **(quedarse)** en casa cuando hace mal tiempo.
3. Nosotras ____________ **(maquillarse)** para ir a las fiestas.
4. Nayeli ____________ **(ponerse)** perfume después de bañarse.
5. Sebastián ____________ **(ducharse)** con agua fría.
6. Profesor, ¿por qué usted nunca ____________ **(quitarse)** la chaqueta en clase?
7. Tú ____________ **(ponerse)** corbatas de muchos colores.
8. Omar y Marcela ____________ **(levantarse)** a las cinco de la mañana.

C. Present Tense of Verbs with Stem Vowel Changes (ie, i, ue)

In Spanish, there are some verbs in all three categories (**-ar, -er, -ir**) whose vowels change within the stem: from **-e-** to **-ie, -e** to **-i,** and **-o/-u** to **-ue.** (The most common of these is **-e-** to **-ie-.**) But remember that this stem change does not occur in the **nosotros** and **vosotros** forms. (See **Gramática 5.1.**)

Ejercicio 11

Completa cada oración y pregunta con uno de los verbos conjugados de la lista.

almuerzas	**empieza**	**enciendes**	**piensa**	**se viste**
duermes	**empiezo**	**juegan**	**pensamos**	**vuelven**
duermo	**encienden**	**juegas**	**prefiere**	**vuelve**

1. ¿Ustedes ___________ las velas de Jánuca cada año?
2. Ellos nunca __________ tarde del trabajo.
3. ¿A qué hora _________ tu familia cenar en la Nochevieja?
4. Tú siempre ___________ en la universidad, ¿verdad?
5. Los hijos de Omar y Marcela __________ en ese parque los domingos.
6. Yo ____________ mucho todas las noches durante las vacaciones.
7. ¿A qué hora ___________ la película?
8. Mi hermana __________ que es más inteligente que yo.
9. Para Halloween, mi hermanito siempre __________ de Drácula.

D. Irregular Verbs

Spanish has a good number of verbs that are irregular, which means that they use more than one stem to form their conjugation. In **Gramática 5.1** we listed these verbs and their conjugations. Review those conjugation tables before you do the following exercise.

Ejercicio 12

Completa esta conversación entre Omar y Marcela. Escoge entre los infinitivos de la lista y da su forma correcta.

decir encontrarse hacer poner salir tener traer

MARCELA: Omar, ¿(tú) ________[1] temprano del trabajo mañana?
OMAR: No. Salgo a la hora de siempre. ¿Por qué?
MARCELA: Eh... es que ________[2] una idea...
OMAR: ¿Qué idea ________[3]?
MARCELA: Espera un momento. Ahora ________[4] mi teléfono y te muestro una foto.
OMAR: ¡Qué misteriosa estás!
MARCELA: Mira. ¿Qué ________[5] yo en esta foto?
OMAR: ¿Qué haces? ¡Pues comes!
MARCELA: Sí, pero... ¿dónde y con quién?
OMAR: En nuestro bistro favorito. ¡Conmigo!
MARCELA: Exactamente.... Y recuerda que Carlitos y Maritza van a estar con mis padres mañana por la tarde.
OMAR: Sí, ¡toda la tarde!
MARCELA: Entonces... , ¿ahora sabes cuál es mi idea?
OMAR: Sí, mi amor. Mañana salgo un poco temprano del trabajo, ____________[6] contigo en el bistro y... ¡cenamos tú y yo solos!

Lo que aprendí

After completing this chapter, I can:

- ☐ identify and describe important holidays in Central America and in the U.S.
- ☐ talk about basic foods and the three daily meals.
- ☐ discuss my food preferences.
- ☐ express my feelings and talk about activities associated with those feelings.

Now I also know more about:

- ☐ the customs and culture of El Salvador, Honduras, and Nicaragua.
- ☐ El Día de los Muertos in Mexico and Central America.
- ☐ tree planting initiatives in Honduras and sea turtle sanctuaries in Nicaragua.

Vocabulario

Los días feriados	Holidays
el Año Nuevo	New Year's Day
¡Feliz Año Nuevo!	Happy New Year!
el arbolito de Navidad	Christmas tree
el Día de Acción de Gracias	Thanksgiving
el día de fiesta	holiday
el Día de la Independencia	Independence Day
el Día de la Madre	Mother's Day
el Día de las Brujas	Halloween
el Día de los Muertos	Day of the Dead (All Souls' Day)
el Día del Padre	Father's Day
el Día de Reyes / de los Reyes Magos	Epiphany (Visit of the Magi)
el Día de San Valentín	Valentine's Day
el nacimiento	Nativity scene, crèche
la Navidad	Christmas
¡Feliz Navidad!	Merry Christmas!
la Nochebuena	Christmas Eve
la Nochevieja	New Year's Eve
la Pascua	Easter
la Pascua Judía	Passover
los Reyes Magos	Wise Men, Magi
la Semana Santa	Holy Week (Easter Week)
Palabras semejantes: el Día de los Presidentes, el Jánuca, el Ramadán	

Las comidas	Foods
Repaso: la cena, el desayuno, el sándwich	
el almuerzo	lunch
el azúcar	sugar
la carne	(red) meat
los dulces	candy
la ensalada	salad
la fibra	fiber
la galleta	cracker, cookie
la galletita	cookie
la grasa	fat
el helado (de fresa)	(strawberry) ice cream
el huevo	egg
los huevos fritos	fried eggs
los huevos revueltos	scrambled eggs
el jamón	ham
la lechuga	lettuce
la mantequilla	butter
el pan	bread
el pan tostado	toast
la papa	potato
la papa al horno	baked potato
las papas fritas	french fries
el pastel	pastry; cake; pie
el pastel de calabaza	pumpkin pie
el pavo relleno	(stuffed) turkey
el perro caliente	hot dog
el pescado	fish
el pollo	chicken
el pollo frito	fried chicken
el postre	dessert
el puré de papas	mashed potatoes
el queso	cheese
el relleno	stuffing, dressing
la sal	salt
el tocino	bacon
las verduras	vegetables
Palabras semejantes: el bistec, el cereal, el chocolate, el colesterol, la dieta, los espaguetis, la fruta, la hamburguesa, la sopa, el taco, el tamal, el tomate, la vitamina, el yogur	

Las bebidas	Drinks
Repaso: el café, la leche	
la cerveza	beer
el chocolate (caliente)	(hot) chocolate
el jugo de naranja	orange juice
el vino (tinto)	(red) wine
Palabras semejantes: la champaña, el té	

Los estados físicos y anímicos	Physical and Mental States
Repaso: estar (*irreg.*) **cómodo/a**	
estar...	to be...
contento/a	happy
de buen (mal) humor	in a good (bad) mood
deprimido/a	depressed
emocionado/a	excited
enamorado/a	in love
enfermo/a	sick
enojado/a	angry
ocupado/a	busy
preocupado/a	worried
triste	sad
tener (*irreg.*)...	to be...
calor	hot
frío	cold
hambre	hungry
miedo	afraid
prisa	in a hurry
sed	thirsty
sueño	sleepy
Palabra semejante: estar nervioso/a	

¿Cuándo?	
Repaso: antes (de), a veces, con frecuencia, de vez en cuando, desde la(s)..., hasta la(s)..., después (de), (casi) nunca, esta noche, siempre, temprano, todos los días	
al día siguiente	the next day, the following day
pronto	soon
raras veces	rarely
todavía	still

Los adjetivos	
bueno/a, buen (*m. sing.*)	good
cansado/a	tired
despierto/a	awake
difunto/a	deceased
extraño/a	strange, odd
frío/a	cold
judío/a	Jewish
malo/a	bad
muerto/a	dead
pobre	poor
pobrecito/a	poor thing
poco/a	small amount
rico/a	rich (tasty)
salado/a	salty, savory
saludable	healthy
solo/a	alone
tibio/a	(luke)warm
Palabras semejantes: cristiano/a, contaminado/a, diferente, general, importante, nervioso/a, tranquilo/a	

Los verbos	
abrir	to open
actualizar	to update
bostezar	to yawn
comerse las uñas	to bite one's nails
cortar	to cut
decir (*irreg.*)	to say
encender (ie)	to light
esconder(se)	to hide (oneself)
funcionar	to function, work
gritar	to shout
hacer (*irreg.*) **la maleta**	to pack a suitcase
llenar	to fill
llorar	to cry
mandar	to send
merendar (ie)	to have a snack; to picnic
pasear (en el carro)	to go for a (car) ride
pedir (i)	to ask for
poner (*irreg.*)	to put
quedarse	to stay
querer (*irreg.*)	to love
recibir	to receive
recordar (ue)	to remember
reunirse (me reúno)	to meet, to have a meeting
soñar (ue) (despierto/a)	to (day)dream
sonreír (i)	to smile
traer (*irreg.*)	to bring
Palabras semejantes: celebrar, representar	

Las personas	
el brujo / la bruja	wizard / witch
el fantasma	ghost
el/la pariente	relative
Palabras semejantes: el/la centroamericano/a, el/la presidente/a	

Los sustantivos	
Repaso: el regalo	
el avión	plane; jet
la boda	wedding
la calavera	skull
el camello	camel
el candelabro	candelabra; menorah
el desfile	parade
el disfraz (*pl.* **los disfraces)**	costume
la entrevista	interview
los fuegos artificiales	fireworks
los guantes	gloves
la iglesia	church
el juguete	toy
la nota	grade; note
el partido	game, match (*sports*)
la tarjeta	card
el trozo	piece
la tumba	grave; tomb
el vaso	drinking glass
la vela	candle
el vuelo	flight
Palabras semejantes: el aeropuerto, América Central, el aniversario, el aspecto, la caloría, el campus, la celebración, el cementerio, la condición, la decoración, el evento, la experiencia, la explicación, la medicina, la reunión, el tren	

Palabras y expresiones útiles	
Repaso: también, ¡Yo no!	
¡A comer!	Let's eat!
al aire libre	(in the) open air
¡Ay!	Oh!
contigo	with you
de casa en casa	from house to house
lejos	far
lo, la	it (*impersonal direct object*)
los, las	them (*impersonal direct object*)
menos	less, least
¡Ni pensarlo!	Don't even think about it!
poco (+ *adj.*)	not very (+ *adj.*)
porque	because
¡Qué bien!	That's great!
¡Qué ocurrencia!	What a silly idea!
¿Qué te pasa?	What's wrong with you (*fam., sing.*)?
quizá(s)	perhaps
solamente	only
tal vez	perhaps
tampoco	neither, not either
típicamente	typically
¡Tranquilo/a!	Take it easy! Calm down!
Vamos a vernos.	We will see each other.
¡Yo sí!	I do! / Me too!

Design elements: (Communication, Connections, Comparisons, Cultures and Communities icons): McGraw Hill Education; (Mundopedia Globe Icon): Kundra/Shutterstock; (Audio icon): Orchid24/Shutterstock; (Cuida tu mundo image): Ekaterina Simonova/Shutterstock; (Sun icon): McGraw Hill Education; (Magazine background): McGraw Hill Education

6 Las carreras y los oficios

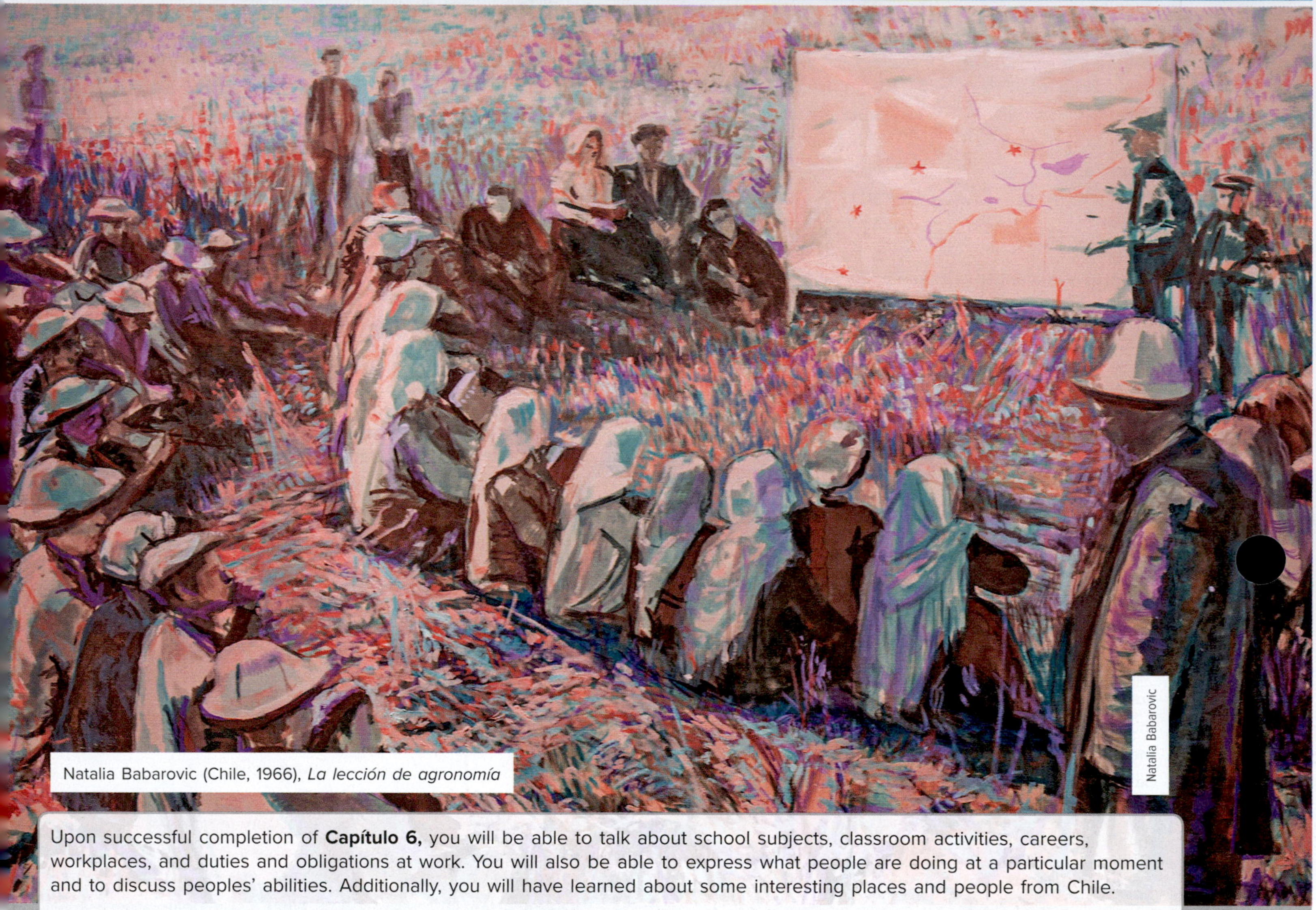

Natalia Babarovic (Chile, 1966), *La lección de agronomía*

Natalia Babarovic

Upon successful completion of **Capítulo 6,** you will be able to talk about school subjects, classroom activities, careers, workplaces, and duties and obligations at work. You will also be able to express what people are doing at a particular moment and to discuss peoples' abilities. Additionally, you will have learned about some interesting places and people from Chile.

Comunícate
- **Las materias**
- **Hablando de la educación** La educación de los jóvenes indígenas en Chile
- **Las actividades en la clase**
- **Las habilidades**
- **El empleo**

Exprésate
- **Escríbelo tú** Tu empleo
- **Cuéntanos** Tus asignaturas favoritas

Cultura
- **Mundopedia** La escritora chilena Isabel Allende
- **Palabras regionales** Chile
- **Conexión cultural** Las peñas chilenas y la nueva canción
- **Novela gráfica** Episodio 6

Videoteca
- **Amigos sin Fronteras, Episodio 6** Un disfraz para Halloween
- **Mi país** Chile
- **Los actores hablan**

Gramática
- **6.1** Indirect Object Pronouns
- **6.2** Present Progressive
- **6.3** **Saber** and **poder** + *Inf.*
- **6.4** Obligations: **tener que, deber, necesitar; hay que, es necesario** + *Inf.*

McGraw Hill connect

CHILE

la bandera de Chile
ciudad capital: Santiago
moneda nacional: el peso

Conócenos

Marc Romanelli/Blend Images/ Getty Images

Lucía Molina Serrano

Lucía Molina Serrano es chilena. Tiene veintitrés años y estudia mercadotecnia. Nació el trece de junio en Valparaíso, Chile. A Lucía le gusta viajar, ir al cine, jugar al Monopolio con sus amigos y leer revistas de mercadotecnia en inglés.

Comunícate

Las materias

¿Qué materias estudias en la universidad?

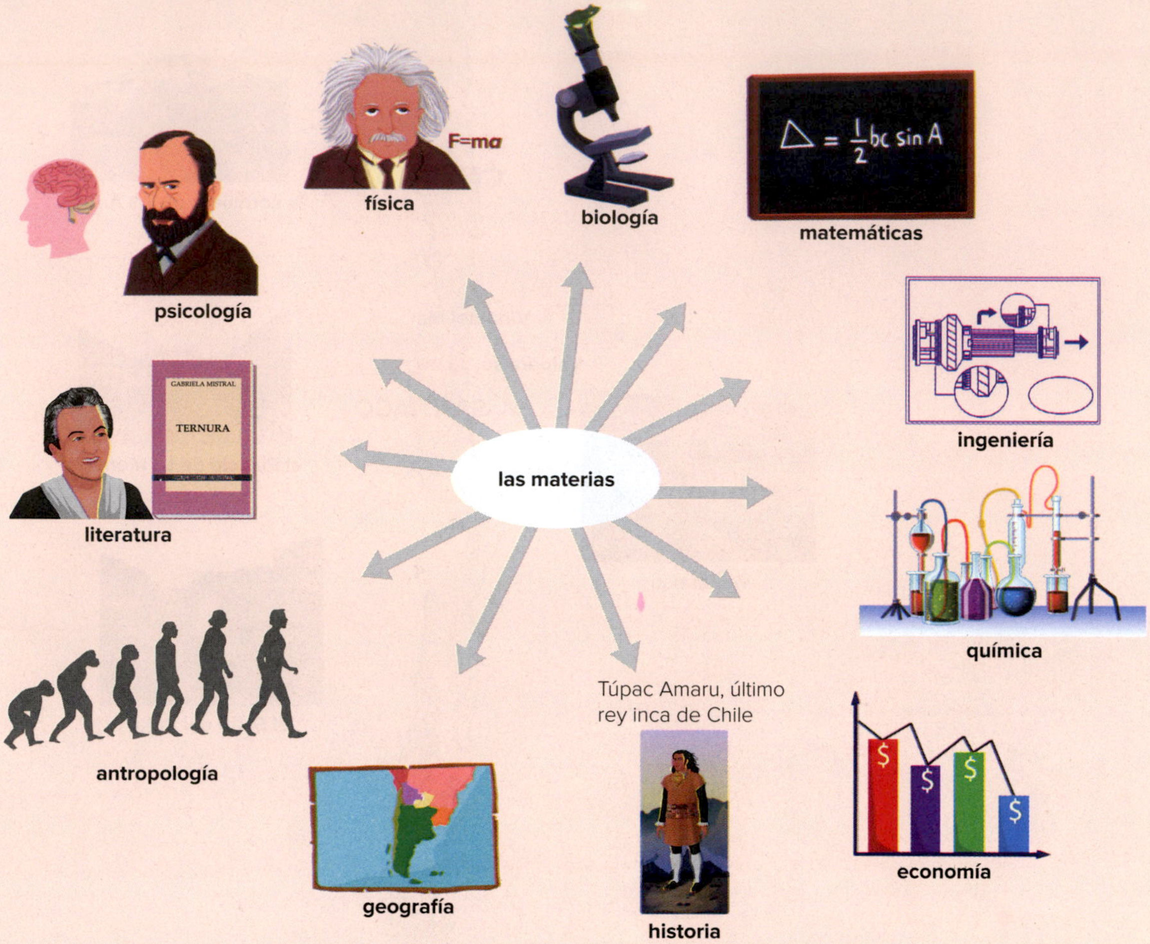

Gramática *To express obligations*

To express obligations in an impersonal manner, Spanish uses the following:

Es necesario } + *infinitive*
Hay que }

Para recibir buenas notas, **es necesario estudiar** mucho.
También, **hay que hacer** la tarea todos los días.
You will learn more about these structures in **Gramática 6.4.**

Lengua *Hablando de tu especialidad*

Para hablar de tu **especialidad** (*major*) en la universidad, también puedes decir:

Me especializo en...	*I am majoring* (*specializing*) *in...*

Cultura *Los lugares de estudio y las notas en el mundo hispano*

La palabra **colegio** no es lo mismo[a] que *college* en inglés. En algunos países hispanos, es el equivalente de *high school.* Pero en otros es lo mismo que *private school.* Para hablar de *college,* se usa la palabra **universidad.** Y para *school,* las palabras **escuela** o **liceo.**

Además, las notas en muchos países hispanos no son las letras A, B, C, D o F como en Estados Unidos. Se usan los números de 10 a 0, frecuentemente con decimales y coma; por ejemplo, 9,3 en vez de[b] A-. Ese sistema de números es un poco más exacto que el de letras, ¿verdad?

[a]lo... *the same* [b]en... *instead of*

¿Recuerdas?

Necesitas usar los números ordinales en esta actividad. Repásalos en el **Capítulo 4,** (página 123). Repasa también los números cardinales en **¡Bienvenidos! Actividad 8,** en la sección **¿Cuánto cuesta?** del **Capítulo 1** y en el **Capítulo 2 Actividad 6.**

Actividad 1 El horario de Pablo

Charla con tu compañero/a sobre las clases de Pablo, el hermano menor de Lucía. Sigan el modelo.

Vocabulario

de la(s)... a la(s)...
último/a

MODELO:
E1: ¿Cuál es la *primera* clase de Pablo?
E2: Su primera clase es la clase de *inglés*.
E1: ¿A qué hora es?
E2: Es de *las siete y media* a *las ocho y cuarto*.
E1: ¿En qué salón de clase es y quién es su profesor(a)?
E2: Es en *el salón 505* (*quinientos cinco*) y su profesor se llama *Juan Ahumada Villa*.

LICEO DE VALPARAÍSO			
NOMBRE: PABLO MOLINA SERRANO		**GRADO: CUARTO MEDIO**	
Asignatura	**L–V: hora**	**Salón**	**Profesor(a)**
inglés	7:30–8:15	505	Juan Ahumada Villa
matemáticas	8:25–9:10	101	Claudia Díaz Aguilar
ciencias sociales	9:20–10:05	220	Pedro Alonso Jiménez
psicología	10:15–11:00	345	Verónica Roldán Sosa
biología	11:10–11:55	110	Rosa Vázquez Rojo
almuerzo	11:55–13:00		
artes musicales	13:00–13:45	400	Miguel Bravo Lepe
educación física	13:55–14:40	gimnasio	Patricia Ortega Brito
lenguaje y comunicación	14:50–15:35	515	Luis Cornejo Cruz

Y, ¿ustedes qué estudian?
Yo, biología.
Yo me especializo en ingeniería. Quiero ser ingeniero civil.
Nosotros estudiamos psicología.

Pamela Moore/Getty Images

Actividad 2 Mis asignaturas y mi especialidad

Conversa con tu compañero/a usando estas preguntas.

Vocabulario

la especialidad
especializarse
tener buenas/malas notas
difícil
fácil

1. **E1:** ¿Cuál es tu asignatura más fácil/difícil?
   E2: Mi asignatura más fácil/difícil es _____.
2. **E1:** ¿Tienes una asignatura favorita este semestre? ¿Cuál es? ¿Por qué es tu favorita?
   E2: Mi asignatura favorita es _____ porque...
3. **E1:** ¿Tienes buenas notas en tu asignatura favorita? ¿Y en las otras?
   E2: En mi asignatura favorita tengo _____ (A, B, C,...).
4. **E1:** ¿Es este tu primer año en la universidad?
   E2: Sí, es el primero. / No, es el _____ (segundo, tercero, cuarto, último).
5. **E1:** ¿Cuál es tu especialidad en la universidad? ¿Por qué te gusta?
   E2: Me especializo en _____. Me gusta porque... / No tengo una especialidad todavía.

CULTURES COMPARISONS

Nuestra Gente

Háblenos de la educación en Chile.

Pues yo, la verdad, estoy muy orgulloso[a] del sistema educativo en mi país. Para empezar, el 99% (por ciento) de los niños chilenos entre los seis y catorce años termina la enseñanza básica, y el 88% termina la enseñanza media. Los dos tipos de enseñanza son gratuitos.[b] Luego, los jóvenes que quieren continuar sus estudios pueden asistir a[c] la universidad para obtener títulos profesionales y los grados académicos de Licenciatura/Licenciado,[d] Maestría/Magíster[e] y Doctorado/Doctor. También pueden estudiar en centros de formación técnica o institutos profesionales.

FG Trade/Getty Images

Cosme Andrade González, chileno, es profesor de informática[f] en Valparaíso.

[a]*proud* [b]*free* [c]asistir... *attend* [d]Licenciatura... *bachelor's degree* [e]Maestría... *master's* [f]*computer science*

CULTURES

Hablando de la educación

LA EDUCACIÓN DE LOS JÓVENES INDÍGENAS EN CHILE

Mucha gente en Chile valora[a] las culturas indígenas de su país y las historias de sus comunidades originarias.[b] Desde 1983, por ejemplo, Chile celebra el Día Internacional de la Mujer Indígena. Con esta celebración se afirma el rol importante que tienen las mujeres indígenas en la conservación de su lengua, sus costumbres[c] y sus tradiciones.

Fernando Lavoz/ZUMA Press/Newscom

Estudiantes que reciben educación intercultural bilingüe en la Escuela Alemania de Valdivia, Chile

Pero hay otros aspectos notables de esta apreciación de las culturas indígenas en Chile. El área de la educación presenta un buen ejemplo: el gobierno chileno les garantiza a los estudiantes de origen indígena acceso a la educación y a la universidad. Además, el sistema educativo de Chile ofrece un programa de Educación Intercultural Bilingüe (EIB) en muchas escuelas. Este programa incorpora la asignatura de Lengua Indígena (aymara, quechua, mapuzugun y rapa nui) en la educación básica del currículum nacional. Así los niños de comunidades originarias pueden comunicarse y estudiar sus materias en su lengua materna.

Uno de los propósitos[d] de la EIB es remediar la influencia negativa que el sistema educativo tiene tradicionalmente en las personas de comunidades originarias. Por ejemplo, durante mucho tiempo, el currículum de las escuelas no incluyó[e] la vida y la cultura indígenas. El programa de EIB promueve[f] el diálogo entre culturas. Para el gobierno chileno, es un paso importante en el proceso de construir una sociedad nacional diversa y pluralista.

[a]*values* [b]*indigenous* [c]*customs* [d]*objectives* [e]no... *didn't include* [f]*promotes*

Las actividades en la clase

Lee *Gramática 6.1, 6.2*

¿Qué hacen ustedes en su clase de español?

El profesor les dice «Buenos días» a mis compañeros.

Clase, hoy vamos a hablar de sus asignaturas.

El profesor siempre nos habla en español.

Le ponemos atención al profesor.

¿Cuál es su asignatura más difícil?

El profesor me hace preguntas (a mí).

¿Cuál es su asignatura favorita?
¡Español!

Le contestamos al profesor.

Les explico el examen a ustedes.

Tomamos apuntes cuando el profesor nos explica el examen.

¿Te gusta la clase?
Sí, me gusta mucho.

Yo te hago una pregunta y tú me contestas.

¿Qué están haciendo ahora?

¡Estamos conversando en grupos!

El profesor les está diciendo «¡Hasta mañana!» a sus estudiantes.

Actividad 3 En la clase de español

¿Con qué frecuencia hacen tus compañeros y tú estas actividades en la clase de español?

MODELOS: Escribimos las palabras nuevas en el cuaderno *todos los días*. El profesor *siempre* nos hace preguntas y nosotros *siempre* le contestamos en español.

1. Le decimos «Hola» al profesor / a la profesora.
2. Dormimos una siesta.
3. Tomamos apuntes cuando el profesor / la profesora nos explica algo.
4. Entendemos casi todo cuando el profesor / la profesora nos habla en español.
5. Le contestamos al profesor / a la profesora cuando nos hace preguntas.
6. Le ponemos atención al profesor / a la profesora.
7. Usamos el móvil.
8. Aprendemos muchas palabras nuevas.
9. Le hacemos preguntas al profesor / a la profesora.
10. Hacemos la tarea en clase.
11. Les decimos «Hasta mañana» a los compañeros de clase.
12. Terminamos la clase temprano.

Vocabulario

(casi) nunca
raras veces
de vez en cuando
a veces
muchas veces
con frecuencia
(casi) siempre
todos los días

Actividad 4 Mis preferencias

Pon las actividades de cada situación en orden del número 1 **(¡Me gusta mucho!)** al número 5 **(¡No me gusta para nada!).** Después, compara tus respuestas con las de tus compañeros de clase.

1. **En el salón de clase**
   ______ hacer exámenes
   ______ escuchar al profesor / a la profesora cuando nos habla en español
   ______ hablarles a mis compañeros (participar en conversaciones en español)
   ______ ver videos en español
   ______ escuchar canciones en español y cantar
2. **Fuera del salón de clase**
   ______ estudiar para los exámenes
   ______ escribir composiciones en el *Cuaderno*/Connect
   ______ hacer la tarea en el *Cuaderno*/Connect
   ______ charlar con mis amigos hispanos en español
   ______ visitar sitios web en español

Vocabulario

las canciones
fuera (de)

Actividad 5 La clase del profesor Ralph A. Burrido

El profesor Ralph A. Burrido y sus estudiantes
Escucha las descripciones de tu profesor(a) sobre las actividades de los estudiantes en la clase del profesor Ralph A. Burrido. Di el número del dibujo que corresponde a cada descripción.

Vocabulario

decir	**hablar por teléfono**	**maquillarse**
dibujar	**hacer una pregunta**	**mostrar**
dormir	**leer en voz alta**	**peinsarse**
escribir	**levantar la mano**	**ponerse perfume**

En la clase del profesor Ralph A. Burrido

1.

2.

Actividad 6 Tu opinión

Conversa con tu compañero/a.

1. En tu opinión, ¿es interesante o aburrida la clase de español?
2. ¿Crees que nuestro/a profesor(a) nos asigna mucha tarea? ¿Te gusta hacer la tarea en Connect? ¿Por qué?
3. ¿Haces toda la tarea? ¿Dónde y cuándo la haces? ¿Siempre vienes preparado/a a clase?
4. ¿Haces las **Actividades auditivas** en tu computadora o en tu móvil? ¿Prefieres ver la **Videoteca** o leer la **Novela gráfica**? ¿Por qué?
5. ¿Quién te explica la gramática cuando no la comprendes, nuestro profesor / nuestra profesora, un tutor o uno de nuestros compañeros? ¿Te hacen preguntas a ti los compañeros?
6. En tu opinión, ¿nos hace muchas preguntas nuestro profesor / nuestra profesora? ¿Te gusta contestar las preguntas? ¿Por qué? ¿Siempre le contestas en español al profesor / a la profesora?
7. ¿Te gusta la clase de español? ¿Qué cosas te gusta hacer en la clase? ¿Qué cosas no te gusta hacer?

¡CUIDA TU MUNDO!

Ekaterina Simonova/Shutterstock

En Chile hay muchas personas que toman medidas[a] para no afectar el medio ambiente. Los hermanos Felipe y Rodrigo Martino, por ejemplo, usan los árboles que caen[b] en los lagos para hacer muebles.[c] Así no es necesario cortar más árboles. Y hay dos amigas, Magdalena Echevarría y Trinidad Lira, que hacen cubiertas de cera de abeja[d] para cubrir la comida y así no usan plástico. Otros dos amigos, Samuel De Vicente y Sebastián Salazar, reciclan la basura[e] de los eventos masivos. ¡Estos son solo algunos ejemplos!

[a]toman... *take action* [b]*fall* [c]*furniture* [d]cera... *beeswax covers* [e]*trash*

Heiner Heine/imageBROKER/Alamy Stock Photo

El maestro les está explicando la lección a tres alumnos (estudiantes).

Las habilidades

Lee *Gramática 6.3*

¿Qué sabes hacer? ¿Qué puedes hacer?

XIOMARA: Lucía, ¿**sabes** cocinar?

LUCÍA: Sí, sí **sé**, pero prefiero no hacerlo todos los días. **Sé** preparar algunos platos chilenos típicos como empanadas, que a todos les gustan. ¡Mmm! ¿Y tú?

XIOMARA: Pues sí **sé** cocinar pero no lo hago con frecuencia. No **puedo** porque, ya **sabes**, estudio y trabajo.

ELOY: Nayeli, ¿**sabes** esquiar? Claudia y yo vamos a ir a Tahoe a esquiar el fin de semana. ¿Quieres ir con nosotros?

NAYELI: Lo siento, Eloy, no **sé** esquiar en la nieve. Y otra mala noticia: Claudia no **puede** esquiar ahora porque... ¡tiene una pierna fracturada!

Actividad 7 ¿Qué saben hacer estas personas?

Escucha las descripciones de tu profesor(a) y di el nombre de la persona a quien describe. Luego, pregúntale a tu compañero/a qué sabe hacer cada persona.

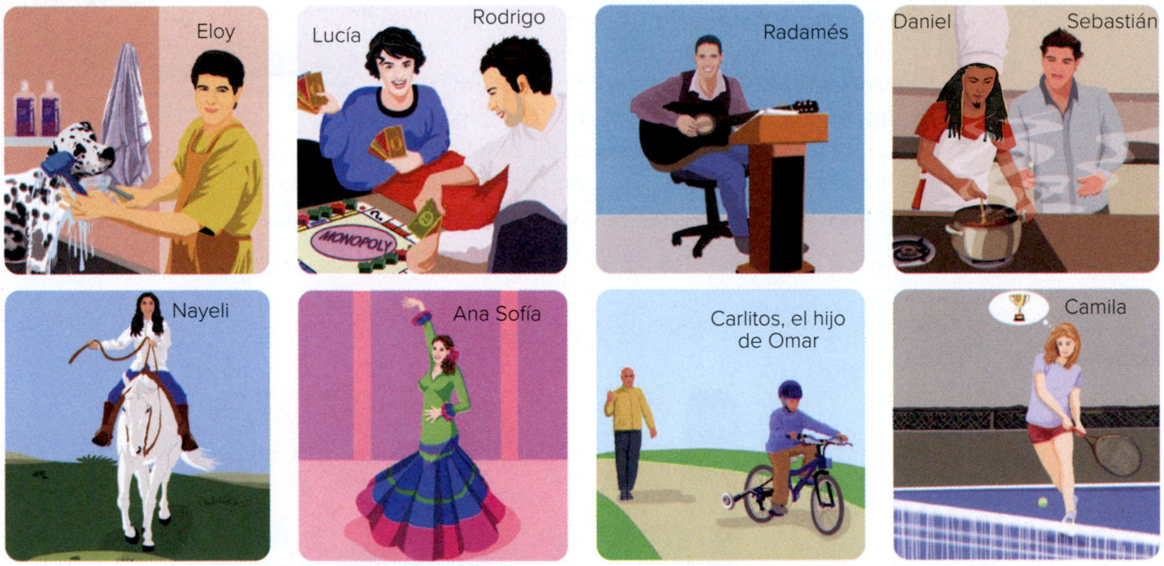

Actividad 8 ¿Qué sabes hacer? ¿Qué puedes hacer?

A. Charla con tu compañero/a sobre las habilidades de cada uno.

MODELO: **E1:** ¿Sabes *bailar?*
E2: Sí, sé *bailar* muy bien. / No, no sé *bailar*. / Sí sé, pero solamente un poco. ¿Y tú?

1. cocinar
2. hablar otro idioma (¿Cuál?)
3. bucear
4. nadar
5. andar en patineta
6. tomar buenas fotos
7. jugar al póker
8. pintar acuarelas
9. montar a caballo
10. reparar carros o motocicletas

Phil Cole/Getty Images

El chileno Humberto Suazo sabe jugar muy bien al fútbol. ¡Es un goleador impresionante!

B. Di si puedes hacer estas actividades sin problema en tu casa o en la residencia estudiantil.

MODELO: **E1:** ¿Puedes *tener perro* donde vives? ¿Puedes *tener gato?*
E2: No, no puedo *tener mascotas*. Vivo en una residencia estudiantil.

1. regresar muy tarde, como a las dos o tres de la mañana
2. invitar a tus amigos a cenar
3. ver la televisión y hacer la tarea a la vez
4. dormir hasta las once de la mañana los domingos
5. escuchar música a todo volumen a cualquier hora
6. hacer fiestas ruidosas y con licor

Vocabulario

a la vez
a todo volumen

Actividad 9 ¡Quiero bañar a Chulis!

Ricky quiere bañar a Chulis, el perro de Eloy. Lee el diálogo entre los dos hermanos y trabaja con tu compañero/a para ordenarlo. Usen los números del 1 al 7. Después, léanlo en voz alta.

_______ **ELOY:** Claro, Ricky, pero primero prepara todo lo que necesitas.
_______ **RICKY:** Sí, Eloy, ya lo tengo todo, todo, todo.
_______ **RICKY:** Sí, ya tengo todo lo necesario aquí; ahora voy a traer a Chulis.
_______ **RICKY:** Ya sé, hermano, ¡ya sé!
_______ **RICKY:** Oye, Eloy, ¿puedo bañar a Chulis? ¡Tiene muchas pulgas!
_______ **ELOY:** Perfecto. Y después hay que secarlo muy bien con una toalla.
_______ **ELOY:** ¿Seguro? ¿Tienes ya el champú para pulgas? ¿El agua, el cepillo y una toalla?

Vocabulario

todo lo que necesitas
lo necesario
pulgas

Lengua *El agua*

The word **agua** and other words that begin with a stressed "a" use **el** instead of **la** in the singular form: **el agua, el hacha** (*axe*), **el ala** (*wing*), **el ama de casa** (*housewife*), **el hambre** (*hunger*). These same words use **las** when used in plural form: **las aguas, las amas de casa, las hachas.**

El empleo

Lee *Gramática* 6.2, 6.4

¿Qué trabajo hacen estas personas?

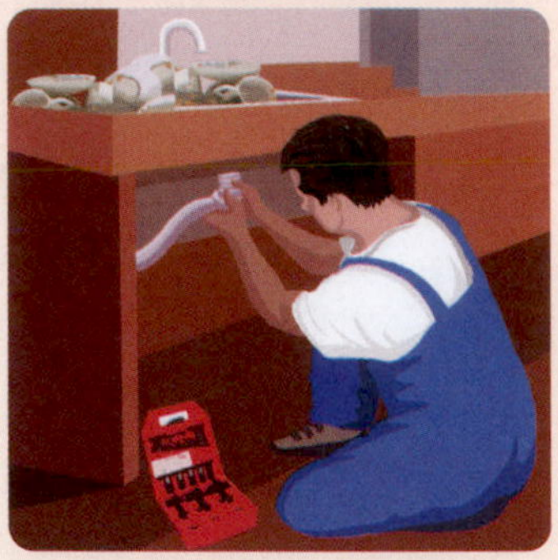

El plomero necesita reparar la tubería del fregadero.

El mecánico debe reparar el coche.

Los peluqueros (el peluquero y la peluquera) les están cortando el pelo a los clientes.

El mesero está sirviendo la comida en el restaurante.

Los obreros tienen que trabajar muchas horas en la fábrica.

Los bomberos están apagando el incendio en un edificio de varios pisos.

El electricista debe tener mucho cuidado con los cables eléctricos.

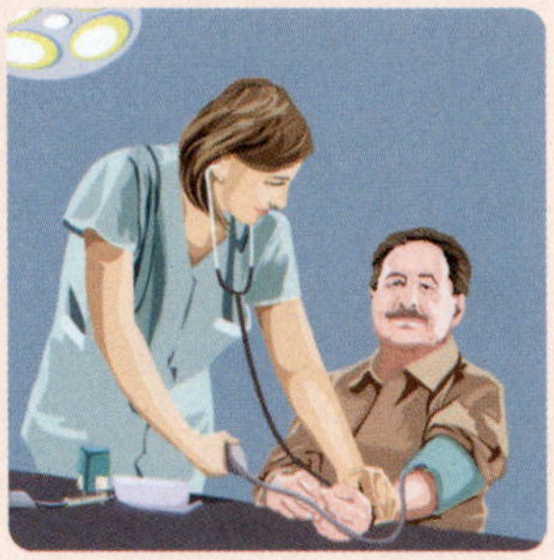

La enfermera le está tomando la presión al paciente.

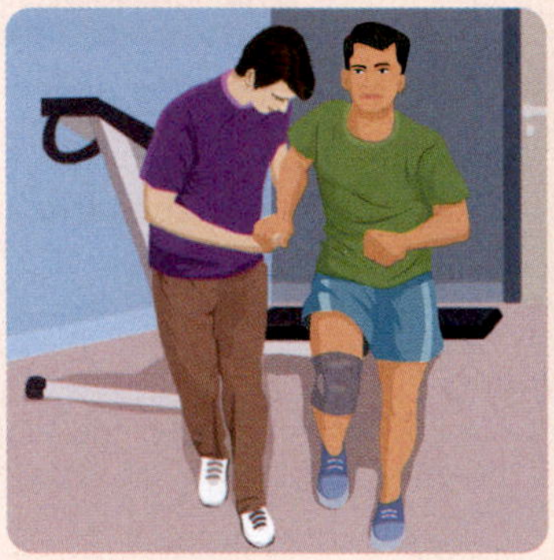

El terapeuta necesita ayudar al paciente a caminar con cuidado.

La abogada debe defender a su cliente en el tribunal.

La artista vende sus retratos por un buen precio.

El dependiente está arreglando la ropa.

Actividad 10 Profesiones y oficios

Completa la tabla para crear una lista completa de profesiones y oficios con información sobre cada uno.

MODELO: El peluquero corta el pelo y peina en una peluquería.

Vocabulario

el contador / la contadora
el/la gerente
el trabajador / la trabajadora social
la tubería

OFICIO/PROFESIÓN	ACTIVIDAD	LUGAR
____________	corta el pelo y peina	en una peluquería
el cajero / la cajera	cambia cheques y recibe dinero	____________
____________	atiende a los clientes	en una tienda de ropa
el bombero / la mujer bombero	____________	en cualquier lugar
el maestro / la maestra	enseña a los niños	____________
____________	da masajes y enseña a caminar a sus clientes	en un hospital o en una clínica
el mesero / la mesera	sirve la comida	____________
____________	repara coches	en un taller de reparaciones
el plomero / la mujer plomero	____________	en una residencia o en una oficina
____________	prepara los impuestos	en una oficina o en un negocio
el obrero / la obrera industrial	trabaja	____________
____________	resuelve problemas con los clientes o con los empleados	en una tienda o en un restaurante
el/la cantante	____________	en un club nocturno
____________	aconseja a la gente que tiene problemas de familia	en una oficina particular o en la casa de los clientes

Actividad 11 ¡Cuántas obligaciones!

Mira los dibujos y habla sobre las obligaciones de cada persona. Usa la lista de obligaciones.

MODELO: El enfermero tiene que atender a los pacientes cuando llaman. También debe…

Vocabulario

OBLIGACIONES

atender a los pacientes cuando llaman
bañar a los perros
darle la medicina a un/una paciente
darles la medicina a los animales
informar al médico (doctor)
jugar con un gato
lavar los platos
lavar y secar la ropa
pasar la aspiradora
pasear a los perros
preparar el desayuno
tomarle la presión al paciente a la paciente

La empleada doméstica…

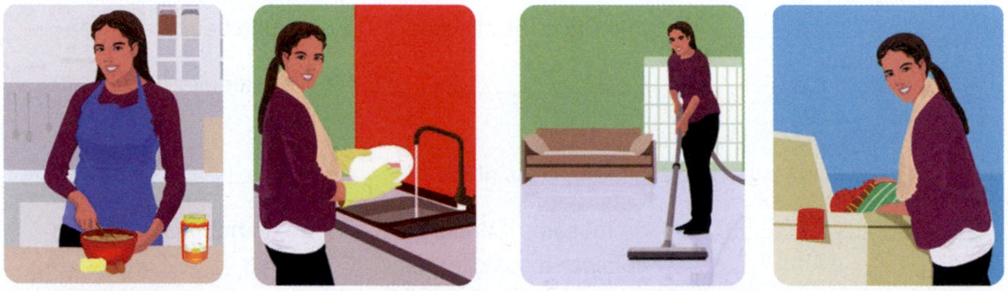

El enfermero…

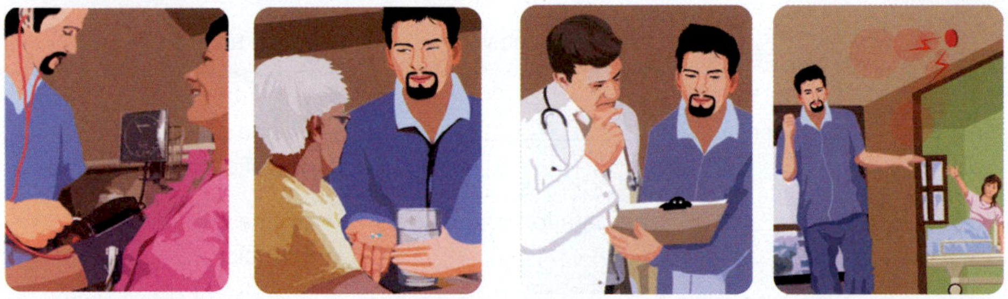

El asistente de veterinario…

Actividad 12 Tu trabajo

Conversa con tu compañero/a sobre tu trabajo.

1. ¿Tienes trabajo de jornada completa o de media jornada?
2. ¿Dónde trabajas? ¿Trabajas para una compañía grande o en un negocio pequeño? ¿Vives cerca o lejos de tu trabajo?
3. ¿Cuántas horas trabajas por semana? ¿Te gusta tu horario?
4. ¿Ganas un buen sueldo o recibes solo el sueldo mínimo?
5. ¿Cuáles son tus responsabilidades? ¿Qué tienes que hacer? (Yo debo... , Tengo que... , Necesito...)
6. De todas tus actividades en el trabajo, ¿cuál te gusta más y cuál te gusta menos? ¿Por qué?
7. ¿Cómo es tu jefe/jefa? ¿Es simpático/a o antipático/a, generoso/a o tacaño/a, cómico/a o serio/a?
8. ¿Cómo son tus compañeros de trabajo? ¿Te llevas bien (*Do you get along*) con todos?

Exprésate

ESCRÍBELO TÚ

Tu empleo

Escribe una composición sobre tu empleo. Si no tienes empleo ahora, describe tu empleo ideal. ¿Qué empleo deseas tener? ¿Cuánto dinero quieres ganar? Usa la tabla en el *Cuaderno de actividades* o en Connect para organizar tus ideas y escribe allí tu composición.

CUÉNTANOS

Tus asignaturas favoritas

Cuéntanos sobre dos o tres de tus asignaturas favoritas en la universidad. ¿Cuáles son? ¿Por qué te gustan? ¿Tienes buenas notas en cada una? ¿Por qué? ¿Te asignan mucha tarea los profesores? ¿Cuáles asignan más tarea y cuáles asignan menos? ¿Estudias mucho o son asignaturas fáciles para ti?

Cultura

Mundopedia

La escritora chilena Isabel Allende

DE PERIODISTA A NOVELISTA

Allende nació en Perú y **vivió** en Chile desde la edad de tres años hasta 1974, un año después del **golpe de estado** de Augusto Pinochet. Ahora reside y escribe en el norte de California.

Esta famosa escritora **pasa de** periodista a novelista después de una conversación con el gran poeta chileno Pablo Neruda.* Un día en 1973, Neruda invita a Allende a almorzar en su casa. Durante el almuerzo, el poeta le dice que es una periodista mala porque a veces inventa sus noticias. Luego, como amigo, le **sugiere** escribir literatura, pues en la literatura los defectos de periodista —por ejemplo, inventar historias que no existen— son **virtudes**.

LAS NOVELAS

Aunque desde muy niña le gusta inventar **cuentos**, Allende no acepta el **consejo** de Pablo Neruda por mucho tiempo. **Publica** su primera novela, *La casa de los espíritus*, en 1982. La novela narra la vida de una familia chilena **a través de** cuatro generaciones. Es una historia interesante con muchos elementos de realismo mágico.† Después de esa primera obra **exitosa**, publica muchas más. Algunas, como *La ciudad de las bestias* y *El cuaderno de Maya*, son libros para jóvenes. Otras, como *Hija de la fortuna* y *Retrato en sepia*, forman parte de una trilogía.

Vocabulario de consulta

vivió	lived
golpe de estado	coup d'état
pasa de	goes from
sugiere	suggests
virtudes	virtues
cuentos	stories
consejo	advice
publica	publishes
a través de	through
exitosa	successful
fiebre del oro	gold fever
selva	jungle
muerte	death
tema	theme, topic

Dan Tuffs/Alamy Stock Photo

Isabel Allende

*Pablo Neruda (1904–1973) was the pen name of Chilean poet Neftalí Ricardo Reyes Basoalto, which he later changed legally. His poetry is famous throughout the world; in 1971 he received the Nobel Prize in Literature.

†**Realismo mágico** is a term used to describe a literary strategy found especially in some works of twentieth-century Latin American authors such as those of the Colombian Gabriel García Márquez and the Mexican Laura Esquivel. Magical realism in fiction occurs when a very common, recognizable reality shows fantastic or mythical elements that have been incorporated in a matter-of-fact, unsurprising way.

LOS TEMAS

Hay muchos temas interesantes en la obra de esta prolífica autora; por ejemplo: una mujer en la conquista española, la vida en California durante la **fiebre del oro**, aventuras en la **selva** del Amazonas. Además hay narrativas personales como *Paula*, donde Allende escribe sobre la **muerte** de su hija. Entre todos estos **temas**, el amor es uno de los más importantes para la autora.

ALGUNAS OBRAS ESENCIALES DE ISABEL ALLENDE

La casa de los espíritus (1982), novela
De amor y de sombra (1984), novela
Eva Luna (1987), novela
Cuentos de Eva Luna (1989), cuentos
Paula (1994), memorias
Hija de la fortuna (1998), novela
Retrato en sepia (2000), novela
La ciudad de las bestias (2002), novela
Amor (2013), ensayo
El amante japonés (2015), novela
Más allá del invierno (2017), novela
Largo pétalo de mar (2019), novela

COMPRENSIÓN

Contesta las preguntas.

1. ¿Por qué dice Pablo Neruda que Isabel Allende es una periodista muy mala?
2. ¿Qué es un defecto en el periodismo pero es una virtud en la ficción?
3. ¿Qué novelas mencionadas aquí son para jóvenes?
4. Describe la primera novela de Allende, *La casa de los espíritus*.
5. ¿Cuáles son tres temas de las novelas de Allende que te gustan?

Palabras regionales: Chile			
bacán (bacana)	cool, great	**la guagua**	el/la bebé
choro/a	cool	**el/la pololo/a**	el/la novio/a

CONEXIÓN CULTURAL

LAS PEÑAS CHILENAS Y LA NUEVA CANCIÓN

Una peña es una reunión que incluye un público, cantantes y poetas. Las peñas chilenas fueron muy populares e importantes en los turbulentos años sesenta y todavía existen algunas dentro y fuera de Chile. Lee la lectura «Las peñas chilenas y la Nueva Canción» en el *Cuaderno de actividades* o en Connect y ¡descubre la fuerza social de estas reuniones!

EL MENSAJE DE YARIA Episodio 6: En la aldea

Videoteca

Amigos sin Fronteras

Episodio 6: Un disfraz° para Halloween

costume

Resumen

Ana Sofía, Radamés y Claudia van a la casa de Sebastián. Allí seleccionan disfraces para Halloween y se los ponen. Los disfraces son de Daniel, el compañero de Sebastián. Hay varios disfraces de profesiones y oficios: policía, deportista, cocinero, enfermera... ¡y también de Elvis Presley! Al final, cada uno termina con el disfraz perfecto.

Klic Video Productions/McGraw Hill

Klic Video Productions/McGraw Hill

Mi país CHILE

Sarah Spiess/Shutterstock

la Isla de Pascua

Steve Allen/Brand X Pictures/Getty Images

el Valle de la Luna

Resumen

Descubre aquí algunos lugares y aspectos culturales de Chile que presenta Lucía: un valle espectacular, una isla, un tipo de música tradicional y un festival de la canción.

Los actores hablan

Preguntas

¿Qué estudias para ser actor?

¿Qué sugerencias tienes para los que quieren ser actores?

Klic Video Productions/McGraw Hill

Klic Video Productions/McGraw Hill

Klic Video Productions/McGraw Hill

Gramática

6.1 Indirect Object Pronouns

Indirect object pronouns **(los pronombres de complemento indirecto)** are used to tell *to whom* or *for whom* something is said, explained, given, sent, and so on.

¿Recuerdas?

In **Gramática 2.3**, you learned to use indirect object pronouns with the verb **gustar** to say to whom something is pleasing (who likes something). Review that construction now, if necessary.

Los pronombres de complemento indirecto			
me	to/for me	**nos**	to/for us
te*	to/for you (*fam. sing.*)	**os**	to/for you (*fam. pl., Sp.*)
le	to/for you (*pol. sing.*); to/for him/her	**les**	to/for you (*pol. pl.*); to/for them

As you read and listen to more Spanish, you will get a feel for these pronouns and how to use them.

—¿Qué **les** explica el profesor Sotomayor? — *What does Professor Sotomayor explain to you?*

—**Nos** explica la pronunciación en español. — *He explains Spanish pronunciation to us.*

Mi novio ya no **me** da flores. — *My boyfriend doesn't give me flowers anymore.*

¡Pobre Carlitos! Su mamá siempre **le** dice que no. — *Poor Carlitos! His mother always says no to him.*

Indirect object pronouns are placed before the conjugated verb, or attached to the infinitive or present participle.

Mi novio ya no { **me** puede preparar la cena. / puede preparar**me** la cena. }

(My boyfriend can't make dinner for me anymore.)

Mi novio ya no { **me** está preparando la cena. / está preparándo**me** la cena. }

(My boyfriend is no longer fixing me dinner.)

*For recognition only: The indirect object pronoun for **vos** is **te.**

Ejercicio 1

Mira los dibujos y completa las oraciones con **me, te, le, nos** o **les.**

MODELO: Estefanía *les* dice «¡Hola!» **a los estudiantes.**

1. El profesor Sotomayor __________ va a explicar (va a explicar__________) la lección **a los estudiantes.**

2. Nosotros __________ hacemos muchas preguntas **al profesor.** El profesor __________ contesta **(a nosotros).**

3. La novia del profesor __________ habla **a los estudiantes** sobre Guatemala, su país.

4. —Lucía, ¿puedes decir__________ qué tenemos de tarea?
   —Sí, Martín, ahora __________ digo cuál es la tarea para mañana.

5. Estefanía __________ escribe un mensaje **a sus padres.**

6. El profesor Sotomayor __________ dice qué día va a ser el examen y nosotros __________ decimos «Gracias».

7. —Martín, ¿__________ dices la respuesta número 7, por favor?
   —Sí, Lucía, en un momento voy a decir__________ (__________voy a decir) todas las respuestas.

8. __________ decimos «Adiós» **al profesor** y él __________ responde «Hasta mañana».

Ejercicio 2

Completa este diálogo entre Rosa, una chica muy egocéntrica, y Lola, una chica muy lógica. Usa **me, te, le, nos** o **les.**

Vocabulario

prestar **si** **esperas** **mientras** **contigo**

6.2 Present Progressive

To describe an action that is taking place at the moment, Spanish uses a form of the verb **estar** (*to be*) and a verb form ending in **-ndo** called a present participle. This combination is called the present progressive.

The present progressive **(estar** + *verb ending in* **-ndo)** is used to express actions in progress.

Estoy comiendo una empanada. *I am eating an empanada.*

estar + -ndo		
(yo) **estoy**	+	jug**ando** (*playing*)
(tú) **estás***		camin**ando** (*walking*)
usted, él/ella **está**		fum**ando** (*smoking*)
(nosotros) **estamos**		escuch**ando** (*listening*)
(vosotros) **estáis**		com**iendo** (*eating*)
ustedes, ellos/ellas **están**		escrib**iendo** (*writing*)

—¿Qué **está haciendo** el médico? *What is the doctor doing?*
—**Está examinando** a un paciente. *He is examining a patient.*

—Fátima, ¿qué **estás haciendo**? *Fátima, what are you doing?*
—**Estoy escribiendo.** *I am writing.*

The present participle is formed by removing the **-ar, -er,** or **-ir** from the end of the infinitive and replacing it with **-ando** for **-ar** infinitives and **-iendo** for **-er** and **-ir** infinitives.

jug**ar:** jug**ando**
habl**ar:** habl**ando**
com**er:** com**iendo**
viv**ir:** viv**iendo**

-ar → -ando
habl**ar** → habl**ando**

-er/-ir → -iendo [or **-yendo**]
com**er** → com**iendo**
escrib**ir** → escrib**iendo**
le**er** → le**yendo**

In some cases, the present participle is irregular. In this book, irregular present participles will be noted in parentheses in vocabulary lists, as follows: **dormir (durmiendo), leer (leyendo).**

—¿**Está durmiendo** el juez ahora? *Is the judge sleeping now?*
—¡Claro que no! **Está hablando** con un abogado. *Of course not! He's speaking with a lawyer.*
—Xiomara, ¿qué **estás haciendo**? *Xiomara, what are you doing?*
—**Estoy leyendo** una novela. *I'm reading a novel.*

*Alternative form for recognition only: **vos estás (hablando, comiendo)**

Ejercicio 3

Mira los dibujos y contesta las preguntas.

1. ¿Qué está haciendo Claudia?

2. ¿Qué están haciendo los estudiantes?

3. ¿Qué está haciendo el profesor?

4. ¿Qué está haciendo Marcela?

5. ¿Qué están haciendo Marcela y Omar?

6. ¿Qué están haciendo Eloy y Ricky?

Ejercicio 4

Lee las situaciones y luego usa los verbos de la lista para completar las oraciones y expresar qué están haciendo las personas mencionadas.

ayudar **calificar** **estudiar** **explicar** **hablar** **lavar**

MODELO: —Carlitos, tengo hambre. ¿Dónde está papá?
—Está en la cocina; nos *está preparando* el almuerzo.

1. —¿Dónde está el profesor Sotomayor?
—Está en su oficina; __________ los exámenes.
2. —¿Qué está haciendo Estefanía?
—Está __________ de Guatemala en la clase de Franklin Sotomayor, su novio.
3. —Quiero hablar con el profesor.
—Pues está ocupado. Les __________ unos conceptos de gramática a los estudiantes.
4. —¿Qué están haciendo tu papá y tu hermana en este momento, Ricky?
—__________ la ropa sucia.
5. —¿Y Eloy dónde está?
—Eloy está en su dormitorio. __________ para un examen de su clase de química.
6. —¿Quiénes son esas muchachas que están en la sala?
—Son amigas de Patricia, mi hermana. Me __________ con la tarea de ciencias naturales.

Saber, not **poder** or **conocer,** is used to express knowing how to do something. Remember not to use **cómo,** as in the incorrect phrase **saber cómo nadar,** a word-for-word translation of the English *to know how to swim.*

6.3 Saber and poder + *Inf.*

A. In the present tense, the verb **saber** (*to know facts, information*) is irregular only in the *yo* form.

sé, sabes,* sabe, sabemos, sabéis, saben

—¿**Sabes** cuándo va a llegar Eloy?	*Do you know when Eloy is going to arrive?*
—No, no lo **sé.**	*No, I don't know.*

Saber followed by an infinitive means *to know how to do something.* Note that there is no separate word added to convey the English *how to.*

—¿**Sabes hablar** italiano, Rodrigo?	*Do you know how to speak Italian, Rodrigo?*
—No, pero **sé hablar** un poco de árabe.	*No, but I know how to speak a little Arabic.*
—¿Quién **sabe jugar** al ajedrez?	*Who knows how to play chess?*
—Yo no **sé jugar** al ajedrez, pero Estefanía sí **sabe.**	*I don't know how to play chess, but Estefanía does know.*

B. The verb **poder** followed by an infinitive usually indicates potential (*can, to be able to do something*) or permission (*may*). **Poder** is a stem-changing verb: the **pod-** used in the **nosotros/as** and **vosotros/as** forms changes to **pued-** for all other present-tense forms.

puedo, puedes,† puede, podemos, podéis, pueden

—¿Van a dar una vuelta más Lucía y Xiomara?	*Are Lucía and Xiomara going to run another lap?*
—No, no **pueden.** Ya están cansadas.	*No, they can't. They are tired already.*
—Omar, ¿vas a jugar al fútbol el domingo?	*Omar, are you going to play soccer on Sunday?*
—No **puedo.** Tengo un examen el lunes.	*I can't. I have an exam on Monday.*

¿Recuerdas?

In **Gramática 5.1** you learned that a verb that uses more than one stem in its conjugation is considered irregular. Some verbs, such as **hacer** (*to do; to make*), use a different stem only in the **yo** form; other verbs, such as **jugar** (*to play*), use the different stem in all but the **nosotros/as** and the **vosotros/as** forms. Review those conjugations now, if necessary.

saber = to know (*facts, information*)

—¿**Sabes** quién enseña esta clase?
—No, solo **sé** que es una profesora de Chile.

—¿**Sabes** la diferencia entre los verbos *ser* y *estar*?
—Claro que **sé** la diferencia.

—¿**Sabe** ella mi nombre?
—Creo que sí **sabe** tu nombre.

saber + *inf.* = to know how (to do something)

—¿Sabes bucear, Jorge?	*Do you know how to scuba dive, Jorge?*
—No, no sé bucear, pero sé nadar.	*No, I don't know how to scuba dive, but I know how to swim.*

poder = can, to be able to

—¿Puedes salir esta noche, Lucía?	*Can you go out tonight, Lucía?*
—No, no puedo. Mañana tengo un examen de matemáticas.	*No, I can't. I have a math test tomorrow.*

*Alternative form for recognition only: **vos sabés**
†Alternative form for recognition only: **vos podés**

Ejercicio 5

Los miembros del club Amigos sin Fronteras hablan de lo que saben o no saben hacer. Completa las oraciones con la forma apropiada de **saber.**

1. Juan Fernando Chen dice: —Yo __________ hablar chino.
2. Lucía le pregunta a Fátima: —¿__________ montar a caballo?
3. Maritza, la hija de Omar, no __________ andar en bicicleta todavía porque es muy pequeña.
4. Franklin y Estefanía dicen: —No _________ esquiar pero queremos aprender.
5. Jorge y sus amigos __________ escribir programas muy buenos para las computadoras.

Ejercicio 6

El club Amigos sin Fronteras va a tener una fiesta. Completa las oraciones con la forma apropiada de **poder.**

tocar to play (*music*); to perform

1. Ana Sofía les pregunta a Estefanía y Franklin: —¿Vosotros __________ asistir a la fiesta del club mañana?
2. Radamés no __________ asistir a la fiesta del club porque su banda, Cumbancha, va a tocar en otra fiesta.
3. Sebastián dice: —Yo sí __________ ir a la fiesta y voy a llevar mucha comida. Daniel prepara comida deliciosa.
4. Sebastián le pregunta a Nayeli: —¿ __________ tú comprar bebidas para la fiesta?
5. Eloy y su novia quieren asistir a la fiesta pero ella dice: —No __________ porque Ricky, el hermanito de Eloy, está en el hospital. Estamos muy preocupados.

6.4 Obligations: **tener que, deber, necesitar; hay que, es necesario** + *Inf.*

When expressing obligation, the verbs **tener que** (*to have to*), **deber** (*should, ought to, must*), and **necesitar** (*to need to*), as well as the impersonal expressions **hay que** (*one must*) and **es necesario** (*it is necessary to*), are always followed by infinitives.

—¿A qué hora **tenemos que estar** en el teatro?	*What time do we have to be at the theater?*
—A las ocho. **Hay que llegar** un poco antes para recoger los boletos.	*At 8:00. We have to (One must) get there a little early to pick up the tickets.*
—¡Pero **necesito** estudiar una hora más!	*But I need to study one more hour!*
—Está bien, pero **debemos** salir pronto.	*OK, but we should (must) leave soon.*

Hay que llegar a tiempo al trabajo.	*One must (We have to) arrive at work on time.*
¿Qué **tienes que** hacer este fin de semana?	*What do you have to do this weekend?*

Ejercicio 7

Lucía cuenta lo que ella y sus amigos del club Amigos sin Fronteras tienen que hacer hoy. Completa las oraciones con la forma apropiada de **tener que.**

1. Eloy __________ trabajar hasta las doce.
2. Estefanía y Franklin __________ preparar la cena para una reunión familiar.
3. Yo __________ hacer mi tarea para la clase de matemáticas.
4. Claudia y yo __________ hablar con nuestros profesores.
5. Fátima, ¿qué __________ hacer tú esta noche?

¿Recuerdas?

You have already seen and used many times the combination of conjugated *verb* + *inf.* Review **preferir** and **querer** + *inf.* (**Gramática 4.3**) and **saber** and **poder** + *inf.* (**Gramática 6.3**).

llevar to take
recoger to pick up

Ejercicio 8

Omar está hablando de lo que él y su familia deben hacer mañana. Completa las oraciones con la forma apropiada de **deber.**

1. Marcela __________ llevar el auto al mecánico.
2. Yo __________ limpiar la cocina, pero ¡no me gusta!
3. Carlitos y Maritza, ustedes __________ recoger sus libros y sus juguetes.
4. Carlitos, tú __________ hacer la tarea para la escuela.
5. Marcela, más tarde tú y yo __________ llevar a los niños al parque a jugar.

Lo que aprendí

After completing this chapter, I can:

- ☐ talk about school subjects and classroom activities.
- ☐ discuss my abilities and those of my classmates.
- ☐ express what is going on at a particular moment.
- ☐ discuss careers in general, and duties and obligations in the workplace.
- ☐ describe and speak about some beautiful places in Chile.

Now I also know more about:

- ☐ many places in Chile.
- ☐ ecological projects in Chile.
- ☐ bilingual education for indigenous students in Chile.
- ☐ a famous Chilean novelist.

Vocabulario

Las materias	School Subjects
las artes musicales	music appreciation
la asignatura	subject, class
la educación física	physical education, P.E.
la especialidad	major
la química	chemistry
Palabras semejantes: la antropología, la biología, las ciencias, las ciencias sociales, la física, la geografía, la historia, la ingeniería, el lenguaje, la literatura, las matemáticas, la psicología	

Las actividades en clase	
Repaso: charlar, contestar, conversar, recibir/tener (*irreg.*) **buenas/malas notas, tomar apuntes**	
aprender	to learn
enseñar	to teach; to show
entender (ie)	to understand
especializarse en	to specialize (major) in
hacer (*irreg.*) **preguntas**	to ask questions
levantar (la mano)	to raise (one's hand)
poner (*irreg.*) **atención**	to pay attention
preguntar	to ask
Palabras semejantes: asignar, comprender, explicar, participar, resolver (ue)	

Las habilidades	Abilities
Repaso: andar en bicicleta/patineta, bailar, bucear, cocinar, esquiar, montar a caballo, tomar fotos	
componer (*irreg.*) **música**	to compose music
dibujar	to draw
pintar (acuarelas)	to paint (watercolors)
poder (ue) + *inf.*	to be able to (*do something*)
saber (*irreg.*) + *inf.*	to know how to (*do something*)

Las profesiones y los oficios	Professions and Jobs
Repaso: el/la profesor(a)	
el/la abogado/a	lawyer
el ama (*f.*) **de casa**	housewife
el bombero, la mujer bombero	firefighter
el/la cajero/a	cashier
el/la cantante	singer
la carrera	career; course of study
el/la cocinero/a	cook
el/la contador(a)	accountant
el/la dependiente/a	salesclerk
el/la electricista	electrician
el/la empleado/a	employee
el empleo de jornada completa / de media jornada	full-time / part-time employment
el/la enfermero/a	nurse
el/la gerente	business manager
el/la ingeniero/a	engineer
el/la jefe/a	boss
el/la maestro/a	teacher
el/la médico/a	doctor
el/la mesero/a	waiter/waitress, server
el/la obrero/a	worker
el/la peluquero/a	hairdresser, hair stylist
el plomero, la mujer plomero	plumber
el sueldo (mínimo)	(minimum) wage; salary
el/la trabajador(a) social	social worker
Palabras semejantes: el/la artista, el/la asistente, el/la cliente, el/la doctor(a), el/la mecánico, el/la terapeuta, el/la veterinario/a	

Los lugares del trabajo	Workplaces
Repaso: la escuela, la oficina, el salón de clase	
el club nocturno	nightclub
la fábrica	factory
el liceo*	secondary/high school
el negocio	business
la peluquería	hair salon, hairdresser's
el taller de reparaciones	repair shop
la tienda (de ropa)	(clothing) store
el tribunal	courtroom
Palabras semejantes: el banco, la clínica, el hospital, el laboratorio, la residencia	

Las actividades en el trabajo	Work Activities
Repaso cortar, reparar	
apagar	to turn off
apagar incendios	to put out fires
arreglar	to fix; to arrange
atender (ie) a	to attend to
ayudar	to help
bañar	to bathe
cambiar un cheque	to cash a check
dar (*irreg.*) **masajes**	to give massages
ganar (dinero)	to earn (money)
pasar la aspiradora	to vacuum
peinar	to comb, arrange hair
preparar los impuestos	to prepare taxes
servir (i) (sirviendo)	to serve
Palabras semejantes: defender (ie)	

*In Chile the word **liceo** refers to a school that has both elementary (**enseñanza básica**) and secondary (**enseñanza media**) levels with students ranging in age from 7 to 18.

Los adjetivos	
auditivo/a	listening
particular	individual, private
ruidoso/a	noisy
último/a	last
Palabras semejantes: civil, completo/a, experto/a, fracturado/a, industrial, necesario/a, paciente, perfecto/a, preparado/a, social	

Las obligaciones	Obligations
Repaso: necesitar + *inf.*	
deber + *inf.*	must, ought to (*do something*)
es necesario + *inf.*	it's necessary to (*do something*)
hay que + *inf.*	one must (*do something*)
tener (*irreg.*) **que** + *inf.*	to have to (*do something*)

Los verbos	
aconsejar	to advise
cantar	to sing
crear	to create
creer (creyendo)	to believe
estar (*irreg.*) **seguro/a**	to be sure
explicar (qu)	to explain
llamar	to call
mostrar (ue)	to show
ordenar	to order, put in order
secar	to dry
tener cuidado	to be careful
vender	to sell
venir (*irreg.*)	to come
Palabras semejantes: informar, invitar	

Las personas	
el campeón / la campeona	champion
el/la compañero/a de trabajo	co-worker
el/la muchacho/a	young boy/girl, teenager
Palabras semejantes: el/la paciente, el/la tutor(a)	

Los sustantivos	
Repaso: el cepillo, la toalla	
la canción	song
el edificio	building
la empanada	small meat/vegetable pie
el fregadero	kitchen sink
el horario	schedule
los impuestos	taxes
la nieve	snow
la pulga	flea
la residencia estudiantil	dormitory
el retrato	portrait
la tubería	plumbing
Palabras semejantes: el cable (eléctrico), la compañía, la composición, la comunicación, el diálogo, la educación, la información, el licor, el perfume, el póker, el problema, la responsabilidad, el semestre, el sitio web	

Los pronombres de complemento indirecto	Indirect Object Pronouns
le	to/for him, her, you (*pol. sing.*)
les	to/for them, you (*pol. pl.*)
me	to/for me
nos	to/for us
os	to/for you (*fam. pl. Sp.*)
te	to/for you (*fam. sing.*)

Palabras y expresiones útiles	
a la vez	at the same time
a todo volumen	at full volume
como	as, like
con cuidado	carefully
cualquier	any
a cualquier hora	at any time
en cualquier parte	any place
¡Cuánto/a(s)...!	So much/many... !
de... a...	from... to...
en voz alta	aloud, out loud
fuera (de)	outside (of)
hasta mañana	Until (See you) tomorrow
lo (necesario)	the (necessary) part
lo que	that which
lo siento	I'm sorry
Mandatos ustedes	
sigan	follow
usen	use
mí	me (*used after prepositions*)
Pon	Put (*as an informal* tú *command*)
por día/hora/semana	per day/hour/week
pues	well, then
¿seguro/a?	are you sure?
solamente, solo	only
ti	you (*fam. sing.*) (*used after prepositions*)
¡Ya sé!	I know!

Design elements: (Communication, Connections, Comparisons, Cultures and Communities icons): McGraw Hill Education; (Mundopedia Globe Icon): Kundra/Shutterstock; (Audio icon): Orchid24/Shutterstock; (Cuida tu mundo image): Ekaterina Simonova/Shutterstock; (Sun icon): McGraw Hill Education; (Magazine background): McGraw Hill Education

7 Los lugares y la residencia

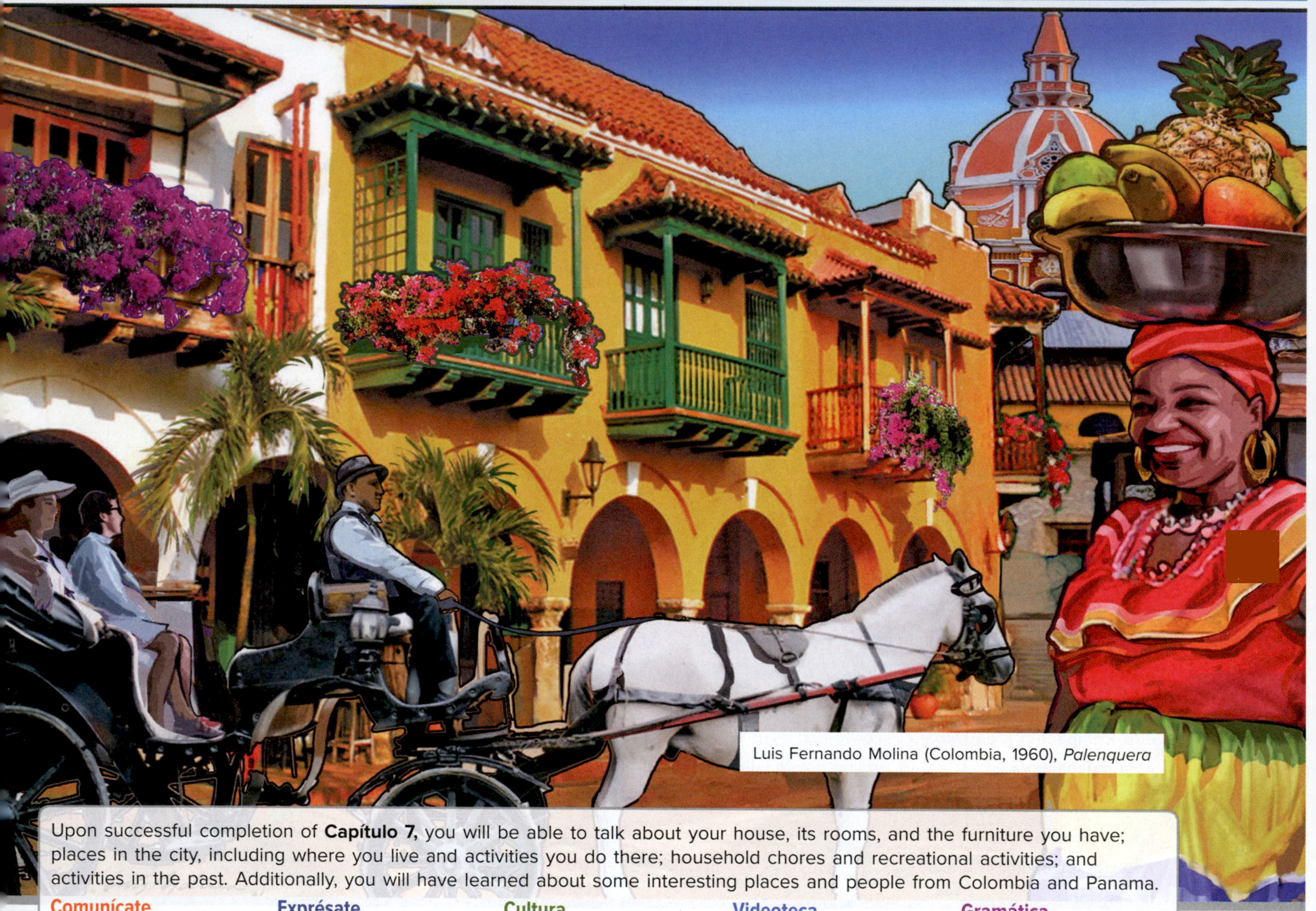

Luis Fernando Molina (Colombia, 1960), *Palenquera*

Upon successful completion of **Capítulo 7,** you will be able to talk about your house, its rooms, and the furniture you have; places in the city, including where you live and activities you do there; household chores and recreational activities; and activities in the past. Additionally, you will have learned about some interesting places and people from Colombia and Panama.

Comunícate

La casa y los cuartos

El vecindario y los lugares

Hablando de la casa y el vecindario «Cuadrados y ángulos», de Alfonsina Storni

Las actividades y los quehaceres

Actividades en casa y en otros lugares

Exprésate

Escríbelo tú La casa ideal

Cuéntanos Tu cuarto o lugar favorito

Cultura

Mundopedia Los afrodescendientes en Colombia y Panamá

Palabras regionales Colombia y Panamá

Conexión cultural Los guna, gente de oro

Novela gráfica Episodio 7

Videoteca

Amigos sin Fronteras, Episodio 7 Hogar, dulce hogar

Mi país Colombia y Panamá

Los actores hablan

Gramática

7.1 Comparisons of Inequality: **más/menos**

7.2 Comparisons of Equality: **tan/tanto**

7.3 Knowing People, Places, and Facts: **conocer** and **saber**

7.4 The Preterite Tense of Regular Verbs

McGraw Hill connect

COLOMBIA Y PANAMÁ

la bandera de Colombia
ciudad capital: Bogotá
moneda nacional: el peso colombiano

Conócenos

Dave and Les Jacobs/Blend Images

Rodrigo Yassín Lara

Rodrigo Yassín Lara es colombiano. Tiene veintisiete años y estudia ciencias políticas. Nació en Cali, Colombia, y su cumpleaños es el treinta de septiembre. Sus actividades favoritas son acampar, jugar al fútbol y al ráquetbol. También le gusta leer y pasar tiempo con sus amigos. Rodrigo es divorciado. Su hijo Ricardito tiene seis años y vive en Cali con su mamá. Los hermanos de Rodrigo y sus padres también viven en Colombia.

la bandera de la República de Panamá
ciudad capital: Ciudad de Panamá
moneda nacional: el balboa, el dólar estadounidense

Comunícate

La casa y los cuartos

Lee *Gramática 7.1, 7.2*

¿Qué hay en una casa?

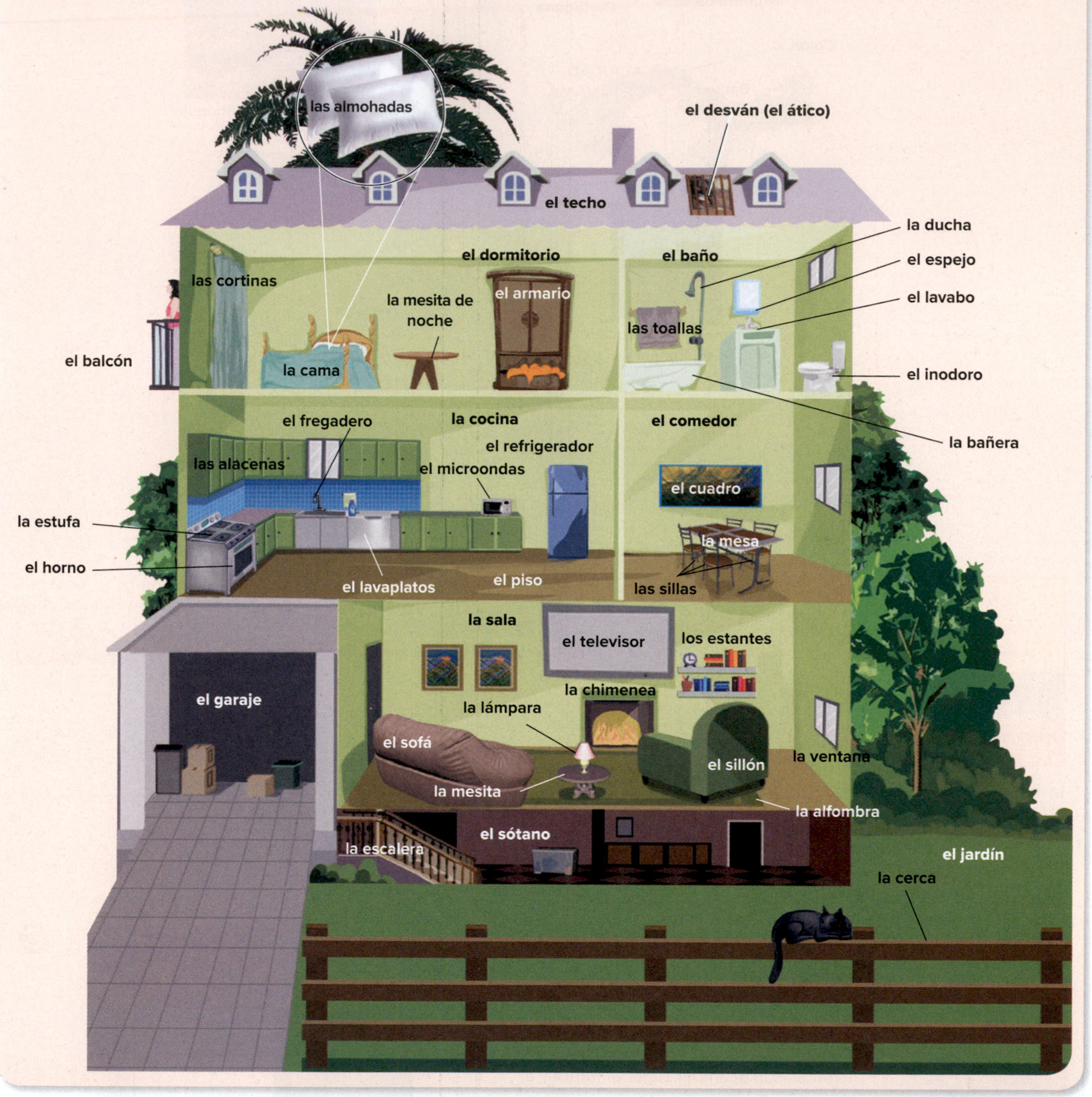

Lengua ***Variaciones léxicas***

En español hay varias palabras para algunas cosas. Por ejemplo, **apartamento** es **departamento** en México y **piso** en España. La palabra que se usa para **dormitorio** es **alcoba** en Colombia, **recámara** en México, y también se usan **cuarto** y **cuarto de dormir** en algunos lugares. La **ducha** para los mexicanos es la **regadera.** La **piscina** es **pileta** en Argentina y **alberca** en México. ¡Todo depende del país!

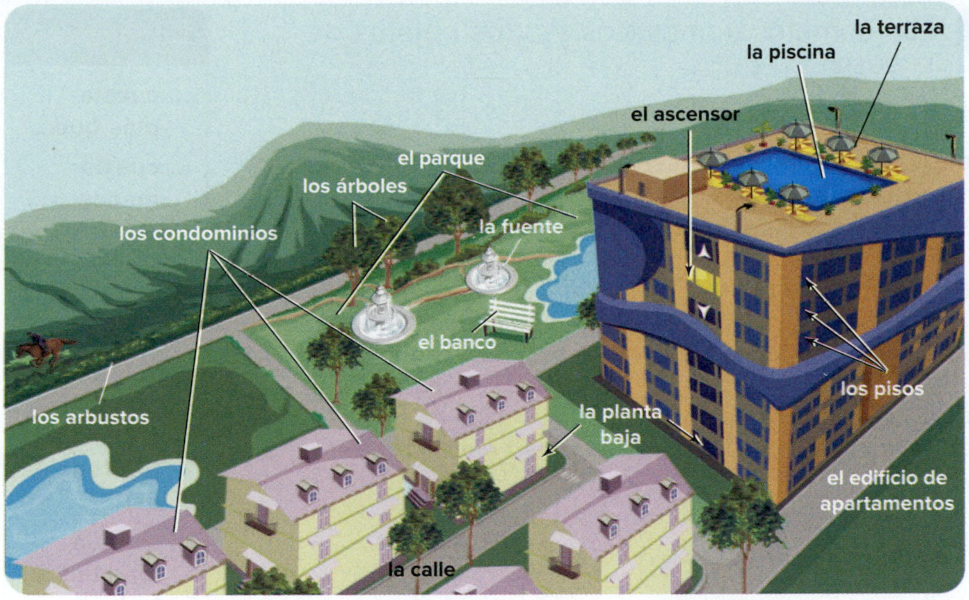

CULTURES COMPARISONS

Lengua *Más palabras*

- Los botones en los ascensores de los países hispanos con frecuencia indican el piso a nivel (*level*) de calle con la letra **B (bajo)** o **PB (planta baja).**
- En muchas casas hispanas hay una despensa (*pantry*) en la cocina.

Actividad 1 Mi casa y mi vecindario

Indica las respuestas apropiadas según tu experiencia.

1. Vivo en…
   - **a.** una casa.
   - **b.** un edificio de apartamentos.
   - **c.** una residencia estudiantil.
   - **d.** ¿ ?
2. En la sala de mi casa hay…
   - **a.** una mesa.
   - **b.** un televisor.
   - **c.** un sofá.
   - **d.** ¿ ?
3. En la cocina de mi casa hay…
   - **a.** una estufa.
   - **b.** un lavaplatos.
   - **c.** un microondas.
   - **d.** ¿ ?
4. En mi dormitorio hay…
   - **a.** muchas almohadas.
   - **b.** una cómoda.
   - **c.** una cama matrimonial (para dos personas).
   - **d.** ¿ ?
5. Mi casa/apartamento (no) tiene…
   - **a.** desván.
   - **b.** sótano.
   - **c.** chimenea.
   - **d.** ¿ ?
6. Afuera de mi casa (no) hay…
   - **a.** árboles.
   - **b.** un jardín con flores.
   - **c.** arbustos.
   - **d.** ¿ ?
7. Mi vecindario es…
   - **a.** tranquilo.
   - **b.** ruidoso.
   - **c.** familiar.
   - **d.** ¿ ?
8. Lo mejor de mi vecindario es…
   - **a.** que tiene mucha diversidad cultural.
   - **b.** que hay muchos parques pequeños.
   - **c.** que es muy seguro.
   - **d.** ¿ ?

COMPARISONS CULTURES

CULTURA Los pisos de un edificio

Para hablar de los edificios en español, usamos **el + un número ordinal + piso:** el cuarto piso. Noten que en inglés empezamos a contar desde la planta baja (*ground floor*), pero en español el primer piso no es la planta baja. Lo que en inglés es *the second floor*, en español es **el primer piso**, *the third floor* es **el segundo piso,** etcétera. Repasen los números ordinales en el Capítulo 4, página 123.

Actividad 2 Los aparatos domésticos y otros objetos de la casa

Compara los precios de estos aparatos.

MODELOS:

E1: ¿Cuál cuesta más, *el cepillo de dientes eléctrico* o *el secador de pelo?*
E2: *El secador de pelo* cuesta más (que *el cepillo de dientes*).

E1: ¿Cuál de estas cosas es la más cara, *el cepillo de dientes eléctrico, el secador de pelo* o *la afeitadora eléctrica?*
E2: *La afeitadora eléctrica* es la (cosa) más cara.

E1: ¿Cuál de estos aparatos es el más útil?
E2: Para mí, el más útil es *la afeitadora eléctrica.*

> **Vocabulario**
>
> **... cuesta más que...**
>
> **... cuesta menos que...**
>
> **... es el/la más... (de todos/as)**
>
> **... son los/las más/menos... (de todos/as)**
>
> **... es el/la más útil de todos/as**

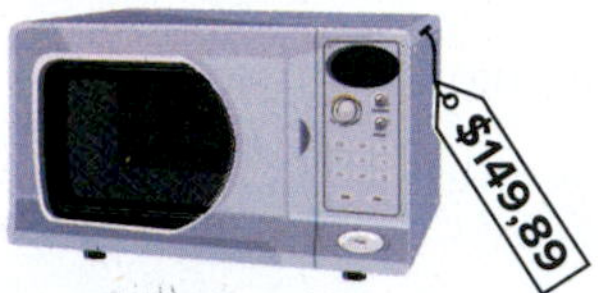

el microondas

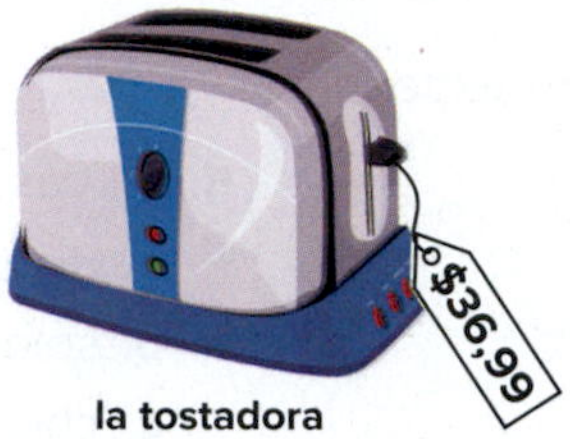

la tostadora

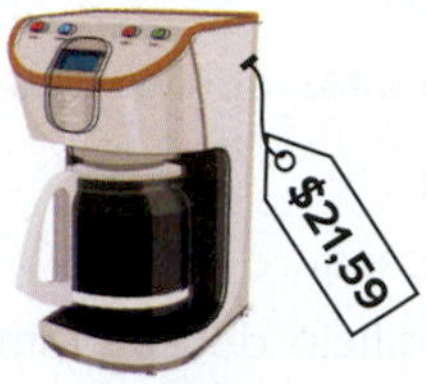

la cafetera

la tetera

el ventilador

el cepillo de dientes eléctrico

el secador de pelo

la aspiradora

la afeitadora eléctrica

la escoba

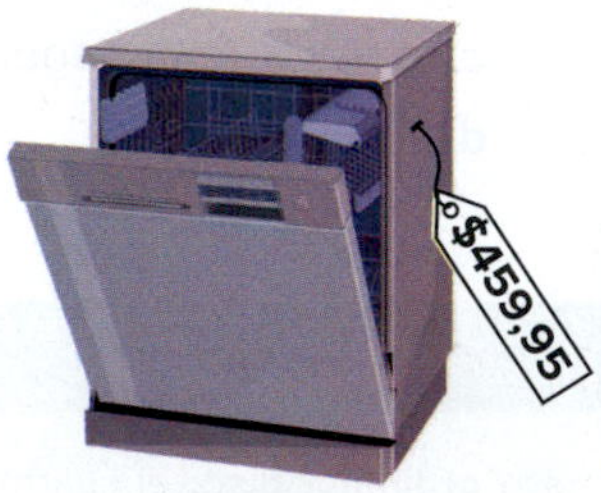

el lavaplatos

el calentador

la lavadora

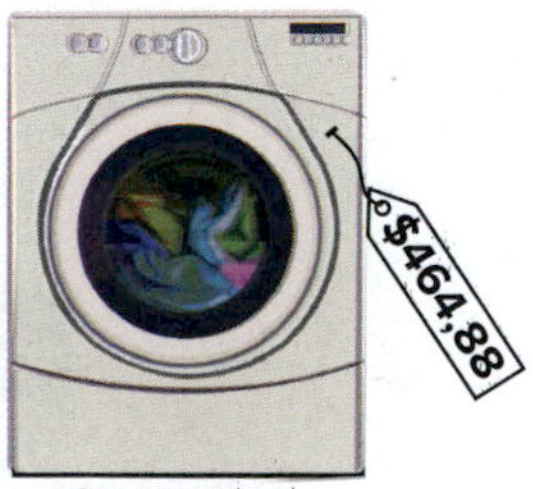

la secadora

1. ¿Cuál cuesta más, el microondas o la cafetera? ¿el ventilador o el secador de pelo?
2. ¿Cuál cuesta menos, la cafetera o el cepillo de dientes eléctrico? ¿la aspiradora o la tostadora?
3. ¿Cuál de estos objetos es el más caro, la tostadora, la tetera o la cafetera? ¿Y el más barato?
4. ¿Cuál de estas cosas es la más cara, el lavaplatos, la afeitadora eléctrica o la aspiradora?
5. ¿Cuál de estas cosas cuesta menos, el secador de pelo, el calentador, el cepillo de dientes eléctrico o la escoba?
6. ¿Cuáles de estos aparatos tienes en tu casa o apartamento? ¿Cuál consideras más útil?
7. ¿Para qué sirven estos objetos: el cepillo de dientes, la afeitadora eléctrica, la secadora?
8. ¿Para qué sirve la lavadora? ¿y el microondas? ¿y el calentador? ¿y la aspiradora?
9. ¿Para qué sirve la escoba? ¿y el lavaplatos? ¿Y la tetera?

Vocabulario

¿Para qué sirve(n)... ?
Sirve(n) para:

- **afeitarse**
- **barrer el piso**
- **calentar agua para el té**
- **calentar la comida**
- **calentarse cuando hace frío**
- **cocinar**
- **lavar los platos**
- **lavar la ropa**
- **lavarse los dientes**
- **limpiar la alfombra**
- **secar la ropa**

Gramática *La preposición* para

The preposition **para** has several meanings. Here its meaning is *in order to.* When prepositions are followed by an action, Spanish uses an infinitive: **Vamos a la farmacia para comprar medicinas. / Vamos a la escuela para aprender. / Una escoba se usa para barrer.**

¡A contar! Los números de 2.000 (dos mil) a 100.000.000 (cien millones)			
2.000	dos mil	300.000	trescientos mil
2.320	dos mil trescientos veinte	500.874	quinientos mil ochocientos setenta y cuatro
5.000	cinco mil	780.000	setecientos ochenta mil
7.715	siete mil setecientos quince	999.000	novecientos noventa y nueve mil
10.000	diez mil	1.000.000	un millón
15.000	quince mil	10.000.000	diez millones
50.000	cincuenta mil	20.000.000	veinte millones
90.900	noventa mil novecientos	40.000.000	cuarenta millones
100.000	cien mil	70.100.000	setenta millones cien mil
200.100	doscientos mil cien	100.000.000	cien millones

Actividad 3 Comparación de casas

A. Escucha las preguntas que te hace tu profesor(a) y contéstalas según los dibujos.

Precio: $564.127.200,00	Precio: $298.480.000,00	Precio: $922.303.200,00
la casa de los Rozo	**la casa de los Londoño**	**la casa de los Yassín**
tres dormitorios dos baños dos balcones dos patios	dos dormitorios un baño un patio	cinco dormitorios tres baños tres balcones un garaje

B. Conversa con tu compañero/a para comparar las tres casas. Hazle preguntas sobre **el precio,** el número de **árboles, arbustos, balcones, baños, dormitorios, patios, pisos, puertas** o **ventanas.**

MODELOS: **E1:** ¿Cuánto cuesta la casa de los *Londoño?*
E2: Cuesta $298.480.000,00 (doscientos noventa y ocho millones, cuatrocientos ochenta mil pesos).

E1: ¿Cuántos *balcones* tiene la casa de los *Rozo?*
E2: Tiene *dos*. Tiene *menos* (balcones) *que* la casa de los *Yassín*.

E1: ¿Cuántos *árboles* tiene la casa de los *Londoño?*
E2: Tiene *cuatro*. Tiene *tantos* (*árboles*) *como* la casa de los *Rozo*. Tiene *más* (árboles) *que* la casa de los *Yassín*.

CONNECTIONS C

¡CUIDA TU MUNDO!

Ekaterina Simonova/Shutterstock

Como en el mundo entero, en Colombia y en Panamá hay organizaciones e individuos que trabajan activamente para proteger el medio ambiente.[a] Por ejemplo, en Colombia, Francia Márquez, activista ambiental desde los trece años, recibió el Premio Goldman en 2018. Gracias a su activismo, el gobierno colombiano acabó con[b] la minería[c] ilegal en La Toma, tierras ancestrales de una comunidad afrocolombiana. La minería causa graves problemas por el uso de toneladas[d] de mercurio que contaminan el agua de ríos y lagos.

Panamá tiene una riqueza[e] natural increíble. Allí la organización *Caminando Panamá* protege[f] y rehabilita senderos[g] para motivar a la gente a conocer y a disfrutar de[h] las áreas naturales del país. El presidente de esta organización dice que su pasión principal es reconectar a la gente con la naturaleza. La idea es que, cuando una persona hace senderismo, descubre los atractivos naturales de su país y luego los protege.

[a]medio... *environment* [b]acabó... *eradicated* [c]*mining* [d]*tons* [e]*wealth* [f]*protects* [g]*paths* [h]disfrutar... *enjoy*

El vecindario y los lugares

Lee *Gramática 7.3*

¿Sabes dónde están estos lugares en tu ciudad?

la biblioteca

el cine

la discoteca

la escuela

la iglesia

la gasolinera

la oficina de correos

la peluquería

la panadería

el mercado al aire libre

Cultura *El canal de Panamá*

Dr. Edwin P. Ewing, Jr./CDC

Una de las grandes obras de ingeniería del siglo XX, el Canal de Panamá, permite la navegación del mar Caribe (océano Atlántico) al océano Pacífico. Antes los barcos tenían que[a] navegar al sur —un viaje de 7.900 millas —y darle la vuelta a[b] la América del Sur para pasar de un océano a otro. El canal hizo posible el tránsito de barcos grandes. El francés Ferdinand de Lesseps empezó la construcción del canal, pero fracasó.[c] En 1903 Panamá se separó de Colombia y en 1904 una compañía de Estados Unidos continuó el proyecto. El canal se abrió al tráfico marítimo en 1914. En 1999 el control del canal pasó de Estados Unidos a Panamá. La ampliación para el tránsito de barcos más grandes se terminó en 2016.

[a]tenían... *had to* [b]darle... *go around* [c]*failed*

Actividad 4 Las actividades y los lugares

¿Para qué vamos a estos lugares? Empareja cada lugar con la actividad correspondiente.

MODELOS: el parque →
Vamos al parque *para pasear y merendar con nuestros amigos.*
la biblioteca →
Vamos a la biblioteca *para leer, sacar libros y estudiar.*

LUGAR

1. ___ el cine
2. ___ la playa
3. ___ el supermercado
4. ___ la panadería
5. ___ el museo
6. ___ la iglesia
7. ___ la oficina de correos
8. ___ el hospital
9. ___ el centro comercial
10. ___ el aeropuerto
11. ___ el gimnasio
12. ___ la discoteca
13. ___ la gasolinera
14. ___ el restaurante
15. ___ el banco

ACTIVIDADES

a. bailar y conversar
b. sacar o depositar dinero
c. comprar estampillas y mandar cartas o paquetes
d. participar en una ceremonia religiosa
e. ver una película
f. tomar el sol y nadar
g. desayunar, almorzar o cenar
h. ponerle gasolina al carro
i. recibir atención médica
j. comprar pan o pasteles
k. pasear o ir de compras
l. salir de viaje o recibir a alguna persona
m. hacer ejercicio
n. comprar comida, frutas y bebidas
ñ. ver las exhibiciones de arte

¿Saben si hay una librería cerca de aquí?
Sí, sé que hay una librería en la Calle Mayor, pero no sé a qué hora cierra.
Cierra a las ocho de la noche. Yo conozco a los dueños. Son muy simpáticos.

Paul Bradbury/Caiaimage/Glow Images

Actividad 5 ¿Sabes dónde está... ?

Escucha a tu profesor(a) y di el número del plano que corresponde a estos lugares en el centro de una ciudad caribeña en Colombia.

Vocabulario

está	**cerca de**
a la derecha de	**delante de**
a la izquierda de	**detrás de**
adentro de	**en medio de**
afuera de	**encima de**
al lado de	**enfrente de**
alrededor de	**entre**
arriba de	**lejos de**

COMPARISONS COMMUNITIES

Lengua *Las abreviaturas*

Vas a ver estas abreviaturas en muchas ciudades hispanas y también en las direcciones. Busca ejemplos en Internet para mostrarlos en clase.

Avda.	avenida
C/	calle
No. / nº / Núm.	número
apto.	apartamento
dpto.	departamento (*Méx.*)
ZP	zona postal
CP	código postal

¿Saben dónde está... ?

la Gasolinera ColGas _______

el Hotel Cartagena de Indias _______

el CiberCafé _______

la Peluquería La Estrella _______

el edificio del Gobierno _______

la Farmacia Familiar _______

el Museo Nacional _______

la Biblioteca Municipal _______

El centro de la ciudad

Hablando de la casa y el vecindario

«CUADRADOS Y ÁNGULOS°», DE ALFONSINA STORNI

Cuadrados... *Squares and Angles*

Alfonsina Storni (1892–1938) es una poeta argentina muy famosa. En «Cuadrados y ángulos», poema de su libro *El dulce daño*[a] (1918), Storni critica un lugar donde todo —las casas, la gente— tiene la misma forma. ¿Es así el barrio donde tú vives? ¿O hay edificios y personas diferentes?

Cuadrados y ángulos
Casas enfiladas,[b] casas enfiladas, casas enfiladas.
Cuadrados, cuadrados, cuadrados.
Casas enfiladas.
Las gentes ya tienen el alma cuadrada,[c]
ideas en fila[d]
y ángulos en la espalda.
Yo misma he vertido ayer una lágrima,[e]
Dios mío, cuadrada.[f]

Ahora escribe tú un poema sobre las casas de tu barrio. Por ejemplo, ¿son grandes, pequeñas, feas, bonitas, nuevas, viejas? Describe también otros lugares en tu vecindario.

[a]dulce... *Sweet Injury* [b]*in a row* [c]el... *square souls* [d]en... *in a line*
[e]Yo... *I myself shed a tear yesterday* [f]Dios... *my God, (my tear was) square*

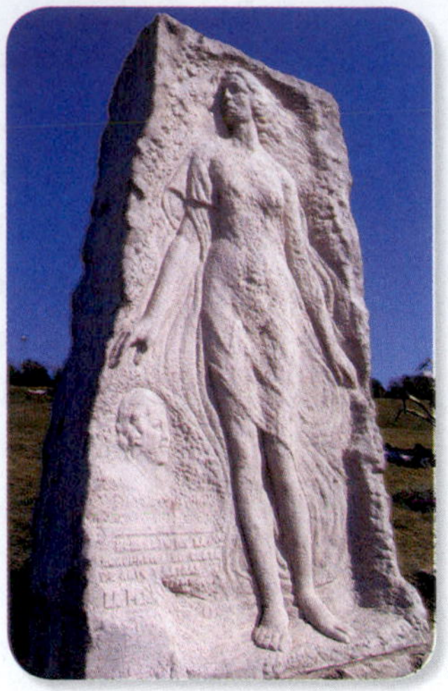
Silvina Parma/Getty Images

Estatua dedicada a Alfonsina Storni en Mar del Plata, Argentina

Actividad 6 Los lugares en tu ciudad

Conversa con tu compañero/a.

1. ¿Hay un parque en tu ciudad o pueblo? ¿Sabes cómo se llama?
2. ¿Sabes nadar? ¿Nadas bien o mal? ¿Hay una piscina pública cerca de tu casa o apartamento? ¿Nadas allí con frecuencia? ¿Sabes a qué hora abre la piscina? Y ¿a qué hora cierra?
3. ¿Hay buenos restaurantes en el centro de tu ciudad o pueblo? ¿Hay uno cerca de tu casa? ¿Sabes si preparan buena comida? ¿Conoces a los meseros? ¿Sabes a qué hora cierra ese restaurante?
4. ¿Sabes el nombre de una escuela cerca de tu casa o apartamento? ¿Conoces a un maestro o a una maestra de esa escuela? ¿Conoces a algún estudiante de esa escuela?
5. ¿Sabes dónde hay un hospital cerca de tu barrio? ¿Conoces a algunas personas que trabajan allí?

Barna Tanko/Getty Images

Una calle de Cartagena de Indias

Las actividades y los quehaceres

¿Qué tienen que hacer estas personas?

Rodrigo **tiene que** lavar los platos. ¡Hay muchos porque no le gusta este quehacer!

Lucía **necesita** sacar la basura.

Sebastián **tiene que** pasar la aspiradora. ¡El piso está muy sucio! Y Daniel, su compañero, **debe** desempolvar los muebles.

Jorge **debe** limpiar el piso. Es un problema, ¡no le gusta hacerlo!

Fátima **necesita** apagar el televisor y las luces antes de salir.

Radamés **va a limpiar** el baño. Es muy necesario, pero él no **tiene ganas**.

Ariel Skelley/Getty Images

La madre y su hija **tienen que** hacer galletitas para la fiesta.

Hero Images/Getty Images

La niña **debe** estudiar, pero prefiere mirar a otros estudiantes.

Lengua *Refranes*

Todos los idiomas tienen expresiones coloquiales (*sayings*). En español, se llaman **refranes** (*sing.* **refrán**). Mira el siguiente refrán, que habla de una escoba (*broom*).

«Escoba nueva siempre barre bien.»

¿Qué significa (*mean*) este refrán, posiblemente? ¿Hay una expresión similar en inglés?

Actividad 7 Actividades en casa

¿Qué hacemos en casa? Pregúntale a tu compañero/a.

MODELO: **E1:** ¿Qué hacemos en *la cocina?*
E2: En la cocina *cocinamos*.
E1: Sí, y a veces *comemos y conversamos*.

Vocabulario

Lugares posibles

el baño
la cocina
el comedor
el dormitorio
el garaje
el jardín
el patio
la sala
el sótano

Actividades posibles

barrer
cenar
comer
conversar con amigos
darles de comer a las mascotas
desempolvar
dormir
ducharse
estudiar
guardar objetos y muebles viejos
hablar por teléfono
hacer la tarea
jugar a las cartas
jugar juegos de mesa
lavar los platos
lavarse el pelo
leer
limpiar
mirar la televisión
pasar la aspiradora
planchar
poner la mesa
preparar la cena
regar las plantas
tender las camas
tomar un café o un refresco
trabajar en línea

¿Recuerdas?

In **Capítulo 6** you learned about verbs that express obligation: **tener que, necesitar,** and **deber.** Try using those verbs with some of the **Actividades posibles.**

E1: ¿Qué **tenemos que** hacer en la cocina?
E2: En la cocina **tenemos que** lavar los platos.

Actividad 8 ¡Qué desorden!

Este es el cuarto de Radamés. ¡El lugar está muy desordenado! Con tu compañero/a, decidan qué debe hacer Radamés para arreglar su cuarto.

MODELO: Él debe guardar la ropa y necesita apagar el televisor. También tiene que ___.

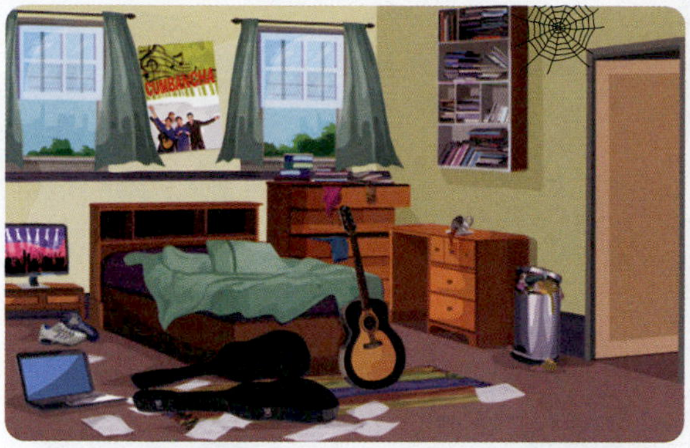

Actividad 9 Los quehaceres y las actividades divertidas

Conversa con tu compañero/a.

1. ¿Vives en una residencia estudiantil (de estudiantes), en una casa o en un apartamento? ¿Tienes tu propio dormitorio o compartes tu dormitorio con alguien?
2. ¿Cuáles son tus obligaciones en el lugar donde vives? Por ejemplo, ¿tienes que cocinar, lavar los platos, barrer o pasar la aspiradora? ¿Debes darles de comer a las mascotas o cortar el césped?
3. De todos los quehaceres, ¿cuál te gusta más y cuál te gusta menos?
4. ¿Tienes lavadora en tu casa o vas a una lavandería automática para lavar tu ropa?
5. ¿Qué aspecto de tu casa o apartamento te gusta más (por ejemplo, el tamaño del lugar [grande/pequeño], el color, los cuartos, el jardín, si tiene buena iluminación, si tiene piscina, etcétera)? ¿Por qué?
6. ¿Qué te gusta hacer en tu casa o apartamento para divertirte? ¿Te gusta leer? ¿jugar videojuegos? ¿ver videos en Internet? ¿invitar a tus amigos a comer o a escuchar música? ¿mirar televisión? ¿dar fiestas?

Ayer no saqué la basura. ¡Hay que sacarla todos los días!

John Howard/Lifesize/Getty Images

Actividades en casa y en otros lugares

Lee *Gramática 7.4*

¿De qué hablan estas personas?

Claudia y la profesora Johnson-Muñoz hablan del fin de semana.

Claudia

Profesora Johnson-Muñoz

1. —¿**Vio** usted la televisión este fin de semana?

   —Sí, **vi** las noticias con mi esposo.

2. —¿**Escribió** muchos exámenes?

   —Bueno, ¡no muchos! **Escribí** dos anoche.

3. —¿**Visitó** a sus amigos este fin de semana?

   —**Visité** a mis nuevos vecinos; son de Argentina.

Eloy y Claudia hablan del fin de semana.

Claudia

Eloy

1. —¿**Estudiaste** mucho el fin de semana?

   —¡Claro que sí! **Estudié** para un examen de economía.

2. —¿**Limpiaste** tu apartamento el sábado?

   —Pues sí, **limpié** la sala y mi cuarto.

3. —¿**Saliste** a comer en algún restaurante?

   —¡Sí! **Almorcé** en un restaurante cerca de mi apartamento.

Actividad 10 Las actividades recientes

A. Pon las actividades en orden cronológico. Usa **primero, luego, más tarde, después** y **por último.**

1. Esta mañana (yo)...
   - **a.** me lavé el pelo.
   - **b.** desayuné.
   - **c.** me desperté.
   - **d.** corrí dos millas.
   - **e.** ¿ ?
2. Ayer por la tarde (yo)...
   - **a.** volví a casa.
   - **b.** asistí a una clase.
   - **c.** preparé el almuerzo.
   - **d.** salí para el trabajo.
   - **e.** ¿ ?
3. Anoche, antes de acostarme, (yo)...
   - **a.** vi la televisión.
   - **b.** cené.
   - **c.** lavé los platos.
   - **d.** cociné
   - **e.** ¿ ?

B. Ahora conversa con tu compañero/a.

1. ¿Fuiste (*Did you go*) al cine el fin de semana pasado? ¿Qué película viste? ¿Te gustó?
2. ¿Trabajaste ayer? ¿A qué hora volviste a casa?
3. ¿A qué hora saliste para la universidad esta mañana? ¿A qué hora llegaste?

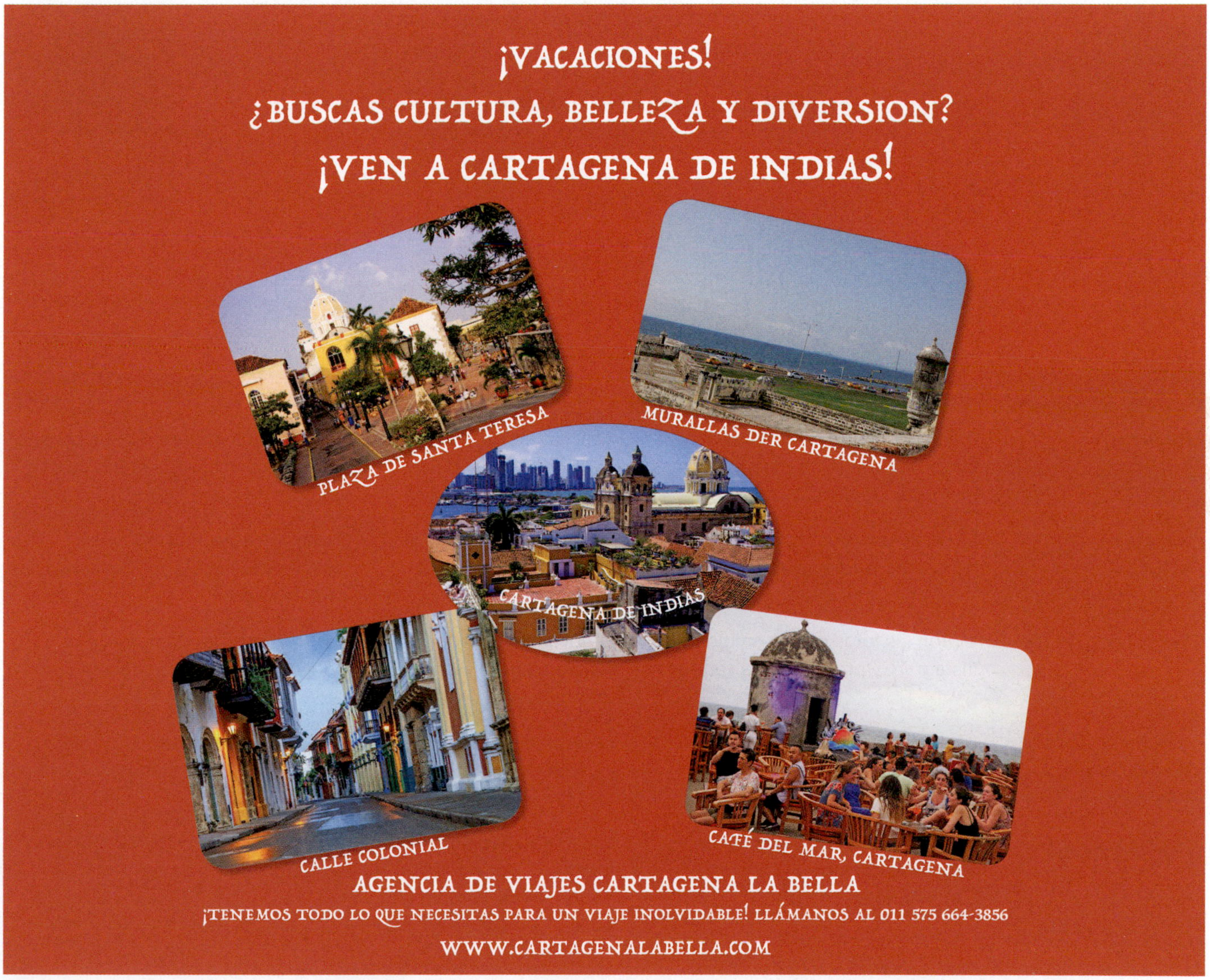

¡VACACIONES!
¿BUSCAS CULTURA, BELLEZA Y DIVERSION?
¡VEN A CARTAGENA DE INDIAS!
PLAZA DE SANTA TERESA
MURALLAS DER CARTAGENA
CARTAGENA DE INDIAS
CALLE COLONIAL
CAFÉ DEL MAR, CARTAGENA
AGENCIA DE VIAJES CARTAGENA LA BELLA
¡TENEMOS TODO LO QUE NECESITAS PARA UN VIAJE INOLVIDABLE! LLÁMANOS AL 011 575 664-3856
WWW.CARTAGENALABELLA.COM

Photo Credit: Top Left: Radius/SuperStock; Top Right: Jessica Byrne; Middle: Jordan Adkins/Shutterstock; Bottom Left: rocharibeiro/Shutterstock; Bottom Right: SOULARUE/Hemis.fr/Alamy Stock Photo

Cultura *El Carnaval*

Imagina una fiesta con **miles** de personas. El lugar de esta fiesta es una ciudad **entera**, sus calles, casas, parques y plazas. Hay música y baile, desfiles, **carrozas** y disfraces de muchos colores. Así es el carnaval, la festividad más popular en muchos países de América Latina. El carnaval de Barranquilla, Colombia, es uno de los más famosos, **junto con** los carnavales de Panamá y de Oruro, en Bolivia.

Luis Acosta/AFP/Getty Images

El Carnaval de Barranquilla

Actividad 11 Las actividades del fin de semana

Aquí tienes algunas de las actividades del fin de semana pasado de Radamés, Marcela, Sebastián, don Rafael y Rodrigo. Coméntalas con tu compañero/a.

MODELOS: **E1:** ¿Quiénes *compraron comida el domingo*?
E2: *Sebastián y Daniel.*

E1: ¿Cuándo *sacaron fotos don Rafael y doña Ignacia?*
E2: *El domingo.*

E1: ¿Qué hizo *Marcela el sábado*?
E2: *Desayunó con su familia y charló con su esposo.*

Cultura Don y doña

Las palabras **don** y **doña** se usan con personas mayores, por respeto, por ejemplo, **don** Rafael, que tiene ochenta años, y **doña** Ignacia, que tiene sesenta y cuatro años.

Nombre	el viernes	el sábado	el domingo
Radamés	Practicó guitarra y escribió una canción. Estudió un poco y leyó sus mensajes de texto.	Almorzó con su novia. Tocó la guitarra en una fiesta. Se acostó tarde.	Texteó a sus padres. Salió a cenar con su novia y los miembros de su grupo.
Marcela	Nadó en una piscina. Jugó con sus hijos. Miró la televisión.	Desayunó con su familia. Charló con su esposo.	Visitó a sus vecinos. Vio a sus amigos por FaceTime. Descansó toda la tarde.
Sebastián y Daniel	Vieron las fotos de sus amigos en Instagram y prepararon la cena.	Se levantaron tarde y salieron a bailar con un grupo de amigos.	Lavaron la ropa. Compraron comida y vieron una película.
don Rafael y doña Ignacia (abuelos de Franklin)	Le escribieron una carta a Franklin y cenaron con sus amigos.	Leyeron el periódico y jugaron al dominó.	Asistieron a misa y sacaron fotos en el parque.
Rodrigo	Fue (*He went*) al cine con una amiga. Le compró un regalo de cumpleaños a su hijo.	Llamó a su hijo por teléfono y conversó con él por una hora. Estudió un poco.	Durmió hasta muy tarde. Jugó al ráquetbol por la tarde.

Actividad 12 El fin de semana de Rodrigo

Esto es lo que hizo Rodrigo Yassín Lara el fin de semana pasado. Primero escucha la narración que hace tu profesor(a). Luego, narra las actividades de Rodrigo en tus propias palabras.

Nuestra gente

Háblanos de tu carrera de artista.

Luis Fernando Molina

Luis Fernando Molina, artista colombiano e ilustrador de *El mensaje de Yaria*.

Llegué a los Estados Unidos en 1978, recién graduado del bachillerato.[a] Decidí seguir la carrera de mis sueños, el arte. Mi madre es pintora y yo heredé[b] su talento. Prefiero un arte pictórico, filosófico, nunca abstracto; un arte más representativo. En Colombia los padres empujan[c] a sus hijos a escoger profesiones que la sociedad valora. El país no tiene lugar para tantos profesionales. Como resultado, hay gente con carrera trabajando de taxistas, cajeros y meseros, por ejemplo.

Mi arte se define por mi madre. Y mi padre siempre se preocupó por la parte económica de mi profesión. Él es médico, pero (él) nunca me prohibió ser artista. Me dijo: el trabajo de pintor no se paga bien, pero uno no puede negar[d] la vocación. Me apoyó[e] para escoger el arte comercial. Me explicó: el arte comercial produce plata[f] y uno puede ganarse la vida.[g] ¡Gracias a mis padres, puedo ganarme la vida y continuar con mi arte creativo también!

[a]*high school* [b]*inherited* [c]*push* [d]*deny* [e]Me... *He supported me* [f]dinero [g]ganarse... *earn a living*

Exprésate

ESCRÍBELO TÚ

La casa ideal

Imagínate que puedes comprar la casa ideal. Describe bien la casa y el vecindario. ¿Dónde está la casa? ¿Cómo es el vecindario? ¿Qué lugares importantes hay en el vecindario? ¿La casa tiene jardín enfrente? ¿Cuántos pisos tiene? Describe los cuartos: ¿Cómo es la cocina? ¿Qué aparatos tiene? ¿La sala es grande? ¿pequeña? ¿espaciosa? ¿Cuántos dormitorios hay? ¿Cómo son los dormitorios? ¿Hay desván o sótano? ¿Hay más de un baño? ¿Tu casa ideal tiene terraza? ¿Tiene patio o jardín atrás? ¿Tiene cancha de tenis? ¿piscina? ¿Qué más hay en tu casa ideal? Incluye todos los detalles importantes. ¡Sueña en grande!

CUÉNTANOS

Tu cuarto o lugar favorito

Cuéntanos sobre un cuarto o lugar favorito en tu casa. ¿Cómo es? ¿Es un lugar tranquilo o de mucha actividad? ¿Prefieres estar en ese lugar solo/a, con un amigo / una amiga o con muchas personas? ¿Qué haces cuando estás allí? ¿Duermes? ¿Escuchas música? ¿Lees? ¿Miras la televisión? ¿Juegas videojuegos? Si no tienes un lugar favorito en tu casa, imagínate ese lugar y luego descríbelo en detalle. ¡Los detalles son importantes!

Cultura

Mundopedia

Los afrodescendientes en Colombia y Panamá

Colombia y Panamá son países multiculturales. En ellos coexisten varias culturas. Además de los habitantes originales –los indígenas–, allí también viven los descendientes de los conquistadores y los descendientes de los africanos. Las contribuciones de este último grupo, los afrodescendientes, **enriquecen** la cultura de Colombia, de Panamá y de muchos otros países latinoamericanos.

LOS AFROCOLOMBIANOS: PALENQUEROS Y RAIZALES

Muchos esclavos africanos que escaparon de los **barcos** o de las plantaciones se refugiaron con los indígenas en lugares inaccesibles en la costa del Pacífico para ser **libres**. Estos lugares se llaman **palenques**; uno muy conocido y el primer palenque es el Palenque de San Basilio. La cultura de los palenqueros es interesante, especialmente su idioma. Otro grupo étnico interesante es el raizal, del archipiélago de San Andrés, Providencia y Santa Catalina. Los primeros esclavos, provenientes de diferentes regiones y tribus de África, llegaron allí en 1629 en barcos ingleses. Aunque viven en islas de Colombia, se identifican con su historia angloafricana, su idioma y su religión bautista.

andresr/E+/Getty Images

Palenqueras vendiendo fruta

LOS IDIOMAS

Hay dos idiomas **criollos** en Colombia que se originaron en las comunidades de africanos. Los habitantes del Palenque de San Basilio crearon el palenquero, un idioma basado en el español con palabras de idiomas africanos y del portugués. Actualmente su idioma es un símbolo de resistencia cultural. El otro grupo étnico, el raizal, habla el criollo sanandresano, que es una lengua criolla similar a la que hablan los descendientes de los esclavos en Nicaragua, Costa Rica y Panamá. Como los palenqueros, los raizales **venían** de varias regiones de África y también inventaron una nueva lengua por necesidad. El criollo sanandresano tiene vocabulario originado en el inglés, con un siete a diez por ciento del castellano y de lenguas africanas.

LOS AFROPANAMEÑOS

Los afropanameños son los descendientes de los africanos y de los **afroantillanos**. Los africanos llegaron a Panamá como esclavos durante la colonización; los afroantillanos llegaron como trabajadores libres durante los siglos XIX y XX para la construcción del ferrocarril y la construcción del Canal. Los afropanameños son el veinte por ciento de la población, pero hoy la mayoría es mestiza. Durante el período colonial, muchos africanos escaparon y, como los afrocolombianos, formaron palenques. Entre los grupos que llegaron desde el tiempo de la conquista, **sobresale** el de los Congos. Este grupo tiene una festividad interesante, el Juego Congo. La forma de comunicación utilizada por los Congos es el saludo con los pies y

Vocabulario de consulta

enriquecen	enrich
barcos	ships
libres	free
palenques	protected settlements of runaway slaves
criollos	creole
venían	came
ferrocarril	railroad
afroantillanos	descendants of slaves from the Antilles
sobresale	stands out
al revés	backwards
la yuca	cassava, manioc
el plátano	plantain
el guineo	banana
el coco	coconut

el hablar **al revés**, mezclando castellano, inglés, francés y portugués. Esa manera de hablar les permitió comunicar sus planes de rebelarse y de escapar durante la época colonial.

Luis Acosta/AFP/Getty Images

Congos y diablos, baile tradicional de los Congos

LA MÚSICA Y LA COMIDA

Los afrodescendientes en Colombia y en Panamá contribuyeron a la base rítmica de la música de estos dos países y trajeron instrumentos importantes, como varios tipos de tambores. En Colombia, con los indígenas, crearon la cumbia, un ritmo musical y baile folclórico popular en toda América Latina y en España. La comida de los afrodescendientes es también muy conocida. Ambos grupos usan ingredientes similares a los de África, como **la yuca**, **el plátano**, **el guineo**, y **el coco**. Estos grupos hicieron contribuciones importantes –especialmente en la lengua, la música y la cocina– a las culturas de Colombia y Panamá. Como puedes ver, la creatividad de los afrocolombianos y los afropanameños es de verdad impresionante.

COMPRENSIÓN

1. ¿Cómo se llaman los lugares donde se refugiaron los esclavos que escaparon de los barcos?
2. ¿Para qué crearon los palenques los esclavos?
3. Los raizales se identifican con su historia angloafricana, pero ¿en qué país viven?
4. ¿Cuáles son los dos idiomas que crearon los esclavos en Colombia?
5. Además de servir para comunicarse, la manera de hablar de los Congos y los idiomas criollos sirvieron para otro objetivo importante, ¿cuál?
6. ¿En qué campos contribuyeron los esclavos y sus descendientes a las culturas de Colombia y Panamá?

Palabras regionales: Colombia		Palabras regionales: Panamá	
a la guachapanga	carelessly	**acabangado/a**	**triste, nostálgico**
miti y miti	evenly, fairly	**guapachoso/a**	**alegre**
peye	**de mal gusto**	**la lana**	**dinero**

CULTURES CONNECTIONS

CONEXIÓN CULTURAL

LOS GUNA, GENTE DE ORO

Los guna son miembros de una población indígena en Panamá y Colombia. Tienen su propio idioma, que ellos llaman *dulegaya* (significa **lengua del pueblo**). Para referirse a sí mismos,[a] los guna usan la palabra *dule*. Por ejemplo, *andule* quiere decir **yo.** Más de 50.000 personas hablan la lengua guna. Para estos amerindios* es muy importante la danza y la música. Se consideran *olo tule* (**gente de oro**) y se ven como parte fundamental de la naturaleza.[b] Lee la lectura «Los guna, gente de oro» en el *Cuaderno de actividades* o en Connect y ¡descubre esta comunidad!

[a]sí... *themselves* [b]*nature*

Barry Barker/McGraw Hill

Una mujer guna toca la zampoña, un tipo de flauta.

*Los amerindios son los primeros habitantes de las Américas.

EL MENSAJE DE YARIA Episodio 7: En la hierba

Videoteca

Amigos sin Fronteras

Episodio 7: Hogar, dulce hogar

Klic Video Productions/McGraw Hill

Klic Video Productions/McGraw Hill

Klic Video Productions/McGraw Hill

Resumen

Claudia se prepara para andar en bicicleta con Nayeli. Las dos amigas dan un largo paseo. Seis horas después, cuando Claudia regresa a su casa, ¡descubre que no tiene las llaves (*keys*)! Ana Sofía llega y las dos hablan de todos los lugares que Claudia visitó ese día: un parque, el correo, un café. Por fin Ana Sofía encuentra las llaves de Claudia…

Mi país COLOMBIA Y PANAMÁ

Resumen

Rodrigo nos habla de Colombia y de Panamá. Menciona varias ciudades de Colombia, como Bogotá y Cartagena, y sus lugares interesantes. De Panamá menciona la capital y dice que tiene una atmósfera internacional y una parte histórica. Comenta que hay catorce parques nacionales y habla también de los indígenas guna.

Bruno Morandi/robertharding/Getty Images

Algunas indígenas guna de Panamá

Ulf Andersen/Getty Images

El escritor colombiano Gabriel García Márquez

Los actores hablan

Klic Video Productions/McGraw Hill

Klic Video Productions/McGraw Hill

Preguntas

¿Qué hay en tu apartamento / tu casa?

¿Qué comiste la última vez que fuiste a un restaurante?

Gramática

7.1 Comparisons of Inequality: más/menos

A. Use the words **más... que** (*more . . . than*) and **menos... que** (*less/fewer . . . than*) to make unequal comparisons in Spanish. English often uses pairs of adjectives with the ending *-er* (for example, *taller/shorter, bigger/smaller*) in such comparisons, but Spanish uses **más/menos** + adjective + **que**.

Radamés es **más** alto **que** Jorge.	*Radamés is taller than Jorge.*
Nayeli es **menos** seria **que** Ana Sofía.	*Nayeli is less serious than Ana Sofía.*
La casa de mis padres es **más** grande **que** mi apartamento.	*My parents' house is bigger than my apartment.*
Estos zapatos son **menos** cómodos **que** los otros.	*These shoes are less comfortable than the other ones.*

The words **más/menos** can also be followed by a noun.

Yo tengo **más** experiencia **que** Eloy.	*I have more experience than Eloy (does).*
Franklin hace **menos** preguntas **que** Estefanía.	*Franklin asks fewer questions than Estefanía (does).*

más/menos + *adjective* + **que**

La lavadora es **más cara que** la cafetera.

más/menos + *noun* + **que**

Franklin tiene **menos tiempo que** Estefanía.

To compare actions (of people or things), you can place **más/menos que** after a verb.

Camila viaja **más que** Fátima.	*Camila travels more than Fátima (does).*
Este suéter cuesta **menos que** el otro.	*This sweater costs less than the other one (does).*

B. To single out a member of a group as *the most* or *the least*, add an article **(el/la/los/las)** to the construction **más/menos** + *adjective*: **el más gordo** (the *fattest* [*one*]), **las menos caras** (the *least expensive* [ones]). This construction is called the superlative **(el superlativo)** and is the equivalent of English expressions using *the least/most* + *adjective* or adding the ending *-est* to an adjective: *the biggest* (*one*) **(la más grande)**, *the least useful* (*ones*) **(los menos útiles).** Note that to express *of/in* + (group), Spanish uses **de.**

Hablando de Claudia, Xiomara, y Camila, Xiomara es **la más** simpática **de** las tres.	*Speaking of Claudia, Xiomara, and Camila, Xiomara is the nicest of the three.*
Estas son **las** casas **más** modernas **del** vecindario.	*These are the most modern houses in the neighborhood.*
Aquí tiene usted **el** cuarto **más** grande **de** la casa.	*Here you have the largest room in the house.*

El superlativo

el/la/los/las (+ *noun*) + **más/menos** + *adjective* + **de**

El dormitorio es **el** (cuarto) **menos** frío **de** la casa.

Ana Sofía es **la** (chica) **más** simpática **de** su familia.

Estos carros son **los** (carros) **menos** viejos **de** su vecindario.

Estas casas son **las** (casas) **más** coloridas **de** la calle.

C. There are special comparative and superlative forms for **bueno** and **malo.**

bueno (*good*) → **mejor** (*better*)	el/la mejor (*the best* [*one*]), los/las mejores (*the best* [ones])
malo (*bad*) → **peor** (*worse*)	el/la peor *(the worst* [*one*]), los/las peores (*the worst* [ones])
No hay nada **peor** que el ruido de los coches cuando uno quiere dormir.	*There is nothing worse than traffic noise when you want to sleep.*
En mi opinión, la cocina es **el mejor** cuarto de la casa.	*In my opinion, the kitchen is the best room in the house.*
Todas las películas de *Star Trek* son buenas, pero la última es **la mejor.**	*All of the* Star Trek *movies are good, but the last one is the best* (*one*).

D. There are special forms used to compare ages in Spanish.

joven (*young*) → **menor** (*younger*)	**el/la menor** (*the youngest* [*one*]), **los/las menores** (the *youngest* [ones])
viejo (*old*) → **mayor** (*older*)	**el/la mayor** (the *oldest* [*one*]), **los/las mayores** (the *oldest* [ones])
Mi hermano **mayor** se llama Eduardo y mi hermana **menor** se llama Patricia.	*My older brother's name is Eduardo, and my younger sister's is Patricia.*
Roberto es **el mayor** de todos nuestros primos.	*Roberto is the oldest of all of our cousins.*

Ejercicio 1

Haz comparaciones usando el verbo entre paréntesis y **más/menos que.**

MODELO: El sofá cuesta $550. El sofá-cama cuesta $800. **(cuesta)** → El sofá-cama cuesta *más que* el sofá. / El sofá cuesta *menos que* el sofá-cama.

1. La mesa pesa (*weighs*) veinticinco kilos. El sillón pesa cuarenta y ocho. **(pesa)**
2. En mi casa viven ocho personas. En la casa de los vecinos viven cinco. **(viven)**
3. La casa de los Chen tiene cuatro dormitorios. La casa de sus vecinos tiene dos. **(tiene)**
4. En el patio de mis abuelos hay tres árboles. En nuestro patio hay cinco. **(hay)**
5. Eloy tiene dos perros. Omar tiene un perro. **(tiene)**

Ejercicio 2

Usa **mejor, peor, mayor, menor** o **el/la más... de todos/as** para hacer comparaciones / usar superlativos y expresar tu opinión.

MODELOS: el Volkswagen™; el Jaguar™ **(mejor)** → (En mi opinión,) *El Jaguar es mejor que el Volkswagen. / El Volkswagen es mejor que el Jaguar.*
el Mercedes-Benz™; el Porsche™; el Kia™ **(barato)** → (En mi opinión,) *El Kia es el más barato de todos.*

1. vivir en un barrio residencial; vivir en el centro de la ciudad **(peor)**
2. vivir en una casa; vivir en un apartamento **(mejor)**
3. un ventilador; un microondas; un refrigerador **(útil)**
4. Mi hermano Eduardo tiene veinticuatro años. Mi hermana Patricia tiene dieciséis. **(mayor)**
5. Mi hijo tiene seis meses. Tu hija tiene un año. **(menor)**
6. un iPad™ que cuesta $599; un iPhone que cuesta $1.099,99; un reloj Apple™ serie 6 que cuesta $399.00 **(caro)**

7.2 Comparisons of Equality: tan/tanto

A. When stating that qualities are (or are not) equal or identical (*as pretty as / not as pretty as*), use **(no) ser tan** + *adjective* + **como. Tan** never changes form in comparisons or contrasts of qualities.

Antonella es **tan** inteligente **como** Camila.	*Antonella is as intelligent as Camila.*
Nayeli **no** es **tan** alta **como** Claudia.	*Nayeli is not as tall as Claudia.*

To compare the quantity/quality of one action with another (expressing *as much as*), use **(no)** + *verb* + **tanto como.**

Rodrigo estudia **tanto como** Jorge.	*Rodrigo studies as much as Jorge (does).*
Sebastián **no** come **tanto como** Daniel.	*Sebastián doesn't eat as much as Daniel (does).*

B. When equating quantities (as *much/many as*), use **tanto/a/os/as... como,** where **tanto/a/os/as** agrees with the noun that follows.

Rodrigo no tiene **tanta tarea como** su hermano.	*Rodrigo doesn't have as much homework as his brother.*
Ustedes tienen **tantos amigos** de Facebook **como** nosotros.	*You (pl.) have as many Facebook friends as we do.*

tan + *adjective* + **como**
Antonella (no) es **tan** inteligente **como** Camila.
tanto/a/os/as + *noun* + **como**
Mi hermana (no) tiene **tantos** amigos **como** yo.
verb + **tanto como**
Rodrigo (no) lee **tanto como** Jorge.

Cultura ***Atracciones en Colombia***

Si visitas Cartagena, en Colombia, vas a encontrar la **Calle de los Estribos** en el centro de la ciudad. En Cali debes pasear por el **Parque del Perro.** Y si vas a Bogotá, visita el **Parque San Cristóbal,** que tiene grandes estatuas de animales. ¡Son lugares muy pintorescos!

Ejercicio 3

Haz comparaciones usando el adjetivo entre paréntesis y **(no) tan... como,** según el modelo.

MODELO: El Parque San Cristóbal es muy grande. El Parque del Perro es pequeño. **(grande)** →
El Parque del Perro *no* es *tan grande como* el Parque San Cristóbal.

1. La piscina de la familia Montes es muy bonita. La piscina de la familia Lugo es muy bonita también. **(bonita)**
2. El edificio de la Avenida de la Media Luna tiene seis pisos. El edificio nuevo de la Avenida de Bolívar tiene diez. **(alto)**
3. La lavandería nueva de la Calle de los Estribos es muy limpia. La lavandería vieja de la Avenida Almendros no es muy limpia. **(limpia)**
4. Los condominios Vista del Mar son muy modernos. Los condominios La Estrella tienen ya veinte años. **(modernos)**

Ejercicio 4

Haz comparaciones usando **(no) tantos/as... como.**

MODELO: Mi casa tiene dos dormitorios. Su casa tiene cuatro. →
Mi casa *no* tiene *tantos* dormitorios *como* su casa.

1. La sala de nuestra casa tiene cuatro lámparas. La sala de su casa tiene solo dos lámparas.
2. La casa de los Rozo tiene tres cuartos. La casa de los Londoño tiene dos cuartos.
3. La casa de mis padres tiene dos baños. La casa de los vecinos también tiene dos baños.
4. El patio de la señora Márquez tiene muchas flores y plantas. El patio del señor Londoño tiene pocas flores y plantas.

7.3 Knowing People, Places, and Facts: conocer and saber

Conocer (*To know*) is used in the sense of *to be acquainted* or *familiar with;* it is normally used with people and places. **Saber** (*To know*) is used in the sense of *to know facts, information*, or, when followed by an infinitive, *to know how to* (*do something*). Here are the present-tense forms of **conocer** and **saber.**

	conocer	**saber**	
(yo)	cono**zc**o	s**é**	*I know*
(tú*)	conoces	sabes	*you* (*fam. sing.*) *know*
usted, él/ella	conoce	sabe	*you* (*pol. sing.*) *know; he/she knows*
(nosotros/as)	conocemos	sabemos	*we know*
(vosotros/as)	conocéis	sabéis	*you* (*fam. pl., Sp.*) *know*
ustedes, ellos/ellas	conocen	saben	*you* (*pol. pl.*) *know; they know*

—¿**Conoces** muy bien la Ciudad de México? — *Do you know Mexico City well?*

—Todavía no. — *Not yet.*

—¿**Conoces** a Juan Fernando Chen? — *Do you know Juan Fernando Chen?*

—Sí, lo **conozco,** y **sé** que vive en Costa Rica. — *Yes, and I know that he lives in Costa Rica.*

—¿Y **sabes** su dirección en Costa Rica? — *And, do you know his address in Costa Rica?*

—No, no la **sé**. — *No, I don't know it.*

—¿**Sabes** nadar? — *Do you know how to swim?*

—No, no **sé** nadar. — *No, I don't know how to swim.*

—¿**Sabes** dónde está el restaurante? — *Do you know where the restaurant is?*

—No, no lo **sé**. — *No, I don't know.*

—¿**Sabes** si hay una biblioteca cerca? — *Do you know if there is a library nearby?*

—Sí, **sé** que hay una en esta zona, pero no **sé** dónde está. — *Yes, I know there is one in this area, but, I don't know where.*

Note that with **conocer,** the preposition **a** precedes a direct object noun when that noun is a person. This use of **a** is called the *personal* **a,** and has no equivalent in English.

—¿**Conoces a** Camila Piatelli? — *Do you know Camila Piatelli?*

—Sí, y **conozco** también **a** su hermana. — *Yes, and I also know her sister.*

—¿Y **conoces** también **a** su amigo Eloy? — *And do you also know her friend Eloy?*

—No, **a** él no lo **conozco.** — *No, I don't know him.*

*Alternative forms for recognition only: **vos conocés, vos sabés**

¿Recuerdas?

Spanish uses two different verbs to express the English verb *to know*. You have already seen and practiced the forms of one of these verbs, **saber,** which is used to indicate *knowing facts or information*. When followed by an infinitive, **saber** expresses the idea *to know how to* (*do something*). Return to **Gramática 6.3** to review **saber** in more detail.

Ejercicio 5

El señor Rafael Londoño llegó la semana pasada a su nueva casa en el Barrio San Fernando de Cali. Completa las preguntas que le hace a su vecino, Imad Yassín, con la forma apropiada de **conocer** o **saber.**

1. ¿_______ usted si hay una farmacia cerca?
2. ¿_______ usted al vecino que se llama Bernardo?
3. ¿_______ usted si hay una piscina pública cerca?
4. ¿_______ usted al director (*principal*) de la escuela que está en la esquina (*corner*)?
5. ¿_______ usted un buen restaurante de comida italiana?
6. ¿_______ usted dónde está el Parque del Perro?
7. ¿_______ usted si hay un cine en el centro comercial?
8. ¿_______ usted cuánto cuesta la entrada al Museo de Arte Moderno?
9. ¿_______ usted a los vecinos del edificio de apartamentos?

7.4 The Preterite Tense of Regular Verbs*

A. The Spanish past tense (preterite), like the present tense, is formed by adding a set of endings to the stem. Here are the preterite endings of the regular verbs **cocinar** (*to cook*), **barrer** (*to sweep*), and **abrir** (*to open*). Note the written accent marks. They tell you where to put the stress when you speak. Also note that the preterite endings for **-er** and **-ir** verbs are the same.

	-ar *verbs:* cocinar	-er *verbs:* barrer	-ir *verbs:* abrir
(yo)	cocin**é**	barr**í**	abr**í**
(tú)[†]	cocin**aste**	barr**iste**	abr**iste**
usted, él/ella	cocin**ó**	barr**ió**	abr**ió**
(nosotros/as)	cocin**amos**	barr**imos**	abr**imos**
(vosotros/as)	cocin**asteis**	barr**isteis**	abr**isteis**
ustedes, ellos/ellas	cocin**aron**	barr**ieron**	abr**ieron**

There are time expressions that often act as clues to help us recognize the preterite. You can use them to talk about the past. Some of these expressions are **ya** (*already*), **esta mañana** (*this morning*), **anoche** (*last night*), **ayer** (*yesterday*), **ayer por la mañana/tarde/noche, anteayer** (*day before yesterday*), **la semana pasada** (*last week*), **el lunes (martes, miércoles,...) pasado, el mes/año pasado.**

—**¿Ya comiste?**	*Did you eat already?*
—Sí, **comí** en casa.	*Yes, I ate at home.*
Hablé con la nueva vecina **ayer**.	*I spoke with the new neighbor yesterday.*
Mi esposa **habló** con su mamá **esta mañana**.	*My wife spoke with her mother this morning.*

*You will learn about the verbs that are irregular in the preterite in **Capítulo 8.**

†Preterite forms for **vos** are the same as for **tú.**

B. There are some clear differences to help you differentiate present and preterite forms. In regular preterites, for example, the stress is always on the final syllable of the **yo** and **usted/él/ella** forms.

Generalmente me levanto a las ocho, pero **ayer me levanté** a las siete. — *Usually I get up at 8:00, but yesterday I got up at 7:00.*

Tú forms in the preterite do not end in **-s.**

Normalmente me llamas por la noche, pero anoche no me **llamaste.** — *Normally you call me at night, but last night you didn't call me.*

Although both present and preterite third-person plural **(ustedes/ellos/ellas)** forms end in **-n,** it is always **-ron** in the preterite.

Por lo general mis padres **salen** poco, pero la semana pasada **salieron** cinco veces. — *Generally my parents go out very little, but last week they went out five times.*

Notice that the present and preterite **nosotros/as** forms for **-er** verbs are different.

Por lo general **comemos** mucha carne, pero ayer **comimos** pescado. — *Usually we eat a lot of meat, but yesterday we ate fish.*

In **-ar** and **-ir** verbs, however, the **nosotros/as** form is the same in the preterite and the present tense **(hoy hablamos, ayer hablamos; hoy escribimos, ayer escribimos).** The context of the sentence clarifies whether the speaker is referring to the present or the past.

Normalmente **salimos** temprano para la universidad, pero ayer **salimos** un poco tarde. — *We normally leave early for the university, but yesterday we left a little late.*

C. If the stem of an **-er/-ir** verb ends in a vowel (such as **le-** from **leer** or **o-** from **oír),** the **i** of the **-ió** and **-ieron** endings changes to **y** in the preterite. Note that the **nosotros** and **vosotros** forms require an accent on the **í.**

leer: leí, leíste, le**y**ó, le**í**mos, le**í**steis, le**y**eron

oír: oí, oíste, o**y**ó, o**í**mos, o**í**steis, o**y**eron

Yo **leí** el libro, pero Jorge no lo **leyó.** — *I read the book, but Jorge didn't read it.*

D. Regular verbs that end in **-car, -gar,** and **-zar** change the spelling of the preterite **yo** form in order to preserve the same sound as the infinitive when an **-é** is added.

buscar (qu): bus**qu**é, buscaste, buscó, buscamos, buscasteis, buscaron

llegar (gu): lle**gu**é, llegaste, llegó, llegamos, llegasteis, llegaron

almorzar (c): almor**c**é, almorzaste, almorzó, almorzamos, almorzasteis, almorzaron

Llegué al centro a las cuatro. — *I arrived downtown at 4:00.*

Ejercicio 6

¿Hiciste estas actividades ayer? Contesta sí o no.

MODELO: trabajar → Sí, *trabajé* siete horas. (No, *no trabajé*.)

1. comprar un móvil
2. comer en un restaurante
3. hablar por teléfono
4. mandar mensajes de texto
5. estudiar por cuatro horas
6. subir fotos a Instagram
7. visitar a un amigo / una amiga
8. correr por la mañana
9. salir a bailar
10. lavar los platos

Ejercicio 7

¿Qué hizo Rodrigo ayer por la mañana? Ordena las actividades (1–9) de la forma más lógica.

______ Lavó los platos del desayuno y leyó las noticias en línea.
______ Llegó a la universidad a las ocho y media.
______ Desayunó cereal con leche y fruta.
______ Antes de desayunar, se bañó.
______ Asistió a su primera clase a las diez.
______ Estudió para su primera clase en la biblioteca.
______ Comió una hamburguesa.
______ Se levantó a las siete de la mañana.
______ Caminó a un restaurante para almorzar con su amigo Jorge.

Ejercicio 8

Di si cada una de las personas hizo las actividades indicadas.

MODELO: Taylor Swift / cantar en la ducha esta mañana →
Taylor Swift (no) *cantó* en la ducha esta mañana.

1. mi madre / charlar con el presidente la semana pasada
2. el presidente de México / comer tacos en la calle ayer
3. la profesora de español / salir a bailar con el actor Javier Bardem anoche
4. el rey de España, Felipe VI, / visitar Estados Unidos el mes pasado
5. yo / cantar con Shakira ayer a medianoche

Ejercicio 9

Lucía conversa con una compañera de su clase de astronomía. Completa los diálogos con formas de **llegar** y **leer.**

CARLA: Hola, Lucía. ¿A qué hora _______[1] **(tú)** a la universidad esta mañana?
LUCÍA: Hola. _______[2] a las ocho y media. ¿Y tú?
CARLA: Mi compañera de apartamento y yo no _______[3] hasta las nueve y media porque el autobús _______[4] tarde.
LUCÍA: ¡Ay, qué mala suerte! Oye, ¿_______[5] **(tú)** el artículo sobre el nuevo planeta para la clase de astronomía?
CARLA: Sí, lo _______[6] anoche. **(Lo** *refers to* **el artículo).**
LUCÍA: ¿Lo _______[7] tus amigos que están en esta clase?
CARLA: No sé si mi amigo Freddie lo _______,[8] pero lo _______[9] tú y yo ¿no?
LUCÍA: ¡Claro que sí!

Lo que aprendí

At the end of this chapter I can:

- ☐ describe my house or apartment.
- ☐ talk about places in a city.
- ☐ make comparisons.
- ☐ discuss household chores and other activities that take place at home.
- ☐ narrate some past experiences.

Now I also know more about:

- ☐ places in Colombia and Panama.
- ☐ Afro-Colombians and Afro-Panamanians.
- ☐ the **carnaval** in Latin America.
- ☐ ecological projects in Colombia and Panama.

Vocabulario

La casa y los cuartos	House and Rooms
Repaso: la cocina, el patio, el techo	
el ascensor	elevator
el balcón	balcony
el baño	bathroom
la chimenea	fireplace
el comedor	dining room
el desván	attic
el dormitorio	bedroom
la sala	living room
el sótano	basement
Palabras semejantes: el ático, el garaje, la terraza	

Los muebles, los aparatos domésticos y otros objetos de la casa	Furniture, Household Appliances and Other Household Objects
Repaso: el cepillo de dientes, la ducha, el espejo, el fregadero, la silla, la toalla	
la afeitadora (eléctrica)	(electric) shaver / razor
la alacena	kitchen cupboard
la alfombra	carpet
la almohada	pillow
el armario	closet
la aspiradora	vacuum cleaner
la bañera	bathtub
la cafetera	coffeepot; coffee maker
el calentador	heater
la cama (matrimonial)	(double) bed
la cómoda	chest of drawers, dresser
la cortina	curtain; *pl.* curtains, drapes
el cuadro	picture (*on the wall*)
la escalera	stairs, ladder
la escoba	broom
el estante	shelf
la estufa	stove, range
el horno	oven
el inodoro	toilet
el lavabo	bathroom sink
la lavadora	washing machine
el lavaplatos	dishwasher
la mesita	coffee table
el microondas	microwave
el secador de pelo	hair dryer
la secadora	clothes dryer
el sillón	easy chair
el televisor	television (set)
la tetera	teapot
el ventilador	fan
Palabras semejantes: la lámpara, el refrigerador, el sofá, la tostadora	

El vecindario y la casa	Neighborhood and Home
Repaso: el árbol, la calle, el compañero/la compañera de apartamento, el edificio, el jardín, el parque, la piscina, el piso, la plaza, la residencia estudiantil	
el arbusto	bush
la avenida	avenue
el banco	bench
el barrio	neighborhood
la cerca	fence
el colegio	private school (K–12)
la fuente	fountain
la estatua	statue
la planta baja	first floor
el/la vecino/a	neighbor
Palabras semejantes: el condominio, el hotel	

Los lugares en la ciudad	Places in the City
Repaso: el aeropuerto, el banco, la biblioteca, el centro, el cine, la ciudad, la escuela, el gimnasio, el hospital, la iglesia, la librería, la peluquería, la playa, el restaurante, el teatro, la universidad	
el almacén	department store
el centro comercial	mall, shopping center
el correo central	post office
el estadio	stadium
la gasolinera	gas station
la lavandería	laundromat
el mercado (al aire libre)	(open air) market
la oficina de correos	post office
la panadería	bakery
la papelería	stationery store
la zapatería	shoe store
Palabras semejantes: el cibercafé, la discoteca, la farmacia, el museo	

Los quehaceres domésticos	Household Chores
Repaso: arreglar, cocinar, lavar los platos, limpiar, pasar la aspiradora	
barrer	to sweep
cortar el césped	to cut/mow the grass
dar (*irreg.*) de comer	to feed
desempolvar	to dust
guardar (algo)	to put (something) away
planchar	to iron
poner (*irreg.*) la mesa	to set the table
regar (ie) (gu)	to water
sacar (qu) la basura	to take out the trash
secar (qu) (la ropa)	to dry (the clothes)
tender (ie) la cama	to make the bed

Los verbos	
Repaso: abrir, apagar (gu), preguntar	
calentar(se)	to heat (to warm up, to get warm)
cerrar (ie)	to close
compartir	to share
conocer (conozco)	to meet; to know (*people or places*)
divertirse (ie, i)* (divirtiéndose)	to have fun
jugar (ue) juegos de mesa / al dominó/ráquetbol	to play board games/dominoes/racquetball
mandar una carta / un paquete	to send a letter / a package
sacar (qu) fotos	to take pictures
salir de viaje	to go on a trip
volver (ue)	to return
Palabras semejantes: comparar, considerar, depositar	

Los sustantivos	
las ciencias políticas	political science
el desorden	untidiness, mess
el/la dueño/a	owner
la estampilla	stamp
el gobierno	government
la milla	mile
el paseo	walk
el plano	street map
el pueblo	town
el tamaño	size
el viaje	trip
Palabras semejantes: la ceremonia, la comparación, la diversidad, la exhibición, la gasolina, el mensaje de texto, la narración, el proyecto	

Los adjetivos	
apropiado/a	appropriate
barato/a	inexpensive (cheap [*price*])
caribeño/a	Caribbean
desordenado/a	messy
libre	free (*not captive*)
propio/a	own
seguro/a	safe, secure; sure
sucio/a	dirty
útil	useful
Palabras semejantes: automático/a, central, cultural, digital, internacional, médico/a, municipal, posible, público/a, reciente, religioso/a	

*You will now begin to see a second vowel change listed with **-ir** stem-changing verbs. This indicates third-person vowel changes when conjugated in the preterite tense: **divertirse (ie, ie) (se divierte, se divirtió)**.

Las comparaciones	Comparisons
Repaso: mayor (que), bueno/a, malo/o, mejor, menor (que), peor	
más/menos que	more/less than
el/la (los/las) más/menos + *adj.* **de todos/as**	the most/least + *adj.* of all
el/la mejor	(the) best
peor	worse
el/la peor	(the) worst
tan... como	as . . . as
tanto/a / tantos/as... como	as much / as many . . . as

¿Dónde está(n)... ?	
Repaso: alrededor (de), al lado (de), cerca (de), delante (de), detrás (de), encima (de), entre, lejos (de)	
adelante (de)	ahead / in front (of)
adentro (de)	inside (of)
afuera (de)	outside (of)
a la derecha (de) / a la izquierda (de)	to the right (of) / to the left (of)
arriba (de)	above
en medio (de)	in the middle (of)
enfrente (de)	opposite

Palabras y expresiones útiles	
alguien	someone
anoche	last night
¡Claro que sí!	(Yes) Of course!
don, doña	*respectful title used with the first or first and last name of the person:* **don Rafael, doña Omara Saborit**
Mandatos	Commands
Comenta	Comment (*you fam. sing.*)
Indica	Indicate (*you fam. sing.*)
para qué	for what (*reason, purpose*)
¿Para qué sirve(n)?	What is it (are they) used for?
Sirve(n) para...	It is (They are) (used) for . . .
pasado/a	past
el sábado (mes, año) pasado	last Saturday (month, year)
la semana pasada	last week
el fin de semana pasado	last weekend
¿Te gustó?	Did you like it?
Sí, me gustó mucho.	Yes, I liked it a lot.
todo el día	all day long
toda la noche / tarde	all night / afternoon long

Los números dos mil a cien millones	Numbers from two thousand to one hundred million
Repaso: dos mil	
treinta y dos mil	thirty two thousand
cien mil	a hundred thousand
cuatrocientos mil	four hundred thousand
un millón (de)	a million (*of something*)
diez millones (de)	ten million (*of something*)
cien millones (de)	one hundred million (*of something*)

8 Hablando del pasado

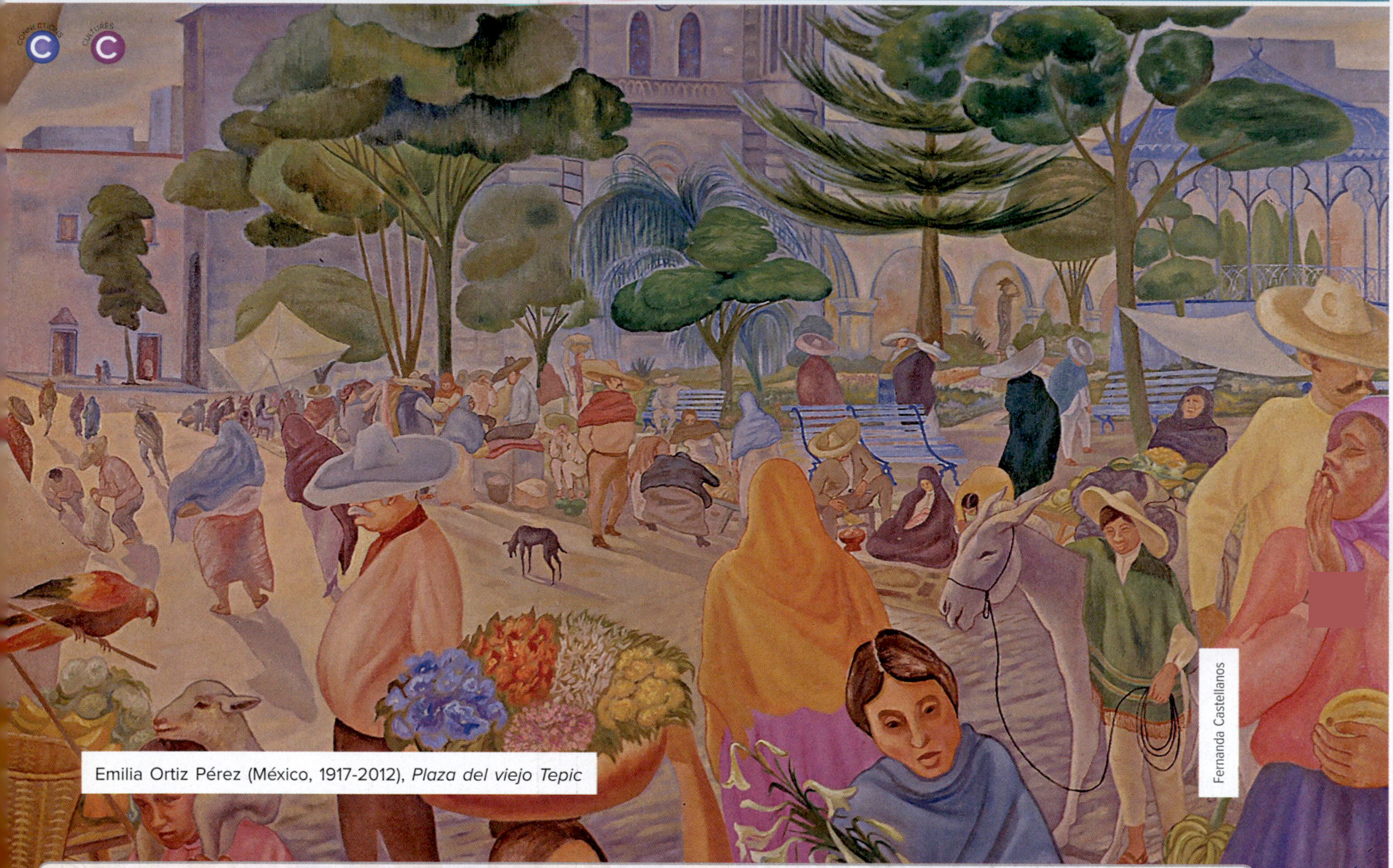

Emilia Ortiz Pérez (México, 1917-2012), *Plaza del viejo Tepic*

Fernanda Castellanos

Upon successful completion of **Capítulo 8,** you will be able to narrate past experiences, talk about your experiences with other people in the past, and express how long ago something happened. Additionally, you will have learned about some interesting events, places, and people from Mexico.

Comunícate

Mis experiencias

Las experiencias con los demás

Hablando del pasado «Cuando salimos de El Salvador» de Jorge Argueta

Hechos memorables

Exprésate

Escríbelo tú El fin de semana pasado

Cuéntanos Una noche perfecta

Cultura

Mundopedia El Cinco de Mayo

Palabras regionales México

Conexión cultural Barrancas del Cobre y los rarámuri

Novela gráfica Episodio 8

Videoteca

Amigos sin Fronteras, Episodio 8 La fiesta de despedida

Mi país México

Los actores hablan

Gramática

8.1 Verbs with Irregular Preterite Forms

8.2 Stem-Changing Verbs in the Preterite

8.3 Verbs with Special Meaning in the Preterite: **conocer, poder, querer, saber, tener**

8.4 Expressing *ago:* **hace** + (*time*)

McGraw Hill connect

MÉXICO

Conócenos

Klic Video/McGraw Hill

Nayeli Rivas Orozco

Nayeli Rivas Orozco es mexicana. Tiene dieciocho años y estudia historia. Nació en la Ciudad de México y su cumpleaños es el veintiséis de julio. Sus actividades favoritas son leer novelas históricas y ver películas basadas en la historia. También le gusta montar a caballo, salir a bailar con sus amigos, jugar al voleibol y nadar.

la bandera de México
ciudad capital: Ciudad de México
moneda nacional: el peso mexicano

![COMMUNICATION]

Comunícate

Mis experiencias

Lee *Gramática 8.1*

¿Qué hiciste ayer?

Por la mañana...

Me duché y me lavé el pelo.

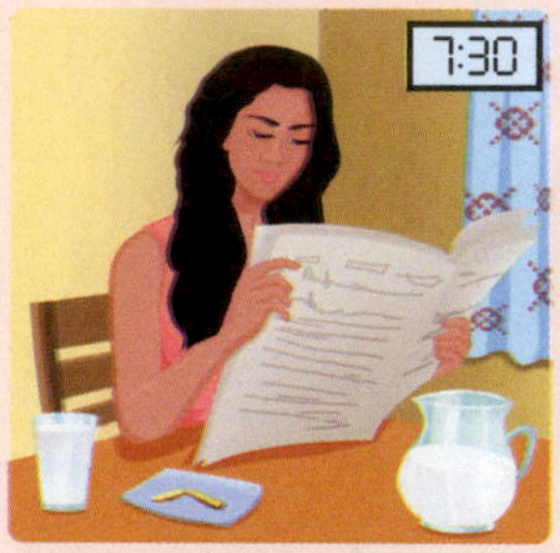

Desayuné y luego leí el periódico.

Salí del apartamento y caminé a la universidad.

Asistí a la clase de filosofía.

Tomé café y charlé con Camila y Eloy.

Escribí parte de mi informe para la clase de historia. Luego, asistí a la clase de química.

Por la tarde...

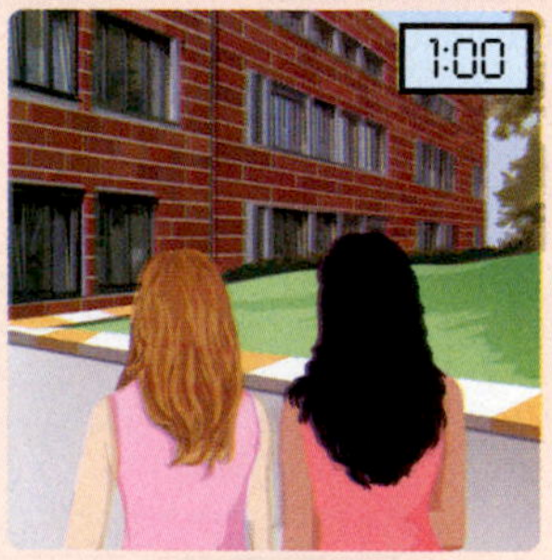

Volví a casa con Camila a la una.

Almorcé en casa con Camila.

Trabajé en la biblioteca por cuatro horas.

Anoche...

Cené en un restaurante con Eloy y su novia.

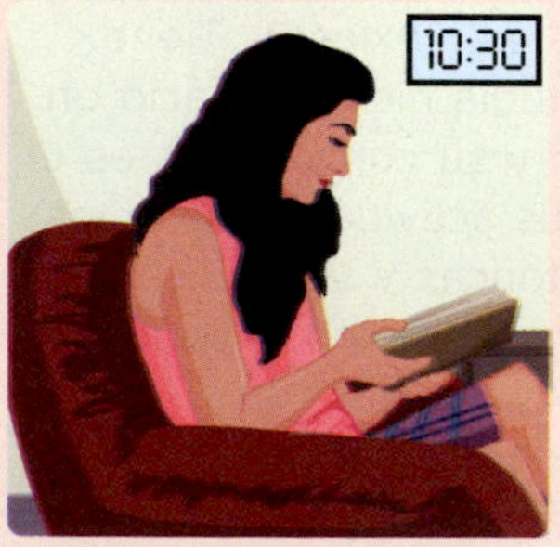

Leí un poco antes de acostarme.

Me acosté un poco tarde, a medianoche.

Gramática
Personal pronouns

Remember that in Spanish, it is not necessary to use personal pronouns (**yo,** in this case) if the subject of the sentence is already clear. However, personal pronouns are often used to show contrast or create emphasis.

Mi esposo se levantó tarde ayer, pero **yo** me levanté temprano.

Actividad 1 Actividades que no son lógicas

Lee cada descripción de actividades de varios estudiantes y subraya (*underline*) las oraciones que no son lógicas. Luego, escríbelas de una manera más lógica.

MODELO: El viernes pasado, asistí a clases y almorcé en la cafetería. Después hice la tarea en la discoteca. Más tarde, volví a casa y dormí una siesta. Luego, preparé la cena y cené. A medianoche me puse el pijama y asistí a otra clase en la universidad antes de acostarme. →

El viernes pasado, asistí a clases y almorcé en la cafetería. *Después hice la tarea en la biblioteca.* Más tarde, volví a casa y dormí una siesta. Luego, preparé la cena y cené. A medianoche me puse el pijama y *leí un poco* antes de acostarme.

1. Esta mañana, me desperté tarde, me levanté rápido, me duché, me sequé, me vestí y cené. Por la tarde fui al supermercado y compré comida. Cuando regresé a casa, puse la comida en el refrigerador y en la cama. Por la noche, desayuné antes de acostarme.
2. Anoche volví a mi casa a las 7:00 de la noche, traduje una canción de Rosalía al inglés, luego cené solo/a. Más tarde, me quité la ropa, me puse el pijama, me lavé la cara y los dientes y salí al cine con mi novio/a. Me acosté a medianoche.
3. El sábado pasado, me levanté a las siete, me puse unos vaqueros, una camisa blanca y salí para el establo. Monté a caballo por tres horas y luego volví a mi casa a las seis de la mañana. Más tarde, almorcé con mi novio/a. Por la noche, hice la tarea de español en la calle.
4. El lunes pasado, estuve en la biblioteca por cinco minutos y aprendí mucho. Luego, asistí a una clase. Más tarde, visité a mi abuela de noventa y nueve años, almorcé con ella. Después, le dije: «Vamos a bailar». Fuimos a la discoteca y ella bailó mucho.

Actividad 2 Mis actividades de ayer

Ayuda a Nayeli a narrar lo que hizo ayer. Primero, completa las oraciones con la forma correcta del verbo entre paréntesis. **OJO:** Usa la primera persona **(yo).** Luego, pon las actividades en un orden lógico. Empieza la segunda parte **(Más tarde)** otra vez con el número **1.**

ORDEN	ACTIVIDAD	
	Por la mañana	
____	*Me vestí*	**(Vestirse)** y me puse los zapatos.
____	__________	**(Ducharse)** con agua muy caliente.
____	__________	**(Asistir)** a varias clases primero.
1	__________	**(Levantarse)** muy temprano, a las cinco de la mañana.
____	__________	**(Hacer)** la tarea de física en la biblioteca.
	Más tarde	
____	__________	**(Ponerse)** un vestido nuevo después de bañarme.
____	__________	**(Cenar)** en un restaurante a las siete de la noche.
____	__________	**(Volver)** a casa para almorzar.
____	__________	**(Almorzar)** antes de bañarme.
____	__________	**(Salir)** del restaurante a las diez para regresar a casa.

Actividad 3 ¿Cuándo... ?

Lee la lista de respuestas posibles en el vocabulario. Luego, conversa con tu compañero/a sobre la última vez que tú hiciste o él/ella hizo las siguientes actividades.

Vocabulario

anoche
ayer por la mañana/tarde/noche
anteayer
el lunes (martes,...) pasado
la semana pasada
el mes/año pasado
hace ___ minutos/horas/días
hace semanas/meses/años

MODELO: **E1:** ¿Cuándo recibiste una multa por manejar a exceso de velocidad?
E2: (Recibí una multa) El año pasado. ¿Y tú?
E1: ¡Nunca! Soy muy responsable. / El verano pasado.

1. ¿Cuándo bajaste una canción de tu cantante favorito/a a tu móvil?
2. ¿Cuándo hablaste con tu novio/a?
3. ¿Cuándo estudiaste por más de una hora sin descansar?
4. ¿Cuándo viste una película que te gustó mucho?
5. ¿Cuándo leíste las noticias en línea?
6. ¿Cuándo sacaste (recibiste) una mala nota en una asignatura?
7. ¿Cuándo saliste a bailar con tu novio/a?
8. ¿Cuándo recibiste una multa por manejar a exceso de velocidad?

Ayer fui a la playa y me divertí mucho. ¿Qué hiciste tú?
¡Ay! Tuve que limpiar mi cuarto. Luego almorcé y descansé. Más tarde fui al cine y...

Prostock-Studio/iStock/Getty Images

Actividad 4 El sábado pasado

Trabaja con tu compañero/a para narrar el fin de semana de Nayeli.

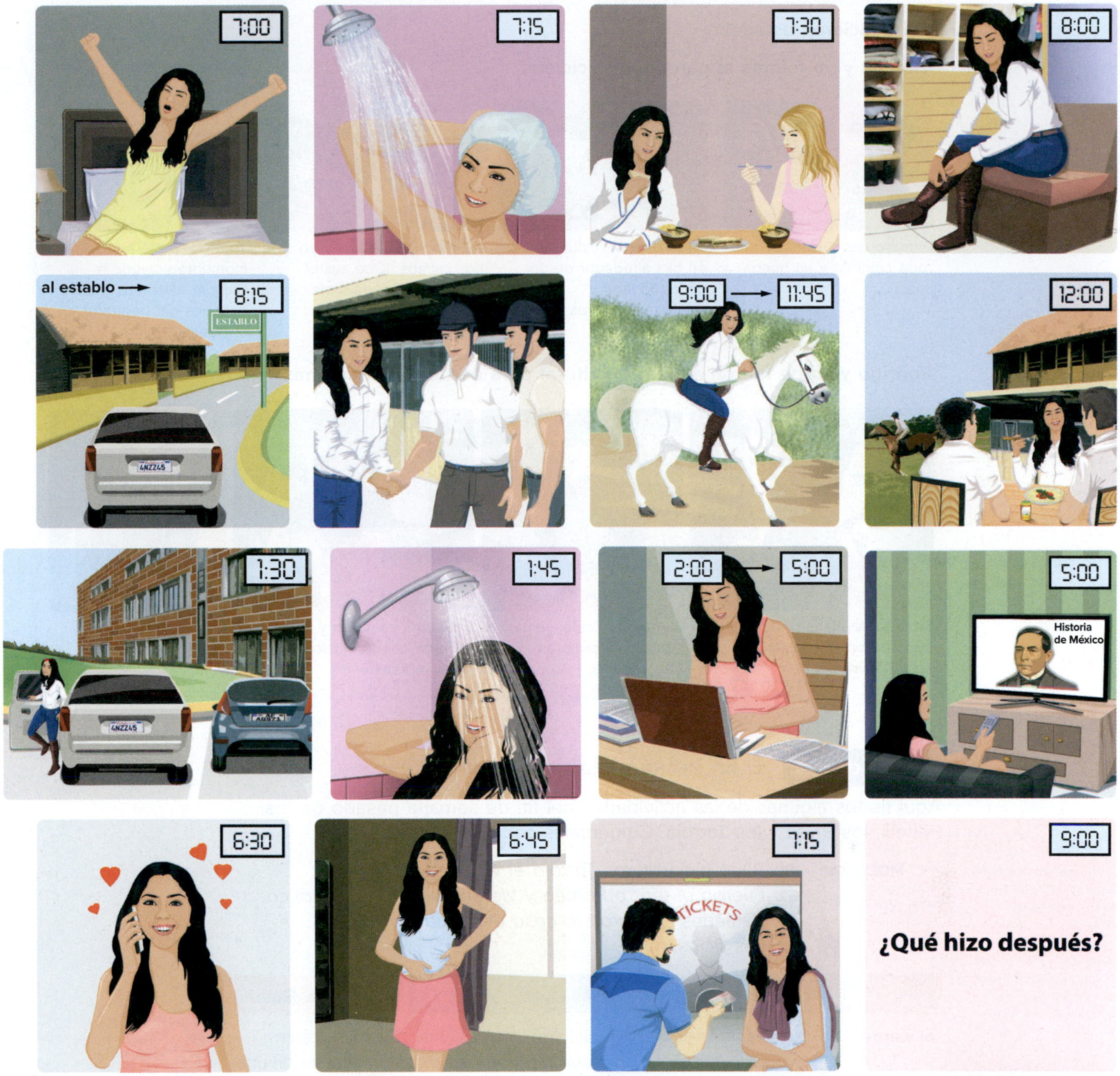

Vocabulario

primero
luego
más tarde
(poco) después
también
por último

Las experiencias con los demás

Lee *Gramática 8.2, 8.3*

¿Qué hicieron ustedes?

Claudia y yo fuimos al parque en bicicleta.

Primero nos pusimos ropa cómoda y un buen casco.

En el parque anduvimos en bici alrededor de un pequeño lago y saludamos a otros chicos.

De repente Claudia y yo nos caímos. ¡Qué susto! Pero no fue nada serio.

Yo me levanté al momento y ayudé a Claudia. Volvimos a casa después del pequeño accidente.

Rodrigo y Jorge fueron al centro cultural para escuchar a Radamés.

Primero se afeitaron y se vistieron. Se pusieron ropa cómoda.

Llegaron al café, se sentaron y pidieron una cerveza.

Bebieron, cantaron y bailaron con la música de Cumbancha.

Casi a medianoche salieron del centro cultural.

Actividad 5 El fin de semana en varios países

Aquí tienes algunas de las actividades del fin de semana pasado de los Piatelli, los Rivas y los Torroja. Coméntalas con tu compañero/a.

MODELOS: **E1:** ¿Qué hicieron *los Torroja el viernes?*
E2: *Fueron al teatro Romea y vieron una obra dramática.*
E1: ¿Quiénes *limpiaron la casa el sábado?*
E2: *Los Rivas.*

	Los Piatelli, Argentina	**Los Rivas, México**	**Los Torroja, España**
el viernes	Dieron una fiesta y se divirtieron mucho.	Hicieron tlayudas (una comida oaxaqueña).	Fueron al teatro Romea y vieron una obra dramática.
el sábado	Invitaron a un amigo de Camila a bailar tango.	Limpiaron la casa y lavaron el carro.	Condujeron a La Manga y pasaron el día en la playa.
el domingo	Durmieron hasta las diez y luego hicieron churrasco.	Asistieron a misa de once en la catedral.	Visitaron las ruinas romanas en Cartagena, España.

Actividad 6 Un viaje a Loreto, Baja California Sur

Eloy, Nayeli, Ana Sofía, Franklin y Estefanía pasaron las vacaciones de primavera en la ciudad de Loreto en el estado mexicano de Baja California Sur. Salieron de Berkeley un sábado temprano y llegaron a Loreto el domingo por la noche. Mira los dibujos y di qué hicieron.

Cultura *Loreto*

Berkeley está a 1.210 millas de Loreto, o 1.947,3 kilómetros. El viaje toma más o menos veintiuna horas en coche... ¡sin parar!

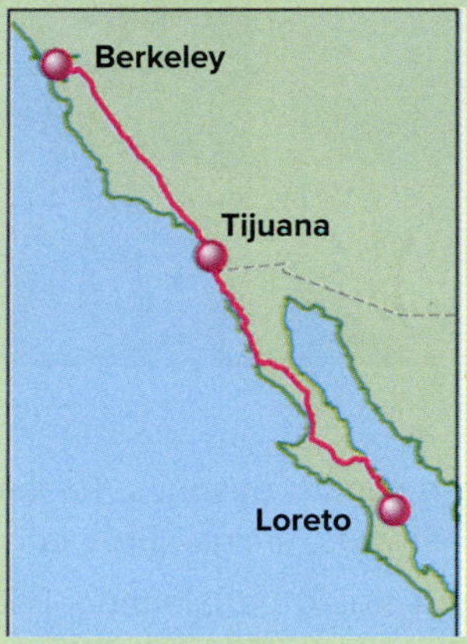

De Berkeley a Loreto en coche

1.

domingo: llegada a Loreto

2.

lunes y martes: Loreto

3.

miércoles y jueves: pinturas rupestres en las cuevas de la Sierra de Guadalupe

4.

miércoles y jueves: el Museo de las Misiones Jesuitas

5.

viernes: ballenas en el Parque Nacional Bahía de Loreto

6.

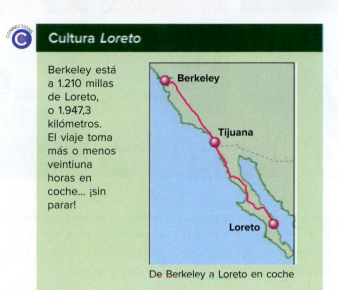

sábado y domingo: el regreso

Actividad 7 La heroína de la aventura

Radamés y Fátima salieron a pasear en bicicleta y tuvieron una experiencia interesante. Con tu compañero/a, usa los dibujos para poner las oraciones en orden lógico.

1.
2.
3.
4.
¡Oye, es mi bicicleta!
5.
¡Esa bici es de mi amigo!
6.
7.
8.
9.
10.
Gracias amiga. ¡Eres la heroína de esta aventura!

______ Pero, un minuto después, Radamés se levantó y abrazó a Fátima. Le dijo: —Gracias, amiga. ¡Eres la heroína de esta aventura!

______ El ladrón siguió pedaleando. Fátima continuó tras el ladrón en su bicicleta y le gritó: —¡Esa bici es de mi amigo!

__1__ Cansados, después de andar en bicicleta, Fátima y Radamés pusieron sus bicicletas al lado de un banco del parque y se sentaron allí a descansar y a charlar.

______ Luego, esperó a Radamés. Finalmente, Radamés llegó muy cansado y se acostó en el césped.

______ Fátima ya estaba cerca del ladrón, pero vio a un perro cruzando enfrente de ella y paró.

______ De repente, el chico que vieron antes se montó en la bicicleta de Radamés y se fue.

______ De repente, el ladrón se bajó de la bicicleta y se fue corriendo. Dejó allí la bicicleta abandonada. Fátima paró y levantó la bicicleta.

______ Fátima lo vio, se puso de pie rápido y montó su bicicleta para ir tras el ladrón.

______ Fátima continuó pedaleando muy rápido. El ladrón miró hacia Fátima asustado.

______ Radamés empezó a correr tras el ladrón y le gritó: —¡Oye, es mi bicicleta!

Actividad 8 El fin de semana pasado

Conversa con tu compañero/a sobre sus actividades del fin de semana pasado.

1. ¿A qué hora te levantaste el sábado? ¿Te levantaste temprano el domingo? ¿Por qué?
2. ¿Tuviste que trabajar el sábado o el domingo? ¿Ganas más dinero cuando trabajas los fines de semana?
3. ¿Te gusta limpiar la casa? ¿La limpiaste solo/a o alguien te ayudó? ¿Qué tuvieron que hacer?
4. ¿Hiciste algo con amigos el sábado por la noche? ¿Qué hicieron? ¿Fueron a una fiesta? ¿Se divirtieron? ¿Fueron al cine? ¿Qué película vieron? ¿Les gustó?
5. ¿Hiciste la tarea el sábado o el domingo? ¿Para qué asignaturas hiciste la tarea? ¿Fue difícil?
6. ¿Adónde fuiste el domingo? ¿Con quién fuiste? Describe una o dos de las actividades que hicieron.

Hablando del pasado

«CUANDO SALIMOS DE EL SALVADOR» DE JORGE ARGUETA

Jorge Tetl Argueta es un poeta indígena salvadoreño. Pasó su niñez[a] en El Salvador y llegó a Estados Unidos en 1980. Vive en San Francisco, California. Es autor de muchos libros bilingües para niños. También escribe poemas y cuentos. Es maestro y viaja por este país para leer sus obras[b] y ofrecer[c] clases de escritura[d] creativa para niños y jóvenes. El conmovedor[e] poema que aparece abajo es una selección de su libro *Una película en mi almohada* (2001). En esta obra, Argueta describe la traumática experiencia de un niño que abandona su país natal.[f]

Courtesy of Jorge Argueta, www.jorgeargueta.com

Cuando salimos de El Salvador

Cuando salimos de El Salvador
para venir a los Estados Unidos
mi papá y yo salimos huyendo[g]
una madrugada[h] de diciembre

Salimos sin decirles adiós
a parientes, amigos o vecinos
No me despedí de[i] Neto
mi mejor amigo

No me despedí de Koki
mi periquito parlanchín[j]
ni de la señorita
Sha-She-Sha-Sha
mi perrita[k] favorita

Cuando salimos de El Salvador
en el autobús yo no dejaba de llorar[l]
porque allá se habían
quedado[m] mi mamá
mis hermanitos y mi abuela.

Courtesy of Jorge Argueta, www.jorgeargueta.com

Argueta ofrece clases de escritura para niños.

[a]*childhood* [b]*works (of art, fiction)* [c]*offer* [d]*writing* [e]*moving* [f]*of birth* [g]*fleeing* [h]*dawn* [i]No... *I didn't say goodbye to* [j]periquito... *talkative parakeet* [k]*little dog* [l]no... *couldn't stop crying* [m]allá... *had remained behind*

Actividad 9 El tiempo libre

Habla con tu compañero/a sobre las siguientes actividades. ¿Con quién(es) las hiciste? Para reaccionar a lo que dice tu compañero/a, usa las frases de **Y tú, ¿qué dices?**

MODELO: E1: *Mi novio y yo esquiamos en el agua* ayer.
E2: ¡Qué divertido! El año pasado, *mi hermano y yo esquiamos en el agua* también, pero no *corrimos* un maratón.
E1: ¿De veras? ¿No te gusta correr?

Vocabulario

Posibilidades:	¿Cuándo?
mi(s) amigo/a(s) y yo	**ayer**
mi familia y yo	**la semana pasada**
mi(s) hermano/a(s) y yo	**durante las vacaciones**
mi(s) hijo/a(s) y yo	**el año pasado**
mi novio/a y yo	

ACTIVIDADES

1. acampar en...
2. celebrar (el Año Nuevo, un cumpleaños, el Día de la Independencia,...)
3. jugar videojuegos
4. correr un (medio) maratón
5. esquiar en el agua / la nieve
6. dar una fiesta
7. jugar al (*deporte*)
8. salir a bailar
9. subir una montaña
10. ver videos en YouTube
11. viajar a (*lugar*)
12. **¿ ?**

Y tú, ¿qué dices?

¿Adónde?	¿De veras?
¿Cuándo?	¡Qué aburrido!
¿Cuál?	¡Qué divertido!
¿Dónde?	¡Qué envidia!

CONNECTIONS C

¡CUIDA TU MUNDO!

Ekaterina Simonova/Shutterstock

La ganadora del Premio Goldman —el «Nobel» de la ecología— en 2020 fue la apicultora[a] y activista mexicana Leydy Aracely Pech Martín. Esta indígena maya organizó una coalición para prohibir el cultivo de semillas[b] transgénicas.[c] El ingrediente químico que se usa para proteger los productos transgénicos causa la muerte de las abejas[d] y contamina la miel y los campos de la región. La apicultura es parte de la cultura maya desde hace más de tres mil años. Leydy Pech apeló a la Suprema Corte de México, explicando que el cultivo de productos transgénicos viola los derechos constitucionales de los mayas. El resultado de los esfuerzos de Pech y su coalición fue positivo. En 2017, México anuló[e] los permisos que Monsanto consiguió[f] ilegalmente para cultivar la soja[g] transgénica en siete estados mexicanos.

[a]*beekeeper* [b]*seeds* [c]*genetically modified* [d]*bees* [e]canceló [f]recibió [g]*soya*

Actividad 10 Los recuerdos

Escoge tres de estas situaciones y di lo que hiciste. Si nunca te pasó algo similar, inventa tu reacción a la situación.

Vocabulario

Busqué al dueño.	**Lo(s)/La(s) llamé y...**	**Pedí otra sopa.**
Compré...	**Me enfermé.** (*I became ill.*)	**¡Qué vergüenza!**
Grité «¡Auxilio!».	**Me enojé.** (*I became angry.*)	**Salí sin pagar.**
Lloré mucho.	**Me quejé.**	**Tuve miedo.**
Lo/La castigué.	**No pude manejar.**	

1. Un día encontré cien dólares en la calle. (Yo)...
2. Una vez en un restaurante encontré una mosca en la sopa. (Yo)...
3. Un día mi perro arruinó uno de mis zapatos más caros.
4. Un día me caí en un sitio (lugar) público. Muchas personas me miraron.
5. ¿ ?

Cultura *Los mayas*

Los mayas llegaron a la zona de Tabasco, Chiapas, partes de Belice, Guatemala y Honduras desde el año 1.500 a.C. Allí construyeron un poder económico y político impresionante. Por la decadencia del gobierno, abandonaron el área totalmente (alrededor de 1050 d.C.). Muestras de la gran cultura de ese período son Bonampak con los murales mejor conservados del mundo maya y Palenque con esculturas magníficas, bajos relieves de líneas delicadas, y mucho más.

Los mayas emigraron a la península de Yucatán donde encontraron múltiples fuentes de agua. Formaron allí un nuevo imperio de siete siglos (987–1697 d.C.). De ese período son[a] las ciudades de Mayapán, Chichén Itzá y Uxmal.

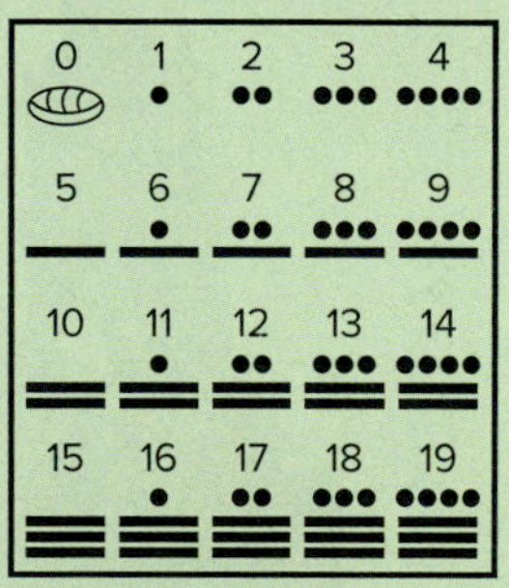

La numeración maya

En general la cultura maya es importante por su escritura (jeroglífica), su arte, su arquitectura, su mitología, su sistema de numeración (incluye el *0*), sus calendarios y sus increíbles conocimientos de astronomía.

Hechos memorables

Lee *Gramática 8.4*

¿Cuántos años hace que pasaron estos eventos?

20.000 a.C.
Los indígenas que hoy viven en el continente americano llegaron de Asia hace más de 20.000 años.

doce de octubre de 1492
Cristóbal Colón llegó a América hace más de cinco siglos (hace alrededor de 530 años).

verano de 1521
Hace poco más de 500 años que Hernán Cortés conquistó Tenochtitlán.

quince de septiembre de 1810
Con el Grito de Dolores, don Miguel Hidalgo declaró la independencia de México hace más de 210 años.

cinco de mayo de 1862
Hace más de 160 años que los mexicanos ganaron la batalla de Puebla contra los franceses.

veinte de noviembre de 1920
La Revolución mexicana terminó hace más de un siglo.

1934–1940
Lázaro Cárdenas fue presidente de México. Es conocido por varias reformas que contribuyeron al progreso del país.

2018–(2024)
Andrés Manuel López Obrador es ahora el presidente de México. Sus proyectos incluyen el movimiento anticorrupción y la ayuda financiera a los más necesitados (*in need*).

Franz Marc Frei/LOOK-foto/Getty Images

Un baile folclórico frente a la Catedral Metropolitana en el Zócalo, Ciudad de México

Gramática *More/Less than* + (*number*)

To express *more/less than* **(más/menos que),** Spanish uses **de** for *than* when any number follows.

Hace **más de cincuenta y ocho** años (que) murió John F. Kennedy.

Actividad 11 ¿Cuánto tiempo hace que...?

A. Lee las oraciones y decide quién hizo estas cosas.

1. ___ Descubrió la penicilina en 1928, hace noventa y cinco años, más o menos.

2. ___ Ganó la guerra en México contra los franceses en 1867.

3. ___ Escribió *Cien años de soledad* y *El amor en los tiempos del cólera*. Ganó el Premio Nobel de Literatura en 1982, ¡hace más de cuatro décadas!

4. ___ Primer presidente estadounidense de origen afroamericano, gobernó de 2009 a 2017.

5. ___ Llegó a América en 1492, hace más de 530 años.

6. ___ Estos escritores mexicanos publicaron obras muy famosas.

7. ___ Las obras de estos famosos muralistas mexicanos están en varias ciudades de México.

8. ___ Este director y productor mexicano ganó el Óscar al mejor director por *Gravity* (2014) y *Roma* (2019).

9. ___ Nació en España y vivió muchos años en Francia. Pintó el famoso cuadro *Guernica*.

10. ___ Esta mexicana, actriz de cine, televisión y teatro y también productora, hizo películas muy famosas, como *Frida*.

a. Barack Obama
b. Cristóbal Colón
c. Carlos Fuentes y Octavio Paz
d. Salma Hayek
e. Alfonso Cuarón
f. Alexander Fleming
g. Gabriel García Márquez
h. Benito Juárez
i. Diego Rivera y José Clemente Orozco
j. Pablo Picasso

B. Tu compañero/a y tú deben usar estas preguntas para conversar. Algunas de las preguntas son indiscretas, pero digan la verdad al contestar, si pueden.

MODELO: **E1:** ¿Cuánto (tiempo) hace que empezaste a estudiar español?
E2: Hace un año y medio que empecé a estudiar español. ¿Y tú?
E1: Hace tres años. Empecé en la escuela secundaria.

1. ¿Cuánto (tiempo) hace que cumpliste años? ¿Cuántos años cumpliste?
2. ¿Cuánto (tiempo) hace que te graduaste en la escuela secundaria? ¿Cuánto hace que te matriculaste en la universidad?
3. ¿Cuánto (tiempo) hace que un policía te puso una multa por manejar a exceso de velocidad? ¿De cuánto fue la multa? ¿Quién la pagó?
4. ¿Cuánto (tiempo) hace que tuviste un día fabuloso? Cuéntame qué pasó.

Actividad 12 Unas vacaciones memorables

CULTURES CONNECTIONS

Lee sobre los viajes de estas personas y decide cuál de sus actividades no es lógica. Explica tu respuesta.

1. Soy Juan Fernando Chen Gallegos. Hace unos meses fui a México.
   a. Visité el estado de Chiapas en la frontera con Guatemala.
   b. Comí comida mexicana deliciosa.
   c. Vi la Torre Eiffel.
   d. Aprendí mucho sobre la medicina natural en la selva Lacandona.
2. Soy Ángela McNeil-Mendívil. Hace un año hice un viaje a Oaxaca.
   a. Practiqué el español en todas partes.
   b. Nadé en el río Misisipí.
   c. Visité algunas ruinas de culturas indígenas de México.
   d. Compré artesanías mexicanas, especialmente las de barro negro.
3. Hace unos días Eloy, Nayeli, Claudia y Fátima viajaron a Michoacán, México.
   a. Visitaron un santuario de mariposas monarca.
   b. Pasaron tiempo en el pueblo de Ocampo, Michoacán.
   c. Todos subieron las pirámides de Teotihuacán.
   d. Vieron mariposas en árboles muy altos, de hasta 30 metros.
4. Hace tres años Rodrigo y su familia fueron a Europa en avión.
   a. Visitaron el Museo del Prado en Madrid.
   b. Pasaron en barco por el Canal de Panamá.
   c. Anduvieron en barco por el río Rin, en Alemania.
   d. Comieron en restaurantes franceses muy buenos.

Rodrigo Torres/Glow Images

Barro negro de San Bartolo Coyotepec, Oaxaca

Radius Images/Image Source; inset: Ingram Publishing/Alamy Stock Photo

Las mariposas monarca

Nuestra gente

fizkes/Shutterstock

Gabriela Peyro Almanza es estudiante universitaria en Monterrey, México.

George Rinhart/Corbis Historical/Getty Images

Las soldaderas

Hola, Gabriela, ¿qué estudias en la universidad?

Estudio ingeniería. A mí me inspiró algo que me contó mi abuelita. Hablando de la Revolución mexicana (1910–1920), ella me dijo que muchas mujeres, «las soldaderas», acompañaron a los soldados y algunas pelearon a su lado. También fueron enfermeras, cocinaron, cuidaron de los niños e hicieron lo que hacen siempre las amas de casa[a] pero ¡en el campo de batalla! La anécdota me convenció de que nada ni nadie debe limitar a las mujeres; ¡somos capaces de triunfar en todos los campos profesionales!

[a]amas... *housewives*

Exprésate

ESCRÍBELO TÚ

El fin de semana pasado

Escribe una narración sobre el fin de semana pasado con muchos detalles. ¿Qué hiciste? ¿Adónde fuiste? ¿Qué comiste? **OJO:** Debes usar la primera persona (**me quedé en casa, descansé, vi televisión, fui a...**). Recuerda también usar palabras y frases como las siguientes: **primero, después, más tarde, finalmente, por la mañana/tarde/noche, luego y también.** Mira la guía con más preguntas en el *Cuaderno de actividades* o en Connect.

CUÉNTANOS

Una noche perfecta

Cuéntanos sobre una noche perfecta. ¿Te quedaste en casa o saliste? ¿Qué hiciste? ¿Fuiste a algún lugar fabuloso? ¿Cómo se llama el lugar? ¿Pasaste tiempo con una persona especial? ¿Con quién? ¿Cómo es esa persona? ¿Qué hicieron? ¿Por qué fue perfecta esa noche? Si nunca tuviste una noche perfecta, imagínate esa noche y describe lo que pasó en detalle. ¡Cuéntanos y explícanos todo lo que hiciste!

Cultura

Mundopedia

El Cinco de Mayo

El Cinco de Mayo no es el Día de la Independencia de México, pero es una fecha importante. En esta fecha, los mexicanos celebran la victoria sobre el **ejército** francés en la **Batalla** de Puebla.

Digital image courtesy of the Getty's Open Content Program

Benito Juárez (1806-1872)

LA SITUACIÓN ECONÓMICA DE MÉXICO

En 1861, México **tenía** problemas económicos muy serios. Para resolverlos, el presidente Benito Juárez suspendió el **pago** de la **deuda externa**. Tres países —Francia, España e Inglaterra— no aceptaron esa decisión y decidieron invadir México. Después de algunas negociaciones, Inglaterra y España abandonaron la alianza, pero Francia decidió invadir sin esos países. Su idea: establecer un **imperio** controlado por Europa y así **parar** el **poder creciente** de Estados Unidos.

¡VICTORIA!

El cinco de mayo de 1862, el ejército francés atacó la ciudad de Puebla, esperando una victoria fácil. Pero no fue así. México, una república nueva con muchos problemas políticos y económicos, **se enfrentó a** Francia, entonces el país más fuerte y poderoso del mundo. Con el general Ignacio Zaragoza, muchos ciudadanos mexicanos sin armas participaron en la batalla ¡y **derrotaron** a los franceses! La Batalla de Puebla es una batalla histórica ¡y una buena excusa para celebrar!

¡DERROTA!

Lamentablemente, un año después los franceses regresaron a México y derrotaron a los mexicanos. Victoriosos, y con ayuda de algunos mexicanos reaccionarios (muy conservadores), los franceses pusieron a un **príncipe** del Imperio austrohúngaro, Maximiliano de Habsburgo, como Emperador de México. Maximiliano entró triunfante a la Ciudad de México el siete de junio de 1863. Gobernó de 1864 a 1867.

BENITO JUÁREZ REGRESA

Benito Juárez, el presidente de México antes de la invasión francesa, volvió a México en 1867. Después de muchas batallas, Juárez, con el pueblo mexicano de su lado, derrotó al ejército de Maximiliano en 1867 e inmediatamente capturó a Maximiliano. Una corte militar dictó la sentencia de **fusilar** a Maximiliano y a sus dos **fieles** generales mexicanos* el diecinueve de junio de ese mismo año. Y así terminó esta aventura trágica de Francia en México.

Vocabulario de consulta

ejército	army
Batalla	battle
tenía	had
pago	payment
deuda externa	foreign debt
imperio	empire
parar	to stop (*something*)
poder creciente	growing power
se enfrentó a	stood up to
derrotaron	defeated
lamentablemente	regrettably
príncipe	prince
fusilar	to execute
fieles	loyal

*Tomás Mejía y Miguel Miramón

Universal History Archive/Universal Images Group/Getty Images

La ejecución de Maximiliano Entre 1867 y 1869, el francés Edouard Manet pintó una serie de cuadros sobre la ejecución de Maximiliano, Emperador de México.

COMPRENSIÓN

Contesta las preguntas.

1. ¿Por qué suspendió Benito Juárez el pago de la deuda externa?
2. De los tres países que no aceptaron la decisión de Juárez, ¿cuál invadió México?
3. ¿Qué ejército ganó la Batalla de Puebla en 1862?
4. ¿Qué pasó un año después?
5. ¿Quiénes derrotaron a los franceses en 1867?
6. ¿Qué hizo el presidente de México con Maximiliano y sus dos generales?

Palabras regionales: México	
güero/a	**rubio/a; gringo/a**
güey	dude, guy
¿Qué onda?	**¿Qué pasa? ¿Cómo estás?**
¡Qué padre!	How cool!

CONNECTIONS C COMPARISONS C

CONEXIÓN CULTURAL

BARRANCAS DEL COBRE° Y LOS RARÁMURI Barrancas... *Copper Canyon*

El cañón del Colorado (*Grand Canyon*), en Arizona, es grande y espectacular. ¡Es una maravilla de la naturaleza! Pero ¿sabes que hay otro lugar muy similar, aunque más grande y profundo (*deep*)? Pues es cierto; ese cañón se llama Barrancas del Cobre y está en la Sierra Tarahumara del estado mexicano de Chihuahua. ¿Quieres saber más de este fascinante lugar y de la gente *rarámuri* que vive allí? Lee la lectura «Barrancas del Cobre y los rarámuri» en el *Cuaderno de actividades* o en Connect y ¡descubre todo esto y mucho más!

EL MENSAJE DE YARIA Episodio 8: En la playa

Videoteca

Amigos sin Fronteras

Episodio 8: La fiesta de despedida

Resumen

Claudia les informa a Nayeli y a Radamés que va a pasar el verano en Paraguay con sus abuelos. Sus amigos deciden darle una fiesta sorpresa de despedida. Ana Sofía invita a Claudia al cine y Claudia cree ver (*thinks she sees*) a una de sus amigas en la calle con muchas bolsas. ¡Piensa que pasa algo raro!

Mi país MÉXICO

Resumen

Nayeli habla de México. Muestra imágenes de la capital: la Catedral, las ruinas del Templo Mayor (de los aztecas), etcétera. También vemos otros lugares: Teotihuacán, Chichén Itzá, y varios estados como Oaxaca.

El Teatro Juárez en Guanajuato

Chichén Itzá

Los actores hablan

Preguntas

¿Cuál fue una experiencia increíble?

¿Qué viaje inolvidable hiciste?

Gramática

8.1 Verbs with Irregular Preterite Forms

For a review of regular forms and uses of the preterite in Spanish see **Gramática 7.4.**

A. Some verbs have a different stem in the preterite and a slightly different set of endings.

	andar (anduv-)	**tener (tuv-)**	**estar (estuv-)**	**poder (pud-)**	**poner (pus-)**	**saber (sup-)**
(yo)	anduve	tuve	estuve	pude	puse	supe
(tú)*	anduviste	tuviste	estuviste	pudiste	pusiste	supiste
usted, él/ella	anduvo	tuvo	estuvo	pudo	puso	supo
(nosotros/as)	anduvimos	tuvimos	estuvimos	pudimos	pusimos	supimos
(vosotros/as)	anduvisteis	tuvisteis	estuvisteis	pudisteis	pusisteis	supisteis
ustedes, ellos/ellas	anduvieron	tuvieron	estuvieron	pudieron	pusieron	supieron

	hacer (hic-)	**venir (vin-)**	**querer (quis-)**	**decir (dij-)**	**traer (traj-)**	**conducir (conduj-)**
(yo)	hice	vine	quise	dije	traje	conduje
(tú)*	hiciste	viniste	quisiste	dijiste	trajiste	condujiste
usted, él/ella	hizo	vino	quiso	dijo	trajo	condujo
(nosotros/as)	hicimos	vinimos	quisimos	dijimos	trajimos	condujimos
(vosotros/as)	hicisteis	vinisteis	quisisteis	dijisteis	trajisteis	condujisteis
ustedes, ellos/ellas	hicieron	vinieron	quisieron	dijeron	trajeron	condujeron

B. The preceding tables provide the preterite forms of the most common irregular verbs. Look at the tables and you will notice the differences between regular and irregular verbs in the preterite.

- Unlike regular preterite verb endings, the endings of the **yo** and **usted/él/ella** forms of verbs that are irregular in the preterite are not stressed in the last syllable.

—¿Dónde **pusiste** mi chaqueta? *Where did you put my jacket?*
—La **puse** encima de la cama. *I put it on the bed.*
—¿Quién **vino** contigo? *Who came with you?*
—Nadie. **Vine** solo. *Nobody. I came alone.*

- The verb **hacer** has spelling changes from **c** to **z** in the **usted/él/ella** form.

Ayer en el gimnasio Ricky **hizo** su tarea y yo **hice** ejercicio. *Yesterday at the gym Ricky did his homework and I exercised.*

*Recognition: In the preterite, the **vos** forms (regular and irregular) are identical to the **tú** forms: **vos tuviste, vos estuviste, vos pudiste, vos pusiste,** and so forth.

- The verbs **conducir, decir, traducir,** and **traer** drop the **i** from the **-ieron** ending in the **ustedes/ellos/ellas** form.

—¿Qué te **dijeron** de mí?	*What did they tell you about me?*
—Me **dijeron** que estás locamente enamorado de Estefanía.	*They told me that you are madly in love with Estefanía.*
—¿Qué **trajeron** ustedes de comer?	*What did you bring to eat?*
—**Trajimos** refrescos y empanadas.	*We brought sodas and empanadas.*

- The verb **dar** takes **-er/-ir** (not **-ar**) endings, and neither **dar** nor **ver** has a written accent in the preterite.

	dar	**ver**
(yo)	di	vi
(tú)*	diste	viste
usted, él/ella	dio	vio
(nosotros/as)	dimos	vimos
(vosotros/as)	disteis	visteis
ustedes, ellos/as	dieron	vieron

—¿Qué te **dieron** para tu cumpleaños?	*What did they give you for your birthday?*
—Mi tío me **dio** dinero; mi madre me **dio** ropa.	*My uncle gave me money; my mother gave me clothes.*
—¿**Viste** una película ayer?	*Did you see a movie yesterday?*
—Sí, **vi** una nueva película de acción en 3D.	*Yes, I saw a new action movie in 3D.*

C. The verbs **ser** and **ir** share the same stem in the past tense. Their forms are thus identical, so the meaning must be inferred from context.

	ser/ir	
(yo)	fui	*I was/went*
(tú)†	fuiste	*you (fam. sing.) were/went*
usted, él/ella	fue	*you (pol. sing.) were/went; he/she was/went*
(nosotros/as)	fuimos	*we were/went*
(vosotros/as)	fuisteis	*you (fam. pl., Sp.) were/went*
ustedes, ellos/ellas	fueron	*you (pl.) were/went; they were/went*

—¿Adónde **fue** Sebastián anoche?	*Where did Sebastián go last night?*
—**Fue** al cine.	*He went to the movies.*
—¿Qué **fue** ese ruido?	*What was that noise?*
—No **fue** nada. ¡Estás imaginando cosas!	*It wasn't anything. You are imagining things!*

fui = I went/was
fue = you (*pol. sing.*) went/were he/she went/was

*Recognition: In the preterite, the **vos** forms are identical to the **tú** forms: **vos diste** and **vos viste.**

†Recognition: In the preterite, the **vos** form is identical to the **tú** form: **vos fuiste.**

Ejercicio 1

> **traer** = *to bring* (*here*) vs. **llevar** = *to take* (*there*)
>
> **venir** = *to come* (*here*) vs. **ir** = *to go* (*there*)

Estas son las actividades del sábado pasado de los miembros del club Amigos sin Fronteras. Completa las oraciones con la forma correcta del pretérito de los verbos de la lista. Cada verbo se usa solo una vez.

dar **decir** **hacer** **ir** **poner** **traer** **venir** **ver**

1. Omar y Marcela Acosta _______ aquí a Estados Unidos para visitar a sus amigos; ellos son de Ecuador.
2. Eloy _______ al aeropuerto para recibirlos.
3. En el aeropuerto, Eloy los saludó y les _______ «¡Bienvenidos a California!».
4. Omar y Marcela le _______ unos deliciosos chocolates de la cooperativa Kallari en Ecuador.
5. Los miembros del club Amigos sin Fronteras _______ una fiesta para Omar y Marcela en el Parque Codornices.
6. El sábado _______ sol y buen tiempo. ¡Un día perfecto para la fiesta!
7. Todos los invitados llevaron diferentes platos de comida y los _______ en la mesa.
8. Todos _______ fotos de Ecuador que Omar y Marcela les mostraron.

CULTURES C

Ejercicio 2

Lee sobre las vacaciones de Nayeli y Juan Fernando el verano pasado. Luego, cambia los verbos de la primera persona (**yo**) a la tercera (**él/ella**) para contar lo que cada uno hizo en su viaje.

MODELO: Me llamo Nayeli. El verano pasado (yo) fui a México para visitar a mis abuelos. Pasé tiempo con toda la familia, comí comida mexicana auténtica y monté a caballo. Descansé y me divertí mucho.

Se llama Nayeli. El verano pasado *ella fue* a México para visitar a sus abuelos. *Pasó* tiempo con toda la familia, *comió* comida mexicana auténtica y *montó* a caballo. *Descansó* y *se divirtió* mucho.

Klic Video/McGraw Hill

1. Me llamo Nayeli. El año pasado fui a Oaxaca (México) para el Día de los Muertos. Estuve allí una semana... ¡Ay! ¡No asistí a clases por varios días! Pero... ¡hice muchas cosas interesantes y divertidas! Visité varios cementerios y vi muchos altares con ofrendas. Asistí a misa el día dos de noviembre y comí comidas típicas como mole oaxaqueño y tlayudas. Luego, compré artesanías. Tomé fotos del Teatro Macedonio Alcalá, de la iglesia de Santo Domingo y de las ruinas de Mitla y Monte Albán. ¡Caminé mucho en Mitla y Monte Albán! Regresé muy contenta.

   Se llama Nayeli. El año pasado (ella)...

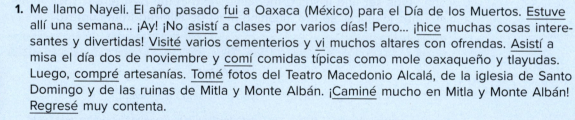

Glow Images

2. Me llamo Juan Fernando. El verano pasado, en julio, fui de vacaciones al sur de México. Visité San Cristóbal de las Casas y Tzicao en Chiapas. En San Cristóbal tomé muchas fotos de la catedral y de edificios coloniales. Estuve varias horas en el museo Casa Na Bolom (Casa del Jaguar). Allí vi ropa y artefactos de los lacandones, la gente de la selva (*jungle*) de Chiapas. Luego, pasé muchas horas en el Herbario Ecosur y en el Museo de Medicina Maya. ¡Qué emocionante! Llamé a mi familia por Zoom para contarles sobre las plantas antes de salir para Tzicao. Por Zoom también hablé con mis amigos de UC Berkeley. Dos días después, llegué a Tzicao, un pueblo muy cerca de la frontera con Guatemala. En ese pueblo no hice muchas cosas diferentes. Solamente hablé con varios médicos que curan con medicina tradicional. Los escuché con atención porque ¡es fascinante!

   Se llama Juan Fernando. El verano pasado, en julio, (él)...

Ejercicio 3

Di qué hacen las siguientes personas generalmente (el presente), qué hicieron ayer (el pretérito) y qué van a hacer mañana (el futuro: **ir a** + *inf.*).

MODELO: Estefanía / despertarse a las diez / levantarse temprano / estudiar toda la mañana.

Generalmente *Estefanía se despierta a las diez*, pero ayer *se levantó temprano* y mañana *va a estudiar toda la mañana*.

	Generalmente	Ayer	Mañana
Fátima	despertarse a las diez	levantarse temprano	estudiar toda la mañana
Lucía	asistir a clase por la tarde	leer en la biblioteca	hacer la tarea en casa
Omar y Marcela	cenar con sus hijos	estar fuera todo el día	ir al cine
Xiomara	estudiar en la biblioteca	tomar café con Eloy	visitar a una amiga
Ángela	quedarse en casa	salir a almorzar	leer en el parque
Eloy y Ricky	barrer el patio temprano	ir a la playa	lavar el carro

8.2 Stem-Changing Verbs in the Preterite

A. Almost all of the verbs in the **-ar** and **-er** groups with stem changes in the present tense do not show any stem change in the preterite. For example, here is a comparison of present-tense forms and preterite forms of the verbs **cerrar** (*to close*) and **perder** (*to lose; to miss*).

	cerrar (ie)		perder (ie)	
	Present	Past	Present	Past
(yo)	cierro	cerré	pierdo	perdí
(tú)*	cierras	cerraste	pierdes	perdiste
usted, él/ella	cierra	cerró	pierde	perdió
(nosotros/as)	cerramos	cerramos	perdemos	perdimos
(vosotros/as)	cerráis	cerrasteis	perdéis	perdisteis
ustedes, ellos/ellas	cierran	cerraron	pierden	perdieron

B. However, all verbs in the **-ir** group that have a present-tense stem change also show a stem change in the preterite, but only in the **usted/él/ella** and **ustedes/ellos/ellas** forms. There are two possible stem changes in the preterite: **e** → **i** and **o** → **u.**

The present and preterite forms of the verbs **divertirse** and **dormir** are given below. Other common **-ir** verbs with the **e** → **i** change in the preterite are **mentir** (*to lie*), **pedir, repetir** (*to repeat*), **seguir** (*to follow; to continue*), **sentir, servir** (*to serve*), **sugerir** (*to suggest*), **vestir(se),** and **preferir**. A common **-ir** verb with the **o** → **u** change in the preterite is **morir** (*to die*).

*Recognition: In the preterite, the **vos** forms (regular and irregular) are identical to the **tú** forms: **vos cerraste, vos perdiste.**

	divertirse (ie, i)		dormir (ue, u)	
	Present	**Past**	**Present**	**Past**
(yo)	me div**ie**rto	me div**e**rtí	d**ue**rmo	d**o**rmí
(tú)*	te div**ie**rtes	te div**e**rtiste	d**ue**rmes	d**o**rmiste
usted, él/ella	se div**ie**rte	se div**i**rtió†	d**ue**rme	d**u**rmió†
(nosotros/as)	nos div**e**rtimos	nos div**e**rtimos	d**o**rmimos	d**o**rmimos
(vosotros/as)	os div**e**rtís	os div**e**rtisteis	d**o**rmís	d**o**rmisteis
ustedes, ellos/ellas	se div**ie**rten	se div**i**rtieron	d**ue**rmen	d**u**rmieron

Yo **dormí** bien. Fátima **durmió** mal. *I slept well. Fátima slept poorly.*

—¿**Se divirtió** usted anoche? *Did you have fun (a good time) last night?*

—Sí, **me divertí** mucho. *Yes, I had a great time.*

Ejercicio 4

Completa las oraciones con el pretérito del verbo entre paréntesis.

1. Cuando tengo frío cierro la ventana, pero anoche no la _____ (**cerrar**) y tuve mucho frío.

2. Estoy enojada con mi novio porque ayer no me dijo la verdad. ¡Me _____ (**mentir**)!

3. El lunes pasado, Xiomara tuvo dolor de estómago y no asistió a clases; _____ (**preferir**) quedarse en casa.

4. Después de ir al banco, yo siempre cuento mi dinero, pero ayer no lo _____ (**contar**).

5. Yo dormí muy bien anoche, pero mi esposo no _____ (**dormir**) casi nada. ¡El pobre!

6. Estoy muy triste porque mi actor favorito _____ (**morir**) la semana pasada.

7. Jorge _____ (**pedir**) una cerveza pero Ana Sofía y yo _____ (**pedir**) vino tinto.

Present

me div**ie**rto / se div**ie**rte

d**ue**rmo / d**ue**rme

Preterite

me div**e**rtí / se div**i**rtió

d**o**rmí / d**u**rmió

In time, through listening and reading, you will acquire these preterite forms.

Ejercicio 5

Completa los diálogos con el presente o el pretérito de los verbos, según el contexto de cada diálogo.

dormir

—¿Cuántas horas _____¹ tú anoche?

—_____² solamente cinco.

—¿Generalmente _____³ tan pocas horas?

—No, generalmente _____⁴ por lo menos siete horas, a veces ocho.

sentir(se)

—¿Tú te _____⁵ mal ahora?

—No, hoy me _____⁶ bastante bien.

—Pero anoche te _____⁷ muy mal, ¿verdad?

—Sí, anoche me _____⁸ muy mal; tuve dolor de estómago (*a stomachache*).

---

*Recognition: In the preterite, the **vos** forms (regular and irregular) are identical to the **tú** forms: **vos te divertiste, vos dormiste.**

†The same stem vowel change also occurs in the present participle: **divirtiéndose** (*having fun*), **durmiendo** (*sleeping*).

pedir

—El restaurante que recomendaste fue fabuloso.
—¿__________[9] los tacos al carbón (*grilled*)?
—No. Yo __________[10] los tamales y mi esposa __________[11] un chile relleno.
—¿Ustedes no __________[12] el queso fundido?
—¡Claro que sí! Y __________[13] margaritas también.

mentir

—Tú me __________[14] ayer, ¿verdad?
—No, no te __________.[15] Te dije la verdad.
—Pues, alguien me __________.[16]
—¡No fui yo!

8.3 Verbs with Special Meaning in the Preterite: conocer, poder, querer, saber, tener

The Spanish verbs **conocer, poder, querer, saber,** and **tener** have present-tense meanings that imply ongoing mental or physical conditions/states. When these verbs are used in the preterite, a dimension of "happening" is conveyed, so their English meaning changes to express that something happened. Notice in the table that in every preterite English meaning given for these verbs, there is an implication of action: something occurred. Compare the English equivalents of the following verbs in the preterite with their original infinitive meanings.

CHANGES IN MEANING IN THE PRETERITE			
saber (*to know*)	*found out*	supimos	*we found out*
no saber	*never found out*	no supieron	*they never found out*
conocer (*to know*)	*met* (*for the first time*)	conoció	*you* (*pol. sing.*) */ he / she / met*
tener (*to have*)	*got; received*	tuviste	*you got; you received*
querer (*to want*)	*wanted to* (*and tried*)	quisimos	*we wanted to* (*and tried*)
no querer	*refused*	no quiso	*you* (*pol. sing.*) */ he / she / refused*
poder (*to be able to / "can"*)	*could* (*and did*) */ managed* (*to do something*)	pudieron	*they could* (*and did*) */ managed to*
no poder	(*tried and*) *couldn't / failed* (*to do something*)	no pudo	*you* (*pol. sing.*) */ he / she* (*tried and*) *couldn't / failed to*

—¿**Supiste** lo que les pasó a Daniel y a Sebastián? — *Did you find out* (*hear*) *what happened to Daniel and Sebastián?*

—No, no **supe** nada. ¿Qué les pasó? — *No, I didn't find out* (*hear*) *anything. What happened to them?*

—¿Por qué no **pudiste** terminar? — *Why weren't you able to finish? / Why did you fail to finish?*

—No **quise** ir a la fiesta porque no quiero tomar alcohol. — *I refused to go to the party because I do not want to drink alcohol.*

> The preterite of **conocer** (**conocí, conociste, conoció, conocimos, conocisteis, conocieron**) expresses the meaning *met* (*for the first time*) in English.
>
> **Conocí a Xiomara la semana pasada** — *I met Xiomara last week.*
>
> The preterite of **tener** (**tuve, tuviste, tuvo, tuvimos, tuvisteis, tuvieron**) expresses the meaning *had* (*got, received*) in English.
>
> **Tuve visita ayer.** — *I had company yesterday.*
> **Tuvo un dolor de estómago.** — *She got a stomachache.*
> **Tuviste miedo.** — *You got scared.*

Ejercicio 6

Completa las oraciones con el pretérito de estos verbos: **conocer, poder, querer, saber** y **tener.**

1. Ayer (yo) __________ que Marcela, la esposa de Omar, tiene una licenciatura en economía.
2. Nayeli no fue a trabajar hoy; __________ dolor de cabeza toda la noche y no __________ dormir.
3. ¡Qué simpática es la novia de Franklin! La __________ el miércoles pasado en la fiesta.
4. —Yo fui a la fiesta pero mi novio se quedó en casa. No __________ asistir porque él no habla español.

   —¿Él no __________ asistir? ¿No sabe que todos hablamos inglés también?
5. —Ayer fui al parque con mis hermanos menores; traté de patinar con ellos pero no __________. ¡Me estoy poniendo viejo!

   —¿No __________ patinar tú? Hmm... viejo no, solamente tienes veinte años. ¡Tal vez no sabes patinar!

8.4 Expressing *ago:* **hace** + (*time*)

When used in conjunction with a preterite verb, the verb form **hace** followed by an amount of time is equivalent to English expressions of time with *ago*.

hace cinco minutos	*five minutes ago*
hace más/menos de una hora	*more/less than one hour ago*
hace más/menos de dos años	*more/less than two years ago*
—¿Cuándo **salió** Rodrigo?	*When did Rodrigo leave?*
—**Hace** una hora.	*An hour ago.*

There are two ways to formulate the question *How long ago did . . . ?* **¿Cuánto (tiempo) hace que** + *preterite***?** / **¿Hace cuánto (tiempo) que** + *preterite***?**

—Srta. Rivas, **¿cuánto (tiempo) hace que** usted **fue** a México?	*Miss Rivas, how long ago did you go to Mexico?*
—Fui hace tres meses.	*I went three months ago.*
—¿Y **hace cuánto (tiempo) que viajó** a España?	*And how long ago did you travel to Spain?*
—Hace dos años.	*Two years ago.*

—¿Cuánto (tiempo) hace que llegaste?

How long ago did you arrive?

—Hace una hora.

An hour ago.

—¿Cuánto (tiempo) hace que usted se graduó?

How long ago did you graduate?

—Hace más/menos de diez años.

More/Less than ten years ago.

Ejercicio 7

Empareja las frases para formar oraciones completas con la información correcta.

1. ___ (1889) El francés Gustav Eiffel...
2. ___ (1876) El norteamericano Alexander Bell...
3. ___ (1923) Hace más o menos cien años que...
4. ___ (1990) El mexicano Octavio Paz ganó...
5. ___ (1920) Hace más de cien años que...
6. ___ (1521) Hace más de quinientos años que...

a. terminó la Revolución mexicana.
b. el Premio Nobel hace más de treinta años.
c. construyó la Torre Eiffel hace más de 130 años.
d. el español Hernán Cortés invadió y conquistó México.
e. inventó el teléfono hace casi 150 años.
f. murió Pancho Villa.

¿Recuerdas?

Remember that when referring to direct objects that have already been mentioned, Spanish speakers use direct object pronouns. Review **Gramática 5.2** if necessary.

Ejercicio 8

Marcela está de mal humor hoy y acusa a Omar de no hacer nada para ayudarla. ¿Cómo puede defenderse Omar?

MODELO: Omar, ¡tú nunca *lavas los platos!* (una hora)
Pero Marcela, *lavé los platos* hace *una hora*. / Pero Marcela, *los lavé* hace *una hora*.

1. Omar, ¡tú nunca limpias el baño! (hace una semana)
2. Omar, ¡tú nunca barres el patio! (hace un mes)
3. Omar, ¡nunca bañas a los niños! (hace dos horas)
4. Omar, ¡la alfombra está sucia porque tú nunca pasas la aspiradora! (hace cinco minutos)
5. Estoy cansada de comer tacos cada vez que tú preparas la comida Omar. ¡Tú nunca preparas chiles rellenos! (hace tres días)

Lo que aprendí

Al final de este capítulo, ya puedo:

- ☐ narrar mis experiencias del pasado.
- ☐ hablar de las experiencias del pasado de otras personas.
- ☐ hablar de cuánto tiempo hace que pasó algo.

Además, ahora conozco:

- ☐ muchos lugares bellos de México.
- ☐ el origen de la celebración del Cinco de Mayo.
- ☐ algunos hechos históricos (de México y del mundo).
- ☐ algunas tribus indígenas de México.
- ☐ ecological projects in Mexico.

Vocabulario

Los verbos irregulares en el pretérito	
almorzar (c) **almorcé / almorzaste / almorzó**	to eat lunch
buscar (qu) **busqué / buscaste / buscó**	to look for
caer(se) (*irreg.*) **me caí / te caíste / se cayó**	to fall
conducir (*irreg.*) **conduje / condujiste / condujo**	to drive
cruzar (c) **crucé / cruzaste / cruzó**	to cross
dar (*irreg.*) **di / diste / dio**	to give
decir (*irreg.*) **dije / dijiste / dijo**	to say
divertirse (ie, i) **me divertí / te divertiste / se divirtió**	to have a good time
dormir (ue, u) **dormí / dormiste / durmió**	to sleep
estar (*irreg.*) **estuve / estuviste / estuvo**	to be
hacer (*irreg.*) **hice / hiciste / hizo**	to do; to make
ir (*irreg.*) **fui / fuiste / fue**	to go
llegar (gu) **llegué / llegaste / llegó**	to arrive
pedir (i, i) **pedí / pediste / pidió**	to ask (for); to order
poner (*irreg.*) **puse / pusiste / puso**	to put
seguir (g) (i, i) **seguí / seguiste / siguió**	to follow
ser (*irreg.*) **fui / fuiste / fue**	to be
traducir (*irreg.*) **traduje / tradujiste / tradujo**	to translate
ver (*irreg.*) **vi / viste / vio**	to see

Verbos que cambian de significado en el pretérito*	
poder (*irreg.*) **pude / pudiste / pudo** **no pude / no pudiste / no pudo**	to be able, can could and did / managed to tried and couldn't / failed to
tener (*irreg.*) **tuve / tuviste / tuvo**	to have got, received

Más verbos	
arruinar	to ruin
bajar	to lower; to download
bajarse (de)	to get down (from); to get off (of)
cambiarse de ropa	to change clothes
castigar (gu)	to punish
cumplir años	to have a birthday
dejar	to leave (*something/someone*)
encontrar (ue)	to find
escoger (j)	to choose
gobernar (ie)	to govern
hacer (*irreg.*) **un viaje**	to take a trip
irse	to leave, go away
matricularse	to enroll
montar **montar (en bicicleta)** **montarse (en bicicleta)**	to ride to ride (a bicycle) to get on (a bicycle)
pagar (gu)	to pay
pasar **¿Qué te/le pasó?**	to happen; to pass; to cross What happened to you (*fam. sing.*)/(*pol. sing.*)?
ponerse (*irreg.*) **de pie**	to stand up
ponerle una multa	to give a traffic ticket to someone
quejarse	to complain
recibir una multa	to receive a traffic ticket
sacar una nota	to get a grade
sentarse (ie)	to sit (down)
subir	to go up; to climb
Palabras semejantes: conquistar, continuar (continúo), contribuir (contribuyo), decidir, declarar, descubrir, graduarse (me gradúo), incluir (incluyo), narrar, reaccionar	

[a]These verbs and others with a change of meaning in the preterite can be found in **Gramática 8.3**

Los sustantivos	
la artesanía	handcrafts
la ayuda financiera	financial aid
la bahía	bay
la ballena	whale
el barco	boat
el barro negro	black clay (*Oaxacan pottery*)
la batalla	battle
el casco	helmet
el churrasco	barbecued meat
la cueva	cave
los demás	the others; the rest
el/la dueño/a	owner
la (escuela) secundaria	high school
el establo	stable
la frontera	border; frontier
el grito	shout
la guerra	war
el hecho	event
el informe	report
la llegada	arrival
la manera	manner, way
la mariposa	butterfly
el metro	meter (*unit of measurement*)
la mosca	fly
la obra dramática	(theater) play
el pasado	past
la pintura (rupestre)	(cave) painting
la policía	police (*department*)
el recuerdo	memory
el regreso	return
el ruido	noise
la selva	jungle
la sierra	mountains, mountain range
el siglo	century
el tiempo libre	free time
la torre	tower
la velocidad	speed
la verdad	truth

Palabras semejantes: el accidente, el/la afroamericano/a, el artefacto, Asia, la aventura, el canal, la catedral, el continente, la cultura, la década, el exceso, la filosofía, la forma, el maratón, la misión, el movimiento, el mural, el origen, la parte, la pirámide, la posibilidad, el Premio Nobel, la reforma, la revolución, la ruina, el sitio, el tango

Las personas	People
el/la escritor(a)	writer
el héroe / la heroína	hero / heroine
el/la indígena	indigenous person, native
el ladrón / la ladrona	thief
el/la muralista	muralist (*artist who paints murals*)
los necesitados	people in need
el policía / la mujer policía	policeman / police woman

Palabra semejante: el/la director(a)

¿Cuándo?	
¿Cuánto (tiempo) hace que... (+ *pret.*)**?**	How long ago (*did something happen*)
Hace... (+ *time*) **que** (+ *pret.*)	(*Time*) ago (*something happened*)
Hace (mucho) tiempo que (+ *pret.*)	A long time (A while) ago, (*something happened*)
poco después	soon after, shortly

Los adjetivos	
asustado/a	scared, frightened
conocido/a	(well-)known
indígena (*m./f.*)	indigenous, relating to native peoples
medio/a	half

Palabras semejantes: abandonado/a, americano/a, fabuloso/a, histórico/a, indiscreto/a, lógico/a, memorable, natural, responsable, romano/a, similar

Los adverbios	
de repente	suddenly
tras	after
correr tras	run after
ir tras	go after

Palabra semejante: especialmente

Palabras y expresiones útiles	
al momento	instantly; momentarily
¡Auxilio!	Help!
contra	against
Cuéntame	Tell me
¿De veras?	Really?
hacia	towards
más de	more than (*with quantities*)
me enfermé	I became sick
me enojé	I became mad (angry)
nada	nothing
otra vez	once more
por (en) todas partes	everywhere
¡Qué (+ *adjective*)**!**	How . . . !
¡Qué envidia!	I'm so envious! How lucky!
¡Qué susto!	How scary!
¡Qué vergüenza!	How embarrassing!
¿Te /Le(s) gustó/gustaron... ?	Did you (*fam. sing./pol. sing.* [*pl.*]) like (+ *sing./pl. noun*)?
Me gustó/gustaron...	I liked (+ *sing./pl. noun*).
¿Le(s) gustó/gustaron... ?	Did he/she (they) like (+ *sing./pl. noun*)?
Le(s) gustó/gustaron...	He/She (They) liked (+ *sing./pl. noun*).
Vamos a (+ *inf.*)	Let's (+ *inf.*)

Design elements: (Communication, Connections, Comparisons, Cultures and Communities icons): McGraw Hill Education; (Mundopedia Globe Icon): Kundra/Shutterstock; (Audio icon): Orchid24/Shutterstock; (Cuida tu mundo image): Ekaterina Simonova/Shutterstock; (Sun icon): McGraw Hill Education; (Magazine background): McGraw Hill Education

9 ¡Buen provecho!

Alcides Medina Umeres (Perú, 1945), *Cocina campestre*

Novica United Inc.

Upon successful completion of **Capítulo 9,** you will be able to talk about typical dishes of the Hispanic world. You will be able to use vocabulary to discuss food, nutrition, and to shop for and prepare food. You will also have learned how to order meals in a restaurant. Additionally, you will have seen photos of places from Bolivia and Peru and learned interesting information about them.

Comunícate

La cocina del mundo hispano

La nutrición

La preparación de la comida

En el restaurante

Hablando de la cocina andina Los platos andinos

Exprésate

Escríbelo tú En un restaurante

Cuéntanos Una cena ideal

Cultura

Mundopedia La Diablada de Oruro

Palabras regionales Bolivia y Perú

Conexión cultural El misterio de Machu Picchu

Novela gráfica, Episodio 9

Videoteca

Amigos sin Fronteras, Episodio 9 ¡Buen provecho!

Mi país Perú y Bolivia

Los actores hablan

Gramática

9.1 Personal and Impersonal Direct Object Pronouns: **lo, la, los,** and **las**

9.2 Using Affirmative and Negative Words: **alguien/nadie, algo/nada**

9.3 Expressing *one* or *you:* The Impersonal **se**

9.4 More on **-e** to **-i** Stem-Changing Verbs

McGraw Hill connect

PERÚ Y BOLIVIA

la bandera de Perú
ciudad capital: Lima
moneda nacional: el sol

la bandera de Bolivia
ciudades capitales: Sucre (la capital) y La Paz (la sede [*seat*] del gobierno)
moneda nacional: el boliviano

Conócenos

Klic Video Productions/ McGraw Hill

Sebastián Saldívar Calvo

Sebastián Saldívar Calvo es peruano. Tiene dieciocho años. Sebastián estudia ciencias sociales. Nació el veintitrés de octubre en Lima, Perú. Sus actividades favoritas son salir a bailar y a comer, ir de compras, mirar videos musicales y cocinar (¡aunque tiene fama de ser mal cocinero!). Sebastián vive con su compañero Daniel Kidman, joven estadounidense de Georgia que estudia gastronomía en Berkeley.

Comunícate

La cocina del mundo hispano

¿Te gusta la cocina hispana? ¿Cuál es tu plato favorito?

Klic Video Productions/McGraw Hill

Christian Vinces/Shutterstock

el ceviche

SEBASTIÁN: En Perú hay muchos platos ricos que se preparan con papa. A mí me gusta **la papa a la huancaína.** Pero mi plato favorito es **el ceviche:** pescado crudo que se cocina en jugo de limón.

Joshua Rainey Photography/Shutterstock

Klic Video Productions/McGraw Hill

NAYELI: El guacamole es una salsa típica de México. Es muy rico con **totopos.** Para mí, un almuerzo ideal tiene que incluir unos **tacos de pescado.** Y para beber, me encanta **la horchata,** una bebida dulce que lleva arroz, leche, vainilla, canela y azúcar.

Klic Video Productions/McGraw Hill

John Whittaker/Getty Images

las tapas

ANA SOFÍA: La paella valenciana es un plato típico español que se prepara con arroz, mariscos, pollo y verduras. Y **las tapas** son pequeñas porciones de comida —aceitunas, cacahuetes, calamares, tortilla española—que se sirven en los bares con vino o cerveza.

Peter Andrew Bosch/Miami Herald/Tribune News Service/Getty Images

el picadillo con arroz y plátanos fritos

Klic Video Productions/McGraw Hill

RADAMÉS: Uno de los platos tradicionales de Cuba es **el picadillo,** que se hace con carne molida, pasta de tomate, cebolla y otros ingredientes. Es mi plato cubano favorito. Me gusta comerlo con **arroz blanco** y **plátanos fritos.**

Glow Images

Thornton Cohen/Alamy Stock Photo

el gallo pinto con yuca frita

JUAN FERNANDO: En mi casa, casi todos los días comemos **gallo pinto.** Es arroz que se cocina con frijoles y muchas especias. Nos gusta acompañarlo con **yuca frita** y un rico **batido de maracuyá.**

Danita Delimont/Getty Images

la parrillada

Purestock/SuperStock

CAMILA: La cocina argentina tiene gran influencia de la italiana. En mi país comemos muchos platos italianos: los raviolis, la lasaña, los espaguetis... ¡Me encantan los espaguetis! También es muy popular **la parrillada** de carne —cerdo, cordero, ternera— que se cocina en una parrilla.

Actividad 1 Los platos favoritos

Conversa con tu compañero/a sobre los platos favoritos de los estudiantes hispanos.

MODELOS: **E1:** ¿Qué plato *le gusta* a *Camila*?
E2: Le gusta *la lasaña*. ¿Y qué comida *le encanta* a *ella*?
E1: A *ella* le encantan *los espaguetis*.

A...	le gusta(n)...	le encanta(n)...
Claudia	las albóndigas con arroz.	la sopa paraguaya.
Sebastián	la papa a la huancaína.	el ceviche.
Franklin	el flan.	el pudín de pan.
Eloy	los tacos.	las enchiladas.
Ana Sofía	la tortilla española.	la paella.
Rodrigo	el arroz con coco.	las arepas.
Camila	la lasaña.	los espaguetis.
Xiomara	el plátano frito.	las pupusas.

Gramática *Expressing* to like

As you learned in **Gramática 2.3,** ***gustar*** + *inf.* is the Spanish equivalent of *to like* (*to do something*). **Gustar** can also be followed by a noun. When **gustar** is followed by a verb or a singular noun, use the singular form: **gusta.** When the noun is plural, use **gustan.** The verb **encantar** means *to love / like very much* (*to do something*) and follows the same pattern.

gustar/encantar + *inf.*
Me **gusta** cocinar.
(A él) Le **encanta** comer.
gustar/encantar + *sing. noun*
Nos **gusta** la comida peruana.
A Ana Sofía le **encanta** la paella.
gustar/encantar + *pl. noun*
—¿Te **gustan** los platos mexicanos?
—No todos, pero me **encantan** las enchiladas.

Actividad 2 Comida para una fiesta

Vocabulario

es fácil de preparar	**es saludable**
(no) es muy dulce / salado/a	**nos gusta / nos encanta a todos**
es muy sabroso/a	**tiene poca grasa**
(no) es picante	**tiene verduras**
es rico/a	**los ingredientes son baratos**

A. Imagínate que vas a dar una fiesta para tus amigos y quieres servir algunos platos hispanos. ¿Qué vas a servir? Escoge cuatro platos y di por qué quieres servirlos.

Platos	¿Por qué?
1. guacamole con totopos	Porque nos encanta a todos.
2.	
3.	
4.	
5.	

B. Ahora, conversa con tu compañero/a sobre los platos que seleccionaron.

Gramática *Expressing* to taste; to try *(food)*

probar (ue) = *to taste; to try* (*food*)

Debes **probar** la paella. ¿Quieres **probar**la? ¡**Pruéba**la!	*You should try paella. Do you want to taste it? Try it!*

pesado/a = *rich, heavy* **rico/a** = *good, tasty* **riquísimo/a** = *delicious*

No me gusta la pasta con salsa cremosa; es demasiado **pesada.**	*I don't like pasta with cream sauce; it's too rich.*
Los tacos de pescado son **ricos,** ¡pero con guacamole son **riquísimos**!	*Fish tacos are good* (*tasty*)*, but with guacamole they are delicious!*

La nutrición

Lee *Gramática 9.1, 9.2*

¿Son nutritivas algunas de tus comidas favoritas?

Las bebidas

La leche contiene calcio y proteína. En el jugo de naranja hay mucha vitamina C. Algunas personas prefieren el té porque tiene menos cafeína que el café.

Las verduras y las legumbres

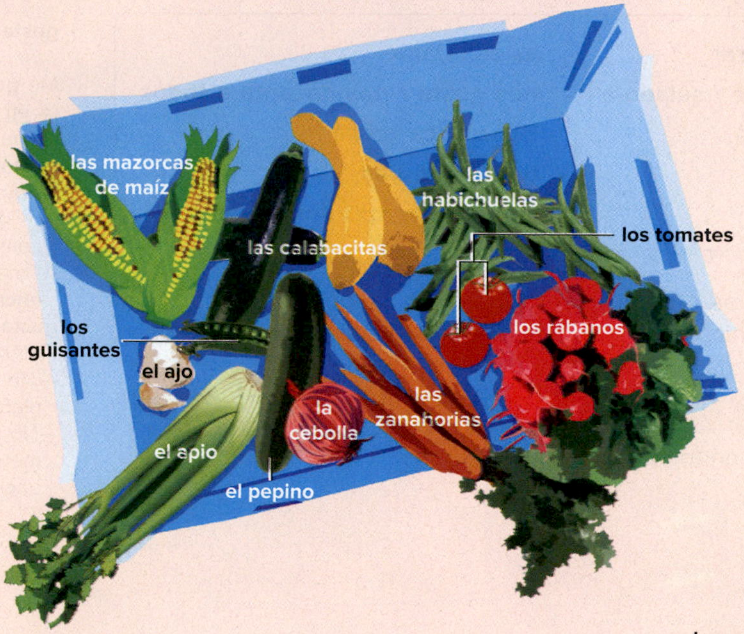

el arroz

los frijoles

los garbanzos

Las legumbres son muy nutritivas. Muchas contienen vitamina A y hierro.

El arroz, los frijoles y los garbanzos contienen muchos carbohidratos, pero los frijoles y los garbanzos también tienen proteína y fibra. Ninguno de estos tres alimentos tiene gluten.

Las frutas

La naranja y la toronja contienen mucha vitamina C. La sandía y las uvas tienen mucho azúcar. Los albaricoques y los plátanos tienen potasio y calcio.

Las carnes, las aves, el pescado y los mariscos

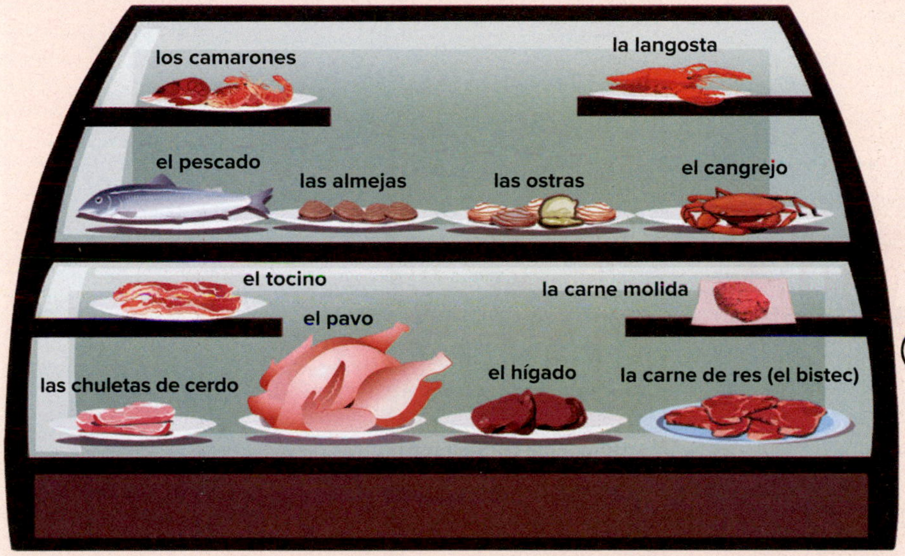

La carne, el pavo y los mariscos tienen mucha proteína. El tocino contiene grasa. Algunos mariscos, como la langosta, tienen mucho colesterol.

Lengua *Variaciones léxicas*

La palabra que se usa en Uruguay y Argentina para la fresa es **frutilla** y en Argentina las habichuelas se llaman **chauchas.** Los españoles llaman **patata** a la papa y **zumo** al jugo de fruta. La palabra **batata** (*sweet potato*) es **camote** en los países andinos y en México, **ñame** en Colombia y **boniato** en Cuba y España.

Actividad 3 ¡Qué variedad!

Escoge la respuesta correcta para cada oración.

1. ___ Ningún vegano toma esta bebida para el desayuno.
2. ___ Si quieres incluir vitamina C en tu dieta, debes comer...
3. ___ Nadie se come la cáscara ni la semilla de este alimento.
4. ___ La langosta y el cangrejo tienen mucha...
5. ___ La leche, el queso y el brócoli contienen...
6. ___ Nadie come mucho _______ si está a dieta.
7. ___ Ninguno de estos tres alimentos es una fruta.
8. ___ Los vegetarianos nunca comen...
9. ___ Algunas carnes, como _______, contienen mucha grasa.
10. ___ Ninguno de estos tres alimentos es una carne.

a. el tocino
b. grasa
c. calcio
d. el aguacate
e. la leche
f. proteína
g. la hamburguesa, la zanahoria, el apio
h. naranjas y toronjas
i. carne
j. la cebolla, el arroz, la piña

Hablando de la cocina andina

LOS PLATOS ANDINOS

Wide Eye Pictures/Alamy Stock Photo

el anticucho, plato típico de Bolivia

La región andina se refiere a los países en la cordillera de los Andes: Venezuela, Colombia, Ecuador, Perú, Bolivia y Chile. Esa región tiene una rica tradición indígena de la cultura inca. El maíz, o **choclo** (en el idioma quichua), es un ingrediente básico de varios platos de esta región. Los colombianos y los venezolanos lo comen en forma de **arepa,** una masa[a] de maíz tostada o frita con queso adentro. Y en varios países andinos, el **choclo tostado** es muy popular. Otra comida muy popular es el **tamal,*** una masa de maíz que normalmente lleva un relleno[b] de carne de res o pollo; el tamal siempre se cocina envuelto[c] en hojas de mazorca o de plátano.[d]

El alimento principal[e] en Perú es la papa, ¡que allí tiene más de 1.000 variedades! Los indígenas andinos han cultivado[f] esta verdura por miles de años. Se prepara de muchas formas, por ejemplo con salsa de queso en el rico plato de **papa a la huancaína.** La comida china y la japonesa también son muy populares en Perú, pues en ese país hay una gran población asiática, la más grande del mundo hispano. A los restaurantes chinos en Perú se les llama **chifas**. Pero el plato peruano más conocido[g] es definitivamente **el ceviche:** pescado crudo que se cocina en jugo de limón. Al pescado se le pone también cilantro, ajo, cebolla, choclo tostado, ají y camote.[h]

Jorg Hackemann/Shutterstock

Hay una gran variedad de papas en Perú.

Una de las comidas rápidas más populares en Bolivia es **el anticucho:** carne de corazón[i] de res al estilo brocheta,[j] que se cocina en parrillas[k] en las esquinas[l] de las ciudades bolivianas. En Ecuador las especialidades son sus deliciosas sopas, como **el locro,** una sopa de papas, pescado y queso. Por último, una especialidad chilena es **el caldillo de congrio,** un plato de pescado fresco, papas, tomate y hierbas.

Como puedes ver, hay gran abundancia de platos deliciosos en la cocina andina. ¡Pruébalos todos!

[a]*dough* [b]*filling* [c]*wrapped* [d]hojas... *corn husks or banana leaves* [e]alimento... *main/staple food* [f]han... *have grown/cultivated* [g]más... *best-known* [h]ají... *pepper and sweet potato* [i]*heart* [j]al... *kabob-style* [k]*grills* [l]*(street) corners*

Lissa Harrison

CULTURES C Una vendedora de helados en La Paz, Bolivia. En muchos países hispanos se venden helados en la calle.

***Tamal** is the correct singular form of **tamales** in Spanish (although English speakers say *tamale*). A similar food in Ecuador, Bolivia, and Chile is called **humitas,** and in Venezuela and Colombia they are called **hallacas.**

Actividad 4 Las comidas del día

A. Di si típicamente comemos estas comidas para el desayuno, para el almuerzo o para la cena.

MODELOS: ¿Los huevos fritos? *Los comemos para el desayuno.*
¿La sopa? *La comemos para el almuerzo o tal vez para la cena.*

los huevos fritos	el pollo frito	la ensalada de lechuga y tomate
los guisantes	las enchiladas	el tocino
las verduras	la coliflor	el yogur
la sopa	los tacos	las chuletas de cerdo
el pan tostado con jalea	los panqueques	la papa al horno
las hamburguesas	el cereal	el arroz
un sándwich de queso	los espárragos	el maíz
el salmón	las tortillas (de harina, de maíz)	la pizza con peperoni

B. Ahora mira la lista de comidas otra vez y dile a tu compañero/a con qué frecuencia las comes y si te gustan o no. Para reaccionar a lo que dice tu compañero/a, usa las frases de **Y tú, ¿qué dices?**

MODELO:
E1: ¿El yogur? Nunca lo como; no me gusta.
E2: A mí tampoco me gusta. ¡Pero las hamburguesas me encantan! Siempre las como.
E1: A mí no me gustan. Casi nunca las como. Prefiero la ensalada.

Y tú, ¿qué dices?

Me encanta(n). / Me gusta(n).	A mí también. / A mí, no.
No me gusta(n).	A mí tampoco. / A mí, sí.
Me cae(n) mal (*It does not agree with me*). / Me hace(n) daño (*It upsets my stomach*).	Prefiero…
Siempre… / (Casi) Nunca…	A veces… / De vez en cuando…

GARDEL Bertrand/hemis.fr/Alamy Stock Photo

El mercado de Chaclacayo, Lima, Perú

Actividad 5 Dos menús

Usa esta lista de comidas para preparar dos menús completos: un menú con comida saludable y otro con tus comidas y bebidas favoritas. Después conversa con tu compañero/a sobre los dos menús.

Desayuno	Almuerzo	Cena
avena	agua mineral	bistec
café/té caliente	batido	camarones
cereal frío	ensalada: de tomate, de fruta fresca, verde	cerveza/vino
donas	hamburguesa	chiles rellenos
fruta: durazno, naranja, piña, toronja, uvas	jugos naturales	enchiladas
huevos: cocidos, fritos, rancheros, revueltos	limonada	ensalada verde
jugos naturales	papas fritas	galletitas de chocolate
leche (descremada)	pizza	helado
pan tostado (a la francesa)	refresco	langosta
panqueques	sándwich: de atún, de jamón y queso, de pavo, de pollo	pastel o flan
salchichas/tocino	sopa: de cebolla, de frijoles, de verduras, de pollo, de tomate	pescado: a la parrilla, al horno, empanizado, frito
yogur	tacos	tamales
	té caliente	verduras y legumbres: brócoli, coliflor, habichuelas
	té helado (té frío)	

MODELO: **E1:** ¿Qué comidas saludables escogiste?
E2: Escogí *toronja y yogur* para el desayuno. Para el almuerzo, escogí *ensalada de frutas y agua mineral*. Para la cena, escogí *ensalada verde y pescado a la parrilla*.
E1: ¿Y qué prefieres desayunar/almorzar/cenar?
E2: Prefiero...

Actividad 6 La comida en casa

Conversa con tu compañero/a.

1. ¿Qué desayunas por lo general? ¿Qué almuerzas normalmente?
2. ¿Qué bebidas prefieres para el desayuno? ¿Y para el almuerzo? ¿Para la cena?
3. ¿Qué prefieres comer de postre? ¿Tienes algún postre favorito? ¿Cuál? ¿Lo preparas en casa?
4. Generalmente, ¿comes mientras miras la televisión? ¿Te gustan las palomitas de maíz? ¿Les pones mantequilla y sal?
5. ¿Eres vegetariano/a? ¿Eres vegano/a? ¿Hay alguien vegetariano o vegano en tu familia?
6. ¿Eres alérgico/a a alguna comida? ¿A cuál?

Algún día los invito a comer mi pizza. La hago con peperoni y es exquisita, ¡modestia aparte (*modesty aside*)!
¡Gracias! Me gustaría probarla.
Pues, ¡seguramente (*surely*) es más rica que esta pizza de la cafetería!

fizkes/Shutterstock

La preparación de la comida

Lee *Gramática 9.3*

¿Qué platos sabes preparar?

Las medidas

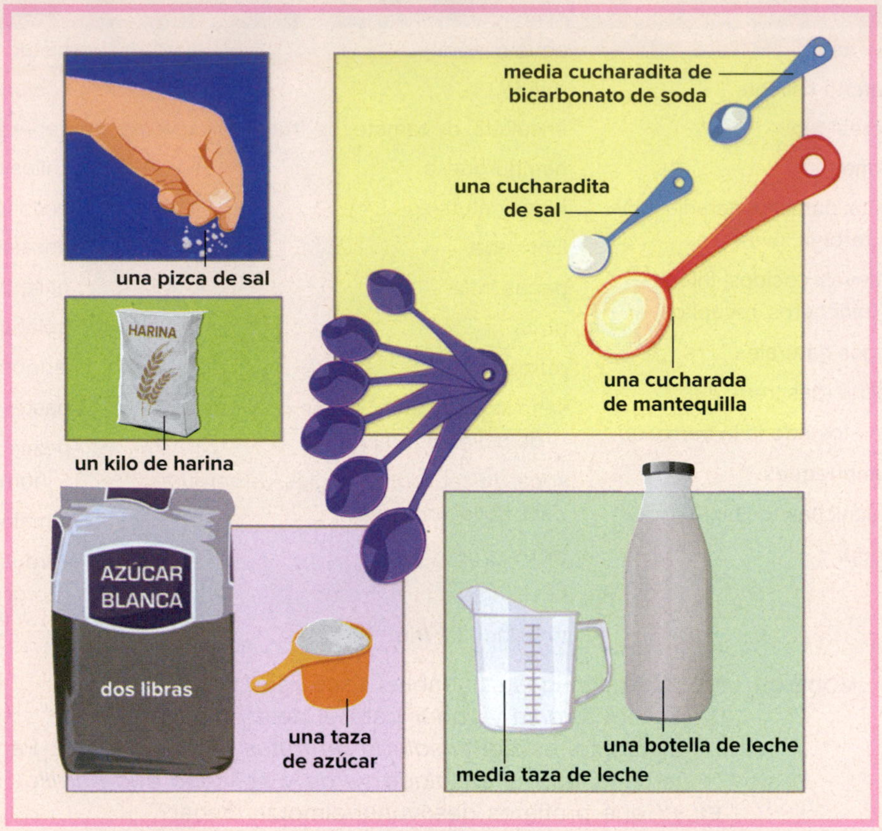

Los productos y sus envases

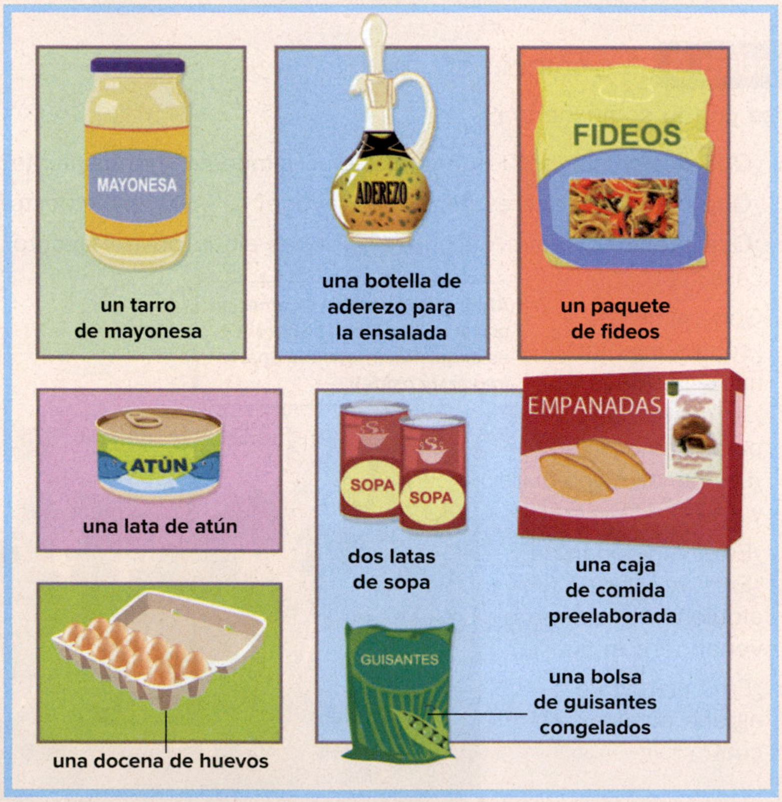

Muchas comidas preelaboradas contienen conservantes y colorantes.

La preparación

Se cortan varias rodajas de tomate.

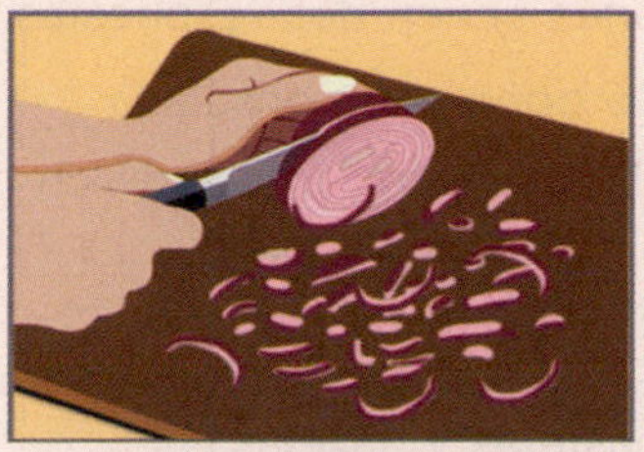

Se pica la cebolla.

Se corta una papaya en trozos pequeños (trocitos).

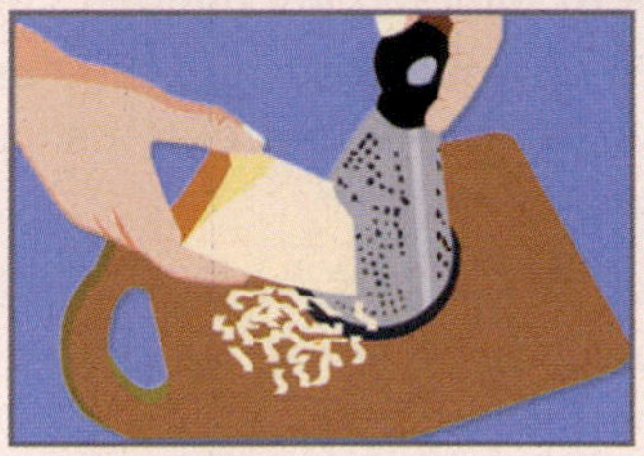

Se ralla el queso.

Se pela la papa.

Se corta el pan en rebanadas.

los huevos cocidos

el pollo frito

el pan horneado

las hamburguesas a la parrilla

Lengua *Refranes*

En español hay muchos refranes (*sayings*) con el tema de la comida. Aquí tienes uno muy popular:

«Al pan, pan y al vino, vino».

(En inglés, en sentido literal: [*Call*] *The bread "bread" and the wine "wine."*)

Hay algunos refranes similares en inglés, como por ejemplo, *Tell it like it is* y *Don't beat around the bush.*

Actividad 7 Par la comida

Empareja cada descripción con la palabra que describe. **OJO:** Algunas descripciones tienen dos respuestas posibles.

1. ___ Se pone en la ensalada.
2. ___ Para preparar un sándwich con tomate, se corta el pan en ____ y el tomate en ____.
3. ___ Se usa mucho en la preparación de pasteles y galletas.
4. ___ En esa tienda se venden frutas frescas, pero también las puedes comprar ____.
5. ___ Es un líquido dulce y muy espeso que se usa mucho en el té caliente o con el pan tostado.
6. ___ La receta pide ¼ de ____ de sal.
7. ___ Muchas personas les ponen ____ a los perros calientes.
8. ___ Es mejor no comer comidas con muchos ____.
9. ___ Algunas personas prefieren la carne del bistec un poco cruda; entonces preparan el bistec ____.

a. el aderezo
b. congeladas
c. conservantes
d. cucharadita
e. la harina
f. ingredientes químicos
g. la miel
h. mostaza
i. poco asado
j. rebanadas
k. rodajas
l. la vainilla

Scott Bauer/USDA

Las papas se preparan de muchas maneras.

Actividad 8 Hoy haces la compra

A. Hoy vas a hacer la compra para la semana. Aquí tienes la lista de los productos que necesitan en tu casa. Con tu compañero/a, calcula el precio total de los alimentos en la lista. ¿Cuál es el precio total de todo?

Vocabulario

× = por (*for, per*)

3 manzanas × $1 = tres manzanas por un dólar

manzanas: $2 × lb. = manzanas: dos dólares por libra

Lista para la compra	El precio de los productos
dos latas de sopa de verduras	lata de 10 onzas: $1,89
dos aguacates	4 × $1,99
tres libras de carne molida	$4,15 × lb.
catorce onzas de avena	envase 14 onzas: $2,49
un tarro de dieciséis onzas de mayonesa	tarro 16 onzas: $3,59
tres libras de cebollas amarillas	$0,69 × lb.
un paquete de zanahorias	pqte. $0,99
dos libras de manzanas	$1,60 × lb.
una sandía de ocho libras	$0,24 × lb.
dos libras de camarones frescos	$8,99 × lb.
una libra de nueces	$3,50 × lb.

B. Ahora, conversa con tu compañero/a.

1. ¿Cómo se comparan los precios de estos alimentos con los precios donde vives tú?
2. ¿Quién hace la compra en tu casa? ¿La haces tú?
3. En tu casa, ¿compran ustedes la comida en un supermercado o en tiendas pequeñas?
4. ¿Compran muchas verduras y frutas en tu casa? ¿Compran comidas preelaboradas?
5. ¿Quién prepara la comida en tu casa? ¿Sabes cómo se preparan tus platos favoritos? ¿Qué platos sabes preparar? ¿Siempre necesitas usar recetas para cocinar?
6. ¿Compras mucha comida chatarra (*junk food*)? ¿Qué compras?

Cultura *Bolsas*

En muchos países hispanos, los supermercados y las tiendas no ofrecen bolsas gratis para las compras. Si uno no lleva bolsas de casa, tiene que pagar por las bolsas de plástico o papel de la tienda.

Gramática *Giving Recipe Instructions*

There are other ways to give recipe instructions in Spanish. For example, you can use infinitives.

Añadir dos tazas de agua.

Or you can use a polite command.

Añada dos tazas de agua.

Here are some polite commands that you might see in recipes: **Añada** (*Add*), **Agregue** (*Add*), **Fría** (*Fry*), **Tome** (*Take*), **Baje** (*Lower*), **Corte** (*Cut*), **Saque** (*Take out*).

You will learn more about polite commands in **Gramática 11.3.**

Actividad 9 Vamos a preparar ceviche

Pon en orden los pasos para la preparación del ceviche, un plato típico de Perú.

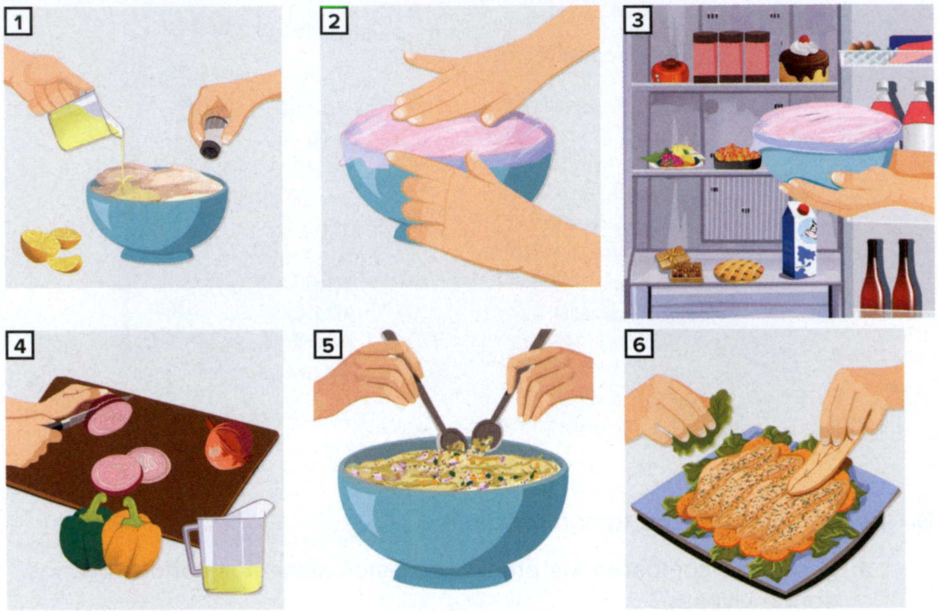

INGREDIENTES

2 libras de filetes de pescado blanco	2 pimientos (ají verde y ají anaranjado)
2 cebollas grandes, cortadas en trocitos	1 manojo de cilantro, picado finamente
15 limones	sal y aceite al gusto

PREPARACIÓN

________ Se cubre la fuente.

________ Se adorna con lechuga o camote antes de servirlo.

________ Se pone el pescado en una fuente de vidrio y se cubre con jugo de limón y sal.

________ Se cortan las cebollas, el ají y el cilantro en trozos pequeños y se mezclan con jugo de limón. Se le pone una pizca de sal, se cubre pescado con la mezcla y se deja reposar por una hora.

________ Se pone el pescado en el refrigerador durante un mínimo de cuatro horas.

________ Cuando el pescado esté «cocido» en el jugo de limón, se mezcla con los otros ingredientes y se le agrega más sal y aceite al gusto. Se deja reposar por veinte o treinta minutos.

En el restaurante

Lee *Gramática* 9.4

¿Qué pediste la última vez que fuiste a un restaurante?

Julia Johnson-Muñoz y su esposo Alberto Muñoz salieron a cenar anoche.

Julia pidió una ensalada, pollo a la parrilla, papas fritas y espárragos. Alberto pidió sopa de verduras, bistec al punto, pan con mantequilla y brócoli.

Alberto tomó una copa de vino tinto, pero Julia decidió tomar agua mineral. ¡Y claro que hicieron un brindis!

El mesero les sirvió la comida.

¡Buen provecho!

Comieron con gusto y conversaron tranquilamente.

¡Feliz aniversario, querido!

El cocinero les preparó un postre especial, pastel de chocolate con helado.

Los dos pidieron café después del postre. ¡Quedaron muy satisfechos!

Pagaron la cuenta con tarjeta de crédito.

Dejaron una buena propina porque el servicio fue excelente.

Casi siempre pido agua mineral en los restaurantes, ¡especialmente cuando tengo que manejar!

En algunos restaurantes no sirven muy rápido la comida.

Lengua *Refranes*

Aquí hay dos refranes más con el tema de la comida.

«Del plato a la boca, se cae la sopa.»

En inglés, en sentido literal: *From the plate to the mouth, the soup falls.* En inglés hay un refrán que comunica la misma idea: *There is many a slip twixt the cup and the lip.*

«Barriga llena, corazón contento».

En inglés, en sentido literal: *Full belly, happy heart.*

Actividad 10 Hay que poner la mesa

A. Di para qué sirven estos objetos de la mesa.

MODELO: *El salero* sirve para *guardar la sal.*

Vocabulario

comer la comida	**limpiarse la boca**	**servir la sopa**
cortar la comida	**preparar la ensalada**	**tomar café/té/vino/agua**
cubrir la mesa	**servir el agua**	**tomar la sopa**
guardar la sal/pimienta		

B. Ahora, ¡hay que poner la mesa! ¿Dónde se pone cada objeto? Trabaja con tu compañero/a. Miren el dibujo y usen **a la derecha de, a la izquierda de, al lado de, encima de, entre** o **enfrente de.**

MODELO: **E1:** ¿Dónde se pone *el tenedor?*
E2: *El tenedor* se pone *a la izquierda del plato.*

CULTURES C CONNECTIONS C

¡CUIDA TU MUNDO!

Ekaterina Simonova/Shutterstock

En el lado boliviano del lago Titicaca está la Isla de la Luna, una pequeña isla[a] donde viven veinticinco familias. Estas familias quieren hacer de su isla un santuario para las ranas[b] gigantes que habitan sus aguas. Las ranas están en peligro[c] de extinción porque la gente las caza[d] para servirlas como plato especial en restaurantes. Los habitantes de Isla de la Luna consideran estos anfibios sagrados[e] y además quieren promover[f] el ecoturismo en su hábitat. A propósito, ¿sabías que el Titicaca es el lago navegable más alto del mundo?

[a]*island* [b]*frogs* [c]*danger* [d]les... *hunt them* [e]*sacred* [f]*promote*

Actividad 11 El nuevo restaurante

Sebastián, Daniel y Nayeli cenaron ayer en Perú Andino, un restaurante de comida peruana y andina. Lee las descripciones de su experiencia y ponlas en orden, según los dibujos. Luego, trabaja con tu compañero/a para narrar la historia.

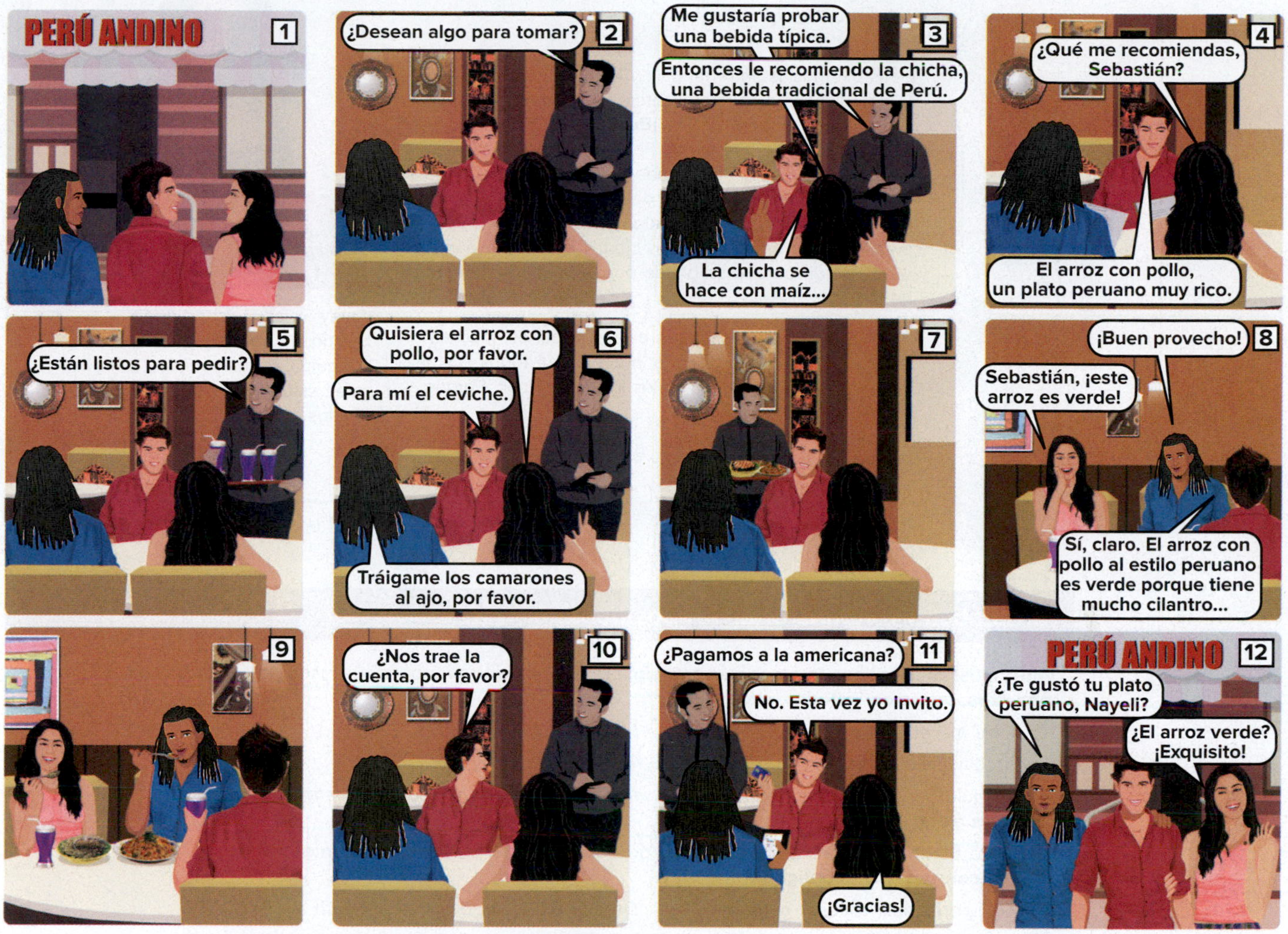

_______ Entraron en el restaurante para cenar.

_______ Leyeron el menú y Sebastián le recomendó un plato peruano a Nayeli.

_______ El mesero les sirvió la comida: arroz con pollo para Nayeli, ceviche para Sebastián y camarones al ajo para Daniel.

_______ Se sentaron y el mesero les preguntó si querían (*wanted*) tomar algo.

_______ El mesero les sirvió las bebidas.

_______ Pidieron la cuenta.

_______ El mesero le recomendó a Nayeli una bebida típica de Perú.

_______ Salieron del restaurante hablando del plato que pidió Nayeli.

_______ Nayeli, Sebastián y Daniel pidieron la comida.

_______ Nayeli se sorprendió con el color verde del arroz.

_______ Comieron y conversaron.

_______ Sebastián pagó la cuenta con tarjeta de crédito y dejó una buena propina.

Nuestra gente

COMPARISONS C

¿Cuáles son algunas costumbres hispanas a la hora de comer? ¿Cómo se comparan con las de Estados Unidos?

Las diferencias entre mi país y los Estados Unidos en este aspecto son interesantes. Por ejemplo, en mi cultura es costumbre decirle **¡Buen provecho!** a una persona que está comiendo. Pero en inglés no hay ninguna frase similar. En Estados Unidos solo se puede decir *Enjoy!* o usar una frase del francés, *Bon appetit!* Y cuando uno bebe con sus amigos, todos dicen *Cheers!* para hacer un **brindis**,[a] ¿no es cierto? Pues en español se dice **¡Salud!**[b] porque se brinda por la salud y el **bienestar**[c] de todos.

A propósito,[d] en Perú y otros países hispanos, muchas veces una sola persona paga la cuenta de todos sus amigos cuando sale con ellos y los invita a comer. ¡Porque invitar[e] es también pagar!

[a]*toast* [b]*Health!* [c]*well-being* [d]*A... By the way* [e]*to treat*

Krakenimages.com/Shutterstock

Antay Rojas Quispe tiene veinticuatro años y es de Arequipa, Perú. Antay es bilingüe, pues estudió inglés en Estados Unidos.

Gramática *Pronouns after Prepositions*

After most prepositions **(a, de, por, para, sin,...)**, the following pronouns are used: **mí, usted, ti, él, ella, nosotros, vosotros, ustedes, ellos, ellas.**

A mí me encanta la comida peruana.	*I love Peruvian food.*
El ceviche es **para él.**	*The ceviche is for him.*
No quiero ir al nuevo restaurante **sin ellos.**	*I don't want to go to the new restaurant without them.*

But note that the preposition **con** and the pronoun **mí** combine to form **conmigo** (*with me*), and the pronoun **ti** after **con** becomes **contigo** (*with you*).

—¿Quieres salir a cenar **conmigo**?	*Do you want to go out to eat with me?*
—Sí, claro. Siempre me gusta salir a cenar **contigo.**	*Yes, of course. I always enjoy going out to eat with you.*

You will learn more about prepositions and pronouns in **Capítulo 10, Gramática 10.1.**

Actividad 12 Los restaurantes

Conversa con tu compañero/a.

1. ¿Qué tipo de restaurante te gusta más? (elegante, fino, caro, barato,...) ¿Por qué?
2. ¿Te gusta la comida mexicana? ¿Y la comida peruana? ¿Qué otro tipo de comida te gusta? (china, japonesa, árabe, caribeña, italiana,...)
3. ¿Cuál es el restaurante más elegante cerca de tu casa? ¿Comes allí con frecuencia? ¿Te gusta la comida? ¿Y el ambiente? ¿Son buenos los precios? ¿Es necesario hacer una reservación?
4. ¿Cuánto se debe pagar por una comida excelente en un buen restaurante? ¿Cuánto dejas de propina: el quince por ciento (%) o más, o menos? ¿Por qué?
5. ¿Cuántas veces por semana comes fuera de casa? ¿Comes frecuentemente en algún lugar en especial? ¿Dónde?
6. ¿Vas mucho a los restaurantes de «servicio rápido»? ¿Cuál de todos es tu favorito? ¿Por qué?

Exprésate

ESCRÍBELO TÚ

En un restaurante

Imagínate que estás en tu restaurante favorito con un amigo o una amiga. Escribe un diálogo entre el mesero / la mesera, tu amigo/a y tú. Tu amigo/a y tú van a pedir sus platos favoritos. Antes de pedir la comida, deben conversar sobre algunos de los platos en el menú, comentando cuáles son más saludables y cuáles son más sabrosos. Usa algunas de las palabras y frases de la caja de **Gramática** como por ejemplo, **quisiera** y **me gustaría.** Completa la actividad entera en el *Cuaderno de actividades* o en Connect.

Gramática *Ordering a Meal at a Restaurant*

Here are some words and phrases you can use to order a meal at a restaurant. Always start and finish your order with **por favor.**

Quisiera... = *I would like . . .*

Tráigame/Tráiganos... = *Bring me/us . . .*

Me gustaría... = *I would like . . .*

(A mí) Me trae... / (A nosotros) Nos trae... = *Will you bring me/us . . .*

Sírvame/Sírvanos... = *Will you serve me/us . . .*

(A mí) Me sirve... / (A nosotros) Nos sirve... = *Will you serve me/us . . .*

CUÉNTANOS

Una cena ideal

Conversa con tus compañeros/as sobre tu cena ideal. ¿Es una cena en casa o en un restaurante? ¿Qué comidas se sirven? ¿Hay algunos platos saludables? ¿Hay sopa o ensalada? ¿Qué se sirve para beber? Menciona los platos principales y el postre. ¿Cuáles de estos platos tienen más proteína, carbohidratos, grasa, calcio, vitaminas, etcétera? Di también quién prepara la comida y con quién(es) cenas. Por último, di por qué consideras esta cena «ideal».

Edgardo Contreras/The Image Bank/Getty Images

¿Cenas en casa con toda tu familia con frecuencia?

Cultura

Mundopedia

CULTURES C

La Diablada de Oruro

Marco Simoni/robertharding/Alamy Stock Photo

La Diablada de Oruro

Vocabulario de consulta	
la Diablada	Festival (Dance) of Devils
minero	mining (*adj.*)
plata	silver
estaño	tin
recursos	resources
se agotaron	got used up
cristianismo	Christianity
ofrecían coca	offered coca leaves
dios	god
diablo	the devil
leyenda	legend
apareció	appeared
danzantes	dancers
mezcla	mixture
cuernos	horns
máscaras	masks

LA CIUDAD DE ORURO

La ciudad de Oruro se encuentra al oeste de Bolivia y tiene 200.000 habitantes. Esta ciudad se estableció en 1606 como centro **minero**, primero de la **plata** y luego del **estaño**. Pero los dos **recursos se agotaron**. Hoy en día el recurso principal de Oruro es el turismo: su carnaval es muy famoso y es la celebración folclórica más grande de América Latina. Cada mes de febrero, llega a esta ciudad boliviana casi medio millón de personas para celebrar su festividad carnavalesca, que se llama también la **Diablada** de Oruro.

LA TRADICIÓN DE LA DIABLADA

La Diablada de Oruro viene de la mitología de los indígenas y de la interpretación indígena del **cristianismo**. Para recibir protección, los mineros indígenas le **ofrecían coca** y alcohol al Supay, el **dios** de los muertos y del mundo subterráneo. Los españoles asociaron este dios de los muertos con el **diablo** de la religión católica. Según la **leyenda**, en 1789 **apareció** una imagen de la Virgen de la Candelaria al pie de una montaña. Los mineros adoptaron esta Virgen como su santa patrona. En honor a ella y para calmar al Supay, empezaron a celebrar la Diablada durante el carnaval. Y así comenzó esta tradición.

LAS MÁSCARAS Y LOS DISFRACES

En el carnaval de Oruro se presentan muchos tipos de baile, pero el más famoso es el baile de los diablos, la Diablada. Los **danzantes** llevan disfraces de diablo y bailan por las calles de Oruro durante más de quince horas. Los disfraces de los bailadores representan una **mezcla** de dos religiones: la indígena y la cristiana. Hay símbolos de la mitología indígena, y hay **cuernos**, un símbolo cristiano del diablo. Las **máscaras** y los disfraces son fantásticos; ¡los artesanos trabajan todo el año para hacerlos!

COMPRENSIÓN

Contesta las preguntas.

1. ¿Cuáles fueron los dos primeros recursos de Oruro?
2. ¿Cuál es el recurso más importante de Oruro hoy en día?
3. ¿En qué mes se celebra la Diablada de Oruro?
4. ¿Cómo se llama el dios de los muertos en la cultura de los indígenas andinos?
5. ¿Cuál es el símbolo cristiano del diablo?

Palabras regionales: Bolivia		Palabras regionales: Perú	
el ajayu*	soul, life (e.g., *of a party*)	**a la tela**	elegantly dressed
ajear	**insultar**	**taypá***	**abundante** (*comida*)
dar bola	to pay attention, to listen	**estar aguja**	**estar sin dinero**

CULTURES CONNECTIONS

CONEXIÓN CULTURAL

EL MISTERIO DE MACHU PICCHU

Las ruinas de Machu Picchu están en la cresta (*ridge*) de una montaña sobre el Valle Urubamba de Perú, cincuenta millas al nordeste (*northeast*) de Cusco. Este sitio majestuoso (*majestic*) data del siglo XV y se conoce como la ciudad perdida (*lost*) de los incas. Los expertos tienen varias teorías sobre el misterio de Machu Picchu, pero no hay respuestas definitivas a muchas de sus preguntas. Lee la lectura «El misterio de Machu Picchu» en el *Cuaderno de actividades* o en Connect y ¡descubre esta ciudad fantástica!

*palabra de origen quichua

EL MENSAJE DE YARIA Episodio 9: En el restaurante

Videoteca

Amigos sin Fronteras

Episodio 9: ¡Buen provecho!

Klic Video Productions/McGraw Hill

Klic Video Productions/McGraw Hill

Klic Video Productions/McGraw Hill

Resumen

Sebastián invita a Nayeli y a Eloy a cenar en un restaurante peruano. Nayeli no conoce la comida peruana pero tiene muchas ganas de probarla. Los tres amigos piden papas a la huancaína de aperitivo y otros platos típicos de Perú. Sebastián pide ceviche, Eloy, lomo saltado y Nayeli, arroz con pollo. Pero el plato de Nayeli... ¡es una sorpresa para ella!

Mi país PERÚ Y BOLIVIA

Resumen

Descubre aquí los lugares espectaculares que visitaron Sebastián y Daniel durante su viaje a Perú, ¡especialmente las ruinas de Machu Picchu!

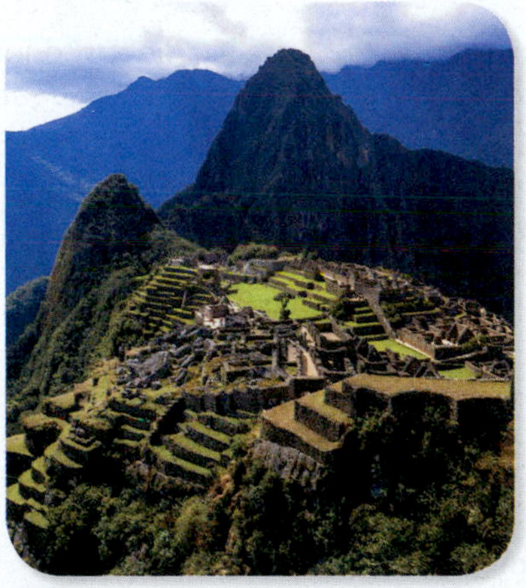
Nolleks86/Shutterstock

Machu Picchu

John Warburton-Lee/Getty Images

el lago Titicaca

Los actores hablan

Klic Video Productions/McGraw Hill

Klic Video Productions/McGraw Hill

Preguntas

¿Comes bien o comes mal?

¿Te gusta cocinar o salir a cenar?

¿Qué tipo de comida te gusta cocinar?

Gramática

9.1 Personal and Impersonal Direct Object Pronouns: lo, la, los, and las

A. As you saw in **Gramática 5.2**, the object pronouns **lo, la, los,** and **las** serve as impersonal direct object pronouns. In other words, they can be used to replace the name of an object. Thus **lo** and **la** are the equivalent of the English pronoun *it*, and **los** and **las** are equivalent to *them*.

—¿Quién compró **el pastel**?	*Who bought the cake?*
—**Lo** compró Daniel.	*Daniel bought it.*
—¿Quién trajo **la fruta**?	*Who brought the fruit?*
—**La** trajo Fátima.	*Fátima brought it.*
—Lucía, ¿dónde pusiste **las servilletas**?	*Lucía, where did you put the napkins?*
—**Las** puse en la mesa.	*I put them on the table.*

B. The Spanish direct object pronouns **lo, la, los,** and **las** may also substitute for words referring to people, and as such they are called *personal* pronouns. For example, **lo** in the first exchange below refers to **Sebastián (él);** in the second one, **la** refers to **la profesora Julia Johnson-Muñoz (ella).**

—¿Llamaste a Sebastián?	*Did you call Sebastián?*
—Sí, **lo** llamé ayer.	*Yes, I called him yesterday.*
¿La profesora Johnson-Muñoz? **La** vi ayer en el campus.	*Professor Johnson-Muñoz? I saw her on campus yesterday.*

lo = *you (pol.) / him / it (m. sing.)*
los = *you/them (m. pl.)*
la = *you (pol.) / her / it (f. sing.)*
las = *you/them (f. pl.)*
—¿Quién preparó los frijoles?
Who made the beans?
—Papá los preparó.
Dad made them.

C. As you saw in **Gramática 5.2,** direct object pronouns are placed before the conjugated verb. However, when the conjugated verb is followed by an infinitive, or in sentences that include the verb structure used to express the future (**ir** + **a** + *inf.*) or the present progressive (**estar** + **-ando/-iendo**), there are two options concerning the placement of direct object pronouns.

- Pronouns may precede the conjugated verb.

  ¿Los fideos? Los voy a comprar esta tarde.

  ¿La paella? La estamos preparando ahora.

- Pronouns may also be attached to the end of the infinitive or to the present participle (**-ando/-iendo**).

  ¿Los fideos? Voy a compra**rlos** esta tarde.

  ¿La paella? Estamos preparándo**la** ahora.

When you attach a pronoun to the end of the present participle, add a written accent to indicate the stress of the original participle: **Lo estoy mirando. → Estoy mirándolo.**

It takes time to acquire these pronouns. You will gradually come to use them in your speech as you hear and read more Spanish. You will also learn more about the placement of pronouns in **Gramática 14.2.**

Ejercicio 1

Indica el pronombre correcto: **lo, la, los** o **las,** según el contexto. Luego, completa la oración con la palabra o frase más lógica.

MODELO: —¿Cuándo bebiste el jugo de naranja?
—*Lo* bebí…

a. hace diez años. **b.** anoche. **c.** antes de levantarme.

1. —¿Dónde pusiste la carne?
—__________ puse en...
a. el jardín.
b. el supermercado.
c. el congelador.

2. —¿Dónde compraste las verduras?
—__________ compré en...
a. una tienda de ropa.
b. el supermercado.
c. la cafetería de la escuela.

3. —¿Cuándo trajiste el hielo?
—__________ traje...
a. el año pasado.
b. hace diez minutos.
c. hace dos semanas.

4. —¿Dónde pusiste la mayonesa?
—__________ puse en...
a. la mesa.
b. el sofá.
c. el dormitorio.

5. —¿Dónde pusiste los vasos?
—__________ puse en...
a. el armario.
b. la cómoda.
c. la alacena.

6. —¿Viste a Claudia ayer?
—Sí, __________ vi en...
a. el tocino.
b. el restaurante.
c. la paella.

7. —¿Cuándo conociste a Daniel?
—__________ conocí...
a. el verano pasado.
b. en el año 1896.
c. mañana.

8. —¿Llamaste a las chicas ya?
—Sí, __________ llamé...
a. en el año 2030.
b. anoche.
c. la semana próxima.

9. —¿Saludaste a la profesora?
—Sí, __________ saludé...
a. hace cinco minutos.
b. el siglo pasado.
c. el mes próximo.

10. —¿Oíste llegar a Sebastián y a Daniel?
—Sí, __________ oí llegar...
a. a las diez de la noche.
b. mañana en la tarde.
c. en el año 1521.

Ejercicio 2

La familia de Nayeli Rivas se está preparando para la cena de Nochebuena. Nayeli y sus hermanos —Izel, Emiliano y Beto— le hacen preguntas a sus padres. Completa las respuestas de su mamá y de su papá con **lo, la, los** o **las.** Complétalas de dos maneras, como se ve en los modelos.

MODELOS: —Mamá, ¿a qué hora vas a servir la comida?
—**La** voy a servir / Voy a servir**la** a medianoche.

—Papá, ¿quién está preparando el menú?
—Tu mamá y yo **lo** estamos preparando. / estamos preparándo**lo.**

1. —Papá, ¿vamos a poner la mesa ahora?
—No, Beto, **(nosotros)** ________________ a las once de la noche.
2. —Mamá, ¿vas a preparar el aderezo ahora o más tarde?
—Hija, ________________ a las diez de la noche.
3. —Papá, ¿ya estás horneando los pasteles?
—Sí, Emiliano, ________________ ahora mismo.
4. —Mamá, ¿quién está rallando el queso?
—Izel ________________ en este momento.
5. —Mamá, ¿papá va a abrir las latas de aceitunas ahora?
—No, Nayeli, tu papá no ________________ todavía. Prefiero esperar un poco.

9.2 Using Affirmative and Negative Words: alguien/nadie, algo/nada

A. Spanish has a number of words that correspond to affirmative and negative words in English.

Affirmative Words		Negative Words	
algo	*something*	nada	*nothing*
alguien	*somebody*	nadie	*nobody, no one*
algún, alguno/a/os/as	*some*	ningún, ninguno/a	*none*
siempre	*always*	nunca/jamás	*never*
también	*also*	tampoco	*neither*

However, unlike English, Spanish frequently requires the use of multiple negatives in the same sentence when one responds negatively to a question.

—¿Tienes **algo** en el horno? *Do you have something in the oven?*

—**No, no** tengo **nada**. *No, I don't have anything.*

—¿Hay **alguien** a la puerta? *Is there someone at the door?*

—**No, no** hay **nadie.** *No, there is no one (there).*

—Señora Saldívar, ¿va usted **siempre** al mercado los martes? *Mrs. Saldívar, do you always go to the market on Tuesdays?*

—**No, no** voy **nunca** los martes. *No, I don't ever (I never) go on Tuesdays.*

In standard English, it is generally incorrect to have more than one negative in a sentence; in Spanish, multiple negatives are often required.

B. When the negative word comes *before* the verb in Spanish, **no** is not used. However, it's also possible to place the negative word after the verb, and in that case, **no** is added before the verb.

Nunca como entre comidas.
No como **nunca** entre comidas. } *I never eat between meals.*

Nadie fue al mercado ayer.
No fue **nadie** al mercado ayer. } *Nobody went to the market yesterday.*

C. **Alguno/a** corresponds to English *some* or *any*, and **ninguno/a** corresponds to English *none, not one/any*, or *neither one*.

—¿Hay **alguna** sopa sin carne? *Is there any soup without meat?*

—No, no hay **ninguna;** todas tienen carne. *No, there isn't any; they all have meat.*

—¿Hay **algunos** postres sin azúcar? *Are there any desserts without sugar?*

—No, señor, no tenemos **ningún** postre sin azúcar. *No, sir, we don't have any desserts without sugar. / No, sir, we have no desserts without sugar.*

Busqué un restaurante tailandés, pero no hay **ninguno** en este barrio. *I looked for a Thai restaurant, but there is none (there isn't one) in this neighborhood.*

Note that Spanish, unlike English, uses **ninguno/a** only with nouns in the singular form.

No hay ningún restaurante aquí.

There are no restaurants here.

Add the preposition **de** to say *some of* or *none of* (referring to a group of objects or people).

—¿Fue **alguno de** tus hermanos a la cena? *Did any of your siblings go to the dinner?*

—No, **ninguno de** ellos pudo asistir. *No, none of them was able to attend.*

D. **Alguno** and **ninguno** shorten to **algún** and **ningún** before masculine singular nouns. This is the same rule you've already seen with **uno → un, bueno → buen, primero → primer**, and **tercero → tercer.**

—¿Hay **algún** restaurante en esta calle?	*Is there a restaurant on this street?*
—No, no hay **ningún** restaurante por aquí.	*No, there aren't any restaurants around here.*

E. In order to express *I/you/we/they don't either*, use a subject pronoun + **tampoco.**

—No quiero comer helado.	*I don't want to eat ice cream.*
—**Yo tampoco.**	*I don't either. / Me neither. / Neither do I.*
Yo no quiero más arroz. **Tú tampoco,** ¿verdad?	*I don't want more rice. You don't either, right?*

Ejercicio 3

Contesta las siguientes preguntas de forma negativa. Usa **nada, nadie, nunca** o **ninguno/a.**

MODELO: —¿Hay algo de comer en el refrigerador?
—No, no hay *nada*.

1. —¿Fue alguien al supermercado ayer?
   —No, no fue ________________.
2. —¿Desayunaste algo esta mañana?
   —No, no comí ________________.
3. —¿Siempre comes en restaurantes chinos?
   —No, ________________ como en ellos.
4. —¿Invitaste a alguien a cenar esta noche?
   —No, no invité a ________________.
5. —¿Compraste una sandía?
   —No, no encontré ________________ madura.
6. —¿Quieres algo de tomar?
   —No, gracias. No quiero ________________.
7. —¿Te sirvo espinacas?
   —No, gracias. ¡________________ las como!
8. —¿Por qué no invitaste a Sebastián y a Daniel a la fiesta?
   —Los invité, pero ________________ de los dos pudo venir.

Ejercicio 4

Empareja la descripción con la comida o bebida que describe.

1. _______ Esta bebida no se bebe caliente nunca.
2. _______ Ninguna de estas tres comidas es una verdura.
3. _______ Ninguno de estos tres alimentos es carne.
4. _______ Ninguno de estos tres alimentos es fruta.
5. _______ Algunas personas beben esta bebida siempre para el desayuno.
6. _______ Nadie come la cáscara de esta fruta.

a. las fresas, la chuleta y el pescado
b. el plátano
c. la leche
d. el pan, el ajo, las manzanas
e. el pollo, la cebolla y el yogur
f. la cerveza

9.3 Expressing *one* or *you:* The Impersonal **se**

As you learned in **Gramática 4.1, se** is a reflexive pronoun. But **se** is also used in "impersonal" constructions. In English, this structure is expressed with the impersonal *you* (*You need good fruit to make a good fruit salad*), the pronoun *one* (*One should always think before acting*), the pronoun *they* (*They sell beer by the glass around here*), or the passive voice (*Beer is sold by the glass around here*).

—¿Cómo **se dice** *tablecloth* en español?	*How do you say "tablecloth" in Spanish?*
—**Se dice** «mantel».	*You say* "mantel."
Aquí **se habla** español.	*Spanish is spoken here.* (*They speak Spanish here.*)
No **se debe** dormir inmediatamente después de comer.	*One/You shouldn't* (*go to*) *sleep immediately after eating.*

If the topic in question is plural and functioning as the verb's subject, the verb is usually plural. However, when phrases such as **se puede, se debe,** or **se necesita** are followed by infinitives, they are always singular.

¿**Se sirven mariscos** frescos aquí?	*Are fresh shellfish served here?*
¡Aquí **se puede desayunar** a las dos de la mañana!	*Here you can eat breakfast at 2 a.m.!*

Se + *third-person verb form* is often used for instructions, especially in recipes. (Notice the plural verb forms **ponen** and **cuecen,** which agree with the plural verb subject **fideos.**)

Primero **se hierve** el agua. Después, **se agrega** la sal y luego **se ponen** los fideos y **se cuecen** por ocho minutos.	*First you boil the water. Next, you add the salt, and then you put in the noodles and cook them for eight minutes.*

Se + *third-person singular verb* is used to express *one, you,* or impersonal *they.*

Se come muy tarde en España. *One eats* (*They eat*) *very late in Spain.*

Ejercicio 5

Usa el **se** impersonal para completar las oraciones con los verbos de la lista.

batir (*to beat*)	**hablar**	**mezclar** (*to mix*)	**poder**	**preparar**
cortar	**lavar**	**necesitar**	**poner**	

1. Para preparar un sándwich de jamón y queso, ________________ el jamón y el queso en lonchas (*slices*).
2. Para alimentarse bien, ________________ comer de los cuatro grupos esenciales de alimentos.
3. Primero ________________ el brócoli y luego ________________ en el agua a hervir.
4. En este restaurante ________________ los mariscos con ajo y hierbas.
5. Según la receta, ________________ todos los ingredientes en una fuente grande.
6. En una parrillada argentina, ________________ varios tipos de carne.
7. ¿________________ francés en ese restaurante?
8. ¿________________ los huevos para preparar una tortilla española?

9.4 More on -e to -i Stem-Changing Verbs

A. In **Gramática 5.1,** you learned that **pedir** (*to order; to ask for*) and **vestirse** (*to get dressed*) have a stem change from **-e** to **-i** in both the present and preterite tenses. In the present tense, all forms of **pedir** and **vestirse** use the stems **pid-** and **vist-** except for the **nosotros/as** and **vosotros/as** forms. In the preterite, only the third-person singular **(usted, él/ella)** and plural **(ustedes, ellos/as)** forms use the stem with **-i.** The verbs **servir** (*to serve; to be used/useful for*) and **seguir** (*to follow*) follow the same pattern.

pedir		vestirse		servir		seguir	
Present	**Preterite**	**Present**	**Preterite**	**Present**	**Preterite**	**Present**	**Preterite**
pido	pedí	me visto	me vestí	sirvo	serví	sigo	seguí
pides*	pediste*	te vistes*	te vestiste*	sirves*	serviste*	sigues*	seguiste*
pide	pidió	se viste	se vistió	sirve	sirvió	sigue	siguió
pedimos	pedimos	nos vestimos	nos vestimos	servimos	servimos	seguimos	seguimos
pedís	pedisteis	os vestís	os vestisteis	servís	servisteis	seguís	seguisteis
piden	pidieron	se visten	se vistieron	sirven	sirvieron	siguen	siguieron

When you form the present progressive **(estar + -ando/iendo)** of these verbs, notice that the **e → i** change also occurs in the present participles: **pidiendo** (*ordering*), **vistiendo/vistiéndose** (*dressing/getting dressed*), **sirviendo** (*serving*), and **siguiendo** (*following*).

En este restaurante **sirven** excelente comida. La semana pasada me **sirvieron** unas enchiladas de pollo sabrosísimas. — *They serve excellent food in this restaurant. Last week they served me some delicious chicken enchiladas.*

Este aparato **sirve** para pelar papas. — *This device is good for peeling potatoes.*

El viaje me **sirvió** para conocer a mi tío. — *The trip was useful for getting to know my uncle.*

Pedí ceviche de camarones. Siempre **pido** lo mismo. — *I ordered shrimp ceviche. I always order the same thing.*

¿Ya **pediste** la cuenta? — *Did you already ask for the bill* (*check*)*?*

Me **pidió** un favor y le dije que sí. — *He asked me for a favor and I told him yes.*

Las niñas **se vistieron** rápido esta mañana. — *The girls got dressed quickly this morning.*

Daniel no **siguió** la receta. — *Daniel didn't follow the recipe.*

B. **Reír**(**se**) (*To laugh*), **sonreír** (*to smile*), and **freír** (*to fry*) also follow this pattern, except that in the third-person preterite forms, one **i** is dropped: **fri-** + **ió → frió; fri-** + **-ieron → frieron.**

freír	
Present	**Preterite**
frío	freí
fríes	freiste†
fríe	frió
freímos	freímos
freís	freísteis
fríen	frieron

The present participles are: **friendo, sonriendo,** and **riendo.**

Camila **frió** las papas. — *Camila fried the potatoes.*

Nayeli **sonrió** cuando le sirvieron su plato favorito. — *Nayeli smiled when they served her her favorite dish.*

*Alternative forms for recognition only (present/preterite): **vos pedís/pediste, vos te vestís/vestiste, vos servís/serviste, vos seguís/seguiste.**

†Alternative forms for recognition only: (present) **vos freís, vos sonreís, vos reís;** (preterite) **vos freiste, vos sonreíste, vos reíste.**

Ejercicio 6

Sebastián y Nayeli están conversando en un restaurante mexicano, antes de pedir su comida. Escoge entre los verbos **servir** y **pedir** para completar su conversación, usando el presente o el pretérito según el contexto. **OJO:** Lee el diálogo antes de completarlo para saber el contexto de la conversación.

SEBASTIÁN: ¿Qué _______ **(presente)**[1] tú en un restaurante mexicano?
NAYELI: Eso depende. Si el restaurante _______ **(presente)**[2] mariscos, pido un cóctel de mariscos.
SEBASTIÁN: ¿Y si no hay mariscos?
NAYELI: Entonces _______ **(presente)**[3] un chile relleno.
SEBASTIÁN: Hay muchos platos mexicanos que me gustan.
NAYELI: ¿Por qué no _______ **(presente)**[4] unas enchiladas de pollo?
SEBASTIÁN: Sí, son ricas...
NAYELI: Aquí son muy buenas. ¡Y los precios son buenos también!
SEBASTIÁN: Hablando de precios, el mes pasado Daniel y yo fuimos a un restaurante mexicano excelente, pero un poco caro, en San Francisco. ¡Tuvimos tres meseros!
NAYELI: ¡Tres!
SEBASTIÁN: Sí, uno para las bebidas, uno para la comida y otro para el postre. Y el mesero de la comida nos _______ **(pretérito)**[5] unos platos exquisitos.
NAYELI: ¿Qué _______ **(pretérito)**[6] ustedes?
SEBASTIÁN: Los dos[a] _______ **(pretérito)**[7] sopa azteca, ensalada y carne de res en salsa de vino.
NAYELI: Mmm. ¿Y los meseros les _______ **(pretérito)**[8] postre también?
SEBASTIÁN: Bueno, solo uno de ellos nos _______ **(pretérito)**[9] el postre. ¡Era su trabajo!
NAYELI: ¿Qué postre _______ **(pretérito)**[10] ustedes?
SEBASTIÁN: Yo _______ **(pretérito)**[11] flan y Daniel el pastel de chocolate.
NAYELI: ¿Y cuánto pagaron por la cena?
SEBASTIÁN: ¡Demasiado![b]

Lo que aprendí

Al final de este capítulo, ya puedo:

- ☐ hablar sobre la comida y la nutrición.
- ☐ hacer la compra de la comida.
- ☐ hablar de la preparación de la comida.
- ☐ leer recetas.
- ☐ diseñar un menú.
- ☐ hablar de los objetos necesarios para poner la mesa.
- ☐ pedir comida en un restaurante.

Además, ahora conozco:

- ☐ varios platos típicos de la cocina hispana.
- ☐ muchos platos de la cocina andina.
- ☐ una celebración boliviana, la Diablada de Oruro.
- ☐ un proyecto ecológico de Bolivia.

Y sé más sobre:

- ☐ las culturas indígenas de Bolivia y Perú.
- ☐ los diferentes nombres de varias comidas del mundo hispano.

[a]Los... *We both* [b]*Too much!*

Vocabulario

El desayuno	
Repaso: el cereal, los huevos fritos/revueltos, el pan tostado, el tocino, el yogur	
la avena	oatmeal
el huevo cocido	hard-boiled egg
los huevos fritos	fried eggs
el pan tostado a la francesa	French toast
Palabras semejantes: las donas, los panqueques	

El almuerzo y la cena	
Repaso: la ensalada, los espaguetis, las galletas, la hamburguesa, el jamón, la papa al horno, las papas fritas, el puré de papas, el queso, el sándwich, la sopa de verduras, el taco	
las albóndigas	meatballs
el arroz	rice
los fideos	noodles
los frijoles (refritos)	(refried) beans
los totopos	tortilla chips
Palabras semejantes: la lasaña, los raviolis, la tortilla	

La carne	
Repaso: el bistec, el pavo, el perro caliente, el pollo	
las aves	poultry
la carne de res	beef
la carne molida	ground beef
el cerdo	pork
la chuleta de cerdo	pork chop
el cordero	lamb
el hígado	liver
la salchicha	sausage
la ternera	veal
Palabra semejante: el filete	

El pescado y los mariscos	Fish and Seafood
las almejas	clams
el atún	tuna
los calamares	squid
los camarones	shrimp
el cangrejo	crab
la langosta	lobster
Palabras semejantes: las ostras, el salmón	

You can review the food and beverage words that were introduced in **Capítulo 5** on pages 161 and 162.

Las verduras	
Repaso: la calabaza, la lechuga, la papa, el tomate	
el apio	celery
la calabacita	summer squash
el camote	sweet potato, yam
la cebolla	onion
los guisantes	green peas
las habichuelas	green beans
las legumbres	vegetables; legumes
el maíz	corn
la mazorca de maíz	ear of corn
el pepino	cucumber
el pimiento	bell pepper
el rábano	radish
la zanahoria	carrot
Palabras semejantes: el brócoli, el chile, el cilantro, la coliflor, los espárragos, los garbanzos	

La fruta y las nueces	Fruit and Nuts
Repaso: las fresas, la naranja	
el aguacate	avocado
el albaricoque	apricot
los cacahuetes (*Sp.*) **/ los cacahuates** (*Mex.*)	peanuts
el coco	coconut
el durazno	peach
la manzana	apple
la nuez (las nueces)	nut
la piña	pineapple
el plátano	banana; plantain
la sandía	watermelon
la toronja	grapefruit
las uvas	grapes
Palabras semejantes: la banana, el limón, el mango, la papaya	

Los postres	
Repaso: los dulces, las galletitas, el helado, el pastel	
el flan	custard

Las bebidas	
Repaso: la cerveza, la champaña, el jugo, la leche, el vino (tinto)	
el batido	milk shake
la leche descremada	skim milk
el té caliente/helado (frío)	hot/iced tea
Palabras semejantes: el agua mineral, la limonada	

Los condimentos, las especias y otros ingredientes	Condiments, Spices, and Other Ingredients
Repaso: el azúcar, el chocolate, la grasa, la mantequilla	
el aceite	oil
la aceituna	olive
el aderezo	(salad) dressing
el ají	(chili) pepper
el ajo	garlic
la canela	cinnamon
la harina	flour
la jalea	jelly
la miel	honey
la mostaza	mustard
la pimienta	pepper (*spice*)
la sal	salt
Palabras semejantes: el bicarbonato de soda, el colorante, el conservante, la mayonesa, la pasta de tomate, la vainilla	

¡A poner la mesa!	Let's Set the Table!
Repaso: el plato, el vaso	
la copa	wine glass
la cuchara	spoon
la cucharita	teaspoon
el cucharón	ladle
el cuchillo	knife
la ensaladera	large salad bowl
la jarra	pitcher
el mantel	tablecloth
el pimentero	pepper shaker
el platillo	saucer
el salero	salt shaker
la servilleta	napkin
el tenedor	fork

Las medidas y los envases	Measurements and Containers
la bolsa	bag
la caja	box
la cucharada	tablespoon (*measurement*)
la cucharadita	teaspoon (*measurement*)
la fuente de vidrio	glass serving dish
la lata	can
la libra (por libra)	pound (per pound)
el manojo	bunch
la pizca	little bit
la rebanada	slice
la rodaja	slice
el tarro	jar
la taza	cup
el tazón	bowl, mixing bowl
el trozo (trocito)	piece, chunk (small piece)
Palabras semejantes: la botella, la docena, el kilo, la onza, el por ciento, la porción	

Los verbos	
Repaso: incluir (y), pedir (i, i), servir (i, i) (para)	
acompañar	to accompany
adornar	to garnish
agregar (gu)	to add
comer fuera	to eat out
cubrir	to cover
dejar reposar	to let sit
engordar	to make fat
estar (*irreg.*) **a dieta**	to be on a diet
estar listo/a	to be ready
llevar	to contain (*ingredients*)
mezclar	to mix
picar (qu)	to chop
probar (ue)	to taste
rallar	to grate
sorprender(se)	to surprise, to be/get surprised
Palabras semejantes: calcular, contener (*like* tener), desear, entrar, imaginar, pelar, recomendar (ie), seleccionar	

La descripción de la comida	
Repaso: el colesterol, la fibra, la grasa, la vitamina; rico/a, salado/a	
el alimento	food item; nourishment
la cáscara	skin, (of a fruit or vegetable) husk, shell
la comida chatarra	junk food
la comida preelaborada	convenience food
la parrilla	grill
a la parrilla	grilled
la semilla	seed
cocido/a	cooked; medium rare
dulce	sweet
congelado/a	frozen
cortado/a	cut
crudo/a	raw
empanizado/a	breaded
espeso/a	thick (consistency)
fresco/a	fresh
frito/a	fried
horneado/a	baked
picado/a	chopped

picante	spicy
químico/a	chemical
sabroso/a	tasty
al gusto	to taste
al horno	baked
al punto	medium rare
bien asado/a	well-done
poco asado/a	rare
Palabras semejantes: el gluten; excelente, exquisito/a, fino/a, nutritivo/a, vegano/a, vegetariano/a	

Los sustantivos	
Repaso: nada	
el ambiente	atmosphere (*restaurant*)
la compra	purchase
el hierro	iron
la historia	story
las palomitas de maíz	popcorn
el paso	step
el plato	dish of food
la receta	recipe
Palabras semejantes: la anticipación, el bar, la cafeína, el calcio, el carbohidrato, el estilo, la influencia, el líquido, la nutrición, el peperoni, el potasio, la preparación, el producto, la proteína, la reservación, la salsa, el total, la variedad	

Los adjetivos	
Repaso: algunos/as, varios/as	
ninguno/a(s)	no, none
Palabras semejantes: alérgico/a, completo/a, ideal, tradicional	

Los adverbios	
finamente	finely
frecuentemente	frequently
seguramente	surely, certainly
tranquilamente	calmly

El restaurante	
Repaso: el/la cocinero/a, el/la mesero/a	
¡Buen provecho!	Bon appetit!
¡Salud!	Cheers!, To your health!
dejar una propina	to leave a tip
hacer (*irreg.*) **un brindis**	to toast, make a toast
invitar	to invite; to treat (*someone*), pay (*for someone's food*)
pagar (gu) a la americana	to go Dutch, pay individually
pagar (pedir [i, i]) la cuenta	to pay (to ask for) the bill
el menú	menu
la tarjeta de crédito	credit card

Palabras y expresiones útiles	
A mí sí / A mí no (me gusta[n]).	I do / I do not like + *sing.* (*pl.*) *noun.*
A mí también / A mí tampoco (me gusta[n]).	I also like + *sing.* (*pl.*) *noun.* / I don't like + *sing.* (*pl.*) *noun* either.
¿Cómo se prepara(n)... ?	How do you prepare... ? (How is/are... prepared?)
Se + *3rd. pers. sing. or pl. verb*	One + *3rd pers. sing./pl. verb*
Hay que + *verb*	One has to (It's necessary to) + *verb*
Me/Te/Le(s) encanta(n)...	I / You (*fam. sing.*) / You (*pol., sing.* [*pl.*]) love . . . / He/She loves . . . (They love . . .) + *sing.* (*pl.*) *noun*
Me gustaría(n) / Quisiera	I would like . . .
modestía aparte	modesty aside, without boasting
nadie	nobody
por + *price*	for + *price*
querido/a	sweetheart
tal vez	maybe
Tráigame / Tráiganos	Bring me / Bring us

La cocina hispana	Hispanic Cuisine
Argentina: **la parrillada**, Colombia: **la arepa;** Costa Rica: **el batido de maracuyá, el gallo pinto;** Cuba: **el arroz con coco, el picadillo, el plátano frito, la yuca frita;** El Salvador: **la pupusa;** España: **la paella, las tapas, la tortilla española;** México: **el chile relleno, el guacamole, la enchilada, los huevos rancheros;** Paraguay: **la sopa paraguaya;** Perú: **el ceviche, la chicha, la papa a la huancaína;** República Dominicana: **el pudín de pan**	

Design elements: (Communication, Connections, Comparisons, Cultures and Communities icons): McGraw Hill Education; (Mundopedia Globe Icon): Kundra/Shutterstock; (Audio icon): Orchid24/Shutterstock; (Cuida tu mundo image): Ekaterina Simonova/Shutterstock; (Sun icon): McGraw Hill Education; (Magazine background): McGraw Hill Education

10 Los recuerdos

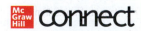

José Rodríguez Fuster (Cuba, 1946), *Fusterlandia*

Michael S. Nolan/Alamy Stock Photo

Upon successful completion of **Capítulo 10,** you will have a greater ability to talk about your family and be able to recount memories of your childhood, adolescence, and high school days. Additionally, you will have learned about some interesting places in Cuba and people from Cuba.

Comunícate

La familia y los parientes

La niñez

Hablando de la niñez «Mi caballero» de José Martí

La juventud y otros momentos del pasado

Exprésate

Escríbelo tú Recuerdos de los días feriados

Cuéntanos Actividades con la familia

Cultura

Mundopedia La música de Cuba

Palabras regionales Cuba

Conexión cultural Cuba, hacia el futuro

Novela gráfica, Episodio 10

Videoteca

Amigos sin Fronteras, Episodio 10 Así somos

Mi país Cuba

Los actores hablan

Gramática

10.1 Prepositions and Pronouns

10.2 The Imperfect Tense

10.3 Talking About Past Actions in Progress: The Imperfect Progressive

10.4 Using the Imperfect to Express Intention: **ir a, querer** and **pensar** + *Inf.*

CUBA

la bandera de Cuba
ciudad capital: La Habana
moneda nacional: el peso cubano, el peso convertible

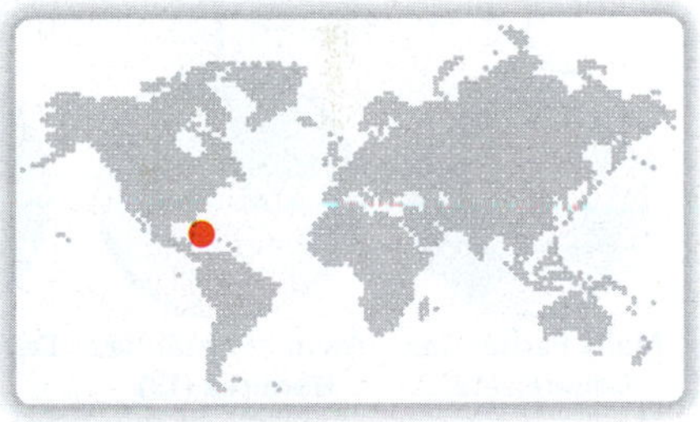

Conócenos

Klic Video Productions/McGraw Hill

Radamés Fernández Saborit

Radamés Fernández Saborit tiene veinticuatro años y es cubanoamericano. Su cumpleaños es el veintidós de julio y nació en Miami, Florida. Radamés estudia etnomusicología en un programa de doctorado. Es cantautor (canta y escribe canciones) y miembro del grupo Cumbancha. Sus actividades favoritas son escuchar música, componer canciones, tocar la guitarra, salir y pasar el rato con (pasar tiempo con) su novia y con sus amigos.

Comunícate

La familia y los parientes

Lee *Gramática 10.1*

¿Conoces a tus abuelos? ¿Tienes muchos primos?

La familia de Radamés

Radamés Fernández Saborit

¿Recuerdas?

See the family tree on page 78 to review vocabulary related to family members.

Gramática *Family relationships*

To describe family relationships in general terms, use masculine plural nouns, even when you include women. Gender can be specified when referring to specific people.

> Radamés tiene tres hermanos: su hermano Julián y sus hermanas, Iraida y Eliana.
>
> *Radamés has three siblings: his brother Julián and his sisters, Iraida and Eliana.*

Actividad 1 La familia de Radamés

Conversa con tu compañero/a sobre la familia de Radamés.

1. ¿Cómo se llaman las hermanas de Radamés? ¿Y el hermano? ______________________
2. ¿Cuántos sobrinos tiene Radamés? ¿Cómo se llaman? ______________________
3. ¿Tienen nueras Omara y Tomás? ____________
4. ¿Cómo se llaman los cuñados de Radamés? __________
5. ¿Cómo se llama el suegro de Mayra y David? ______
6. ¿Cómo se llaman las cuñadas de Mayra? __________
7. ¿Cuántos nietos tienen Omara y Tomás? __________
8. ¿Cómo se llaman los tíos de Maily, Yovani y Danielito? ______________
9. ¿Cómo se llaman los primos de Ánika y Karina? _____________
10. ¿Cómo se llama el yerno de Omara y Tomás? _____

¿Recuerdas?

In **Gramática 3.1,** you learned that Spanish uses the preposition **de,** not an apostrophe ('), to express possession.

la madre **de** Maily	*Maily's mother*
la bicicleta **de** mi hermano	*my brother's bicycle*

Remember that this construction can be embedded in a similar one.

Maily's brother's bicycle	la bicicleta **del** hermano **de** Maily

Lengua *Variaciones léxicas*

Si nacen dos bebés idénticos, son **gemelos** o **gemelas.** Si los dos nacen al mismo tiempo, pero no son idénticos o son de sexos distintos, entonces son **mellizos** o **mellizas.** Pero hay otros nombres para expresar este fenómeno. En México a veces se usa la palabra **cuate** para referirse a un mellizo o hasta a un amigo. En Cuba los gemelos son **jimaguas.**

Nuestra gente

¿Qué apellido usa una mujer casada en Cuba?

Pues... depende. Algunas mujeres casadas en Cuba y en casi todo el mundo hispano llevan su apellido de soltera primero y luego el apellido de su esposo, y escriben su nombre completo usando la preposición **de.** El nombre de mi mamá es un buen ejemplo: Omara Saborit **de** Fernández. Pero esta tradición está cambiando[a] y la esposa con frecuencia mantiene sus apellidos de soltera, primero el de su padre y luego el de su madre. Por ejemplo, mi hermana Eliana está casada con David Jaume González, pero no usa el apellido de su esposo; conserva sus apellidos de soltera: Fernández Saborit.

[a]*changing*

Klic Video Productions/McGraw Hill

Radamés Fernández Saborit tiene veinticuatro años y es cubanoamericano.

Actividad 2 Julia y su familia

Mira el árbol genealógico de Julia Johnson-Muñoz. Luego, completa las oraciones con las palabras o nombres apropiados.

Vocabulario

divorciado/a
hermanastro/a
hijastro/a
madrastra
medio hermano / media hermana
padrastro

1. El esposo de Julia se llama ____________ y su ex esposo es ____________.
2. Julia y Mark están ____________.
3. Julia tiene una hija, ____________, con su primer esposo.
4. Cindy es la ____________ de Alberto.
5. El ____________ de Julia se llama Michael.
6. Las ____________ de Cindy son Maia y Rachel.
7. Maia se parece a su ____________ y Rachel se parece a su ____________.
8. El primer esposo de Sharon fue ____________. Ellos tiene dos hijos, Brian y Benjamin.
9. Brian y Benjamin son los ____________ de Cindy.
10. Cindy se lleva muy bien con Sharon, su ____________, pero dice que Alberto, su ____________, no la comprende.

COMPARISONS C

Lengua *Refranes*

¿Te gustan los refranes? Aquí tienes uno sobre la familia.

«De tal palo, tal astilla.» — *Like father, like son.* (lit., *From such a stick* [*comes*] *such a splinter.*)

Hay otros refranes que tienen una idea similar, por ejemplo «Hijo de gata, caza ratones» (lit., *The son of a cat hunts mice*).

Gramática *Reflexive and Reciprocal Verbs*

In **Gramática 4.1** you studied reflexive verbs used to express daily routine. But some reflexive verbs have a special meaning. Two such verbs are **parecerse a** (*to look like* [someone]) and **llevarse bien/mal con** (*to get along well/badly with*).

—¿A quién de tu familia **te pareces?**	*Who do you look like in your family?*
—**Me parezco** a mi tía Eliana.	*I look like my Aunt Eliana.*
—¿**Te llevas** bien **con** tus hermanos?	*Do you get along well with your siblings?*
—Sí, **me llevo** bien **con** todos mis hermanos.	*Yes, I get along well with all my siblings.*

When used in plural form, these verbs can also express reciprocal action in Spanish. You will learn more about reciprocal verbs in **Capítulo 13, Comunícate: Los lazos familiares.**

Ánika y Karina **se parecen** mucho.	*Ánika and Karina look a lot alike (look a lot like each other).*
Mi hermano y yo **nos llevamos** bien.	*My brother and I get along well (with each other).*

Jasper Cole/Blend Images/Getty Images

El hijo se parece a su padre.

Livia Corona/Getty Images

Estas hermanas se parecen mucho porque son gemelas.

Actividad 3 El parecido

¿A quién te pareces tú? ¿Y a quién se parecen otras personas de tu familia? ¿Te llevas bien con esas personas?

MODELO:
E1: ¿A quién te pareces?
E2: Me parezco a mi *hermano*.
E1: ¿A tu *hermano*? ¿En qué te pareces a *él?*
E2: Me parezco a *él en los ojos y en la nariz*.
E1: ¡Qué interesante! Y... ¿te llevas bien con *él?*
E2: Sí, me llevo bien con *él*. / No, no me llevo bien con *él* porque...
E1: ¿Y tu *padre* y tu *abuela paterna* se parecen mucho?
E2: Sí, se parecen bastante. Y mi *tía* se parece a mi *abuelo*.

Vocabulario

¿En qué te pareces a él/ella?
Me parezco a él/ella en los ojos.
No conozco a mi padre (biológico) / madre (biológica).
llevarse bien/mal con...
materno/a
parecerse a
parecido
paterno/a

Actividad 4 Los parientes

Conversa con tu compañero/a.

1. ¿Vives con tus padres o con otros parientes? ¿Están divorciados tus padres? ¿Tienes padrastro o madrastra? ¿Te llevas bien con él/ella?
2. ¿Cuántos hermanos tienes? ¿Te pareces a ellos? (¿Eres hijo único / hija única?) ¿Tienes medios hermanos o medias hermanas? ¿Tienes hermanastros o hermanastras? ¿Te llevas bien con ellos/ellas?
3. ¿Cuántos tíos tienes? ¿Dónde viven? ¿Tienes muchos primos o pocos? ¿Celebras los días feriados con tus tíos y tus primos?
4. ¿Están casados tus hermanos? ¿Te llevas bien con tus cuñados? ¿Tienes sobrinos? ¿Cuántos años tienen? ¿Cómo se llaman?
5. ¿Estás casado/a tú? ¿Tienes hijos? ¿Cómo se llaman? ¿Cuántos años tienen?

La niñez

Lee *Gramática 10.2*

¿Qué actividades divertidas hacías de niño/a?

Omara Saborit recuerda su niñez

¿Qué hacías cuando eras niña, Abuela?
Cuando era niña, vivía en Guantánamo, Cuba...

COLEGIO

Saltaba la cuerda en el patio de recreo de la escuela.

Montaba en el cachumbambé (subibaja) con mi hermana menor.

Volaba papalotes con mi hermano mayor. A mí me gustaban los que tenían forma de pájaro.

...dieciséis, diecisiete, dieciocho...

Mi mejor amiga y yo jugábamos al escondite en el parque. ¡Me llevaba muy bien con ella!

Mis hermanas y yo jugábamos a las casitas con muñecas y nos divertíamos mucho.

Mi mamá y yo preparábamos la cena. Yo siempre le ayudaba a cortar los plátanos.

Mi papá y yo mirábamos las nubes y las describíamos. Algunas tenían formas de animales.

Leía las revistas de mi mamá. Siempre tenían fotos de modelos con unos vestidos muy lindos.

COMPARISONS C

Cultura *Barrio Sésamo*

¿Mirabas el programa *Sesame Street* cuando eras niño/a? Este programa es muy popular en los países hispanos y tiene dos nombres diferentes en español: *Barrio Sésamo* y *Plaza Sésamo*. Algunos personajes también cambian de nombre. Por ejemplo, Kermit the Frog se llama Rana Gustavo en España y Rana René en Colombia.

Lengua *Variaciones léxicas*

De niño/a = Cuando era niño/a
= En mi niñez/infancia

Actividad 5 Mi niñez

Vocabulario

adorno

travieso/a

¿Qué hacías cuando eras niño/a? Responde usando **siempre, nunca, muchas veces, a veces** o **de vez en cuando.** Luego, comparte tus respuestas con tu compañero/a.

1. Cuando (yo) era niño/a (De niño/a...)
- **a.** jugaba con carritos.
- **b.** tenía muchas mascotas.
- **c.** jugaba con muñecas.

2. En mi casa, yo...
- **a.** ayudaba con los quehaceres.
- **b.** pasaba mucho tiempo en el Internet.
- **c.** hacía la tarea todos los días.

3. En la escuela, yo...
- **a.** era muy travieso/a.
- **b.** ponía atención en clase.
- **c.** sacaba buenas notas.

4. Cuando estaba aburrido/a, yo...
- **a.** andaba en patineta.
- **b.** sacaba fotos con el móvil.
- **c.** me subía a los árboles.

5. En Navidad (Jánuca, Ramadán, Año Nuevo, etcétera), mi familia...
- **a.** preparaba una gran cena.
- **b.** visitaba a otros parientes.
- **c.** ponía adornos por toda la casa.

6. Durante el verano, mis amigos y yo...
- **a.** nadábamos en el mar.
- **b.** acampábamos en la montaña.
- **c.** jugábamos videojuegos.

Abuela, ¿de niña, sabías coser?
Sí, mija*, mi abuela me enseñó y yo cosía mucha ropa para la familia.
Y ahora tú me enseñas a mí, ¿verdad, abuela?
Así es, mi amor.

THEPALMER/E+/Getty Images

Lengua *mijo / mija*

La palabra **mija** es una combinación de las dos palabras: **mi + hija**. Esta palabra expresa el amor que sienten las personas hacia la hija o la nieta. El equivalente para un hijo o nieto es **mijo: mi + hijo.**

Actividad 6 La niñez de los famosos

CULTURES CONNECTIONS

¿Qué hacían estas personas famosas en su niñez? Empareja a las personas con las oraciones que las describen.

1. _______ Jugaba mucho al béisbol en el parque de su vecindario.
2. _______ Cantaba para su familia de vez en cuando.
3. _______ Cuando estaba triste, escribía versos sobre su país y su familia.
4. _______ Le gustaba contar historias a la hora de la cena.
5. _______ Siempre soñaba con cambiar la sociedad y mejorar la vida de los indígenas de su país.
6. _______ Quería navegar por todo el mundo.
7. _______ Los fines de semana veía partidos de tenis en la televisión.

a. Cristóbal Colón, navegante y explorador
b. Rigoberta Menchú, activista indígena guatemalteca
c. Camila Cabello, cantante cubanoamericana
d. Rafael Nadal, tenista español
e. Yasiel Puig, beisbolista cubanoamericano
f. Julia Álvarez, escritora dominicanoamericana
g. José Martí, poeta cubano

Actividad 7 Cuando Radamés y sus parientes eran niños

Mira los dibujos y escucha las oraciones que lee tu profesor(a). Di si son ciertas o falsas.

Vincent MacNamara/Alamy Stock Photo

El béisbol es un deporte muy popular en todo el Caribe. Estos niños juegan al béisbol en un parque en La Habana.

Actividad 8 Recuerdos de la niñez

Conversa con tu compañero/a sobre las actividades de tu niñez.

1. De niño/a, ¿vivías en un pueblo o en una ciudad? ¿Te mudabas (ibas a vivir a un lugar nuevo) con frecuencia? ¿Por qué? ¿Te gustaba?
2. ¿A qué jugaban tú y tus amiguitos en el recreo? (al gato, a la pelota, al escondite, a la rayuela) ¿Saltaban la cuerda?
3. ¿Tenías perro o gato? ¿Cómo se llamaba(n) tu(s) mascota(s)?
4. ¿Peleaban tus hermanos (primos) y tú? Y ahora, ¿todavía pelean o se llevan bien? (*No tengo hermanos. Soy hijo/a único/a*).
5. ¿Mirabas mucho la televisión? ¿Veías muñequitos? ¿Qué muñequitos te gustaban? ¿Jugabas videojuegos? ¿Cuáles?
6. ¿Competías en algún deporte? ¿En cuál? ¿Juegas a ese deporte hoy en día o ya no?
7. ¿Jugabas con muñecas/carritos? ¿Andabas mucho en bicicleta? ¿Qué más hacías de niño/a?

Lengua *Los diminutivos en -ito/-ita*

En algunos países hispanos, se usa la palabra **muñequitos** para *cartoons* y en otros se dice **dibujos animados.** El sufijo **-ito/-ita** se usa como diminutivo: **amiguitos = pequeños amigos; carritos = pequeños carros.**

Lissa Harrison

Un vendedor de helados de Coppelia en Trinidad, Cuba. ¿Pasaban vendedores de helados (heladeros) por tu barrio? ¿Les comprabas helados? ¿Cuál era tu sabor favorito?

CULTURES C

Cultura *La heladería Coppelia*

La heladería Coppelia en La Habana se construyó en 1966. En ese edificio grande de arquitectura moderna se pueden sentar hasta 1000 personas. Es un lugar muy popular tanto con los cubanos como con los turistas.

Hablando de la niñez

«MI CABALLERO» DE JOSÉ MARTÍ

La poesía del escritor José Martí (1853–1895) se considera una de las obras más importantes en la lengua española. Entre los libros de poesía de Martí están *Ismaelillo* (1882), *Versos libres* (1882) y *Versos sencillos* (1891). En *Ismaelillo*, que dedicó a su hijo, Martí escribió hermosos[a] versos sobre la niñez. En el poema «Mi caballero», el poeta compara al hijo con un jinete.[b]

Mi caballero[c]

Georgios Kollidas/Alamy Stock Photo

Por las mañanas	*Each morning*
Mi pequeñuelo	*My little son*
Me despertaba	*Would wake me up*
Con un gran beso.	*With a big kiss.*
Puesto a horcajadas	*Legs astride*
Sobre mi pecho,	*Riding my chest*
Bridas forjaba	*He would use*
Con mis cabellos.	*My hair as bridles*
Ebrio él de gozo	*Giddy with joy he was*
De gozo yo ebrio,	*Giddy with joy was I*
Me espoleaba	*He would spur me on*
Mi caballero.	*My horseman*
¡Qué suave espuela	*What a soft spur*
Sus dos pies frescos!	*His two tender feet!*
¡Cómo reía	*Oh how he laughed*
Mi jinetuelo![d]	*My little rider!*
Y yo besaba	*And I would kiss*
Sus pies pequeños,	*Those tiny feet,*
¡Dos pies que caben	*Feet that could fit*
En un solo beso!	*In just one kiss!*

¿Qué recuerdos tienes de tu abuelo o abuela, de tu padre, madre u otro pariente? ¿Cómo era esa persona cuando eras niño/a? ¿Qué actividades hacían ustedes juntos y dónde? ¿Qué efecto tenía esa persona en tu familia y en tu casa? Escribe un poema para contestar esas preguntas.

[a]bonitos [b]*rider* [c]*horseman* [d]*diminutive of* ***jinete:*** *little rider*

Cultura *José Martí, poeta cubano*

José Julián Martí Pérez nació en Cuba en 1853 de padres españoles. Fue periodista, poeta y fue conocido también por su gran patriotismo; se le considera el padre del movimiento por la independencia de Cuba. Martí pasó muchos años en la cárcel o exiliado por sus ideas revolucionarias y murió en 1895 defendiendo su país contra las tropas de España. La poesía de Martí se ha popularizado[a] en parte por una canción cubana muy famosa, «Guantanamera». La melodía, de Joseíto Fernández, es de una forma musical cubana llamada **décima guajira.** El estribillo[b] habla de una muchacha guajira[c] de la ciudad de Guantánamo. En 1940 un pianista, Julián Orbón, remplazó la letra de Fernández, usando versos del libro *Versos sencillos* de José Martí. ¡Más de doscientos cantantes y grupos en cinco continentes han grabado[d] esta hermosa canción!

[a]*se... has become widely known* [b]*refrain* [c]*peasant* [d]*recorded*

La juventud y otros momentos del pasado

Lee *Gramática* 10.2–10.4

¿Qué hacías con tus amigos cuando estabas en secundaria?

A Radamés le gustaba mucho tocar la guitarra cuando tenía quince años. Practicaba por horas.

De jóvenes, Eliana e Iraida pasaban mucho tiempo en la playa de Miami Beach.

Iraida y su mejor amiga, Megan, se conocieron cuando las dos tenían trece años. Querían ser amigas para toda la vida y lo lograron.

A las 6:30 de la mañana sonaba el despertador, pero cuando su madre entraba al dormitorio media hora después, Eliana todavía estaba durmiendo.

Por la tarde, Eliana debía hacer la tarea, pero siempre estaba hablando por teléfono con su novio.

Cuando había examen, Eliana iba a estudiar en la biblioteca, pero no estudiaba, leía revistas.

Eliana iba a ser bailarina profesional, pero luego decidió estudiar para ser abogada.

Cuando Julián y su novia, Ashley, tenían dieciocho años, pensaban casarse pero terminaron su relación y no se vieron nunca más.

De joven, Iraida quería hacerse doctora, pero al llegar a la universidad, decidió estudiar ingeniería.

Actividad 9 La adolescencia de los amigos del club

A. Conversa con tu compañero/a sobre lo que hacían estas personas cuando eran adolescentes.

MODELO: **E1:** ¿Quién *esquiaba durante las vacaciones?*
E2: *Julia.* ¿Cuándo *trabajaba de niñera Ángela?*
E1: *Los fines de semana.*

después de las clases | **los fines de semana** | **durante las vacaciones** | **él/ella quería**

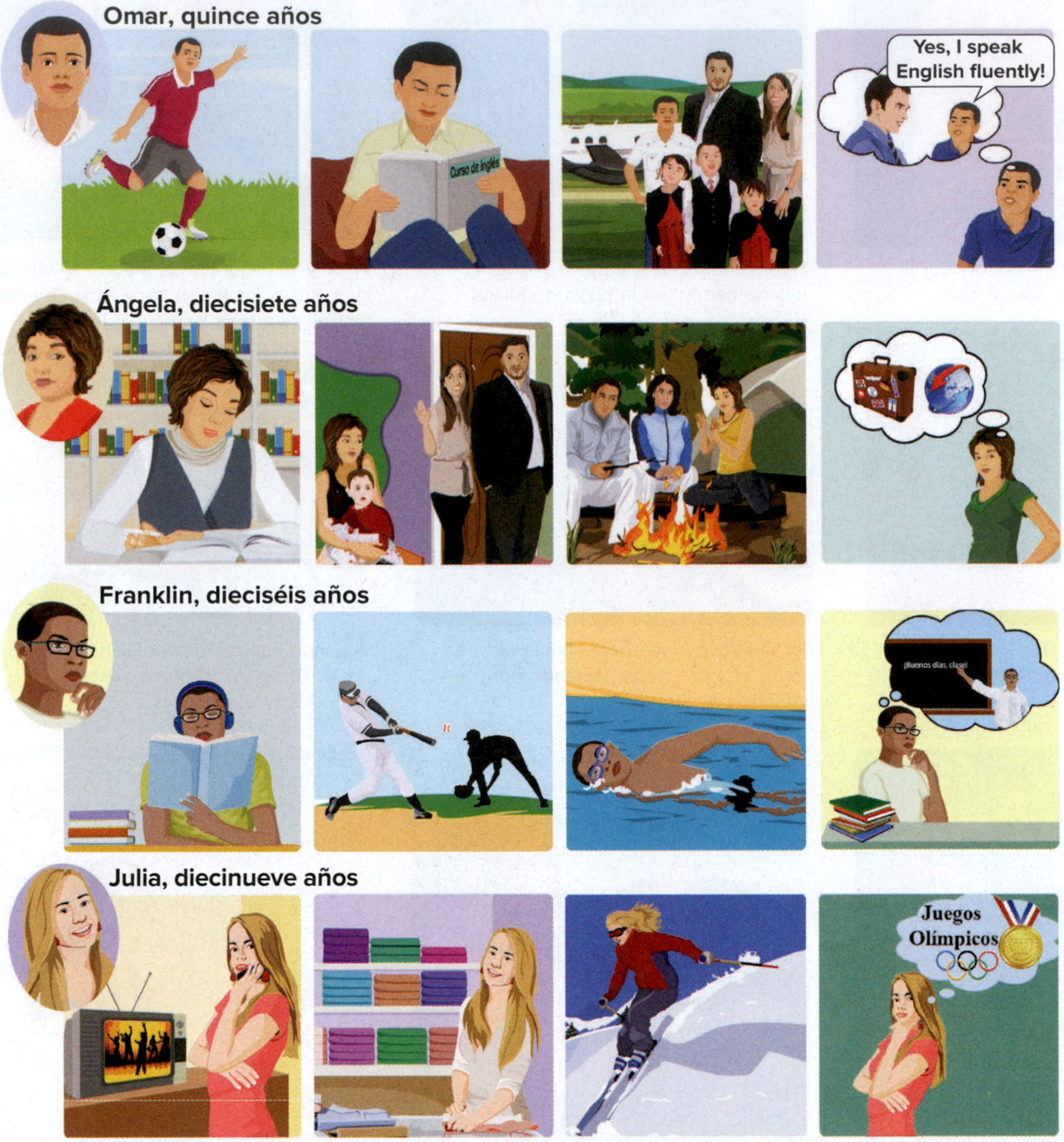

B. Ahora, miren los dibujos otra vez y digan qué querían ser o hacer estas personas cuando eran adolescentes y qué querían hacer tú y tu compañero/a.

MODELO: **E1:** ¿Qué quería hacer *Omar?*
E2: Quería *hablar inglés muy bien.* ¿Quién pensaba *viajar por el mundo?*
E1: *Ángela.*
E2: ¿Qué querías hacer tú cuando eras adolescente?
E1: Quería *viajar a Nueva York con mis amigos.*

Actividad 10 La escuela secundaria

Dile a tu compañero/a qué hacías en estas situaciones cuando eras estudiante de la escuela secundaria. Para reaccionar a lo que dice tu compañero/a, usa las frases de **Y tú, ¿qué dices?**

Vocabulario

decía: «¡Ay, estoy enfermo/a!»
decía: «¡Pero si hoy no hay clases!»
decía: «¡Pero si hoy no tengo tarea!»
hablaba con mi novio/a por teléfono (FaceTime)
hacía la tarea rápidamente en clase
iba al cine (a la playa, al centro comercial,...)
le preguntaba al maestro / a la maestra: «¿Teníamos tarea?»
lloraba y gritaba
me escapaba cuando todos estaban durmiendo
peleaba (discutía) con mi padre (madre)

Lengua *El verbo dejar*

dejar = permitir

Mi mamá no me **dejaba** (permitía) ver la televisión.
My mother didn't let me (allow/permit me to) watch TV.

MODELO: **E1:** Cuando quería mirar la televisión y mi madre no me dejaba, yo le decía: «¡Pero si hoy no tengo tarea!»
E2: ¡Qué mentiroso/a eras!

Y tú, ¿qué dices? Algunas reacciones

¿De veras?
¡No lo creo!
¡Qué buena idea!
¡Qué mentiroso/a eras!
¡Qué travieso/a!
¿Y nunca tuviste problemas?
Yo no, yo...
Yo también.

1. Cuando no quería ir a la escuela,...
2. Cuando iba a mirar las redes sociales antes de hacer la tarea y mis padres no me dejaban,...
3. Cuando iba a salir con mi novio/a, pero mi padre (o madre) no me daba permiso,...
4. Cuando me aburría en mis clases,...
5. Cuando mi maestro/a nos pedía la tarea y yo no la tenía,...

¡CUIDA TU MUNDO!

Ekaterina Simonova/Shutterstock

La ceiba es un árbol tropical espiritualmente importante para los cubanos. Este árbol resiste la fuerza de los huracanes, representa a los dioses y simboliza persistencia y vida. En muchas ciudades cubanas hay una ceiba en cada plaza central y la gente le trae flores u otras ofrendas.[a] Por eso no es de sorprender[b] la gran protesta que hubo en un barrio de La Habana cuando una ceiba se taló.[c] Así nació el grupo ecologista Guardabosques,[d] que actualmente está presente en Facebook, Instagram™ y Twitter™. Este grupo promueve campañas[e] para limpiar parques u otros lugares públicos, plantar árboles y reducir el maltrato[f] de los animales. También mantiene un blog de artículos sobre el medioambiente[g] para educar a la gente de Cuba sobre la protección de esta bonita isla.

[a]*offerings* [b]no... *it is not surprising* [c]se... *was felled* [d]*Guardians of the Forest* [e]promueve... *promotes campaigns* [f]*abuse* [g]*environment*

Roberto Machado Noa/LightRocket/Getty Images

Una ceiba en el centro de la Plaza de los Trabajadores, Camagüey, Cuba. Para los cubanos este árbol es símbolo de la vida.

Actividad 11 ¡Qué tiempos aquellos!

¿Quién diría (*would say*) lo siguiente: tus abuelos, tus padres, tus compañeros, ninguno de ellos o todos?

Cuando éramos adolescentes,...

1. alquilábamos películas para verlas en casa.
2. jugábamos videojuegos.
3. íbamos al cine los fines de semana.
4. comprábamos muchas cosas en línea.
5. conocíamos a todos nuestros vecinos.
6. la gente fumaba en los restaurantes y edificios públicos.
7. escuchábamos música en iPods™ y MP3s.
8. nadie tenía móvil.
9. escuchábamos *cassettes*.
10. texteábamos a nuestros amigos todos los días.

Actividad 12 Días de clases y días de vacaciones

Conversa con tu compañero/a.

LA ESCUELA SECUNDARIA

1. ¿Cómo se llamaba tu escuela secundaria?
2. ¿Vivías lejos o cerca de la escuela? ¿Llegabas a la escuela a tiempo o tarde?
3. ¿Qué materia preferías? ¿Sacabas buenas notas?
4. ¿En qué actividades participabas? ¿en actividades deportivas? ¿en teatro? ¿Eras miembro de algún club?
5. ¿Qué hacías después de las clases todos los días? ¿Estudiabas mucho? ¿Jugabas videojuegos? ¿Salías con tus amigos?

LOS VERANOS

1. Cuando eras adolescente, ¿dónde pasabas los veranos?
2. ¿Visitabas a tus parientes? ¿Qué hacías con ellos?
3. ¿Trabajabas? ¿Dónde? ¿Ganabas mucho dinero?
4. ¿Qué hacías por las tardes? ¿Y por las noches?
5. ¿Salías de vacaciones con tus padres? ¿Adónde iban?

COMMUNICATION

Exprésate

ESCRÍBELO TÚ

Recuerdos de los días feriados

¿Qué recuerdos tienes de los días feriados cuando eras niño/a? ¿Qué hacía tu familia (hacían tus amigos) siempre en Año Nuevo (el Día de Acción de Gracias, el Día de las Brujas, el Día de los Enamorados, el Día de la Independencia, el Día de los Muertos, Diwali, Jánuca, Navidad, Nochebuena, Nochevieja, Pascua, la Pascua Judía [*Passover*], Ramadán)? Escoge dos de tus días feriados favoritos y describe cómo los celebrabas con tu familia o con tus amigos. Incluye información sobre las comidas típicas, los preparativos para los días feriados y con quiénes los celebrabas. ¿Todavía celebras estos días feriados? ¿Recuerdas algo que tu madre, tu padre, tu abuelo/a, tu tío/a u otro pariente o amigo/a siempre hacía para ese día feriado? ¿Decoraban la casa? ¿Preparaban comidas tradicionales? ¿Qué actividad era la que más te gustaba hacer ese día feriado? ¿Todavía celebras esos dos días feriados? Lee y completa la actividad entera en el *Cuaderno de actividades* o en Connect.

CUÉNTANOS

Actividades con la familia

Piensa en las actividades que tú y tu familia (tus padres, abuelos, hermanos, tíos y primos) hacían juntos con regularidad cuando eras niño/a. Cuéntanos sobre algunas de esas actividades. Explica si te gustaba hacerlas o no y por qué. Incluye muchos detalles, como por ejemplo: ¿Con quién(es) hacías estas actividades? ¿Dónde y cuándo las hacían? ¿En qué temporada del año?

MODELOS: De niño/a, todos los veranos mi familia y yo íbamos a la playa los fines de semana. En la playa me gustaba...

Los fines de semana, mis hermanos y yo íbamos al cine. Me gustaba mucho ir con ellos al cine porque siempre comíamos dulces y palomitas. Nuestras películas favoritas eran...

Cultura

Mundopedia

La música de Cuba

Javier Galeano/AP Images

El grupo cubano de rap Los Orishas en concierto

Vocabulario de consulta	
apasionada	passionate
esclavos	slaves
surgió	emerged
campesinos	peasants
tuvo lugar	took place
cantautor(es)	singer-songwriter(s)
raíces	roots
sin duda	without a doubt
innovadoras	innovative

LOS ORÍGENES DE LA MÚSICA CUBANA

La música popular cubana es rítmica, **apasionada**, y nació de la unión de dos culturas: la española y la africana. La religión de los **esclavos** se combinó con la católica y así se formó una religión nueva: la santería. De manera similar **surgió** la música afrocubana, de las ceremonias religiosas que se celebraban con mucha danza.

LOS ESTILOS MUSICALES CUBANOS

Algunos estilos musicales cubanos importantes son la rumba, el danzón, el son, el mambo, el bolero y la salsa. La rumba es música de fiesta que se hizo popular en el siglo XIX. También de ese siglo es el danzón, música con mucha influencia europea. En el siglo XX llegó el son, que se considera la forma más representativa de Cuba porque incorporó instrumentos de las tres culturas principales de la isla: la indígena, la africana y la de los **campesinos** blancos. En la década de los cincuenta se hicieron muy populares el bolero, un tipo de canción romántica, y el mambo, que transformó el danzón con ritmos africanos.

LA REVOLUCIÓN Y LA MÚSICA DEL EXILIO

En 1959 **tuvo lugar** la Revolución cubana. En la primera década después de la revolución, surgieron **cantautores** de fama internacional, como Pablo Milanés y Silvio Rodríguez, que celebraban en sus canciones el nuevo espíritu revolucionario.

Muchos cubanos se fueron del país y se exiliaron en Miami, Florida. De esa comunidad nació la música de los cubanoamericanos: entre otros, los **cantautores** Willy Chirino y Gloria Estefan y la joven cantante Camila Cabello. Otra gran cantante cubana, Celia Cruz (1925–2003), emigró a Nueva York y allí creó un estilo único con **raíces** en la tradición africana de Cuba.

LA MÚSICA RECIENTE EN CUBA: RAP, HIP HOP Y FUSIÓN

En los años setenta, se formaron varios grupos populares como Irakere y Los Van Van, que combinaban el son, el jazz y el rock en sus canciones. Años después, en los ochenta, llegó el rap a Cuba; muy pronto el reggaetón, el rap y luego el hip hop se integraron a la cultura de la isla. Hay grupos cubanos de rap y reggaetón muy famosos: Gente de Zona y Los Orishas. Y hoy en día, Cuba tiene muchas artistas femeninas, entre ellas Yilian Cañizares, una gran violinista y cantante que mezcla el estilo clásico con el jazz afrocubano. La música cubana sigue evolucionando y es **sin duda** una de las más **alegres** e **innovadoras** de toda América Latina.

COMPRENSIÓN

Contesta las preguntas.

1. ¿Cómo se llama la religión cubana que combina la religión católica y la africana?
2. ¿Cuáles son algunas formas musicales típicas de Cuba?
3. ¿Por qué es el son muy representativo de la música popular cubana?
4. Nombra tres cantantes del exilio cubano.
5. ¿Qué tipo de música tocan los grupos Gente de Zona y Los Orishas?

Palabras regionales: Cuba	
asere	**amigo**
el cachumbambé	seesaw
la Yuma	**los Estados Unidos**
el/la guajiro/a	peasant

CULTURES CONNECTIONS

CONEXIÓN CULTURAL

CUBA, HACIA EL FUTURO

Al llegar a Cuba en 1492, Cristóbal Colón describió la isla como la tierra más bella del mundo. Los españoles empezaron su conquista de los indígenas en 1510 y en los siguientes siglos hubo mucho conflicto, con ataques de piratas e invasiones de varios países. En el siglo XIX, los cubanos intentaron en varias ocasiones conseguir su independencia de España, pero no fue hasta que Estados Unidos entró en el conflicto que Cuba por fin pudo independizarse. ¿Quieres saber más sobre la historia de esta isla? Lee la lectura «Cuba, hacia el futuro» en el *Cuaderno de actividades* o en Connect.

EL MENSAJE DE YARIA Episodio 10: En la casa

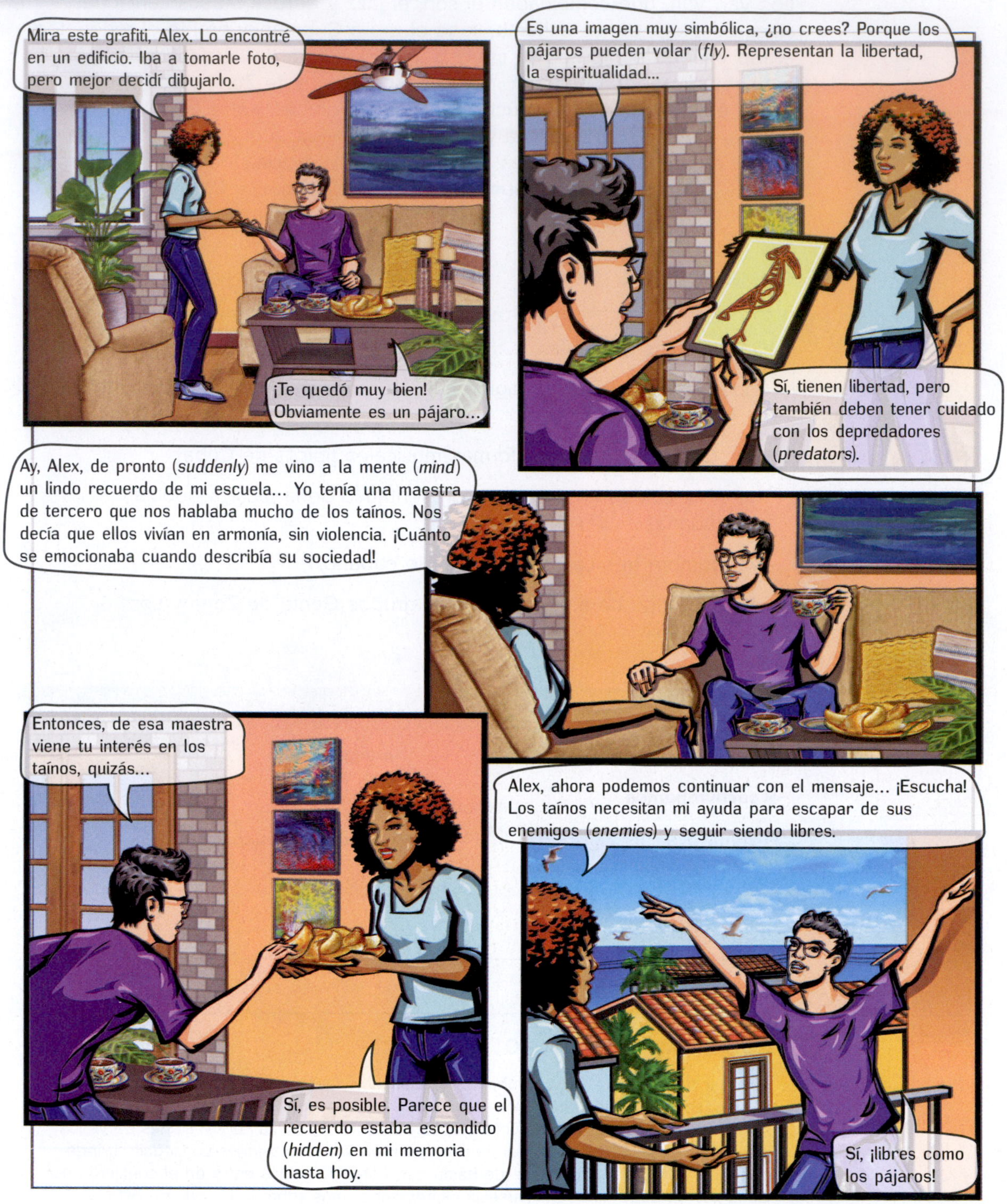

Mira este grafiti, Alex. Lo encontré en un edificio. Iba a tomarle foto, pero mejor decidí dibujarlo.
¡Te quedó muy bien! Obviamente es un pájaro...
Es una imagen muy simbólica, ¿no crees? Porque los pájaros pueden volar (*fly*). Representan la libertad, la espiritualidad...
Sí, tienen libertad, pero también deben tener cuidado con los depredadores (*predators*).
Ay, Alex, de pronto (*suddenly*) me vino a la mente (*mind*) un lindo recuerdo de mi escuela... Yo tenía una maestra de tercero que nos hablaba mucho de los taínos. Nos decía que ellos vivían en armonía, sin violencia. ¡Cuánto se emocionaba cuando describía su sociedad!
Entonces, de esa maestra viene tu interés en los taínos, quizás...
Sí, es posible. Parece que el recuerdo estaba escondido (*hidden*) en mi memoria hasta hoy.
Alex, ahora podemos continuar con el mensaje... ¡Escucha! Los taínos necesitan mi ayuda para escapar de sus enemigos (*enemies*) y seguir siendo libres.
Sí, ¡libres como los pájaros!

Videoteca

Amigos sin Fronteras

Episodio 10: Así somos

Klic Video Productions/McGraw Hill

Klic Video Productions/McGraw Hill

Klic Video Productions/McGraw Hill

Resumen
Claudia, Ana Sofía y Radamés están de visita en casa de Sebastián, mirando fotos y hablando de su niñez y adolescencia. Radamés, Sebastián y Ana Sofía admiten que eran traviesos cuando eran niños y cuentan algunas de sus travesuras; también describen las actividades que les gustaba hacer cuando eran adolescentes. Pero Claudia confiesa que era una niña muy seria.

Mi país CUBA

Melba/Getty Images
Un cocodrilo cubano

anzeletti/iStock/Getty Images
El Malecón de La Habana

Resumen
Radamés nos habla de las costumbres y algunos lugares interesantes en Cuba.

Los actores hablan

Klic Video Productions/McGraw Hill

Klic Video Productions/McGraw Hill

Preguntas

¿Cómo es tu familia? De niño/a, ¿qué hacías con frecuencia?

Gramática

10.1 Prepositions and Pronouns

A. In Spanish, prepositions are often followed by pronouns. Here are some examples.

a mí	*to/at me*	para vosotros/as	*for you (fam. pl., Sp.)*
de ti/usted	*of/from you (fam./pol., sing.)*	entre ustedes	*among/between you (pol. pl.)*
en él	*in/on him*	con ellos	*with them (m.)*
para ella	*for her*	para ellas	*for them (f.)*
sin nosotros/as	*without us*	por ti	*for you (fam. sing.)*

—¿Para quién es el regalo? ¿Es **para mí**? — *Who is the present for? Is it for me?*

—No, es **para él**. — *No, it's for him.*

—No podemos ir a la fiesta **sin** Radamés. — *We can't go to the party without Radamés.*

—Es verdad. No podemos ir **sin él.** — *It's true. We can't go without him.*

—¿Te llevas bien **con** tus padres? — *Do you get along well with your parents?*

—Sí, me llevo muy bien **con ellos.** — *Yes, I get along well with them.*

—¿Crees que mi hija se parece **a** su papá? — *Do you think my daughter looks like her father?*

—No, se parece mucho más **a ti.** — *No, she looks a lot more like you.*

Note that **mí** always has a written accent, to distinguish it from **mi** (*my*). However, **ti** is never written with an accent.

B. One exception to note is that the words **con** and **mí** combine to form **conmigo** (*with me*). The words **con** and **ti** form **contigo** (*with you*).

—Nayeli, ¿quieres ir **conmigo** al cine esta tarde? — *Nayeli, do you want to go to the movies with me this afternoon?*

—No, Sebastián. No puedo ir **contigo** esta tarde. Tengo que llevar a mis padres al aeropuerto. — *No, Sebastián. I can't go with you this afternoon. I have to take my parents to the airport.*

Ejercicio 1

Radamés le dice a su novia, Amanda, para quién(es) son algunos regalos de Navidad y su novia reacciona con sorpresa. Completa sus reacciones.

MODELO: —Este móvil es para mi sobrinita.
—*¿Para ella?* ¡No lo creo! ¡Es muy pequeña!

1. —Esta corbata es para mi tío.
   —¿ ____________? ¿Le gustan las corbatas?
2. —Este sombrero es para ti.
   —¿ ____________? ¡Gracias! ¡Es muy bonito!
3. —Esta patineta es para mi abuelo.
   —¿ ____________? ¡Pero si tu abuelo no sabe andar en patineta!

4. —Estas muñecas son para la profesora Johnson-Muñoz.

—¿ ____________? ¡No lo creo! ¿Ella juega con muñecas?

5. —Este suéter es para Chulis, el perro de Eloy.

—¿ ____________? ¡A Chulis no le gusta la ropa!

6. —Esta lámpara es para mí.

—¿ ____________? ¡Es perfecta para tu cuarto!

7. —Estos boletos para un concierto de música clásica son para ti y tus amigos.

—¿ ____________? ¡No nos gusta la música clásica!

8. —Este cartel de Gloria Estefan es para mis padres.

—¿ ____________? ¡Claro! Porque les gusta mucho la música de Gloria.

Ejercicio 2

Completa los diálogos con **mí, ti, él/ella, ellos/ellas, conmigo** o **contigo.**

RADAMÉS: Amanda, ¿quieres ir _______[1] al cine este fin de semana?

AMANDA: No. Lo siento, pero no puedo ir _______[2] porque tengo que trabajar.

FRANKLIN: Estefanía, esta guitarra es un regalo de mis padres para _______.[3]

ESTEFANÍA: ¿Un regalo de tus padres? ¿Para _______[4]?

CLAUDIA: Fátima, ¿qué piensas de Javier y Lorenzo, los chicos que están en nuestra clase de economía?

FÁTIMA: ¿Qué pienso de _______[5]? Pues, no los conozco muy bien, pero creo que los dos son muy simpáticos.

CLAUDIA: Pues... vamos a salir a bailar con _______[6] esta noche.

FÁTIMA: ¿De verdad? ¿Vas a bailar con _______[7]? ¡Qué divertido! ¡Ay! Yo quiero ir, pero no puedo. Hoy tienes que ir sin _______.[8]

CAMILA: Eloy, ¿te llevas bien con tus hermanos?

ELOY: Sí, casi siempre me llevo bien con _______.[9] Y tú, ¿te llevas bien con Antonella?

CAMILA: ¡Por supuesto! Es mi hermanita. Siempre me llevo bien con _______.[10]

10.2 The Imperfect Tense

In **Gramática 11.4** and **13.4,** you will learn how to use the preterite and imperfect together.

A. The Spanish imperfect tense is used to express actions that occurred repeatedly or habitually in the past. To express the same idea, English often uses the phrases *used to* or *would*, or just the simple past.

—¿A qué hora **te levantabas** en el verano?	*What time*	*did you* / *did you use to* / *would you*	*get up in the summer?*
—Siempre **me levantaba** a las nueve.	*I always*	*got up* / *used to get up* / *would get up*	*at 9:00.*

De niña, **nadaba** todos los días en el verano. — *As a child, I used to (would) swim every day in the summer.*

Cuando **éramos** jóvenes, **íbamos** al cine todos los sábados. — *When we were young, we would (used to) go to the movies every Saturday.*

B. There are two patterns of endings for the imperfect: **-ar** verbs use the **-aba** endings; **-er** and **-ir** verbs use the **-ía** endings.

	-ar *VERBS*	er/-ir *VERBS*	
	manejar	**comer**	**vivir**
(yo)	manej**aba**	com**ía**	viv**ía**
(tú)*	manej**abas**	com**ías**	viv**ías**
usted, él/ella	manej**aba**	com**ía**	viv**ía**
(nosotros/as)	manej**ábamos**	com**íamos**	viv**íamos**
(vosotros/as)	manej**abais**	com**íais**	viv**íais**
ustedes, ellos/ellas	manej**aban**	com**ían**	viv**ían**

Mis hermanos **comían** mucho cuando **visitábamos** a nuestros abuelos. *My brothers used to eat a lot when we visited (would visit) our grandparents.*

—¿Qué **hacía** Omar los domingos cuando **estaba** en la secundaria? *What did Omar use to do on Sundays when he was in high school?*

—**Jugaba** al fútbol con sus amigos. *He used to play soccer with his friends.*

C. Only three verbs are irregular in the imperfect: **ir, ser,** and **ver.**

	ir	**ser**	**ver**
(yo)	iba	era	veía
(tú)*	ibas	eras	veías
usted, él/ella	iba	era	veía
(nosotros/as)	íbamos	éramos	veíamos
(vosotros/as)	ibais	erais	veíais
ustedes, ellos/ellas	iban	eran	veían

Te **veía** más cuando trabajabas en esta oficina. *I used to see you more when you worked in this office.*

Cuando **era** muy joven, mi papá y yo **íbamos** a la finca y yo montaba con él en su caballo. *When I was very young, my father and I used to go to the farm and I would ride with him on his horse.*

Ejercicio 3

The verb **bañarse** is often used to mean *to go in the water* in reference to an ocean, a lake, or a river.

¿Qué hacían estas personas de niños?

1. andar en bicicleta / Omar
2. jugar con muñecas / Claudia y yo
3. leer novelas gráficas / Fátima
4. bañarse en el mar en Acapulco / Nayeli
5. comer muchos dulces / Franklin
6. limpiar su cuarto / Marcela
7. pasar las vacaciones en Mar del Plata / Camila y sus primos
8. escuchar música rock / Radamés
9. ver muñequitos en la televisión / Sebastián
10. ir al cine los domingos / don Rafael Sotomayor

*Recognition: In the imperfect, the **vos** forms are identical to the **tú** forms: **manejabas, comías, vivías, ibas, eras, veías,** and so forth.

Ejercicio 4

Para cada oración, da el nombre de la(s) persona(s) que se describe(n). Luego, completa la oración con el imperfecto del verbo que mejor expresa lo que hacía(n).

MODELO: <u>*Nayeli:*</u> Ya no monta a caballo mucho, pero antes <u>*montaba*</u> a caballo todos los días.

1. ________: De adolescente, ________ mucha comida chatarra, pero ahora tiene una dieta muy saludable.
2. ________: Ya no juegan videojuegos, pero antes los ________ todos los días.
3. ________: Antes ________ mucho con su hermano mayor, pero ya no pelea con él.
4. ________: Cuando era soltero, ________ muchos libros de ficción, pero ahora no tiene tiempo.
5. ________: De niño, ________ la cuerda, pero ya no lo hace nunca.
6. ________: Ya no llora tanto cuando ve películas tristes, pero de adolescente ________ mucho.

10.3 Talking About Past Actions in Progress: The Imperfect Progressive

To describe an action in progress that was taking place at some past moment, use the imperfect tense of **estar** (**estaba, estabas, estaba, estábamos, estabais, estaban**) followed by a present participle.

—¿Qué **estabas haciendo** ayer a las cuatro?	*What were you doing yesterday at 4:00?*
—Creo que **estaba mirando** la televisión.	*I think I was watching television.*
—Radamés, ¿qué **estabas haciendo** ayer cuando te llamé?	*Radamés, what were you doing yesterday when I called you?*
—**¡Estaba durmiendo!**	*I was sleeping!*

Remember that some irregular verbs also have changes in the present participle form: **durmiendo, leyendo, mintiendo, pidiendo, sirviendo.**

¿Recuerdas?

In **Gramática 6.2** you learned how to use a present-tense form of **estar** with a present participle (the **-ando/-iendo** form of the verb) to talk about actions currently in progress. Review that section now, if necessary.

Ejercicio 5

Indica qué estabas haciendo y qué no estabas haciendo ayer. Usa los verbos **asistir, dormir, estudiar, leer, subir** y **ver** para completar las seis acciones.

Ayer a las cuatro de la tarde, (yo) estaba...

	SÍ	NO
1. _______ la siesta.	☐	☐
2. _______ a una clase.	☐	☐
3. _______ un video de YouTube.	☐	☐
4. _______ la lección de español.	☐	☐
5. _______ fotos a mi Instagram.	☐	☐
6. _______ una novela.	☐	☐

Ejercicio 6

Di qué estaban haciendo estas personas ayer a las cinco de la tarde. Usa **estar** con el verbo apropiado: **comer, escribir, hacer, limpiar, preparar.**

1. Mis hermanos y yo _______ la cena para toda la familia.
2. Mi mejor amigo/a _______ la tarea.
3. Dos de mis compañeros de clase _______ en un restaurante.
4. Mis padres _______ la casa.
5. La presidenta de la universidad _______ un discurso (*speech*) para la próxima semana.

10.4 Using the Imperfect to Express Intention: **ir a, querer,** and **pensar** + *Inf.*

The imperfect of **ir** (**iba, ibas, iba, íbamos, ibais, iban**) can be used in the construction **ir a** + *inf.* to express past intentions (*was/were going to do* [*something*]). The imperfect forms of **querer** and **pensar** + *inf.* are similar in meaning.

Íbamos a esquiar el jueves, pero ahora dicen que va a llover. — *We were going to ski on Thursday, but now they say it's going to rain.*

Quería acampar en las montañas este verano, pero tengo que trabajar. — *I wanted to go camping in the mountains this summer, but I have to work.*

Ana Sofía **pensaba pasar** el verano en Sudamérica, pero no ahorró suficiente dinero. — *Ana Sofía was thinking about spending (planning to spend) the summer in South America, but she didn't save enough money.*

> **iba a** + *inf.* = *I/he/she/you (pol. sing.) was/were going to*
>
> **(Yo) Iba a viajar por España, pero tuve que trabajar.**
>
> *I was going to travel through Spain, but I had to work.*

¿Recuerdas?

Recall from **Gramática 4.4** that the present tense of **ir a** + *inf.* is used to express future actions.

Estefanía, ¿**vas a llamar** a Franklin esta noche?	*Estefanía, are you going to call Franklin tonight?*

Ejercicio 7

Inventa una excusa. Usa **iba a** + *infinitivo.*

MODELO: ¿Por qué no me llamaste anoche? (perdí mi teléfono) *Iba a llamarte*, pero perdí mi teléfono.

1. ¿Por qué no viniste en carro? (me quedé sin gasolina)
2. ¿Por qué no me compraste un regalo? (no tuve tiempo)
3. ¿Por qué no cenaste con nosotros? (cené en casa antes)
4. ¿Por qué no fuiste al concierto de Radamés y su grupo? (no funcionó mi carro)
5. ¿Por qué no asististe a clase ayer? (no sonó la alarma del móvil)
6. ¿Por qué no almorzaste ayer? (no tuve tiempo)
7. ¿Por qué no me llamaste anoche? (llegaron mis tíos de visita)
8. ¿Por qué no viajaste este verano? (tuve que trabajar)

Lo que aprendí

Al final de este capítulo, ya puedo hablar sobre:

- ☐ los parientes.
- ☐ las actividades y experiencias de mi niñez.
- ☐ las actividades de mi adolescencia.
- ☐ mis experiencias cuando estaba en la secundaria.
- ☐ las cosas que quería o pensaba hacer.

Además, ahora conozco:

- ☐ un poema de un escritor cubano muy importante y admirado.

Y sé más sobre:

- ☐ algunos cubanos y cubanoamericanos famosos.
- ☐ la historia de la música cubana.
- ☐ un proyecto ecológico de Cuba.

Vocabulario

La familia y el parentesco	Family and Family Relationships
Repaso: el/la abuelo/a (el/la abuelito/a), el/la esposo/a, el/la hermano/a (el/la hermanito/a), el/la hijo/a, la madre (mamá), el/la nieto/a, el padre (papá), el/la pariente, el/la primo/a, el/la sobrino/a, el/la tío/a	
el árbol genealógico	family tree
el cuñado / la cuñada	brother-in-law / sister-in-law
el hermanastro / la hermanastra	stepbrother / stepsister
el hijastro / la hijastra	stepson / stepdaughter
el hijo único / la hija única	only child
la madrastra	stepmother
el medio hermano / la media hermana	half brother / half sister
la nuera	daughter-in-law
el padrastro	stepfather
el suegro / la suegra	father-in-law / mother-in-law
el yerno	son-in-law
Palabras semejantes: el ex esposo / la ex esposa	

Las actividades de la niñez	Childhood Activities
Repaso: andar (*irreg.*) **en patineta/bicicleta, jugar (ue) (gu) videojuegos, patinar, sacar (qu) buenas notas, tocar (qu) la guitarra**	
jugar (ue) (gu)	to play
a la pelota	ball
a la rayuela	hopscotch
a las casitas	house
a los carritos	with toy cars
al béisbol	baseball
al escondite	hide-and-seek
al gato	tag
con muñecas	with dolls
montar en el subibaja (cachumbambé, *Cuba*)	to ride the seesaw
saltar la cuerda	to jump rope
subirse a los árboles	to climb trees
ver (*irreg.*) **muñequitos**	to watch cartoons
volar (ue) papalote(s)	to fly a kite/kites

Los verbos	
aburrirse	to get bored
al + *inf.*	upon + *gerund*
al llegar	upon arriving
alquilar	to rent
casarse	to get married
conocerse* (zc)	to meet each other
contar (ue)	to tell; to count
coser	to sew
dar (*irreg.*) **permiso**	to give permission
dejar	to permit, allow; to leave (*something or someone*)
discutir	to argue; to discuss
fumar	to smoke
hacerse (*irreg.*)	to become
iba a + *inf.*	was/were going to (*do something*)
llevarse* bien/mal con	to get along well with / not get along with
lograr	to achieve, accomplish
mejorar	to improve; to get better
mudarse	to move (*from one residence to another*)
parecerse* (me parezco)	to look like
¿A quién se parece?	Who does he/she/you (*pol. sing.*) look like?
Se parece a...	He/She/You (*pol. sing.*) looks like . . .
¿A quién te pareces?	Who do you (*fam. sing.*) look like?
Me parezco a...	I look like . . .
¿En qué se parece él/ella a su _________?	How does he/she look like his/her _____?
Se parece a su _________ en la nariz.	He/She has his/her (your) _____'s nose.
¿En qué se parece usted a su _________?	How do you (*pol. sing*) look like your _____?
Me parezco a mi _________ en la nariz.	I have my _____'s eyes.
¿En qué te pareces a tu _________?	How do you (*fam. sing.*) look like your _____?
Me parezco a mi _________ en el pelo.	I have my _____'s hair.
pelear	to fight
pensaba + *inf.*	was/were planning to (*do something*)
quería + *inf.*	wanted to (*do something*)
sonar (ue)	to sound; to ring
verse (*irreg.*)	to see each other
viajar por el mundo	to travel the world
Palabras semejantes: competir (i, i), escaparse, navegar (gu), responder	

*See page 433 for information on reciprocal verbs.

Las personas	
Repaso: el/la escritor(a)	
el/la amiguito/a	little (childhood) friend
el bailarín / la bailarina	dancer
el/la beisbolista	baseball player
el/la modelo	(fashion) model
el/la niñero/a	nanny, babysitter
el/la tenista	tennis player
Palabras semejantes: el/la activista, el/la explorador(a), el/la navegante, el/la poeta	

Los sustantivos	
Repaso: la escuela secundaria, la historia	
el adorno	decoration
el amor	love
el despertador	alarm (clock)
el granizado	(flavored) shaved ice
(a) la hora de la cena	(at) dinner time
los Juegos Olímpicos	Olympic Games
la juventud	youth
la nube	cloud
el parecido	resemblance, similarity
el patio de recreo	playground
el recreo	recess
las redes sociales	social media
Palabras semejantes: la adolescencia, el animal, el momento, la relación, la sociedad, el verso	

Los adjetivos	
Repaso: casado/a, divorciado/a, soltero/a, viudo/a	
bastante	plenty of, quite a lot
deportivo/a	sporty, sport
lindo/a	cute, pretty
mentiroso/a	liar
travieso/a	naughty, mischievous
Palabras semejantes: activo/a, biológico/a, cubanoamericano/a, dominicanoamericano/a, materno/a, paterno/a, profesional	

Palabras y expresiones útiles	
a tiempo	on time
Así es.	That's (just) the way it is.
Cuando era niño/a...	When I was a child . . .
Cuando era joven adolescente...	When I was young / a teenager . . .
De joven...	As a young person . . . / When I was young . . .
De niño/a...	As a child . . . / When I was a child . . .
físicamente	physically
había	there was / there were
hoy en día	nowadays
Me/Te/Le/Nos/Les gustaba(n)...	I/You (*fam. sing.*)/He, She, You (*pol. sing*)/ We / They, You (*pl.*) used to like . . .
mi amor	sweetheart, honey (*term of endearment*)
mijo/mija (mi + hijo / mi + *hija*)	sweetie (*term of endearment used with children and grandchildren*)
muchas veces	many times; much of the time
¡No lo creo!	I don't believe it!
nunca más	never again
por las mañanas/tardes	in the mornings/afternoons
por las noches	in the evenings
¡Qué tiempos aquellos!	Those were the days!
¿Verdad?	Right?; Is that true?
ya no	no longer

Design elements: (Communication, Connections, Comparisons, Cultures and Communities icons): McGraw Hill Education; (Mundopedia Globe Icon): Kundra/Shutterstock; (Audio icon): Orchid24/Shutterstock; (Cuida tu mundo image): Ekaterina Simonova/Shutterstock; (Sun icon): McGraw Hill Education; (Magazine background): McGraw Hill Education

11 De viaje

Fernando Cortés (España, 1955), *sin título*

Fernando Cortés/Shutterstock

Upon successful completion of **Capítulo 11,** you will be able to speak about geography and climate. You will feel comfortable talking about transportation, travel-related experiences, giving and following directions, and using the preterite and imperfect together to narrate past experiences. Additionally, you will have learned about some interesting places and customs from Spain.

Comunícate

La geografía y el clima

Los medios de transporte

Hablando de los medios de transporte «Biciacción»

En busca de sitios

Los viajes

Exprésate

Escríbelo tú Un viaje en automóvil

Cuéntanos Un viaje inolvidable

Cultura

Mundopedia Los paradores de España

Palabras regionales España

Conexión cultural El nuevo flamenco

Novela gráfica, Episodio 11

Videoteca

Amigos sin Fronteras, Episodio 11 ¡Allá vamos, Los Ángeles!

Mi país España

Los actores hablan

Gramática

11.1 The Present Perfect

11.2 Destination and Time: **por** and **para** (Part 1)

11.3 Polite **(usted)** Commands

11.4 Using the Imperfect and the Preterite Together

McGraw Hill connect

ESPAÑA

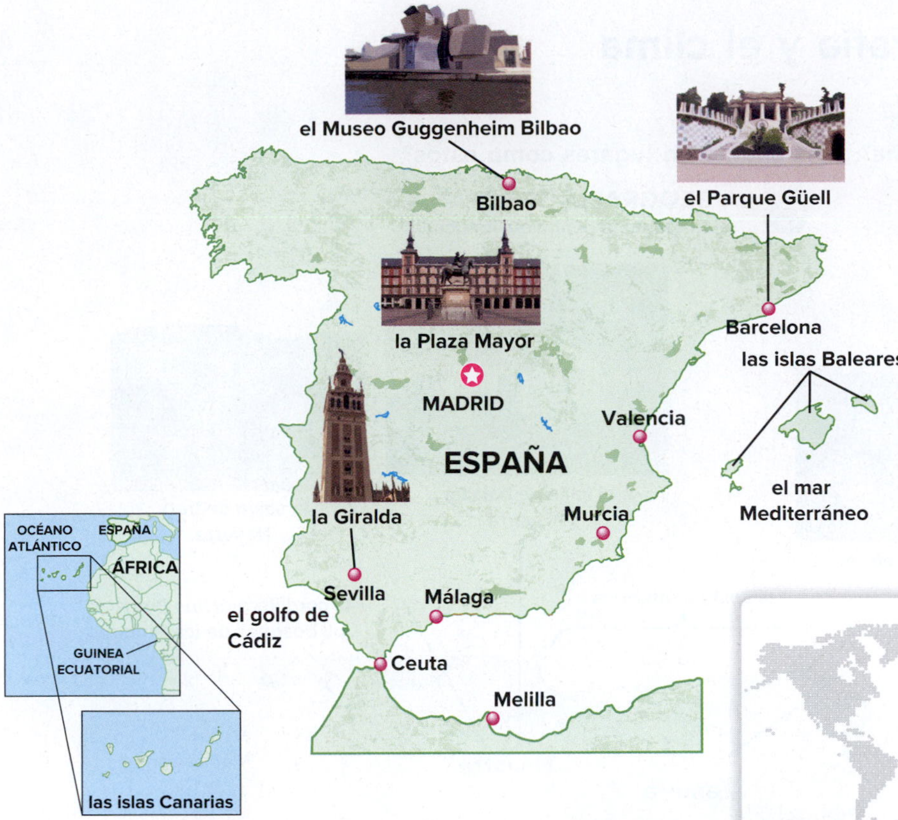

la bandera de España
ciudad capital: Madrid
moneda nacional: el euro

la bandera de Guinea Ecuatorial
ciudad capital: Malabo
moneda nacional: el franco CFA

Conócenos

Klic Video Productions/ McGraw Hill

Ana Sofía Torroja Méndez

Ana Sofía Torroja Méndez es española; nació en Murcia. Tiene veinte años y su cumpleaños es el diecisiete de febrero. Le gusta ir a conciertos, bailar y tocar música, especialmente la guitarra. Otra de sus actividades favoritas es bailar. Cuando está en España, le gusta mucho ir a los bares para comer tapas, beber sangría y charlar. Ana Sofía estudia inglés en el College of Alameda, pero el año próximo piensa estudiar en la Universidad de California, Berkeley.

Comunícate

La geografía y el clima
Lee Gramática 11.1
¿Has visitado España? ¿Has estado en lugares como estos?
LA GEOGRAFÍA DE ESPAÑA
(el mapa de la península ibérica)
el lago de Zanabria, Zamora
el valle de Salazar, Navarra
la selva de Irati, Navarra
la costa cantábrica
la cordillera de los Pirineos/ los bosques de los Pirineos
el océano Atlántico
Francia
Navarra
Zamora
el mar Mediterráneo
Portugal
ESPAÑA
el archipiélago/ las islas Baleares
el río Guadalquivir
Almería
el golfo de Cádiz
el arrecife fosilizado, Almería
la bahía de Cádiz
la orilla
la arena
la playa Romanillas, Almería
el archipiélago/ las islas Canarias
el desierto de Tabernas, Almería

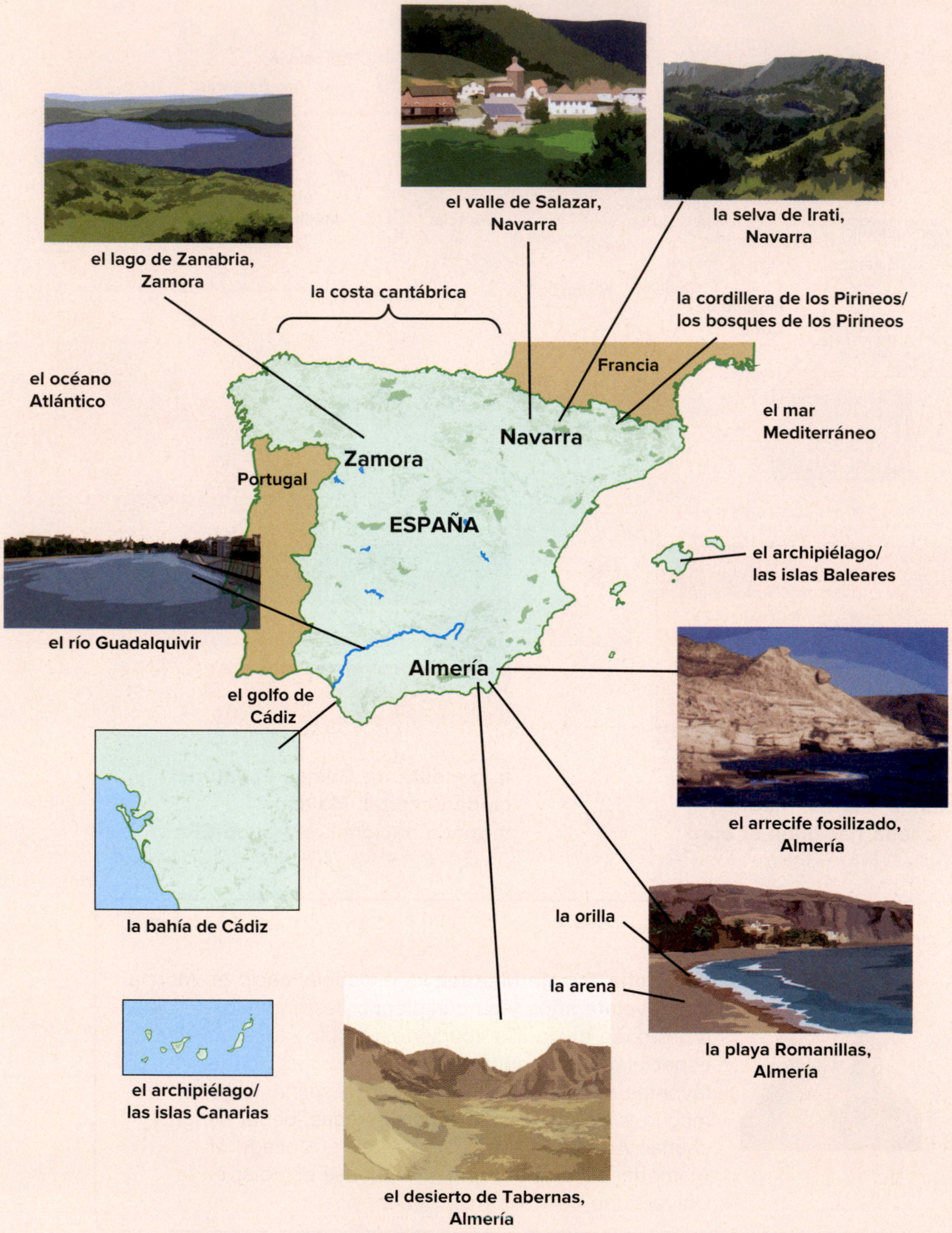

Actividad 1 La geografía y el clima

Empareja cada palabra con su definición.

1. _______ el relámpago
2. _______ el lago
3. _______ el río
4. _______ el huracán
5. _______ la bahía
6. _______ la tormenta
7. _______ el arrecife
8. _______ la inundación
9. _______ la isla
10. _______ la selva

a. porción de tierra rodeada de agua
b. formación submarina con corales, plantas y peces
c. acción de cubrir o llenar un lugar de agua
d. terreno de clima caluroso donde hay mucha vegetación
e. entrada de mar en la costa, menor que un golfo
f. viento de enorme fuerza que gira en grandes círculos
g. corriente de agua que generalmente corre hacia el mar
h. fenómeno atmosférico con vientos, relámpagos, truenos, lluvia o nieve
i. cuerpo de agua rodeado de tierra
j. descarga (*charge*) eléctrica instantánea entre dos nubes

Gramática *Exclamations*

Use these patterns to form exclamations.

¡**Qué** + *adjective*!

¡**Qué cristalina** es el agua aquí!

¡**Qué** + *noun* + **tan/más** + *adjective*!

¡Qué luna más grande!

¡Qué terremoto tan terrible!

¡**Cuánto/a/os/as** + *noun*!

¡**Cuántas estrellas** han salido esta noche!

¡**Cuánta lluvia** ha caído hoy!

Actividad 2 Fenómenos del tiempo

la llovizna

la tormenta

la humedad

la niebla/la neblina

la escarcha

Completa cada oración con una de estas palabras: **aguacero, arcoíris, cielo, escarcha, humedad, inundación, llovizna, neblina, nubes, relámpagos, rocío, tormenta, truenos, vientos. OJO:** Hay palabras extra.

1. Después de una noche muy fría, a la mañana siguiente hay _______ en los techos, en las ventanas y en los coches.
2. Durante una tormenta, antes de los truenos, se ven _______.
3. Un huracán tiene _______ muy fuertes.
4. En las zonas tropicales hay mucha _______.
5. Es muy peligroso manejar cuando hay _______ porque no hay visibilidad.
6. Una lluvia muy ligera es una _______.
7. Una lluvia fuerte que cae de repente es un _______.
8. Las gotas de agua que aparecen en las flores y las hojas de las plantas temprano por la mañana: el _______.
9. Antes de una tormenta, las nubes cubren el _______.
10. El agua cubre las calles y parte de las casas; los coches flotan en ella: una _______.
11. A veces, después de un aguacero, sale el sol y podemos ver un _______ de colores muy bonitos.

¿Recuerdas?

In **Gramática 4.4** you learned to express the future using **ir a** + *infinitive.*

Mañana **voy a hacer** las reservaciones para mi viaje a España.

Mis primos **van a ir** a Madrid la semana que viene.

You can talk about weather in the future using this structure with infinitives that describe different kinds of weather.

Esta tarde **va a llover.**

Mañana **va a hacer calor.**

El sábado **va a estar soleado.**

Lengua *Refranes*

Aquí tienes un refrán sobre el tema del clima. ¿Estás de acuerdo con su mensaje?

«Quien siembra vientos, recoge tempestades.»

You reap what you sow. (En sentido literal, *Those who plant winds, harvest storms.*)

Actividad 3 Los viajes y el tiempo

Conversa con tu compañero/a sobre tus viajes y el tiempo.

LOS LUGARES

1. ¿Has ido a las montañas? ¿Con quién(es)? ¿Has acampado o esquiado en la nieve en las montañas?
2. ¿Has ido al desierto o al campo? ¿Te gustaría vivir en el desierto? ¿en el campo? ¿Por qué?
3. ¿Hay un lago o un río cerca de donde vives? ¿Qué te gusta hacer allí?
4. ¿Has estado en una selva? ¿En cuál? ¿Te gustaría vivir en la selva? ¿Por qué?
5. ¿Te gusta ir a la playa? ¿Qué te gusta hacer en la playa cuando está soleado?

EL TIEMPO

1. ¿Alguna vez te ha sorprendido un aguacero sin paraguas? ¿Te mojaste mucho? ¿Alguna vez has estado en una tormenta eléctrica?
2. ¿Has visto un huracán o un tornado alguna vez? ¿Qué pasó?
3. ¿Alguna vez has manejado por la autopista con mucha neblina? ¿Adónde ibas? ¿Llegaste sin problemas?
4. ¿Has pasado por una tormenta o un huracán en un avión? ¿Tuviste miedo?
5. ¿Consultas el pronóstico del tiempo con frecuencia? ¿Es útil para ti?

Vocabulario

el paraguas

Gramática *The Verb Form* gustaría

The verb form **gustaría** functions much like **gusta** and means *would like.*

Me gustaría vivir cerca de la playa.

I would like to live near the beach.

¿Te gustaría tener un coche híbrido?

Would you like to have a hybrid car?

Los medios de transporte

Lee *Gramática 11.2*

¿Qué medios de transporte has usado?

Los estudiantes andan en bicicleta por el campus. Siempre llevan casco.

El Prius es un auto (carro, coche, automóvil) híbrido y da cincuenta millas por galón.

El autobús es muy útil para los estudiantes.

Muchas ciudades tienen un metro / transporte subterráneo.

El tren es un medio de transporte público muy popular en Europa.

El tranvía en Sevilla pasa por el centro de la ciudad.

SALA DE ESPERA
El avión ya está aquí. Salimos en este momento para España.

el bote (de remos)

el velero

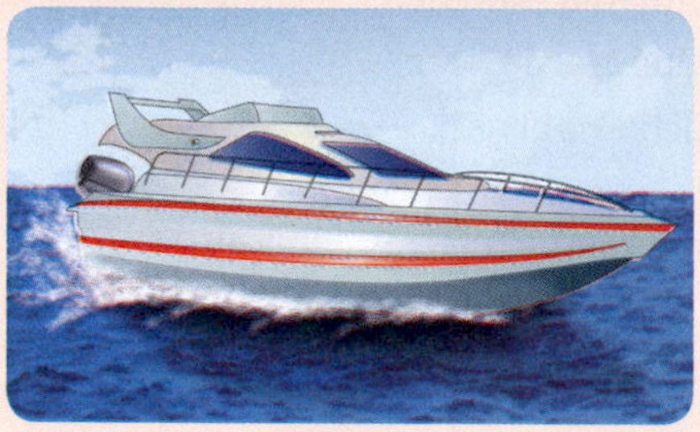

la lancha

el barco / el yate

el crucero

EL TRÁNSITO

el letrero (la señal de tránsito)

Cultura *El letrero de STOP*

En los países hispanos, hay un letrero[a] de forma[b] y color idénticos al letrero que se usa en Estados Unidos, *STOP*. En algunos países dice **ALTO,**[c] en otros dice **PARE,**[d] pero en España, ¡el letrero dice **STOP**!

[a]señal de tránsito [b]*shape* [c]*HALT* [d]*STOP*

el semáforo

la multa

la autopista

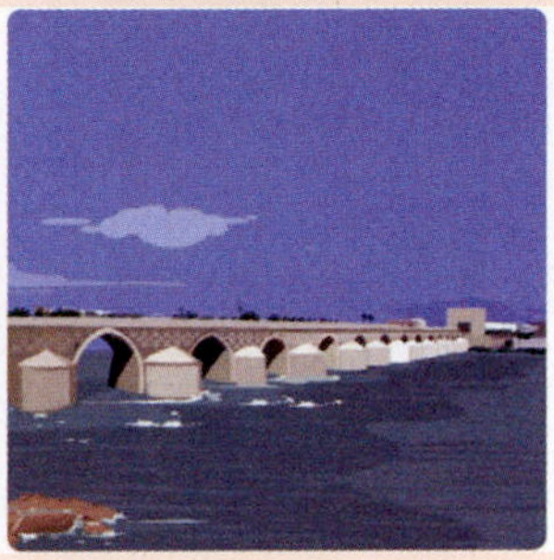
el puente

EL AUTOMÓVIL

las llaves

la llave electrónica

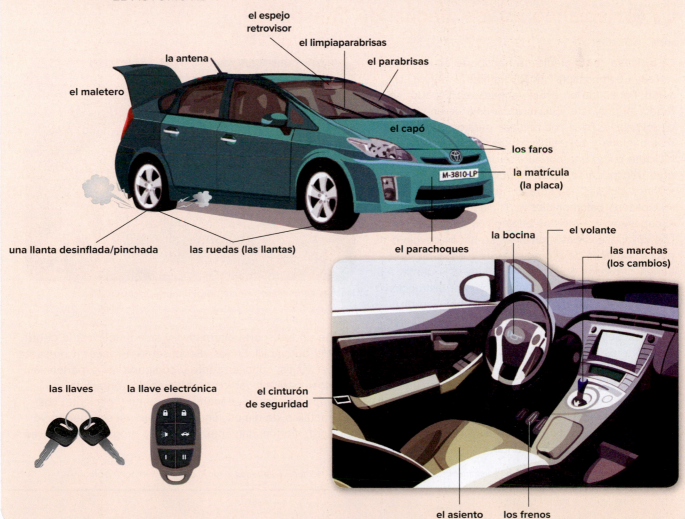

Actividad 4 Los medios de transporte y el carro

Empareja cada palabra con su definición.

1. ________ el barco
2. ________ el avión
3. ________ la llave
4. ________ el metro
5. ________ las ruedas (las llantas)
6. ________ el tranvía
7. ________ el parabrisas
8. ________ la bocina
9. ________ la matrícula
10. ________ el cinturón de seguridad

a. Es un tipo de tren eléctrico que se utiliza en las ciudades.
b. Son circulares y negras; el automóvil necesita cuatro.
c. Flota en el agua y transporta carga y/o pasajeros.
d. Protege a los pasajeros del viento.
e. Se usa para mantener en el asiento a los pasajeros de un avión o de un coche.
f. Es un medio de transporte aéreo muy rápido.
g. Se toca para llamar la atención de otros choferes y de los peatones.
h. Es un medio de transporte subterráneo que se usa en las grandes ciudades.
i. Se usa para encender el motor del auto.
j. Rectángulo de metal que tiene números y letras para identificar el coche.

CULTURES Hablando de los medios de transporte

«BICIACCIÓN»

La bicicleta como medio de transporte es ideal: no necesita combustible,[a] no contamina y mejora[b] la salud. Pensando en estas ventajas, en Ecuador se fundó[c] el proyecto «Biciacción». Este es un proyecto de jóvenes ciclistas que trabajan para crear una ciudad más humana y sostenible.[d] Quieren promover[e] la bicicleta como una buena alternativa al automóvil para transportarse, hacer deporte y divertirse. Estos jóvenes ciclistas han creado programas como los «Bicipaseos patrimoniales[f]», «A clases en Bici», «Ecopaseos» y «Triciclos Ecológicos Publicitarios[g]». Los «Bicipaseos patrimoniales» se hacen de día o de noche. Además de promover el uso de la bicicleta, tienen otros dos objetivos: enseñarle a la gente sobre su patrimonio[h] histórico y ofrecer instrucción para la seguridad[i] de los ciclistas. El objetivo de «A Clases en Bici» es enseñarles a los estudiantes de la escuela secundaria y de la universidad la importancia de un transporte alternativo y sus beneficios: la gente recupera los espacios públicos y se elimina el uso excesivo del automóvil. En los «Ecopaseos», Biciacción presenta la bicicleta como el medio perfecto para hacer deportes, hacer viajes, conocer gente y compartir las experiencias. Biciacción también inventó los «Triciclos Ecológicos Publicitarios» para mitigar los problemas de contaminación visual que existen en la ciudad. Esta forma de circular publicidad es rápida, económica, cercana y eficiente. Los triciclos llevan la publicidad por la ciudad en una estructura metálica de dimensiones grandes. Así se pueden ver los anuncios en todas partes. Biciacción surgió en Ecuador pero, afortunadamente, ahora hay programas similares en muchas ciudades del mundo.

©Jenny Robayo

Muchos ecuatorianos sienten pasión por el ciclismo.

[a]*fuel* [b]*improves* [c]*se... was founded* [d]*sustainable* [e]*promote* [f]Bicipaseos... *Heritage Bike Rides* [g]*for Publicity* [h]*heritage* [i]*safety*

Actividad 5 La bici, la moto y el coche

Conversa con tu compañero/a.

1. De niño/a, ¿andabas mucho en bicicleta? ¿Y ahora usas la bici? ¿Para qué la usas?
2. ¿Has andado alguna vez en moto? ¿Llevas casco cuando andas en motocicleta o en bicicleta? ¿Por qué?
3. ¿Tienes coche? ¿Gasta (Usa) mucha gasolina? ¿Te gustaría tener un coche híbrido o uno eléctrico? ¿Por qué?
4. ¿Tienes seguro para tu automóvil? ¿Por qué es importante tener seguro?
5. ¿Has tenido un accidente en tu coche? ¿Alguna vez chocaste con algo o con alguien?
6. ¿Has salido de vacaciones en tu coche? ¿Adónde fuiste? ¿Te gustó el viaje? ¿Por qué?
7. ¿Prefieres manejar por las calles de la ciudad o en la autopista? ¿Tienes que manejar durante horas pico? ¿Te molesta manejar cuando hay mucho tráfico?

Hay varios autos eléctricos que son muy populares. La ventaja de estos autos es que no hay que ir a la gasolinera para llenarles el tanque, pero una desventaja es el límite de millas: por lo general entre 80 y 250.

Nuestra gente

CULTURES C COMMUNITIES C

¿Qué nos dices de los medios de transporte en tu país?

Bueno, primero, que soy ciclista. Uso la bicicleta como medio de transporte todos los días, ¡junto con el veinte por ciento[a] de la población española! Es que el ciclismo es muy popular en mi país. De hecho, la Vuelta[b] ciclista a España es uno de los eventos deportivos más importantes en el mundo. Es tan importante como el Tour de Francia. A ver... ¿qué más puedo deciros sobre este tema? Bien, algo muy positivo: que en España es muy fácil viajar por cualquier ciudad y por todo el país usando medios de transporte público.

[a]el... *20%* [b]*Tour, Race*

AJR_photo/Shutterstock

Juan Carlos Saavedra Gutiérrez tiene veinticinco años y es de Valencia, España.

Gramática *Adverbs*

Adverbs are words that describe actions. The Spanish equivalent of *-ly* adverbs in English is formed by adding **-mente** to the feminine form of adjectives ending in **-o,** and by simply adding **-mente** to the end of adjectives ending in **-e** or a consonant.

rápido → **rápida** → **rápidamente** (*quickly*)

lento → **lenta** → **lentamente** (*slowly*)

fácil → **fácilmente** (*easily*)

frecuente → **frecuentemente** (*frequently*)

Se viaja **cómodamente** en tren.

Los trenes en España llegan a su destino **puntualmente.**

Actividad 6 El transporte y tus viajes

A. Ventajas y desventajas. Menciona un aspecto positivo (ventaja) y uno negativo (desventaja) de cada uno de los medios de transporte. Después, comparte tus ideas con la clase.

Medio de transporte	Ventaja	Desventaja
el autobús		
el avión		
la bicicleta		
el coche (el carro)		
el crucero	*Puedo viajar a muchos lugares y no necesito hotel.*	*Es muy costoso.*
el metro		
la motocicleta		
el tranvía		
el tren		

B. Tus viajes. Completa cada oración con **por** o **para** y luego conversa con tu compañero/a.

1. ¿Cuál es tu forma de transporte preferida? ¿Por qué?
2. ¿Has viajado _______ tren? ¿Adónde fuiste? ¿Has viajado _______ avión? ¿Adónde has ido? De estos dos medios, ¿cuál te gusta más? ¿Por qué?
3. Cuando vas de viaje, ¿siempre estás listo/a a tiempo _______ la salida? ¿Por qué?
4. ¿Has hecho un viaje en crucero? ¿Qué ciudades y lugares visitaste? ¿Te gusta viajar _______ barco?

Lengua *El taxi, el autobús y el metro*

En Argentina, un taxi es **un remis** y un autobús es **un bondi** o **un colectivo;** el metro es **el subte** (de **subterráneo**). En Cuba, el autobús es **la guagua** y en la capital, La Habana, hay **coco taxis** (una motocicleta de tres ruedas con forma de coco) y **bicitaxis.** En México, D.F., y Bogotá, Colombia, también hay **bicitaxis.**

En busca de sitios

Lee *Gramática 11.3*

Por favor, dígame cómo llegar a...

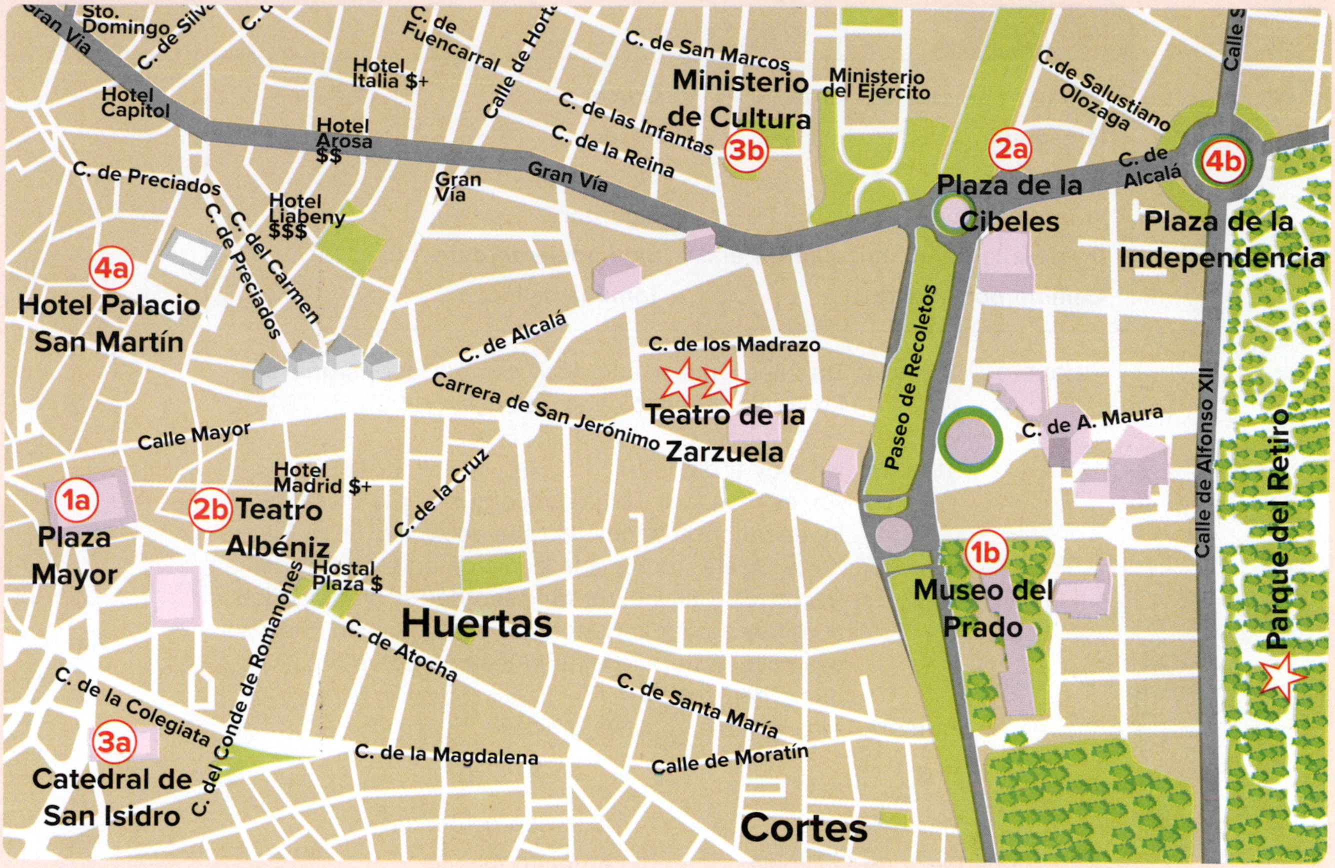

Plano de una zona de la ciudad de Madrid, España

Lengua *Refranes*

¿Sabes muchos refranes? ¿Te gusta usarlos? Aquí tienes uno muy famoso.

«Todos los caminos llevan a Roma.» *All roads lead to Rome.*

CULTURES

Datos curiosos: España

- España produce el cuarenta y cuatro por ciento del aceite de oliva de todo el mundo.
- El fútbol (*soccer*) es el deporte más popular en España.
- En España la comida se sirve aproximadamente a las 2:00 de la tarde y la cena a las 9:00 de la noche.
- Casi todos los coches son de marchas (transmisión estándar).
- En España se habla el español, el gallego, el vasco, el catalán y otros idiomas y dialectos.

Actividad 7 La ciudad de Madrid

Mira el plano de Madrid y explica cómo se llega de una parte de la ciudad (A) a otra (B). Los números del plano te van a ayudar a encontrar los lugares mencionados abajo.

Vocabulario

a mano derecha/izquierda	**Cruce...**
la esquina	**Pase...**
la glorieta	**Salga de(l)... por...**
la intersección	**Siga por...**
Doble a la derecha/izquierda en...	**Siga adelante/derecho**
Camine por... hasta...	**Tome la calle...**

MODELO: TURISTA: Disculpe, ¿me puede decir cómo ir del Parque del Retiro (☆) al Teatro de la Zarzuela (☆☆)?
TÚ: ¿Va en coche?
TURISTA: No, voy a pie.
TÚ: Ah, es muy fácil. Salga del parque por la Plaza de la Independencia y tome la calle de Alcalá. En la Plaza de la Cibeles, doble a la izquierda en el Paseo de Recoletos. Camine por el Paseo de Recoletos y doble a la derecha en la Carrera de San Jerónimo. Siga por esa calle hasta encontrar el teatro, que va a estar a mano derecha.
TURISTA: Muy amable, muchas gracias.

A	B
1. de la Plaza Mayor	al Museo del Prado
2. de la Plaza de la Cibeles	al Teatro Albéniz
3. de la Catedral San Isidro	al Ministerio de Cultura
4. del Hotel Palacio San Martín	a la Plaza de la Independencia

¡CUIDA TU MUNDO!

Ekaterina Simonova/Shutterstock

¿Sabes lo que son los «eco-barrios»? Pues, son barrios sostenibles que buscan la conservación medioambiental y la eficiencia de energía. En España hay varios modelos de este tipo de proyecto urbano. El primero que allí se fundó fue el del Distrito de Sarriguren en Navarra. Las casas de este barrio se fabricaron con criterios de construcción limpia y usan energía renovable. Consumen 60 por ciento menos energía que las casas convencionales y están rodeadas[a] por áreas verdes con más de 5.000 árboles. Sin duda los eco-barrios son el modelo urbano del futuro.

[a]*surrounded*

Actividad 8 ¡Quiero conocer España!

Estás con tus compañeros/as en España. La familia de Ana Sofía Torroja les da algunas sugerencias. Miren las fotos de algunos lugares en España y escriban adónde hay que ir para hacer cada actividad.

Barcelona: la Casa Batlló, obra del arquitecto Antoni Gaudí

Madrid: Museo del Prado

Barcelona: Las Ramblas

Los Pirineos: cordillera en el norte de España

Madrid: la Plaza Mayor

Granada: la Alhambra

Ronda, Málaga: el Puente Nuevo

Burgos: la catedral gótica

Segovia: el acueducto romano

ACTIVIDADES *Si quieren...*,	**LUGARES** *vayan a...*
1. esquiar y/o escalar montañas	______________
2. admirar un puente excepcional	______________
3. comer algo rico en una plaza antigua	______________
4. tomar fotos de un acueducto romano	______________
5. dar un paseo por una calle muy popular	______________
6. conocer una catedral gótica muy hermosa	______________
7. ver edificios de los moros en el sur	______________
8. ver obras del gran arquitecto Antoni Gaudí	______________
9. ver cuadros de pintores famosos	______________

Actividad 9 El metro de Madrid

CULTURES COMMUNITIES

Dale instrucciones a tu compañero/a para ir de una estación del metro de Madrid a otra. No olvides hacer los transbordos necesarios (cambiar de un tren al otro).

Vocabulario

Compre su billete.

Suba a un tren/metro de la línea ___, dirección ___.

Baje en (la estación) ___, luego tome un tren de la línea ___, dirección ___.

Pase ___estaciones y la ___ es ___.

MODELO: **TURISTA:** Disculpe, quiero ir de aquí (Acacias) a Pinar del Rey. ¿Puede decirme cómo?

TÚ: Mire, primero compre su billete. Luego, suba a un tren de la línea 5 aquí en Acacias, dirección Canillejas, y baje en la estación Alonso Martínez. Después, tome un tren de la línea 10, dirección Fuencarral y baje en Nuevos Ministerios. Luego, tome un tren de la línea 8, dirección Campo de las Naciones. Pase una estación (Colombia) y la segunda es Pinar del Rey.

1. de Casa de Campo a Mar de Cristal
2. de Estrella a Antonio Machado
3. de Atocha a El Carmen
4. de Goya a Aluche

Source: Metro de Madrid, S.A.

Los viajes

Lee *Gramática 11.4*

¿Qué viajes hacías con tu familia de joven?

El viaje de la familia de Ana Sofía

¿Se necesita visado para ir a Estados Unidos? ¿Y vacunas? ¿Tenemos que ir a la Embajada de Estados Unidos?

Ana Sofía: Ya hice las reservas (reservaciones) en línea y planifiqué el itinerario. También compré los boletos.

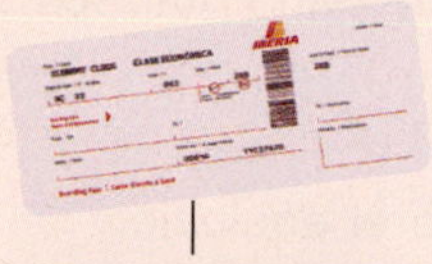

La familia Torroja aborda el avión.

el equipaje/las maletas

Sí, Franklin, ya llegamos; estamos en el aeropuerto.

Esperaban el equipaje cuando Franklin texteó a Ana Sofía.

—*Your passport, please.*
—Aquí lo tiene. *Here it is.*

las tarjetas de crédito/débito

You may not bring ham or any pork products into the United States.

En la aduana...
—*I need to check your luggage.*
—Sí, señor.

¡¿El jamón es contrabando?!

el alojamiento/el hospedaje

La mamá de Ana Sofía estaba hablando con el gerente, y su papá hablaba con el botones cuando llegó Franklin.

El señor Torroja le daba una propina al botones cuando dos carros chocaron enfrente del hotel.

La señora Torroja sacaba dinero en efectivo del cajero automático cuando empezó a llover.

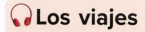

La señora Torroja se duchaba cuando la camarera tocó a la puerta.

Actividad 10 El viaje de los Torroja

Busca el orden lógico para narrar el viaje de la familia de Ana Sofía: primero la versión de su mamá, luego la versión de Ana Sofía.

La versión de la señora Torroja

_______ Ana Sofía nos llevó al hotel y, cuando yo estaba hablando con el gerente, llegó Franklin.

_______ Cuando llegamos al aeropuerto de San Francisco, recogimos el equipaje.

_______ Abordamos el avión en Madrid.

_______ En la aduana, el oficial nos revisó el equipaje.

_______ Tuvimos que mostrar el pasaporte en inmigración.

_______ Más tarde, buscamos un banco para cambiar euros por dólares.

La versión de Ana Sofía

_______ Después de pasar por inmigración, el oficial de aduana nos revisó el equipaje.

_______ Mi familia se quedó dos semanas en Estados Unidos, ¡no suficiente tiempo para mí! Cuando mis clases empezaron, ellos volvieron a España.

_______ Nuestro vuelo llegó a tiempo a San Francisco.

_______ Cuando el oficial nos revisaba el equipaje, ¡encontró un jamón en la maleta de mi mamá!

_______ Mis padres, mis hermanos y yo abordamos el avión en Madrid. ¡Todos estábamos emocionados!

_______ Les mostré algunos lugares de la ciudad a mis padres y a mis hermanos cuando los llevaba a su hotel.

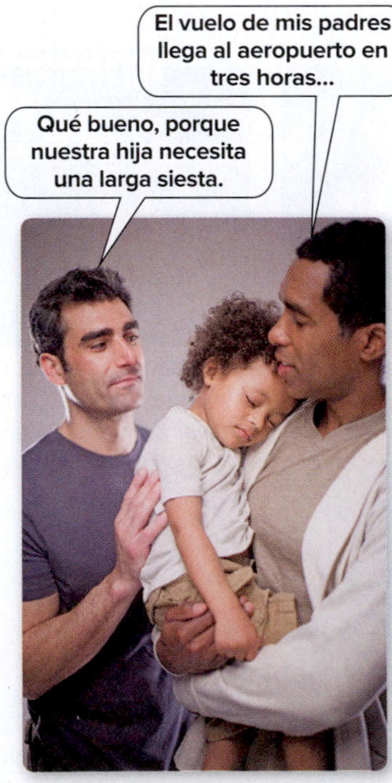

El vuelo de mis padres llega al aeropuerto en tres horas...
Qué bueno, porque nuestra hija necesita una larga siesta.

Photodisc/Getty Images

Jose Grases Riera (Catalan architect, 1850-1919),Ken Welsh (photographer)/Pixtal/age fotostock

Parque del (Buen) Retiro, Madrid

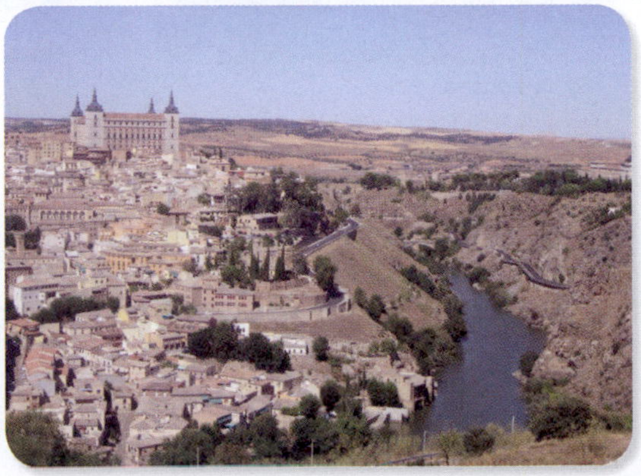

Courtesy of Pennie Nichols

Vista de Toledo desde el Parador Conde de Orgaz

Actividad 11 ¡Buen viaje!

¿Qué hicieron Estefanía, Franklin y Ana Sofía en España?

Aeropuerto El Prat, Barcelona

Iglesia de la Sagrada Familia, Barcelona

Barri Gòtic (Barrio Gótico), Barcelona

El AVE™ es un tren muy rápido: 300 km (186 millas) por hora.

Hotel Europa, Madrid

habitación del hotel

Restaurante Botín, Madrid

Museo del Prado, Madrid

Museo del Prado, Sala de El Greco

el acueducto romano de Segovia

la autopista A-3

Murcia, los Torroja: la bienvenida

una cena con los Torroja

festival La Mar de Músicas, Cartagena, Murcia

la Giralda, Sevilla

la Alhambra, Granada

Cultura *El tren AVE*

El nombre del tren AVE (Alta Velocidad Española) es un juego de palabras. **Ave** significa pájaro y el AVE es un tren que «vuela[a]». Es uno de los trenes más rápidos del mundo: Alcanza[b] una velocidad de 300 kilómetros por hora (186 millas por hora).

[a]*flies* [b]*It reaches*

Actividad 12 El viaje de Estefanía y Franklin a España

Con tu compañero/a, di qué hacían (estaban haciendo) Estefanía y Franklin cuando algo pasó.

MODELO: Estefanía hacía (estaba haciendo) las reservas en línea cuando sonó el teléfono.

Vocabulario

apagarse	**carretera**	**llanta desinflada/pinchada**
asistente de vuelo	**disfrutar**	**sala de espera**
aterrizar		

Iberotours, ¡haga sus reservas hoy!
Vuelo #764 con destino a Barcelona
Pasajeros, bienvenidos a Barcelona. Disfruten de su visita.

Exprésate

ESCRÍBELO TÚ

Un viaje en automóvil

Escribe sobre un viaje que hiciste en automóvil. Usa las preguntas a continuación como guía para organizar tu composición. ¿Adónde fuiste? ¿Qué viste y qué hiciste? ¿Te divertiste? ¿Qué es lo que más/menos te gustó del viaje? En el *Cuaderno de actividades* y en Connect hay una tabla con más sugerencias para escribir tu composición.

CUÉNTANOS

Un viaje inolvidable

Cuéntanos sobre un viaje memorable. Usa las preguntas a continuación como guía para describir tu viaje. ¿Qué tiempo hacía? ¿Adónde ibas? ¿Por qué viajabas a ese lugar? ¿Qué viste durante el viaje? ¿Hiciste algunas actividades interesantes? ¿Qué te ocurrió específicamente? Explícalo con muchos detalles.

Cultura

Mundopedia

Los paradores de España

Atlantide Phototravel/The Image Bank/Getty Images

El parador de Zafra

Vocabulario de consulta

cadena	chain
de lujo	luxury
de alta calidad	high-quality
razonables	reasonable
instalaciones	facilities
fuerte musulmán	Muslim fort
torres	towers
ventanales	large windows
fantasma	ghost
vacía	empty
mudéjares	related to Muslims living in Spain under Christian rule

ORÍGENES DE LOS PARADORES

España ofrece una gran variedad de alojamientos a diferentes precios para los turistas. Entre esa variedad hay una **cadena** de hoteles **de lujo** administrada por el gobierno español. A estos hoteles se les llama «paradores» y están por toda la península, muchos de ellos en edificios antiguos de interés histórico, artístico y cultural.

Hay más de noventa paradores y todos ofrecen un servicio **de alta calidad** por precios muy **razonables**. Además de la elegancia de sus **instalaciones**, sus restaurantes ofrecen deliciosos platos de la cocina tradicional de la región. Hay paradores que hace siglos fueron palacios, castillos o monasterios. Hay otros más modernos en lugares de espectacular belleza natural, como los Paradores de Gredos y de Aiguablava.

ALGUNOS DE LOS PARADORES

Uno de los más bellos es el **Parador de Zafra** (en la provincia de Badajoz). Está en un castillo-palacio construido en 1437 sobre las ruinas de un **fuerte musulmán**. Tiene nueve **torres** y se adorna con muebles de siglos pasados. Pero las instalaciones son modernas y ofrecen la tecnología más reciente.

Otro parador interesante es el **Parador de Cardona**, un castillo medieval de estilo románico y gótico con **ventanales** de los siglos XII y XIV. Su extensión alcanza los 62.000 metros cuadrados (1.5 acres). Es un castillo con leyenda y **fantasma**: en una habitación que casi siempre está **vacía**, se ha visto a un hombre vestido con traje de época. La gente del servicio ha escuchado ruidos extraños, como por ejemplo ventanas y puertas que se abren y se cierran.

El **Parador de Mérida**, otro hotel de lujo, conserva la estructura original de un convento del siglo XVIII. Este fue construido sobre los restos de un templo romano dedicado a Augusto. El parador tiene un jardín de antigüedades donde se pueden ver piezas arqueológicas romanas, visigodas y **mudéjares**.

Ubicado en la Punta d'es Muts en la región de Cataluña, el **Parador de Aiguablava** está rodeado de pinos y ofrece una hermosa vista al mar Mediterráneo. Es el lugar perfecto para el viajero a quien le interesa estar en contacto con la naturaleza. El hotel dispone además de gimnasio, piscina y sauna. Desde las habitaciones se puede admirar el mar.

Como estos ejemplos hay muchos más, ¡y todos hermosos!

COMPRENSIÓN

Contesta las preguntas.

1. Di qué son los paradores en España y cómo son los edificios.
2. El edificio del Parador de Zafra fue un castillo-palacio construido en el siglo XV. ¿Qué construcción había en ese lugar antes?
3. Muchos de los edificios de los paradores son antiguos. ¿Cómo son las instalaciones, especialmente en el interior?
4. Describe el misterio del Parador de Cardona.
5. ¿Qué puede llamar la atención de los aficionados a la historia y a la arqueología en el Parador de Mérida?

Palabras regionales: España			
la marcha	**la vida nocturna**	**un(a) tío/a**	dude (friend)
¡Qué guay!	How cool!	**vale**	**está bien, de acuerdo**

CONNECTIONS CULTURES

CONEXIÓN CULTURAL

EL NUEVO FLAMENCO

Cuando escuchamos la palabra **flamenco,** muchos pensamos en espectáculos (*shows*) dramáticos con mujeres de vestidos multicolores que bailan al ritmo de las castañuelas, del taconeo (*stomping*) y de las palmadas (*clapping*). Todo eso es cierto, pero el flamenco incluye mucho más. Esta fascinante tradición de música y baile nació en Andalucía, región del sur de España, y sus raíces (*roots*) vienen de tres culturas: la cultura de los moros (*Moors*), la de los judíos (*Jews*) y la de los gitanos (*Gypsies*). ¿Quieres saber más sobre este tema? Lee la lectura «El nuevo flamenco» en el *Cuaderno de actividades* o en Connect.

hugh nutt/Alamy Stock Photo

El flamenco es un baile muy dramático que nació en Andalucía, España.

Episodio 11: En el bohío

Videoteca

Amigos sin Fronteras

Episodio 11: ¡Allá vamos, Los Ángeles!

Klic Video Productions/McGraw Hill

Klic Video Productions/McGraw Hill

Klic Video Productions/McGraw Hill

Resumen

Eloy, Ana Sofía, Sebastián y Nayeli hacen un viaje a Los Ángeles. Es la primera vez que Ana Sofía visita esa ciudad y está muy emocionada. Van a quedarse en un hotel de Santa Mónica y Eloy, que es angelino, va a llevar a sus amigos a los lugares turísticos de Los Ángeles. Por el camino paran en una gasolinera y luego manejan directamente a la playa, donde a Sebastián le espera una sorpresa.

Mi país ESPAÑA

Resumen

En este video, Ana Sofía describe la visita a España de su amiga Ángela y del esposo de Ángela.

Xaume Olleros/Getty Images

Las Fallas de Valencia

Pablo Blazquez Dominguez/Getty Images

Los Sanfermines, Pamplona

Los actores hablan

Klic Video Productions/McGraw Hill

Preguntas

¿Has hecho un viaje inolvidable?

¿Qué sugerencias tienes para los que quieren viajar?

Gramática

11.1 The Present Perfect

A. The present perfect is formed with the present tense of the verb **haber** (*to have*) followed by a form of the verb called the past participle. The use of this tense in Spanish is very similar to its use in English.

—¿**Han visitado** ustedes Europa? *Have you visited Europe?*

—Sí, **hemos visitado** España dos veces. *Yes, we have visited Spain twice.*

(Yo) **He viajado** a España.

he = present tense of **haber**

viajado = past participle of **viajar**

I have traveled to Spain.

B. The present-tense forms of **haber** are irregular.

haber		
(yo)	he	*I have*
(tú)	has*	*you* (*fam. sing.*) *have*
usted, él/ella	ha	*you* (*pol. sing*) *have; he/she has*
(nosotros/as)	hemos	*we have*
(vosotros/as)	habéis	*you* (*fam. pl., Sp.*) *have*
ustedes, ellos/ellas	han	*you* (*pl.*) *have; they have*

Note that **ya** (*already/yet*) and **todavía no** (*not yet / still not*) are adverbs commonly used with the present perfect tense.

—Omar, ¿**ya has recogido** el coche? *Omar, have you picked up the car yet?*

—No, **todavía no han llamado** del taller. *No, they haven't called from the garage yet. / No, they still haven't called from the garage.*

Tú ya **has visto** el Museo del Prado.

has = present tense of **haber**

visto = past participle of **ver**

You have already seen the Prado Museum.

Ellos **han ido** a Europa cinco veces.

han = present tense of **haber**

ido = past participle of **ir**

They have gone to Europe five times.

C. Regular past participles are formed by adding **-ado** to the stems of **-ar** verbs, and **-ido** to the stems of **-er** and **-ir** verbs.

-ar		-er / -ir	
Infinitive	**Past Participle**	**Infinitive**	**Past Participle**
hablar	habl**ado**	comer	com**ido**
jugar	jug**ado**	vivir	viv**ido**
preparar	prepar**ado**	dormir	dorm**ido**

*Alternative form for recognition only: **vos habés.**

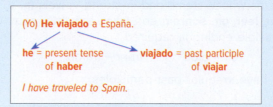

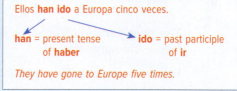

—¿Ya **han comprado** los boletos los señores Acosta? — *Have the Acostas bought the tickets yet?*

—No, el agente de viajes no **ha conseguido** las reservas todavía. — *No, the travel agent hasn't gotten the reservations yet. / No, the travel agent still hasn't gotten the reservations.*

—Fátima, ¿ya **has escrito** tu ensayo? — *Fátima, did you write your essay yet?*

—No, no **he tenido** tiempo todavía. — *No, I haven't had time yet. / No, I still haven't had time.*

For **-er/-ir** verbs whose stems end in strong vowels **(a, e, o),** such as **caerse, creer, leer, oír, sonreír**, and **traer,** a written accent on the **-i-** of the past participle ending is required.

leer → leído   oír → oído   traer → traído

D. A few verbs have irregular past participles.

abrir (*to open*)	abierto (*opened*)
cubrir (*to cover*)	cubierto (*covered*)
decir (*to say*)	dicho (*said*)
escribir (*to write*)	escrito (*written*)
hacer (*to do*)	hecho (*done*)
morir (*to die*)	muerto (*died*)
poner (*to put*)	puesto (*put*)
resolver (to *solve*)	resuelto (*solved*)
romper (*to break*)	roto (*broken*)
ver (*to see*)	visto (*seen*)
volver (*to return*)	vuelto (*returned*)

—Marcela, ¿dónde **has puesto** las llaves del carro? — *Marcela, where did you put the car keys?*

—Ya te **he dicho** tres veces que están encima de la mesa. — *I've already told you three times that they're on top of the table.*

Omar fue a la agencia de viajes hace dos horas y todavía no **ha vuelto.** — *Omar went to the travel agency two hours ago and hasn't come back yet.*

In Spain, the present perfect is frequently used in place of the preterite: **¿Has estudiado hoy?** (*Did you study today?*). Most Latin Americans would be more likely to use the simple past for completed events, asking: **¿Estudiaste hoy?**

The past participles of verbs derived from those in the chart above follow the same pattern.

For example: **escribir** → **escrito,** so **describir** → **descrito.**

contra**decir** (*to contradict*)	contra**dicho** (*contradicted*)
d**escribir** (*to describe*)	d**escrito** (*described*)
de**volver** (*to return, give back*)	de**vuelto** (*returned*)
in**scribir** (*to enroll*)	in**scrito** (*enrolled*)
pro**poner** (*to propose*)	pro**puesto** (*proposed*)

In Latin America, the present perfect is often used in *Have you ever . . .* questions and in negative answers (*I have never . . .*).

—**¿Alguna vez te ha sorprendido** un aguacero sin paraguas?
—No, **nunca he estado** afuera sin paraguas en un aguacero. Siempre salgo de la casa preparado.

Tu mundo follows this Latin American usage. See **Gramática 9.2** to review negative expressions.

Ejercicio 1

Franklin y Estefanía han pasado tres días solos en Madrid y ahora charlan con Ana Sofía para decidir qué hacer juntos en los próximos días. Completa las oraciones con los verbos entre paréntesis en el pretérito perfecto (*present perfect*). **OJO:** Ana Sofía es española y usa la forma de **vosotros** cuando habla con Estefanía y Franklin.

ANA SOFÍA: Pues, amigos ¿qué ______________[1] **(hacer)** esta semana?

ESTEFANÍA: ______________[2] **(visitar)** varias iglesias y ______________[3] **(comprar)** varios regalos. También, ______________[4] **(descansar)** mucho… ¡Hay nueve horas de diferencia entre Berkeley y Madrid!

FRANKLIN: ¿Qué tal si vamos al cine? Nosotros no ______________[5] **(ver)** ninguna película española todavía.

ANA SOFÍA: Bien, mañana vamos al cine y después a cenar. ¿______________[6] **(cenar)** en el restaurante Botín ya?

ESTEFANÍA: No, todavía no. Solamente ______________[7] **(comer)** en una cafetería y en el restaurante Jabugo. ¡El jamón serrano nos gustó mucho allí!

ANA SOFÍA: Entonces, vamos al restaurante Botín. ¿Y pasado mañana[a]…? ¿ ______________[8] **(ir)** ya al Museo del Prado?

FRANKLIN: No, todavía no. Pero ______________[9] **(estar)** en el Museo Reina Sofía dos veces. ¡No nos cansamos de ver el *Guernica!*

ANA SOFÍA: Yo ______________[10] **(llevar)** a todos mis amigos al Museo del Prado a ver las pinturas de El Greco, de Velázquez y de Goya. ¡Vamos pasado mañana! Os van a encantar todas.

ESTEFANÍA: Perfecto, y por la noche vamos al teatro. Franklin y yo ______________[11] **(leer)** que están poniendo *La casa de Bernarda Alba*.* Tenemos muchas ganas de ver esa obra de García Lorca.†

ANA SOFÍA: ¡Qué alegría! Me encanta García Lorca. ______________[12] **(*Yo:* Escribir)** dos ensayos[b] en la universidad sobre sus obras.

FRANKLIN: Y lo mejor… Estefanía y yo ______________[13] **(oír)** que la compañía es una de las más famosas de España.

ANA SOFÍA: Así es. Pero chicos, hay que salir de Madrid. Todavía no ______________[14] **(*nosotros:* hablar)** de las otras ciudades que vais a visitar conmigo… Toledo, Segovia, Cuenca…

[a]pasado… *the day after tomorrow* [b]*essays*

Ejercicio 2

Di cuántas veces has hecho las siguientes actividades.

MODELO: —¿Has visto fotos de Madrid?
—Sí, he visto fotos de Madrid muchas veces (una vez, unas pocas veces,…).

1. ¿Has comido hamburguesas?
2. ¿Has cantado en la ducha?
3. ¿Has comprado chocolates?
4. ¿Has leído *Harry Potter?*
5. ¿Has dormido más de ocho horas en una noche?

**La casa de Bernarda Alba* (1936), obra dramática de Federico García Lorca (1898–1936)

†Federico García Lorca (1898–1936) es uno de los dramaturgos (*playwrights*) más importantes de España. Desafortunadamente, Lorca murió (*died*) muy joven.

Ejercicio 3

Contesta las preguntas, diciendo que nunca has hecho estas actividades.

MODELO: —¿Has viajado a otro planeta?
—No, nunca he viajado a otro planeta.

1. ¿Has hablado con el presidente?
2. ¿Has comido hormigas (*ants*)?
3. ¿Has actuado en una película española?
4. ¿Has escalado los Pirineos?
5. ¿Has escrito una novela famosa?

11.2 Destination and Time: **por** and **para** (Part 1)

The prepositions **por** and **para** are both sometimes translated as *for*. However, these two words have distinct meanings and uses.

A. One difference is in expressing movement.

Para indicates movement *toward* a destination.

Cuando era niño, salía **para** la escuela a las siete y media.	*When I was a kid, I used to leave for school at 7:30.*
Perdón, señor, ¿cuál es el tren que sale **para** Madrid?	*Excuse me, sir, which is the train that is leaving for Madrid?*

Por, on the other hand, indicates *through, by*, or *along* a location.

Pasamos **por** varios pueblos antes de llegar a Salamanca.	*We went through several villages before arriving in Salamanca.*
Nunca hemos caminado **por** la orilla del Mar Menor.	*We have never walked along the shore of Mar Menor.*

Por is also used to indicate means of transportation, although **en** is common as well.

Franklin quiere viajar a España **por** barco pero yo prefiero ir **por** avión.	*Franklin wants to travel to Spain by boat but I prefer to go by plane.*

Note the contrast in usage in the following example.

Mañana salgo **para** Málaga. Voy a viajar **por** tren.	*I am leaving for Malaga tomorrow. I'm going to travel by train.*

B. **Por** and **para** can also be followed by expressions of time.

Use **por** to indicate the length of time that an action took place. Some common time expressions are: **por dos horas, por unos días, por tres meses, por un año, por mucho/poco tiempo.** Native speakers sometimes omit **por** in this context.

Hoy tengo que trabajar en el taller **(por) diez horas**.	*Today I have to work in the shop (for) ten hours.*

You can also use **por** to express *during, in*, or *at* with parts of the day: **por la mañana/tarde/noche.**

Aquí **por** la noche todo el mundo sale a pasear.	*Here everybody goes out for a walk in the evening.*

Use **para** to indicate a deadline by which something is expected to happen.

Hay que entregar el informe **para** las diez.	*We have to turn in the report by 10:00.*

Ejercicio 4

Completa la conversación entre Ana Sofía y Franklin con **por** o **para** según el contexto.

FRANKLIN: Ayer corregí exámenes _______[1] ocho horas, sin descanso.
ANA SOFÍA: Pues yo estudié _______[2] seis horas para el examen de la clase de inglés.
FRANKLIN: Bueno, tenemos exámenes _______[3] una semana y luego... ¡vacaciones!
ANA SOFÍA: Sí, ¡por fin! ¿Cuándo sales _______[4] Puerto Rico?
FRANKLIN: En dos días. Salgo _______[5] la mañana y voy a viajar _______[6] nueve horas.
ANA SOFÍA: ¿Nueve horas? Vas a viajar _______[7] avión, ¿verdad?
FRANKLIN: Pues, prefiero ir _______[8] tren pero ya sabes que no es posible.
ANA SOFÍA: ¡Ja, ja! Oye, ¿cuánto tiempo piensas quedarte en Puerto Rico?
FRANKLIN: ¡Una semana! Voy a visitar a la familia y necesito recoger unos documentos importantes. Van a estar listos _______[9] el próximo jueves.
ANA SOFÍA: Ay, seguramente vas a pasear _______[10] el Yunque y otros lugares hermosos. ¡Qué envidia!

11.3 Polite **(usted)** Commands

Commands **(mandatos)** are used to tell someone directly what to do. You have already been hearing and reading informal commands such as **conversa con tu compañero/a** or **escucha a tu profesor(a).** (Note: You will learn more about informal commands in **Gramática 13.2.**) Informal commands are used when speaking to someone that you address in the **tú** form, while polite commands are used when addressing someone in the **usted** (singular) or **ustedes** (plural) form.

-ar verbs take **-e(n)** endings: **hable** (usted), **tomen** (ustedes)

-er/-ir verbs take **-a(n)** endings: **coma** (usted), **escriban** (ustedes)

A. Polite singular commands are formed by changing **-ar** verb endings to **-e,** and changing **-er** and **-ir** endings to **-a.**

-ar: Habl**e** español, por favor.	*Speak Spanish, please.*
-er: Com**a** cereal y fruta por la mañana.	*Eat cereal and fruit in the morning.*
-ir: ¡No abr**a** el libro durante el examen!	*Don't open your book during the exam!*

B. To give polite commands to more than one person, add **-n.***

No baile**n** por más de dos horas.	*Don't dance for more than two hours.*

C. If the verb stem is irregular in the **yo** form of the present tense, it usually has the same irregularity in the polite command form: **yo pongo → ponga(n) usted(es).**

Venga(n) temprano, por favor.	*Come early, please.*
Salga(n) inmediatamente.	*Leave immediately.*

Here are some common irregular polite commands.

conocer	conozca(n)	oír	oiga(n)
decir	diga(n)	poner	ponga(n)
hacer	haga(n)	venir	venga(n)

Tengan cuidado en la autopista. *Be careful on the freeway.*

Traiga sus documentos mañana a la oficina de la aduana. *Bring your documents to the customs office tomorrow.*

D. But notice that the following irregular polite command forms do not match the verb's present-tense irregular **yo** forms.

dar	dé/den	saber	sepa(n)
estar	esté(n)	ser	sea(n)
ir	vaya(n)		

Sepa muy bien lo que quiere decir antes de hablar. *Know well what you want to say before speaking.*

Si ustedes van a viajar durante el verano, **vayan** a la agencia de viajes lo antes posible. *If you (pl.) are going to travel during the summer, go to the travel agency as soon as possible.*

E. Verbs with vowel changes in the present indicative stem **(e → ie, e → i, o → ue)** show the same changes in the polite command forms.

e → ie		**e → i**		**o → ue**	
cerrar	cierre(n)	competir	compita(n)	dormir	duerma(n)
pensar	piense(n)	seguir	siga(n)	encontrar	encuentre(n)
sentar	siente(n)	servir	sirva(n)	volver	vuelva(n)

Duerma por lo menos ocho horas cada noche. *Sleep at least eight hours every night.*

Cierre la maleta ahora. *Close the suitcase now.*

Sirvan los refrescos, por favor. *Serve the soft drinks, please.*

Also, **-ar** verbs that have spelling changes in the **yo** form of the preterite **(z → c, c → qu, g → gu)** follow the same spelling-change rules in the polite command form.

z → c		**c → qu**		**g → gu**	
almorzar	almuerce(n)	buscar	busque(n)	apagar	apague(n)
comenzar	comience(n)	sacar	saque(n)	jugar	juegue(n)
cruzar	cruce(n)	tocar	toque(n)	llegar	llegue(n)

*In most of Latin America, the **ustedes** command form is used to address more than one person. In Spain, however, the **vosotros/as** command form is used for plural *informal* commands. You will learn about **vosotros/as** commands in the **Gramática** section of **Capítulo 13.**

F. Object pronouns and reflexive pronouns are attached to the end of affirmative commands, but are placed before negative commands.

> Remember to attach pronouns to the end of affirmative commands and to add a written accent to retain the stress where it needs to be: **páguenlo, hágalas, recójalos** *but* **no lo paguen, no las haga, no los recoja.**

Tráigame un café por favor; **no me traiga** té.	*Bring me some coffee, please; don't bring me tea.*
Díganme la verdad; **no me digan** que (ustedes) no la saben.	*Tell me the truth; don't tell me that you don't know it.*
No lo haga ahora; **hágalo** más tarde.	*Don't do it now; do it later.*
Levántese temprano; **no se pierda** las noticias de la mañana.	*Get up early; don't miss the morning news.*

Ejercicio 5

Imagínate que eres agente de viajes. Contesta las preguntas de tus clientes afirmativamente. Si es posible, usa un pronombre de complemento directo **(lo, la, los, las).**

MODELOS: —¿Necesito ir al consulado mañana por la mañana?
—Sí, vaya mañana por la mañana.
—¿Tengo que pagar el pasaje hoy?
—Sí, páguelo hoy.

1. ¿Debo ir al aeropuerto dos horas antes de la salida de mi vuelo?
2. Mi vuelo sale a las cuatro de la mañana. ¿Debo dormir en el aeropuerto para estar allí a tiempo?
3. ¿Debo hacer las reservas mañana?
4. ¿Tengo que comprar ya los pasajes?
5. ¿Tengo que traer el dinero pasado mañana?
6. ¿Necesito recoger los pasajes la semana que viene?

Ejercicio 6

Es enero y Estefanía y Franklin están muy emocionados con su viaje a España para agosto. Ellos te hacen muchas preguntas. Responde negativamente **(no)** a todas sus preguntas, porque... ¡es enero, no es agosto!

MODELO: —¿Tenemos que comprar ropa de verano este fin de semana?
—No, no la *compren* todavía.

1. —¿Tenemos que preparar el itinerario esta noche?
—No, no lo ______________ todavía.
2. —¿Debemos sacar las fotos para los pasaportes ya?
—No, no las ______________ todavía.
3. —¿Necesitamos pedir las visas para España ya?
—No, no las ______________ todavía.
4. —¿Es necesario comprar las maletas ya?
—No, no las ______________ todavía.
5. —¿Debemos hacer las maletas mañana?
—No, no las ______________ todavía.
6. —¿Necesitamos hablar del viaje con los vecinos este fin de semana?
—No, no ______________ con ellos todavía.

11.4 Using the Imperfect and the Preterite Together

Era un día de primavera. Hacía sol y un poco de calor. Ana Sofía y su novio tomaban un refresco en un café de la Plaza Mayor de Madrid cuando ella vio a José Antonio, un viejo amigo de Murcia. José Antonio pasó; Ana Sofía se puso de pie y caminó hacia él. Lo saludó y empezaron a charlar. Luego, lo invitó a tomar un refresco con ella y su novio. Presentó a los dos jóvenes y...

Although both the imperfect and the preterite describe past actions or states, their uses are not the same. As you know, the preterite is used with verbs of action to emphasize that the speaker views a past event or action as completed.

—¿Qué **hiciste** ayer?	*What did you do yesterday?*
—**Visité** el Museo del Prado.	*I visited the Prado Museum.*

The imperfect, on the other hand, is used to emphasize that an action happened repeatedly or habitually in the past.

Cuando **íbamos** de vacaciones a Madrid, siempre **nos quedábamos** en el Hotel Princesa.	*When we went on vacation to Madrid, we would always stay at the Princesa Hotel.*
Cuando Jorge **vivía** en Ocumare, **iba** a la playa todos los fines de semana.	*When Jorge lived in Ocumare, he used to go to the beach every weekend.*

Similarly, you can use the simple imperfect or the imperfect progressive to describe an action that was in progress in the past when something interrupted it. The interrupting action is expressed in the preterite tense.

Paseaba por el parque cuando **ocurrió** el accidente.	*I was walking in the park when the accident happened.*
Estaba descansando en la sala cuando el agente de viajes me **llamó** con las buenas noticias.	*I was resting in the living room when the travel agent called me with the good news.*
Los pasajeros **abordaban** el tren cuando **vieron** una mochila abandonada sobre un asiento.	*The passengers were boarding the train when they saw an abandoned backpack on a seat.*
El helicóptero **llegaba** al aeropuerto cuando **se descompuso** el motor.	*The helicopter was arriving at the airport when the engine broke down.*

Ejercicio 7

Completa cada oración con el imperfecto del verbo entre paréntesis para expresar la acción interrumpida.

MODELO: Eloy *salía* de su casa cuando llegó Susan.

1. Ana Sofía ______________ **(manejar)** en la autopista cuando dos coches chocaron.
2. Yo ______________ **(leer)** una novela muy interesante cuando sonó el teléfono.
3. Ana Sofía y su novio ______________ **(correr)** por la calle cuando Ana Sofía se cayó.
4. El perro ______________ **(cruzar)** la calle cuando su dueño lo encontró.
5. Radamés ______________ **(bailar)** cuando se cayó.

Ejercicio 8

Completa cada oración con el pretérito del verbo entre paréntesis para hablar de una acción que interrumpe (*interrupts*) otra acción.

MODELO: El mesero servía la ensalada cuando los clientes *vieron* la mosca.

1. Los turistas ______________ **(llegar)** cuando el guía turístico hablaba de la historia de España.
2. Franklin y Estefanía hacían ejercicio en el Parque del Retiro cuando ______________ **(empezar)** a llover.
3. Estefanía tomaba fotos de la Giralda en Sevilla cuando dos ladrones ______________ **(querer)** robarle la bolsa.
4. Dos policías hablaban con el hombre cuando él ______________ **(saltar)** del segundo piso.
5. Yo dormía profundamente cuando tú me ______________ **(llamar)** anoche.

Ejercicio 9

Escoge entre el pretérito y el imperfecto. Usa el pretérito para expresar la acción que interrumpe y el imperfecto para expresar la acción interrumpida.

Vocabulario

quemar

1. El cocinero **(charlaba/charló)** con un cliente cuando se le **(quemaba/quemó)** la comida.
2. Ana Sofía **(almorzaba/almorzó)** cuando la mosca **(caía/cayó)** en su plato de sopa.
3. El vecino **(entraba/entró)** a la casa cuando los niños **(jugaban/jugaron)** en el patio.
4. Ana Sofía y su novio se **(besaban/besaron)** cuando **(llegaba/llegó)** un amigo, José Antonio.
5. Cuando **(limpiaba/limpió)** su escritorio, el profesor **(encontró/encontraba)** el cuaderno perdido.
6. ¿**(Perdías/Perdiste)** el libro cuando **(corrías/corriste)** en el parque hoy? ¿O fue ayer?
7. Los turistas **(miraban/miraron)** una pintura de Goya cuando la luz se **(apagaba/apagó).**

Ejercicio 10

Lee la narración del día horrible de Ana Sofía. Completa el párrafo con el pretérito o el imperfecto de los verbos entre paréntesis. **OJO:** Antes de contestar, primero lee la narración para comprender el contexto de cada infinitivo.

La semana pasada tuve un día horrible. Cuando _______[1] **(hacer)** el almuerzo _______[2] **(sonar)** el teléfono. Contesté. Era mi amiga Luisa y pasamos un rato charlando. Cuando _______[3] **(*nosotras:* charlar),** yo _______[4] **(empezar)** a ver humo.[a] Corrí a la cocina y… ¡Ay! Mi comida estaba quemada ya. Tuve que salir a comprar algo en un restaurante. Antes de subirme a mi coche, ¡_______[5] **(notar)** que _______[6] **(tener)** una llanta pinchada! Entonces tomé un taxi porque tenía mucha hambre y no quería arreglar la llanta. El taxi me _______[7] **(llevar)** al restaurante cuando de repente[b] _______[8] **(descomponerse).** Me bajé[c] del taxi y llamé a un amigo. Cuando _______[9] **(hablar)** con él, un ladrón me _______[10] **(robar)** el teléfono. Cuando _______[11] **(*yo:* correr)** detrás de él, _______[12] **(*yo:* caerse).** Tenía hambre y estaba muy frustrada, pero me levanté y caminé a mi casa. En mi casa decidí prepararme un bocadillo de jamón. Cuando lo _______[13] **(preparar),** _______[14] **(sonar)** el teléfono otra vez. ¡Pero yo no lo _______[15] **(contestar)!**

[a]*smoke* [b]de… *suddenly* [c]Me… *I got out*

Lo que aprendí

Al final de este capítulo, ya puedo:

- ☐ hablar sobre la geografía, el clima y los medios de transporte.
- ☐ hablar sobre mis planes de viaje y los de otras personas.
- ☐ dar y comprender instrucciones para llegar a un sitio.
- ☐ darles mandatos a otras personas.
- ☐ narrar eventos (y secuencias de eventos) en el pasado.

Además, ahora conozco:

- ☐ varios paradores de España.
- ☐ varios lugares turísticos de España.

Y sé más sobre:

- ☐ los medios de transporte y la geografía de España.
- ☐ algunas de las fiestas de España.
- ☐ las actividades de Biciacción.
- ☐ un proyecto ecológico de España.

Vocabulario

La geografía	Geography
Repaso: la bahía, el lago, el mar, la montaña, la playa, el río, la selva	
la arena	sand
el arrecife	reef
el bosque	forest
el campo	field; countryside; country (*rural area*)
la cordillera	mountain range
la isla	island
el llano	plain
la orilla	shore; riverbank
el terreno	terrain; plot of land
la tierra	earth, land
Palabras semejantes: el archipiélago, el coral, la corriente, la costa, el desierto, el golfo, el norte, el océano, la península, el sur, el valle, la vegetación, la zona	

El clima	Climate
Repaso: hace buen/mal tiempo, hace calor/fresco/frío/sol/viento, llueve, nieva, el centígrado, la nieve, la temperatura, nublado/a	
llover (ue)	to rain
el aguacero	rain shower; downpour
el arcoíris	rainbow
el cielo	sky
la escarcha	frost
la estrella	star
la humedad	humidity
la llovizna	drizzle
la lluvia	rain
la luna	moon
la neblina	mist, light fog
la niebla	fog
el pronóstico	forecast
el relámpago	lightning
el rocío	dew
la tormenta	storm
el trueno	thunder
soleado/a	sunny
Palabras semejantes: el ciclón, el huracán, la inundación, el tornado	

Los medios de transporte	Modes of Transportation
Repaso: la bici, la calle, el coche, la moto, el tren	
la autopista	freeway, expressway
el bote	boat
el bote de remos	rowboat
la carretera	highway
el crucero	cruise ship
la lancha	motorboat
el tranvía	cable car, streetcar
el velero	sailboat
Palabras semejantes: el metro, el yate	

El automóvil	Automobile
gastar gasolina	to use (waste) gas
el asiento	seat
la bocina	horn
los cambios	gears
el capó	hood
el chofer	driver
el cinturón de seguridad	seat belt
el espejo retrovisor	rearview mirror
el faro	headlight
los frenos	brakes
la glorieta	traffice circle, roundabout
el letrero	sign
el limpiaparabrisas	windshield wiper
la llanta	tire
la llanta desinflada/pinchada	flat tire
la llave (electrónica)	key (fob)
el maletero	trunk
las marchas	gears
la mátrícula	license plate
el parabrisas	windshield
el parachoques	bumper
el peatón / la peatona	pedestrian
la placa	license plate
la rueda	wheel; tire (*Sp.*)
el seguro de auto	car insurance
el semáforo	traffic light
(la señal de) tránsito	traffic (sign)
el volante	steering wheel
Palabras semejantes: la antena, el auto, la intersección, el motor, el tráfico	

De viaje	While Traveling
Repaso: el ascensor, el/la gerente, el hotel, la maleta, el pasaporte, el plano, la reservación, el/la turista	
(el oficial de) la aduana	customs (agent)
el alojamiento	lodging
el botones	bellhop
la camarera	hotel maid
la carga	cargo
los derechos de aduana	customs duty, taxes
el equipaje	luggage
la gira	tour
la habitación	room
el hospedaje	accommodations
el mostrador	counter
el/la pasajero/a	passenger
el pase (de abordar)	(boarding) pass
la recepción	hotel front desk
el transbordo	transfer, change (of train or plane)
la vacuna	vaccine; shot
el visado	visa
Palabras semejantes: el contrabando, el itinerario, la visa	

El transporte aéreo	Air Travel
Repaso: el aeropuerto, el avión, el vuelo	
el/la asistente de vuelo	flight attendant
el destino	destination
la sala de espera	waiting room

Los mandatos formales	
Repaso: Camine(n), Saque(n)	
Baje(n)	Get off; Get down
Camine(n)	Walk
Compre(n)	Buy
Cruce(n)	Cross
Disculpe(n)	Excuse me, Pardon me; I'm sorry
Doble(n)	Turn
Mire(n)	Look; Watch
Pase(n)	Pass; Go past
Salga(n)	Leave
Siga(n)	Keep going
Suba(n)	Get on; Climb up
Tome(n)	Take
Vaya(n)	Go

Los lugares	
Repaso: el barrio, la catedral, el edificio, la fuente, el museo, el parque, la plaza, el teatro	
la embajada	embassy
la estación	station
el palacio	palace
el puente	bridge
Palabras semejantes: el acueducto, el festival	

Los verbos	
Repaso: apagar(se) (gu), caer (se) (*irreg.*)**, cruzar (c), despertar(se) (ie), hacer** (*irreg.*) **la maleta, hacer un viaje, parar, seguir (g) (i, i), sorprender(se)**	
aparecer (zc)	to appear
aterrizar (c)	to land
cambiar dinero	to exchange money
chocar (qu)	to crash
dar (*irreg.*) **instrucciones**	to give directions
dar la bienvenida	to welcome
disfrutar	to enjoy
doblar	to turn
escalar montañas	to mountain climb
girar	to turn
hacer las reservas	to make reservations
hospedarse	to stay (*lodging*)
ir (*irreg.*) **de viaje**	to go on a trip
ir a pie	to go on foot
mantener (*like* **tener**)	to maintain
mojarse	to get wet
molestar	to bother, annoy
ofrecer (zc)	to offer
olvidar	to forget
planificar (qu)	to plan
proteger (j)	to protect
revisar	to check, inspect
tocar (qu) la bocina	to sound (honk) the horn
tocar a la puerta	to knock on the door
Palabras semejantes: abordar, admirar, anunciar, consultar, flotar, identificar (qu), mencionar transportar, utilizar (c)	

Los sustantivos	
Repaso: tarjeta de crédito	
el billete	ticket; bill (*paper money*)
el boleto	ticket
el cajero automático	ATM machine
la (des)ventaja	(dis)advantage
el (dinero en) efectivo	cash
la entrada	entrance
la esquina	corner (*street*)
la fuerza	force
la gota	drop
la hoja	leaf
las horas pico	peak hours
la moneda	coin; currency
el paraguas	umbrella
la salida	exit; departure
la sugerencia	suggestion
la tarjeta de débito	debit card
Palabras semejantes: el/la arquitecto/a, el círculo, la definición, la dirección, el euro, el fenómeno, el galón, la letra, el/la pintor(a), la visibilidad, la visita	

Los adjetivos	
caluroso/a	hot (*climate*)
costoso/a	costly
hermoso/a	beautiful
ibérico/a	Iberian (of or relating to the Iberian Peninsula: Spain)
ligero/a	light (*weight*)
moro/a	Moorish
peligroso/a	dangerous
rodeado/a	surrounded
Palabras semejantes: atmosférico/a, circular, enorme, excepcional, extra, gótico/a, híbrido/a, instantáneo/a, preferido/a, submarino/a, subterráneo/a, suficiente, tropical	

Los adverbios	
Repaso: adelante, generalmente, hacia, tranquilamente	
abajo	below; down, downwards
derecho	forward, straight ahead

Palabras y expresiones útiles	
Repaso: al día siguiente, ¡Bienvenido/a(s)!	
a mano derecha / izquierda	on the right/left hand side
a la mañana siguiente	the next morning
¿Alguna vez ha ______?	Have you ever______?
¡Alto!	Stop!
alta velocidad	high speed
Aquí lo tiene.	Here it is.
¡Buen viaje!	Have a nice trip!
con destino a...	going/headed to . . .
¡Cuánto/a(s) + *noun***!**	So many + *noun*!
en busca de	in search of
¿Me puede decir.....?	Could you tell me...?
¡Muy amable!	How nice of you!; Thanks!
¡Pare!	Stop!
¡Qué + noun + **más/tan** + **adj.!**	What a + *adj.* + *noun*!
¿Te/Le gustaría _______?	Would you (*fam./pol. sing.*) like to______?
Me gustaría ______.	I would like to ______.

Design elements: (Communication, Connections, Comparisons, Cultures and Communities icons): McGraw Hill Education; (Mundopedia Globe Icon): Kundra/Shutterstock; (Audio icon): Orchid24/Shutterstock; (Cuida tu mundo image): Ekaterina Simonova/Shutterstock; (Sun icon): McGraw Hill Education; (Magazine background): McGraw Hill Education

12 La salud

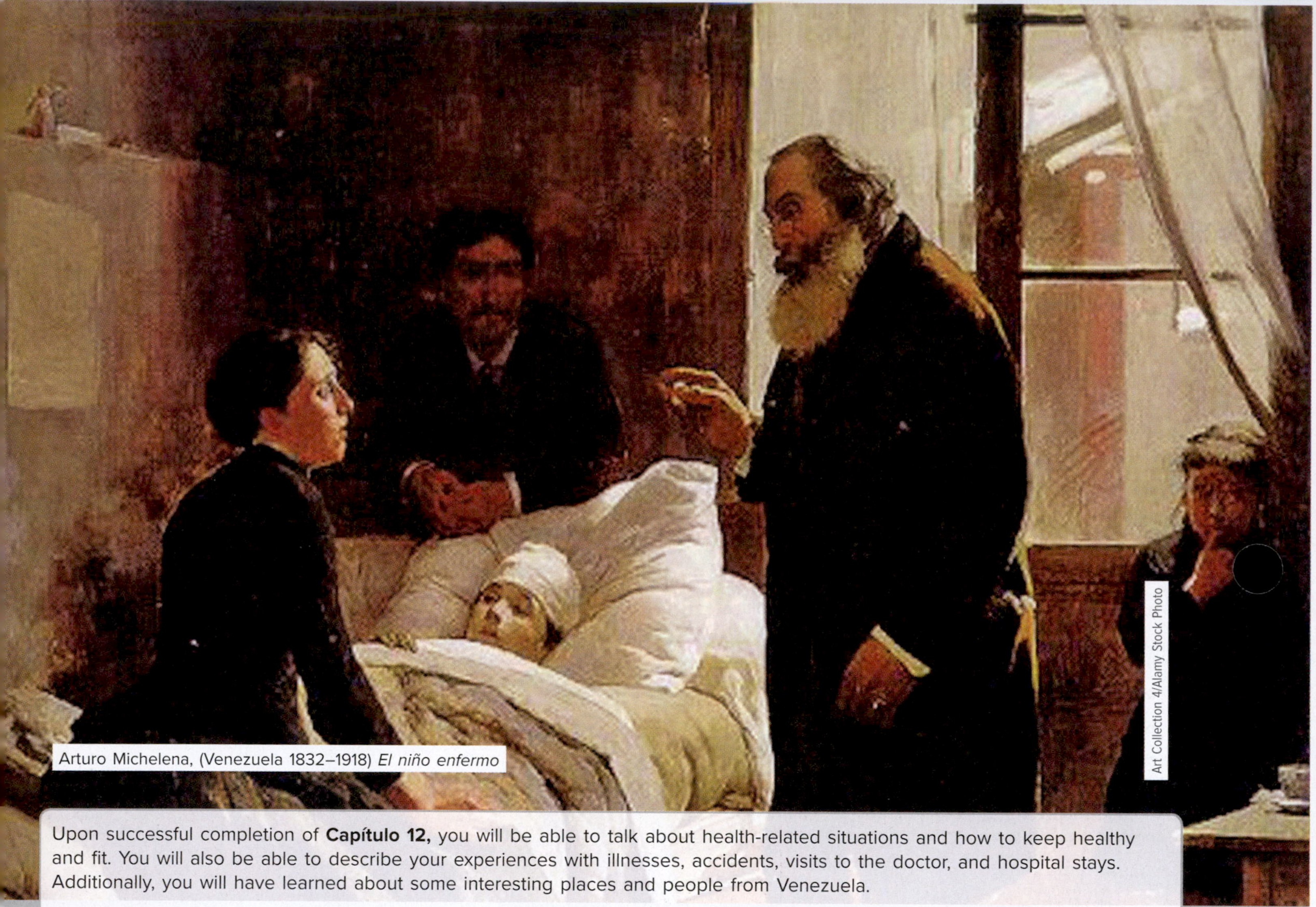

Arturo Michelena, (Venezuela 1832–1918) *El niño enfermo*

Art Collection 4/Alamy Stock Photo

Upon successful completion of **Capítulo 12,** you will be able to talk about health-related situations and how to keep healthy and fit. You will also be able to describe your experiences with illnesses, accidents, visits to the doctor, and hospital stays. Additionally, you will have learned about some interesting places and people from Venezuela.

Comunícate

El cuerpo humano y la salud

Las enfermedades y su tratamiento

Hablando de la medicina en los países hispanos La medicina en los países hispanos

La atención médica

Los accidentes y las emergencias

Exprésate

Escríbelo tú Un accidente

Cuéntanos Las enfermedades infantiles

Cultura

Mundopedia Mérida, ciudad en la montaña

Palabras regionales Venezuela

Conexión cultural Venezuela y la música

Novela gráfica Episodio 12

Videoteca

Amigos sin Fronteras, Episodio 12 No me siento bien.

Mi país Venezuela

Los actores hablan

Gramática

12.1 Present Subjunctive with **querer, recomendar,** and Other Verbs of Volition

12.2 The Subjunctive in Time Clauses

12.3 Indirect Object Pronouns with Commands and The Present Subjunctive

12.4 Unplanned Occurrences: **se**

McGraw Hill connect

VENEZUELA

la bandera de Venezuela
ciudad capital: Caracas
moneda nacional: el peso venezolano

Conócenos

cristovao/Shutterstock

Jorge Navón Rojas

Jorge Navón Rojas es venezolano; nació en Mérida, Venezuela. Tiene veintiún años y su cumpleaños es el quince de abril. Es un judío practicante (devoto). Su mejor amigo es Rodrigo, un colombiano de origen libanés. Jorge estudia ingeniería informática. Juega en un equipo de balonmano en Berkeley y, antes de llegar a Estados Unidos, jugaba en un equipo venezolano. También le gusta esquiar en el agua, jugar al ajedrez y escuchar música.

COMMUNICATION
Comunícate

El cuerpo humano y la salud
¿Para qué se usan estas partes del cuerpo?
la cabeza
la frente
la mejilla
el cuello
el pecho
los músculos
el codo
la cintura
el muslo
la rodilla
la pierna
el tobillo
el pie
el pelo
el hombro
el brazo
la espalda
el costado
la cadera
las nalgas
la pantorrilla
los órganos internos
el cerebro
los nervios
el corazón
los pulmones
el hígado
el estómago
los riñones
las arterias
la sangre
las venas
la cara
la ceja
el ojo
las pestañas
la boca
la nariz
la garganta
la mano
el dedo
el pulgar
la uña
la muñeca
el esqueleto
la calavera
el hueso
la columna
las costillas
la boca
las encías
los labios
la lengua
la muela
los dientes
el oído
la oreja

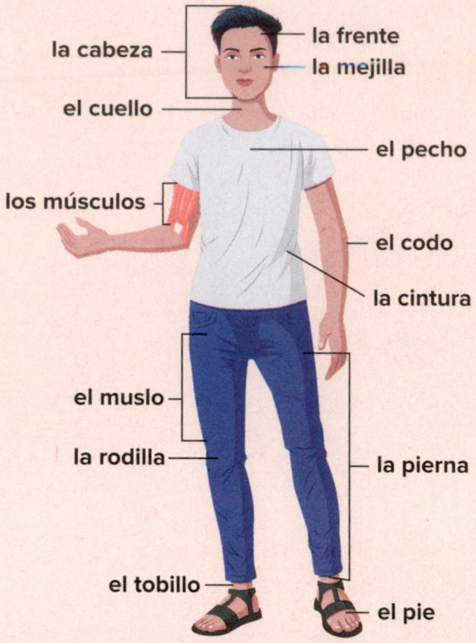

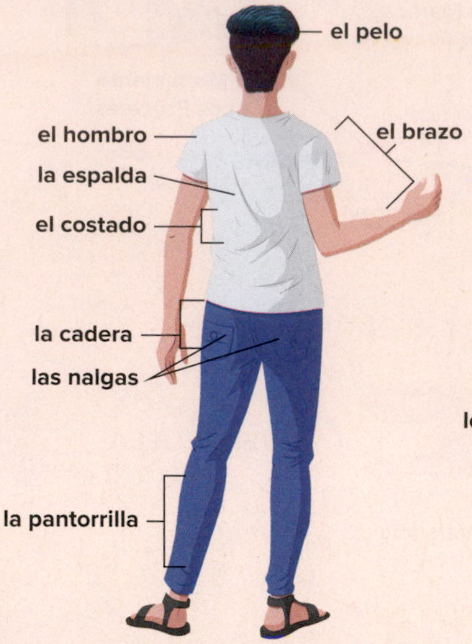

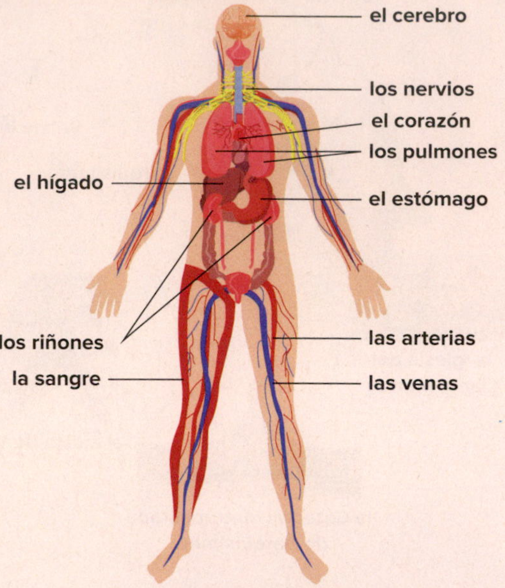

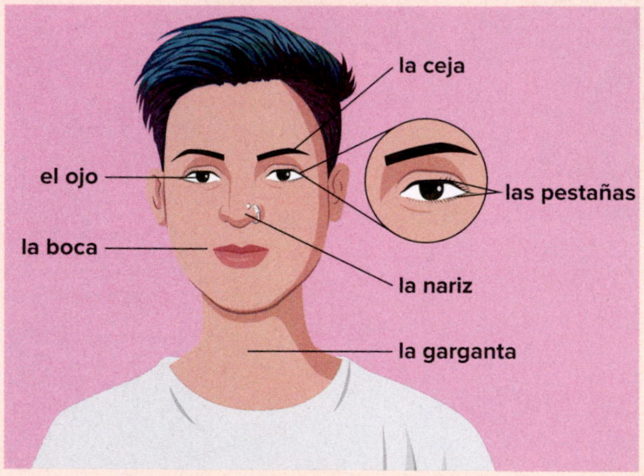

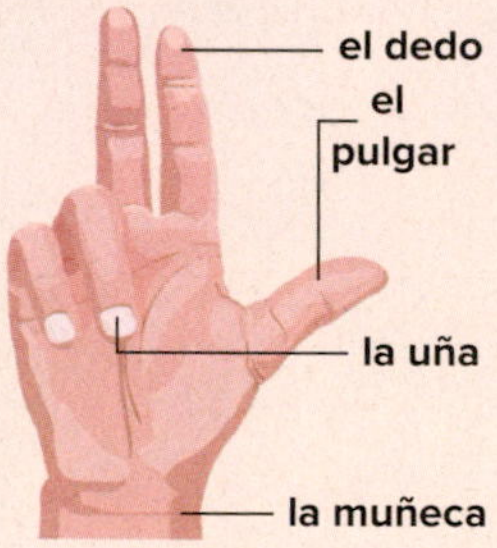

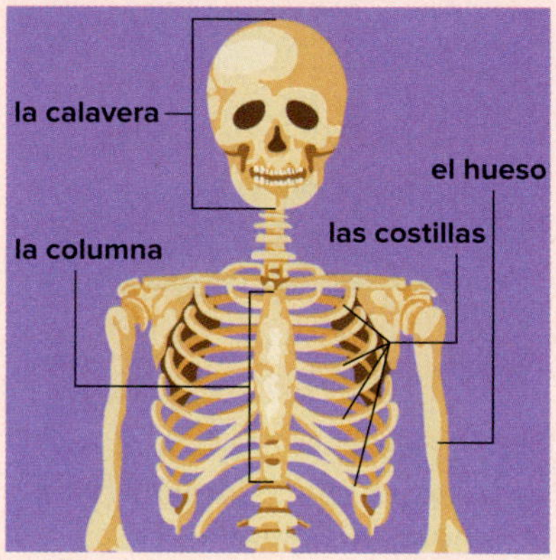

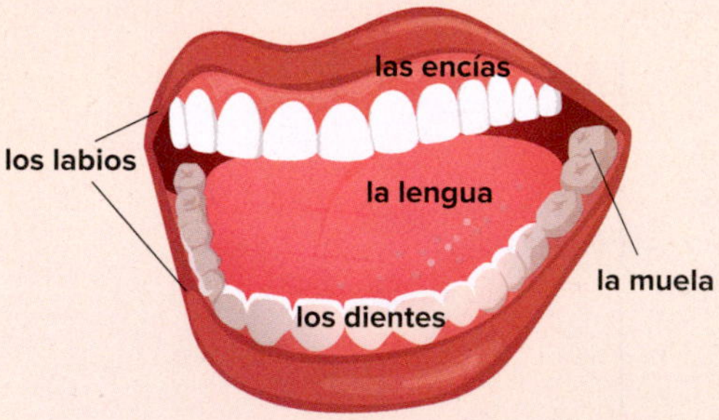

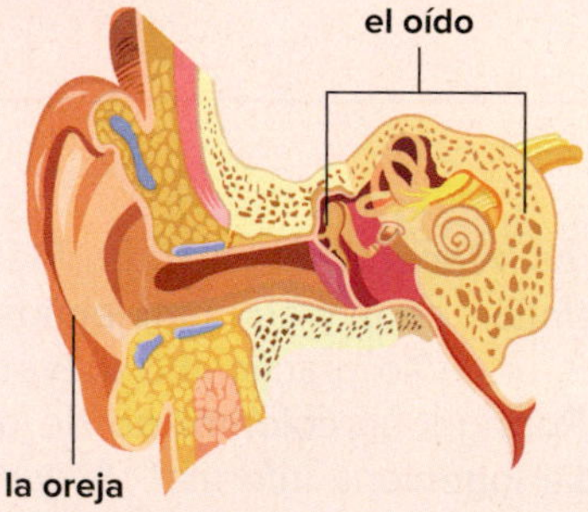

Actividad 1 Las funciones de las partes del cuerpo

Trabaja con tu compañero/a y di para qué usamos cada parte del cuerpo.

MODELO: **E1:** ¿Para qué usamos *la boca?*
E2: Usamos *la boca* para *comer*, para *hablar*, para *cantar* y para *besar*.

Vocabulario

abrazar	**caminar**	**masticar**	**rascarnos**
agarrar	**cantar**	**morder**	**respirar**
bailar	**correr**	**oír**	**saltar**
besar	**escribir**	**oler**	**tocar**

1. la nariz
2. los oídos
3. los dientes
4. las muelas
5. las uñas
6. los labios
7. los brazos
8. los dedos
9. las piernas
10. los pies

Lengua *Refranes*

Hay refranes que son muy realistas, como este.

«Ojos que no ven, corazón que no siente.» *Out of sight, out of mind.* (lit., *The heart can't feel when the eyes can't see.*)

¿A qué tipo de situación se puede aplicar este refrán?

¿Qué parte del cuerpo tratan los médicos de esta sociedad? ¿Por qué es importante esa parte del cuerpo?

Datos curiosos sobre el cerebro

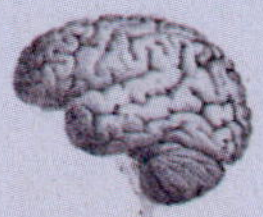

- El cerebro se compone de un ochenta por ciento de agua.
- Cuando nacemos, nuestro cerebro pesa entre 350 y 400 gramos y tenemos la mayoría de las neuronas que vamos a tener en toda la vida.
- Una dieta adecuada tiene una importancia fundamental en el desarrollo del cerebro. Los cerebros de los niños desnutridos son más pequeños de lo normal y tienen menos neuronas.
- En un día cualquiera, el cerebro produce alrededor de 70.000 pensamientos.
- Nuestro cerebro está más activo y piensa más de noche que de día.
- Aprender otro idioma es una manera eficaz y práctica de aumentar la inteligencia, mantener el cerebro activo y protegerlo contra el envejecimiento.

Actividad 2 Los órganos internos

Empareja las palabras con la definición apropiada.

1. ______ el cerebro
2. ______ la lengua
3. ______ la garganta
4. ______ el corazón
5. ______ las arterias
6. ______ la piel
7. ______ los pulmones
8. ______ los riñones
9. ______ el hígado
10. ______ los músculos

a. órganos internos que se usan para respirar
b. llevan la sangre oxigenada a otras partes del cuerpo
c. órgano del pensamiento; forma parte del sistema nervioso
d. sus contracciones permiten los movimientos del cuerpo
e. el órgano que cubre la superficie del cuerpo humano
f. órganos que filtran y eliminan las toxinas de la sangre
g. órgano principal de la circulación de la sangre
h. la parte interior del cuello que nos permite tragar
i. órgano que se usa para hablar y comer
j. órgano que almacena vitaminas y hierro; elimina de la sangre sustancias nocivas para el organismo

Actividad 3 Consejos para la salud

Lee el «Boletín informativo» y luego contesta las preguntas de comprensión.

BOLETÍN INFORMATIVO SOBRE LA SALUD

Los peligros de fumar

Ya sabemos que fumar puede causar cáncer. Ahora pensemos en los efectos que el humo de los cigarrillos tiene sobre los niños: infecciones del oído, asma, problemas respiratorios como tos, estornudos, bronquitis y pulmonía.

La salud mental en la universidad

El cambio de la vida en casa a la vida universitaria puede ser bastante difícil para muchos jóvenes. Cuando están lejos de la familia y los amigos, con frecuencia se estresan y sienten ansiedad[a] o se deprimen. Es importante mantener la salud, física y mental, si quieren tener éxito en los estudios. Para sentirse bien, los psicólogos recomiendan:

1. que hagan ejercicio;
2. que se relajen y descansen;
3. que coman tres comidas nutritivas;
4. que hagan vida social, que se comuniquen;
5. que no tomen en serio los medios sociales;
6. y que busquen ayuda cuando sea necesario.

La importancia del ejercicio

El ejercicio físico es bueno para la salud: puede mejorar el ánimo, reducir la ansiedad y darnos una sensación de bienestar. Además, hay evidencia de que el ejercicio puede ayudar a aminorar el estrés y posiblemente prevenir la depresión.

El balonmano

El balonmano es un ejercicio cardiovascular casi tan bueno como la natación. En 30 minutos, una persona que pesa 70 kilos (155 lbs.) quema 167 calorías jugando al bádminton, 260 con el tenis, 372 con el ráquetbol, pero 446 con el balonmano. Este deporte exige mayor precisión y resistencia que cualquier deporte de raqueta.

Datos sobre la obesidad

Según un estudio de la Universidad de Columbia, la gente que viaja por motivos de trabajo por más de catorce días al mes tiene mayor probabilidad de ser obesa. Las causas principales: el pasar muchas horas en el coche o en el avión, la mala alimentación ingerida fuera de casa y el estrés relacionado con el trabajo.

El sueño y la dieta

Mucha gente cree que dormir nos engorda. Un estudio de Kaiser Permanente, publicado en el *International Journal of Obesity* encontró lo opuesto. Según los expertos, hay más posibilidad de tener éxito con una dieta cuando la persona duerme el tiempo necesario, de 6 a 8 horas por noche.

COVID-19

La pandemia del COVID-19 fue muy peligrosa. Para evitar el contagio y protegernos del COVID-19, los médicos sugirieron varias prácticas: quedarnos en casa o salir solo si era necesario; llevar la mascarilla[b] para salir; lavarnos las manos con frecuencia; y reunirnos solo con personas de nuestra casa. Y, lo principal, como siempre, ¡vacunarnos!

[a]*anxiety* [b]*mask*

A. Comprensión

1. ¿Qué efecto tiene sobre los niños el humo de segunda mano?
2. De los consejos que dan los psicólogos para sentirse bien, ¿cuáles son los más importantes para los estudiantes? ¿Por qué?
3. ¿Cuáles son los resultados positivos del ejercicio?
4. ¿Es verdad que si dormimos engordamos? Según el estudio de Kaiser, ¿qué podemos hacer para aumentar la posibilidad de tener éxito con una dieta?
5. ¿Qué fue necesario hacer durante la cuarentena por el COVID-19?

B. Preguntas personales. Usa estas preguntas para conversar con tu compañero/a.

1. ¿Qué opinas de la dieta típica de Estados Unidos? Explica.
2. ¿Cuántas veces a la semana haces ejercicio? ¿Te sientes bien después de hacer ejercicio? Explica.
3. ¿Seguiste/Sigues tú todos los consejos de los médicos durante la pandemia del COVID-19?
4. ¿Cuántas horas duermes? ¿Te gustaría dormir más? ¿menos? ¿Por qué?
5. ¿Cuáles son algunas de las cosas que haces para cuidar la salud?

Nuestra gente

Doctor, ¿qué piensa usted de las vacunas contra el COVID-19? ¿Qué recomendaciones tiene para protegernos?

Mire, las vacunas han sido muy útiles para prevenir enfermedades como el sarampión, la influenza,[a] la pulmonía, la polio y la meningitis. En cuanto a las vacunas que hay ahora contra el COVID-19, considero que son muy necesarias. Hasta que toda la gente esté vacunada y podamos controlar la pandemia, hay que seguir llevando mascarilla cuando estemos fuera de casa. Es necesario también lavarnos las manos varias veces al día, especialmente después de estar fuera de casa, y desinfectar las superficies que se tocan con mucha frecuencia. Por último, si uno ha estado fuera varias horas o siente la boca seca, es buena idea hacer gárgaras de agua con sal. Recuerden siempre que, si nos protegemos, también protegemos a los demás[c] y evitamos[d] el contagio.

[a]gripe [b]los... otra gente [c]*avoid*

Billion Photos/Shutterstock

El doctor David Rodríguez Castillo, virólogo de Caracas, Venezuela

Las enfermedades y su tratamiento

Lee *Gramática 12.1, 12.2*

¿Qué problemas de salud tiene Jorge?

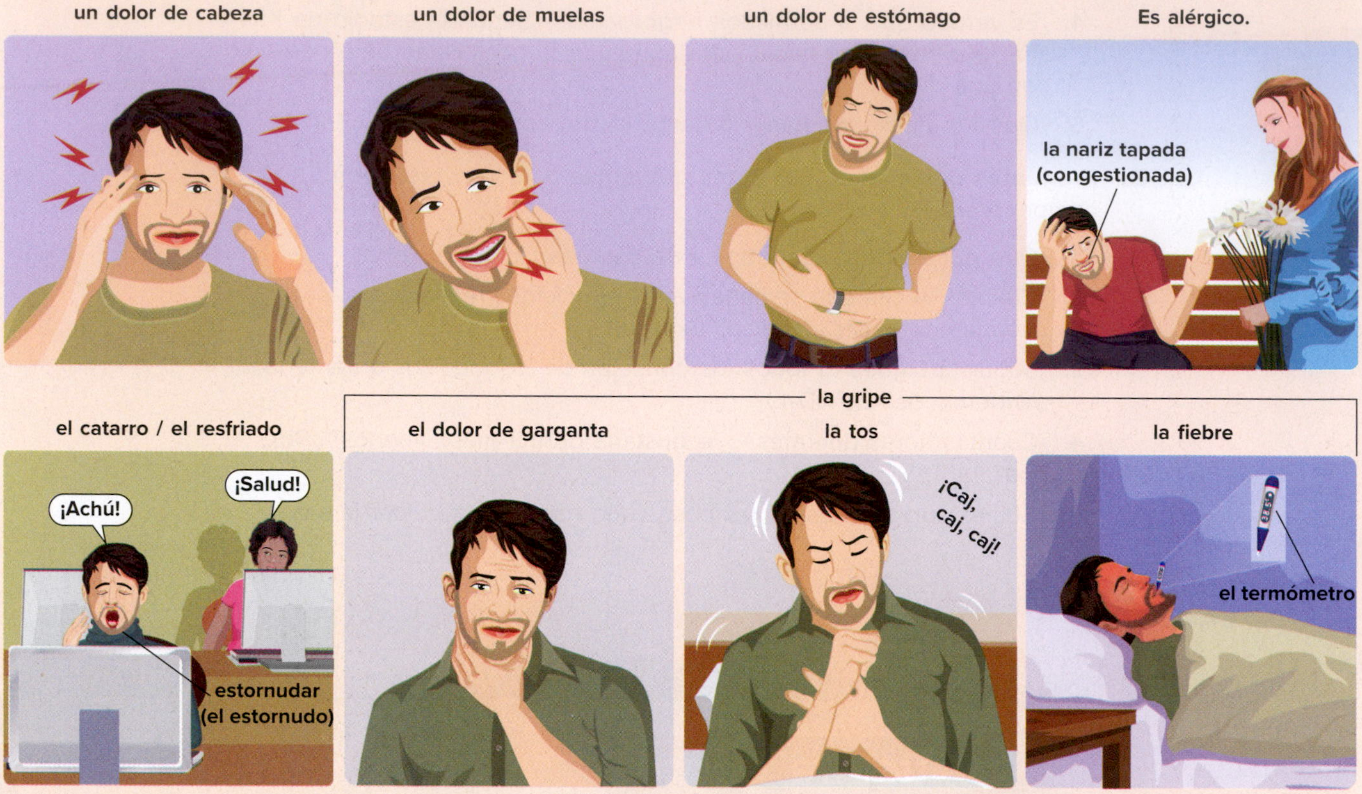

Jorge tiene gripe. El doctor le sugiere que no vaya a clase y que se quede en casa descansando hasta que se mejore.

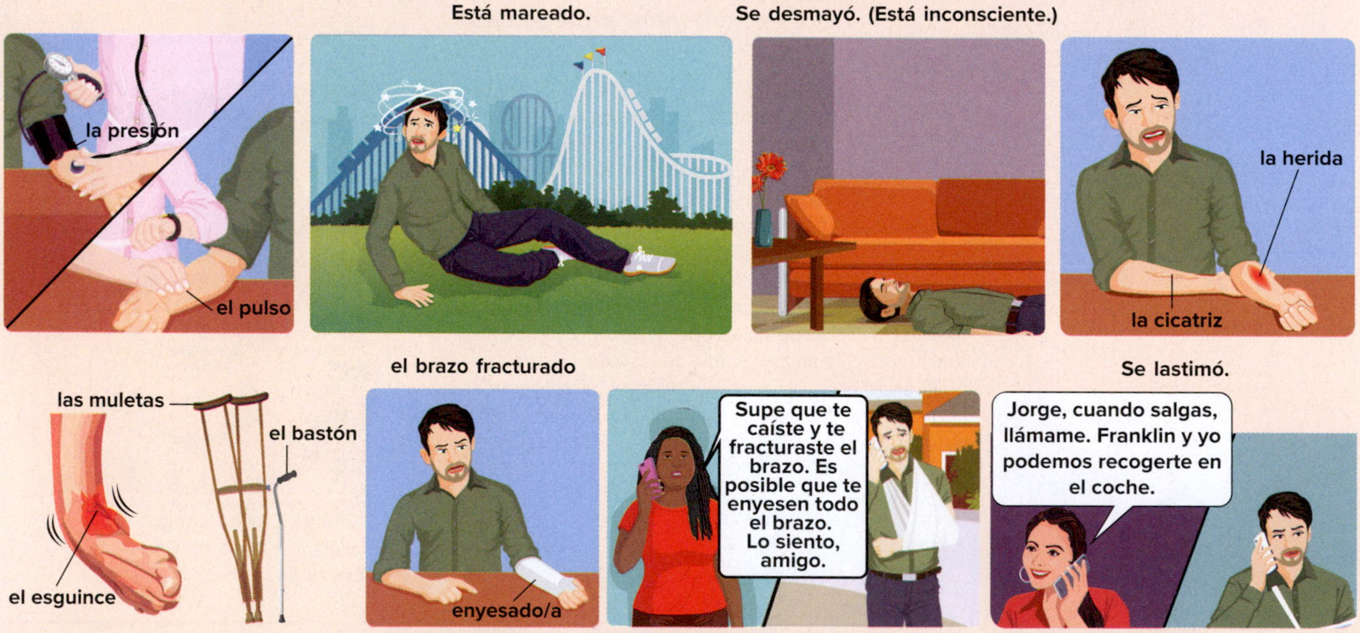

Jorge se torció el tobillo (se hizo un esguince en el tobillo) el año pasado; ayer se rompió (se fracturó) el brazo. ¡Sus amigos quieren que tenga más cuidado!

Gramática The Verb *doler*

The verb **doler (ue)** (to *hurt/ache*) follows the same structure as the verb **gustar.**

me te le nos os les	duele(n)	el estómago dos muelas la cabeza el hombro los pies el tobillo

—¿Te duel**e** **la cabeza?**
—No, me duel**en** **los pies.**

¿Recuerdas?

As you learned in **Gramática 4.1** (reflexive verbs), Spanish often uses the definite article rather than a possessive adjective when referring to parts of the body (or personal items such as clothing).

Me duele **la** garganta.	*My throat hurts.*
Jorge se rompió **el** brazo.	*Jorge broke his arm.*
Eloy se pone **la** bufanda porque le duele **la** garganta y hace fresco.	*Eloy puts on a scarf because his throat hurts and it's cool outside.*

Actividad 4 Cuando me siento mal...

Mira la lista de posibilidades en el **Vocabulario** y di qué haces y qué no haces cuando te sientes mal. Usa **siempre, generalmente, a veces** o **nunca.** Luego, pregúntale a tu compañero/a cuál es su reacción.

MODELO: E1: Cuando tengo dolor de estómago, *generalmente no como nada.* ¿Y tú?
E2: Yo *tampoco como nada,* pero *a veces tomo té caliente* y *me acuesto.*

1. Cuando tengo fiebre... ¿Y tú?
2. Cuando me duele la cabeza (la garganta, el oído)... ¿Y tú?
3. Cuando tengo tos... ¿Y tú?
4. Cuando estornudo mucho... ¿Y tú?
5. Cuando tengo gripe... ¿Y tú?
6. Cuando me duele la espalda... ¿Y tú?
7. Cuando tengo una quemadura de sol... ¿Y tú?
8. Cuando me lastimo... ¿Y tú?

Vocabulario

POSIBILIDADES

consulto con el médico	**me quedo en casa; no salgo**
corro o hago ejercicio	**nado en la piscina**
escucho música clásica	**tomo aspirina o paracetamol**
hago una cita con el médico / la doctora	**tomo jarabe**
hago gárgaras de...	**tomo muchos líquidos**
leo algo interesante	**tomo té caliente con...**
llamo al / a la fisioterapeuta	**tomo un antihistamínico**
me acuesto	**trabajo en el jardín**
me pongo algo frío en la frente	**voy al trabajo**
me pongo una curita / un vendaje	**¿ ?**
me pongo loción de sábila y no salgo al sol por varios días	

REACCIONES

Yo prefiero... (+ *inf.*)	**Es mejor... (+ *inf.*)**
Yo sí/Yo no...	**¿ ?**
Yo también/tampoco...	

Lengua *Variaciones léxicas*

En España y otros países hispanos **estar constipado/a** es igual que **estar resfriado/a** (*to have a cold*). Para decir *constipated*, se usa **estar estreñido/a.**

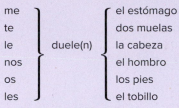

Actividad 5 ¿Cómo te sientes? ¿Qué síntomas tienes?

Empareja los síntomas con el remedio apropiado. Después charla con tu compañero/a y recomiéndale un remedio según sus síntomas. Si conoces otro remedio, recomiéndalo.

MODELO: **E1:** Ay, me *siento mal del estómago*. ¿Qué me recomiendas?
E2: **Te recomiendo que** *bebas mucha agua y comas arroz blanco cocido*. También **te aconsejo que** *tomes un té de menta o de yerbabuena.*

SÍNTOMAS	REMEDIOS
1. _______ Tengo una pestaña en el ojo.	a. ... que te pongas un algodón con alcohol en oído.
2. _______ Tengo dolor de muelas.	b. ... que tomes mucha vitamina C y comas naranjas.
3. _______ Tengo la nariz tapada.	c. ... que consultes con el dentista.
4. _______ ¡Ay! Tengo agua en un oído y me duele mucho.	d. ... que tomes aspirina o paracetamol.
5. _______ Tengo un resfriado fuerte.	e. ... que uses muletas o un bastón y no camines mucho.
6. _______ Me duele la cabeza.	f. ... que te pongas gotas para los ojos.
7. _______ Me duele la garganta.	g. ... que hagas gárgaras de agua con sal y no hables mucho.
8. _______ Tengo fiebre.	h. ... que te pongas una curita o un vendaje.
9. _______ Tengo una cortada en el dedo.	i. ... que bebas muchos líquidos y descanses.
10. _______ Tengo un esguince en el tobillo.	j. ... que tomes un descongestionante.

Lengua *Refranes*

Aquí tienes n dicho interesante sobre la salud.

«No hay mal que dure cien años ni cuerpo que lo resista.» — *Nothing lasts forever.* (lit.: *There is no ailment that can last a hundred years, nor a body that can withstand it.*)

¿Tienes idea de cuándo se puede usar este refrán?

Cultura *La felicidad en el mundo*

El Informe sobre la Felicidad en el 2020 clasifica 153 países en relación con su entorno[a] social, urbano y natural y cómo se combinan para afectar la felicidad de sus habitantes. Aunque los latinoamericanos no tienen los primeros lugares en este informe, sí tienen un nivel respetable en comparación. Por ejemplo, de 153 países, Costa Rica tiene el lugar número quince en el mundo y **el primero** en Latinoamérica. México, con el número 24 en el mundo, tiene el segundo lugar en Latinoamérica y Uruguay, 26 en el mundo, es el tercero en Latinoamérica.

[a]*environment*

Hablando de la medicina en los países hispanos

LOS REMEDIOS CASEROS Y LOS CURANDEROS

Los remedios caseros y los tratamientos homeopáticos tienen una larga tradición en las culturas hispanas. Siempre hay un miembro de la familia o de la comunidad que sabe recomendar remedios naturales, con hierbas, verduras y frutas. En todos los países hispanos y también en partes de Estados Unidos, hay herbolarios[a], botánicas[b] o farmacias naturistas donde se compra todo tipo de medicinas naturales. Entre las plantas medicinales más populares están la equinácea, que fortalece[c] el sistema inmunológico. Hay muchas otras plantas con poder curativo. Por ejemplo, el jengibre[d] es ideal para el mareo; y el romero[e] alivia los dolores musculares y la mala circulación. La manzanilla[f] tiene efectos tranquilizantes y también ayuda con los problemas digestivos. La sábila[g] se usa para las quemaduras. Una gran ventaja: por lo general, la medicina natural no tiene efectos secundarios como lo que se vende hoy en día en las farmacias.

FoodCollection/Getty Images

El jugo de sábila

Los curanderos / Las curanderas han sido parte de la cultura de Latinoamérica desde antes de la conquista. Son personas que tienen talento para curar y grandes conocimientos de remedios naturales. Curan enfermedades físicas y espirituales con hierbas y masajes. Por otra parte, hay curanderos que han dejado atrás las hierbas medicinales y han adoptado métodos que incorporan conocimientos de espiritismo, santería[h] y brujería. Estas personas se anuncian en periódicos, revistas y hasta en línea.

Sergi Reboredo/Alamy Stock Photo

Chamán con sus remedios en Iquitos, Perú

El uso de los remedios caseros, la medicina natural y las consultas con los curanderos no necesariamente indican un rechazo[i] de la medicina moderna. Más bien revelan la importancia de conservar costumbres que han servido por muchas generaciones.

[a]*herbal shop* [b]*herbal shop* [c]*strengthens* [d]*ginger* [e]*rosemary* [f]*chamomile* [g]*aloe vera* [h]*a religion of the Caribbean region that originated in Cuba, based on Yoruban deities worshiped as Roman Catholic saints* [i]*rejection*

Cultura *Prácticas religiosas y de salud de los afrovenezolanos*

Los afrovenezolanos han celebrado por siglos dos fiestas rituales, la Fiesta de San Juan y la Fiesta de Corpus Christi. Estas fiestas conectan la fe,[a] la música y el baile con poderes curativos. También fortalecen la cohesión del grupo. El origen de estos rituales es la confluencia de la llegada de esclavos venidos de África Occidental,[b] la evangelización católica y un sistema de salud inexistente. Había semejanzas entre las creencias religiosas de los indígenas, los africanos y los católicos, en especial en la idea de intercesores[c] y de las causas supernaturales de las enfermedades. Los esclavos, maltratados[d] y lejos de sus países de origen, se refugiaron en la nueva religión, reinterpretándola como proveedora de funciones necesarias para la salud física y psicológica.

[a]*faith* [b]*western* [c]*intercessors, advocates* [d]*mistreated*

Actividad 6 Síntomas, enfermedades y remedios

Después de decidir con la clase qué enfermedad corresponde a cada síntoma, trabaja con tu compañero/a para decidir cuál es el mejor remedio o recomendación.

Síntomas	Enfermedad	Sugerencias
1. dolor de cabeza fuerte y dolor de garganta, fiebre, cansancio, vómitos/diarrea o ambos		
2. dolor de pecho, de cabeza y de garganta, fiebre, dificultad para respirar, tos, cansancio		
3. ronchas rojas por todo el cuerpo, tos seca, comezón, ojos inflamados, fiebre		
4. tobillo hinchado con mucho dolor		
5. mareos, fiebre, dolor de oído, dificultad para oír		
6. estornudos y nariz tapada		

Vocabulario

ENFERMEDADES

la alergia
la bronquitis
el catarro/resfriado
el esguince
la fractura
la gripe
la infección de...
la pulmonía
el sarampión

SUGERENCIAS

consultar: consulte con el médico
descansar: descanse
enyesar: enyéselo/la (no lo/la enyese)
guardar: guarde cama
ponerse: póngase gotas
rascarse: rásquese (no se rasque)
tomar: tome antibióticos / antihistamínicos / antiinflamatorios / aspirina o paracetamol / un descongestionante / jarabe / líquidos y vitamina C / té caliente con miel y limón
usar: use muletas o un bastón

La atención médica

Lee *Gramática 12.3*

¿Cuándo consultamos con estos profesionales?

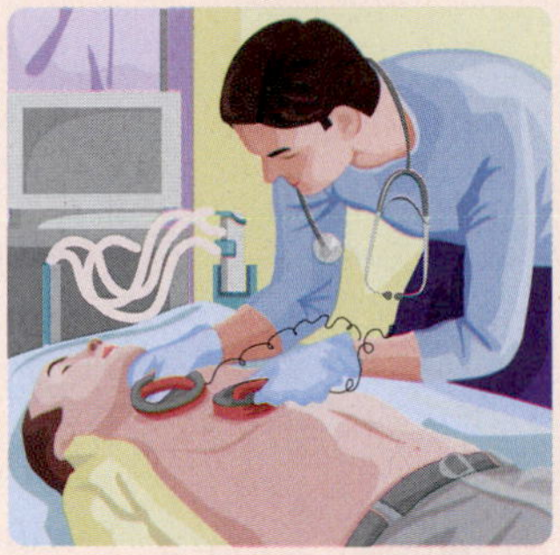

Es necesario que el **cardiólogo** resucite al paciente porque tuvo un infarto (ataque al corazón).

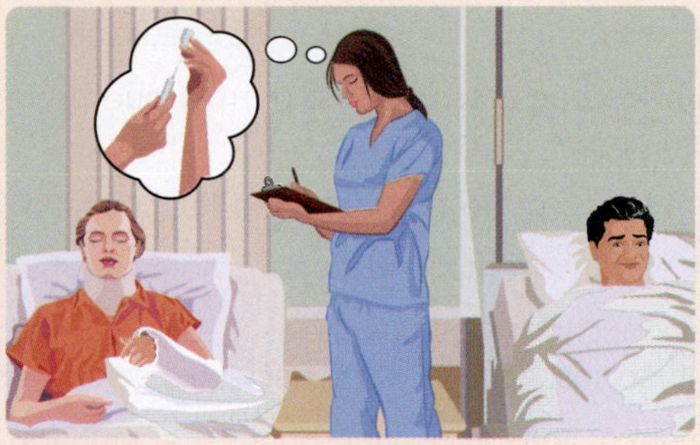

La **enfermera** le va a poner la inyección al paciente cuando él la necesite.

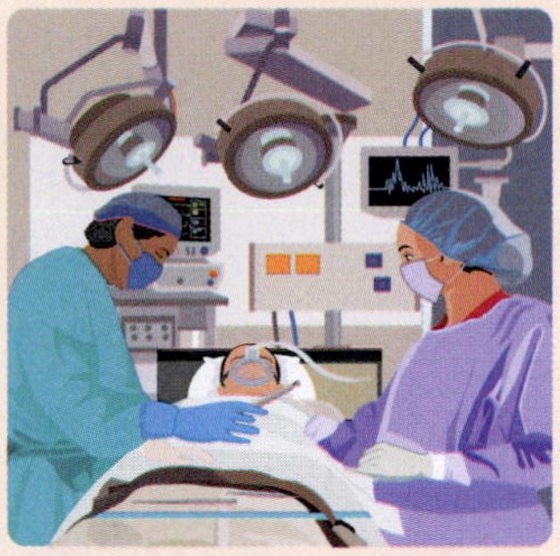

El **cirujano** necesita el bisturí; déselo por favor, señorita.

—¿Usted es el **farmacéutico?** Aquí tiene la receta. Por favor súrtala y luego explíqueme cómo tomar la medicina.

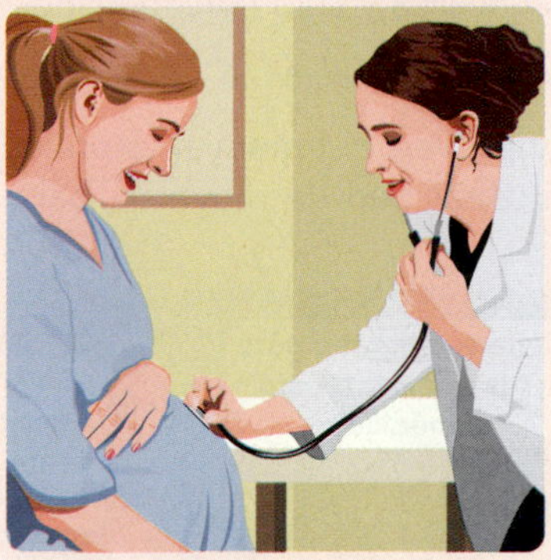

La señora embarazada no se siente bien. La **ginecóloga** quiere que le diga sus síntomas.

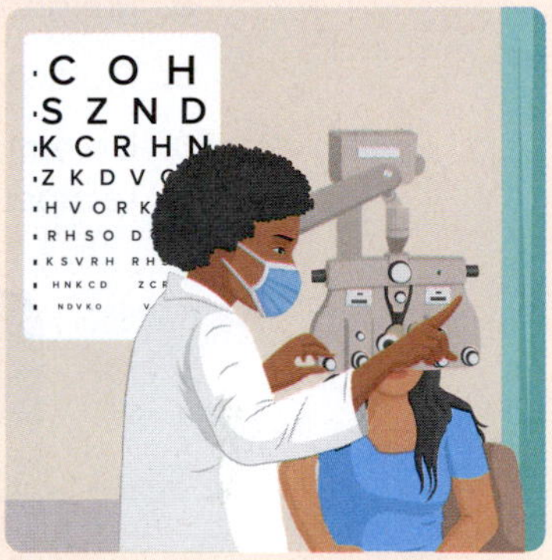

La paciente tiene los ojos muy irritados. Después de examinarla, la **oculista** le dice que necesita lentes.

El **psicólogo** quiere que el paciente le explique por qué está tan enojado.

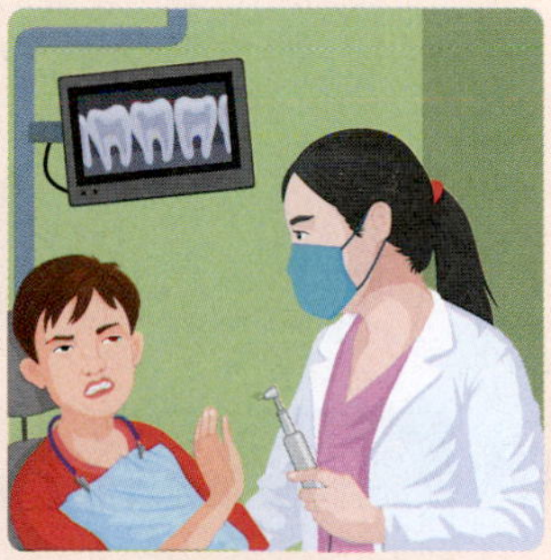

El paciente tiene una caries pero no quiere que la **dentista** le ponga un empaste.

El ama del gato habla con el **veterinario:** —Doctor, por favor, dígame qué tiene mi Bigotitos.

La **pediatra** pesa y mide al pequeño paciente.

Actividad 7 Las profesiones en el campo de la medicina

Con tu compañero/a, decide qué profesión corresponde a cada descripción.

DESCRIPCIONES

1. Surte las recetas que dan los médicos y les explica a los pacientes cómo deben tomar las medicinas.
2. Trata a los pacientes (gatos, perros) que no le pueden explicar sus síntomas.
3. Saca muelas, pone empastes en las caries, revisa las encías.
4. Aconseja a la gente que tiene problemas mentales serios.
5. Trabaja mucho en los hospitales y los consultorios médicos: ayuda a los médicos, atiende a los pacientes, les da las medicinas.
6. Las mujeres lo/la consultan durante el embarazo y también sobre los problemas del aparato (sistema) reproductor femenino.
7. Se especializa en la salud y las enfermedades de los niños.
8. Previene, diagnostica y cura enfermedades por medio de operaciones.
9. Médico/a que se especializa en enfermedades del corazón.
10. Determina y provee el tratamiento adecuado para que el paciente recupere la capacidad de moverse, para reducir el dolor.

Vocabulario

el/la cardiólogo/a
el/la cirujano/a
el/la dentista
el/la enfermero/a
el/la farmacéutico/a
el/la fisioterapeuta
el/la ginecólogo/a
el/la pediatra
el/la psicólogo/a
el/la veterinario/a

Federico Gil

Cultura *Avances médicos en el mundo hispano*

En el mundo hispano también hay un variedad de avances en la medicina. Por ejemplo, en el 2021, varios países de Latinoamérica ya estaban en las primeras fases con sus vacunas contra el COVID-19. Eran conscientes de que era urgente proteger a su población entera y vacunar a los habitantes de todo el mundo. Por eso, esas vacunas debían ser prácticas y tener un costo bajo. Por otro lado, en Cuba surgió[a] una vacuna (CIMAvax-EGF) contra el cáncer del pulmón. Esa vacuna prolonga la vida de los pacientes aun en etapas[b] avanzadas y tiene pocos efectos secundarios. Los científicos españoles están trabajando en medicamentos para controlar y revertir[c] los avances del Alzheimer. También han descubierto que se puede imprimir[d] una aorta para un paciente en menos de diez horas. Antes se necesitaba un mes para crearla. Para eliminar el dolor de espalda, el médico mexicano, Juan Manuel Dipp, desarrolló[e] un implante que solo necesita anestesia local, es reversible y mínimamente invasivo.

[a]*emerged* [b]*stages* [c]*reverse* [d]*print (using a 3D printer)* [e]*developed*

Actividad 8 Jorge tiene bronquitis

Mira los dibujos y trabaja con tu compañero/a para narrar los detalles de la enfermedad de Jorge.

Actividad 9 La salud

Conversa con tu compañero/a sobre la salud cuando eran niños/as o adolescentes y su salud ahora.

1. ¿Te enfermabas con frecuencia de niño/a? ¿Cuáles de estas enfermedades tuviste: asma, bronquitis, resfriados, infecciones de los oídos y de la garganta? ¿Te enfermas con frecuencia ahora? ¿Por qué?
2. De niño/a, ¿tenías miedo cuando tus padres te llevaban al médico? ¿Tienes miedo ahora cuando te sacan sangre o te ponen una inyección?
3. ¿Tienes seguro médico? ¿Por qué? ¿Consultas con el médico regularmente ahora? ¿Por qué? ¿Te pones nervioso/a cuando necesitas consultar con un médico?
4. ¿Te pones de mal humor cuando no puedes hacer lo que quieres? ¿Te enojas con frecuencia? ¿Te pones triste cuando escuchas las noticias?
5. ¿Haces ejercicio regularmente? ¿Por qué? ¿Crees que el ejercicio es indispensable para mantener la salud? Explícame.

Los accidentes y las emergencias

Lee *Gramática* 12.4

¿Qué pasó?

—Sí señor, iba despacio, pero se me descompusieron los frenos y no pude detener el coche. Además, ¡el niño salió de su jardín de repente!

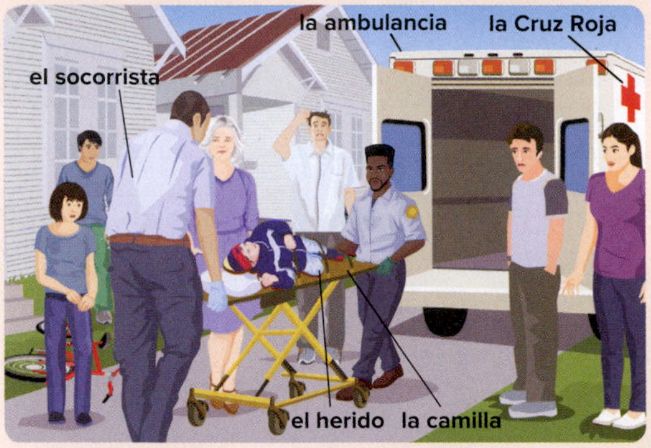

Xiomara caminaba por el parque cuando tropezó con una piedra y se le cayeron los lentes.

A las enfermeras se les escapó el paciente.

Jorge iba a esquiar en el agua con Fátima hoy, pero no pudo porque se le rompieron los esquíes.

Jorge se siente muy frustrado. Se le perdió una medicina. La ha buscado por todas partes pero no la encuentra.

—¿Tomaste el jarabe esta mañana?
—¡Ay! Se me olvidó tomarlo. Lo voy a tomar cuando vuelva a casa.

Actividad 10 Pequeños accidentes

Tu profesor(a) va a describir los dibujos. Di el número del dibujo que mejor corresponde a cada descripción.

1.
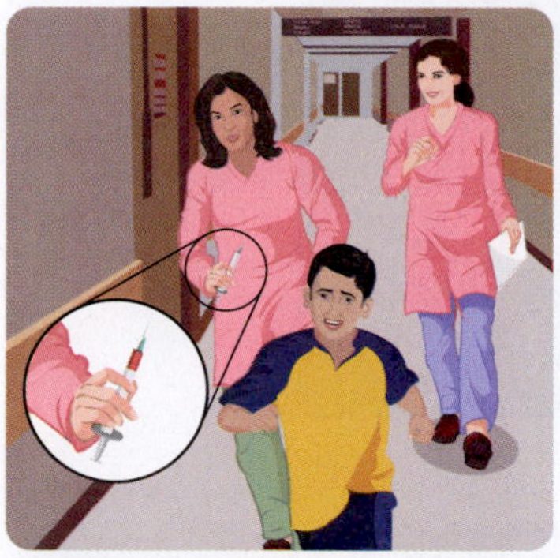

2.
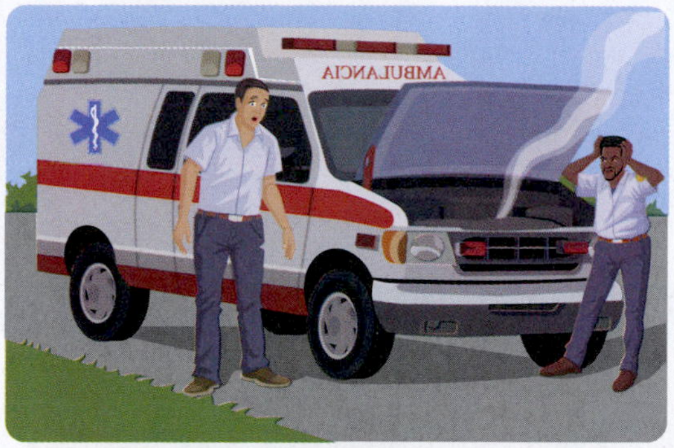

3.
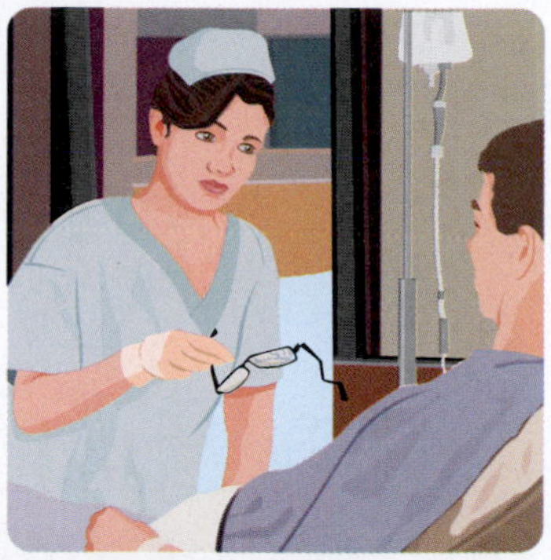

4.
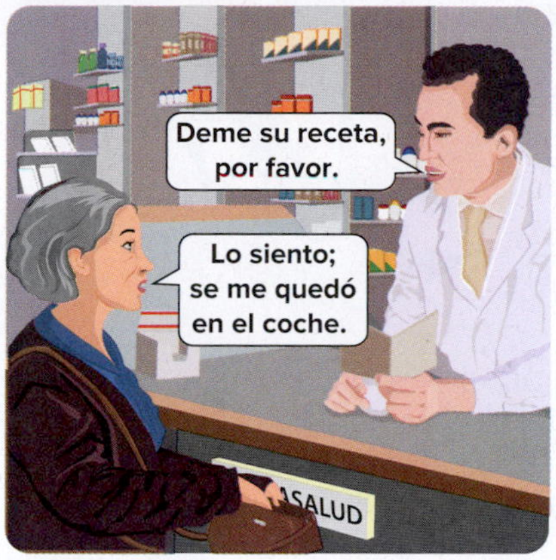
Deme su receta, por favor.
Lo siento; se me quedó en el coche.

5.

6.

7.
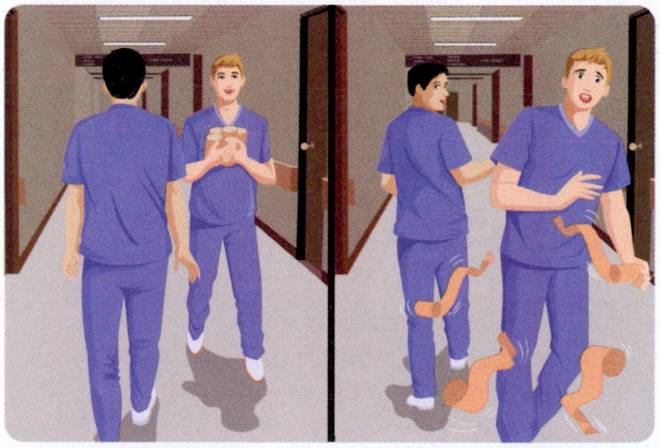

8.

Vocabulario

el estetoscopio	**chocar**
el florero	**descomponer**
la inyección	**derramar**
el vendaje	**resbalar**

Actividad 11 Un choque entre dos automóviles

Después de escuchar la narración que hace tu profesor(a), narra de nuevo el accidente con tu compañero/a.

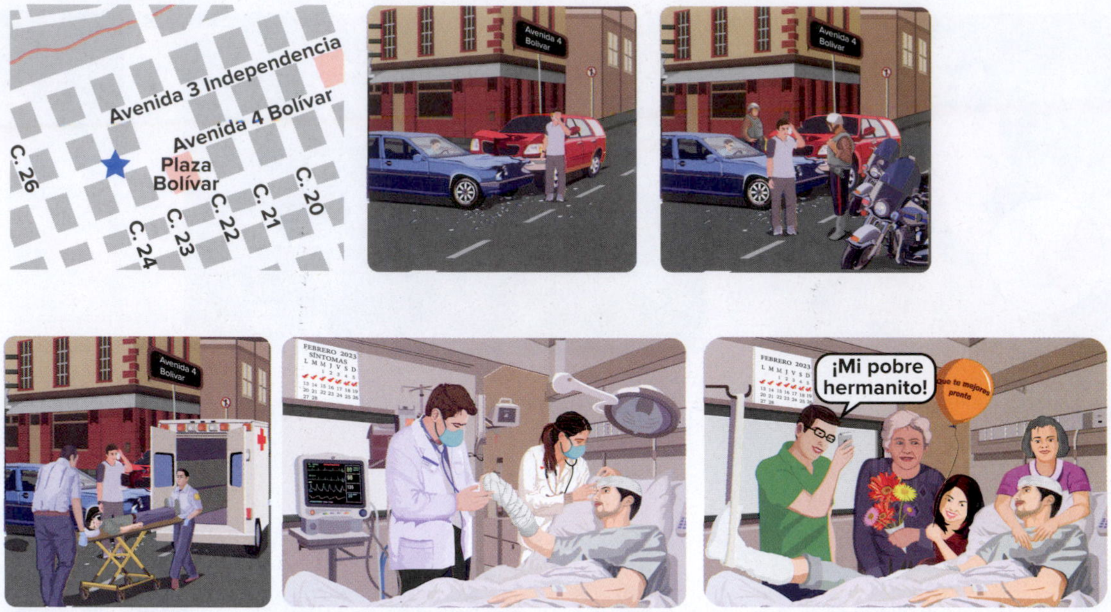

Actividad 12 Visitas al hospital y otros problemas de la vida

Conversa con tu compañero/a sobre los problemas de la vida.

1. ¿Te has fracturado un brazo o una pierna? ¿Por cuánto tiempo lo/la tuviste enyesado/a?
2. ¿Cuántas veces has ido a la sala de emergencias? ¿Qué te pasó? ¿Te atendieron rápidamente? ¿Tenías seguro médico?
3. ¿Has estado internado/a en el hospital alguna vez? ¿Cuánto tiempo estuviste allí?
4. ¿Se te ha perdido algo valioso alguna vez? ¿Qué se te perdió? ¿Lo encontraste?
5. ¿Se te ha descompuesto el coche en la autopista alguna vez? ¿Qué hiciste?
6. ¿Has tenido algún otro problema? ¿Se te olvidaron las llaves o el teléfono en alguna parte? ¿Se te perdió una mascota? Cuéntame qué pasó.

Datos curiosos sobre los accidentes

- La mayoría de los accidentes ocurre en el hogar.
- Los tres objetos que causan más accidentes son las bicicletas, los balones de fútbol americano (*footballs*) y las escaleras.
- Las caídas y las quemaduras son unos de los accidentes más comunes.

CONNECTIONS CULTURES

¡CUIDA TU MUNDO!

Ekaterina Simonova/Shutterstock

En 2020 la organización venezolana ProVita, presidida por el biólogo Jon Paul Rodríguez, plantó 3.036 árboles para mejorar el hábitat de la cotorra[a] en Macanao, Isla Margarita. El objetivo es recuperar el ecosistema afectado por la minería.[b] Para involucrar[c] a la comunidad, ProVita estableció ocho viveros[d] forestales comunitarios. Esto hace que la gente se sienta parte del proyecto y participe en la conservación del medio ambiente; además garantiza plantas saludables, fuertes y bien cuidadas. De esos viveros vienen los árboles que ProVita planta cada año desde 2006; ¡en 2020 llegaron a un total de 7.982!

[a]*parrot* [b]*mining* [c]*involve* [d]*nurseries*

Exprésate

ESCRÍBELO TÚ

Un incidente

Escribe sobre algún incidente con final feliz que hayas tenido. Da todos los detalles que puedas. Por ejemplo, describe el ambiente (día, hora, clima), di qué estaba(s) haciendo (*usa el imperfecto*) y luego narra los sucesos o acciones (*usa el pretérito*). Por último, incluye el resultado final del incidente. Lee y completa la actividad entera en el *Cuaderno de actividades* o en Connect.

CUÉNTANOS

Las enfermedades infantiles

Cuéntanos sobre una enfermedad infantil. ¿Qué enfermedad tuviste? ¿Cuáles eran los síntomas? ¿Cuánto tiempo estuviste en cama? ¿Estuviste en casa o te internaron en el hospital? ¿Era contagiosa la enfermedad? ¿Pasaste el tiempo solo/a o podían visitarte tus hermanos y amigos? ¿Qué hiciste durante ese tiempo? (¿Jugaste? ¿Leíste? ¿Viste televisión?) ¿Fue una experiencia agradable o desagradable? Explica.

MODELO: Cuando tenía ocho años tuve sarampión. Tenía puntitos rojos por todo el cuerpo y fiebre. Al principio tuve mucha comezón y me dolía la cabeza. Estuve en cama una semana pero no me internaron en el hospital. Durante esa semana estuve muy solo/a; dormí mucho y vi la televisión. Mi madre no les permitió ni a mis hermanos ni a mis amigos visitarme. Fue una experiencia agradable porque mi mamá me preparaba todas mis comidas favoritas todos los días. Fue desagradable porque tenía mucha comezón.

Cultura

Mundopedia

Mérida, ciudad en la montaña

UNA CIUDAD VENEZOLANA **ENCANTADORA**

Caracas, la capital de Venezuela, es una ciudad moderna y hermosa. En este país hay también otra ciudad igual de bella, pero con un ambiente muy diferente: Mérida. Esta ciudad está entre las montañas andinas. Su clima es **templado** y **primaveral** casi todo el año. La temporada lluviosa de Venezuela es de mayo a noviembre, pero llueve solo muy temprano por la mañana. Esta zona ofrece tanto cultura como belleza natural. Tiene una de las dos universidades más antiguas de Venezuela: la Universidad de los Andes, fundada en 1785. En el estado de Mérida, hay doce parques nacionales, además de una increíble variedad de zonas geográficas.

robas/iStock/Getty Images

Vista aérea de Mérida desde la Loma de los Maitines

LA EDUCACIÓN SUPERIOR

La Universidad de los Andes (la ULA) tiene más o menos una docena de facultades que incluyen medicina, arquitectura y diseño, ciencias políticas e ingeniería. En los dos campus que se encuentran en Mérida, la universidad tiene más de 50.000 estudiantes y 6.000 profesores. La ULA está clasificada entre las cuarenta mejores instituciones latinoamericanas dedicadas a la investigación.

Vocabulario de consulta

encantadora	charming, lovely
templado	mild
primaveral	spring-like
balsa	raft
Feria	Festival
teleférico	sky tram
cima	summit, peak
subida	ascent

ARTE Y COSTUMBRES

Muchos jóvenes van a Mérida para estudiar en la ULA, pero esta ciudad no solo tiene una excelente institución académica; ofrece mucho más. Allí puedes hacer montañismo y ciclismo en Pico Bolívar y Pico Espejo; puedes explorar los lagos en canoa y en **balsa**, nadar, pescar y dar largas caminatas por los bosques. En cuanto a la cultura, la ciudad de Mérida también tiene mucho que ofrecer. En febrero y marzo se celebra la **Feria** del Sol con bailes regionales. La Plaza Bolívar es el centro y corazón de la ciudad. Allí verás la Basílica Menor de la Inmaculada Concepción, varios museos importantes y la Casa de la Cultura, que presenta la obra de artesanos locales. La universidad ofrece numerosos festivales de música, teatro y ballet, todos abiertos a la comunidad.

Juergen Ritterbach/vario Images/age fotostock

Vista aérea de la ciudad de Mérida, Venezuela

OTROS ATRACTIVOS

En Mérida hay mucho que ver y hacer. Si te gusta ir de compras o saborear los platos típicos, entonces debes visitar el Mercado Principal de Mérida, donde vas a encontrar muchísimos restaurantes y tiendas. Pero lo más emocionante de una visita a la ciudad de Mérida es subir en **teleférico** a la **cima** de Pico Espejo. Es una **subida** de siete millas en el teleférico más largo y alto del mundo.

COMPRENSIÓN

Contesta las preguntas, según la lectura.

1. ¿Cómo se llama una hermosa ciudad venezolana que no está en una zona tropical? ¿Dónde está esta ciudad?
2. Describe el tiempo/clima en Mérida.
3. ¿En qué meses llueve y cuándo (durante qué parte del día)?
4. ¿Es grande la Universidad de los Andes (en Mérida)? Explica.
5. Menciona cuatro actividades que se pueden hacer en Mérida, además de disfrutar de la belleza natural.
6. ¿Qué tipo de funciones culturales ofrece la ULA y para quiénes las ofrece?
7. Qué es lo más emocionante de un paseo en el teleférico a la cima de Pico Espejo?

Palabras regionales: Venezuela
la bala fría = la comida rápida
un bolo = un bolívar
un(a) catire = una persona rubia
una llave = un(a) amigo/a

CULTURES CONNECTIONS

CONEXIÓN CULTURAL

VENEZUELA Y LA MÚSICA

Venezuela ha tenido períodos de gran prosperidad y años difíciles. Desde 2016 Venezuela está pasando por la peor crisis de su historia: escasez de todo tipo de productos, precios exorbitantes, inflación de más de 1.000%; y, desde 2020, la pandemia del COVID-19. Los expertos aluden a la increíble baja de los precios del petróleo, pero hablan más de mala administración. Sin embargo, a pesar de la crisis económica, el gobierno sigue apoyando El Sistema, un proyecto que ofrece educación musical a todos los niños venezolanos. Su más exitoso ex alumno, Gustavo Dudamel, director de la Orquesta Sinfónica Simón Bolívar de Venezuela y de la Filarmónica de Los Ángeles, California, afirma que es importante continuar apoyando el arte, aun en épocas difíciles. ¿Quieres descubrir más sobre los grandes músicos que ha producido El Sistema? Lee «Venezuela y la música» en el *Cuaderno de actividades* o en Connect y ¡entérate!

EL MENSAJE DE YARIA Episodio 12: En el museo

Los taínos tenían un estilo de vida muy saludable, ¿verdad?
El Modo de Vida TAÍNO
Sí, parece que disfrutaban mucho de su tiempo libre.
Yaria y Alex visitan hoy el Museo del Hombre Dominicano.
¡Eran muy creativos! Mira, hacían esculturas, joyas...
Yo creo que su arte refleja gracia y armonía.
Yaria, tengo una idea. Te sugiero que visites mi clase de cultura indígena esta tarde. ¡Es muy interesante!
Qué buena idea, Alex. ¡Gracias! Sí, me encantaría visitar tu clase.
Muchos dominicanos tenemos el ocho por ciento de ADN (*DNA*) taíno. Ese ADN llega a nosotros por medio de (*through*) los descendientes de los taínos que sobrevivieron a la colonización; por ejemplo, los que se escondieron (*hid*)...
PORCENTAJE DE ADN TAÍNO
ADN
Esa tarde, en la clase de cultura indígena...
¿Algunos taínos se escondieron...? Ay, pues eso es lo que Maray y su tribu deben hacer, ¡esconderse!

Videoteca

Amigos sin Fronteras

Episodio 12: No me siento bien.

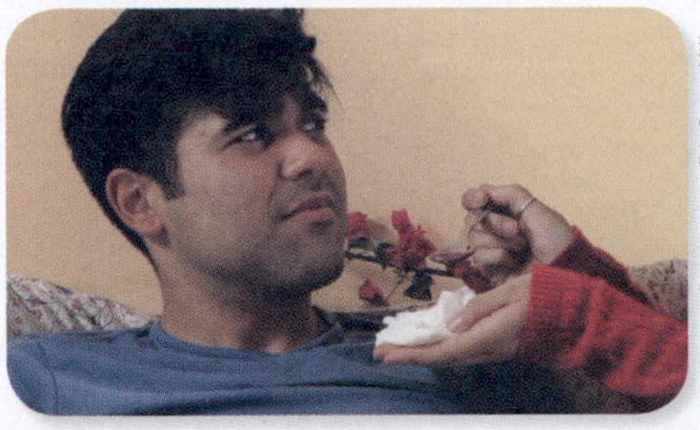
Klic Video Productions/McGraw Hill

Klic Video Productions/McGraw Hill

Klic Video Productions/McGraw Hill

Resumen
Sebastián tiene gripe y le pide a Nayeli que lo ayude porque se siente muy mal. Sebastián habla con «la abuela» de Franklin, que sabe mucho de remedios caseros, y «la abuela» le hace algunas recomendaciones. Después llega Eloy a casa de Sebastián y, como es estudiante de medicina, examina a su amigo y le dice que debe tomar jarabe y que pronto va a estar mejor.

Mi país VENEZUELA

Resumen
Jorge habla de varias ciudades de Venezuela y de lugares naturales como las playas del Caribe, el desierto Méganos de Coro y la catarata Salto Ángel.

Jane Sweeney/Getty Images
la Isla Margarita

Jane Sweeney/Getty Images
el Salto Ángel

Los actores hablan

Klic Video Productions/McGraw Hill

Klic Video Productions/McGraw Hill

Preguntas

¿Qué haces cuando te enfermas?

¿Usas remedios caseros?

Gramática

12.1 Present Subjunctive with **querer, recomendar,** and Other Verbs of Volition

A. In **Gramática 11.3,** you learned the verb forms for polite commands, such as **hable, coma,** and **abra el libro.** Speakers might also use a "softened" command, such as *I want you to . . .,* using verbs such as **aconsejar, querer, recomendar,** and **sugerir,** which express desire (volition). This structure is used to express what one person wants another to do: *My parents want me to . . ., Our professor suggests that we . . .*

—¿Qué **quiere** la enfermera?	*What does the nurse want?*
—**Quiere** que mamá **tome** la medicina ahora mismo.	*She wants Mom to take her medicine right now.*
—¿Qué nos **sugiere** Jorge?	*What does Jorge suggest (we do)?*
—Él nos **sugiere** que **leamos** sobre las clínicas venezolanas.	*He suggests that we read about the Venezuelan clinics.*

In Spanish, the verb in the clause that following **quiero que...,** **recomienda que..., sugiere que...,** or **aconsejo que**... uses the same verb forms as a command. Because these softened commands can be addressed to anyone, the endings of the verbs in the second clause change to reflect who should complete the action: **tomes, almuerce, beban, escuchemos.** These verbs are conjugated in the present tense of what is called the *subjunctive mood.** Up to this point, you have conjugated verbs in the present and past tenses of the *indicative mood.* Now you will learn to conjugate verbs in the present tense of the subjunctive mood.

*You will learn more about commands and the subjunctive in **Capítulos 13, 14,** and **15.**

Quiero que { (nosotros) **vayamos** al hospital a ver a mi primo.
(tú) te **quedes** allí con él hoy.
el médico nos **diga** cómo está mi primo. }

I want { *us to go to the hospital to see my cousin.*
you to stay with him today.
the doctor to tell us how my cousin is doing. }

The following table contains common verbs that Spanish speakers often use to express softened commands.

> Softened commands = Commands following ***querer que, sugerir/ recomendar/aconsejar que***
>
> ***Quiere que el médico vaya a su casa.***
> *She wants the doctor to go to her house.*
> ***Te sugiero que tomes aspirina si tienes fiebre.***
> *I suggest (that) you take aspirin if you have a fever.*
> ***Mi abuela me recomienda que haga gárgaras para curar el dolor de garganta.***
> *My grandmother recommends that I gargle to cure my sore throat.*
> **Les aconsejamos que se queden en casa si tienen la gripe.**
> *We advise that you stay home if you have the flu.*

Frases personales*	
aconsejar que	*to advise* ([someone] *to*)
esperar que	*to hope, expect* (*that*)
preferir (ie) que	*to prefer* (*that*)
querer (ie) que	*to want* ([*someone/something*] *to*)
recomendar (ie) que	*to recommend* (*that*)
sugerir (ie) que	*to suggest* (*that*)

Jorge nos **recomienda** que **hagamos** gárgaras. — *Jorge suggests* (*that*) *we gargle.*

Jorge y Rodrigo **esperan** que su amiga **se mejore** pronto. — *Jorge y Rodrigo hope* (*that*) *their friend gets better soon.*

El fisioterapeuta les **aconseja** a los pacientes que **hagan** los ejercicios todos los días. — *The therapist advises the patients to do* (*that they do*) *the exercises every day.*

B. The **usted** and **ustedes** polite command forms are also the **usted** and **ustedes** present subjunctive forms. For **-ar** verbs, the whole list of present subjunctive verb endings is **-e, -es, -e, -emos, -éis, -en;** while for **-er/-ir** verbs the list of endings is **-a, -as, -a, -amos, -áis, -an.** Even the **yo** form in present subjunctive shows this "opposite vowel" ending pattern; the **-o** ending for **yo** forms is only for present *indicative* conjugation.

Infinitive	Present Indicative	Present Subjunctive
hablar	habla	habl**e**
comer	come	com**a**
escribir	escribe	escrib**a**

*You will learn impersonal phrases that require the subjunctive in Capítulo 13.

To conjugate verbs in present subjunctive, you'll apply to all verb forms what you learned in **Gramática 11.3**—that **usted/ustedes** command forms of **-ar** verbs end in **-e/-en,** while command forms of **-er/-ir** verbs end in **-a/-an.**

Here are the present subjunctive forms of the regular verbs **hablar, comer,** and **escribir.**

Present subjunctive forms = Polite singular command forms with person/number endings.

	-ar	-er	-ir
(yo)	hable	coma	escriba
(tú)	hables*	comas*	escribas*
usted, él/ella	hable	coma	escriba
(nosotros/as)	hablemos	comamos	escribamos
(vosotros/as)	habléis	comáis	escribáis
ustedes, ellos/ellas	hablen	coman	escriban

C. Most Spanish verbs base the conjugation of present subjunctive (and polite commands) on the **yo** form of present indicative—minus the ending **-o.** If the present indicative **yo** form shows some sort of irregularity, that irregularity is usually also shown in all present subjunctive forms. Note that the irregularity seen in the present indicative **yo** form is preserved in all the present subjunctive forms.

Infinitivo	Presente (*yo*) de indicativo	Presente de subjuntivo
conocer	**conozco**	conozca, conozcas, conozca, conozcamos, conozcáis, conozcan
construir	**construyo**	construya, construyas, construya, construyamos, construyáis, construyan
decir	**digo**	diga, digas, diga, digamos, digáis, digan
hacer	**hago**	haga, hagas, haga, hagamos, hagáis, hagan
nacer	**nazco**	nazca, nazcas, nazca, nazcamos, nazcáis, nazcan
oír	**oigo**	oiga, oigas, oiga, oigamos, oigáis, oigan
poner	**pongo**	ponga, pongas, ponga, pongamos, pongáis, pongan
recoger	**recojo**	recoja, recojas, recoja, recojamos, recojáis, recojan
salir	**salgo**	salga, salgas, salga, salgamos, salgáis, salgan
tener	**tengo**	tenga, tengas, tenga, tengamos, tengáis, tengan
traducir	**traduzco**	traduzca, traduzcas, traduzca, traduzcamos, traduzcáis, traduzccan
traer	**traigo**	traiga, traigas, traiga, traigamos, traigáis, traigan
venir	**vengo**	venga, vengas, venga, vengamos, vengáis, vengan
ver	**veo**	vea, veas, vea, veamos, veáis, vean

Les recomiendo que (ustedes) **se pongan** zapatos cómodos; es una caminata larga. — *I recommend that you put on comfortable shoes; it's a long walk.*

Mi novio quiere que (yo) **conozca** a sus padres, pero estoy nerviosa. — *My boyfriend wants me to meet his parents, but I'm nervous.*

Los abogados sugieren que **digas** la verdad sobre el accidente. — *The lawyers suggest that you tell the truth about the accident.*

*Alternative forms for recognition only: **vos hablés, vos comás, vos escribás.**

Verbs that end in **-oy** in the **yo** form, as well as the verbs **saber** and **haber,** have irregular stems in the present subjunctive.

Infinitivo	Presente (*yo*) de indicativo	Presente de subjuntivo
dar	**doy**	dé, des,* dé, demos, deis, den
estar	**estoy**	esté, estés,* esté, estemos, estéis, estén
haber	**he**	haya, hayas,* haya, hayamos, hayáis, hayan
ir	**voy**	vaya, vayas,* vaya, vayamos, vayáis, vayan
saber	**sé**	sepa, sepas,* sepa, sepamos, sepáis, sepan
ser	**soy**	sea, seas,* sea, seamos, seáis, sean

Verbs that end in **-car, -gar,** and **-zar** have special spelling changes in all forms of the subjunctive. **Sacar → saque, saques, saque, saquemos, saquéis, saquen; llegar → llegue, llegues, llegue, lleguemos, lleguéis, lleguen; empezar → empiece, empieces, empiece, empecemos, empecéis, empiecen.**

In addition, notice that the first- and third-person singular subjunctive forms of **dar** add an accent mark to distinguish them from the preposition **de** (*of, from*): **que yo dé, que Eloy dé.**

Queremos que **vayas** de vacaciones con nosotros. — *We want you to go on vacation with us.*

Espero que mis abuelos **estén** bien. — *I hope my grandparents are well.*

El veterinario recomienda que ustedes le **den** la medicina al gato dos veces al día. — *The vet recommends that you give the cat the medicine twice a day.*

D. The present subjunctive forms of stem-changing verbs can be divided into three groups.

Group I. For all stem-changing **-ar** and **-er** verbs, the pattern of the stem vowel change (**e → ie** and **o → ue**) is the same in present subjunctive as what you learned for present indicative: all forms show the stem vowel change except for the **nosotros/as** and **vosotros/as** forms, which do not show a stem vowel change.

pensar		volver	
INDICATIVE	SUBJUNCTIVE	INDICATIVE	SUBJUNCTIVE
pienso	piense	vuelvo	vuelva
piensas	pienses*	vuelves	vuelvas*
piensa	piense	vuelve	vuelva
pensamos	pensemos	volvemos	volvamos
pensáis	penséis	volvéis	volváis
piensan	piensen	vuelven	vuelvan

No quiero que (tú) **pienses** en tu enfermedad. — *I don't want you to think about your illness.*

Nos recomiendan que **volvamos** mañana; pero sugiero que tú **vuelvas** hoy. — *They recommend that we return tomorrow; but I suggest that you return today.*

Claudia quiere que le **cuente** la historia. — *Claudia wants me to tell her the story.*

Use this section as a reference; don't try to memorize all these forms!

*Alternative forms for recognition only: **vos des, vos estés, vos hayás, vos vayás, vos sepás, vos seás.**
*Alternative forms for recognition only: **vos pensés, vos volvás.**

Group II. Stem-changing **-ir** verbs are a little different, because all stem-changing **-ir** verbs *do* show a stem vowel change in the **nosotros/as** and **vosotros/as** present subjunctive forms. That stem change will either be **e → i** or **o → u.** So for **-ir** verbs whose stem vowel change is **e → i** (such as **pedir, servir, vestir**), their present subjunctive forms all do show the same change: **e → i.**

pedir		servir	
INDICATIVE	SUBJUNCTIVE	INDICATIVE	SUBJUNCTIVE
pido	pida	sirvo	sirva
pides	pidas*	sirves	sirvas*
pide	pida	sirve	sirva
pedimos	pidamos	servimos	sirvamos
pedís	pidáis	servís	sirváis
piden	pidan	sirven	sirvan

La doctora no quiere que yo le **pida** más medicina al enfermero. — *The doctor doesn't want me to ask the nurse for more medicine.*

Eloy aconseja que no **sirvamos** bebidas alcohólicas en la fiesta. — *Eloy advises that we don't serve alcohol at the party.*

Mi madre sugiere que me **vista** en el baño. — *My mother suggests that I get dressed in the bathroom.*

Group III. Stem-changing **-ir** verbs whose stem vowel change is **e → ie** (such as **sentirse** and **divertirse**) show the **-e → -ie** change in all present subjunctive forms *except* the **nosotros/as** and **vosotros/as** forms, where the vowel change, as previously noted, is just **-e → -i.** And similarly, the two **-ir** verbs whose stem vowel change is **-o → -ue (dormir)** show that change in all present subjunctive forms *except* the **nosotros/as** and **vosotros/as** forms, where the stem change is only **-o → -u.**

Remember that when you learned preterite tense conjugation in **Gramática 8.2,** you saw the same stem vowel changes (**e → i** and **o → u**) for stem-changing **-ir** verbs, but those stem vowel changes happened only in the third person singular and plural preterite forms.

sentirse		dormir	
INDICATIVE	SUBJUNCTIVE	INDICATIVE	SUBJUNCTIVE
me siento	me sienta	duermo	duerma
te sientes	te sientas*	duermes	duermas*
se siente	se sienta	duerme	duerma
nos sentimos	nos sintamos	dormimos	durmamos
os sentís	os sintáis	dormís	durmáis
se sienten	se sientan	duermen	duerman

El médico te aconseja que **duermas** ocho horas cada noche. — *The doctor advises you to sleep eight hours every night.*

Todos quieren que **nos divirtamos** pero los dos estamos resfriados. — *Everyone wants us to have fun but we both have colds.*

---

*Alternative forms for recognition only: **vos pidás, vos sirvás.**

*Alternative forms for recognition only: **vos te sintás, vos durmás.**

Ejercicio 1

Completa cada oración con el presente de subjuntivo del verbo entre paréntesis.

1. Sr. Galván, quiero que usted ______________ **(empezar)** el tratamiento mañana mismo.
2. Te recomiendo que ______________ **(*tú:* consultar)** con el Dr. Ramírez Ovando; es un médico muy bueno.
3. Le sugiero a ella que ______________ **(visitar)** a su madre en el hospital todos los días.
4. Si mis hijos tienen tarea, prefiero que la ______________ **(*ellos:* terminar)** antes de visitar a su primo en el hospital.
5. Te aconsejo que no ______________ **(*tú:* comer)** en la cafetería del hospital.
6. Las enfermeras te sugieren que ______________ **(*tú:* salir)** a almorzar en el café que está al lado.
7. Eloy quiere que todos nosotros ______________ **(leer)** el *Boletín de salud* porque él puso mucha información médica importante allí.
8. Les recomiendo (a Eloy y a sus compañeros) que ______________ **(escribir)** más en el boletín sobre la salud mental.
9. Franklin, espero que el médico te ______________ **(recetar)** algo para la tos. Toses mucho por la noche y yo no puedo dormir.
10. Ay, y te sugiero también que le ______________ **(*tú:* pedir)** algo para la alergia porque tú estornudas todo el día.

In the present subjunctive, the indirect objects **me/te/le/nos/os/les** always precede the verb when they are used. You will learn more about this topic in **Gramática 12.3.**

Ejercicio 2

Forma oraciones completas con las series de palabras. Conjuga los verbos subrayados y agrega el pronombre correcto **(me/te/le/nos/os/les)** antes de los verbos **aconsejar, recomendar (ie)** y **sugerir (ie). OJO:** Usa el presente de subjuntivo para conjugar el segundo verbo subrayado. Sigue el modelo.

MODELO: La abuela de Jorge / aconsejar (a él) que / (él) no asistir a clases si está enfermo →
La abuela de Jorge *le aconseja* que no *asista* a clases si está enfermo.

1. (Nosotros) sugerir / a Eloy / que (él) visitar a Lucía, porque ella no se siente bien
2. El hermano de Jorge / esperar que / él estar mejor hoy
3. Nayeli y Claudia / preferir que / (nosotros) volver a su casa inmediatamente
4. Eloy / recomendar a Jorge que / (él) no tomar antibióticos para el resfriado
5. Tú / esperar que / tus amigos no necesitar ir al hospital
6. Yo / sugerir / a Jorge / que beber mucho jugo de naranja
7. Mi madre / aconsejar (a vosotros) / que dormir el resto del día
8. Eloy y sus compañeros / esperar que / los miembros del club / les dar remedios caseros para el *Boletín de salud*

12.2 The Subjunctive in Time Clauses

Cuando **vamos** al consultorio del Dr. González, mi hijo siempre le pide un caramelo rojo.

De hoy en adelante, cuando **vaya** al consultorio del Dr. González, le voy a pedir fruta para mi hijo. ¡Es más saludable!

Some adverbial conjunctions introduce clauses that express *when* something happens or may happen in the future. These include phrases such as **cuando, en cuanto** (*as soon as*), **hasta que** (*until*), **después de que,** and **antes de que.** These conjuctions are sometimes followed by the present indicative and sometimes by the present subjunctive.

A. When the action or state described in a clause that begins with **cuando, en cuanto,** and **después de que** refers to a *habitual action*, the present indicative is used.

Cada noche cenamos todos juntos **en cuanto** papá **llega** a casa.	*Every night we eat dinner together as soon as Dad gets home.*
Mi primos siempre consultan con el Dr. Ovando **cuando están** enfermos.	*My cousins always go to Dr. Ovando when they are sick.*

B. When the action or state described in a clause that begins with **cuando, en cuanto, hasta que, tan pronto como** (*as soon as*), and **después de que** refers to a *future event*, the subjunctive form is used.

Vamos a comprar la medicina **en cuanto** el médico nos **dé** la receta.	*We are going to get the medication as soon as the doctor gives us the prescription.*
—¿Cuándo vamos a ver a mamá en el hospital?	*When are we going to see Mom at the hospital?*
—No la vamos a ver **hasta que esté** mejor.	*We are not going to see her until she gets better.*
Cuando mamá **se sienta** mejor, quiero ir a la iglesia con ella.	*When Mom feels better, I want to go to church with her.*
Vamos a cenar **tan pronto como** tu padre **vuelva** del trabajo.	*We are going to have dinner as soon as your father returns from work.*

C. Clauses beginning with **antes de que** always require the present subjunctive, even when they refer to habitual actions.

Siempre preparo la cena **antes de que llegue** mi esposo.	*I always prepare dinner before my husband gets home.*
Mañana voy a preparar la cena **antes de que llegue** mi esposo.	*Tomorrow I am going to prepare dinner before my husband gets home.*

Ejercicio 3

Escoge entre el indicativo o subjuntivo según el contexto para completar las oraciones.

MODELO: Voy a llamar al médico en cuanto **(llego / llegue)** a casa.

1. En cuanto mi amiga **(sale / salga)** del hospital, voy a mandarle flores.
2. Cuando **(nos sentimos / nos sintamos)** mal, siempre llamamos al Dr. Ovando.
3. Cuando mi esposo **(se siente / se sienta)** mejor, vamos a viajar a Europa.
4. La médica quiere visitar a sus pacientes en el hospital antes de que **(se duermen / se duerman).**
5. Siempre vamos a la farmacia en cuanto **(sabemos / sepamos)** qué debemos comprar.
6. La recepcionista generalmente prepara el expediente (*file, record*) de cada paciente antes de que el médico se lo **(pide / pida).**
7. Enfermero, por favor llámeme después de que **(*usted:* baña / bañe)** al paciente.
8. Tenemos que guardar las medicinas antes de que el niño **(empieza / empiece)** a jugar con ellas.
9. Mi madre me da helado cuando la enfermera no **(está / esté).**

Ejercicio 4

Completa cada oración con el presente de subjuntivo del verbo entre paréntesis.

1. Cuando _______________ **(venir)** el fisioterapeuta, dile dónde te duele.
2. Debes dejar de hacer ejercicio en cuanto te _______________ **(empezar)** a doler la rodilla.
3. Debes tomar vitaminas antes de que te _______________ **(dar)** catarro.
4. Señor López, no se vaya hasta que la enfermera le _______________ **(traer)** los papeles que necesita.
5. La enfermera le va a dar el jarabe al niño en cuanto él se lo _______________ **(pedir).**
6. Niño, después de que _______________ **(*tú:* lavarse)** y _______________ **(secarse)** el dedo, debes ponerte una curita en la cortada.
7. La doctora no nos va a dar la información hasta que se la _______________ **(*nosotros:* exigir).**
8. ¿Vas a estornudar ahora? Debes cubrirte la boca con el brazo cuando lo _______________ **(hacer).**
9. Deben surtir la receta tan pronto como _______________ **(*ustedes:* salir)** del consultorio.

Because verbs that end in **-ger** and **-gir** (such as **escoger, proteger; corregir, dirigir,** and **exigir**) have a spelling change to **-j-** in the present indicative **yo** form (**escojo, corrijo**), that **-j-** is preserved in all of the present subjunctive forms (**exijas, proteja, dirijamos,** and so on).

12.3 Indirect Object Pronouns with Commands and Present Subjunctive

A. In **Gramática 12.1,** you learned several verbs that can be used to give "softened" commands: **aconsejar, querer, recomendar,** and **sugerir.** Two additional verbs that you can use for the same purpose are **decir** and **pedir.**

decir (i) *to tell; to order* (*someone to do something*)

pedir (i) *to ask; to request* (*that someone do something*)

With these verbs (in the present indicative) it is necessary to use an indirect object pronoun to point out to whom the command is given, even if the person is mentioned.

Siempre **les decimos** a los niños que no **hablen** con desconocidos. — *We always tell the children not to speak to strangers.*

Siempre **les pido** a los enfermeros que **estén** aquí a las ocho en punto. — *I always ask the nurses to be here at 8:00 on the dot.*

Los dentistas siempre **le recomiendan** a cada paciente que no **coma** muchos dulces. — *Dentists always recommend to each patient that he or she not eat a lot of candy.*

El fisioterapeuta **me aconseja** que **haga** los ejercicios por la mañana. — *The physical therapist advises me to do the exercises in the morning.*

B. As you know from **Gramática 11.3,** object pronouns follow and are attached to affirmative commands, but precede negative commands. However, in the present subjunctive, object pronouns precede the verb forms in both the affirmative and the negative.

Affirmative Command	Muéstre**me** la receta.	*Show me the prescription.*
Affirmative Subjunctive	La farmacéutica quiere que usted **le** muestre la receta.	*The pharmacist wants you to show her the prescription.*
Negative Command	No **le** lleve la medicina al señor Galván hoy.	*Don't take the medicine to Mr. Galván today.*
Negative Subjunctive	El médico prefiere que usted no **le** lleve la medicina al señor Galván hoy.	*The doctor prefers that you not take the medicine to Mr. Galván today.*

El médico **me** pide que (yo) **le ponga** una inyección al señor Galván; sin embargo, **me** dice que **no se la ponga** hasta después del desayuno. — *The doctor asks me to give Mr. Galván a shot; however, he says not to give it to him until after breakfast.*

Ejercicio 5

Tú eres el supervisor / la supervisora del hospital. No estás de acuerdo con lo que dicen estas personas.

A. Cambia estos mandatos a la forma negativa.

MODELO: **ENFERMERO:** Hágale las preguntas al recepcionista.
SUPERVISORA: *No le haga* las preguntas al recepcionista.

1. **ENFERMERA:** Sra. McNeil, muéstrele la pierna a la terapeuta.
2. **MÉDICO:** Dígame dónde le duele.
3. **MÉDICA:** Llévele estos papeles al recepcionista.
4. **ENFERMERO:** Tráigales la comida a los pacientes.
5. **RECEPCIONISTA:** Dele la receta al farmacéutico.

¿Recuerdas?

Remember that you need to add a written accent to the stressed syllable of a command with more than one syllable when you attach one or two pronouns to it.

B. Ahora, cambia estos mandatos a la forma afirmativa.

MODELO: **MÉDICA:** No le muestre la herida al enfermero.
SUPERVISORA: Muéstrele la herida al enfermero.

1. **MÉDICO:** No me llame el miércoles.
2. **PACIENTES:** No nos traiga la medicina hoy.
3. **RECEPCIONISTA:** No le diga su nombre al médico.
4. **MÉDICO:** No les surta la receta a los pacientes.
5. **PACIENTE:** No me dé más información, por favor.

Ejercicio 6

¿Qué les recomienda el doctor Ramírez a estas personas?

MODELO: *Al paciente:* Explíqueme sus síntomas.
El doctor Ramírez le recomienda al paciente que *le explique sus síntomas.*

1. *A la enfermera:* Póngale la inyección a la paciente del cuarto número 512.
   El doctor Ramírez _______ recomienda a la enfermera que
   ____.
2. *Al paciente:* Pídame mañana los resultados del análisis de sangre.
   El doctor Ramírez _______ recomienda al paciente que
   ____.
3. *A los enfermeros:* Explíquenle los síntomas de la gripe a la señora Galván.
   El doctor Ramírez _______ recomienda a los enfermeros que
   ____.
4. *Al recepcionista:* Llévelesa los señores Martínez los documentos del seguro médico.
   El doctor Ramírez _______ recomienda al recepcionista que
   ____.
5. *A los pacientes:* Cuéntennos a la enfermera y a mí cómo ocurrió el accidente.
   El doctor Ramírez _______ recomienda a los pacientes que
   ____.

12.4 Unplanned Occurrences: se

In Spanish, the pronoun **se** + *third-person verb form* is used to describe many accidents or unplanned occurrences such as forgetting, dropping, losing, leaving behind, and breaking. Notice that the preterite is usually used to express these completed, one-time past actions.

—¿Qué le pasó al coche?	*What happened to the car?*
—**Se descompuso.**	*It broke down.*
—¿Qué pasó aquí?	*What happened here?*
—La botella de jarabe **se cayó** y **se rompió.**	*The bottle of cough syrup fell and broke.*

If people, such as owners/operators of objects or devices, are involved, they are referred to with an indirect object pronoun: **me, te, le, nos, os,** or **les.**

Se me olvidó la medicina en casa.	*I forgot the medicine at home.*
A Radamés **se le** cayó la guitarra.	*Radamés dropped his guitar.*
Se nos descompuso el aparato de radiografías.	*The X-ray machine broke down on us.*

If the object involved is plural, the verb must be plural as well.

A Xiomara se le **perdieron** los **lentes.**	*Xiomara lost her glasses.*
A Fátima y a mí se nos **olvidaron** los **libros.**	*Fátima and I forgot our books.*

Ejercicio 7

Di qué pasó. Usa los verbos entre paréntesis.

MODELO: ¿Qué pasó con la máquina de los refrescos? **(descomponerse)** → *Se descompuso.*

1. ¿Qué pasó con los gatitos? **(perderse)**
2. ¿Qué pasó con el reloj? **(romperse)**
3. ¿Qué pasó con los lentes de Franklin? **(caerse de la mesa)**
4. ¿Qué pasó con la ambulancia? **(descomponerse)**

Ejercicio 8

Mira cada situación. Luego, forma oraciones completas con las series de palabras, para describir lo que les pasó a estas personas. **OJO:** Usa la construcción del **se** para accidentes con el pretérito del verbo.

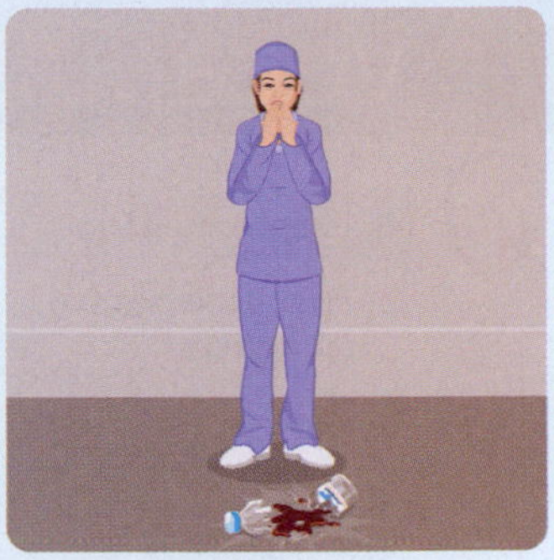

MODELO: a la enfermera / romper / la botella de jarabe para la tos →
A la enfermera *se le rompió* la botella de jarabe para la tos.

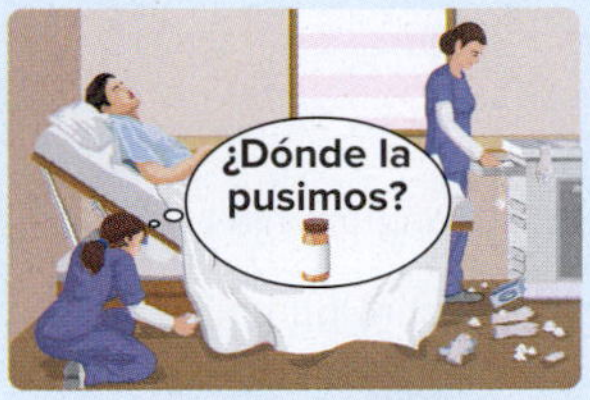

1. a las enfermeras / perder / la medicina del paciente

2. a Rodrigo / caer / y / romper / el teléfono

3. al paciente / olvidar / el dinero en casa

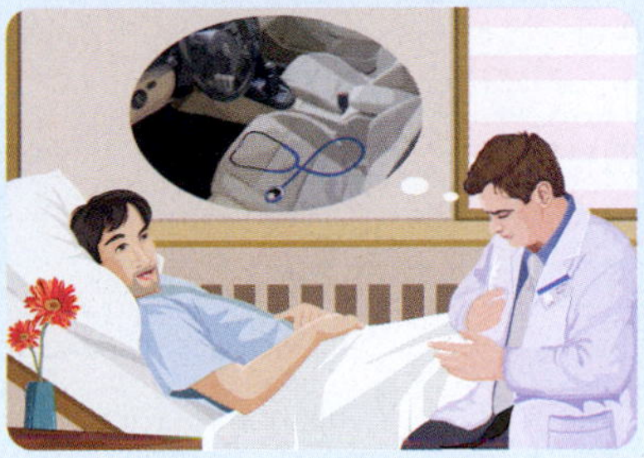

4. al médico / quedar / el estetoscopio en el coche

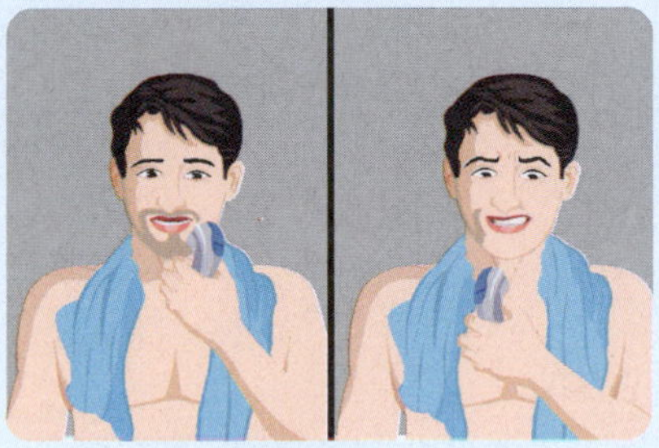

5. a Jorge / descomponer / la afeitadora eléctrica

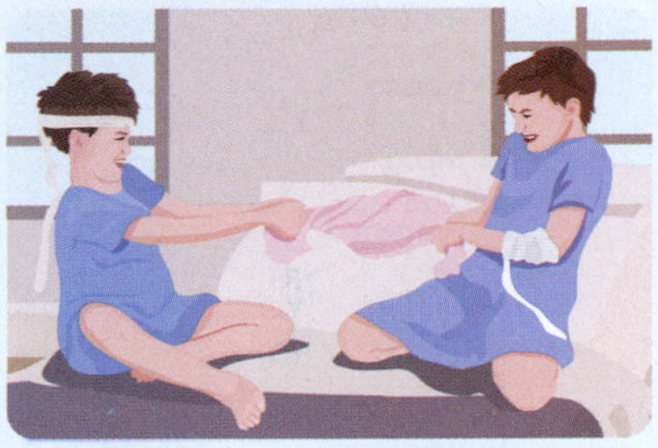

6. a los niños / **soltar** (*to come off*) / los vendajes cuando peleaban

Lo que aprendí

Al final de este capítulo, ya puedo hablar sobre:

- ☐ el cuerpo humano y la salud.
- ☐ las enfermedades y su tratamiento.
- ☐ la atención médica y las estancias en el hospital.
- ☐ los accidentes y las emergencias.

Además, ahora conozco:

- ☐ varios lugares hermosos de Venezuela.

Y sé más sobre:

- ☐ el uso de los remedios caseros y los curanderos.
- ☐ los avances de la medicina en varios países hispanos.
- ☐ los afrodescendientes en Venezuela.
- ☐ un proyecto ecológico venezolano.

Vocabulario

El cuerpo humano	The Human Body
el aparato (sistema) reproductor	reproductive system
la cadera	hip
la ceja	eyebrow
el cerebro	brain
la cintura	waist
el codo	elbow
la columna	spine
el corazón	heart
el costado	side
la costilla	rib
las encías	gums
la frente	forehead
la garganta	throat
el hueso	bone
el labio	lip
la lengua	tongue
la mejilla	cheek
la muela	molar (tooth)
la muñeca	wrist
el muslo	thigh
la nalga	buttock
el oído	(inner) ear
la pantorrilla	calf
el pecho	chest
la pestaña	eyelash
la piel	skin
el pulgar	thumb
el pulmón	lung
el riñón	kidney
la rodilla	knee
la sangre	blood
el tobillo	ankle
la uña	nail
Palabras semejantes: la arteria, el esqueleto, el músculo, el nervio, el organismo, el órgano, el pulso, la vena	

You should review the words for the human body that were introduced in **Capítulo 2.**

Las enfermedades	Illnesses
el ataque (al corazón)	(heart) attack
el esguince	sprain
la gripe	flu
el infarto	heart attack
la pulmonía	pneumonia
la quemadura (de sol)	(sun) burn
el resfriado (el resfrío)	cold
el sarampión	measles
Palabras semejantes: la alergia, el asma, la bronquitis, el covid, la infección	

Los síntomas y los estados físicos	Symptoms and Physical States
doler (ue)	to hurt
duele	it hurts
le(s) duele(n)	his/her/your (*pol.*) . . . hurt(s)
estar (*irreg.*) **embarazada**	to be pregnant
me/te duele(n)	my/your (*fam.*) . . . hurt(s)
estar internado/a	to be admitted
estar mareado/a	to be dizzy; to be seasick
estornudar	to sneeze
tener (*irreg.*) **dolor de...**	to have a . . .
cabeza	headache
estómago	stomachache
garganta	sore throat
muelas	toothache
oído	an earache
tener...	to have a . . .
calentura/fiebre	fever
catarro	cold
comezón	rash; itch
la nariz congestionada/tapada	stuffy nose
tener vómitos	to be vomiting
toser	to cough

el cansancio	tiredness
la caries	tooth decay, cavity
el estornudo	sneeze
el mareo	dizziness; vertigo
la roncha	raised, red (itchy) spot
la tos	cough
Palabra semejante: la diarrea	

La salud, la medicina y los remedios	Health, Medicines and Remedies
hacer (*irreg.*) **gárgaras**	to gargle
ponerle (*irreg.*) **un empaste a (alguien)**	to fill (someone's) cavity
ponerle una inyección a (alguien)	to give (someone) a shot / an injection
vendar	to bandage
el algodón	cotton
el bastón	walking stick, cane
la curita	Band-Aid™, adhesive bandage strip
el empaste	(tooth) filling
las gotas (para los ojos)	(eye) drops
el jarabe (para la tos)	(cough) syrup
la loción (de sábila)	(aloe vera) lotion
las muletas	crutches
el paracetamol	acetaminophen, Tylenol™
	prescription
el té de menta/yerbabuena	peppermint/spearmint tea
el vendaje	bandage
el yeso	cast
Palabras semejantes: el alcohol, el antibiótico, el antihistamínico, el antiinflamatorio, la aspirina, la cápsula, el descongestionante	

Las profesiones médicas	Medical Professions
Repaso: el/la doctor(a), el/la enfermero/a, el/la médico/a	
el/la cirujano/a	surgeon
el/la oculista	eye doctor, ophthalmologist
el/la socorrista	paramedic, emergency responder
Palabras semejantes: el/la cardiólogo/a, el/la dentista, el/la farmacéutico/a, el/la fisioterapeuta, el/la ginecólogo/a, el/la internista, el/la pediatra, el/la psicólogo/a, el/la psiquiatra	

Los accidentes y las emergencias	Accidents and Emergencies
atropellar	to run over, knock down
hacerse un esguince de...	to sprain one's . . .
la camilla	gurney, stretcher; cot
el choque	crash
la cicatriz (*pl.* **cicatrices**)	scar
la herida	wound
la sala de emergencias	emergency room
¡Socorro! (¡Auxilio!)	Help!
Palabras semejantes: fracturar(se); la ambulancia	

Los verbos	
Repaso: abrazar, chocar (qu), consultar, cortar(se), doblar, tener cuidado	
agarrar	to grab
almacenar	to store
aumentar	to increase
besar	to kiss
cuidar(se)	to take care (of oneself)
desmayarse	to faint
detener(se) (*like* **tener**)	to stop (oneself)
dormirse (ue, u)	to fall asleep
encontrar(ue)	to find
enfermarse	to get sick
engordar	to gain weight
enojarse	to get mad
enyesar	to put a cast on
firmar	to sign
frenar	to stop (brake), step on the brakes
lastimarse	to get hurt
masticar (qu)	to chew
medir (i, i)	to measure
mejorarse	to get better
morder (ue)	to bite
mover(se)	to move

oír (*irreg.*)	to hear
oler (huelo)	to smell
opinar	to think; to believe; to give one's opinion
ponerse (*irreg.*) + *adj.*	to become + *adj.*
prevenir (*like* **venir**)	to prevent
proveer (y) (*p.p.* **proveído, provisto**)	to provide
rascar(se) (qu)	to scratch
recetar	to prescribe
respirar	to breathe
sentir(se) (ie, i)	to feel
sugerir (ie, i)	to suggest
surtir (una receta)	to fill (a prescription)
tener...	to be . . .
éxito	successful
razón	right
tocar (qu)	to touch
torcerse (ue) (z)	to twist, sprain
tragar (gu)	to swallow
tratar	to treat
tratar de + *inf.*	to try to (*do something*)
tropezar (ie) (c)	to trip
Palabras semejantes: curar, determinar, diagnosticar (qu), eliminar, examinar, filtrar, formar, permitir, recuperar, reducir (zc), resucitar	

Los accidentes y otros problemas	Accidents and Other Problems
caerse	to drop
derramarse	to spill; to overflow
descomponerse (*like* **poner**)	to break down
escaparse	to escape; to let slip
olvidarse	to forget
perderse (ie)	to get lost
quedarse	to be left (behind)
resbalarse	to slip out of one's hands
romperse	to break

Los sustantivos	Nouns
Repaso: la ayuda, la caloría	
el amo/a (*but* **el ama**)	owner
la camioneta	pickup, small truck; van
la cita	appointment
el consejo	advice
el consultorio	doctor's office
la cruz (*pl.* **cruces**)	cross
el detalle	detail
el diagnóstico	diagnosis
la dificultad	difficulty
el embarazo	pregnancy
el estudio	study, research report
el florero	vase (*for flowers*)
el globo	balloon
el humo (de segunda mano)	(secondhand) smoke
la manta	blanket
la meta	goal; objective
el pañuelo	handkerchief; scarf
el pensamiento	thought
la piedra	stone
el seguro médico	medical insurance
el suelo	ground
el superficie	surface
el/la testigo	witness
el valor	value
Palabras semejantes: la capacidad, la circulación, la comprensión, la contracción, la cuarentena, el efecto, la energía, el estetoscopio, la fractura, la función, el impacto, la operación, la pandemia, el punto, la recomendación, el resultado, la sustancia, el termómetro, la toxina, el tratamiento, el vehículo	

Los adjetivos	
ambos/as	both
enyesado/a	in a cast
hinchado/a	swollen
nocivo/a	harmful
pobre	poor
roto/a	broken
valioso/a	valuable
Palabras semejantes: adecuado/a, femenino/a, frustrado/a, genérico/a, humano/a, inconsciente, indispensable, inflamado/a, interior, interno/a, irritado, mental, positivo/a, principal	

Palabras y expresiones útiles	
además (de)	in addition, besides
a la semana	per week
al día	per day
ahora mismo	right now
antes de que...	before . . .
despacio	slow
después de que...	after . . .
en cuanto (a)	as soon as; in regards to
hasta que...	until . . .
lo más (importante)	the most (important) thing
¿Para qué se usa(n)...?	What is/are .... used for?
por medio de	by means of
por todas partes	everywhere
¡Que te mejores! / ¡Qué se mejore!	Get well!
¡Salud!	Bless you! (*after a sneeze*)
sobre	on
tan + *adj.*	so + *adj.*
Palabras semejantes: probablemente, regularmente	

Design elements: (Communication, Connections, Comparisons, Cultures and Communities icons): McGraw Hill Education; (Mundopedia Globe Icon): Kundra/Shutterstock; (Audio icon): Orchid24/Shutterstock; (Cuida tu mundo image): Ekaterina Simonova/Shutterstock; (Sun icon): McGraw Hill Education; (Magazine background): McGraw Hill Education

13 La familia y la crianza

José Morillo (República Dominicana, 1975) *Mi abuelita y sus hermanas*

José Morillo

Upon successful completion of **Capítulo 13,** you will be able to express your views on relationships, know how to offer advice and persuade others, and talk about parenting and social behavior. You will also know more about how to narrate your past experiences. Additionally, you will have learned about some interesting places and events from Puerto Rico and the Dominican Republic.

Comunícate

Los lazos familiares

Las órdenes, los consejos y los buenos deseos

Hablando de los consejos Los refranes

La crianza

Exprésate

Escríbelo tú Un evento inolvidable

Cuéntanos Tu pariente menos favorito

Cultura

Mundopedia Los festivales dominicanos

Palabras regionales Puerto Rico y la República Dominicana

Conexión cultural Puerto Rico, en busca de identidad

Novela gráfica Episodio 13

Videoteca

Amigos sin Fronteras, Episodio 13 ¡Que vivan los novios!

Mi país Puerto Rico y la República Dominicana

Los actores hablan

Gramática

13.1 Describing: **ser** and **estar**

13.2 Informal Commands

13.3 More Uses of the Subjunctive (Part 1)

13.4 Narrating Past Experiences: The Present Perfect, Imperfect, and Preterite

McGraw Hill connect

PUERTO RICO Y LA REPÚBLICA DOMINICANA

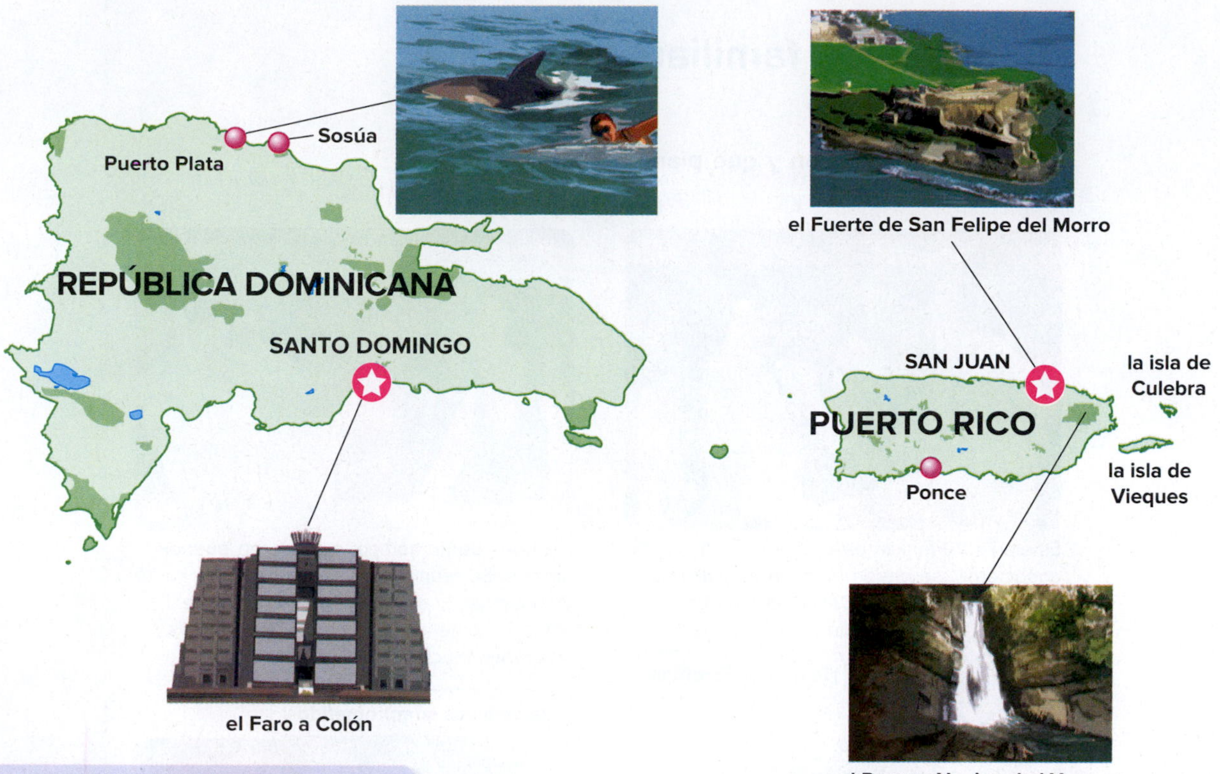

la bandera de la República Dominicana
ciudad capital: Santo Domingo
moneda nacional: el peso dominicano

la bandera de Puerto Rico
ciudad capital: San Juan
moneda nacional: el dólar estadounidense

Conócenos

Franklin Sotomayor Sosa

Franklin Sotomayor Sosa tiene veintiocho años y es puertorriqueño. Nació en Quebradillas, Puerto Rico, y su cumpleaños es el dos de mayo. Franklin es profesor de español en el College de Alameda. Le gusta salir a comer, escuchar música y leer. Desde que se unió al club Amigos sin Fronteras, ha tratado de ir a todas sus fiestas y ahora es buen amigo de los socios del club. A Franklin le apasiona enseñar español, pero sin duda lo que más le gusta es pasar tiempo con su novia, Estefanía.

Comunícate

Los lazos familiares

Lee *Gramática 13.1*

¿Dónde se conocieron y qué planes tienen?

El noviazgo

Estefanía y Franklin estaban en una fiesta. Se conocieron, se dieron la mano y... ¡conversaron por varias horas! Descubrieron que tenían mucho en común.

Después de un tiempo, se hicieron buenos amigos. Se reunieron varias veces para cenar y conversar. Franklin y Estefanía siempre estaban contentos de pasar tiempo juntos. Valoraban mucho su amistad.

Franklin y Estefanía se enamoraron y se hicieron novios. Se besan y se abrazan todos los días.

Como estaban muy enamorados, Franklin le dio a Estefanía un anillo de compromiso.

la boda

Cuando Estefanía y Franklin se casen, van a tener una ceremonia religiosa en la iglesia, porque los dos son católicos. Ellos esperan que en la boda estén presentes sus parientes, ¡incluso los bisabuelos de Estefanía!

Cultura *La luna de miel*

La frase **luna de miel** se refería originalmente al primer mes de matrimonio, cuando todo es hermoso y dulce como la miel.

la luna de miel

¡Los dos se imaginan ya recién casados! Para la luna de miel, Estefanía sugiere que vayan a un país del Caribe con lindas playas.

el bautizo

Cuando tengan hijos, piensan bautizarlos por la iglesia. Ana Sofía va a ser la madrina del bebé y el padrino va a ser el mejor amigo de Franklin.

Gramática *Reflexive vs. Reciprocal Actions*

In **Capítulo 10, Actividad 3,** you learned two reflexive verbs that express reciprocal actions: **parecerse** and **llevarse (bien).** Context usually indicates whether the pronoun **se** is reflexive (*self*) or reciprocal (*each other*). Note that reflexive actions can be expressed with singular or plural forms, depending on the context, but reciprocal actions are always expressed with plural forms.

Reflexive: La novia **se miró** en el espejo.	*The bride looked at herself in the mirror.*
Reflexive: Algunas personas **se miran** en el espejo con frecuencia.	*Some people look at themselves in the mirror often.*
Reciprocal: Los novios **se miraron** con ternura.	*The couple looked at each other with tenderness.*

Here are some common reciprocal verbs: **abrazarse, besarse, comprenderse, conocerse, darse la mano, divorciarse, enamorarse, enojarse, mirarse, pelearse, quererse, reconocerse, respetarse, verse.**

Cultura *Los compadres*

Las palabras **compadre** y **comadre** se refieren al padrino y a la madrina de bautizo de un niño / una niña. Ellos participan en la educación religiosa del niño / de la niña junto a (al lado de) los padres. También, en caso de que los padres mueran, son ellos los que deben criar al niño / a la niña. Como (*Since*) en la sociedad estadounidense no es tan cercana esta relación, no hay una buena traducción. La relación entre compadres (comadres y compadres) es de una amistad fuerte que los hace parte de la familia.

Actividad 1 Los rituales y la familia extendida

Empareja cada palabra con su definición.

1. ________ el noviazgo	**a.** la hermana de tu esposo/a
2. ________ la amistad	**b.** el esposo de tu hija o hijo
3. ________ los suegros	**c.** la ceremonia que une a dos personas en matrimonio
4. ________ la madrina	**d.** la relación entre amigos
5. ________ el ahijado / la ahijada	**e.** el novio y la novia después de su boda
6. ________ los bisabuelos	**f.** el niño / la niña a quien tú llevas a bautizar
7. ________ el yerno	**g.** la relación entre los novios
8. ________ la boda	**h.** una ceremonia religiosa en la cual se le da el nombre a una persona
9. ________ la cuñada	**i.** los abuelos de tu madre o tu padre
10. ________ la nuera	**j.** la persona que participa en el bautizo de un niño / una niña; responsable del niño / de la niña si sus padres mueren
11. ________ el bautizo	**k.** los padres de tu esposo/esposa
12. ________ los recién casados	**l.** la esposa de tu hijo o hija

Cultura *La religión en el mundo hispano*

Aunque muchos hispanos (la mayoría) son católicos, en España y América Latina también se practican otras confesiones cristianas, como la presbiteriana, la pentecostal/carismática, la evangélica y la de los testigos de Jehová. Además, hay más religiones, entre otras, la musulmana, la judía, la hindú, la budista, la unitaria-universalista y varias religiones indígenas y afroamericanas. Algunas de estas religiones creen en un ser supremo, otras tienen múltiples dioses. Pero, ¡todas tienen un ritual de casamiento!

©María José Cabrera Puche

Una boda indígena en una de las islas del Lago Titicaca

Actividad 2 Historia de amor

A. Imagínate que Estefanía y Franklin realizaron todos sus sueños y planes. Esta es la historia de su relación. Lee las descripciones de su experiencia y ponlas en orden.

_______ Son amigos y pasan mucho tiempo juntos.

_______ Están comprometidos y están planeando la boda.

_______ Están en una fiesta, donde se conocen.

_______ Están en la iglesia; están emocionados pero un poco nerviosos.

_______ ¡Son padres! Están bautizando a su bebé.

_______ Están en su luna de miel. ¡Son dos recién casados muy felices!

_______ Ya están casados.

_______ Son novios y están muy enamorados.

B. Ahora, trabaja con tu compañero/a para narrar la secuencia de la relación.

MODELO: **E1:** ¿Qué pasó primero?
E2: Primero, *se conocieron en una fiesta*. Luego, *se hicieron amigos*.
E1: ¿Y después?
E2: Después *se enamoraron*...

Ariel Skelley/Blend Images/Getty Images

Una boda en Santo Domingo, República Dominicana

Lengua *Refranes*

Este es un refrán en forma de consejo sobre el tema del matrimonio. ¿Qué te parece el consejo?

«Antes que te cases, mira lo que haces.» — *Look before you leap*. (En sentido literal: *Before you get married, look at what you're doing.*)

Actividad 3 Las relaciones personales

Vocabulario

abrazarse	**evitarse**
ayudarse	**golpearse**
besarse	**gritarse**
casarse	**hablarse**
comprenderse	**insultarse**
comunicarse	**pedirse perdón**
darse la mano	**pelearse**
echarse de menos (extrañarse)	**quererse**
enojarse	**sentarse juntos/as**
enviarse mensajes electrónicos	**verse**
envisarse mensajes de texto / textearse	

A. Trabaja con tu compañero/a para completar cada descripción con la forma verbal correcta de los infinitivos del **Vocabulario. OJO:** No repitas ningún verbo.

1. Estefanía y Franklin son novios y están muy enamorados. Ellos se llevan muy bien: se abrazan, _______, _______ y _______ mucho.
2. Mi mejor amigo y yo estamos enojados; hemos tenido conflictos, pero ahora queremos resolverlos. Nosotros _______ y _______.
3. Rodrigo vive en California y su hijo Ricardito vive en Colombia, pero están en contacto frecuentemente. Ellos _______ por teléfono y _______ por Zoom™ con frecuencia.
4. Estefanía tiene una hermana de dieciocho años que se llama Viviana. Son buenas amigas, pero, como típicas hermanas, a veces _______ o _______.
5. Rodrigo está divorciado. Él piensa que su ex esposa es una madre excelente, pero no se lleva bien con ella. Ellos _______, _______ y _______.
6. Mis padres y yo (no) nos llevamos muy bien; por eso nosotros siempre (nunca) _______ y / ni _______.
7. Mi novio/a (esposo/a) y yo (no) nos llevamos bien. Nosotros _______ y / ni _______.
8. Mi hermano/a y yo (no) nos llevamos muy bien. Nosotros _______ y / ni _______.

B. Ahora, conversa con tu compañero/a sobre las relaciones personales según tus experiencias.

1. ¿Cuáles de estas cualidades son más importantes en los buenos amigos: la lealtad, la inteligencia, la comprensión o la ayuda incondicional? ¿Cuáles de estas cualidades les ofreces tú a tus amigos?
2. ¿Quiénes son más importantes en tu vida: los amigos o los miembros de tu familia? ¿Por qué?
3. ¿Qué características valoras más en una pareja?
4. El cincuenta por ciento de los matrimonios en Estados Unidos termina en el divorcio. En tu opinión, ¿qué factores contribuyen al fracaso de tantos matrimonios?

Gramática
Ser *or* estar *with* estado civil

Note that although it is correct to use the verb **ser** with **soltero/a, casado/a, viudo/a,** and **divorciado/a,** some native speakers prefer to use **estar** with **casado/a** and **divorciado/a.** The difference in meaning between **ser** and **estar** in this case is nuanced; you don't need to be concerned about it. However, remember to use **estar** with **casado/a** and **divorciado/a** if you include a name after the verb: **Franklin está casado con Estefanía. Rodrigo está divorciado de Marina.**

Las órdenes, los consejos y los buenos deseos

Lee *Gramática 13.2, 13.3*

¿Qué consejos les damos a los demás?

Actividad 4 Mandatos para Carlitos

Carlitos, el hijo de Omar, tiene seis años. ¿Quién le da estos mandatos: la hermana, el padre o la maestra?

	LA HERMANA	EL PADRE	LA MAESTRA
1. Haz la tarea antes de acostarte.	☐	☐	☐
2. Sal de mi cuarto; necesito hacer mi tarea.	☐	☐	☐
3. No toques mi muñeca.	☐	☐	☐
4. No grites; estoy hablando por teléfono con mi jefa.	☐	☐	☐
5. No escribas en tu pupitre.	☐	☐	☐
6. Juega conmigo, por favor.	☐	☐	☐
7. No me jales el pelo.	☐	☐	☐
8. Escribe las respuestas en la pizarra.	☐	☐	☐
9. Báñate y lávate los dientes.	☐	☐	☐
10. Entrega la tarea que asigné (*I assigned*) a tiempo.	☐	☐	☐

Actividad 5 Problemas y soluciones

A. Busca una solución para cada problema. **OJO:** Hay más de una respuesta posible para algunos problemas.

PROBLEMAS

1. ________ Quiero sacar buenas notas.
2. ________ Tengo problemas con mi papá; es muy estricto conmigo.
3. ________ Tengo un ex novio / una ex novia que ya no me gusta, pero él/ella es muy insistente.
4. ________ Voy a salir con un chico / una chica que no conozco en persona. Lo/La conocí en línea.
5. ________ Mis padres no pueden ayudarme a pagar la matrícula de la universidad.

SOLUCIONES

a. Busca un trabajo de media jornada.
b. Escoge un lugar público para conocerse en persona.
c. Pide un préstamo en la universidad.
d. Habla con él; dile que necesita confiar más en ti.
e. Estudia más horas al día.
f. Haz la tarea con tu compañero/a de clase.
g. No contestes sus llamadas ni sus mensajes.
h. Desconéctalo de tus redes sociales.

B. Ahora, conversa con tu compañero/a. Uno tiene problemas y el otro le ofrece soluciones.

MODELO: **E1:** Siempre llego tarde a mi primera clase de la mañana.
E2: Pues tengo la solución para ti. ¡Levántate más temprano!

Vocabulario

PROBLEMAS POSIBLES

Siempre llego tarde a mi primera clase.

Mi clase de ______ es muy difícil para mí.

Quiero dejar de fumar.

Quiero ir a España para estudiar, pero no tengo dinero.

Hay demasiada tarea en mi clase de ______.

Se me descompuso el carro.

Actividad 6 Los buenos deseos

Conversa con tu compañero/a. Reaccionen con buenos deseos.

MODELO: **E1:** ¡Chao! Nos vemos en un mes, cuando vuelva de mi viaje.
E2: *¡Que tengas buen viaje!*

1. Se me está haciendo tarde. Ya me voy a clase.
2. Tengo un examen hoy; va a ser difícil.
3. Mi novio/a (esposo/a) está muy enfermo/a, por eso no pude venir a clase ayer.
4. Mañana mi familia y yo salimos para Santo Domingo. Vamos de vacaciones.
5. Ya me voy a casa para acostarme. Hasta mañana.
6. Estoy muy cansado/a. Necesito una siesta.

Vocabulario

¡Que descanses!
¡Que duermas bien!
¡Que llegues a tiempo!
¡Que pases buenas noches!
¡Que pases un buen día!
¡Que se diviertan!
¡Que se mejore (pronto)!
¡Que te vaya bien!
¡Que tengan buen viaje!
¡Que tengas (buena) suerte!

Nuestra gente

Hola, Daniel, ¿nos puedes contar un poco de la historia de tu familia?

Por supuesto. Desde mis bisabuelos, mi familia ha vivido siempre en Sosúa, una pequeña ciudad de la República Dominicana. A muchos turistas que practican deportes acuáticos les gustan sus playas. Un banco de coral protege la bahía, el agua es tranquila y hay especies diversas de peces. También, en invierno se puede observar el paso de las ballenas. Sosúa se fundó para refugiados judíos de Austria y Alemania que llegaron entre 1940 y 1945. Con la ayuda del gobierno y de un hombre de negocios judío de Nueva York, el lugar empezó a prosperar. Ahora, sin embargo, muchos descendientes de los refugiados originales han emigrado a los Estados Unidos.

AJR_photo/Shutterstock

Daniel Abreu Rodríguez, un ingeniero dominicano de Sosúa

Gramática *Impersonal Expressions*

These impersonal expressions are always followed by the subjunctive, whether affirmative or negative: **(No) Es bueno que estudies por la noche.**

(No) Es bueno que...	*It is (not) good that . . .*
(No) Es importante que...	*It is (not) important that . . .*
(No) Es imposible que...	*It is (not) impossible that . . .*
(No) Es mejor que...	*It is (not) better that . . .*
(No) Es necesario que...	*It is (not) necessary that . . .*
(No) Es preferible que...	*It is (not) preferable that . . .*

If **que** (*that*) is removed from these expressions, they are followed by an infinitive: **Es bueno estudiar por la noche.**

Actividad 7 Consejos para los amigos

Mira los comentarios y reacciona con el consejo apropiado usando el presente de subjuntivo.

MODELO: Todos los días como comida chatarra porque no sé cocinar. →
Es necesario que aprendas a cocinar. /
Es importante que comas comidas más saludables. /
Es mejor que no comas tanta comida chatarra.

1. Siempre quiero hacer la tarea rápidamente y por eso no la hago bien.
2. Hace meses que no veo a mis padres. ¡Los extraño mucho!
3. Estoy muy cansado/a porque solo duermo cinco horas al día.
4. Siempre estoy muy nervioso/a.
5. Mi mejor amigo/a y yo nos peleamos, pero para mí es muy importante nuestra amistad.
6. No me gusta mi especialidad en la universidad.

Vocabulario

comer comidas más saludables
considerar otras posibilidades
controlar el estrés
dormir ocho horas diariamente
hablar con él / ella
hablan con un(a) terapista/consejero/a
pedirse disculpas
tener más paciencia
usar Zoom para reunirse con más frecuencia
visitar a la familia con frecuencia

¿Recuerdas?

En el **Capítulo 12 (Gramática 12.1)** aprendiste algunas expresiones que requieren la forma del subjuntivo. Puedes usar algunas de esas expresiones aquí: **espero que, le aconsejo que, le recomiendo que, le sugiero que,** etcétera.

Actividad 8 Recomendaciones sabias

Conversa con tu compañero/a.

1. ¿Qué le aconsejas a un estudiante que no tiene dinero para comprar los libros para sus clases, pero va a comprar un carro nuevo?
2. ¿Qué le recomiendas a una estudiante de dieciocho años que quiere casarse en vez de seguir sus estudios? ¿Por qué le das esa recomendación?
3. ¿Qué le sugieres a un amigo que quiere dejar de fumar?
4. Tienes una amiga que maneja muy rápido y no escucha consejos. ¿Qué le dices?
5. Un profesor está enojado porque sus estudiantes no asisten regularmente a sus clases en línea ¿Qué le recomiendas al profesor?
6. Un amigo ya tiene seis hijas, pero quiere un varón. ¿Qué le aconsejas? ¿Por qué?

Glowimages/SuperStock

¿Qué le aconsejas a un amigo / a una amiga que quiere casarse muy joven?

Hablando de los consejos

LOS REFRANES

Todos los idiomas tienen refranes. Estas expresiones populares reflejan una actitud humana hacia la vida; a la vez reflejan la historia y las tradiciones de las culturas que las usan. Muchas de estas expresiones provienen de la literatura y del folclor y forman parte de la tradición oral de cada país. Algunos refranes provienen de las culturas indígenas; por ejemplo, «estar de buena o mala luna» significa sentirse bien o mal. Hay dichos[a] que pueden ser muy útiles porque ofrecen algún tipo de consejo sobre cómo superar nuestros problemas. Aquí hay unos ejemplos. Mientras los lees, piensa en qué otros refranes usas tú para situaciones similares.

Perro que ladra no muerde.

El martes ni te cases ni te embarques.

«Más vale solo/a que mal acompañado/a.» Es mejor estar solo/a que tener amigos malos.

«Hay que consultarlo con la almohada.» Es necesario que lo pienses bien. Siempre es mejor que consideres las decisiones importantes con calma, después de dormir bien.

«Perro que ladra[b] no muerde[c].» Esto se dice de alguien que siempre *amenaza con*[d] hacer algo serio, pero no lo hace; es decir, que habla más de lo que hace.

«Más vale[e] pájaro en mano que cientos volando.» Lo más seguro es lo que tienes ahora; no importa que sea poco. Debemos estar contentos con lo que tenemos.

«El martes ni te cases ni te embarques[f]». El martes es un día de mala suerte, como el viernes trece en Estados Unidos. No hagas nada importante ese día.

«Más sabe el diablo[g] por viejo[h] que por diablo.» Uno aprende mucho simplemente por vivir una larga vida; es decir, hay que escuchar los consejos de las personas mayores porque tienen mucha experiencia del mundo.

«Entre más tienes, más quieres.» Este refrán te aconseja que no vivas solo para acumular *riqueza,*[i] pues la ambición puede convertirse en una adicción destructiva.

«Al pan, pan y al vino, vino.» Se usa cuando una persona expresa su opinión abiertamente; o sea que dice la verdad con honestidad.

Como puedes ver, los refranes no solo nos ofrecen consejos; también pueden ser humorísticos y nos hacen reír. ¡Sin duda animan las conversaciones.!

[a]*sayings* [b]*barks* [c]*bites* [d]amenaza... *threatens to* [e]*is worth* [f]*embark* (*on a journey*) [g]*devil* [h]por... porque es viejo [i]*wealth*

La crianza

Lee *Gramática* 13.4

¿Te portabas bien de niño/a? ¿Eras obediente?

1. El hijo mayor de Ángela manejó el coche de la familia sin permiso y... ¡perdió la llave del coche!

2. Ángela ha buscado la llave por todas partes, pero no la encuentra.

3. Ángela descansaba en el patio cuando escuchó gritos. Entró a la casa y vio que sus hijos se golpeaban. Ángela los separó y los castigó.

4. Julia quería hablar con su hija Rachel, pero la niña recibió un post de su amiga y no quiso conversar con su mamá.

¡Estábamos muy preocupados!

5. Franklin nunca se portaba mal. Solo una vez desobedeció a sus padres. Estaba caminando a casa y sus amigos lo invitaron a jugar al béisbol. Regresó muy tarde a casa.

¿Puedo entrar, por favor? ¡Necesito usar el baño!
¡Un momentito, Antonella! Casi termino y entonces puedes usarlo.

6. Antonella necesitaba usar el baño, pero había alguien usándolo. Tocó a la puerta y preguntó si podía entrar. Entonces escuchó la voz de su hermana desde adentro...

¡Déjame copiar tu tarea! ¡No seas mala amiga!

7. De adolescente, Camila tenía una amiga, Gisela. Un día, cuando estaban estudiando juntas, Gisela empezó a hostigar a Camila y continuó hostigándola todo el año.

Gramática *The Present- and Past-Tense Forms of* haber

These are the present- and past-tense forms of the verb **haber.** Note that **hubo** and **había,** like **hay,** are always singular when meaning *there was/were*, even when referring to multiple people or objects.

hay = there is, there are

Hay treinta primos en su familia. — *There are thirty cousins in his family.*

hubo = there was, there were (*completed event*)

Hubo una pelea en la universidad la semana pasada. — *There was a fight at the university last week.*

había = there was, there were (*descriptive past*)

Había muchas personas en la fiesta cuando llegamos. — *There were many people at the party when we arrived.*

Actividad 9 Tu crianza

A. ¿Asocias estos comentarios con tu niñez/adolescencia? Indica **sí** o **no.**

	SÍ	NO
1. A veces peleaba con mis hermanos cuando usaban mi bicicleta.	☐	☐
2. Mis padres me obligaban a comer comidas saludables.	☐	☐
3. Me portaba mal en la escuela y a veces los maestros me castigaban.	☐	☐
4. A veces texteaba a mis amigos mientras cenaba.	☐	☐
5. Mis padres me castigaban cuando yo los desobedecía.	☐	☐
6. Sufría el abuso de chicos mayores que yo; me hostigaban mucho.	☐	☐

B. Conversa con tu compañero/a sobre lo que hacían tus padres cuando eras niño/a o adolescente.

1. ¿Te permitían usar el teléfono durante la cena?
2. ¿Te regañaban cuando desobedecías?
3. ¿Te ayudaban con la tarea cuando no comprendías algo?
4. ¿Te compraban libros? ¿Te llevaban a la biblioteca pública a menudo?
5. ¿Cómo eran tus padres? ¿Pasaban tiempo contigo jugando, conversando y haciendo varias actividades?
6. ¿Te daban pequeños premios cuando sacabas buenas notas?

CULTURES C

Cultura *La quinceañera*

En la cultura hispana, la celebración más importante para las muchachas es la fiesta de los quince años, que también se conoce como «la fiesta rosa». Este festejo representa la transición entre la vida de una niña y el mundo de una mujer. La muchacha que celebra su cumpleaños es **la quinceañera** y lleva un elegante vestido blanco o color de rosa. La chica va acompañada de catorce amigas, que son sus **damas,** y catorce muchachos, que son los **chambelanes.** El padre de la quinceañera baila el primer vals con su hija, presentándola así en la sociedad. La música sigue hasta tarde en la noche, y siempre hay mucha comida rica y muchos regalos para la quinceañera.

Corbis Super/Image Source/Alamy Stock Photo

La fiesta de los quince años es una celebración importante para muchas jovencitas hispanas.

Actividad 10 Los buenos modales

Escucha a tu profesor(a) mientras describe los siguientes dibujos. Indica el dibujo que corresponde a cada descripción.

1.

2.

3.

4.

5.

6.

¡CUIDA TU MUNDO!

Ekaterina Simonova/Shutterstock

En la República Dominicana, el río Yaque del Norte pasa por el Valle Cibao y la ciudad de Santiago. Es el río más largo del país. Sus aguas riegan[a] el arroz, la caña de azúcar, el plátano y el tabaco del Valle Cibao. Mucha gente se ha quejado del abandono en que el gobierno tiene este importante recurso natural que se está muriendo debido a causa de la contaminación. Para lograr la atención del gobierno, varias juntas de vecinos y organizaciones comunitarias han formado un comité de defensa del río. Con la participación de estos grupos se ha empezado a limpiar la cuenca[b] del río. Pero los grupos han ido más lejos, insistiendo en que los negocios causantes de la contaminación cambien sus prácticas contaminantes.

[a]*water* [b]*basin*

Actividad 11 Una experiencia de la niñez

Franklin y sus padres fueron a la playa. Cuando él nadaba en el mar, tuvo una bonita experiencia. Con tu compañero/a, usa los dibujos para poner la narración en orden lógico.

_______ Rápidamente recogieron sus cosas y corrieron a su carro bajo la lluvia.

_______ Era un día muy bonito. Franklin nadaba en el mar cuando encontró una estrella de mar.

_______ Franklin la tocó, la observó, y luego la devolvió al mar.

_______ En ese momento llovía muchísimo y todos estaban empapados.

_______ Más tarde, cuando estaba sentado en la arena con sus padres, quería verla otra vez.

_______ En ese tiempo, Franklin siempre iba a la playa los fines de semana.

_______ En el carro, Franklin estaba triste porque pensaba en su amiga, la estrella, y quería verla otra vez.

_______ La hermosa criatura marina era grande y ¡estaba viva!

_______ Cuando Franklin era niño, vivía en Quebradillas con sus padres y su hermanita.

_______ No pudo porque de pronto ¡empezó a llover!

Gramática *Verbs of Volition*

In **Gramática 12.1,** you learned a few expressions of volition, which require the subjunctive: **aconsejar que, querer que, recomendar que, pedir que,** and **sugerir que.** Here are some similar verbs. You can use some of them in this activity.

dejar que	*to allow* (*to*)
desear que	*to desire/wish* (*that*)
exigir que	*to demand* (*that*)
mandar que	*to command* (*that*)
permitir que	*to permit* (*to*)
prohibir que	*to forbid* (*from*)
rogar (ue) que	*to beg/plead* (*to*)

Actividad 12 El comportamiento

¿Qué dirías en las siguientes situaciones?

MODELO: Tu hijo/a adolescente ha peleado con su hermanito varias veces esta semana. →

«Tu hermanito es mucho más pequeño que tú.» «Quiero que seas más paciente con él, por favor.»

A. Tu hijo/a tiene cuatro años y...

1. no quiere jugar con el hijo / la hija de un amigo tuyo que ha llegado de visita.
2. te ha preguntado si de veras existe Papá Noel (Santa Claus).
3. no quiere bañarse; siempre grita y corre por toda la casa a la hora del baño.
4. llora cuando no lo/la dejas mirar la televisión.
5. siempre quiere dormir contigo.

B. Tu hijo/a adolescente...

6. se ha enamorado de un(a) chico/a que no es buen(a) estudiante.
7. pasa entre cinco y seis horas al día en las redes sociales (texteando, mirando Instagram y haciendo TikTok).
8. se ha hecho un pequeño tatuaje de su grupo musical favorito en el pecho. Ahora quiere hacerse varios tatuajes más.
9. últimamente se ha negado a cooperar con los quehaceres de la casa. Nunca limpia su cuarto.
10. se porta mal en la escuela; recientemente ha estado hostigando a chicos menores que él/ella.

fizkes/Shutterstock

Exprésate

ESCRÍBELO TÚ

Un evento inolvidable

Narra un evento inolvidable de tu pasado. Puede ser una fiesta, una celebración, un incidente, etcétera. Usa estos pasos para guiarte.

1. Describe la escena: el momento, el lugar y lo que estaba pasando.
2. Cuenta lo que pasó de **pronto** (*suddenly*).
3. Continúa la narración.
4. Narra el resultado e incluye un final.

Mira el modelo. Es la narración de una experiencia que tuvo Franklin una tarde cuando regresaba a casa en autobús. Las formas de los verbos se identifican entre paréntesis (pretérito: *P* o imperfecto: *I*).

MODELO: Una tarde (yo) **estaba esperando** (*I*) el autobús para ir a casa. A veces uso el transporte público cuando no quiero manejar. Esa tarde **llovía** (*I*) mucho y yo **me sentía** (*I*) cansado después de un día difícil en el trabajo. Entonces **vi** (*P*) a mi amigo Radamés que **pasaba** (*I*) en su carro. Lo **saludé** (*P*) y él me **saludó** (*P*) también, pero **no paró** (*P*). El autobús **llegó** (*P*), **me subí** (*P*) y **noté** (*P*) que **estaba** (*I*) lleno de gente; muchas personas **iban (*I*) de pie.**[a] Por fin **llegamos** (*P*) a mi parada de autobús. **Me bajé** (*P*) y **caminé** (*P*) a casa. La casa **estaba** (*I*) totalmente oscura, como siempre. Pero entonces, cuando **abrí** (*P*) la puerta, Estefanía y todos mis amigos **me gritaron** (*P*): «¡Feliz cumpleaños, Franklin!» ¿Y sabes quién **estaba** (*I*) allí también? ¡Mi amigo Radamés! Después de todo, **resultó**[b] (*P*) ser un día maravilloso y una experiencia inolvidable.

Consulta el *Cuaderno de actividades* o Connect para escribir tu ensayo.

[a]iban... *were standing* [b]*it turned out*

CUÉNTANOS

Tu pariente menos favorito

Cuéntanos sobre un pariente con quien no te llevas bien. ¿Cuál es el parentesco entre ustedes? ¿Cómo se llama esta persona? ¿Dónde vive? ¿Cuántos años tiene? ¿Cómo es? ¿Por qué no se llevan bien ustedes?

MODELO: No me llevo nada bien con mi tío John. Él vive en Houston y es bombero. Mi tío tiene cuarenta y ocho años; habla mucho y tiene opiniones muy fuertes. No nos llevamos bien porque siempre me da consejos que no quiero. Él cree que sabe manejar mi vida mucho mejor que yo. Siempre hace comentarios negativos sobre mi ropa, mis amigos, mis notas en la escuela, en fin, sobre todo. Afortunadamente solo veo al tío John una vez al año, en Navidad.

Cultura

Mundopedia

Los festivales dominicanos

La República Dominicana **cuenta con** una gran cantidad de atractivos culturales y muchos de ellos se presentan en forma de festival. Los festivales más importantes de la República Dominicana celebran la música jazz, el teatro, la danza, el cine, el arte, la fotografía, la cocina caribeña, el café y los libros, ¡con una multitud de eventos culturales!

Erika Santelices/AFP/Getty Images

Evento musical en la Feria Internacional del Libro de Santo Domingo

EL JAZZ, EL TEATRO Y LA DANZA

El Festival de Jazz de República Dominicana es un evento lleno de ritmo, sabor y color que se celebra cada año en el pueblo de Sosúa, junto al mar. Para las personas apasionadas por el teatro, la capital dominicana ofrece el Festival Internacional de Teatro de Santo Domingo. En este evento se presentan obras, grupos, directores y actores nacionales e internacionales. Finalmente, los que aman la danza tienen el Festival Edanco, en el Palacio de Bellas Artes de Santo Domingo donde **se lucen** los bailarines del país y de todo el mundo.

EL CINE, LAS ARTES VISUALES Y LA FOTOGRAFÍA

Las artes visuales tienen un lugar importante entre todas las celebraciones dominicanas. En Santo Domingo se celebra, por ejemplo, el Festival Internacional de Cine Fine Arts, que **fomenta** la creación **cinematográfica** en toda la región del Caribe. Otra celebración de películas caribeñas es el Festival de Cine Global Dominicano, que se enfoca tanto en el cine documental como en el dramático. La feria internacional de arte Artforo en el Palacio de Bellas Artes tiene como objetivo desarrollar e impulsar el arte y la cultura en el país. Otro evento importante es Photoimagen, el festival de fotografía más grande del país. Está enfocado en la investigación y el fomento de la fotografía contemporánea.

Vocabulario de consulta

cuenta con	**tiene**
se lucen	shine (*fig.*)
fomenta	promotes, fosters
cinematográfica	film (*adj.*)
desarrollar	develop
impulsar	boost
promueve	promote

LA COCINA CARIBEÑA Y EL CAFÉ

Entre todos los eventos sobre el arte culinario de la República Dominicana, se destaca Taste Santo Domingo, en el cual se pueden observar deliciosas presentaciones de la cocina dominicana y saborear platos exquisitos preparados por chefs nacionales e internacionales. El café también tiene su celebración especial, el Festicafé, un evento de café orgánico que se celebra en Polo, una comunidad en medio de la Sierra de Bahoruco.

LA CELEBRACIÓN DE LOS LIBROS

Uno de los festejos públicos más importantes del Caribe es la Feria Internacional del Libro de Santo Domingo, que se celebra todos los años y tiene lugar en la Plaza de la Cultura Juan Pablo Duarte. Esta feria **promueve** los libros, la literatura y el placer de leer, y también ofrece una gran variedad de programas culturales con el objetivo de fomentar la lectura y la cultura del país.

La República Dominicana es el país ideal para aquellos que quieran disfrutar de una gran variedad de formas culturales como el cine, el teatro y los libros. Los festivales dominicanos ofrecen de todo para todos.

COMPRENSIÓN

Contesta las preguntas.

1. ¿Dónde tiene lugar el Festival de Jazz de República Dominicana?
2. ¿Qué se presenta en el Festival Internacional de Teatro de Santo Domingo?
3. ¿Qué tipo de arte fomenta el Festival Internacional de Cine Fine Arts?
4. ¿Por qué es importante Photoimagen?
5. ¿Qué festival celebra el arte culinario?
6. ¿Qué es el Festicafé y dónde tiene lugar?

Palabras regionales			
Puerto Rico		La República Dominicana	
un coco	un enamoramiento, una fuerte atracción	un chin	un poquito
comer jobo	no asistir a clases	un fracatón	una gran cantidad de algo
un jaleo	un dolor de estómago	¡Guay!	¡Caramba!, Wow!
maceta	tacaño/a	un rebú	una pelea entre varias personas

DEA/V. GIANNELLA/DeAgostini/Getty Images

Pintura rupestre de los taínos, Cueva de José María

CONEXIÓN CULTURAL

PUERTO RICO, EN BUSCA DE IDENTIDAD

La relación de Puerto Rico con Estados Unidos es compleja. Desde 1952, Puerto Rico es un **estado libre asociado** (*Commonwealth*) de este país y es la única nación hispana que tiene esta designación política. Los puertorriqueños tienen los privilegios de los ciudadanos estadounidenses, pero no tienen representación de voto en las elecciones federales. En cambio, sí pueden **alistarse** (*enlist*) en el ejército y, de hecho, los puertorriqueños han participado en todas las guerras de Estados Unidos desde 1898. Esta situación peculiar de Puerto Rico es motivo de debate y conflicto en la isla caribeña. Para entender mejor este debate, lee la lectura «Puerto Rico: en busca de identidad» en el *Cuaderno de actividades* o en Connect.

EL MENSAJE DE YARIA Episodio 13: En el Jardín Botánico

Yaria y Alex visitan hoy el Jardín Botánico de Santo Domingo.
Alex, todavía no entiendo por qué he recibido *yo* el mensaje de los taínos. No hay nada especial en mi vida...
¿Estás segura? Debe haber algo en tu historia familiar...
La mía es una historia típica, Alex. Nací en esta ciudad y siempre he vivido aquí con mis padres. A propósito, Maray me ha hablado un poco de su crianza...
Maray me dijo que lo que más le gustaba cuando era niña era la festividad del areito. Siempre había danza, alegría y mucha comida en la tribu...
Sí, me imagino lo emocionante que debía ser el areito para los niños.
Mira qué linda ceiba, un árbol que tenía significado espiritual para los taínos. Oye, pero volvamos al tema de tu familia...
Sí, ¡qué hermoso árbol! Bueno, pues mi hermana y yo peleábamos a veces cuando éramos niñas. Pero ahora, la verdad es que en casa todos nos llevamos bastante bien. Como ya te dije, es una historia típica.
Yaria, creo que sí hay algo muy especial en tu vida: tus genes taínos.
¿Mis genes taínos? ¡Pero si solo tengo el ocho por ciento!
Suficiente, quizás...

Videoteca

Amigos sin Fronteras

Episodio 13: ¡Que vivan los novios!

Klic Video Productions/McGraw Hill; Magdalena Andrade

Klic Video Productions/McGraw Hill

Klic Video Productions/McGraw Hill

Resumen

Franklin y Radamés están en un café, conversando sobre los planes de boda de Franklin y Estefanía. Luego, Claudia y Nayeli se encuentran con ellos en el café. Nayeli los invita a su casa para mostrarles unas fotos de la boda de su tía Margarita y les cuenta una anécdota chistosa de esta tía. Resulta que (*It turns out that*) Margarita llegó a la iglesia el día de la boda, esperó y esperó, ¡pero el novio no apareció!

Mi país PUERTO RICO Y LA REPÚBLICA DOMINICANA

Resumen

Franklin nos habla de su país, Puerto Rico y de la República Dominicana. Presenta lugares hermosos de la isla: el Viejo San Juan, el Museo del Deporte, el Morro y el bosque lluvioso El Yunque. En Santo Domingo nos muestra bellos edificios y una estatua de Colón en el Centro Histórico y habla de las playas hermosas de la isla.

El Fuerte de San Felipe del Morro, Puerto Rico

Glowimages/age fotostock

La catarata de La Mina en el Parque Nacional el Yunque, Puerto Rico

Photodisc/Medioimages/Getty Images

Los actores hablan

Klic Video Productions/McGraw Hill

Preguntas

¿Hacías travesuras de niño/a?

De niño/a ¿te llevabas bien con tus hermanos? ¿Qué hacían juntos de niños? ¿Qué hacen juntos ahora que son mayores?

Gramática

13.1 Describing: **ser** and **estar**

Marcela Arellano **es** una mujer muy activa. Por la mañana hizo mucho ejercicio y ahora **está** muy cansada.

¿Recuerdas?

¿Recuerdas los usos de **estar** que ya aprendiste? Repasa:

estar = *to be* (transitory state and location)

¿Cómo está…? *How is* (*someone*) *feeling/doing?*

¿Dónde está…? *Where is* (*a person or thing*)*?*

¿Recuerdas?

¿Recuerdas los usos de **ser** que ya aprendiste? Repasa las secciones de **Gramática 1.1, 2.4** y **3.1 D.**

ser = *to be* (inherent quality)

¿Quién es…? *Who is…?*

¿De dónde es…? *Where is* (*someone/something*) *from?*

¿Dónde es…? *Where is* (*an event*)*?*

¿Cómo es…? *What is* (*someone/something*) *like?*

¿De quién es…? *Whose is* (*this*)*…?*

A. To identify someone or something, use the verb **ser** followed by a noun.

—¿Quién **es** ese **muchacho**?	*Who is that boy?*
—**Es Guillermo,** el hermano de Estefanía.	*That's Guillermo, Estefanía's brother.*
—Este **vestido es** muy hermoso.	*This dress is very beautiful.*
—Sí, **es** el **vestido de novia** que llevó mi abuelita.	*Yes, it's the wedding dress that my grandmother wore.*

la capilla

B. Use the verb **ser** to tell the location of an event.

—¿Dónde va a **ser** la ceremonia?	*Where is the ceremony going to be* (*held*)*?*
—(**Va a ser**) En la capilla.	(*It is going to be*) *In the chapel.*
—¿Dónde **es** la recepción?	*Where is the reception* (*going to be* [*held*])*?*
—(**Es**) En un salón del hotel.	(*It is*) *In a hall at the hotel.*

C. The verb **ser** is used to tell the date, the month, the day, and the hour.

Hoy **es** el veintiuno de junio. — *Today is June 21.*

Son las doce de la noche pero no tengo sueño todavía. — *It's 12:00 a.m. but I'm not sleepy yet.*

D. Impersonal expressions also take **ser.**

Es importante que los recién casados tengan una luna de miel inolvidable. — *It is important for the newlyweds to have an unforgettable honeymoon.*

Es mejor que te acuestes temprano. — *It is better for you to go to bed early.*

E. Use the verb **estar** to give the location of people or things.

—¿Dónde **está** el novio? — *Where is the groom?*

—Creo que **está** en el baño. — *I think he is in the bathroom.*

F. To form the progressive tenses, use **estar** with a present participle.

—¿Qué **estaban haciendo** el padrino y la madrina?

—**Estaban saludando** a los invitados que llegaban.

What were the best man and maid of honor doing?

They were greeting the guests who were arriving.

G. Although **ser** and **estar** are both used with adjectives to describe nouns, they are used in different situations. An adjective with **ser** tells what someone or something is like, emphasizing identification or inherent characteristics. An adjective with **estar** describes the condition of someone or something at a particular moment.

La novia **es** muy hermosa. **Es** alta, de pelo negro y **es** joven. — *The bride is very beautiful. She is tall, has black hair, and is young.*

La boda empieza en dos horas y la novia **está** un poco nerviosa. — *The wedding starts in two hours, and the bride is a little nervous.*

¡Qué pena! No recibí la nota que esperaba.

Eloy Ramírez **es** un joven muy feliz. Pero hoy **está** deprimido porque no salió muy bien en un examen.

Eloy Ramírez is a very happy young man. But today he is depressed because he didn't do well on an exam.

By using **estar** with an adjective usually associated with **ser,** we can emphasize how something is or looks *right now,* rather than how it is normally. Thus, the choice between **ser** + *adjective* and **estar** + *adjective* emphasizes the difference between the norm and variation from the norm.

Te aseguro que **generalmente** el mar aquí **es** tranquilo y limpio y las olas **son** pequeñas. Pero **hoy está** todo muy feo. Las olas **están** muy grandes y el mar **está** sucio por la tormenta de anoche. — *I assure you that the ocean here is usually calm and clear, and the waves are small. But today everything is very ugly. The waves are very large, and the ocean is dirty due to last night's storm.*

Because the choice between **ser** and **estar** with an adjective clarifies something as being typical or atypical (or especially true for a particular situation), notice how you can convey different meanings even when using the same adjective.

es bonito/a	*is pretty*	**está** bonito/a	*looks pretty*
es amable	*is nice*	**está** amable	*is being (acting) nice*
es nervioso/a	*is a nervous person*	**está** nervioso/a	*is nervous now*

La novia **es bonita** y es muy parecida a su madre. — *The bride is pretty, and she looks a lot like her mother.*

¿Viste entrar a la novia? **Está** muy **bonita** con ese vestido elegante. — *Did you see the bride come in? She looks very pretty in that elegant dress.* (Here **estar** implies that she looks especially pretty right now.)

In a few cases, the meaning of the adjective is quite different depending on whether it is used with **ser** or **estar.**

es aburrido/a	*is boring*	**está** aburrido/a	*is bored*
es listo/a	*is clever*	**está** listo/a	*is ready*
es verde	*is green*	**está** verde	*looks green; is unripe*

—¿Por qué no te gusta la clase? ¿**Es aburrido** el profesor? — *Why don't you like the class? Is the professor boring?*

—No, él es buen profesor. Pero no me interesa mucho la estadística y por eso siempre **estoy aburrida** en su clase. — *No, he's a good teacher. But I'm not very interested in statistics and so I'm always bored in his class.*

Ser

Identification: **ser** + noun

Es abogado. / Son los padres de Franklin.

Description: **ser** + adjective

Soy entusiasta. / Eran ricos.

Location of an event: **ser** + location

¿Dónde es la conferencia? / Los conciertos son en la Peña Cultural.

Estar

The progressive: **estar** + present participle (-ando/-iendo)

Estoy mirando mis fotos de instagram. / A las cinco estaban nadando.

Description of current condition: **estar** + adjective

¿Estás triste? / Estaban enojados.

Location of someone or something: **estar** + location

¿Dónde está la universidad? / Mis hijos están en casa de sus abuelos.

Note the difference between **ser** and **estar** in the following cases.

ser	estar
Identification Es hombre.	*Present Progressive* Está comiendo.
Description of Norm Es bonita.	*Description of State* Está enferma.
Location of Event El baile es aquí.	*Location of People, Things* El muchacho está aquí.

Ejercicio 1

Indica el verbo que mejor completa cada oración.

1. La fiesta va a **ser / estar** en el parque.
2. ¡Mira! Eloy y Fátima **son / están** en la tienda de la esquina.
3. Nunca compro la ropa de esa tienda porque **es / está** muy cara.
4. ¿Los chicos que **son / están** jugando en el jardín? **Son / Están** mis primos.
5. **Somos / Estamos** muy cansados. Hicimos mil cosas hoy.
6. Trabajé en la oficina hasta las diez de la noche ayer. **Soy / Estoy** bastante trabajador/a, ¡pero eso es demasiado!

Ejercicio 2

¿Ser o **estar?** Lee el contexto con mucho cuidado y luego completa las oraciones con la forma correcta del presente de **ser** o **estar. OJO:** Usa el imperfecto en la segunda oración del número 5.

1. Antonella _______ muy aburrida porque esta película _______ aburridísima. ¡Prefiere estudiar!
2. —¿Tienes hambre? Come una de esas manzanas.

   —¡Ay, no! Esas _______ manzanas rojas pero todavía _______ verdes. No quiero enfermarme.
3. —Mira: allí van Omar y Marcela. Es su aniversario de boda y _______ saliendo de su casa para ir a cenar.

   —Ah, ¿sí? Por eso _______ tan guapos ahora con esa ropa elegante.
4. —¿Por qué _______ (tú) tan nervioso hoy?

   —¡Porque _______ nervioso! He sido así desde niño; es mi personalidad.
5. —Las olas de esta playa _______ muy pequeñas. Por eso nunca surfeo aquí.

   —Pues, ¡no las viste ayer durante la tormenta! _______ (*imperfect*) muy grandes.
6. Los estudiantes _______ muy listos, pero hoy todavía no _______ listos para el examen final; necesitan estudiar más.

13.2 Informal Commands

A. Singular informal commands are given to people you address with **tú** rather than **usted,** such as your classmates or close friends.

Sebastián, **trae** algunas bebidas para la fiesta. — *Sebastián, bring some drinks for the party.*

Lucía, no **escribas** el mensaje ahora, por favor. — *Lucía, don't write the message now, please.*

¿Recuerdas?

Polite commands are used to give a direct order to someone you address with **usted.** The forms of the polite commands were introduced in **Gramática 11.3.** The forms are the same as the **usted** form of the present subjunctive (see **Gramática 12.1**). Remember that **-ar** verbs take **-e** endings and **-er**/**-ir** verbs take **-a** endings.

comprar → compre usted
vender → venda usted
asistir → asista usted

B. If the singular familiar command is affirmative, it is identical to the **él/ella** (third person) form of the present indicative.

Fátima, **busca** las palabras en el diccionario y después **escribe** las definiciones. — *Fátima, look up the words in the dictionary and then write down the definitions.*

Sebastián, **come** temprano porque después vamos al cine. — *Sebastián, eat early because afterward we're going to the movies.*

C. If the familiar command is negative, it is identical to the present subjunctive **tú** form.

Negative **tú** commands = present subjunctive **tú** form	
hablar	**no hables (tú)**
comer	**no comas (tú)**
servir	**no sirvas (tú)**
venir	**no vengas (tú)**

No hables con su hermano; habla con su papá. — *Don't talk to his brother; talk to his father.*

No comas tanto, Carlitos, y come más despacio. — *Don't eat so much, Carlitos, and eat more slowly.*

D. Here is the summary of the singular familiar command forms.

-ar VERBS		**-er/-ir VERBS**	
***Affirmative:* -a**	***Negative:* -es**	***Affirmative:* -e**	***Negative:* -as**
habla	no hables	come	no comas
piensa	no pienses	escribe	no escribas
estudia	no estudies	pide	no pidas

E. Some verbs have an irregular familiar *affirmative* command form; however, in the *negative*, they continue to be identical to the present subjunctive **tú** form.

IRREGULAR FAMILIAR COMMANDS (tú)		
Infinitive	***Affirmative* (+)**	***Negative* (−)**
decir	di	no digas
hacer	haz	no hagas
ir	ve	no vayas
poner	pon	no pongas
salir	sal	no salgas
ser	sé	no seas
tener	ten	no tengas
venir	ven	no vengas

Ven ahora; **no vengas** mañana. — *Come now; don't come tomorrow.*

Ponlo en tu cuarto; **no** lo **pongas** en la cocina. — *Put it in your room; don't put it in the kitchen.*

Dime la verdad; **no** me **digas** mentiras. — *Tell me the truth; don't tell me lies.*

F. Affirmative **vosotros/as** commands are derived from the infinitive by simply changing the final **-r** to **-d.** Like negative familiar commands, negative **vosotros/as** commands are identical to the present subjunctive **vosotros/as** form.

Infinitive	**vosotros/as (+)**	**vosotros/as (−)**
hablar	habla**d**	no habl**éis**
comer	come**d**	no com**áis**
escribir	escribi**d**	no escrib**áis**
decir	deci**d**	no dig**áis**
ir	i**d**	no vay**áis**
venir	veni**d**	no veng**áis**

G. Here is a summary of the polite and familiar command forms. Note that with the exception of the affirmative **tú** and **vosotros/as** commands, all commands use subjunctive forms.

SUMMARY OF COMMAND FORMS*				
usted(es)	**tú (−)**	**tú (+)**	**vosotros/as (−)**	**vosotros/as (+)**
(no) habl**e(n)**	no habl**es**	habl**a**	no habl**éis**	habla**d**
(no) com**a(n)**	no com**as**	com**e**	no com**áis**	come**d**
(no) escrib**a(n)**	no escrib**as**	escrib**e**	no escrib**áis**	escribi**d**
(no) dig**a(n)**	no dig**as**	**di**	no dig**áis**	deci**d**
(no) pong**a(n)**	no pong**as**	**pon**	no pong**áis**	pone**d**

*Affirmative **vos** commands drop the **-r** of the infinitive and add an accent to the last vowel: **hablá vos, comé vos, escribí vos, decí vos, vení vos.** Negative **vos** commands are the same as the **tú** subjunctive forms, but these too add an accent to the last vowel: **no hablés vos, no comás vos, no escribás vos, no digás vos, no vengás vos.**

Ejercicio 3

Estas son algunas de las órdenes que Marcela le dio a su hijo Carlitos durante el día. Complétalas con el mandato correcto de la lista.

acuéstate	**bájate**	**habla**	**lee**	**sal**	**ve**
apaga	**dile**	**haz**	**levántate**	**ten**	**ven**

1. _______ rápido porque vas a llegar tarde a la escuela.
2. _______ conmigo a tu cuarto ahora.
3. _______ cuidado al cruzar la calle.
4. _______ de la casa por un ratito.
5. _______ de ese árbol ahora mismo.
6. _______ con tu papá si quieres una bicicleta nueva.
7. _______ en tu cama y _______ la luz.
8. _______ adiós a tu abuelita.
9. _______ a la sala, donde está tu primo, y _______ uno de tus libros.
10. _______ la tarea ahora y luego puedes mirar la televisión.

¿Recuerdas?

Remember that object pronouns and reflexive pronouns are attached to the end of affirmative commands, but are placed before negative commands.

No lo hagas hoy; haz**lo** mañana.

Don't do it today; do it tomorrow.

Pon**te** un abrigo; **no te** pongas solo un suéter.

Put on a coat; don't put on just a sweater.

Ejercicio 4

Pon los infinitivos en la forma de mandato **(tú/usted)** apropiada para el contexto.

MODELO: Carlitos le habla a su papá.
«Ay, papá, no **(servirme)** más fruta; mejor **(darme)** postre.»
«Ay, papá, no *me sirvas* más fruta; mejor *dame* postre.»

1. El cliente le habla al mesero en un restaurante.

   « _______ **(Traerme)** el postre, por favor. No _______ **(darme)** la cuenta ahora.»

2. La clienta y el dependiente conversan en una tienda.

   CLIENTA: _______ **(Mostrarme)** ese suéter, por favor. ¿Cuánto cuesta?

   DEPENDIENTE: Cuesta mil pesos, señorita.

   CLIENTA: ¡No _______ **(decirme)**!

3. La mamá le habla al hijo.

   «Un momentito. _______ **(Esperarme)** aquí. No _______ **(irse)** a tu cuarto.»

4. Dos nuevos amigos conversan.

   «_______ **(Escribirme)** tu número de teléfono, por favor. No **(dictármelo)**.»

5. El esposo le habla a la esposa.

   «_______ **(Mirar)** mi nueva tableta. ¡No _______ **(decirme)** que gasté demasiado dinero!»

6. Estefanía le habla a su novio, Franklin.

   «Ay, Franklin, no _______ **(comprar)** dulces; mejor _______ **(comer)** fruta.»

13.3 More Uses of the Subjunctive (Part 1)

A. To form the indirect command *let/have someone else do it,* omit the initial verb of the softened command and start the sentence with **que.**

Quiero que manejen con cuidado.	*I want them to drive carefully.*
¡**Que manejen** con cuidado!	*Have them drive carefully!*
Sugiero que lo termine Jorge.	*I suggest that Jorge finish it.*
¡**Que lo termine** Jorge!	*Have/Let Jorge finish it!*

You can also use this form to express good wishes (*May you/he/she . . .*). As before, the initial verb is omitted. For example, you might say the following to a sick person.

Espero que te mejores pronto.	*I hope you get well soon.*
¡**Que te mejores** pronto!	(*May you*) *Get well soon!*

Here are other common good wishes. Note the different endings depending on whom you are addressing (**tú, usted,** or **ustedes**).

¡**Que tengas** buen viaje!	*Have a good* (*safe*) *trip!*
¡**Que pasen** buenas noches!	*Have a nice evening!*
¡**Que pase** un buen día!	*Have a nice day!*
¡**Que duermas** bien!	*Sleep well!*
¡**Que vuelvan** pronto!	*Come back soon!*
¡**Que tengas** buena suerte!	*Good luck to you!*
¡**Que te/le/les vaya** bien!	*I hope everything goes well for you!*

B. The word **ojalá** derives from an Arabic expression, adopted into Spanish in the 15th century, that means *If Allah would grant it . . .* Today the expression **Ojalá (que)...** means *I hope (that) . . .* It is used with the present subjunctive.

Ojalá (que) no llueva.	*I hope* (*that*) *it doesn't rain.*
Ojalá (que) ella me quiera.	*I hope* (*that*) *she loves me.*

C. To express *Let's* (*do some activity*) in Spanish, use the first-person plural of the present subjunctive.

Preparemos la cena ahora.	*Let's fix dinner now.*
No pongamos música clásica.	*Let's not put on classical music.*

With the verb **ir,** the present indicative **(vamos)** is used to express *let's go* and the present subjunctive is used to express the negative **(no vayamos)**.

No vayamos a la conferencia hoy.	*Let's not go to the conference today.*
Mejor **vamos** al parque.	*Let's go* (*Better to go*) *to the park instead.*

Ejercicio 5

Rosario, la mamá de Nayeli, está muy cansada hoy y no quiere hacer nada. Por eso sugiere que sus hijos y su esposo hagan los siguientes quehaceres. Escribe lo que dice Rosario y usa pronombres de complemento directo: **lo, la, los, las.**

MODELO: servir la comida / Beto → *¡Que la sirva Beto!*

1. barrer el patio / Emiliano
2. pagar las cuentas / Emilio
3. desempolvar los muebles / Beto
4. sacar la basura / Izel
5. poner flores allí / Nayeli
6. limpiar el cuarto / Beto

Ejercicio 6

¡Es tu cumpleaños! Usa **ojalá que (no)** para expresar lo que esperas de este día.

MODELO: llover hoy → Ojalá que *no llueva hoy*.

1. recibir muchos regalos (yo)
2. hacer buen tiempo
3. tener que trabajar (yo)
4. estar enfermo/a (mi novio/a)
5. venir a visitarme (mis amigos)

Ejercicio 7

Varios amigos están en tu casa. Haz sugerencias negativas o afirmativas, según las actividades.

MODELO: llamar a Jorge → (*No*) *Llamemos a Jorge*.

1. escuchar música de hip hop
2. visitar mi Instagram
3. hacer ejercicio
4. ir al cine
5. mirar una película en línea

13.4 Narrating Past Experiences: The Present Perfect, Imperfect, and Preterite

había = *there was/were*

Cuando Ryan llegó al departamento de lenguas para hablar con el profesor Sotomayor, ya había tres estudiantes. Todos esperaban con paciencia. Pero Ryan no quería esperar.

Ryan habló con la recepcionista del departamento y ella le dijo que el profesor Sotomayor no podía atenderlo porque no tenía cita y había varios estudiantes esperando. Ryan se puso furioso y dijo, gritando: «¡Siempre he venido sin hacer cita! ¡El profesor siempre me ha atendido inmediatamente!»

El profesor Franklin Sotomayor salió de su oficina para ver quién gritaba tanto. La secretaria le dijo que un estudiante insistía en entrar inmediatamente, pero que era el último en llegar y además no tenía cita.

El profesor saludó a Ryan cortésmente y le dijo: «¿Por qué estabas gritando, Ryan?» El muchacho contestó que tenía una pregunta sobre la tarea. Entonces el profesor le dijo: «Pues debes esperar tu turno o volver más tarde, ¿está bien?» Ryan salió del departamento furioso. Y el profesor pensó: «¡Qué malos modales tiene ese chico!»

A. English and Spanish each have several verb forms from which to choose that relate past experiences. For example, the verb *to go* has many past forms in English, including *went, used to go, was going*, and *have gone*, among others. Here are some guidelines to help you choose the Spanish form that will best convey the information you want to express.

¿Recuerdas?

To review past-tense verb forms, see **Gramática 7.4** and **8.1–8.3** for the preterite, **Gramática 10.2–10.4** for the imperfect, **Gramática 11.1** for the present perfect, and **Gramática 11.4** for the use of the imperfect and the preterite together.

PRESENT PERFECT

You can use the present perfect to express something you *have already done* or something you *have not done yet*. The present perfect expresses the relationship between a nonspecific past moment and the present moment (in which you are speaking). The words **ya** and **todavía no** help to express this idea.

—¿Tienes hambre o **ya has comido**?	*Are you hungry or have you already eaten?*
—Sí, tengo hambre; **todavía no he comido.**	*Yes, I'm hungry; I haven't eaten yet.*
—**No he limpiado** el baño, pero lo voy a hacer mañana.	*I haven't cleaned the bathroom, but I am going to do it tomorrow.*

—Pero dijiste eso la semana pasada; hoy es martes... ¡y **todavía no lo has hecho**! — *But you said that last week; today is Tuesday and you still haven't done it / haven't done it yet!*

You can also use the present perfect to ask and answer the question *Have you* (*ever*) . . . ? This type of question has no reference to the specific time in the past when an event occurred.

—¿**Has escalado** una montaña alguna vez en tu vida? — *Have you ever in your life climbed a mountain?*

—Sí, **he escalado** muchas montañas. / No, nunca **he escalado** una montaña. — *Yes, I've climbed many mountains. / No, I've never climbed a mountain.*

The present perfect describes something that has happened recently: *My son has sent me three text messages today*. It can also be used to express something a person has done regularly over a period of time, usually requiring the word **siempre.**

Mi hija **se ha enamorado** de un chico muy agradable. — *My daughter has fallen in love with a very nice young man.*

Ángela **siempre ha sacado** buenas notas en sus clases de español. — *Angela has always gotten good grades in her Spanish classes.*

IMPERFECT

The imperfect tense describes things you *used to do* or *would always do.*

De niña, siempre **jugaba** con mis muñecas en el patio. — *As a little girl, I always used to play with my dolls on the patio.*

It is used to describe states of being in the past.

En la guardería, yo **era** una niñita muy curiosa y nunca **tenía** miedo de nada. — *In kindergarten, I was a very curious little girl and was never afraid of anything.*

It also describes what someone was doing or what was happening when something else (preterite) interrupted the action.

Caminaba tranquilamente por la calle cuando **oí** los gritos. — *I was walking peacefully down the street when I heard the screams.*

PRETERITE

The preterite (simple past tense) is used to describe *completed events* that are isolated or sequential in the past.

Anoche **fui** al cine con mis amigos. **Vimos** una película divertida. Después **comimos** pizza en un restaurante italiano. — *Last night I went to the movies with my friends. We saw a fun movie. Afterward we ate pizza at an Italian restaurant.*

The preterite is also used to refer to the moments when actions begin or end.

A las cinco en punto **empezó** a llover. — *At five on the dot it started to rain.*

Entré en la sala y **dejaron** de hablar. — *I walked into the living room, and they stopped talking.*

Nunca **he hablado** con el presidente.	*I've never spoken with the president.*
De niña, **hablaba** mucho en clase.	*As a child, I talked a lot in class.*
Ayer **hablé** con mi vecino.	*Yesterday I talked with my neighbor.*

B. To tell a story or relate past events, the preterite forms provide the action for the story and are the most frequently used: **fui, comí, salí, bailé, me divertí, dormí,** and so on. Imperfect forms usually describe the background or set the stage for the story: **vivía, jugaba, llovía, hacía calor.** In the following examples, the information in parentheses indicates what tense the corresponding Spanish verb would be.

> One night I was waiting (*imperfect*) at the bus stop on my way home from work. It was raining (*imperfect*) very hard, and I was (*imperfect*) very tired after a long day at work.

To tell the action of a story, use the preterite: **fui, salió, comieron, bailaste, nos divertimos.**

To set the scene or describe the background for a story, use the imperfect: **hacía sol, eran las dos y media, todos dormían.**

In most stories, after the stage has been set with the imperfect (as in the preceding example), the story line is developed with the preterite.

> Suddenly, I saw (*preterite*) my friend Radamés speed by in his car. I waved (*preterite*) to him, but he didn't stop (*preterite*). He sped (*preterite*) on by without even a glance toward me. The bus arrived (*preterite*) within a few minutes, and I boarded (*preterite*).

Often in a story, description and narration of the main events are intermixed, so the tenses are intermixed as well.

> I immediately noticed (*preterite*) that the bus was (*imperfect*) full and that I had to (*imperfect*) stand. Many other people were standing (*imperfect*), too. Buses were (*imperfect*) always very crowded during rush hour in Northern California.

The preterite is often used to narrate the outcome of a story.

> Finally we arrived (*preterite*) at my stop. I quickly got off (*preterite*) and walked (*preterite*) home. The house was (*imperfect*) dark, but when I opened (*preterite*) the door, about thirty people, including Radamés, shouted (*preterite*) "Happy birthday!" It turned out (*preterite*) to be a very good day after all!

Ejercicio 8

Aquí Franklin narra una experiencia que tuvo ayer. Escoge el tiempo verbal más apropiado de las dos formas entre paréntesis para completar su narración.

> Siempre **(he disfrutado / disfruté)**[1] mucho de mi trabajo en el *College of Alameda.* ¡Me gusta ser profesor de español! Nunca **(he tenido / tuve)**[2] ningún problema serio en el College, ¡pero ayer me **(pasó / pasaba)**[3] algo desagradable! Ayer **(trabajé / trabajaba)**[4] en mi oficina hasta las cinco de la tarde. **(Salí / Salía)**[5] de mi oficina y **(caminé / caminaba)**[6] hasta el estacionamiento para buscar mi carro. **(Hubo / Había)**[7] un poco de tráfico en el campus y pocos carros porque a esa hora muchos estudiantes **(salieron/ salían)**[8] de sus clases. **(Manejé /Manejaba)**[9] cuando el coche azul enfrente de mí **(chocó/chocaba)**[10] contra un carro gris en el otro carril.[a] Pero en vez de parar, el chofer del carro azul **(dejó/dejaba)**[11] la escena a toda velocidad. Yo **(me detuve/me detenía)**[12] para ver si el chofer del carro gris **(estuvo/ estaba)**[13] bien. Afortunadamente no hubo muchos daños,[b] pero el estudiante del carro gris **(estuvo/estaba)**[14] un poco asustado por la experiencia.

[a]*lane* [b]*damages*

Iba a llamar... *I was going to call . . .*

Fui a llamar... *I went to call . . .*

Ejercicio 9

Franklin le cuenta un cuento sobre su niñez a Estefanía. Escoge entre el pretérito y el imperfecto de los verbos entre paréntesis para completar su cuento.

salvavidas
lifeguard
regañaba...
I used to scold / habitually scolded . . .
Regañé...
I scolded

Cuando **(era / fui)**[1] niño, todos los años mi familia y yo **(íbamos / fuimos)**[2] a la Playa del Condado. Siempre **(alquilábamos / alquilamos)**[3] una casa con vista al mar. De día **(nadábamos / nadamos)**[4] en el mar. De noche **(salíamos / salimos)**[5] a cenar a un restaurante. Una tarde de verano, cuando mi hermanita menor, Janira, **(tenía / tuvo)**[6] seis años, ella y yo **(íbamos / fuimos)**[7] solos a la playa. Mi hermanita **(jugaba / jugó)**[8] en el agua y yo **(charlaba / charlé)**[9] con unos amigos. Después de unos minutos, **(miré / miraba)**[10] hacia donde **(estaba / estuvo)**[11] jugando mi hermanita y no la **(veía / vi).**[12] Mis amigos y yo la **(buscábamos / buscamos)**[13] por toda la playa pero no la **(podíamos / pudimos)**[14] encontrar. Por fin un salvavidas la **(traía / trajo)**[15] adonde nosotros **(estábamos / estuvimos).**[16] Él la encontró cuando ella **(caminó / caminaba)**[17] lejos de de donde **(estuvimos / estábamos)**[18] nosotros. El salvavidas me dijo que debía tener más cuidado con mi hermanita. ¡Yo **(estaba / estuve)**[19] tan contento de verla que no me **(enojaba / enojé)**[20] con ella!

Lo que aprendí

Al final de este capítulo, ya puedo hablar sobre:

- ☐ los miembros de la familia extendida.
- ☐ algunos rituales sociales importantes.
- ☐ mis relaciones personales.
- ☐ lo que valoro en mis amigos y en mi (futura) pareja.
- ☐ mi crianza y los buenos modales.

Además, ahora puedo:

- ☐ darles mandatos a los amigos y parientes.
- ☐ dar consejos y ofrecer soluciones a algunos problemas.
- ☐ expresar buenos deseos.
- ☐ usar algunos refranes en forma de consejos.
- ☐ narrar situaciones simples en el pasado.

Y sé más sobre:

- ☐ algunos festivales dominicanos importantes y divertidos.
- ☐ muchos lugares hermosos en Puerto Rico y la República Dominicana.
- ☐ un poco de historia de Sosúa y su gente.
- ☐ un proyecto comunitario para limpiar el río Yaque, un río muy importnte para la agricultura.

Vocabulario

Los lazos familiares y el matrimonio	Family Relationships and Marriage
Repaso: el abuelo (el abuelito) / la abuela (la abuelita), la boda, el/la cuñado/a, el/la esposo/a, el/la gemelo/a, el/la hermanastro/a, el/la hermano/a, el/la hijastro/a, el hijo (único) / la hija (única), la madrastra, la madre, la mamá, el medio hermano / la media hermana, el/la nieto/a, la nuera, el padrastro, el padre, el papá, el/la pariente, el/la primo/a, el/la sobrino/a, el/la suegro/a, el/la tío/a, el yerno	
el ahijado / la ahijada	godson/goddaughter
el bautizo	baptism
el bisabuelo / la bisabuela	great-grandfather / great-grandmother
	words used to express the relationship between a child's parents and the godparents
el compromiso	engagement
el cura	priest
el/la hermanito/a	little (younger/youngest) brother/sister
la luna de miel	honeymoon
la madrina	godmother; bridesmaid
el noviazgo	courtship; engagement
el novio / la novia	groom/bride
el padrino	godfather; best man in a wedding
los recién casados	newlyweds

Los consejos (Mandatos informales)	Advice (Informal Commands)
acuéstate / no te acuestes	go to bed / don't go to bed
arregla / no arregles	fix, arrange / don't fix, don't arrange
báñate / no te bañes	take a bath / don't take a bath
busca / no busques	look for / don't look for
compra / no compres	buy / don't buy
contesta / no contestes	answer / don't answer
dame (el/la/los/las) / no me des (el/la/los/la)	give me (the) / don't give me (the)
descansa /no descanses	rest / don't rest
di / no digas	say / don't say
escribe / no escribas	write / don't write
estudia / no estudies	study / don't study
haz / no hagas	do, make / don't do, don't make
juega / no juegues	play / don't play
lávate los dientes / no te laves los dientes	brush your teeth / don't brush your teeth
levántate / no te levantes	get up / don't get up
pide / no pidas	ask (for) / don't ask (for)
sal / no salgas	leave / don't leave
sé / no seas	be / don't be
toca / no toques	touch / don't touch
toma / no tomes	take; drink / don't take; don't drink

Las personas	
Papá Noel	Father Christmas, Santa Claus
el/la recién nacido/a	newborn (baby)
el varón	male infant, male child
Palabra semejante: el/la bebé	

Acciones recíprocas (Verbos)	Reciprocal actions (Verbs)
Repaso: abrazarse (c), ayudarse, besarse, casarse, comprenderse, conocerse (zc), enojarse, gritarse, hablarse, llevarse bien/mal con, pelearse, textearse, verse (*irreg.*)	
darse (*irreg.*) **la mano**	to shake hands
echarse de menos	to miss each other
enviarse (se envían)	to send (something) to each other
extrañarse	to miss each other
pedirse (i, i) perdón/ disculpas	to ask each other for forgiveness
quererse (*irreg.*)	to love each other
Palabras semejantes: comunicarse (qu), insultarse	

Los verbos	
Repaso: castigar (gu), enojar, gritar, perder (ie), tener (*irreg.*) **ganas de, tocar (qu) a la puerta**	
bautizar (c)	to baptize
confiar (confío) (en)	to trust; to confide in
dejar de + *inf.*	to stop (*doing something*)
desobedecer (zc)	to disobey
devolver (ue)	to return (an item)
echar de menos	to miss (someone)
enamorarse (de)	to fall in love (with)
entregar (gu)	to deliver
enviar (envío)	to send
evitar(se)	to avoid (each other)
extrañar	to miss (*someone/someplace*)
golpear(se)	to beat; to hit; to hit each other
hacerse amigos	
hacerse un tatuaje	to get a tatoo
hostigar (gu)	to bother; harass
imaginarse	to imagine
jalar	to pull
morir (ue, u)	to die

negarse (ie) (gu) a + *inf.*	to refuse to (*do something*)
pedir (i, i) permiso	to ask for permission
portarse	to behave
realizar (c)	to achieve, carry out
regañar	to scold
unir	to join
valorar	to value
Palabras semejantes: asociar, controlar, cooperar, copiar, existir, insistir, insultar (se), obligar (gu), observar, repetir (i, i), separar, sufrir	

Los sustantivos	
Repaso: el amor, el Caribe, el grito, el premio	
la amistad	friendship
el anillo de compromiso	engagement ring
el comportamiento	behavior
la crianza	upbringing
la criatura (marina)	small child / animal (sea animal)
la estrella de mar	starfish
el fracaso	failure
la lealtad	loyalty
la llamada telefónica	phone call
los modales	manners
la orden	command
la pareja	couple; partner, mate
el portátil	laptop (computer)
el préstamo	loan
el sueño	dream
Palabras semejantes: el abuso, la característica, el comentario, el conflicto, el contacto, la cualidad, el divorcio, el estrés, el factor, el infinitivo, la inteligencia, la paciencia, el ritual, la secuencia, la solución, el subjuntivo, el verbo	

Los adjetivos	
Repaso: divorciado/a, emocionado/a, enamorado/a, enojado/a	
cariñoso/a	affectionate
comprometido/a	engaged
demasiado/a	too much
egoísta	selfish
empapado/a	soaked
muchísimo/a	very much, very many
sabio/a	wise
sentado/a	seated
vivo/a	alive; energetic
Palabras semejantes: católico/a, común, estricto/a, extendido/a, incondicional, insistente, obediente, presente, verbal	

Los adverbios	
diariamente	daily
incluso	even; including
recientemente	recently
últimamente	lately

Los buenos deseos	Good Wishes
¡Buena suerte!	Good luck!
¡Que descanse(s)!	Get (*pol. sing. / fam. sing.*) some rest!
¡Que duerma(s) bien!	Sleep (*pol. sing. / fam. sing.*) well!
¡Que llegue(s) a tiempo!	Hope you (*pol. sing. / fam. sing.*) arrive on time!
¡Que pase(s) buenas noches!	Have (*pol. sing. / fam. sing.*) a good evening!
¡Que pase(s) un buen día!	Have (*pol. sing. / fam. sing.*) a good day!
¡Que te diviertas! / ¡Que se divierta!	Have (*pol. sing. / fam. sing.*) a good time!
¡Que te mejores pronto! / ¡Que se mejore pronto!	Get (*pol. sing. / fam. sing.*) well soon!
¡Que tenga(s) buena suerte!	(Have [*pol. sing. / fam. sing.*]) Good luck!
¡Que tenga(s) buen viaje!	Have (*pol. sing. / fam. sing.*) a good trip!
¡Que te / le vaya bien!	Hope (*pol. sing. / fam. sing.*) all goes well!

Palabras y expresiones útiles	
Repaso: contigo	
a menudo	often
bajo	under
Casi termino.	I am almost done
como	since
conmigo	with me
de pronto	all of a sudden
el/la cual	the one which/that
en vez de	instead of
mío(s)/mía(s)	mine
Momentito	Just a moment
Ojalá	I hope / Let's hope / Hopefully
por eso	for that reason, therefore
Se me/nos está haciendo tarde.	It is getting late for me/us.
tuyo/a(s)	yours (*fam. sing.*)
Ya me voy.	I'm going/leaving now.

Design elements: (Communication, Connections, Comparisons, Cultures and Communities icons): McGraw Hill Education; (Mundopedia Globe Icon): Kundra/Shutterstock; (Audio icon): Orchid24/Shutterstock; (Cuida tu mundo image): Ekaterina Simonova/Shutterstock; (Sun icon): McGraw Hill Education; (Magazine background): McGraw Hill Education

14 De compras

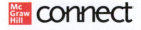

Rafael González y González (1907–1996), *Mercadito*

Rafael González y González: Mercadito (Little Marketplace), ca. 1989, 16" x 20". Collection of Finman family. cat. RAF-018/Joseph Johnston/Arte Maya Tz'utuhil

Upon successful completion of **Capítulo 14,** you will be able to talk about a variety of products, the materials they are made of, and their uses. You will also be able to discuss shopping for clothes and other items, as well as selling and bargaining. Additionally, you will have learned about some interesting places and people from Guatemala.

McGraw Hill connect

GUATEMALA

la bandera de Guatemala
ciudad capital: Ciudad de Guatemala
moneda nacional: el quetzal

Conócenos

Fotoluminate LLC/Shutterstock

Estefanía Rosales Tum

Estefanía Rosales Tum tiene veinticuatro años y es guatemalteca. Nació en Quetzaltenango, Guatemala, ciudad donde aún viven sus padres y hermanos. Estefanía estudia antropología en la Universidad de California, Berkeley. Le encanta hablar de los temas que le apasionan, como el origen de las especies y la evolución. También le gusta leer, salir a cenar, escuchar música y pasar tiempo con su novio, Franklin. Estefanía quiere ser profesora de antropología en Guatemala o en Estados Unidos.

Comunícate

Los productos y los materiales

Lee *Gramática 14.1*

¿De qué están hechos? ¿De qué son?

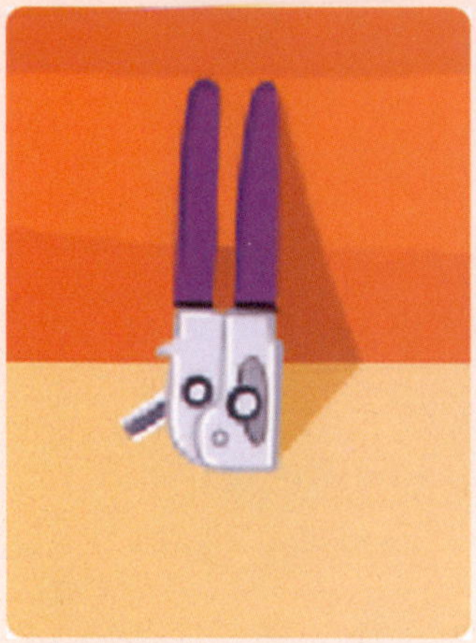

El abrelatas está hecho de plástico y metal.

La licuadora es de plástico, vidrio y metal.

La plancha está hecha de acero y plástico.

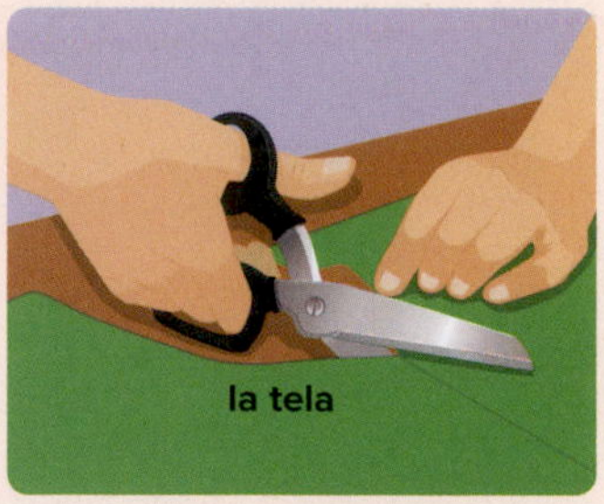

Las tijeras son de acero inoxidable y plástico.

La sartén es de hierro.

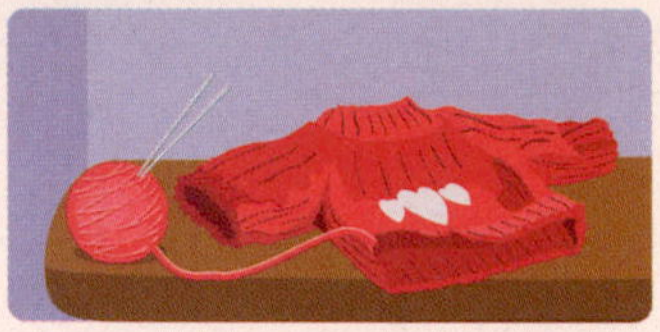

El suéter de lana está hecho a mano.

La blusa es de seda y está bordada a mano.

Las bolitas de algodón son para quitar el maquillaje.

Los pantalones vaqueros son de mezclilla.

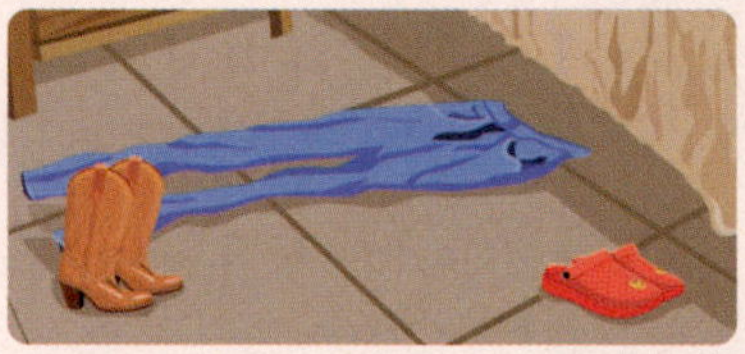

Las botas son de cuero.

Los zuecos son de goma.

Las joyas son de oro y plata.

El anillo es de oro blanco y diamantes.
El collar es de perlas.

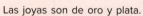

La tabla de surfeo es de fibra de vidrio.
La ventana es de vidrio.
La chimenea es de ladrillo.
el martillo

La mecedora está hecha de madera.

El martillo y las otras herramientas son de acero, pero la caja es de cartón.

Las compré por 150 quetzales.

Lo compré para mi madre.

La compramos para hacer margaritas el día de la fiesta.

Actividad 1 Definiciones: Materiales y objetos

Vocabulario
materia prima
fabricar
envase

A. Lee las definiciones y di qué material corresponde a cada una.

1. Mezcla de hierro (un metal) y carbón que produce otro metal muy resistente. Se usa para fabricar (manufacturar) herramientas e instrumentos para cirujanos.
2. Material que se deriva del petróleo. Se usa para fabricar botellas, vasos, bolígrafos, cepillos de dientes y aparatos domésticos.
3. Es la materia prima que usamos para hacer pisos, fabricar muebles y construir casas. Viene de los árboles.
4. Una piedra preciosa que se deriva del carbón. Algunas personas la quieren en sus anillos de compromiso y de matrimonio.
5. Este material es como el papel, pero es mucho más resistente. Se utiliza para fabricar cajas.
6. Objetos rectangulares de varios colores, hechos de un material derivado de la tierra. Se usan en la construcción de edificios, chimeneas y patios.
7. Este material puede ser natural o sintético. Se usa para hacer guantes para los médicos, zapatos y llantas.
8. Viene de un animal y se usa para asientos de coches, botas, chaquetas, cinturones, bolsas y maletas.

B. Di de qué están hechos los siguientes objetos.

MODELO: **E1:** ¿De qué están hechas las tijeras?
E2: Están hechas de acero inoxidable. ¿Y de qué es la camisa?
E1: La camisa es de algodón.

1. una caja
2. la mesa
3. el anillo de compromiso
4. el martillo
5. el cinturón
6. las llantas
7. la sartén
8. un abrelatas

Gramática *Expressing What Something Is Made Of*

In Spanish, the phrase **ser de** and the word **de** are used to give information about what an item is made of (material): **La falda *es de* lana. Los pantalones *son de* mezclilla. La blusa *de* seda cuesta mucho.** The phrase **estar hecho/a(s)** is also used. The latter emphasizes the fact that the item is made of a particular material and in this construction the word **hecho** agrees in number and gender with the subject: **El asador *está hecho de* ladrillo. Las tijeras *están hechas de* plástico y acero.**

Actividad 2 Los productos y sus usos

A. Di para qué se usan estos objetos o materiales.

MODELO: **E1:** ¿Para qué se usa una impresora?
E2: Se usa para imprimir lo que escribimos en la computadora. ¿Y para qué se usan las cajas de cartón?
E1: Se usan para guardar cosas cuando nos mudamos.

Vocabulario

abrir latas
cortar papel o tela
guardar cosas
hacer abrigos, bufandas...
hacer batidos
hacer botellas, vasos, ventanas...
imprimir documentos
planchar la ropa
preparar bebidas
reparar cosas
surfear

1. las herramientas
2. la tabla de surfeo
3. las tijeras
4. el abrelatas
5. la licuadora
6. la lana
7. el vidrio
8. el plástico
9. la seda
10. la plancha

B. Di para quién vas a comprar algunos de los productos de esta sección.

MODELO: **E1:** Voy a comprar *un collar de perlas*.
E2: ¿Para quién?
E1: Para *mi mamá*.

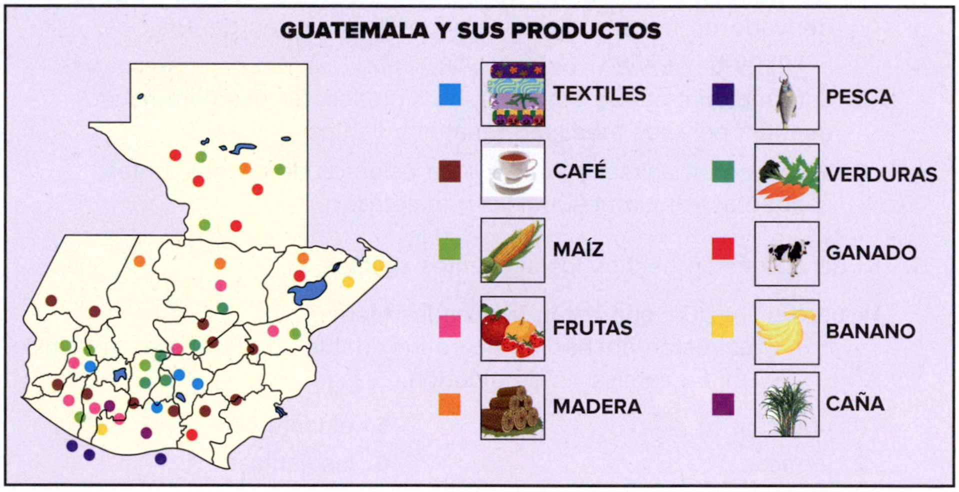

Gramática *Using Articles in Place of Nouns*

In English and in Spanish, adjectives can be used in place of nouns. In this case, the definite article **(el, la, los, las)** or indefinite article **(uno,* una, unos, unas)** that corresponds to the noun is followed by the adjective.

—¿Te gustan **las rosas rojas o las blancas**?	*Do you like the red roses or the white ones?*
—Me gustan **las rojas.**	*I like the red ones.*
—¿Quieres comprar **un carro nuevo o uno usado**?	*Do you want to buy a new car or a used one?*
—Quiero comprar **uno usado.**	*I want to buy a used one.*

Instead of an adjective, you can also use an adjectival phrase with **de.**

—¿Prefieres **las blusas de seda o las de algodón**?	*Do you prefer silk blouses or cotton ones?*
—Prefiero **las de seda.**	*I prefer silk ones.*

Actividad 3 ¿Cuál prefieres?

Vocabulario

bonito/a(s)	**fácil(es) de usar/limpiar**
cómodo/a(s)	**ligero/a(s)**
durable(s)	**práctico/a(s)**
elegante(s)	**tóxico/a(s)**

Vas a un almacén para comprar algunos objetos. El/La dependiente/a te muestra varios y te pregunta cuál prefieres. Expresa tus preferencias pero no menciones el objeto; usa un artículo **(el, la, los, las; uno, una, unos, unas).**

MODELOS: **DEPENDIENTE/A:** ¿Prefiere usted *la sartén de hierro o la de aluminio?*
CLIENTE/A: Prefiero *la de hierro porque el aluminio es tóxico.*
DEPENDIENTE/A: ¿Prefiere usted *unos platos de cerámica o unos de plástico?*
CLIENTE/A: Prefiero *unos de cerámica porque son más bonitos.*

1. los vasos de vidrio o los de plástico
2. el móvil pequeño o el grande
3. unos pantalones de mezclilla o unos de algodón
4. las tijeras de acero o las de plástico
5. la mesa de madera o la de vidrio
6. una computadora o una tableta
7. el abrelatas eléctrico o el manual
8. un asador pequeño o uno grande

*Note that **un** is used as an indefinite article with the noun, and **uno** as a pronoun with just the adjective.

Comprando ropa

Lee *Gramática 14.2*

¿Qué talla necesitas?

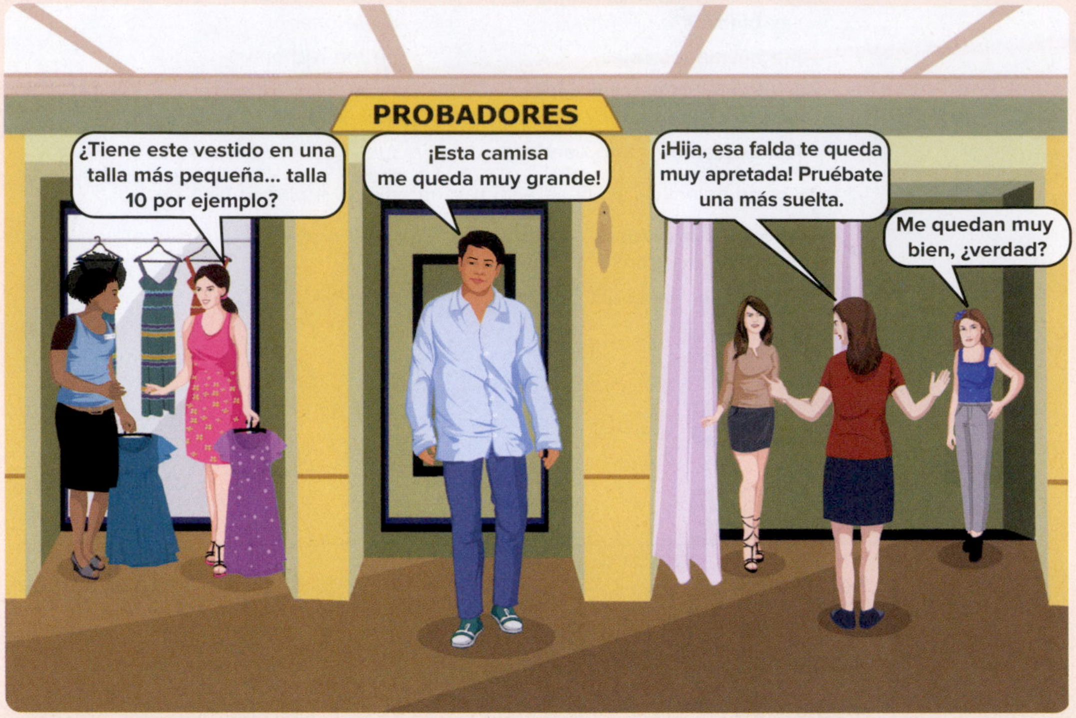

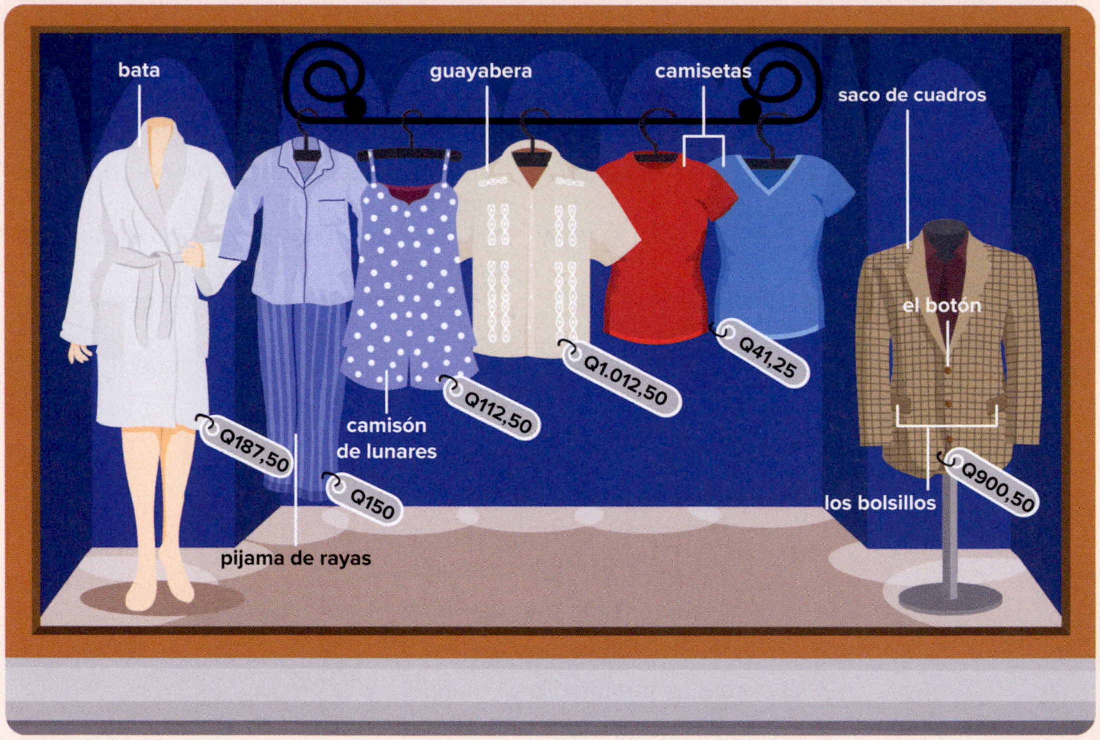

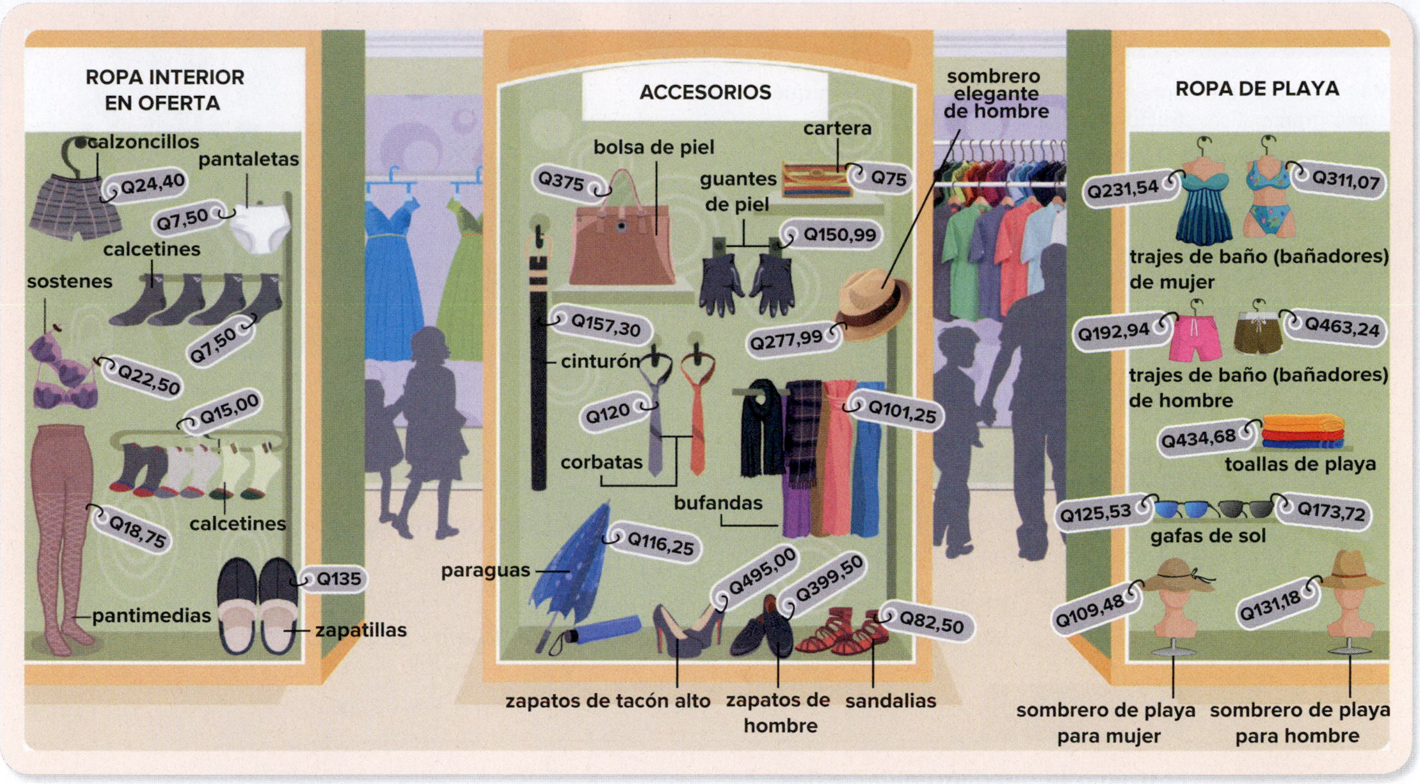

Actividad 4 Las prendas de ropa

Con tu compañero/a, empareja los objetos con su descripción.

1. ____ las zapatillas
2. ____ el camisón
3. ____ la guayabera
4. ____ la bata
5. ____ la corbata
6. ____ el sostén
7. ____ la bufanda
8. ____ los calcetines
9. ____ los guantes
10. ____ la bolsa

a. Se usa después de bañarse o encima del pijama.
b. Nos los ponemos en los pies, antes de ponernos los zapatos.
c. Se pone en el cuello, especialmente cuando hace frío.
d. Es una prenda de ropa interior para mujeres.
e. Algunas mujeres lo llevan para dormir.
f. Los hombres y algunas mujeres la llevan en el cuello cuando llevan traje.
g. Los llevamos en las manos cuando hace frío.
h. Muchas personas la usan para guardar sus llaves, la cartera y otras cosas.
i. Es una camisa de varios bolsillos que se lleva especialmente en los países del Caribe.
j. Las usamos en vez de zapatos, para andar por la casa.

Vocabulario

la prenda
el bolsillo

COMMUNITIES

Cultura *La moneda nacional de Guatemala*

La moneda de Estados Unidos es el dólar; la de Guatemala es el **quetzal.** En Guatemala, se usa la **Q** de quetzal antes de un precio y un punto antes de los centavos[a]: Q235,50 = doscientos treinta y cinco quetzales con cincuenta centavos. Un dólar estadounidense es más o menos igual a Q7,70; se puede encontrar el tipo de cambio actual[b] en el Internet.

[a]*cents* [b]tipo… *current exchange rate*

Gramática *The Verb* quedar

When used in the context of trying on clothes, the verb **quedar** has the same grammatical structure as the verb **gustar:**

Me gusta el vestido. (El vestido **me gusta.**) / **Me queda** bien el vestido. (El vestido **me queda** bien.)

Le gustan los pantalones. / **Le quedan** apretados los pantalones.

A los chicos **les gustan** las camisetas. / A los chicos **les quedan** grandes las camisetas.

You will learn more about verbs like **gustar** and **quedar** in **Capítulo 15.**

Federico Gil

¡Me queda pequeño y apretado este saco!

Actividad 5 ¿Cómo me queda?

Algunos miembros del club Amigos sin Fronteras van de compras. Di cómo les quedan estas prendas de ropa.

MODELO: **E1:** ¿Cómo le queda *la blusa* a *Estefanía*?
E2: Le queda *muy suelta. Necesita una talla más pequeña.*

Vocabulario

¿Cómo le queda(n) el/la/los/las...?

Le queda(n) grande(s) [pequeño(s)/a(s), corto(s)/a(s), largo(s)/a(s), apretado(s)/a(s), suelto(s)/a(s).]

Necesita una talla más grande/pequeña.

(No) Le queda(n) (muy) bien/mal.

Estefanía

Camila

Radamés

Lucía

Sebastián

Ana Sofía

Actividad 6 De compras

Vocabulario

Quiero/Necesito probármelo(s)/la(s).
¿Dónde están los probadores?
¿Qué talla usa/lleva?
¿En qué color lo(s)/la(s) quiere?
Pruébese este/estos/esta(s).
¿Cómo le queda(n)?
Creo que (no) me queda(n) bien/mal.
¿Aceptan tarjetas de crédito?
Sí, por supuesto. / No, solamente efectivo.
¿Cuánto cuesta(n)?
Está(n) en oferta por / rebajado(s)/a(s) a...
¡Qué ganga! / ¡Qué caro(s)/a(s)! / ¡Qué barato(s)/a(s)!
Me lo(s)/la(s) llevo.

Trabaja con tu compañero/a para escribir la conversación entre el cliente / la clienta y el dependiente / la dependienta de una tienda.

DEPENDIENTE/A: Buenas tardes, ¿en qué puedo servirle?
CLIENTE/A: Pues, voy a ir a una fiesta. Quisiera...
DEPENDIENTE/A: Sí, como no. ¿Qué talla usa/lleva?
CLIENTE/A: Creo que...
DEPENDIENTE/A: A ver, le ayudo a buscar. ¿En qué color lo(s)/la(s) quiere?
CLIENTE/A: Pues tal vez en... o en...
DEPENDIENTE/A: Mire, aquí tiene...
CLIENTE/A: Perfecto, quiero probármelo/la(s). ¿Dónde están los probadores?
DEPENDIENTE/A: ...

Cinco minutos más tarde.

DEPENDIENTE/A: ¿Cómo le queda(n)?
CLIENTE/A: Pues realmente no... Creo que necesito...
DEPENDIENTE/A: ...
CLIENTE/A: ...
DEPENDIENTE/A: Ese(a/os/as) sí le queda(n) bien.
CLIENTE/A: ¿Cuánto cuesta(n)...?
...

¿Qué te parecen estos pantalones de mezclilla? Tienen muy buen precio.
Sí, ¡qué ganga! Me gustan mucho. Debes probártelos.
Michael Krasowitz/Getty Images

Las compras y el regateo

Lee *Gramática 14.3*

¿Has estado de compras en un país hispano?

Actividad 7 Las tiendas del mundo hispano

A. ¿Dónde se compran estas cosas?

MODELO: los dulces → *Los dulces se compran en la dulcería.*

1. un pastel
2. las flores
3. un collar (las joyas)
4. los zapatos
5. un libro
6. el pan
7. el perfume
8. las tortillas
9. la carne
10. unos plátanos
11. los muebles
12. un helado

B. Conversa con tu compañero/a sobre dónde compra él/ella las cosas que necesita.

1. ¿Cómo se llama tu zapatería favorita? ¿Por qué compras los zapatos allí?
2. ¿Hay muchas librerías en tu ciudad? ¿Prefieres comprar libros en una librería o bajar la versión electrónica a tu tableta? ¿Por qué?
3. Cuando quieres escuchar música, ¿compras canciones en algún sitio Web? ¿Qué sitios prefieres? Y para mirar películas, ¿tienes servicio de *streaming*?
4. ¿Compras el pan en el supermercado o vas a una panadería? ¿Hay una panadería buena en tu barrio? ¿Cómo se llama?
5. ¿Compras chocolates para el Día de San Valentín? ¿Cómo se llama la dulcería más popular donde tú vives?

Vocabulario

¿Me prestas...?

No puedo, está(n) descompuesto/a(s).

Lo siento, se lo/la/los/las presté a... ayer.

Lo siento pero lo/la/los/las necesito hoy.

Con mucho gusto te lo/la/los/las presto.

Lo siento, no tengo...

Actividad 8 Entre amigos

Lee las situaciones y pídele prestadas a tu compañero/a las cosas de la lista. Contéstale usando algunas de las frases del **Vocabulario.** Luego, cambien los papeles.

un abrigo	**cincuenta dólares**	**el móvil**
el asador	**los esquíes**	**una sillas**
el carro	**el libro de texto**	

MODELO: **E1:** Quiero asar unos pollos para la fiesta de esta noche. ¿Me prestas *el asador?*

E2: Con mucho gusto *te lo* presto. (Lo siento, *se lo* presté a mi hermano ayer.)

1. Hace mucho frío y necesito salir al mercado. ¿Me prestas...?
2. Tengo una reunión del club Amigos sin Fronteras en mi casa y somos diez. ¿Me prestas...?
3. Se me descompuso el carro y tengo que trabajar. ¿Me prestas...?
4. Necesito hacer una llamada urgente y mi teléfono no funciona. ¿Me prestas...?
5. Quiero hacer una carne asada hoy. ¿Me prestas...?
6. Voy a ir a esquiar con unos amigos. ¿Me prestas...?
7. Tengo un examen mañana en mi clase de biología y se me perdió el libro de texto. ¿Me prestas...?
8. Tengo que comprarle un regalo a mi novio/a y necesito dinero. ¿Me prestas...?

Actividad 9 Electrónica Centroamericana

Vocabulario
- **a plazos**
- **pagos mensuales**
- **al contado**

Mira el anuncio de la compañía guatemalteca Electrónica Centroamericana y hazle preguntas a tu compañero/a sobre los precios de estos aparatos.

MODELO: **E1:** ¿Cuánto cuesta *la refrigeradora*? ¿Cuánto hay que pagar al mes?
E2: Hay que pagar *Q960,00* al mes. Así que cuesta *Q11.52,.00* en total.
E1: Describe la tetera.
E2: La tetera es de apagado automático.

Lengua *Variaciones léxicas*

En el mundo hispano hay variantes regionales del español. Por ejemplo, hay varias palabras para *refrigerator:* **el frigorífico, el frigo** (coloquial), **el refrigerador, el refri** (coloquial), **la nevera, la heladera.** En Guatemala dicen **la refrigeradora.** Otra palabra que cambia en muchos países es *stove.* En España y Argentina, por ejemplo, le llaman **la cocina** (**cocina de gas, cocina eléctrica**) pero en Guatemala, como en muchos otros países, se dice **la estufa.**

Lengua *Cómo expresar los números*

En español, los números se expresan solamente de una manera. Por ejemplo, para expresar 1.200, se dice **mil doscientos** solamente; no hay un equivalente para el inglés *twelve hundred.*

¿Recuerdas?

Here is a short review of the numbers up to the thousands and millions, which you learned in **Capítulo 2** and **Capítulo 7.**

1.000	**mil**	500.000	**quinientos mil**
2.000	**dos mil**	879.000	**ochocientos setenta y nueve mil**
9.000	**nueve mil**	1.000.000	**un millón**
12.000	**doce mil**	9.900.000	**nueve millones novecientos mil**
25.000	**veinticinco mil**	20.000.000	**veinte millones**
100.000	**cien mil**	50.000.000	**cincuenta millones**
133.000	**ciento treinta y tres mil**	100.000.000	**cien millones**

When quantifying people or objects, if the words **millón/millones** will be followed by a noun, the preposition **de** is required.

Hay mil personas en el teatro hoy.

Hay un **millón de carros** en las calles hoy.

En Guatemala viven diecisiete millones novecientas mil personas.

COMMUNITIES C CULTURES C

Actividad 10 En un mercado al aire libre

Mira esta mercancía guatemalteca y escoge lo que vas a comprar. Luego, prepara un diálogo con tu compañero/a. Una persona es el vendedor / la vendedora y la otra es el cliente / la clienta. ¡Recuerda que debes regatear!

Vocabulario

Déjemelo/la/los/las en...

Se lo/la/los/las dejo en...

Me lo/la/los/las llevo.

la chaqueta Q412,50

los aretes Q37,50

el huipil Q337,50

los cojines Q56,00

las bolsas Q60,00

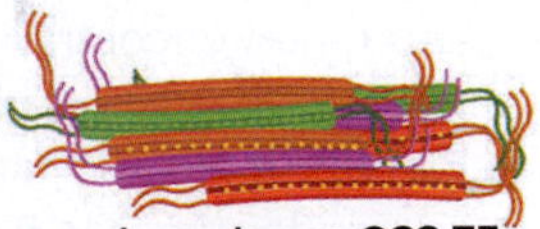

las pulseras Q33,75

los collares Q48,75

los cinturones Q187,00

las carteras Q20,60

MODELO: **VENDEDOR(A):** ¡Buenas, señor(a)/señorita! Tengo muchos objetos típicos de Guatemala. Pase y vea. Le van a encantar. ¿Busca algo en particular?

CLIENTE/A: Pues sí, quiero...

VENDEDOR(A): Aquí tengo tres, ¿cuál le gusta?

CLIENTE/A: ...

Hablando de las compras y el regateo

LOS MERCADOS AL AIRE LIBRE

En muchas ciudades del mundo hispano hay mercados donde se vende una variedad de cosas al aire libre. Normalmente estos mercados se hacen uno o varios días de la semana en lugares públicos, como en plazas o en una calle que se cierra al tráfico. En estos mercados uno puede comprar productos muy variados: frutas y verduras frescas, ropa, plantas, artesanías y a veces objetos de segunda mano.

En Madrid desde 1740 hay un mercado al aire libre muy famoso, El Rastro, que tiene lugar[a] todos los domingos y días feriados cerca de la Plaza Mayor. En México y partes de Centroamérica un mercado así es un tianguis. Esta palabra se deriva del náhuatl *tianquiztl*, que significa «mercado» y también «cosecha».[b]

Lissa Harrison

Estas mujeres guatemaltecas hacen sus compras en un mercado al aire libre.

Hay pueblos que se fundaron inicialmente como mercados regionales, como el de Chichicastenango en Guatemala. En este fascinante mercado, los vendedores —muchos de ellos indígenas que hablan la lengua quiché— llegan desde lejos los jueves y los domingos y venden su mercancía.

Wendy Connett/robertharding/Getty Images

Un mercado de textiles en Antigua, Guatemala

Las guías turísticas recomiendan que los que van al mercado de Chichicastenango regateen mucho. También aconsejan que vayan por la tarde porque los vendedores bajan el precio un poco para poder venderlo todo antes de regresar a casa. Para mucha gente lo mejor de este mercado son las artesanías, sobre todo los huipiles. Estas blusas típicas de mujer están bordadas a mano y requieren semanas de trabajo. Los que visitan este mercado pueden encontrar regalos lindos para la familia y los amigos a buenos precios. Y por supuesto, en el mercado también hay puestos[c] en donde se venden frescas bebidas y rica comida.

[a]tiene... *it takes place* [b]*harvest* [c]*stands*

Nuestra gente

CULTURES C COMPARISONS C

Describe la práctica del regateo en tu país, por favor.

Sí, por supuesto. Pues, esta práctica en Guatemala no es muy diferente a la de otros países. De hecho, el regateo es común en mercados de todo el mundo hispano. En muchos mercados y tiendas, los vendedores saben que los clientes van a regatear. Esta práctica puede ser divertida, aunque a veces los vendedores sentimos que los clientes no respetan nuestro trabajo cuando insisten en bajar demasiado el precio. Por otra parte, los turistas con frecuencia sienten que el vendedor los está estafando[a] si no consiguen un precio más bajo. Es importante que los compradores piensen en el valor del objeto que quieren comprar, así como en el trabajo del artesano que vende un objeto de artesanía.

[a]*cheating*

Marc Romanelli/Blend Images

Valeria Ajanel Morales es empleada en una tienda de ropa en Antigua, Guatemala.

Gastos y ahorros

Lee *Gramática* 14.4

¿Crees que es importante ahorrar dinero cada mes?

A veces compramos cosas que no necesitamos en vez de ahorrar.

Algunas personas saben desde pequeñas que ahorrar es importante, pero otras no creen que sea necesario.

Esta familia está preparada. Tiene un presupuesto para cualquier emergencia.

Me sorprende que algunas personas gasten más de lo que ganan. ¡Eso puede causarles grandes problemas!

Actividad 11 Gastos, compras y ahorros

A. Trabaja con tu compañero/a para emparejar acciones y resultados/consecuencias. **OJO:** Algunas acciones pueden tener más de un resultado o una consecuencia.

ACCIONES

1. Comprar mercancía barata en los países en vías de desarrollo...
2. Cambiar de coche cada dos años o comprar un coche de lujo...
3. Gastar más de lo que podemos pagar con nuestro sueldo...
4. Comprar frutas y verduras frescas en los mercados al aire libre...
5. Comprar un refrigerador más moderno aunque el nuestro funcione bien...
6. Gastar menos y ahorrar más...
7. Comprar objetos usados y ropa de segunda mano en ventas de zaguán...
8. Comprar cosas cuando están en oferta...
9. Comprar a crédito un modelo más moderno...
10. Pedir préstamos para salir de vacaciones o hacerle mejoras a la casa...

RESULTADOS/CONSECUENCIAS

a. ayuda a mejorar la economía.
b. puede ayudarnos a conservar energía.
c. es agradable pero estresante.
d. nos ayuda a estar preparados para las emergencias de la vida.
e. es bueno si les pagamos precios justos a los artesanos/fabricantes.
f. es buena idea solo en una emergencia y si es algo indispensable.
g. es bueno para la salud personal y para la economía local.
h. puede dañar el medio ambiente.
i. es buena idea pero solamente si los/las necesitamos y podemos pagarlos/las en efectivo.
j. es bueno porque podemos tener lo que nos gusta y ahorrar al mismo tiempo.

B. Con tu compañero/a, haz una lista de seis ideas para ahorrar dinero. Sugieran ideas que ayuden a otros estudiantes como ustedes.

CONNECTIONS

Cultura *Una ayuda para la economía*

Muchos inmigrantes hispanohablantes que trabajan en otros países mandan una parte de su sueldo mensual a la familia en su país de origen. La palabra para referirse al dinero enviado es **remesa.** Las remesas familiares que llegan a Guatemala desde otros países son muy importantes pues mantienen a flote[a] la economía del país.

[a]mantienen... *keep afloat*

CULTURES CONNECTIONS

¡CUIDA TU MUNDO!

Ekaterina Simonova/Shutterstock

¡Descubre los muchos proyectos ecológicos de Guatemala! Allí vas a encontrar, por ejemplo, un enorme muro[a] ecológico construido con llantas recicladas; ladrillos hechos con botellas plásticas para construir casas autosostenibles,[b] bellos murales creados con tapas[c] de botellas de refresco; leños[d] hechos de materiales reciclados que no dañan el medio ambiente ni la salud cuando se encienden; bicimáquinas impulsadas con pedales, como una bicicleta, que se usan para lavar ropa. ¡Y hay muchos proyectos más!

[a]*wall* [b]*self-sustaining* [c]*caps* [d]*logs*

Actividad 12 Las compras en el mundo moderno

Conversa con tu compañero/a.

1. En tu opinión, de los aparatos modernos, ¿cuál es el más útil? ¿Necesitas comprarlo o ya tienes uno? ¿Cuál es el aparto moderno menos útil? Si ya tienes uno, ¿por qué lo compraste?
2. ¿Cuándo debe uno comprar las cosas: cuando las necesita, en cuanto salen al mercado, cuando están en oferta? ¿Por qué?
3. Hay gente que cambia sus muebles, su móvil, su coche u* otro objeto con frecuencia para tener lo último que sale al mercado. ¿Conoces a gente que hace eso? ¿Por qué crees que lo hacen?
4. ¿Crees que comprar todo lo que uno quiere aunque no lo necesite es bueno o malo para la economía? ¿Por qué? ¿Es bueno o malo para el medio ambiente? Explica.
5. Si recibes dinero para tu cumpleaños, ¿lo gastas enseguida o lo ahorras? ¿Es importante para ti ahorrar dinero? ¿Es necesario tener un presupuesto?

Gramática *Making Assertions vs. Casting Doubt*

Use **indicative** forms after phrases that make assertions.

creer que, decir que, pensar que, es cierto/seguro/verdad que

Use **subjunctive** forms after phrases that cast doubt.

no creer que, dudar que, es (im)posible que, es (im)probable que, no es cierto/seguro/verdad que

Exprésate

ESCRÍBELO TÚ

Vivo dentro de mis posibilidades

Escribe un ensayo sobre lo que haces para vivir dentro de tus posibilidades. ¿Prefieres gastar dinero o ahorrarlo? En tu opinión, ¿es importante ahorrar? ¿Por qué? ¿En qué gastas más dinero: en comida, en libros, en música, en ropa, en el alquiler de la casa o apartamento, en el carro, en tu familia? ¿Tienes un presupuesto? Descríbelo. ¿Es fácil para ti ajustarte a ese presupuesto? ¿Por qué? Si no tienes un presupuesto, ¿cómo decides en qué gastar tu dinero? Completa la actividad en el *Cuaderno de actividades* o en Connect.

CUÉNTANOS

Un regalo

Háblanos sobre algo que compraste para otra persona, un regalo que fue un gran éxito o un gran fracaso. Di:

- qué compraste y descríbelo **(Compré un suéter azul de lana muy...)**
- dónde lo compraste **(en un tianguis)**
- para quién **(para mi novia)**
- por qué **(porque era su cumpleaños)**

Si tienes una foto, tráela para mostrársela a la clase. Finalmente, explica bien por qué fue un éxito o un fracaso ese regalo. **(Fue un gran éxito porque a ella le gustó mucho y luego todas sus amigas querían uno igual).**

*La letra **o** como palabra cambia a **u** ante las palabras que empiezan con **o** y **ho**.

Cultura

Mundopedia

CONNECTIONS C

El misterio de las ciudades mayas

Vocabulario de consulta	
surgió	came into being
escritura	writing
se destacan	stand out
d.C.	**después de Cristo** (A.D.)
fuentes	sources
guerras	wars
Sea cual sea	Whatever may be

La civilización maya **surgió** en la vasta región llamada Mesoamérica, en el territorio hoy formado por cinco estados mexicanos del sureste de México y en Guatemala, Belice, Honduras y El Salvador. En todos esos lugares se pueden admirar ahora extraordinarias ruinas de una civilización avanzada que duró 3.000 años y cayó en decadencia antes de la llegada de los españoles.

LA CULTURA Y LA RELIGIÓN

Los mayas produjeron obras de arquitectura, escultura, pintura, cerámica y joyería. Inventaron sistemas de numeración que incluían el cero y una **escritura** que aún no se ha podido interpretar totalmente. Tenían también conocimientos avanzados de la astronomía y construyeron observatorios astronómicos.

DOS CIUDADES MAYAS

Las hermosas ciudades mayas surgieron en los bosques tropicales de lo que hoy es el sureste de México y en Centroamérica. Entre las ruinas más conocidas de estas ciudades **se destacan** Chichén Itzá en México y Tikal en Guatemala. Chichén Itzá fue el centro religioso y político de Yucatán. Tikal fue la ciudad más grande de la América precolombina.

Melba Photo Agency/Alamy Stock Photo

Las ruinas mayas en Tikal, Guatemala

TIKAL, GUATEMALA

Al estar en Tikal, uno puede imaginarse la belleza del mundo prehispánico. En su momento de prosperidad, Tikal tenía una población de 50.000 habitantes. Era una ciudad de tres mil hermosas construcciones, todas distintas: templos, palacios y cinco pirámides. La estructura más conocida es el Templo del Gran Jaguar, que fue construido en el año 700 **d.C.** y se utilizaba para ceremonias rituales. Hoy en día sorprende más el hecho de que Tikal, una ciudad tan grande, pudo sostenerse en una zona selvática donde no hay **fuentes** de agua. El agua que tenían era solamente de la lluvia; la recogían en diez estructuras en forma de botella llamadas «chultunes».

a.berti/MARKA/Alamy Stock Photo

Rigoberta Menchú (1959), activista indígena guatemalteca, ganadora del Premio Nóbel de la Paz en 1992. Rigoberta es de familia maya-quiché y de una cultura que sigue siendo muy vital en Guatemala. Menchú ha dedicado su vida a la lucha (*struggle*) por la justicia social y los derechos (*rights*) humanos de los indígenas.

CHICHÉN ITZÁ, MÉXICO

Chichén Itzá está en la parte oriental de la península de Yucatán, en México. Es uno de los principales sitios arqueológicos de México y fue una de las ciudades mayas más grandes. En sus ruinas hay una gran variedad de estilos arquitectónicos. Fundada alrededor del 525 d.C., Chichén Itzá se convirtió en una capital regional importante en el siglo IX, que dominaba la vida política, sociocultural y económica de las tierras mayas del norte.

UNA CULTURA QUE SIGUE MUY VIVA

Los antiguos mayas, creadores de Tikal y Chichén Itzá, abandonaron estas ciudades mucho antes de la llegada de los españoles. La razón es un misterio. Los estudiosos ofrecen varias explicaciones posibles: epidemias, cambios en el clima, **guerras**, sequías, sobrepoblación. Hay quienes dicen que los mayas no pudieron sobrevivir dedicándose a la agricultura en los bosques tropicales. Se dice también que el cambio más significativo fue la desaparición de la clase religiosa, es decir, los sacerdotes.

Sea cual sea la explicación del misterio, lo cierto es que, después de 900 d.C.,* la gente maya empezó a irse de Tikal y sus otras ciudades. Pero afortunadamente su civilización no desapareció. Cuando los españoles colonizaron la península de Yucatán entre 1524 y 1546, varios grupos de mayas les hicieron resistencia. Hoy en día hay siete millones de personas que descienden de esos supervivientes. Estos mayas mantienen vivas sus tradiciones.

*Año que representa el final del período maya clásico. Tikal fue construida entre los años 50 d.C. y 800 d.C., durante este período clásico.

COMPRENSIÓN

Contesta las preguntas.

1. ¿Cuáles son algunos grandes logros de la civilización maya?
2. ¿Dónde surgieron las ciudades mayas?
3. ¿Qué tipo de construcciones había en Tikal?
4. ¿Cómo se llama la estructura más conocida de Tikal y cuándo fue construida?
5. ¿Qué es un chultún y por qué tuvieron que construir chultunes en Tikal?
6. ¿Desapareció totalmente la cultura maya en el siglo X (los años 900)? Explica tu respuesta.

Palabras regionales: Guatemala	
alunado/a	**enojado/a**
un chapín / una chapina	**un(a) guatemalteco/a**
estar gafo/a	**no tener dinero**
un(a) patojo/a	**un(a) muchacho/a**

CONEXIÓN CULTURAL

LA ARTESANÍA MAYA

Una tradición de Guatemala que viene de sus antepasados (*ancestors*) mayas es la de las artesanías. Los artesanos guatemaltecos son muy creativos. De su gran variedad de artesanías, que incluye la cerámica y la joyería, llaman más la atención los textiles o tejidos (*fabric, cloth*) de algodón. Una leyenda guatemalteca dice que el tejido es un regalo que la diosa Ixchel, diosa de la luna, les dio a las mujeres mayas. ¿Quieres saber más sobre la artesanía guatemalteca? Lee la lectura «La artesanía maya» en el *Cuaderno de actividades* o en Connect.

EL MENSAJE DE YARIA Episodio 14: En la tienda de recuerdos

Alex regresa pronto a Nueva Jersey y busca regalos para sus amigos. Yaria lo está ayudando.
Mira qué bonita esta piedra, con el símbolo taíno del sol...
Piedras Taínas
Sí, me gusta porque tiene uno de los símbolos de tu mensaje...
Alex, hablando del mensaje, creo que Maray me lo mandó.
SOUVENIRES
En oferta
¿Maray? ¿Pero cómo? ¿De qué manera?
Pues, una vez vi a Maray tallando (*carving*) piedras y todas tenían los símbolos que tú y yo hemos encontrado. ¡Eran hermosas! Yo creo que, con su arte, Maray me avisó que su tribu estaba en peligro...
Oye, pero, entonces, ¿quién pintó los símbolos?
No sé. Ese es otro misterio. Lo que importa es que Maray pudo comunicarse conmigo. La última vez que hablamos, ella me contó de los «seres (*beings*) extraños» que ve cuando duerme. Maray ha estado soñando con los españoles...
Les he ofrecido mis piedras a los dioses para que nos ayuden, Yaria, porque sé que se acercan los seres extraños que veo en mis sueños...
Sí, se acercan y vienen a invadir tu mundo, Maray. ¡Créeme! ¡Tu tribu debe esconderse de ellos!
¿Escondernos? Sí. Pues... hay un lugar remoto donde paso tiempo con mis piedras. Es una cueva en una montaña. Podríamos escondernos allí, si el cacique (*cacique*) de la tribu lo permite. Nuestro bohique dice que la diosa Luna nació en una cueva. Espero que ella nos dé su protección...

Videoteca

Amigos sin Fronteras

Episodio 14: ¡Me gusta regatear!

Klic Video Productions/McGraw Hill

Klic Video Productions/McGraw Hill

Klic Video Productions/McGraw Hill

Resumen

Franklin, Ana Sofía y Claudia están en casa de Claudia, buscando en Craigslist™ algunas cosas que necesitan. Pero no las encuentran en línea, sino (*but rather*) en la publicación *Pennysaver*™. Luego, van a la cochera (el garaje) de una casa donde se venden los objetos que buscan y allí regatean con el dueño hasta conseguir un buen precio. Al final, consiguen lo que necesitan y practican el regateo.

Mi país GUATEMALA

Resumen

Descubre aquí algunos hermosos paisajes naturales, varias tradiciones culturales guatemaltecas e impresionantes ruinas mayas de Guatemala. ¡Te va a gustar este viaje por este país centroamericano!

©Moises Castillo/LatinFocus.com

El lago Atitlán, Guatemala

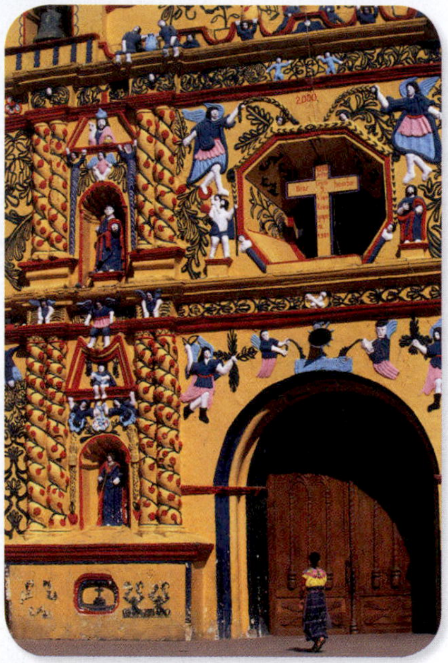

PEROUSSE Bruno/hemis.fr/Alamy Stock Photo

La iglesia de San Andrés Xecul, Totonicapán, Guatemala

Los actores hablan

Klic Video Productions/McGraw Hill

Klic Video Productions/McGraw Hill

Preguntas

¿Compras cosas usadas?

¿Encuentras regalos en tiendas de segunda mano?

¿Qué les compras a tus amigas?

¿Qué haces cuando compras regalos para otras personas?

¿Te gusta regatear?

Gramática

14.1 Price, Beneficiary, and Purpose: **por** and **para** (Part 2)

A. You already know from **Gramática 11.2** that **por** is used as an equivalent for *through, by*, and *along*: **Caminamos por el río.** You also know that it is used with time: **Esperamos por diez minutos.** Quantities and prices also call for **por,** which corresponds to English (*in exchange*) *for*.

—Estefanía, tu suéter es muy bonito. ¿Cuanto pagaste **por** él?	*Estefanía, your sweater is very pretty. How much did you pay for it?*
—Lo compré **por** 154 quetzales.	*I bought it for 154 quetzals.*

If a number expressing distance, time period, or exchange rate/quantity is involved when you are choosing between **por** and **para** to express *for*, **por** is usually correct.

por diez kilómetros

por tres horas

por veintitrés quetzales

por ocho meses

para = *in order to; for (recipient); purpose*

Necesito un paraguas **para** salir cuando está lloviendo.

Preparé esta comida **para** mi padre; es su favorita.

Usamos una escoba **para** barrer.

por		**para**	
substitution	Juan está enfermo. Trabajo por él.	*employer*	Mi novio trabaja para el gobierno.
in exchange for/paying	Lo compré por treinta dólares.	*recipient*	Este regalo es para ti.
movement by, through, or along a place	Caminé por el parque.	*destination*	Salgo para Madrid hoy.
length of time (por *may be omitted*)	Dormí (por) doce horas.	*telling time*	Faltan diez para las once.
general time or area	Estudian por la noche.	*deadline*	La tarea es para el lunes.
transportation	Viajan por avión.	*purpose*	Un lápiz es para escribir.

B. You can use **para** to indicate destination: **Mañana salgo para Madrid.** It is also used with deadlines: **La tarea es para el lunes.** When followed by an infinitive, **para** indicates function or purpose (what something is *for*). In such cases, **para** corresponds to English *in order to*. (Note that when **por** is followed by an infinitive, it expresses *due to / because of.*)

Para coser su propia ropa, uno necesita mucha paciencia.	(*In order*) *To make your own clothes, you need a lot of patience.*
—¿**Para** qué usas tú la licuadora?	*What do you use the blender for?*
—La uso **para** hacer margaritas.	*I use it to make margaritas.*
—Pues, **por** llegar tarde, no pude probar tus margaritas.	*Well, because of arriving late, I didn't get to try your margaritas.*

Para is also used to indicate the beneficiary or recipient of something.

—**¿Para** quién es esta mecedora?	*For whom is this rocking chair? / Who is this rocking chair for?*
—Es **para** Estefanía.	*It is for Estefanía.*

Ejercicio 1

Contesta las preguntas, escogiendo la opción más lógica.

MODELO: ¿Para qué haces la tarea, para sacar buenas notas o para divertirte?
Hago la tarea **para** sacar buenas notas.

1. ¿Para qué vas a la biblioteca, para bailar o para estudiar?
2. ¿Para qué usas la sartén, para freír algo o para hacer ensalada?
3. ¿Para qué trajiste las herramientas, para reparar el coche o para limpiarlo?
4. ¿Para qué compraste el jamón, para hacer un sándwich o para preparar un postre?
5. ¿Para qué puedes usar la aspiradora, para limpiar la alfombra o para cocinar?

Ejercicio 2

Completa los diálogos entre Estefanía y Franklin con **por** o **para,** según el contexto.

MODELO: **FRANKLIN:** ¿*Para* quién compraste ese huipil tan bonito?

ESTEFANÍA: Lo compré *para* mi hermana.

ESTEFANÍA: Mira, Franklin, ¡qué blusa tan bonita! Y la compré ______[1] solamente 107 quetzales.

FRANKLIN: ¿ ______[2] quién la compraste?

ESTEFANÍA: La compré ______[3] mi hermana, pero me gustaría comprar una______[4] mí también.

FRANKLIN: En Slash vi unos pantalones Levi perfectos ______[5] ti y ______[6] solo veinticinco dólares.

ESTEFANÍA: Eso es un poco caro; ya compré unos en Ovation ______[7] solamente dieciocho dólares.

ESTEFANÍA: Oye, Franklin, acabo de comprar una bufanda de lana ______[8] cincuenta dólares.

FRANKLIN: ¿ ______[9] quién es?

ESTEFANÍA: Es ______[10] mi padre; su cumpleaños es el mes que viene.

FRANKLIN: Yo vi unas bufandas de seda muy elegantes en Bossa Nova a treinta dólares.

ESTEFANÍA: ¿Bufandas de seda? ¡A ese precio... es una ganga! Tal vez compre dos, una ______[11] mi mamá y otra ______[12] mi hermana.

Note that Slash, Ovation, and Bossa Nova are department stores.

14.2 Using Indirect and Direct Object Pronouns Together

A. Certain verbs describe the exchange of items between two or more people.

dar	*to give* (*something to someone*)
devolver	*to return* (*something*) / *give* (*something*) *back* (*to someone*)
llevar	*to carry/take* (*something to someone or somewhere*)
prestar	*to lend* (*something to someone*)
regalar	*to give* (*something*) *as a gift* (*to someone*)
traer	*to bring* (*something to someone or somewhere*)

¿RECUERDAS?

Indirect object pronouns generally answer the questions *to whom?* and *for whom?* Review **Gramática 2.3, 6.1, 11.3,** and **12.3** for more information about these pronouns.

Fátima me va a **traer** el libro que le **presté** la semana pasada. — *Fátima is going to bring me the book I lent her last week.*

Estefanía le **devolvió** a Eloy el dinero que le debía. — *Estefanía gave back to Eloy the money she owed him.*

Normally these verbs are accompanied by indirect object pronouns (**me, te, le, nos, os,** and **les**) even when the person involved is specifically mentioned.

Le di el dinero **a mi hermano Eduardo.** — *I gave the money to my brother Eduardo.*

Franklin, ¿**le** llevaste **a Estefanía** las flores que **le** prometiste? — *Franklin, did you take Estefanía the flowers you promised her?*

Estefanía, ¿qué **le** vas a regalar **a tu novio** para Navidad? — *Estefanía, what are you going to give (to) your boyfriend for Christmas?*

Indirect object pronouns are used with verbs of giving and exchanging.

Franklin **le dio** un anillo de compromiso **a Estefanía.**

Franklin gave an engagement ring to Estefanía.

Marcela, ¿te llevo una taza de café?
Sí, tráemela a la sala, por favor.

¿Cuándo me vas a devolver los libros que te presté?
Voy a devolvértelos mañana, después del examen.

Marcela, ¿sabes dónde está mi calculadora?
¿Tu calculadora? Se la di a Carlitos esta tarde cuando hacía su tarea de matemáticas. ¿No te la devolvió?

B. Sometimes there is more than one object pronoun in a sentence. This is common if you want to do something for someone, take something to someone, fix something for someone, buy something for someone, and so forth. The indirect object pronoun (**me, te, le, nos, os,** or **les**) usually refers to the person(s) for whom you are doing something. (The change from **le** and **les** to **se** is presented in section D.) The direct object pronoun **(lo, la, los, las)** usually refers to the object(s) involved.

When the context is clear, you will probably be able to understand speech with two object pronouns, but you may not be able to produce such sentences for a while. Give yourself time to acquire double-object pronouns!

—Franklin, mira, Sebastián **nos** trajo **un regalo** de boda. — *Franklin, look, Sebastián brought us a wedding gift.*

—¿De verdad, Estefanía? ¿Ya **nos lo** trajo? — *Really, Estefanía? He brought it to us already?*

—Estefanía, ¿**me** compraste **las camisas** ayer? — *Estefanía, did you buy me the shirts yesterday?*

—Sí, **te las** compré por la tarde. — *Yes, I bought them for you in the afternoon.*

—¿Quiere usted ver **el vestido rojo** también? — *Do you want to see the red dress as well?*

—Sí, muéstre**melo,** por favor. — *Yes, please show it to me.*

Note the following possible combinations with **me, te, nos,** and **os.**

me lo(s) me la(s)	*it/them for/to me*	nos lo(s) nos la(s)	it/them for/to us
te lo(s) te la(s)	*it/them for/to you (fam. sing.)*	os lo(s) os la(s)	*it/them for/to you (fam. pl. Sp.)*

—Eloy, si **te** falta dinero, puedo prestár**telo**.	*Eloy, if you need money, I can lend it to you.*
—Muchas gracias, Lucía. Présta**me** veinte dólares, por favor.	*Thanks a lot, Lucía. Please lend me twenty dollars.*
—Alex, ¿**me** lavaste las camisas el lunes?	*Alex, did you wash my shirts on Monday?*
—Sí, **te las** lavé. Aquí están.	*Yes, I washed them for you. Here they are.*
—¿**Les** sirvo el postre ahora?	*Should I serve you the dessert now?*
—No, sírve**noslo** más tarde.	*No, please serve it (to us) later.*

indirect object pronoun **(I) (me, te, le, nos, os, les)** = person(s) to/for whom you are doing something

direct object pronoun **(D) (lo, la, los, las)** = the thing(s) or person(s) involved

When two object pronouns are used together, the indirect object pronoun always precedes the direct object pronoun **(ID).**

¿Las flores? **Me las** trajo Franklin ayer. *The flowers? Franklin brought them to me yesterday.*

The correct order of pronouns in a sentence is **ID:** *indirect object + direct object*. Object pronouns...

- are usually placed immediately before the verb.
- may optionally be attached to the end of infinitives and present participles.
- *must* be attached to the end of affirmative commands.

C. The indirect object pronouns **le** and **les** change to **se** when used together with the direct object pronouns **lo, la, los, las.**

se lo	it (*m.*) to you (*pol. sing./pl.*), him, her, them
se la	it (*f.*) to you (*pol. sing./pl.*), him, her, them
se los	them (*m.*) to you (*pol. sing./pl.*), him, her, them
se las	them (*f.*) to you (*pol. sing./pl.*), him, her, them

—Nayeli, ¿**les** prestaste el carro a Camila y a Claudia?	*Nayeli, did you lend your car to Camila and Claudia?*
—Sí, **se lo** presté anoche.	*Yes, I lent it to them last night.*
—¿Y **le** diste las flores a tu mamá?	*And did you give the flowers to your mother?*
—Sí, **se las** di hace unos minutos.	*Yes, I gave them to her a few minutes ago.*

All these combinations may look confusing in abstract sentences, but in the context of real conversations, you will generally know to whom and to what the pronouns refer.

—¿**Me** compraste las zapatillas?	*Did you buy me the slippers?*
—Sí, **te las** compré esta mañana.	*Yes, I bought them for you this morning.*
—¿Quiere usted que **le** traiga los guantes ahora?	*Do you want me to bring you the gloves now?*
—Sí, tráiga**melos** ahora, por favor.	*Yes, please bring them to me now.*
—¿**Le** devolviste la sartén al vecino?	*Did you return the frying pan to the neighbor?*
—Sí, **se la** devolví ayer.	*Yes, I returned it (to him) yesterday.*

Le and **les** become **se** when they precede the direct object pronoun **lo, la, los,** or **las.**

—¿**Le** llevaste **los documentos** al profesor Sotomayor?

Did you take the documents to Professor Sotomayor?

—Sí, **se los** llevé ayer.

Yes, I took them to him yesterday.

D. Remember that object pronouns can be attached to infinitives and present participles and are always attached to affirmative commands. When the verb form and both object pronouns are written together as one word, you must place an accent mark on the stressed syllable.

—Señor, este vestido es muy bonito. ¿Puede **dejármelo** en doscientos quetzales?	*This is a very pretty dress, sir. Can you give it to me for 200 quetzals?*
—Lo siento, no puedo **dejárselo** en doscientos. Se lo dejo en doscientos sesenta quetzales.	*Sorry, I cannot give it to you for 200. I can give it to you for 260 quetzals.*
—Eloy, ¿**me** vas a preparar las enchiladas hoy?	*Eloy, are you going to prepare the enchiladas for me today?*
—Ya estoy **preparándotelas.**	*I am already preparing them for you.*

Ejercicio 3

Completa las oraciones con el pronombre apropiado: **me, te, le, nos, os, les.**

1. La semana pasada Omar llegó tarde a casa y Marcela ________ hizo muchas preguntas a él.
2. Ayer el profesor de química ________ dio mucha tarea (a nosotros).
3. —No, Camila, no ________ puedo decir con quién voy a ir al Baile de San Valentín; es un secreto. ¡No ________ preguntes otra vez!

   —Ay, Nayeli, si no me dices ese secreto, ¡voy a estar enojada contigo!
4. **ANA SOFÍA:** Franklin y Estefanía, mañana ________ voy a preparar una cena romántica para celebrar vuestro compromiso.
5. Lucía dice que ella ________ va a hornear el pastel de bodas a Estefanía y a Franklin. ¡Sabe hornear muy bien!

Ejercicio 4

A. Hoy Franklin le hace muchas preguntas a Estefanía. Ella contesta diciendo que ya hizo todo ayer.

MODELO: **FRANKLIN:** Estefanía, ¿ya *le devolviste el libro* a Eloy?
ESTEFANÍA: Sí, ya *se lo devolví* ayer.

1. ¿Ya le entregaste la tarea al profesor de sociología?
2. ¿Ya le diste el regalo de cumpleaños a Xiomara?
3. ¿Ya les llevaste los disfraces a Daniel y a Sebastián?
4. ¿Ya me compraste las novelas que te pedí para mi cumpleaños?
5. ¿Ya les mandaste las invitaciones a todos?

B. Ahora, Marcela le hace muchas preguntas a Omar. Contesta según el modelo.

MODELO: **MARCELA:** ¿Cuándo *me vas a prestar tu nuevo iPad?*
OMAR: *Te lo voy a prestar mañana. / Voy a prestártelo mañana.*

1. ¿Cuándo me vas a mostrar el proyecto de la clase de Macroeconomía?
2. ¿Cuándo me vas a comprar la cámara que te pedí para mi cumpleaños?
3. ¿Cuándo le vas a traer los libros a Maritza?
4. ¿Cuándo les vas a dar el regalo a los niños?
5. ¿Cuándo nos vas a mostrar las fotos que nos tomaste con tu móvil?

Ejercicio 5

Hoy Sebastián le pide muchos favores a Daniel. Pero antes de que Sebastián le pida que haga algo, ¡Daniel ya lo está haciendo! ¿Cómo le responde Daniel a Sebastián?

MODELO: **SEBASTIÁN:** Daniel, ¿puedes servirme un café, por favor?
DANIEL: Te lo estoy sirviendo ahora mismo. / Estoy sirviéndotelo ahora mismo.

1. Oye, ¿puedes prepararme un sándwich también? Tengo hambre.
2. Daniel, no sé dónde dejé mi móvil. ¿Me lo buscas, por favor?
3. Por favor, pídele a tu amigo Roy su tableta.
4. ¿Puedes enviarle a tu prima las bufandas que le compramos para su cumpleaños?
5. Ponte ya los zapatos porque necesitamos salir en unos minutos.

14.3 Pronoun Placement Summary

Omar regresó de Francia hoy y le trajo una botella de perfume a Marcela.

Carlitos les pide dinero a sus padres.

¿Las plantas? Ricky las está regando ahora. / Ricky está regándolas ahora.

¿El carro? Eloy va a lavárnoslo hoy. / Eloy nos va a lavar el carro hoy.

¿Las verduras? Cómetelas ahora o no te voy a servir el postre.

¿La tarea? Hazla hoy; no la dejes para mañana.

A simple set of rules governs the placement of reflexive **(me, te, se, nos, os, se)**, indirect **(me, te, le, nos, os, les)**, and direct **(me, te, lo/la, nos, os, los/las)** object pronouns.*

A. Reflexive pronouns, like object pronouns, directly precede a conjugated verb (a verb with endings in any tense).

—¿A qué hora **se acostaron** ustedes anoche?	*What time did you all go to bed last night?*
—**Nos acostamos** muy tarde, a las dos de la madrugada.	*We went to bed very late, at two in the morning.*

*For recognition only: The reflexive, direct, and indirect object pronoun that corresponds to the subject pronoun **vos** is **te.** (Recall that **os** is the reflexive, direct, and indirect object pronoun that corresponds to the subject pronoun **vosotros.**)

—¿De niña **te bañabas** todos los días, Nayeli? | *Nayeli, did you use to take a bath every day when you were a little girl?*

—No, **me duchaba** todos los días pero **me bañaba** los sábados. | *No, I showered every day but took a bath on Saturdays.*

B. When a conjugated verb is followed by an infinitive or a present participle, object pronouns can either precede the conjugated verb or be attached to the end of the infinitive or the present participle.

¿Qué **ibas a decirme** / **me ibas a decir?** | *What were you going to tell me?*

—¿Ya llamaste a Claudia y a Radamés? | *Did you already call Claudia and Radamés?*

—No, pero **estoy llamándolos** / **los estoy llamando** ahora. | *No, but I am calling them now.*

C. These same pronouns are attached to the end of affirmative commands but precede negative ones.

—**Tráigame** el café después de la cena; no **me lo traiga** ahora. | *Bring me the coffee after dinner; don't bring it to me now.*

—¡**Hazlo** ahora! ¡No **lo dejes** para mañana! | *Do it now! Don't leave it for tomorrow!*

D. Double pronoun sequences such as **me lo** (*it to me*) and **se los** (*them to her/him/you/them*) also follow the rules previously described.

¡**Dámelos** a mí; no **se los des** a Lucía! | *Give them to me; don't give them to Lucía!*

—¿**Le** envuelvo la blusa ahora? | *Shall I wrap the blouse for you now?*

—Sí, **envuélvamela** ahora, por favor. | *Yes, please wrap it for me now.*

—Estefanía, ¿tienes las llaves del coche? | *Estefanía, do you have the car keys?*

—No, Franklin no **me las ha dado** todavía. | *No, Franklin hasn't given them to me yet.*

—¿Cuándo vas a **llevarle** el libro a Fátima? | *When are you going to take the book to Fátima?*

—Ya **se lo llevé** ayer. | *I already took it to her yesterday.*

E. Accent marks may be necessary to preserve the original stress on the verb form when pronouns are added. The following summarizes when written accent marks are needed.

1. Present participles with one or two pronouns attached **(bañándome, dándoselo)**
2. Affirmative commands with one or two pronouns attached **(tráigame, llévieselo).** Exceptions include one-syllable commands that have only one pronoun attached **(hazme, ponle, dinos).**
3. Infinitives with two pronouns attached **(vendérmelo)**

Say the infinitive, command, or present participle without the pronouns to hear which syllable is stressed, then place the accent mark over the stressed vowel when you write the word with pronouns attached.

Ejercicio 6

Completa las respuestas que da cada persona con el verbo y un pronombre reflexivo **(me, te, se, nos, os, se)** o con una combinación de pronombres: **me lo(s)/la(s), te lo(s)/la(s), se lo(s)/la(s), nos lo(s)/la(s), os lo(s)/la(s), se lo(s)/la(s).** Si la pregunta tiene un asterisco (*), hay dos maneras de contestar.

MODELO: **OMAR:** Marcela, ¿puedes *buscarme el cinturón*?*
MARCELA: Ya *estoy buscándotelo*. / Ya *te lo estoy buscando*.

1. **ESTEFANÍA:** Franklin, ¿me vas a comprar el diccionario mañana?*
   FRANKLIN: Sí, ___________ mañana temprano.
2. **MARCELA:** ¿Cuándo te vas a duchar?*
   OMAR: ___________ en cinco minutos.
3. **DANIEL:** ¿Cuándo quieres que te compre los bolígrafos?
   SEBASTIÁN: Necesito que ___________ hoy. ¡No tengo con qué escribir!
4. **DANIEL:** ¿Cuándo le vas a llevar las sartenes a Ana Sofía?
   SEBASTIÁN: Ya ___________ anoche.
5. **MARCELA:** ¿Me estás haciendo el desayuno?*
   OMAR: Sí, ___________ ahora.

Note: the answer to item 4 requires the past tense.

Ejercicio 7

A. Estefanía está enojada. Franklin quiere ayudarla pero ella siempre le contesta que no. ¿Qué dice Estefanía? Contesta por ella en forma negativa usando **me lo(s)** o **me la(s)** y el mandato.

MODELO: **FRANKLIN:** Estefanía, ¿te traigo tu refresco favorito?
ESTEFANÍA: No, no me lo traigas.

1. ¿Te reparo el televisor?
2. ¿Te preparo un sándwich?
3. ¿Te busco los libros que perdiste ayer?
4. ¿Te compro las blusas que viste ayer en la tienda?
5. ¿Te digo la verdad?

B. Ahora, Estefanía está contenta y contesta que sí a todas las preguntas de Franklin. Contesta por ella en forma afirmativa usando **me lo(s)** o **me la(s)** y el mandato.

MODELO: ¿Te compro las faldas que te gustaron ayer?
Sí, *cómpramelas,* por favor.

1. ¿Te digo la verdad?
2. ¿Te lavo el coche?
3. ¿Te plancho tus blusas?
4. ¿Te sirvo la bebida que está en el refrigerador?
5. ¿Te limpio los estantes?

14.4 Opinions and Reactions: Indicative and Subjunctive

A. The most common way to convey opinions is by asserting an idea directly. An assertion is expressed by indicative verb forms.

La tecnología digital **es** muy útil. *Digital technology is very useful.*

Another way to convey opinions is to report others' assertions by using verb phrases such as **decir que** (*to say that*) and a second clause. Indicative verb forms are also used in such sentences.

El profesor Sotomayor **dice que** los caribeños **son** optimistas.	*Professor Sotomayor says that Caribbeans are optimists.*

In addition, it is possible to introduce assertions of opinion with verb phrases such as **creer que** (to *believe that*), **pensar que** (to *think that*), and **es verdad (cierto, seguro) que** (*it is true* [*certain, sure*] *that*). The verb in the second clause of such sentences is still indicative.

Creo que los inmigrantes **deben** conservar su lengua y su cultura.	*I believe immigrants should keep their language and their culture.*

B. To deny a statement or to cast doubt on it, use a verb phrase such as **no creer que** (*to not believe that*) or **dudar que** (*to doubt that*). In such statements, use a subjunctive verb form in the second clause. (See **Gramática 12.1, 12.2, 13.3.**)

No creo que la tecnología digital **mejore** nuestra vida.	*I do not believe that digital technology improves our lives.*
Dudo que nuestro hijo siempre nos **cuente** todo.	*I doubt that our son always tells us everything.*

Here are more verb phrases that express doubt or disbelief. They all require the use of the subjunctive in the second clause.

es (im)posible que	*it's* (*im*)*possible that*
es (im)probable que	*it's probable* (*unlikely*) *that*
dudar que	*to doubt that*
no creer que	*to not believe that*
no es seguro que	*it's not certain that*

C. The following expressions are commonly used by Spanish speakers to react with emotion or surprise to information.

(Eso) Es interesante.	*That's interesting.*
(Eso) Me sorprende.	*That surprises me.*
Estoy muy contento/a.	*I'm very happy.*
Lo siento mucho.	*I'm very sorry.*
Me alegro.	*I'm glad.*
¡Qué bueno!	*How nice!*
¡Qué lástima!	*What a pity!*
¡Qué triste!	*How sad!*

These expressions can stand alone or be combined into longer sentences explaining what the speaker is reacting to. The conjunctions **y, pero,** and **porque,** followed by the indicative, can be used to link the two parts of the sentence.

Estoy muy contenta **porque** mi familia **vive** en un barrio donde hay gente que habla varios idiomas.	*I am very happy because my family lives in a neighborhood where there are people who speak several languages.*
Lo siento mucho, **pero** el banco **cierra** en cinco minutos.	*I am very sorry, but the bank closes in five minutes.*

Another possibility is to join the two parts of the sentence directly with **que.** In this structure and because these expressions express doubt, disbelief, and surprise, the verb in the second clause must be conjugated in the subjunctive.

Siento mucho **que tengas** esa opinión; a mí me gusta hablar con personas de otras culturas.	*I'm sorry that you feel that way; I like to speak with people from other cultures.*
Es una lástima que no **estemos** de acuerdo.	*It's a pity (that) we don't agree.*

Ejercicio 8

Eloy y Estefanía hablan de la economía. Escoge entre el presente de indicativo y el presente de subjuntivo para completar su conversación.

ESTEFANÍA: ¡Qué triste que tanta gente ___________ **(ha / haya)**[1] perdido su casa durante esta crisis económica!

ELOY: Sí, yo creo que los bancos ___________ **(deben / deban)**[2] ayudar a esa gente.

ESTEFANÍA: Tienes razón, pero no creo que los bancos ___________ **(tienen / tengan)**[3] interés en ayudar a nadie.

ELOY: Es seguro que lo único que los bancos ___________ **(quieren / quieran)**[4] es ganar dinero.

ESTEFANÍA: Bueno, también es verdad que la gente no ___________ **(ahorra / ahorre)**[5] y que ___________ **(gasta / gaste)**[6] sin pensar en el futuro.

ELOY: Sí, estoy seguro de que esa ___________ **(es / sea)**[7] una de las causas principales de esta crisis.

ESTEFANÍA: Claro, pero dudo que ___________ **(es / sea)**[8] la única causa.

ELOY: No, por supuesto que no. Creo que ___________ **(podemos / podamos)**[9] nombrar muchas más.

Ejercicio 9

Al día siguiente, la conversación entre Estefanía y Eloy continúa. Completa cada oración con el presente de subjuntivo o de indicativo de los verbos entre paréntesis, según el contexto.

ESTEFANÍA: Es una lástima que la gente no ___________ **(saber)**[1] ahorrar.

ELOY: Es seguro que ___________ **(haber)**[2] mucha gente que nunca ha ahorrado en su vida.

ESTEFANÍA: Sí, es verdad que la gente ___________ **(comprar)**[3] por comprar, sin pensar en el futuro.

ELOY: Bueno, dudo que esa ___________ **(ser)**[4] la única razón por la cual no ahorran.

ESTEFANÍA: Claro, es cierto que ___________ **(existir)**[5] muchas otras: sueldos muy bajos, desempleo, emergencias médicas, medicinas cada día más caras...

ELOY: Pues, a mí me sorprende que tantas personas todavía ___________ **(gastar)**[6] tanto en cosas que no necesitan.

ESTEFANÍA: Es probable que esas personas ___________ **(estar)**[7] convencidas de que las necesitan.

ELOY: Creo que cuando nosotros ___________ **(querer)**[8] algo, es fácil convencernos de que lo necesitamos. En mi caso es siempre así.

ESTEFANÍA: Es obvio que te ___________ **(conocer)**[9] bien a ti mismo.

ELOY: Sí, por eso me alegro de que mi familia no ___________ **(tener)**[10] problemas económicos en estos tiempos tan difíciles.

Lo que aprendí

Al final de este capítulo, ya puedo:

- ☐ hablar sobre productos y materiales.
- ☐ comprar ropa en un país hispano.
- ☐ ir de compras y regatear en español.
- ☐ expresar mi opinión sobre diferentes temas.

Y ahora sé más sobre:

- ☐ la gran variedad de regionalismos que hay en el mundo hispano.
- ☐ los mercados al aire libre en los países hispanos.
- ☐ dos ciudades mayas muy importantes.
- ☐ la activista indígena Rigoberta Menchú.
- ☐ varios proyectos ecológicos de Guatemala.

Vocabulario

Los materiales	
¿De qué (material) es la bolsa?	What (material) is the purse (made) of?
Es de cuero.	It's (made of) leather.
¿De qué está(n) hecho/a(s)... ?	What is/are . . . made of?
La caja está hecha de cartón.	The box is made of cardboard.
Los ladrillos están hechos de barro.	Bricks are made of clay.
El florero está hecho de vidrio.	The vase is made of glass.
el acero (inoxidable)	(stainless) steel
el carbón	coal
la fibra de vidrio	fiberglass
la goma	rubber
la lana	wool
la madera	wood
la materia prima	raw material
la mezclilla	denim
el oro	gold
el petróleo	oil, petroleum
la piedra (preciosa)	(gem) stone
la piel	leather; skin
la plata	silver
la seda	silk
la tela	cloth, fabric
Palabras semejantes: el aluminio, la cerámica, el diamante, el metal, el plástico	

Las prendas de vestir, los accesorios y las joyas	Articles of Clothing, Accessories, and Jewelry
Repaso: el abrigo, la bolsa, las botas (de vaquero), la bufanda, la camisa, la camiseta, la chaqueta, la corbata, la falda, los guantes, el pantalón (los pantalones), las sandalias, el sombrero, el suéter, el traje, los vaqueros, el vestido, los zapatos	
el arete	earring
el bañador	swim suit
la bata	robe
la blusa	blouse
el bolsillo	pocket
el botón	button
los calcetines	socks
los calzoncillos	men's underpants
el camisón	nightgown
la cartera	wallet
el cinturón	belt
el collar (de perlas)	(pearl) necklace
las gafas de sol	sunglasses
la guayabera	*embroidered lightweight shirt worn by men in tropical climates*
el huipil	*traditional embroidered dress/blouse worn by indigenous women in Mexico and Central America*
las pantaletas	women's underpants
las pantimedias	pantyhose
la prenda de ropa	garment, piece of clothing
la pulsera	bracelet
la ropa interior	underwear
el saco	sports coat
el sostén	bra
el traje de baño	swim suit
las zapatillas	slippers
los zapatos de tacón alto	high-heeled shoes
los zuecos	clogs

De compras	Going Shopping
Repaso: ¿Cuánto cuesta(n)?; el/la cliente, el/la dependiente, el (dinero en) efectivo, el precio, la tarjeta de crédito/débito	
¿Cómo te/le queda(n)?	**How does it (do they) fit you/ him/her?**
Me quedan apretados estos vaqueros.	These jeans are tight on me.
Le queda suelta esa camisa.	That shirt is loose on him.
No me queda bien este vestido. (Me queda mal este vestido.)	This dress doesn't fit me well.
Le quedan grandes esos zapatos.	Those shoes are big on him/ her.
¿Cuánto vale(n)?	How much is it/are they (worth)?
Déjemelo/la/los/las en (+ *number*).	Let me have it for (*amount of money*).
Se lo/la/los/las dejo en...	I'll let you have it/them for . . .
Le doy...	I will give you . . .
Lléveselo/la/los/las por (*cantidad*).	Take it/them for (*amount of money*).
Me lo/la/los/las llevo.	I'll take it/them.
¿En qué puedo servirle?	How may I help you?
estar (*irreg.*) **en oferta**	to be on sale
llevarse	to take away
probarse (ue)	to try on
Pruébatelo/la/los/las.	Try (you *fam. sing.*) it/them on.
Pruébeselo/la/los/las.	Try (you *pol. sing.*) it/them on.
¡Qué ganga!	What a bargain!
¿Qué talla lleva/usa?	What size do you (*sing. pol.*) take/wear?
¿Qué te/le parece?	What do you (*sing. fam./sing. pol.*) think?
regatear	to bargain
valer (*irreg.*)	to be worth
la mercancía	merchandise
el probador	fitting room
el precio rebajado/a	reduced price
el regateo	bargaining
el/la vendedor(a)	salesperson
la venta	sale

Los aparatos	Appliances
Repaso: la computadora, la estufa, la lavadora, el refrigerador (la refrigeradora), la secadora, el ventilador	
el abrelatas	can opener
el asador	barbecue grill
la congeladora	freezer
la impresora	printer
la licuadora	blender
la plancha	iron (*appliance*)
el/la sartén	frying pan; skillet
el televisor a pantalla plana	flat screen television

Los lugares	
Repaso: el almacén, el banco, la librería, el mercado (al aire libre), la panadería, la zapatería	
la carnicería	meat market
la dulcería	candy store
la florería	flower shop
la frutería	store that sells fruit; fruit stand
la heladería	ice cream parlor
la joyería	jewelry store
la juguetería	toy store
la mueblería	furniture store
la pastelería	cake shop
la perfumería	perfume store
la tortillería	tortilla store

Los verbos	
Repaso: alquilar, imaginar(se), quitarse, sorprender(se)	
ahorrar	to save (*money, time, effort*)
asar	to roast, to grill
cambiar papeles	to switch (change) roles
comprar a crédito	to buy on credit
comprar a plazos	to buy in installments
comprar al contado	to pay cash
dañar	to damage
fabricar (qu)	to manufacture
gastar	to spend
imprimir	to print
pedir (i, i) prestado/a(s)	to borrow
prestar	to lend
¿Me presta(s)... ?	Can you (*pol./fam. sing.*) lend me . . . ?
salir (*irreg.*) **al mercado**	to come out on the market (*a product*)
Palabras semejantes: aceptar, causar, conservar, construir (y), derivar, producir (produzco), surfear	

Los sustantivos	
Repaso: la botella, la caja, el envase	
los ahorros	savings
el/la artesano/a	craftsman/craftswoman
el batido	milkshake
la bolita de algodón	cotton ball
la carne asada	grilled meat
el cojín	cushion, pillow
las deudas	debts
el fabricante	manufacturer
los gastos	expenses, expenditures
la herramienta	tool
el maquillaje	make-up
el martillo	hammer
la mecedora	rocking chair
el medio ambiente	environment
la mejora	improvement
la mezcla	mixture
el pago (mensual)	(monthly) payment
el país en vías de desarrollo	developing country
el presupuesto	budget
el quetzal	quetzal (*national currency of Guatemala*)
la tabla de surfeo	surfboard
las tijeras	scissors
la venta de zaguán	garage sale (see **zaguán**)
el zaguán	entryway/vestibule/portico of a house
Palabras semejantes: la consecuencia, la construcción, el instrumento, la margarita, el uso, la versión	

Los adjetivos	
Repaso: de segunda mano, demasiado/a(s), justo/a	
agradable	pleasant
bordado/a	embroidered
de cuadros	checkered
de lujo	luxury
de lunares	polka-dotted
de rayas	striped
descompuesto/a	broken
estresante	stressful
justo/a	fair, just
Palabras semejantes: derivado/a, durable, local, manual, rectangular, resistente, sintético/a, tóxico/a, urgente	

Palabras y expresiones útiles	
Repaso: tal vez	
a mano	by hand
A ver...	Let's see . . .
al mes	monthly
al mismo tiempo	at the same time
aunque	even, even though
Buenas.	Hello (*informal*).
¡Cómo no!	Of course!
con mucho gusto	gladly, with pleasure
en cuanto	as soon as
enseguida	right away
Lo siento.	I'm sorry
lo último	the latest (*item*)
¿Para qué se usa?	What is it used for?
¡Por supuesto!	Of course!
Palabra semejante: realmente	

Las opiniones y las reacciones	
dudar que + *subj.*	to doubt that . . .
Es cierto que + *ind.*	It's true that . . .
Es dudoso que + *subj.*	It's doubtful that . . .
Es (im)posible que + *subj.*	It's (im)possible that . . .
Es (im)probable que + *subj.*	It's (un)likely that . . .
Es indudable que + *ind.*	There's no doubt that . . .
Es seguro que + *ind.*	It's certain that . . .
Es una lástima que + *subj.*	It's too bad that . . .
Es verdad que + *ind.*	It's true that . . .
no creer que + *subj.*	to not believe that . . .
¡Qué bueno que + *subj.***!**	It's good that . . . !

Repaso de los números	
mil	a thousand
doce mil	twelve thousand
veinticinco mil	twenty five thousand
cien mil	one hundred thousand
ciento treinta y tres mil	one hundred thirty three thousand
quinientos mil	five hundred thousand
un millón	a million
un millón de (dólares)	a million (dollars)
nueve millones novecientos mil (dólares)	nine million, nine hundred thousand (dollars)
cincuenta millones de (habitantes)	fifty million (inhabitants)

Design elements: (Communication, Connections, Comparisons, Cultures and Communities icons): McGraw Hill Education; (Mundopedia Globe Icon): Kundra/Shutterstock; (Audio icon): Orchid24/Shutterstock; (Cuida tu mundo image): Ekaterina Simonova/Shutterstock; (Sun icon): McGraw Hill Education; (Magazine background): McGraw Hill Education

15 Nuestro futuro

Hugo Sánchez Bonilla (1940), *Los playones del Río Sucio*

Upon successful completion of **Capítulo 15,** you will be able to express your opinions and talk about your future plans. You will also be able to discuss cultural and social issues that affect our society, the role of technology in our lives, and environmental problems and concerns. In addition, you will have learned about some interesting places in Costa Rica.

Comunícate
- **Las metas personales**
- **Cuestiones sociales**
- **La tecnología**
- **El futuro del planeta**
- **Hablando del futuro del planeta** Las ciudades verdes y sostenibles

Exprésate
- **Escríbelo tú** Cuestiones ambientales urgentes
- **Cuéntanos** La cuestión social que más te preocupa

Cultura
- **Mundopedia** Los logros ambientales de Costa Rica
- **Palabras regionales** Costa Rica
- **Conexión cultural** La inmigración nicaragüense en Costa Rica
- **Novela gráfica** Episodio 15

Videoteca
- **Amigos sin Fronteras, Episodio 15** La siesta
- **Mi país** Costa Rica
- **Los actores hablan**

Gramática
- **15.1** The Future Tense
- **15.2** More Uses of the Subjunctive (Part 2)
- **15.3** The Conditional
- **15.4** Past Subjunctive and Summary of Uses of the Subjunctive
- **15.5** Expressing Reactions: More Verbs Like **gustar**

McGraw Hill connect

COSTA RICA

la bandera de Costa Rica
ciudad capital: San José
moneda nacional: el colón costarricense

Conócenos

Glow Images

Juan Fernando Chen Gallegos

Juan Fernando Chen Gallegos tiene diecinueve años y nació el once de noviembre. Vive en San José, Costa Rica, con sus padres y hermanos. Juan Fernando estudia química farmacéutica en la Universidad de Costa Rica. Le apasiona hacer ejercicio, tanto en un gimnasio como al aire libre. Juan Fernando levanta pesas, juega varios deportes y anda en bicicleta con frecuencia. Le fascina ir a todas partes en motocicleta. Su meta es tener su propia farmacia algún día.

Comunícate

Las metas personales

Lee Gramática 15.1

¿Qué planes tienes para el futuro?

Tan pronto como me gradúe, **haré** un largo viaje en motocicleta por toda América Latina. **Pararé** en algunos lugares que quiero ver, como Machu Picchu en Perú.

Cuando logre mis metas académicas, **seré** feliz.

En cuanto mi esposa Marcela y yo ahorremos un poco, **crearemos** una empresa en la que podamos aprovechar sus estudios de economía y mi MBA.

Trabajaré hasta que tenga sesenta y cinco años. ¡Ni un día más! Y después de jubilarme, **realizaré** mi sueño de vivir en las montañas.

Español
102
Después de que esta clase termine, **tomaré** otra más avanzada. ¡Algún día **hablaré** español perfectamente!

Cuando Ana Sofía aprenda inglés, **volverá** a España para trabajar en una agencia de turismo durante los veranos. Así **podrá** comunicarse con los turistas de Inglaterra y Estados Unidos.

¡CUMBANCHA EN GIRA!

Tan pronto como Cumbancha venda muchas canciones en línea, Radamés y su grupo **darán** una gira por Latinoamérica.

Cuando nazca nuestro primer hijo, **nos sentiremos** muy orgullosos.

En unos años **haré** mi sueño realidad y **¡tendré** mi propia farmacia!

¿Recuerdas?

In **Gramática 12.2,** you learned that Spanish requires subjunctive verb forms in time clauses whenever the time expressed is in the future. The word **cuando** is commonly used to introduce time clauses, but there are similar conjunctions such as **hasta que, después de que, tan pronto como, en cuanto,** and **antes de que.** You may want to review **Gramática 12.2** now.

Actividad 1 Tu futuro y el futuro del mundo

A. ¿Cómo será tu futuro? Indica si estás de acuerdo o no con estas afirmaciones y di por qué.

MODELO: **E1:** *Estoy de acuerdo* con la número 1. Dentro de diez años *tendré más tiempo libre* porque *solo tendré que trabajar ocho horas al día. ¡Ahora trabajo y estudio!*

E2: *No estoy de acuerdo* con la número 1. Dentro de diez años *no tendré más tiempo libre* porque *tendré más responsabilidades en el trabajo y con mi familia.*

DENTRO DE DIEZ AÑOS...	ESTOY DE ACUERDO.	NO ESTOY DE ACUERDO.	PORQUE...
1. Tendré más tiempo libre.	☐	☐	________
2. Hablaré español perfectamente.	☐	☐	________
3. Aprenderé otro idioma.	☐	☐	________
4. Haré un largo viaje por todo el mundo.	☐	☐	________
5. Me sentiré contento/a con mi vida.	☐	☐	________
6. Tendré un buen empleo.	☐	☐	________

Gramática *Expressing the Future with the Verb* haber

There are two ways to express the future with the verb **haber.** You can use the construction **va + a + haber.** This is the *immediate future,* which you learned in **Gramática 4.4,** and which is often used in everyday speech to refer to immediately upcoming future actions and conditions. For longer-term references to the future, you can also use the formal future tense of **haber: habrá.** In both cases, only the singular form **(va a haber, habrá)** is used for singular and plural statements.

El lunes **va a haber** una reunión del club Amigos sin Fronteras.	*There will be a meeting of the Amigos sin Fronteras club on Monday.*
En veinte años ya no **habrá** problemas del medio ambiente.	*There will no longer be environmental problems in twenty years.*

B. ¿Cómo será el mundo? Ahora, imagínate cómo será el mundo de aquí a veinte años. Indica si estás de acuerdo.

DE AQUÍ A VEINTE AÑOS...	ESTOY DE ACUERDO.	NO ESTOY DE ACUERDO.	PORQUE...
1. Ya no habrá terrorismo en el mundo.	☐	☐	________
2. Se resolverá la crisis económica mundial.	☐	☐	________
3. Descubrirán una vacuna para el SIDA.	☐	☐	________
4. Habrá coches híbridos y eléctricos solamente.	☐	☐	________
5. Ya no habrá problemas con el COVID-19.	☐	☐	________
6. Estaremos mejor preparados para combatir las pandemias.	☐	☐	________

Actividad 2 Los sueños y las metas

Piensa en tu futuro y completa cada oración. Luego, conversa con tu compañero/a.

A. Di cuándo harás lo siguiente.

1. Me casaré tan pronto como...
2. Viajaré por todo el mundo en cuanto...
3. Compraré un carro nuevo cuando...
4. Daré muchas fiestas cuando...

Posibilidades

... compre la casa de mis sueños.
... conozca a la persona ideal.
... empiece a trabajar.
... gane más de $8.000 al mes.
... la economía mejore.
... me case y tenga hijos.
... me gradúe de la universidad.
... tenga mi propio apartamento.

B. Ahora, di qué harás en cada caso.

Posibilidades

Aprenderé a...	**Seguiré estudiando...**
Escribiré mis memorias...	**Tendré una casa en la playa...**
Iré a muchos conciertos...	**Trabajaré sesenta horas por semana...**
Me casaré...	**Viajaré por todo el mundo...**
Pasaré mucho tiempo leyendo...	**Viviré en...**

1. ... cuando encuentre un buen empleo.
2. ... hasta que nazca mi primer hijo.
3. ... tan pronto como me gradúe.
4. ... en cuanto me jubile.

Ian Cumming/Axiom Photographic/Agefotostock

En el famoso Carnaval de Limón (en Puerto Limón, Costa Rica) disfrutarás de desfiles, comida, música, bailes y conciertos.

Actividad 3 El futuro de Juan Fernando

Juan Fernando consultó a una adivina (*fortune teller*) en el Carnaval de Limón. Narra la vida futura de Juan Fernando según lo que le dijo la adivina. ¡Recuerda que vas a hablar del futuro!

Vocabulario

ganar el concurso	**parientes por parte de padre**
estar en buena forma	**subir a Machu Picchu**
propia	

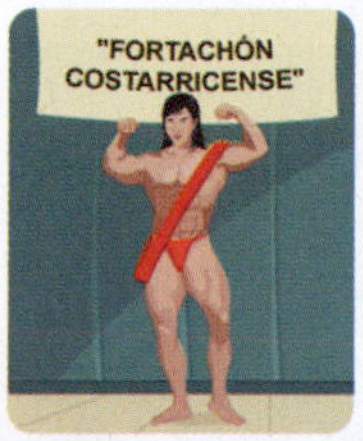

¿Qué más hará Juan Fernando?

Cultura *La comunidad china en Costa Rica*

La comunidad china en Costa Rica representa solo el uno por ciento de toda la población, pero la influencia de la cultura china se percibe en muchos aspectos de la sociedad costarricense. En 1855, setenta y siete inmigrantes chinos llegaron a Costa Rica para trabajar en el ferrocarril de Panamá. Muchos descendientes de esos primeros inmigrantes son hijos de matrimonios interraciales, como Juan Fernando.

Cuestiones sociales

Lee *Gramática* 15.2

¿Qué cuestiones consideras más urgentes?

Quiero vivir en un lugar donde pueda respirar aire puro y donde no haya tanta gente. ¡**La sobrepoblación** es un problema serio!

Espero que dejen de construir **reactores nucleares** para que no ocurra otro accidente grave como el de Fukushima. ¡Pobre gente!

No creo que todos **los inmigrantes** en Estados Unidos pierdan sus costumbres tradicionales. Cuando se trata de la comida, ¡mi familia sigue siendo muy mexicana!

En algunas escuelas primarias, el gobierno ha establecido **guarderías** para que los padres puedan dejar a sus hijos de edad preescolar durante sus horas de trabajo.

FÁTIMA: No conozco ninguna ciudad grande que no se enfrente diariamente con la cuestión de **los desamparados**.

ELOY: Ojalá los gobiernos encuentren pronto alguna manera de ayudarlos.

SEBASTIÁN: ¿Cuándo vamos a escribir la petición contra **el uso de pesticidas**?

DANIEL: Cuando tú quieras, pero antes de que sea demasiado tarde. ¡Es urgente!

ESTEFANÍA: ¿Estás de acuerdo con el nuevo programa de **salud pública**?

FRANKLIN: Sí, estoy de acuerdo. En mi opinión, es muy importante que más personas tengan acceso a los servicios de salud.

La causa del **estrés estudiantil** es variada: problemas académicos o familiares, recursos económicos, horarios, vida social…

Español 102
¡Qué bueno que tantos estudiantes universitarios estudien español!

Quiero ser cirujana.
Dudo que sea la mejor profesión para ti.

¡Qué lástima que todavía exista **la discriminación racial y sexual** en el campo del trabajo!

¡Qué triste es que la gente pase tanto tiempo en **las redes sociales** y no converse con sus seres queridos! Cuando estés con tu familia o amigos, ¡deja la tecnología por un rato!

Es necesario que **el hostigamiento digital** se considere un delito en todos los países.

¿Recuerdas?

In **Gramática 14.4** you learned about verb phrases (for example, **dudar que** and **no creer que**) and expressions (for example, **¡Qué lástima que...!** and **¡Qué bueno que...!**) that require the use of the subjunctive in the second clause because they express doubt, disbelief, or surprise. You may want to review that section now.

Gramática *Present Subjunctive of* haber

In certain constructions, the present subjunctive is needed (review **Gramática 12.1, 12.2, 12.3, 13.3, 14.4,** and **15.2**). When using the impersonal **hay** (there is/are) with a construction that requires the present subjunctive, use **haya** (always used in the singular).

Ojalá en el futuro **haya** más soluciones a los problemas energéticos del mundo.	*I hope in the future there will be more solutions to the world's energy problems.*
Queremos que no **haya** desamparados en nuestra sociedad.	*We want there to be no homeless people in our society.*

Actividad 4 Las cuestiones sociales

A. Empareja las dos columnas para buscar soluciones a estas cuestiones sociales.

CUESTIONES SOCIALES

1. Necesitamos más **programas de guardería** que... ________
2. No conozco ninguna **herramienta cibernética** que... ________
3. Habrá menos **estrés estudiantil** cuando... ________
4. Es necesario que la gente lleve **mascarilla** para que... ________
5. **La diferencia de salario** no acabará a menos que... ________
6. El uso excesivo de **aparatos digitales** será un problema a menos que... ________

SOLUCIONES

a. ayude a parar el hostigamiento digital.
b. cuiden a los niños durante las horas de trabajo.
c. haya más protección contra las pandemias.
d. las universidades sean gratuitas.
e. las familias sean más estrictas con el uso que hacen los hijos desde su niñez.
f. pare la discriminación sexual en el trabajo.

B. Escribe otras dos cuestiones sociales que te preocupen. Después, comparte esas cuestiones sociales con tus compañeros y busquen soluciones posibles.

CONNECTIONS C

Cultura *Avances sociales y la abolición del ejército en Costa Rica*

El presidente José Figueres Ferrer gobernó Costa Rica en tres ocasiones. En su primer gobierno (1948–1949), que duró solo dieciocho meses, les concedió el voto a las mujeres y abolió el ejército. Además, Figueres Ferrer asignó gran parte del presupuesto militar a la educación, y convirtió los cuarteles en escuelas, museos y centros culturales.

Keystone Press/Alamy Stock Photo

Actividad 5 Tu opinión

Selecciona la mejor de las condiciones para completar las oraciones, según tu opinión.

Vocabulario

bienestar social
dispuesto
iniciar
presupuesto
tasa
seguro médico

MODELO: La situación de los desamparados será más grave cada día a menos que...

a. se construyan suficientes viviendas para los pobres.
b. el gobierno les ofrezca más cupones de comida a los pobres.
c. se provean más trabajos para la gente desempleada.

La situación de los desamparados será más grave cada día a menos que *se construyan suficientes viviendas para los pobres.*

1. Qué lástima que tantos ciudadanos...
a. dependan del gobierno económicamente.
b. no voten en las elecciones nacionales.
c. no estén dispuestos a usar el transporte público.

2. Busco una ciudad donde...
a. haya un buen sistema de transporte público.
b. se ofrezcan programas sociales para los pobres.
c. la tasa de crimen sea baja.

3. Quiero vivir en una sociedad donde...
a. no se discrimine a los ciudadanos por el color de la piel.
b. se respeten los derechos civiles.
c. haya diversidad cultural y programas bilingües en las escuelas.

4. Debemos iniciar una campaña de salud pública para que...
a. el mundo esté preparado para combatir las pandemias.
b. haya vacunas para todos.
c. todo ciudadano reciba seguro médico.

5. Seguirá el problema de la sobrepoblación a menos que...
a. el gobierno ofrezca más programas de planificación familiar.
b. el gobierno limite la cantidad de hijos que puede haber en cada familia.
c. el gobierno ofrezca incentivos económicos a las familias que tengan solo dos hijos.

6. Estoy de acuerdo con una reducción en el presupuesto federal con tal de que...
a. (no) se reduzcan los fondos para la defensa del país.
b. (no) se reduzcan los fondos para la educación.
c. (no) se reduzcan los fondos para el bienestar social.

¡CUIDA TU MUNDO!

Ekaterina Simonova/Shutterstock

La fundación costarricense Futuro Brillante se enfoca[a] en ayudar a los habitantes de Cabo Velas y de sus áreas vecinas. Esta zona del noroeste costarricense tiene playas hermosas, pero también varios problemas sociales: hay mucho desempleo,[b] problemas de drogas y alcohol, y pocas oportunidades educativas. Futuro Brillante colabora con instituciones educativas y del gobierno, grupos comunitarios y compañías privadas para ayudar a esta comunidad. Su objetivo es promover el cuidado del medio ambiente y la transformación social. Muchos de sus proyectos están centrados en la alimentación[c] y en la agricultura. Por ejemplo, Futuro Brillante tiene una huerta[d] comunitaria para enseñarle a la comunidad sobre la alimentación saludable y sobre el cultivo sostenible. Además, Futuro Brillante les dona a las familias necesitadas[e] productos nutritivos y frescos. Si quieres ayudar, ¡contáctalos! ¡Siempre se necesitan voluntarios!

[a]*se... is focused* [b]*unemployment* [c]*nutrition* [d]*orchard* [e]*in need*

Cultura *¿Un idioma oficial?*

En treinta y dos estados de Estados Unidos se han promulgado leyes que declararon el inglés como lengua oficial. Entre estos estados se encuentran Arizona, California, Kansas, Oklahoma, Utah, Virginia y Wyoming. ¿Qué opinas de esto? ¿Crees que cada país debe tener un solo idioma oficial?

Actividad 6 Problemas actuales

Lee estas afirmaciones sobre algunas cuestiones que nuestra sociedad enfrenta actualmente. Decide si estás de acuerdo o no y por qué. Luego, comparte tu opinión con tus compañeros.

Vocabulario

acabarse	**la empresa**
el agua potable	**la escasez**
dejar de	**la maquiladora**
el desperdicio	**la pobreza**

1. Es importante que el gobierno establezca buenas guarderías para que los padres puedan trabajar tranquilos.
2. Es importante que se eliminen los programas bilingües en las escuelas para que todos los niños aprendan inglés.
3. Es urgente que se legalice a todos los inmigrantes indocumentados.
4. Es necesario crear más programas educativos y recreativos en las escuelas para que los jóvenes dejen de usar drogas.
5. No se acabará la pobreza en América Latina hasta que las empresas internacionales establezcan más maquiladoras allí.
6. Es dudoso que la privatización de los sistemas del agua resuelva la escasez de agua potable.
7. Vamos a permitir el transporte de los desperdicios nucleares con tal de que se usen camiones seguros y choferes responsables.
8. Es necesario acabar con el hostigamiento en las escuelas para que los estudiantes puedan asistir a clase sin miedo.

Datos alarmantes

- Unos cuarenta millones de estadounidenses viven por debajo de la línea oficial de pobreza. Y alrededor de doce millones de niños de Estados Unidos (16%) viven en la pobreza.
- En Estados Unidos hay unos 580.000 desamparados: 39% son afroamericanos y 23% son latinos.
- Aproximadamente uno de cada cuatro jóvenes estadounidenses sufre algún tipo de hostigamiento cibernético.
- Durante la pandemia de COVID-19, los latinos en Estados Unidos tuvieron casi el doble de probabilidad de contraer el virus que la población blanca no hispana.

La tecnología

Lee *Gramática 15.3, 15.4*

¿Qué función tiene la tecnología en el mundo?

Es importante que todos los estudiantes tengan acceso a una computadora para sus clases en línea.

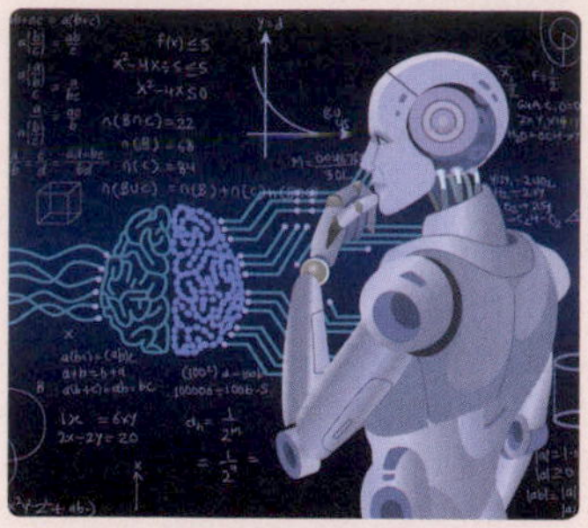

Es necesario que haya leyes sobre el uso avanzado de la inteligencia artificial.

Xiomara hablará con sus abuelos y podrá verlos con frecuencia cuando ellos aprendan a usar Zoom en su computadora.

La composición es para mañana. Quiero que me la manden por correo electrónico esta vez, en archivo adjunto.

No creo que la construcción de más reactores nucleares resuelva la falta de electricidad. Creo que los paneles solares ofrecerían mejores posibilidades.
paneles solares

¡Ojalá que la nanotecnología pudiera curar el cáncer!

Si me siguieras en Instagram, podrías ver mis fotos de Costa Rica. ¡Tengo muchas!

Si fuera posible, Eloy haría todas sus investigaciones médicas en línea y siempre usaría los libros digitales.

Si Omar tuviera más dinero, se compraría un Tesla (un automóvil eléctrico).

Lengua *Diccionario digital*

app	**la aplicación**	keyboard	**el teclado**
attachment	**el archivo adjunto**	link	**el enlace**
browser	**el navegador**	mouse	**el ratón**
to chat	**chatear**	online	**en línea; conectado/a**
directory	**el directorio**	password	**la contraseña**
to download	**bajar; descargar**	to save	**guardar**
file	**el archivo, el documento**	to upload	**subir, cargar**
folder	**la carpeta**	username	**el nombre del usuario**
homepage	**la portada**		

Datos curiosos

La nanotecnología es un campo científico que se dedica al control de la materia a la escala de átomos y moléculas. Ya se utiliza en productos electrónicos y en las cámaras digitales. Se espera poder utilizar **nanobots** —robots pequeñísimos— en el campo de la medicina algún día. Si los nanobots pudieran aplicarse a la materia viva, trabajarían en las células del cuerpo para curar enfermedades que hoy son terminales, como algunos tipos de cáncer.

Actividad 7 En línea

A. Usa el **Diccionario digital** para dar la palabra apropiada en español para estas definiciones.

1. un documento que se envía por correo electrónico
2. conversar en línea
3. la primera página que vemos cuando visitamos un sitio Web
4. el nombre requerido para entrar en el buzón electrónico
5. lo que se hace para poner un documento o una foto en línea
6. lugar donde se pueden guardar los archivos
7. guardar un documento del Internet en nuestra computadora
8. combinación de letra(s) y número(s) que se requiere para tener acceso al correo electrónico

B. Lee este infográfico con consejos para navegar en línea. Conversa con tus compañeros/as. ¿A quién le darías tú estos consejos? ¿Se lo(s) darías a tus padres? ¿a tus abuelos? ¿a tus amigos? ¿Estás de acuerdo con todos los consejos?

MODELO: **E1:** Yo le daría a *mi amigo* el consejo número *1* porque *a él le gusta ver películas en línea sin pagar por ellas.*
E2: Yo no. Yo se lo daría a *mi hermana* porque *a ella le gusta leer novelas en el Internet sin pagar por ellas*.

CONSEJOS PARA NAVEGAR EN LÍNEA

1. ¡Ojalá **nunca bajes** películas, libros ni música **ilegalmente del Internet!**

2. Cuando no sepas cómo decir **algo** en español, **usa un diccionario en línea.**

3. Es importante **que** al menos **una persona sepa tus contraseñas.**

4. Hay muchas personas que suben fotos a Instagram para que otros los sigan. Recuerda,

fizkes/Shutterstock

5. de personas que no conozcas.

6. ¡Qué bueno **que puedas comprar cualquier cosa** en línea **con un solo clic**!

7. Te sugiero que **nunca le des tu nombre de usuario ni tu contraseña a nadie en las redes sociales.**

8. Cuando sufras hostigamiento digital, **habla** con un consejero de la escuela.

Actividad 8 Una encuesta

Haz esta encuesta como proyecto de clase. Responde usando estas letras: **D** (definitivamente), **TV** (tal vez) o **N** (nunca).

1. Si no pudieras bajar música del Internet,...

_______ ¿escucharías la radio?

_______ ¿comprarías discos compactos/de vinilo?

_______ ¿dejarías de escuchar música?

2. Si fuera imposible hacer investigaciones en línea,...

_______ ¿irías a la biblioteca pública?

_______ ¿comprarías los libros que necesitaras?

_______ ¿usarías la biblioteca de tu universidad?

3. Si fuera posible,...

_______ ¿trabajarías en casa con tu computadora?

_______ ¿comprarías una nueva computadora?

_______ ¿crearías una nueva red social?

4. Si no pudieras textear a tus amigos,....

_______ ¿les hablarías por teléfono?

_______ ¿les mandarías correos electrónicos?

_______ ¿harías Snapchat / usarías WhatsApp™?

5. Si hubiera escasez de electricidad,...

_______ ¿montarías paneles solares en el techo de tu casa?

_______ ¿verías la televisión o escucharías música?

_______ ¿usarías la computadora?

¡Hola, chicos! ¿Qué tal?

Robert Daly/Caiaimage/Glow Images

¡Yo, bien! ¿Y ustedes?

Hendrik Sulaiman/Alamy Stock Photo

¡Muy bien, también! ¿Ya terminaron la tarea?

fizkes/Shutterstock

¡Yo, sí! Era una tarea difícil, ¡ojalá esté bien! Para mí, es perfecto que la profe suba la tarea a Canvas justo después de clase.

Jose Luis Pelaez Inc./Blend Images

Pues, para mí, sería aun más conveniente que la tarea y el libro electrónico estuvieran en la misma plataforma. ¡Eso me ahorraría mucho tiempo!

Hero Images/Getty Images

Estoy de acuerdo. ¡Sería ideal! Pero si tuviera que seleccionar lo que más me gusta de esta clase, diría que es estudiar... ¡CON USTEDES! Ya sea de forma virtual o en nuestra cafetería favorita.

Srdjan Pav/E+/Getty Images

Nuestra gente

Cuéntanos, Ana, ¿qué tan importante es la tecnología en tu vida?

Used by permission of Ana Sánchez and Hugo Sánchez Bonilla

Dra. Ana C. Sánchez, profesora costarricense en Estados Unidos

Buena pregunta... La verdad, la tecnología es esencial en mi vida diaria; no sé qué haría sin ella. Claro que tiene sus ventajas y también sus desventajas. Soy profesora y aprendí a enseñar en Costa Rica, interactuando con los estudiantes. Aquí, en Estados Unidos, enseño español y uso mucho los gestos en mis lecciones, pero la enseñanza virtual limita un poco esa parte de la comunicación. Pero bueno, la tecnología nos permite enseñar en momentos críticos, como durante la pandemia global que sufrimos. Además, la tecnología me ha ayudado a mantener el contacto con mi familia y con mis amigos. He podido seguir viendo a mi tío favorito, el artista Hugo Sánchez. Nos mandamos fotos, hablamos de su arte y de la familia. Me fascina hablar con él. Tan pronto como pueda, iré a mi país, lo abrazaré y disfrutaré de toda la familia. Definitivamente, mi país es ¡pura vida!

Actividad 9 La tecnología digital

A. Conversa con tu compañero/a.

1. ¿Para qué usas más la computadora? ¿Para divertirte?
2. ¿Lees el periódico en línea? ¿Escuchas audiolibros? ¿Bajas música o podcasts?
3. ¿Usas el correo electrónico con frecuencia? ¿Para qué? ¿A quién le envías correos electrónicos?
4. Si fuera posible, ¿te gustaría trabajar usando la computadora en tu casa? ¿Qué ventajas y desventajas tendría para ti este tipo de trabajo? Explica.
5. Si fuera necesario, ¿podrías vivir sin móvil? ¿sin tus redes sociales?
6. ¿Crees que el hostigamiento digital es un problema serio?

rvlsoft/Shutterstock

B. Indica los programas o aplicaciones que tienes y que utilizas con frecuencia. Luego, habla con tu compañero/a sobre las ventajas y las desventajas de cada programa o aplicación.

¿Qué tienes?	VENTAJAS	DESVENTAJAS
☐ **TikTok**		
☐ **Snapchat**		
☐ **Twitter**		
☐ **Instagram**		
☐ **WhatsApp**		
☐ **FaceTime**		
☐ **Otro:** ________________		

El futuro del planeta

Lee *Gramática* 15.5

¿Cuál(es) de estos problemas te preocupa(n) más?

A los científicos **les interesa** mucho resolver el problema de la destrucción de las selvas tropicales.

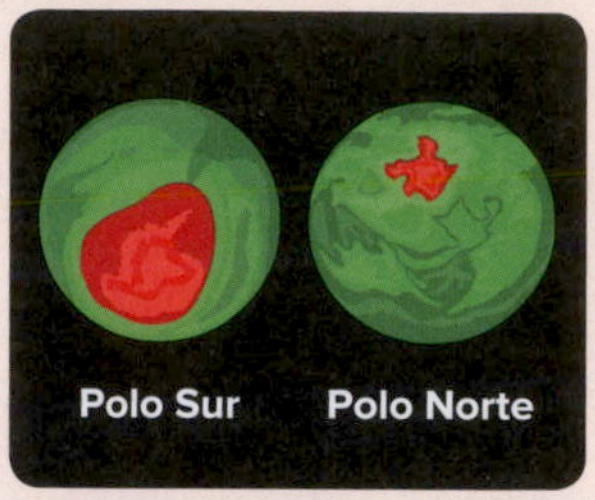

A todos **nos preocupan** los agujeros en la capa de ozono. La radiación solar puede filtrarse por esos agujeros y destruir la vida en el planeta.

JORGE: **Me parece** que debemos tratar de eliminar la contaminación de los ríos.

CAMILA: Sí, porque sin ríos no hay vegetación en el planeta.

A Camila **le dan miedo** los desperdicios de las plantas nucleares.

A todos **nos urge** evitar pandemias futuras. Podemos evitarlas vacunándonos y usando mascarillas.

ÁNGELA: **Me preocupa** mucho el calentamiento global.

FÁTIMA: A mí también. ¡Hay que controlar los gases de efecto invernadero!

NAYELI: ¡La contaminación del aire es un problema grande! ¡Qué horror!

XIOMARA: Sí, el esmog **nos afecta** y **nos molesta** a todos.

FRANKLIN: ¿Qué **te parece** la energía solar, Estefanía?

ESTEFANÍA: Es mucho más limpia y eficiente que la energía nuclear, ¿no crees?

FRANKLIN: Sí, tienes razón. ¡Pongamos paneles solares en nuestra futura casa!

A Sebastián y a Daniel **les llama la atención** la cantidad de especies en peligro de extinción. **Les da rabia** que los seres humanos sigan destruyendo la fauna del planeta.

A Juan Fernando **le fascinan** los avances que están haciendo los activistas ambientales. **Le molesta** no poder dedicarle más tiempo a las causas del medio ambiente.

CONNECTIONS

Datos alarmantes

- En Estados Unidos, se usan 17.000.000 de barriles de petróleo cada año en la fabricación de botellas plásticas para agua. Además, se requieren dos litros de agua para producir una botella de plástico de un litro.
- La recolección, el transporte y la eliminación de la basura gasta energía y contamina el aire y la tierra; además, ocupa espacio vital en las ciudades.
- Solo el cinco por ciento de la población mundial reside en Estados Unidos, pero en este país se produce el veinticinco por ciento de los gases de efecto invernadero.
- En los basureros, debido a la falta de oxígeno, los desperdicios no se descomponen, incluso si son biodegradables.

CONNECTIONS Actividad 10 El medio ambiente: problemas y soluciones

A. Empareja cada definición con el problema ecológico que describe.

DEFICIONES

1. ________ exceso de personas en una ciudad, un país o el planeta

2. ________ largo período de clima muy seco cuando no llueve lo suficiente

3. ________ especies que desaparecen porque su hábitat se ha destruido

4. ________ cuerpos de agua del planeta que ya no son saludables

5. ________ precipitación con sustancias tóxicas que derivan de la gasolina

6. ________ enfermedades infecciosas que afectan a muchas personas del mundo o de un territorio

7. ________ sustancias químicas que se utilizan para matar insectos

8. ________ aumento de la temperatura del planeta debido en parte a los gases de efecto invernadero

9. ________ parte del planeta donde no hay atmósfera y se deja pasar radiación ultravioleta dañina

10. ________ la basura que producen los reactores nucleares

PROBLEMAS ECOLÓGICOS

a. el agujero de la capa de ozono

b. los animales en peligro de extinción

c. el calentamiento global

d. los desperdicios nucleares

e. las pandemias

f. la lluvia ácida

g. los pesticidas

h. los ríos y océanos contaminados

i. la sequía

j. la sobrepoblación

B. Trabaja con tu compañero/a para explorar qué podemos hacer para resolver los problemas de la **Parte A**. Usen verbos de la lista.

nos da(n) miedo **nos importa(n)** **nos molesta(n)** **nos preocupa(n)** **nos urge(n)**

MODELO: **Nos preocupa** *la sequía*. Para resolver este problema, (creemos que) no debemos *desperdiciar el agua*.
Nos molestan *los ríos y océanos contaminados*. Para resolver este problema, (creemos que) debemos *imponerles fuertes restricciones a las industrias*.

Vocabulario

SOLUCIONES POSIBLES

comprar botellas y vasos reusables
controlar la tasa de natalidad
crear nuevas reservas naturales
gastar menos energía
llevar mascarillas y vacunarnos
no desperdiciar el agua
pedir envases biodegradables o de cartón
practicar la agricultura orgánica
reciclar el papel/plástico/vidrio
reducir el consumo de carne y aves
reducir o eliminar la producción de carburos fluorados
usar pesticidas no tóxicos
usar el transporte público o un carro híbrido/eléctrico

CULTURES

Hablando del futuro del planeta

LAS CIUDADES VERDES Y SOSTENIBLES

El crecimiento[a] de las ciudades tiene efectos medioambientales y sociales importantes en el planeta. Para ayudar con esos efectos, la Organización de las Naciones Unidas para la Alimentación y la Agricultura (FAO) tiene varias iniciativas, como las de «Bosques y ciudades sostenibles» y «Ciudades verdes». Uno de los objetivos principales de estas iniciativas es la creación de más zonas verdes sostenibles en las ciudades para mejorar el bienestar de las personas y el cuidado del planeta. Para esto, se organizan actividades como plantar árboles, expandir las zonas verdes y los bosques, y crear huertas urbanas[b] sostenibles. Las huertas sirven de ayuda social para las familias necesitadas,[c] especialmente en momentos de crisis, como durante la pandemia global que sufrimos (COVID-19).

Antonio_Diaz/Getty Images

Esta chica nos muestra su huerta en el patio de su casa.

Un país líder en la agricultura sostenible es Cuba. Por razones históricas (bloqueo económico de Estados Unidos) y por ser una isla, los cubanos tuvieron que inventar una forma de agricultura urbana que les diera seguridad nutricional e independencia; así crearon sus famosos jardines organopónicos.[d]

Con el objetivo de que haya más ciudades verdes sostenibles que ayuden al bienestar social, FAO ofrece muchos programas de ayuda y capacitación.[e] Una de sus prácticas más comunes es crear huertas comunitarias en parques o zonas baldías[f] o en los patios de las casas. Estas huertas mejoran la nutrición familiar y, si hay productos excedentes[g] para vender, son una ayuda económica para la familia.

AzmanL/E+/Getty Images

Este joven cultiva verduras en la azotea de su edificio.

En varias ciudades (Managua, Tegucigalpa y El Alto) hay programas de capacitación que se enfocan en varios aspectos: recoger el agua de lluvia para usarla en la agricultura, reciclar las botellas de plástico como una forma de riego por goteo,[h] usar fertilizantes orgánicos de residuos domésticos y controlar las plagas con trampas adhesivas. Otra práctica común en muchas ciudades, como en La Habana, Lima o la Ciudad de México, es el cultivo de verduras en las azoteas[i] de algunos edificios y la creación de huertas en algunas escuelas.

Es obvio que el crecimiento exponencial de las ciudades tiene muchas consecuencias sociales y medioambientales. La FAO intenta afrontar esas consecuencias con muchos programas de capacitación y ayuda para los residentes en las ciudades. Algunos de los objetivos principales son crear ciudades sostenibles que hagan un uso mejor de los recursos naturales y urbanos existentes.

[a]*growth* [b]huertas... *urban gardens* [c]*in need* [d]*jardines...* organoponic gardens (organoponic gardens are a Cuban invention that uses an organic substance obtained from crop residues, household wastes, and animal manure) [e]*training* [f]zonas... *empty lots* [g]*surplus* [h]riego... *drip irrigation* [i]*rooftops*

Actividad 11 La protección del medio ambiente

A. ¿Cómo protegen el medio ambiente los miembros del club Amigos sin Fronteras? Conversa con tu compañero/a.

MODELO: **E1:** ¿Qué hace *Omar* para proteger el medio ambiente?
E2: *Va a su trabajo en autobús en vez de manejar*. También...

OMAR

MARCELA

FRANKLIN

ESTEFANÍA

Vocabulario

OMAR
la energía renovable
la energía verde
MARCELA
la bolsa de lona
sembrar verduras
el reciclaje, reciclar
FRANKLIN
el carro eléctrico
la impresora
usar ambos lados
ESTEFANÍA
la botella de plástico/aluminio
pájaros cubiertos de petróleo
recoger la basura

B. ¿Cuáles de estas actividades haces tú?

MODELO: Yo reciclo el vidrio y el plástico. También manejo un carro híbrido.

Datos curiosos *Beneficios de la bicicleta al medio ambiente*

Según la organización Sierra Club, si cada uno de los residentes de una comunidad de 100.000 habitantes reemplazara un viaje en automóvil de **catorce kilómetros** (nueve millas) con uno en bicicleta una vez al mes, ayudaría a reducir la cantidad de emisiones de bióxido de carbono en 3.764 toneladas al año.

Datos alarmantes

Muchas especies de animales y plantas están en peligro de extinción, entre otros, **la abeja, el leopardo cazador,**[a] **la mariquita,**[b] **el oso, la serpiente y el tucán.** La abeja es la que más debe preocuparnos, pues este insecto es responsable por uno de cada tres bocados de comida a nivel mundial gracias a su función polinizadora. Tristemente, el treinta por ciento de las abejas desaparece cada año debido a lo que los científicos llaman **«anomalía de desplomo de colonia»**.[c] Dos de los causantes principales de esta desaparición, según especulan los científicos, son los pesticidas y las enfermedades causadas por otros organismos.

[a]leopardo... *cheetah* [b]*ladybug* [c]anamolía... *colony collapse disorder*

Actividad 12 Especies en peligro de extinción

Lee la información sobre los animales en peligro de extinción y luego conversa con tu compañero/a sobre el hábitat de cada especie. Presenten soluciones para evitar su extinción.

MODELO: **E1:** ¿Sabes cuál es el hábitat del *águila calva*?
E2: Sí, el *águila calva* vive en *las montañas Rocosas de Norteamérica.*
E1: Y dime, ¿cuál es la solución al problema *del águila calva*?
E2: *No* debemos *permitir la caza de esta especie.*

Vocabulario

CATEGORÍAS DE LAS ESPECIES

las aves
los insectos
los mamíferos
los reptiles

Martin Ruegner/Photodisc/Getty Images
la abeja

Frank Leung/E+/Vetta/Getty Images
el águila (*f.*) calva

Tory Kallman/Shutterstock
la ballena

Jim Reid/USFWS
el manatí

James Urbach/Purestock/Getty Images
la mariposa monarca

Glenn Bartley/Getty Images
el quetzal

Nombre	Hábitat	Solución
la abeja	colmenas (*beehives*) en regiones de clima templado y tropical	no usar pesticidas; cultivar sus plantas preferidas
el águila (*f.*) calva	las montañas Rocosas de Norteamérica	no permitir la caza de esta especie
la ballena	los océanos del mundo	imponer fuertes restricciones para la caza de esta especie
el delfín	los océanos y mares del mundo	requerir el uso de redes especiales en la pesca
el gorila	las tierras bajas de África	crear reservas
el lobo	los bosques del hemisferio norte	no permitir la caza de esta especie
el manatí	el mar Caribe	limitar el uso de barcos de motor
la mariposa monarca	las sierras de México	no usar pesticidas
el quetzal	las selvas de Centroamérica	no permitir su exportación
el oso panda	los bosques de bambú de Asia	proteger su hábitat creando reservas
la tortuga marina	las playas tropicales	proteger sus huevos

Exprésate

ESCRÍBELO TÚ

Cuestiones ambientales urgentes

Piensa en una cuestión ambiental que te parezca urgente, por ejemplo, alguna especie animal en peligro de extinción o el calentamiento global. Escribe una breve composición sobre el tema. Explica el problema, luego di dónde ocurre, cuáles son sus causas principales y cuáles son las consecuencias. Para terminar, sugiere qué se puede hacer para mitigar o resolver el problema. Lee y completa la actividad entera en el *Cuaderno de actividades* o en Connect.

¡AYÚDENOS CON LOS PROYECTOS DE CONSERVACIÓN FORESTAL!
20 años ayudando con la sostenibilidad de Costa Rica
Por una Costa Rica sostenible y limpia

pxhidalgo/123RF

Top Right: Dirk Ercken/Shutterstock; Middle Right(1): Steven P. Lynch; Middle Right(2): Mint Images/Art Wolfe/Getty Images; Bottom Right: Philip Coblentz/Brand X Pictures/Getty Images; Bottom Middle: buteo/Shutterstock; Bottom Left: Ivalin/Shutterstock

CUÉNTANOS

La cuestión social que más te preocupa

Comenta sobre la cuestión social que más te preocupa y explica por qué. ¿Hay maneras de remediar este problema o situación? Puedes usar el modelo como guía.

> **MODELO:** La cuestión social que más me preocupa es la sobrepoblación porque no creo que la tierra resista el impacto de tanta gente. Creo que la sobrepoblación es la causa de muchos otros problemas, como las guerras, la escasez de agua y la falta de energía. Espero que los gobiernos ayuden a establecer más clínicas de planificación familiar.

Cultura

Mundopedia

Los logros ambientales de Costa Rica

Mary Plage/Getty Images

El bosque tropical Monteverde

Vocabulario de consulta

logros	achievements
surgió	arose
planteó	presentó
dañara	harm

LAS RIQUEZAS DE COSTA RICA

El nombre de Costa Rica es muy apropiado: la costa atlántica del país es rica en selvas tropicales. Pero, en realidad, los exploradores españoles le dieron este nombre al país porque pensaban que iban a encontrar allí grandes cantidades de oro. Costa Rica no es rica en oro, pero sí tiene otras riquezas impresionantes. Los costarricenses trabajan activamente para proteger su riqueza natural. De hecho, el concepto de «ecoturismo» **surgió** en Costa Rica. Este es un tipo de turismo que no destruye el medio ambiente y educa a los turistas en cuestiones ambientales.

EL ECOTURISMO

Por más de treinta años, Costa Rica ha servido de ejemplo como líder del turismo sostenible y de la protección de los recursos naturales. El concepto de ecoturismo surgió en los años ochenta cuando el gobierno costarricense **planteó** la necesidad de ofrecerles a los turistas una experiencia con la naturaleza que no **dañara** la flora y la fauna del país. En 1995, el Instituto Costarricense de Turismo (ICT) creó un programa de certificación para lograr que todos los trabajadores de la industria turística —en hoteles, compañías de giras y de transporte— implementaran las prácticas de turismo sostenible. Catorce años después, en 2009, Costa Rica organizó la primera Conferencia Internacional de Ecoturismo, en la cual el ICT compartió con los participantes las estrategias y prácticas que habían dado resultado en Costa Rica. Esta conferencia única, conocida como la Conferencia P3 (La Conferencia Internacional de Turismo Sostenible: Planeta, Personas, Paz), ya se ha organizado varias veces en Costa Rica.

SITIOS ECOTURÍSTICOS

El cuarenta por ciento del territorio de Costa Rica está poblado de bosques, y hay en este país centroamericano uno de los sistemas más extensos de parques nacionales en todo el planeta. El bosque tropical de Monteverde, por ejemplo, es una zona de conservación muy famosa en Centroamérica y uno de los destinos principales para el ecoturismo. Este bosque tiene más de cien especies de mamíferos, más de cuatrocientas especies de aves y 2.500 especies de plantas. Otros sitios ecoturísticos importantes son los parques nacionales Manuel Antonio, Braulio Carrillo, Tortuguero y el lago Arenal. En el lago Arenal podrás navegar y andar en bicicleta, visitar el fantástico volcán Arenal y disfrutar de sus aguas termales, que se mantienen calientes gracias al volcán.

Hoy en día, el gobierno de Costa Rica tiene reglas estrictas para la construcción de viviendas y hoteles en zonas selváticas. Además, el noventa y nueve por ciento de toda la energía eléctrica de Costa Rica proviene de fuentes limpias. Sin duda son muchos los logros de este país excepcional donde la gente valora y protege la naturaleza.

COMPRENSIÓN

Contesta las preguntas.

1. ¿Por qué le pusieron el nombre «Costa Rica» a este país los exploradores españoles?
2. Describe el ecoturismo.
3. Nombra tres sitios ecoturísticos de Costa Rica.
4. Hay tres momentos importantes en la historia del ecoturismo. ¿Cuáles son?
5. Da por lo menos tres ejemplos de por qué Costa Rica se considera a la vanguardia de asuntos ecológicos.

Palabras regionales: Costa Rica	
atigrado/a	lazy
un(a) mae	chum, friend, "dude" (derogative)
¡Pura vida!	**¡Saludos!, ¡Que estés bien!**
tico/a	**costarricense**

CONEXIÓN CULTURAL

LA INMIGRACIÓN NICARAGÜENSE EN COSTA RICA

Desde hace años Costa Rica se ha enfrentado al problema de los inmigrantes indocumentados nicaragüenses. Pero en los últimos años, migrantes de otros países también están llegando de forma irregular a Costa Rica. Algunos inmigrantes llegan a Costa Rica para quedarse y vivir una mejor vida; pero otros están en Costa Rica solo temporalmente, mientras encuentran la forma de llegar a su objetivo final: Estados Unidos. ¿Qué opinas de la cuestión de la inmigración? Para informarte más sobre este debate, lee la lectura «La inmigración nicaragüense en Costa Rica» en el *Cuaderno de actividades* o en Connect.

EL MENSAJE DE YARIA Episodio 15: En la ciudad

Sabes, Alex, creo que ya terminó mi misión taína. Hace un mes que no visito a Maray ni he visto más símbolos.
Es posible que ahora te espere una nueva aventura...
Mañana regresas a Nueva Jersey, Alex, y voy a extrañarte. Gracias por ser mi compañero en mi misión...
¡De nada, Yaria! Fue un placer ayudarte. He aprendido mucho.
Entonces, «el mensaje de Yaria» tiene un final feliz.
Sí, para Maray y su tribu, porque se escondieron de los españoles y vivieron su vida en paz. Pero hubo muchos otros taínos sin final feliz.
Alex, a veces pienso que me lo imaginé todo, que fue solo un sueño...
Pues yo estoy seguro de que viajaste al pasado de verdad, ya sea (*be it*) por la fuerza de tus genes o por la magia de las piedras de Maray. ¡O por ambas cosas!
La última vez que vi a Maray, le conté que yo había llegado a su aldea desde un «tiempo venidero (*coming*)» muy lejano: el futuro. ¡Y ella me creyó! Quiso saber sobre el «tiempo venidero» de Quisqueya, su isla. Solo le dije, «Pues, Maray, un día Quisqueya tendrá muchos habitantes y seguirá siendo una isla muy hermosa...».
Alex regresa hoy a Nueva Jersey.
Seguiremos en contacto, Yaria. ¡Avísame si tienes otra misión!
Sí, Alex, nos comunicaremos con frecuencia. Y claro que te avisaré; ya sabes que siempre serás mi asistente experto en misiones. ¡Dame un abrazo!

Videoteca

Amigos sin Fronteras

Episodio 15: La siesta

Klic Video Productions/McGraw Hill

Klic Video Productions/McGraw Hill

Resumen

En el centro estudiantil, Sebastián, Claudia, Nayeli y Eloy conversan sobre la tecnología y lo mucho que los jóvenes dependen de sus aparatos electrónicos. Nayeli propone que todos pasen un día sin sus aparatos, pero Eloy está muy cansado y estresado por sus exámenes. Él no reacciona a la idea de Nayeli porque se duerme. Entonces tiene un sueño muy interesante...

Mi país COSTA RICA

Resumen

Juan Fernando te presenta lugares y aspectos culturales interesantes de Costa Rica. Verás volcanes espectaculares, parques nacionales, su capital, y aprenderás sobre la importancia del ecoturismo para proteger la flora y la fauna.

Kryssia Campos/Flickr/Getty Images

Una cascada en el río Celeste, Parque Nacional Volcán Tenorio, Costa Rica

Jeff Rotman/Getty Images

Unas tortugas en la playa Ostional, Costa Rica

Los actores hablan

Klic Video Productions/McGraw Hill

Klic Video Productions/McGraw Hill

Klic Video Productions/McGraw Hill

Preguntas

¿Cuál es el problema social o medioambiental más grave hoy en día?

¿Cómo será tu vida dentro de diez años?

Gramática

15.1 The Future Tense

A. In **Gramática 4.4,** you learned to use the construction **ir + a +** *inf.* to express future plans: **Esta tarde voy a estudiar.** Spanish also has a future tense, with its own set of endings. It is generally used to talk about long-term or important future events. This future tense is formed by adding these endings to the infinitive: **-é, -ás, -á, -emos, -éis,** and **-án.**

Future		
(yo)	jugar**é**	*I will play*
(tú)	terminar**ás***	*you (fam. sing.) will finish*
(usted, él/ella)	escribir**á**	*you (pol. sing.) will write; he/she will write*
(nosotros/as)	lavar**emos**	*we will wash*
(vosotros/as)	comer**éis**	*you (fam. pl., Sp.) will eat*
(ustedes, ellos/ellas)	dormir**án**	*you (pl.) will sleep; they will sleep*

Me jubilaré en dos años. — *I will retire in two years.*

Los políticos nunca **admitirán** sus errores. — *Politicians will never admit their mistakes.*

B. A few verbs have irregular stems to which the future-tense endings are attached.

caber → **cabré**
haber → **habré**
poder → **podré**
querer → **querré**
saber → **sabré**
poner → **pondré**
salir → **saldré**
tener → **tendré**
valer → **valdré**
venir → **vendré**
decir → **diré**
hacer → **haré**

Mi hermano dice que **tendrá** por lo menos cinco hijos cuando se case. — *My brother says that he will have at least five children when he gets married.*

Sabremos más sobre el asunto cuando salga el informe. — *We'll know more about the issue when the report comes out.*

C. For statements in conversation about future events, the **ir + a +** *inf.* construction is more frequently used than are the future-tense verb forms.

Mañana **vamos a manejar** a la montaña. — *Tomorrow we are going to drive to the mountains.*

When there is doubt or speculation, however, especially in questions, the future tense is common. This is called the future of probability.

¿Dónde **estarán** mis amigos? Todavía no han llegado. — *Where could my friends be? (I wonder where my friends are.) They haven't arrived yet.*

*Alternative form for recognition only: **vos terminarás.**

Ejercicio 1

¿Qué pasará durante los próximos quince años?

MODELO: El profesor Sotomayor *se jubilará* y *se mudará* a Guatemala con su esposa.

1. _______ **(*Yo:* Casarse)** y _______ **(tener)** dos hijos.
2. Mi mejor amigo y yo _______ **(graduarse)** e _______ **(ir)** a Europa.
3. Mis padres _______ **(mudarse)** y _______ **(vivir)** en una isla tropical.
4. Después de terminar esta clase, mis compañeros y yo _______ **(hablar)** español y _______ **(poder)** escribir en ese idioma perfectamente.
5. El presidente _______ **(venir)** a cenar a mi casa y me _______ **(decir)** que le gustan mis ideas y mi comida.

15.2 More Uses of the Subjunctive (Part 2)

A clause is a part of a sentence that has its own verb and subject, but functions like another part of speech, such as a noun, adjective, or adverb. This section presents clauses in which the verbs must be in the subjunctive. They include certain types of adjective clauses, adverbial and nominal (noun) clauses, and purpose clauses.

A. Adjective Clauses

Adjective clauses modify nouns, just as adjectives do. In English, adjective clauses usually begin with *that, which*, or who.

Adjective	Adjective Clause
It is a *big* country.	It is a country *that welcomes immigrants in an era of economic decline*.
The *long* and *difficult* war was fought in the name of equality.	The Spanish Civil War, *which was fought in the 1930s*, resulted in the loss of political freedom for the Spaniards.
He is the *new* senator.	Senator Ortega, *who proposed the negotiation of a peaceful solution*, is from my state.

In Spanish, adjective clauses normally begin with the conjunction **que,** whether they refer to things or to people.

Señor Presidente, aquí está el grupo de inmigrantes **que** viene a protestar contra la nueva ley.	*Mr. President, this is the immigrant group that is here to protest the new law.*
José Figueres Ferrer fue el presidente costarricense **que** abolió el ejército de su país en 1948.	*José Figueres Ferrer was the Costa Rican president who abolished his country's army in 1948.*

When an adjective clause that modifies a person contains a preposition **(a, de, con, para),** then **quien** (not **que**) follows the preposition.

Es un cuento escrito por el famoso escritor colombiano de **quien** les hablé en la clase pasada.	*It's a short story written by the famous Colombian writer about whom I spoke to you in the last class.*

If the person, place, or thing the adjective clause modifies is unknown to the speaker, the verb in the adjective clause must be in the subjunctive. Note the difference between describing something one *has* (known) versus something one *is looking for* (unknown).

INDICATIVE (KNOWN):

Juan Fernando compró **un libro** que **tiene** información sobre Costa Rica.	*Juan Fernando bought a book that has information about Costa Rica.*

SUBJUNCTIVE (UNKNOWN):

Julia busca **un sitio Web** que **tenga** buenos consejos para viajeros.	*Julia is looking for a website that has good advice for travelers.*

The subjunctive is also used in adjective clauses if the person, place, or thing modified is nonexistent.

INDICATIVE (EXISTENT):

En Costa Rica **hay varias regiones** que **producen** grandes cantidades de café.	*In Costa Rica there are several regions that produce large amounts of coffee.*

SUBJUNCTIVE (NONEXISTENT):

No hay ninguna región que **produzca** tanto café como esta.	*There is no region that produces as much coffee as this one.*

B. Adverbial and Nominal Expressions

Some adverbial and nominal (noun) expressions take subjunctive verb forms when the wishes of the person being addressed are not clear to the speaker. For example: *We will travel for as long as you want*. In this sentence, it is not clear to the speaker for how long the addressee wishes to travel. Following are some common adverbial and nominal expressions.

Como usted quiera / tú quieras.	*However you want.*
Cuando usted diga / tú digas.	*Whenever you say.*
Donde usted quiera / tú quieras.	*Wherever you want.*
Lo que usted diga / tú digas.	*Whatever you say.*
—¿Cómo lo vamos a hacer?	*How are we going to do it?*
—**Como tú quieras.**	*However you want.*
—¿Cuándo nos vamos?	*When are we leaving?*
—**Cuando usted quiera.**	*Whenever you want.*
—¿Adónde vamos mañana?	*Where are we going tomorrow?*
—**Adonde tú digas.**	*Wherever you say.*
—¿Qué vamos a hacer ahora?	*What are we going to do now?*
—**Lo que usted diga.**	*Whatever you say.*

OJO: These expressions contain indicative forms if what is expressed in the second clause is already known.

Lo que tú **dices** es verdad.	*What you are saying is true.*

C. Purpose Clauses

The purpose (or dependent) clause is used to show the intention of the action of the main verb in the sentence (independent clause). Spanish requires subjunctive verb forms in purpose clauses introduced by conjunctions such as **para que** (so *that, provided that, in order to/that*), **sin que** (*without*), **con tal (de) que** (*provided that*), **de modo (manera) que** (*so that*), and **a menos que** (*unless*). As opposed to clauses with **porque** + indicative, clauses with these phrases do not make it clear whether or not the thing being discussed actually takes place.

INDICATIVE

Siempre ando en bicicleta **porque** manejar un carro **contamina** el medio ambiente.	*I always ride a bicycle because driving a car pollutes the environment.*

SUBJUNCTIVE

¡La legislatura va a aprobar la nueva ley **sin que** los ciudadanos lo **sepan**!	*The legislature is going to pass the new law without the citizens knowing it!*
Es necesario reparar ese edificio **para que** no **se caiga** durante un terremoto.	*That building needs to be repaired so that it won't collapse in an earthquake.*
Estoy de acuerdo con el contrato **con tal de que** todos los trabajadores **reciban** la misma oferta.	*I'm in agreement with the contract provided that all of the workers receive the same offer.*
El problema de los desamparados será más grave cada día **a menos que se construyan** más casas para los pobres.	*The homeless problem will become more serious each day unless we build more houses for the poor.*

Ejercicio 2

Estefanía y Franklin están planeando su luna de miel. Escoge entre el presente de indicativo o el presente de subjuntivo para completar su conversación.

FRANKLIN: Prefiero ir a un lugar que no _______ **(es / sea)**[1] muy turístico.
ESTEFANÍA: Pero, Franklin, en agosto no hay ningún lugar que no _______ **(está / esté)**[2] lleno de gente.
FRANKLIN: Tienes razón, Estefanía. También busco un lugar que _______ **(ofrece / ofrezca)**[3] mucho para hacer, tanto de día como de noche.
ESTEFANÍA: Pues, hay varias ciudades de Europa que _______ **(tienen / tengan)**[4] muchas actividades que nos gustan.
FRANKLIN: ¡Europa, sí! Quiero ir a un lugar donde se _______ **(vende / venda)**[5] mucha ropa elegante.
ESTEFANÍA: Bueno, como tú sabes, París es una ciudad en la que se _______ **(fabrica / fabrique)**[6] más ropa fina que en cualquier otra ciudad del mundo.
FRANKLIN: Sí, y París es una ciudad donde _______ **(hay / haya)**[7] mucha actividad cultural, además de tiendas elegantes.
ESTEFANÍA: Entonces, ¿por qué no hacemos una gira por Europa?
FRANKLIN: Sí, quizás. Sigamos pensándolo...

Ejercicio 3

Los estudiantes del profesor Sotomayor expresan su opinión. Escoge entre el presente de indicativo y el presente de subjuntivo para completar sus comentarios.

1. Es necesario construir más apartamentos para que ______________ **(hay / haya)** suficientes viviendas para todos.
2. No podemos seguir usando tanta gasolina porque ______________ **(aumenta / aumente)** la contaminación ambiental en nuestra sociedad.
3. Hay tantos crímenes violentos porque el gobierno no ______________ **(prohíbe / prohíba)** portar armas de fuego.
4. Voy a escribirle una carta al gobernador para que nos ______________ **(ayuda / ayude)** a resolver el problema de las drogas en nuestro estado.
5. Seguirá el problema de la escasez de atención médica a menos que el gobierno ______________ **(adopta / adopte)** un plan nacional de seguro médico.
6. Debemos controlar lo que los niños ven en la televisión y el Internet porque esos medios ______________ **(influyen / influyan)** en su manera de pensar.
7. Todos los niños deben tener acceso a una computadora, con tal de que ______________ **(podemos / podamos)** limitar el tiempo que la usan.
8. Las redes sociales coleccionan nuestra información personal sin que nosotros lo ______________ **(sabemos / sepamos).**

portar armas de fuego = *to carry firearms*

15.3 The Conditional

A. The conditional is formed by adding these endings to the infinitive: **-ía, -ías, -ía, -íamos, -íais,** and **-ían.**

Conditional		
(yo)	jugar**ía**	*I would play*
(tú)	comer**ías***	*you (fam. sing.) would eat*
(usted, él/ella)	dormir**ía**	*you (pol. sing.) would sleep; he/she would sleep*
(nosotros/as)	tomar**íamos**	*we would drink*
(vosotros/as)	leer**íais**	*you (fam. pl., Sp.) would read*
(ustedes, ellos/as)	escribir**ían**	*you (pl.) would write; they would write*

Yo **hablaría** con su familia primero. — *I would speak with her family first.*

A Franklin le **gustaría** ir de luna de miel a Europa. — *Franklin would like to go to Europe for his honeymoon.*

*Alternative form for recognition only: **vos comerías.**

B. The verbs that have irregular stems in the future tense use the same stems in the conditional.

caber → **cabría**	poner → **pondría**	decir → **diría**
haber → **habría**	salir → **saldría**	hacer → **haría**
poder → **podría**	tener → **tendría**	
querer → **querría**	valer → **valdría**	
saber → **sabría**	venir → **vendría**	

—¡Yo no **sabría** qué decirle! *I wouldn't know what to tell him!*

—Pues yo le **diría** la verdad. *Well, I would tell him the truth.*

Ejercicio 4

Juan Fernando habla de las actividades que a los estudiantes del club Amigos sin Fronteras les gustaría hacer en Costa Rica, cuando lo visiten. Completa sus comentarios con el condicional del verbo más lógico de la lista.

bañarse invitar ir mandar nadar pasar tomar tratar viajar visitar

1. Franklin y Estefanía ______________ los sitios turísticos.
2. Sebastián ______________ de conocer nuevos amigos.
3. Eloy ______________ mucho tiempo conmigo.
4. Lucía y Claudia ______________ en la playa Manuel Antonio.
5. Ana Sofía ______________ fotos del volcán Poás.
6. Xiomara ______________ en las aguas termales de Arenal.
7. Nayeli ______________ al Museo Nacional de Costa Rica.
8. Camila le ______________ mensajes de texto y fotos a su familia todos los días.
9. Yo los ______________ a todos a almorzar en la casa de mis padres.
10. Todos nosotros ______________ juntos en el barco a la península de Nicoya.

15.4 Past Subjunctive and Summary of Uses of the Subjunctive

A. Statements of possibility in the present tense introduced with the conjunction **si** (*if*) take indicative verb forms in both the **si** clause and the conclusion.

Si el gobierno **congela** los alquileres, **habrá** menos desamparados. *If the government freezes rents, there will be fewer homeless people.*

Si hay poco trabajo, menos trabajadores sin documentos **cruzan** la frontera. *If there is little work, fewer undocumented workers cross the border.*

B. However, to imply that a situation is contrary to fact (hypothetical), a verb form called the *past subjunctive* (in Spanish, **el imperfecto de subjuntivo**) must be used in the **si** clause, and a conditional verb form is then used in the conclusion.*

Si tuviera más dinero, **me jubilaría.** *If I had more money, I would retire.*

Si ganara la lotería, **haría** muchos viajes. *If I won the lottery, I would take many trips.*

*In some areas of the Spanish-speaking world, the imperfect subjunctive is used in both the **si** clause and the conclusion: **Si supiera, te lo dijera.** (*If I knew, I would tell you.*)

To form the past subjunctive, drop the **-on** from the preterite form of any regular or irregular Spanish verb, and add these endings: **-a, -as, -a, -amos, -ais, -an.** Add a written accent to the second-to-last syllable of the **nosotros/as** forms.

PAST SUBJUNCTIVE			
	hablar **hablar~~on~~ → hablar-**	**sentir sintier~~on~~ → sintier-**	**tener** **tuvier~~on~~ → tuvier-**
(yo)	hablar**a**	sintier**a**	tuvier**a**
(tú)	hablar**as**†	sintier**as**†	tuvier**as**†
(usted, él/ella)	hablar**a**	sintier**a**	tuvier**a**
(nosotros/as)	habl**áramos**	sinti**éramos**	tuvi**éramos**
(vosotros/as)	hablar**ais**	sintier**ais**	tuvier**ais**
(ustedes, ellos/ellas)	hablar**an**	sintier**an**	tuvier**an**

Si Marcela **trabajara** fuera de casa, su hija Maritza tendría que estar todo el día en la guardería. — *If Marcela worked outside the home, her daughter Maritza would have to be in day care all day.*

This pattern is true for all verbs, regular and irregular, no exceptions: **decir: dijer~~on~~ → dijer-, traer: trajer~~on~~ → traj-, ir/ser: fuer~~on~~ → fuer-.**

Te sorprenderías si yo te **dijera** la verdad. — *You'd be surprised if I told you the truth.*

Si **fuera** posible, yo viajaría a otro planeta. — *If it were possible, I would travel to another planet.*

Si **fueras** conmigo al concierto, me sentiría más segura. — *If you went with me to the concert, I'd feel safer.*

C. You can also use the expression **ojalá que** (*I wish that*) followed by the past subjunctive to express a desire that is contrary to fact. The word **que** is optional but frequently used.

Ojalá (que) hubiera menos contaminación. — *I wish there were less pollution.*

Ojalá (que) tuviéramos más tiempo para estudiar. — *I wish we had more time to study.*

D. Here is a summary of the most common occurrences of the subjunctive in Spanish.

- With "softened" commands such as **le(s) sugiero que, te recomiendo que, me aconseja que, esperamos que,** and impersonal expressions such as **es importante que** and **es mejor que.** (See **Gramática 12.1** and the second **Comunícate** section of **Capítulo 13.**)

  Te aconsejo que mandes el documento por email. — *I advise you to send the document by e-mail.*

  Es importante que todos **reciclemos** los periódicos. — *It's important that we all recycle our newspapers.*

†Alternative forms for recognition only: **vos hablaras, vos comieras, vos tuvieras.**

- In time clauses introducing future (pending) events. (See **Gramática 12.2.**)

La fiesta empezará cuando tú **llegues.**	*The party will begin when you arrive.*
Tendremos problemas de sobrepoblación **hasta que logremos** controlar la tasa de natalidad.	*We will have overpopulation problems until we manage to control the birthrate.*

- With *Let/Have* commands and **ojalá.** (See **Gramática 13.3.**)

—Tenemos que resolver el problema de la venta ilegal de armas nucleares.	*We have to solve the problem of the illegal sale of nuclear weapons.*
—¡No, que lo **resuelva** el gobierno!	*No, let the government solve it!*
Ojalá que **podamos** descubrir una vacuna contra el SIDA.	*I hope we can discover a vaccine for AIDS.*

- Expressing opinions and reactions with verbs such as **dudar,** phrases such as **es dudoso que, es (im)probable que, es (im)posible que,** and expressions such as **¡Qué bueno que...!, ¡Qué lástima que...!,** and **¡Qué triste que...!** (See **Gramática 14.4.**)

Dudo que **se pueda** erradicar el crimen en las ciudades grandes.	*I doubt that crime can be eradicated in large cities.*
No creo que la participación de Estados Unidos en la guerra de Siria **resuelva** el problema del terrorismo.	*I don't believe that United States participation in the war in Syria will solve the problem of terrorism.*
¡Qué bueno que Marcela ya **haya terminado** su carrera universitaria!	*It's great that Marcela has already finished her college education.*

- In adjective clauses, as presented in **Gramática 15.2, A.**

En las guarderías infantiles necesitamos personal que **sepa** educar a los niños.	*In day care centers we need personnel who know how to educate children.*

- With adverbial and nominal expressions as presented in **Gramática 15.2, B.**

—¿Cuándo vamos a salir?	*When will we leave?*
—Cuando ustedes **quieran.**	*Whenever you want.*

- With purpose clauses, as presented in **Gramática 15.2, C.**

Vamos a hablar con nuestros hijos sobre las drogas y el sexo **para que estén** bien informados.	*We'll talk with our children about drugs and sex so that they are well informed.*

- In **si** clauses in the past tense that are hypothetical or contrary to fact, as presented in **Gramática 15.4, B.**

Si **conserváramos** más el agua, **se acabaría** la escasez.	*If we conserved more water, the shortage would end.*
Si todos **dejaran** de usar el automóvil como transporte personal, no **habría** tanta contaminación ambiental.	*If everyone quit using automobiles for personal transportation, there would not be so much air pollution.*

Ejercicio 5

Completa las oraciones con el presente de subjuntivo del verbo entre paréntensis. ¿Puedes explicar brevemente por qué se requiere el uso del subjuntivo en cada oración?

1. Compraré una casa más grande en cuanto ______________ **(tener)** dinero.
2. ¡Carlitos, no quiero que ______________ **(jugar)** a la pelota aquí adentro!
3. Te sugiero que ______________ **(ir)** al sitio Web y ______________ **(buscar)** la información necesaria.
4. Es importante que todos ustedes ______________ **(llegar)** a tiempo a clase.
5. Siento mucho que ______________ **(estar)** enfermo, Juan Fernando. ¡Que ______________ **(mejorarse)** pronto!
6. Espero que no ______________ **(haber)** mucha gente en el cine. ¡No me gusta esperar!
7. —Quiero comprar una casa que ______________ **(tener)** un jardín grande.
   —Dudo que (tú) la ______________ **(encontrar)** aquí tan cerca de la playa.
8. Es probable que nadie ______________ **(saber)** la respuesta a tu pregunta.

Ejercicio 6

Lee las oraciones con cuidado y decide si debes completarlas con el presente de indicativo o el presente de subjuntivo de los verbos entre paréntesis.

1. Cuando tenemos dinero, siempre ______________ **(ir)** de vacaciones a Costa Rica.
2. Cuando ______________ **(*nosotros:* ahorrar)** dinero, iremos a Costa Rica.
3. —No creo que nadie ______________ **(querer)** vivir en este barrio tan peligroso.
   —Pues, yo no creo que el barrio ______________ **(ser)** tan peligroso como tú dices.
4. Si ______________ **(poder),** iré a tu casa después del trabajo.
5. Los ciudadanos no ______________ **(estar)** bien informados sobre el peligro de radiación solar.
6. Es importante que todos nosotros ______________ **(estar)** bien informados sobre los problemas ecológicos.
7. Esta es una universidad excelente. Hay profesores que ______________ **(saber)** enseñar muy bien.
8. Si no hay electricidad, los estudiantes no ______________ **(poder)** usar su computadora para hacer la tarea.

Ejercicio 7

Escoge entre el imperfecto de subjuntivo y el condicional de los verbos entre paréntesis para completar cada oración. **OJO:** Todas son oraciones hipotéticas.

En español, **la gente** (*people*) requiere un verbo en singular.

1. Si más gente ______________ **(usar)** la energía verde, el gobierno no ______________ **(necesitar)** construir más reactores nucleares.
2. Si los jóvenes ______________ **(pasar)** menos tiempo con su computadora, ______________ **(aprender)** mejores maneras de comunicarse en persona.
3. Si los estudiantes del profesor Sotomayor ______________ **(consultar)** solamente sitios Web en español, ______________ **(tener)** un vocabulario mucho más amplio.
4. Si las computadoras no ______________ **(contaminar)** tanto el medio ambiente, yo ______________ **(estar)** más contento de tenerlas.
5. Si los estudiantes de secundaria ______________ **(tener)** más actividades recreativas en la escuela, no ______________ **(usar)** drogas.
6. Si todos los estadounidenses ______________ **(manejar)** carros híbridos, la contaminación ambiental ______________ **(disminuir)** muchísimo.
7. Si mi hermano ______________ **(ser)** más responsable, no ______________ **(llegar)** tarde a clase.
8. Si siempre ______________ **(*yo:* andar)** en bicicleta a todas partes, no ______________ **(gastar)** tanto dinero en gasolina.

15.5 Expressing Reactions: More Verbs Like **gustar**

In **Gramática 2.3,** you studied **gustar,** and you learned that this verb uses a different structure from the one you use in English.

Me gusta **la nanotecnología.** — *I like nanotechnology.*

Like **gustar** (*to like*) and **encantar** (*to love*), several other verbs also use indirect object pronouns.

dar miedo	*to frighten*	**llamar la atención**	*to surprise, to catch one's attention*
dar rabia	*to infuriate*	**molestar**	*to bother*
fascinar	*to be fascinating to; to love*	**parecer**	*to seem (like)*
importar	*to matter*	**preocupar**	*to worry, to be worrying*
interesar	*to be interesting*	**urgir**	*to be pressing/urgent*

Note that the person whose opinion/interest/reaction is described **(me, te, le, nos, os, les)** is mentioned first through use of the indirect object pronoun. These are the pronouns used with **gustar, encantar,** and the verbs mentioned above to express *to whom* something is pleasing/interesting/pressing. These pronouns always precede these verbs.

me	*to me*	nos	*to us*
te	*to you* (tú; vos)	os	*to you* (vosotros, *Sp.*)
le	*to you* (usted), *to him/her*	les	*to you* (ustedes), *to them*

The **subject** of the verb normally follows the verb and determines if the verb is singular or plural.

Nos importa **el medio ambiente**. — *The environment matters to us.*

Me preocupan **los desperdicios nucleares**. — *Nuclear wastes worry me.*

Me molesta mucho **el humo**. — *Smoke bothers me a lot.*

However, in some contexts, the subject may appear before the complement and the verb.

El humo me molesta mucho. — *Smoke bothers me a lot.*

A. Verb + nouns: In the following sentence, *our* opinion **(nos)** is described, and the smoke **(el humo)** is the subject of the sentence. The verb form **molesta** is singular because **el humo** is singular.

Nos molesta **el humo.** — *The smoke bothers us.*

In the next sentence, the subject **(los paneles solares)** is plural, so the verb **(fascinan)** is plural.

Me fascinan **los paneles solares** que instalaste. — *I love the solar panels you installed.*

B. Verb + infinitives: As you learned in **Gramática 2.3, gustar** is always used in the third-person singular **(gusta)** when the subject is one infinitive or even several infinitives. So in the following sentences, since the **gustar**-type verb is followed by infinitives, the verb is singular—it remains singular **(importa, urge)** even when there is more than one infinitive.

Le importa **conservar** energía. — *He cares about conserving energy.*

Les urge **limpiar y repoblar** los lagos contaminados. — *It's pressing for them to clean and repopulate contaminated lakes.*

Ejercicio 8

Expresa tu opinión usando la forma apropiada de los verbos indicados. Primero, escribe la forma correcta de los verbos. Recuerda usar el pronombre. Luego, indica la oración que mejor expresa tu opinión.

MODELO: La contaminación del aire…

(a.) *me molesta* **(molestar).** **b.** *me encanta* **(encantar).**

1. La conservación de nuestros recursos naturales…

   a. ______________ **(parecer)** necesaria. **b.** no ______________ **(importar).**

2. Los bosques y las selvas…

   a. ______________ **(fascinar).** **b.** no ______________ **(interesar).**

3. Vivir en un clima caluroso…

   a. ______________ **(encantar).** **b.** no ______________ **(gustar).**

4. El tránsito en las autopistas…

   a. ______________ **(molestar).** **b.** ______________ **(gustar).**

5. Los ríos del mundo…

   a. ______________ **(importar).** **b.** no ______________ **(preocupar).**

6. El agujero de la capa de ozono…

   a. ______________ **(dar)** miedo. **b.** no ______________ **(preocupar).**

Ejercicio 9

A. ¿A quiénes les preocupan estos problemas ecológicos? Completa con el pronombre **(me, te, le, nos, os, les)** y la forma del verbo apropiados.

PROBLEMAS ECOLÓGICOS

1. A las autoridades _______ ______________ **(importar)** el consumo excesivo de petróleo.
2. Al mundo entero _______ ______________ **(preocupar)** la destrucción de las selvas tropicales.
3. A nosotros _______ ______________ ______________ **(dar miedo)** las consecuencias del uso excesivo de productos plásticos.
4. A muchos ciudadanos _______ ______________ **(interesar)** parar la destrucción del hábitat de algunas especies de animales y plantas.
5. A mis padres y a mí _______ ______________ **(preocupar)** la contaminación del aire en las grandes ciudades.

B. Ahora escribe el número de los problemas ecológicos de la **parte A,** al lado de las posibles soluciones que hay abajo.

a. _______ restringir el uso de los autos y desarrollar otros medios de transporte.

b. _______ pedir envases de cartón o comprar productos en envases de vidrio y participar en programas de reciclaje.

c. _______ repoblar las selvas, ponerles fuertes multas a los causantes de la destrucción y grandes restricciones a las industrias.

d. _______ animar (*encourage*) a las personas a usar menos envases plásticos, más transporte público y menos combustible.

e. _______ crear nuevas reservas naturales y criar animales en zoológicos.

Lo que aprendí

Al final de este capítulo, ya puedo hablar sobre:

- ☐ mis planes para el futuro.
- ☐ el mundo del futuro.
- ☐ algunas cuestiones sociales de nuestra sociedad.
- ☐ mi opinión sobre varios aspectos de la tecnología.
- ☐ el impacto de la tecnología digital en mi vida y en nuestra sociedad.
- ☐ los problemas ambientales más urgentes.
- ☐ las maneras en que podemos proteger el medio ambiente.
- ☐ qué haría en diferentes situaciones hipotéticas

Y ahora sé más sobre:

- ☐ algunas especies de animales en peligro de extinción.
- ☐ el ecoturismo.
- ☐ varias ciudades verdes en el mundo hispano.

Vocabulario

Los sustantivos	
Repaso: la meta, la pandemia	
el aumento	rise, increase
el baile	dance
el bienestar social	social welfare
el camión	truck, bus (*Mex.*)
la campaña	campaign
la causa	cause
la caza	hunting
el concurso	contest, competition
la costumbre	habit, custom
la cuestión	issue, matter
el delito	crime, criminal offense
los derechos civiles	civil rights
la empresa	company; corporation
la encuesta	poll
la escasez	shortage
la escuela primaria	elementary school
el/la estudiante universitario/a	university student
la falta	lack
los fondos	funds
el gas	gas (vapor)
la gira	tour
la guardería	day care (center), nursery
el hostigamiento	bullying
las investigaciones	research
la ley	law
la maquiladora	assembly plant (*located in developing countries to take advantage of lower wages*)
la mascarilla	mask
el peligro	danger
la pesca	fishing
la planificación familiar	family planning
la pobreza	poverty
el porvenir	future
la radio	radio
el rato	while, moment (*a short period of time*)
la red	net
el SIDA	AIDS
la (sobre)población	(over)population
la tasa de desempleo/natalidad	unemployment/birth rate
la vivienda	housing
Palabras semejantes: el acceso, la agencia de turismo, América Latina, la agricultura, el avance, el cáncer, la cantidad, el carnaval, la combinación, el consumo, el crimen, la crisis, el cupón, la defensa, la destrucción, la diferencia, la discriminación (sexual), la droga, la elección, la electricidad, la exportación, la extinción, el futuro, el hemisferio, el incentivo, la industria, Latinoamerica, el período, la petición, la plataforma, la privatización, la producción, la reducción, la restricción, la región, el salario, el territorio, el terrorismo	

La tecnología	Technology
Repaso: bajar, subir; el aparato, el correo electrónico, la dirección electrónica, el mensaje de texto, la red social, el teclado	
guardar un documento	to save a document
la aplicación	application, app
el archivo	file
el archivo adjunto	attached file; attachment
el buzón	mailbox
la carpeta	folder; file
la contraseña	password
el disco de vinilo	vinyl record
el enlace	link
el navegador	browser
el nombre de usuario	user name
la portada	homepage
el ratón	mouse
el teclado	keyboard
cargar (gu)	to upload
chatear	to chat online
descargar (gu)	to download
Palabras semejante: la memoria, la nanotecnología, la navegación, el directorio, el disco compacto; cibernético/a	

Las personas	
el/la científico/a	scientist
el/la ciudadano/a	citizen
el/la desamparado/a	homeless person
el ser humano	human being
el ser querido	loved one
Palabra semejante: el/la inmigrante	

La ecología y el medio ambiente	Ecology and the Environment
Repaso: el océano, el planeta, el río, la sierra; híbrido/a, eléctico/a	
el agua potable	drinking water
el agujero de la capa de ozono	hole in the ozone layer
la bolsa de lona	canvas bag
el calentamiento global	global warming
los desperdicios (nucleares)	(nuclear) waste
el efecto invernadero	greenhouse effect
la energía renovable	renewable energy
la lluvia ácida	acid rain
el reciclaje	recycling
el recurso (natural)	(natural) resource
la reserva (natural)	(nature) reserve
la sequía	drought
Palabras semejantes: la atmósfera, el bambú, los carburos fluorados, la contaminación, el esmog, la fauna, el panel solar, el pesticida, la planta (nuclear), el Polo Norte (Sur), la precipitación, la radiación, el reactor (nuclear), reciclar	

Los animales	Animals
Repaso: la ballena, la mariposa, la tortuga (marina)	
la abeja	bee
el águila (*f. but* **el águila**) **(calva)**	(bald) eagle
ave *f.* (*but* **el ave**)	bird
el lobo	wolf
el mamífero	mammal
el oso (panda)	(panda) bear
el quetzal	quetzal, *colorful bird native to southern Mexico and Central America*
el zoológico	zoo
Palabras semejantes: el delfín, la especie, el gorila, el hábitat, el insecto, el manatí, el reptil	

Los verbos	
Repaso: enviar(se) (envío), evitar, proveer (*like* **ver**)	
acabar(se)	to end, to finish
aprobar (ue)	to pass (*a law*)
aprovechar	to take advantage of
desaparecer (zc)	to disappear
desperdiciar	to waste
destruir (y)	to destroy
dudar	to doubt
enfrentar(se)	to confront, face
establecer (zc)	to establish
estar (*irreg.*) **de acuerdo**	to agree
estar	to be
dispuesto/a	willing, available
en buena forma	in good shape
hacer (*algo*) realidad	to make (*something*) a reality / come true
haber (*irreg.*)	
había	there was, there were
hay	there is, there are
puede haber	there could be
va a haber / habrá	there will be
hubo	there was / there were
imponer (*like* **poner**)	to impose
jubilarse	to retire
matar	to kill
montar	to set up; to assemble; to ride
nacer (zc)	to be born
salvar	to save (*someone/something . . .*)
sembrar (ie)	to plant
tratarse de	to be about
Palabras semejantes: afectar, combatir, consistir (en), cultivar, dedicar (qu), discriminar, filtrar(se), iniciar, legalizar (c), limitar, ocurrir, reducir (zc), requerir (ie, i), respetar, vacunar(se), votar	

Los verbos como *gustar*	
Repaso: molestar(le), parecer(le) (zc)	
dar(le) (*irreg.*) **miedo**	to scare/frighten (someone)
dar(le) rabia	to make (someone) angry
llamar(le) la atención	to draw (someone's) attention
preocupar(le)	to be worrisome (to someone)
urgir(le) (j)	to be urgent, pressing (to someone)
Palabras semejantes: fascinar(le), importar(le), interesar(le)	

Los adjetivos	
Repaso: contaminado/a, digital, imposible	
actual	present, current
ambiental	environmental
cubierto/a	covered
dañino/a	harmful
desempleado/a	unemployed
educativo/a	educational
gratuito/a	free (of charge)
grave	serious, grave
limpio/a	clean
igual	equal, same
mundial	world (wide)
orgulloso/a	proud

recreativo/a	recreational
requerido/a	required
rocoso/a	rocky
templado/a	mild, temperate
Palabras semejantes: académico/a, artificial, avanzado/a, bilingüe, biodegradable, conveniente, conectado/a, ecológico/a, económico/a, eficiente, excesivo/a, federal, futuro/a, ilustrado/a, indocumentado/a, infeccioso/a, orgánico/a, preescolar, preferido/a, puro/a, racial, reusable, variado/a, virtual, ultravioleta	

Los adverbios	
actualmente	currently, nowadays
Palabras semejantes: definitivamente, económicamente, perfectamente	

Las opiniones y las reacciones	
Es dudoso que + *subj.*	It is doubtful that . . .
no creer (y) que + *subj.*	not to believe that . . .
¡Qué bueno que + *subj.*!	How/It's great that . . . !
¡Qué lástima que + *subj.*!	How/It's too bad that . . . !
¡Qué triste que + *subj.*!	How/It's sad that . . . !

Las condiciones	
a menos que	unless
antes de que	before
con tal de que	as long as
después de que	after
para que	in order that
sin que	without
tan pronto como	as soon as

Palabras y expresiones útiles	
aun	even
Cuando tú quieras / usted quiera.	Whenever you (*fam. sing.* / *pol. sing.*) want.
de aquí a (+ *time*)	(period of time) from now to
debido a	owing to, due to
dentro de (+ *time*)	within (time period)
¡Ni un día más!	Not one more day!
por parte de	on behalf of
por todo el mundo	around (throughout) the world
profe	prof. (*shortened form of* **profesor[a]**)
¡Qué horror!	How awful!
Si hubiera...	If there were . . .

Design elements: (Communication, Connections, Comparisons, Cultures and Communities icons): McGraw Hill Education; (Mundopedia Globe Icon): Kundra/Shutterstock; (Audio icon): Orchid24/Shutterstock; (Cuida tu mundo image): Ekaterina Simonova/Shutterstock; (Sun icon): McGraw Hill Education; (Magazine background): McGraw Hill Education

APPENDIX 1 Answer Key

ANSWER KEY FOR *GRAMÁTICA* EXERCISES

Capítulo 1

Ej. 1: 1. c 2. d 3. b 4. e 5. a **Ej. 2:** 1. soy 2. es, son 3. Son, somos **Ej. 3:** 1. La 2. El 3. La 4. La 5. El 6. La 7. El 8. La 9. El 10. El **Ej. 4:** 1. chicas, inteligentes, rubias 2. alto/bajo, creativo, hombre, joven, moreno 3. bajo, creativo, muy joven, moreno, niño 4. alto/bajo, creativo, hombre, moreno 5. bonita, delgada, joven, mujer 6. amigos, guapos, inteligentes 7. bonita, delgada, mujer, vieja **Ej. 5:** 1. Javier Bardem es alto y guapo. 2. Penélope Cruz es baja, delgada y morena. 3. Jack Black es bajo y cómico. 4. Beyoncé es bonita y creativa. 5. Justin Bieber y Jaden Smith son jóvenes, impulsivos y materialistas. 6. Mark Zuckerberg y Scarlett Johansson son ricos, famosos y trabajadores. **Ej. 6:** 1. Las mujeres son consideradas y trabajadoras. 2. Los chicos son perezosos y creativos. 3. El libro es interesante y difícil. 4. Los zapatos blancos son nuevos y pequeños. 5. Los estudiantes son inteligentes y simpáticos. 6. El sombrero negro es elegante y caro. 7. La amiga es impulsiva y sincera. 8. La casa amarilla es vieja y bonita. 9. Los hermanos son generosos y tímidos. 10. Las faldas azules son cortas y bonitas. **Ej. 7:** 1. El ex presidente Obama no es muy cómico. 2. Justin Bieber no es muy feo. 3. Los estudiantes no son millonarios. 4. Tú no eres muy materialista. 5. Nosotros no somos tontos. 6. Serena Williams no es vieja. **Ej. 8:** 1. No, no es una falda. / No, es un vestido. / No, no es una falda. Es un vestido. 2. No, no es hombre. / No, es mujer. / No, no es hombre. Es mujer. 3. No, no es bajo. / No, es alto. / No, no es bajo. Es alto. 4. No, no es una zona de Nueva York. / No, es (una zona) de Florida. / No, no es una zona de Nueva York. Es (una zona) de Florida. 5. No, no son zapatos de mujer. / No, son (zapatos) de hombre. / No, no son (zapatos) de mujer. Son (zapatos) de hombre. 6. No, no cuesta $40,00. / No, cuesta $25,00. / No, no cuesta $40,00. Cuesta $25,00. 7. No, no es la capital de México. / No, es la capital de España. / No, no es la capital de México. Es la capital de España. 8. No, no es una zona de Florida. / No, es (una zona) de California. / No, no es una zona de Florida. Es (una zona) de California.

Capítulo 2

Ej. 1: 1. estoy 2. están 3. está 4. está 5. están 6. estamos 7. estás 8. están **Ej. 2:** 1. Radamés tiene veinticuatro años. 2. Rodrigo tiene veintisiete años. 3. Yolanda tiene cincuenta y cuatro años. 4. Sebastián tiene dieciocho años. 5. Eduardo tiene cuarenta y cinco años. 6. Omar tiene veintinueve años. 7. Mi papá y el amigo de mi papá tienen cincuenta y un años. 8. Mi amigo y yo tenemos treinta y tres años. 9. Mi profesor tiene sesenta y dos años. **Ej. 3:** *Age will depend on the year you do this exercise.* *2023:* 1. cuarenta y seis 2. diecinueve 3. veintiocho 4. ochenta y ocho 5. cuarenta y dos *2024:* 1. cuarenta y siete 2. veinte 3. veintinueve 4. ochenta y nueve 5. cuarenta y tres *2025:* 1. cuarenta y ocho 2. veintiuno 3. treinta 4. noventa 5. cuarenta y cuatro **Ej. 4:** 1. te, me 2. te, Me 3. les, nos 4. le, le 5. les, nos 6. les, les **Ej. 5: A.** 1. le gusta, leer 2. les gusta bailar 3. les gusta jugar 4. le gusta lavar 5. le gusta escribir **B.** 1. le gustan 2. les gusta 3. le gustan 4. Le gusta 5. le gustan **Ej. 6:** 1. Omar y Marcela son de Ecuador, pero ahora están en Los Ángeles. 2. Juan Fernando es de Costa Rica, pero ahora está en Nueva York. 3. Estefanía es de Guatemala, pero ahora está en Santo Domingo. 4. Claudia es de Paraguay, pero ahora está en España. 5. Sebastián es de Perú, pero ahora está en México.

Capítulo 3

Ej. 1: 1. tenemos 2. tiene 3. tienes 4. Tengo 5. tienen **Ej. 2:** 1. El carro es de Franklin. 2. La blusa es de Marcela. 3. Los perros son de Eloy. 4. Los lentes son de Xiomara. 5. El saco es de Rodrigo. 6. Las bicicletas son de Carlitos y Maritza. **Ej. 3:** 1. tu, Mi 2. sus, Nuestras 3. tu, Mi 4. nuestro 5. tu, Mi 6. mis 7. tus 8. su 9. tus 10. mis **Ej. 4:** 1. tu, Mis 2. tus, mis 3. tu, Mi 4. sus, nuestras **Ej. 5:** 1. Son las cuatro y veinte. 2. Son las seis y cuarto/quince. 3. Son las ocho y trece. 4. Es la una y diez. 5. Son las siete y siete. 6. Son las cinco y media/treinta. 7. Son las cuatro menos veinticinco. / Faltan veinticinco para las cuatro. / Son veinticinco para las cuatro. 8. Son las dos menos once. / Faltan once para las dos. / Son once para las dos. 9. Son las doce y media/treinta. 10. Son las cinco y cuarto/quince. **Ej. 6:** 1. La clase de español es a las once. 2. El baile es a las nueve y media/treinta. 3. La conferencia es a las diez. 4. La clase de álgebra es a la una. 5. La fiesta del club Amigos sin Fronteras es a las siete y media/treinta. **Ej. 7:** 1. Son las diecisiete cinco. 2. Son las quince doce. 3. Son las siete y media/treinta (de la mañana). 4. Son las trece quince. 5. Son las catorce cincuenta. 6. Son las dieciséis (horas). **Ej. 8:** 1. hablan 2. habla 3. habláis 4. hablas 5. hablo 6. habla **Ej. 9:** 1. leen 2. Lees 3. lee 4. Leo 5. lee 6. vives, Vives, vivimos 7. viven 8. Vivo 9. Viven **Ej. 10:** 1. escribimos 2. lleva 3. limpiamos 4. desayunan 5. lee 6. comen 7. hablo 8. andan 9. asisten 10. escuchamos **Ej. 11:** 1. esa, Esa 2. aquella 3. este, este 4. aquellos, Aquellos 5. esas, Esas, esas 6. esta, Esta **Ej. 12:** 1. Esos 2. Aquella 3. Estos 4. Aquellos 5. Esa 6. Este

Capítulo 4

Ej. 1: 1. d 2. b 3. a 4. e 5. f 6. c **Ej. 2:** 1. b 2. a 3. a 4. b 5. a **Ej. 3:** 1. No, me baño a las... 2. No, me lavo el pelo con champú. 3. No, me afeito en el baño / la casa. 4. No, me levanto tarde los domingos. (Sí, me levanto temprano los domingos.) 5. No, me ducho en el baño. 6. No, me acuesto temprano de lunes a viernes. (Sí, me acuesto tarde de lunes a viernes.) 7. No, me cepillo el pelo con un cepillo. **Ej. 4:** 1. ¿Es una estudiante muy buena Ángela? (¿Es Ángela una estudiante muy buena?) 2. ¿Habla japonés Juan Fernando Chen Gallegos? (¿Habla Juan Fernando Chen Gallegos japonés)? 3. ¿Son amigas Fátima y Ana Sofía? (¿Son Fátima y Ana Sofía amigas?) 4. ¿Tiene tres perros Eloy? (¿Tiene Eloy tres perros?) 5. ¿Somos nosotros buenos amigos? (¿Somos buenos amigos nosotros?) **Ej. 5:** 1. Claudia, Camila, ¿toman (ustedes) mucho café cuando estudian? / ¿toman mucho café (ustedes) cuando estudian? 2. Doña Estela, ¿cocina (usted) todos los días? / ¿cocina todos los días (usted)? 3. Jorge, Eloy, ¿hacen (ustedes) ejercicio en un gimnasio? / ¿hacen ejercicio en un gimnasio (ustedes)? 4. Franklin, ¿trabajas por la noche? 5. Señor Calvo, ¿ve (usted) la televisión durante el día? / ¿ve la televisión durante el día (usted)? **Ej. 6:** 1. ¿Dónde viven Juan Fernando y su familia? 2. Cuántos idiomas habla Juan Fernando? 3. ¿Cuándo es la fiesta? 4. ¿Cuántos hijos tienen Omar y Marcela? 5. ¿Cuándo nació Radamés? 6. ¿Cómo se llama el padre de Eloy? **Ej. 7:** 1. prefieren, quiero 2. prefieren, quiere 3. prefiere, quieren 4. prefieres, quiero 5. prefieren, quieren **Ej. 8:** 1. queremos, preferimos 2. quiero, prefiero 3. quieres, prefiero 4. quieres, Prefiero 5. quieren, preferimos **Ej. 9:** 1. vas a, Voy a 2. van a, va a, va a 3. van a, vamos a 4. vas a, Voy a 5. vas a, Voy a **Ej. 10:** 1. piensa 2. piensan 3. piensas, pienso 4. tienen ganas de 5. tienes ganas de 6. tenemos ganas de 7. tengo ganas de **Ej. 11:** 1. van al 2. voy a la 3. vas a la 4. van al 5. Vamos a la 6. va al 7. va a la 8. va a la

Capítulo 5

Ej. 1: 1, 4, 2, 5, 8, 7, 6, 3 **Ej. 2:** 1. Duermen, dormimos 2. Almuerzan, almorzamos 3. Vuelven, volvemos 4. Juegan, jugamos 5. cierran, cerramos 6. Pierden, juegan, perdemos, jugamos 7. Prefieren, preferimos 8. Empiezan, empezamos **Ej. 3:** 1. Traigo 2. pongo 3. digo 4. oigo 5. salgo 6. vengo 7. tengo 8. Hago **Ej. 4:** 1. la 2. las, Las 3. las, la 4. los 5. lo, los **Ej. 5:** 1. los 2. lo 3. la 4. Las 5. lo **Ej. 6:** 1. c 2. a 3. d 4. f 5. e 6. b **Ej. 7:** 1. tiene hambre 2. tienes frío 3. tenemos calor 4. tengo sueño 5. tiene prisa 6. tienen sed, tienen calor 7. tengo miedo 8. tengo sed **Ej. 8:** 1. b 2. f 3. c 4. d 5. a 6. e **Ej. 9:** 1. miramos 2. corro 3. hablan 4. come 5. vives 6. canto **Ej. 10:** 1. me lavo 2. se queda 3. nos maquillamos 4. se pone 5. se ducha 6. se quita 7. te pones 8. se levantan **Ej. 11:** 1. encienden 2. vuelven 3. prefiere 4. almuerzas/juegas 5. juegan 6. duermo 7. empieza 8. piensa 9. se viste **Ej. 12:** 1. sales 2. tengo 3. tienes 4. traigo 5. hago 6. me encuentro

Capítulo 6

Ej. 1: 1. les (explicarles) 2. le, nos 3. les 4. decirme, te 5. les 6. nos, le 7. me, decirte (te) 8. Le, nos **Ej. 2:** 1. me 2. te 3. le 4. le 5. le 6. le 7. me 8. nos **Ej. 3:** 1. Claudia está leyendo el periódico. 2. Los estudiantes están tomando un examen. 3. El profesor está escribiendo en la pizarra. 4. Marcela está cocinando. 5. Marcela y Omar están viendo (mirando) la televisión. 6. Eloy y Ricky están jugando al béisbol. **Ej. 4:** 1. está calificando 2. hablando 3. está explicando 4. Están lavando 5. Está estudiando 6. están ayudando **Ej. 5:** 1. sé 2. Sabes 3. sabe 4. sabemos 5. saben **Ej. 6:** 1. podéis 2. puede 3. puedo 4. puedes 5. podemos **Ej. 7:** 1. tiene que 2. tienen que 3. tengo que 4. tenemos que 5. tienes que **Ej. 8:** 1. debe 2. debo 3. deben 4. debes 5. debemos

Capítulo 7

Ej. 1: 1. La mesa pesa menos que el sillón. / El sillón pesa más que la mesa. 2. En mi casa viven más personas que en la casa de los vecinos. / En la casa de los vecinos viven menos personas que en mi casa. 3. La casa de los Chen tiene más dormitorios que la casa de sus vecinos. / La casa de sus vecinos tiene menos dormitorios que la casa de los Chen. 4. En el patio de mis abuelos hay menos árboles que en nuestro patio. / En nuestro patio hay más árboles que en el patio de mis abuelos. 5. Eloy tiene más perros que Omar. / Omar tiene menos perros que Eloy. **Ej. 2:** (*Answers may vary.*) (En mi opinión,...) 1. Vivir en el centro es peor que vivir en un barrio residencial. / Vivir en un barrio residencial es peor que vivir en el centro. 2. Vivir en una casa es mejor que vivir en un apartamento. / Vivir en un apartamento es mejor que vivir en una casa. 3. Un refrigerador es el más útil de todos. / Un microondas es el más útil de todos. / Un ventilador es el más útil de todos. 4. (Mi hermano) Eduardo es mayor que (mi hermana) Patricia. 5. Mi hijo es menor que tu hija. 6. El iPhone es el más caro de todos. **Ej. 3:** 1. La piscina de la familia Lugo es tan bonita como la piscina de la familia Montes. 2. El edificio de la Avenida de la Media Luna no es tan alto como el edificio nuevo de la Avenida de Bolívar. 3. La lavandería vieja de la Avenida Almendros no es tan limpia como la lavandería nueva de la Calle de los Estribos. 4. Los condominios La Estrella no son tan modernos como los condominios Vista del Mar. **Ej. 4:** 1. La sala de su casa no tiene tantas lámparas como la sala de nuestra casa. 2. La casa de los Londoño no tiene tantos cuartos como la casa de los Rozo. 3. La casa de los vecinos tiene tantos baños como la casa de mis padres. / La casa de mis padres tiene tantos baños como la casa de los vecinos. 4. El patio del señor Londoño no tiene tantas flores y plantas como el patio de la señora Márquez. **Ej. 5:** 1. Sabe 2. Conoce 3. Sabe 4. Conoce 5. Conoce 6. Sabe 7. Sabe 8. Sabe 9. Conoce **Ej. 6:** 1. Sí, (No, no) compré un móvil. 2. Sí, (No, no) comí en un restaurante. 3. Sí, (No, no) hablé por teléfono. 4. Sí, (No, no) mandé mensajes de texto. 5. Sí, (No, no) estudié por cuatro horas. 6. Sí, (No, no) subí fotos a Instagram. 7. Sí, (No, no) visité a un amigo / una amiga. 8. Sí, (No, no) corrí por la mañana. 9. Sí, (No, no) salí a bailar. 10. Sí, (No, no) lavé los platos. **Ej. 7:** 4, 5, 3, 2, 7, 6, 9, 1, 8 **Ej. 8:** 1. Mi madre (no) charló con el presidente la semana pasada. 2. El presidente de México (no) comió tacos en la calle ayer. 3. La profesora de español (no) salió con el actor Javier Bardem anoche. 4. El rey de España, Felipe VI, (no) visitó Estados Unidos el mes pasado. 5. Yo (no) canté con Shakira ayer a medianoche. **Ej. 9:** 1. llegaste 2. Llegué 3. llegamos 4. llegó 5. leíste 6. leí 7. leyeron 8. leyó 9. leímos

Capítulo 8

Ej. 1: 1. vinieron 2. fue 3. dijo 4. trajeron 5. dieron 6. hizo 7. pusieron 8. vieron **Ej. 2:** 1. fue, Estuvo, asistió, hizo, Visitó, vio, Asistió, comió, compró, Tomó, Caminó, Regresó 2. fue, Visitó, tomó, Estuvo, vio, pasó, Llamó a su familia, habló con sus amigos, llegó, hizo, habló, escuchó **Ej. 3:** Generalmente, Estefanía se despierta a las diez, pero ayer se levantó temprano y mañana va a estudiar toda la mañana. Generalmente, Lucía asiste a clase por la tarde, pero ayer leyó en la biblioteca y mañana va a hacer la tarea en casa.; Generalmente, Omar y Marcela cenan con sus hijos, pero ayer estuvieron fuera todo el día y mañana van a ir al cine.; Generalmente, Xiomara estudia en la biblioteca, pero ayer tomó café con Eloy y mañana va a visitar a una amiga.; Generalmente, Ángela se queda en casa, pero ayer salió a almorzar y mañana va a leer en el parque.; Generalmente, Eloy y Ricky barren el patio temprano, pero ayer fueron a la playa y mañana van a lavar el carro. **Ej. 4:** 1. cerré 2. mintió 3. prefirió 4. conté 5. durmió 6. murió 7. pidió, pedimos **Ej. 5:** 1. dormiste 2. Dormí 3. duermes 4. duermo 5. sientes 6. siento 7. sentiste 8. sentí 9. pediste/pidieron 10. pedí 11. pidió 12. pidieron 13. pedimos 14. mentiste 15. mentí 16. mintió **Ej. 6:** 1. supe 2. tuvo, pudo 3. conocí 4. quiso, quiso 5. pude, pudiste **Ej. 7:** 1. c 2. e 3. f 4. b 5. a 6. d **Ej. 8:** 1. Pero Marcela, limpié el baño hace una semana. / Pero Marcela, lo limpié hace una semana. 2. Pero Marcela, barrí el patio hace un mes. / Pero Marcela, lo barrí hace un mes. 3. Pero Marcela, bañé a los niños hace dos horas. / Pero Marcela, los bañé hace dos horas. 4. Pero Marcela, pasé la aspiradora hace cinco minutos. Pero Marcela, la pasé hace cinco minutos. 5. Pero Marcela, los preparé hace dos días. / Pero Marcela, preparé chiles rellenos hace tres días.

Capítulo 9

Ej. 1: 1. La, c 2. Las, b 3. Lo, b 4. La, a 5. Los, c 6. la, b 7. Lo, a 8. las, b 9. la, a 10. los, a **Ej. 2:** 1. la vamos a poner / vamos a ponerla 2. lo voy a preparar / voy a prepararlo 3. los estoy horneando / estoy horneándolos 4. lo está rallando / está rallándolo 5. las va a abrir / va a abrirlas **Ej. 3:** 1. nadie 2. nada 3. nunca 4. nadie 5. ninguna 6. nada 7. Nunca 8. ninguno **Ej. 4:** 1. f 2. a 3. d 4. e 5. c 6. b **Ej. 5:** 1. se cortan 2. se puede 3. se lava, se pone 4. se preparan 5. se mezclan 6. se necesitan 7. Se habla 8. Se baten **Ej. 6:** 1. pides 2. sirve 3. pido 4. pides 5. sirvió 6. pidieron 7. pedimos 8. sirvieron 9. sirvió 10. pidieron 11. pedí

Capítulo 10

Ej. 1: 1. Para él 2. Para mí 3. Para él 4. Para ella 5. Para él 6. Para ti 7. Para nosotros 8. Para ellos **Ej. 2:** 1. conmigo 2. contigo 3. ti 4. mí 5. ellos 6. ellos 7. ellos 8. mí 9. ellos 10. ella **Ej. 3:** 1. Omar andaba en bicicleta. 2. Claudia y yo jugábamos con muñecas. 3. Fátima leía novelas gráficas. 4. Nayeli se bañaba en el mar en Acapulco. 5. Franklin comía muchos dulces. 6. Marcela limpiaba su cuarto. 7. Camila y sus primos pasaban las vacaciones en Mar del Plata. 8. Radamés escuchaba música rock. 9. Sebastián veía muñequitos en la televisión. 10. Don Rafael Sotomayor iba al cine los domingos. **Ej. 4:** 1. Ángela; comía 2. Eloy y Eduardo; jugaban 3. Lucía; peleaba 4. Eloy; saltaba 5. Omar; leía 6. Fátima; lloraba **Ej. 5:** (*Yes/no answers will vary.*) 1. durmiendo 2. asistiendo 3. viendo 4. estudiando 5. subiendo 6. leyendo **Ej. 6:** 1. estábamos preparando 2. estaba haciendo (escribiendo) 3. estaban comiendo 4. estaban limpiando 5. estaba escribiendo (preparando) **Ej. 7:** 1. Iba a venir en carro, pero me quedé sin gasolina. 2. Iba a comprarte un regalo, pero no tuve tiempo. 3. Iba a cenar con ustedes, pero cené en casa antes. 4. Iba a ir al concierto (de Radamés y su grupo), pero no funcionó mi carro. 5. Iba a asistir (a clase), pero no sonó la alarma del móvil. 6. Iba a almorzar, pero no tuve tiempo. 7. Iba a llamarte, pero llegaron mis tíos de visita. 8. Iba a viajar, pero tuve que trabajar.

Capítulo 11

Ej. 1: 1. habéis hecho 2. Hemos visitado 3. hemos comprado 4. hemos descansado 5. hemos visto 6. Habéis cenado 7. hemos comido 8. Habéis ido 9. hemos estado 10. he llevado 11. hemos leído 12. He escrito 13. hemos oído 14. hemos hablado **Ej. 2:** (*Possible answers*) 1. Sí, he comido hamburguesas muchas veces. 2. Sí, he cantado en la ducha pocas veces. 3. Sí, he comprado chocolates muchas veces. 4. Sí, he leído *Harry Potter* una vez. 5. Sí, he dormido más de ocho horas pocas veces. **Ej. 3:** 1. No, nunca he hablado con el presidente. 2. No, nunca he comido hormigas. 3. No, nunca he actuado en una película española. 4. No, nunca he escalado los Pirineos. 5. No, nunca he escrito una novela famosa. **Ej. 4:** 1. por 2. por 3. por 4. para 5. por 6. por 7. por 8. por 9. para 10. por **Ej. 5:** 1. Sí, vaya dos horas antes. 2. Sí, duerma allí. (Sí, duerma en el aeropuerto para estar allí a tiempo). 3. Sí, hágalas mañana. 4. Sí, cómprelos ya. 5. Sí, tráigalo pasado mañana. 6. Sí, recójalos la semana que viene. **Ej. 6:** 1. preparen 2. saquen 3. pidan 4. compren 5. hagan 6. hablen **Ej. 7:** 1. manejaba 2. leía 3. corrían 4. cruzaba 5. bailaba **Ej. 8:** 1. llegaron 2. empezó 3. quisieron 4. saltó 5. llamaste **Ej. 9:** 1. charlaba, quemó 2. almorzaba, cayó 3. entró, jugaban 4. besaban, llegó 5. limpiaba, encontró 6. Perdiste, corrías 7. miraban, apagó **Ej. 10:** 1. hacía 2. sonó 3. charlábamos 4. empecé 5. noté 6. tenía 7. llevaba 8. se descompuso 9. hablaba 10. robó 11. corría 12. me caí 13. preparaba 14. sonó 15. contesté

Capítulo 12

Ej. 1: 1. empiece 2. consultes 3. visite 4. terminen 5. comas 6. salgas 7. leamos 8. escriban 9. recete 10. pidas **Ej. 2:** 1. (Nosotros) Le sugerimos a Eloy que visite a Lucía, porque ella no se siente bien. 2. El hermano de Jorge espera que él esté mejor hoy. 3. Nayeli y Claudia prefieren que volvamos a su casa inmediatamente. 4. Eloy le recomienda a Jorge que no tome antibióticos para el resfriado. 5. Tú esperas que tus amigos no necesiten ir al hospital. 6. Yo le sugiero a Jorge que beba mucho jugo de naranja. 7. Mi madre os aconseja que durmáis el resto del día. 8. Eloy y sus compañeros esperan que los miembros del club les den remedios caseros para el Boletín de salud. **Ej. 3:** 1. salga 2. nos sentimos 3. se sienta 4. se duerman 5. sabemos 6. pida 7. bañe 8. empiece 9. está **Ej. 4:** 1. venga 2. empiece 3. dé 4. traiga 5. pida 6. te laves, te seques 7. exijamos 8. hagas 9. salgan **Ej. 5: A.** 1. Sra. McNeil, no le muestre la pierna a la terapeuta. 2. No me diga dónde le duele. (No le diga al médico dónde le duele.) 3. No le lleve los papeles al recepcionista. 4. No les traiga la comida a los pacientes. 5. No le dé la receta al farmacéutico. **B.** 1. Llámeme el miércoles. (Llámele el miércoles.) 2. Tráiganos la medicina hoy. (Tráigales la medicina hoy.) 3. Dígale su nombre al médico. 4. Súrtales la receta a los pacientes. 5. Deme más información, por favor. (Dele más información, por favor.) **Ej. 6:** 1. le; le ponga la inyección a la paciente del cuarto número 512. 2. le; le pida mañana los resultados del análisis de sangre. 3. les; le expliquen los síntomas de la gripe a la señora Galván. 4. le; les lleve a los señores Martínez los documentos del seguro médico. 5. les; les cuenten a la enfermera y a él cómo ocurrió el accidente. **Ej. 7:** 1. (Los gatitos) Se perdieron. 2. (El reloj) Se rompió. 3. (Los lentes de Franklin) Se cayeron de la mesa. 4. (La ambulancia) Se descompuso. **Ej. 8:** 1. A las enfermeras se les perdió la medicina del paciente. 2. A Rodrigo se le cayó y se le rompió el teléfono. (A Rodrigo se le cayó el teléfono y se le rompió.) 3. Al paciente se le olvidó el dinero en casa. 4. Al médico se le quedó el estetoscopio en el coche. 5. A Jorge se le descompuso la afeitadora eléctrica. 6. A los niños se les soltaron los vendajes cuando peleaban.

Capítulo 13

Ej. 1: 1. ser 2. están 3. es 4. están, Son 5. Estamos 6. Soy **Ej. 2:** 1. está, es 2. son, están 3. están, están 4. estás, soy 5. son, Estaban 6. son, están **Ej. 3:** 1. Levántate 2. Ven 3. Ten 4. Sal 5. Bájate 6. Habla 7. Acuéstate; apaga 8. Dile 9. Ve; lee 10. Haz **Ej. 4:** 1. Tráigame; me dé 2. Muéstreme; me diga 3. Espérame; te vayas 4. Escríbeme; me lo dictes 5. Mira; me digas 6. compres; come **Ej. 5:** 1. ¡Que lo barra Emiliano! 2. ¡Que las pague Emilio! 3. ¡Que los desempolve Beto! 4. ¡Que la saque Izel! 5. ¡Que las ponga allí Nayeli! 6. ¡Que lo limpie Beto! **Ej. 6:** 1. Ojalá que reciba muchos regalos. 2. Ojalá que haga buen tiempo. 3. Ojalá que no tenga que trabajar. 4. Ojalá que (mi novio/a) no esté enfermo/a. 5. Ojalá que (mis amigos) vengan a visitarme. **Ej. 7:** 1. (No) Escuchemos música de hip hop. 2. (No) Visitemos mi Instagram. 3. (No) Hagamos ejercicio. 4. Vamos / No vayamos al cine. 5. (No) Miremos una película en línea. **Ej. 8:** 1. he disfrutado 2. he tenido 3. pasó 4. trabajé 5. Salí 6. caminé 7. Había 8. salían 9. Manejaba 10. chocó 11. dejó 12. me detuve 13. estaba 14. estaba **Ej. 9:** 1. era 2. íbamos 3. alquilábamos 4. nadábamos 5. salíamos 6. tenía 7. fuimos 8. jugaba 9. charlaba 10. miré 11. estaba 12. vi 13. buscamos 14. pudimos 15. trajo 16. estábamos 17. caminaba 18. estábamos 19. estaba 20. enojé

Capítulo 14

Ej. 1: 1. Voy a la biblioteca para estudiar. 2. Uso la sartén para freír algo. 3. Traje las herramientas para reparar el coche. 4. Compré el jamón para hacer una sándwich. 5. Voy a usar la aspiradora para limpiar la alfombra. **Ej. 2:** 1. por 2. Para 3. para 4. para 5. para 6. por 7. por 8. por 9. Para 10. para 11. para 12. para **Ej. 3:** 1. le 2. nos 3. te, me 4. os 5. les **Ej. 4: A.** 1. Sí, ya se la entregué ayer. 2. Sí, ya se lo di ayer. 3. Sí, ya se los llevé ayer. 4. Sí, ya te las compré ayer. 5. Sí, ya se las mandé ayer. **B.** 1. Voy a mostrártelo mañana. / Te lo voy a mostrar mañana. 2. Voy a comprártela mañana. / Te la voy a comprar mañana. 3. Voy a traérselos mañana. / Se los voy a traer mañana. 4. Voy a dárselo mañana. / Se lo voy a dar mañana. 5. Voy a mostrárselas mañana. / Se las voy a mostrar mañana. **Ej. 5:** 1. Te lo estoy preparando ahora mismo. / Estoy preparándotelo ahora mismo. 2. Te lo estoy buscando ahora mismo. / Estoy buscándotelo ahora mismo. 3. Se la estoy pidiendo ahora mismo. / Estoy pidiéndosela ahora mismo. 4. Se las estoy enviando ahora mismo. / Estoy enviándoselas ahora mismo. 5. Me los estoy poniendo ahora mismo. / Estoy poniéndomelos ahora mismo. **Ej. 6:** 1. te lo voy a comprar / voy a comprártelo 2. Me voy a duchar / Voy a ducharme 3. me los compres 4. se las llevé 5. te lo estoy haciendo / estoy haciéndotelo **Ej. 7: A.** 1. No, no me lo repares. 2. No, no me lo prepares. 3. No, no me los busques. 4. No, no me las compres. 5. No, no me la digas. **B.** 1. Sí, dímela, por favor. 2. Sí, lávamelo, por favor. 3. Sí, plánchamelas, por favor. 4. Sí, sírvemela, por favor. 5. Sí, límpiamelos, por favor. **Ej. 8:** 1. haya 2. deben 3. tengan 4. quieren 5. ahorra 6. gasta

7. es 8. sea 9. podemos **Ej. 9:** 1. sepa 2. hay 3. compra 4. sea 5. existen 6. gasten 7. estén 8. queremos 9. conoces 10. tenga

Capítulo 15

Ej. 1: 1. Me casaré, tendré 2. nos graduaremos, iremos 3. se mudarán, vivirán 4. hablaremos, podremos 5. vendrá, dirá **Ej. 2:** 1. sea 2. esté 3. ofrezca 4. tienen 5. venda 6. fabrica 7. hay **Ej. 3:** 1. haya 2. aumenta 3. prohíbe 4. ayude 5. adopte 6. influyen 7. podamos 8. sepamos **Ej. 4:** 1. visitarían 2. trataría 3. pasaría 4. nadarían (se bañarían) 5. tomaría 6. se bañaría (nadaría) 7. iría (viajaría) 8. mandaría 9. invitaría 10. viajaríamos (iríamos) **Ej. 5:** 1. tenga 2. juegues 3. vayas, busques 4. lleguen 5. estés, te mejores 6. haya 7. tenga, encuentres 8. sepa **Ej. 6:** 1. vamos 2. ahorremos 3. quiera, sea 4. puedo 5. están 6. estemos 7. saben 8. pueden **Ej. 7:** 1. usara, necesitaría 2. pasaran, aprenderían 3. consultaran, tendrían 4. contaminaran, estaría 5. tuvieran, usarían 6. manejaran, disminuiría 7. fuera, llegaría 8. anduviera, gastaría **Ej. 8** (*Any choice is correct, based on student opinion.*): 1. a. me parece, b. me importa 2. a. me fascinan, b. me interesan 3. a. me encanta, b. me gusta 4. a. me molesta, b. me gusta 5. a. me importan, b. me preocupan 6. a. me da, b. me preocupa **Ej. 9: A.** 1. les importa, 2. le preocupa / nos preocupa (*both answers are correct*), 3. nos dan miedo, 4. les interesa / nos interesa (*both answers are correct*), 5. nos preocupa **B.** a. 5, b. 3, c. 2, d. 1, e. 4

APPENDIX 2 Verbs

A. REGULAR VERBS: SIMPLE TENSES

Infinitive Present Participle Past Participle	INDICATIVE					SUBJUNCTIVE		IMPERATIVE
	Present	Imperfect	Preterite	Future	Conditional	Present	Imperfect	
hablar **hablando** **hablado**	hablo hablas habla hablamos habláis hablan	hablaba hablabas hablaba hablábamos hablabais hablaban	hablé hablaste habló hablamos hablasteis hablaron	hablaré hablarás hablará hablaremos hablaréis hablarán	hablaría hablarías hablaría hablaríamos hablaríais hablarían	hable hables hable hablemos habléis hablen	hablara hablaras hablara habláramos hablarais hablaran	habla tú, no hables hable Ud. hablemos hablen
comer **comiendo** **comido**	como comes come comemos coméis comen	comía comías comía comíamos comíais comían	comí comiste comió comimos comisteis comieron	comeré comerás comerá comeremos comeréis comerán	comería comerías comería comeríamos comeríais comerían	coma comas coma comamos comáis coman	comiera comieras comiera comiéramos comierais comieran	come tú, no comas coma Ud. comamos coman
vivir **viviendo** **vivido**	vivo vives vive vivimos vivís viven	vivía vivías vivía vivíamos vivíais vivían	viví viviste vivió vivimos vivisteis vivieron	viviré vivirás vivirá viviremos viviréis vivirán	viviría vivirías viviría viviríamos viviríais vivirían	viva vivas viva vivamos viváis vivan	viviera vivieras viviera viviéramos vivierais vivieran	vive tú, no vivas viva Ud. vivamos vivan

B. REGULAR VERBS: PERFECT TENSES

INDICATIVE										SUBJUNCTIVE			
Present Perfect		Past Perfect		Preterite Perfect		Future Perfect		Conditional Perfect		Present Perfect		Past Perfect	
he		había		hube		habré		habría		haya		hubiera	
has	hablado	habías	hablado	hubiste	hablado	habrás	hablado	habrías	hablado	hayas	hablado	hubieras	hablado
ha	comido	había	comido	hubo	comido	habrá	comido	habría	comido	haya	comido	hubiera	comido
hemos	vivido	habíamos	vivido	hubimos	vivido	habremos	vivido	habríamos	vivido	hayamos	vivido	hubiéramos	vivido
habéis		habíais		hubisteis		habréis		habríais		hayáis		hubierais	
han		habían		hubieron		habrán		habrían		hayan		hubieran	

C. IRREGULAR VERBS

Infinitive Present Participle Past Participle	INDICATIVE					SUBJUNCTIVE		IMPERATIVE
	Present	Imperfect	Preterite	Future	Conditional	Present	Imperfect	
andar **andando** **andado**	ando andas anda andamos andáis andan	andaba andabas andaba andábamos andabais andaban	anduve anduviste anduvo anduvimos anduvisteis anduvieron	andaré andarás andará andaremos andaréis andarán	andaría andarías andaría andaríamos andaríais andarían	ande andes ande andemos andéis anden	anduviera anduvieras anduviera anduviéramos anduvierais anduvieran	anda tú, no andes ande Ud. andemos anden
caber **cabiendo** **cabido**	quepo cabes cabe cabemos cabéis caben	cabía cabías cabía cabíamos cabíais cabían	cupe cupiste cupo cupimos cupisteis cupieron	cabré cabrás cabrá cabremos cabréis cabrán	cabría cabrías cabría cabríamos cabríais cabrían	quepa quepas quepa quepamos quepáis quepan	cupiera cupieras cupiera cupiéramos cupierais cupieran	cabe tú, no quepas quepa Ud. quepamos quepan
caer **cayendo** **caído**	caigo caes cae caemos caéis caen	caía caías caía caíamos caíais caían	caí caíste cayó caímos caísteis cayeron	caeré caerás caerá caeremos caeréis caerán	caería caerías caería caeríamos caeríais caerían	caiga caigas caiga caigamos caigáis caigan	cayera cayeras cayera cayéramos cayerais cayeran	cae tú, no caigas caiga Ud. caigamos caigan
creer **creyendo** **creído**	creo crees cree creemos creéis creen	creía creías creía creíamos creías creían	creí creíste creyó creímos creísteis creyeron	creeré creerás creerá creeremos creeréis creerán	creería creerías creería creeríamos creeríais creerían	crea creas crea creamos creáis crean	creyera creyeras creyera creyéramos creyerais creyeran	cree tú, no creas crea Ud. creamos crean
dar **dando** **dado**	doy das da damos dais dan	daba dabas daba dábamos dabais daban	di diste dio dimos disteis dieron	daré darás dará daremos daréis darán	daría darías daría daríamos daríais darían	dé des dé demos deis den	diera dieras diera diéramos dierais dieran	da tú, no des dé Ud. demos den

C. IRREGULAR VERBS (*CONTINUED*)

Infinitive Present Participle Past Participle	INDICATIVE					SUBJUNCTIVE		IMPERATIVE
	Present	**Imperfect**	**Preterite**	**Future**	**Conditional**	**Present**	**Imperfect**	
decir **diciendo** **dicho**	digo dices dice decimos decís dicen	decía decías decía decíamos decíais decían	dije dijiste dijo dijimos dijisteis dijeron	diré dirás dirá diremos diréis dirán	diría dirías diría diríamos diríais dirían	diga digas diga digamos digáis digan	dijera dijeras dijera dijéramos dijerais dijeran	di tú, no digas diga Ud. digamos digan
estar **estando** **estado**	estoy estás está estamos estáis están	estaba estabas estaba estábamos estabais estaban	estuve estuviste estuvo estuvimos estuvisteis estuvieron	estaré estarás estará estaremos estaréis estarán	estaría estarías estaría estaríamos estaríais estarían	esté estés esté estemos estéis estén	estuviera estuvieras estuviera estuviéramos estuvierais estuviera	está tú, no estés esté Ud. estemos estén
haber **habiendo** **habido**	he has ha hemos habéis han	había habías había habíamos habíais habían	hube hubiste hubo hubimos hubisteis hubieron	habré habrás habrá habremos habréis habrán	habría habrías habría habríamos habríais habrían	haya hayas haya hayamos hayáis hayan	hubiera hubieras hubiera hubiéramos hubierais hubieran	
hacer **haciendo** **hecho**	hago haces hace hacemos hacéis hacen	hacía hacías hacía hacíamos hacíais hacían	hice hiciste hizo hicimos hicisteis hicieron	haré harás hará haremos haréis harán	haría harías haría haríamos haríais harían	haga hagas haga hagamos hagáis hagan	hiciera hicieras hiciera hiciéramos hicierais hicieran	haz tú, no hagas haga Ud. hagamos hagan
ir **yendo** **ido**	voy vas va vamos vais van	iba ibas iba íbamos ibais iban	fui fuiste fue fuimos fuisteis fueron	iré irás irá iremos iréis irán	iría irías iría iríamos iríais irían	vaya vayas vaya vayamos vayáis vayan	fuera fueras fuera fuéramos fuerais fueran	ve tú, no vayas vaya Ud. vamos, no vayamos vayan

C. IRREGULAR VERBS (*CONTINUED*)

Infinitive Present Participle Past Participle	INDICATIVE					SUBJUNCTIVE		IMPERATIVE
	Present	Imperfect	Preterite	Future	Conditional	Present	Imperfect	
oír **oyendo** **oído**	oigo oyes oye oímos oís oyen	oía oías oía oíamos oíais oían	oí oíste oyó oímos oísteis oyeron	oiré oirás oirá oiremos oiréis oirán	oiría oirías oiría oiríamos oiríais oirían	oiga oigas oiga oigamos oigáis oigan	oyera oyeras oyera oyéramos oyerais oyeran	oye tú, no oigas oiga Ud. oigamos oigan
poder **pudiendo** **podido**	puedo puedes puede podemos podéis pueden	podía podías podía podíamos podíais podían	pude pudiste pudo pudimos pudisteis pudieron	podré podrás podrá podremos podréis podrán	podría podrías podría podríamos podríais podrían	pueda puedas pueda podamos podáis puedan	pudiera pudieras pudiera pudiéramos pudierais pudieran	
poner **poniendo** **puesto**	pongo pones pone ponemos ponéis ponen	ponía ponías ponía poníamos poníais ponían	puse pusiste puso pusimos pusisteis pusieron	pondré pondrás pondrá pondremos pondréis pondrán	pondría pondrías pondría pondríamos pondríais pondrían	ponga pongas ponga pongamos pongáis pongan	pusiera pusieras pusiera pusiéramos pusierais pusieran	pon tú, no pongas ponga Ud. pongamos pongan
querer **queriendo** **querido**	quiero quieres quiere queremos queréis quieren	quería querías quería queríamos queríais querían	quise quisiste quiso quisimos quisisteis quisieron	querré querrás querrá querremos querréis querrán	querría querrías querría querríamos querríais querrían	quiera quieras quiera queramos queráis quieran	quisiera quisieras quisiera quisiéramos quisierais quisieran	quiere tú, no quieras quiera Ud. queramos quieran
saber **sabiendo** **sabido**	sé sabes sabe sabemos sabéis saben	sabía sabías sabía sabíamos sabíais sabían	supe supiste supo supimos supisteis supieron	sabré sabrás sabrá sabremos sabréis sabrán	sabría sabrías sabría sabríamos sabríais sabrían	sepa sepas sepa sepamos sepáis sepan	supiera supieras supiera supiéramos supierais supieran	sabe tú, no sepas sepa Ud. sepamos sepan

C. IRREGULAR VERBS (*CONTINUED*)

Infinitive Present Participle Past Participle	INDICATIVE					SUBJUNCTIVE		IMPERATIVE
	Present	Imperfect	Preterite	Future	Conditional	Present	Imperfect	
salir **saliendo** **salido**	salgo sales sale salimos salís salen	salía salías salía salíamos salíais salían	salí saliste salió salimos salisteis salieron	saldré saldrás saldrá saldremos saldréis saldrán	saldría saldrías saldría saldríamos saldríais saldrían	salga salgas salga salgamos salgáis salgan	saliera salieras saliera saliéramos salierais salieran	sal tú, no salgas salga Ud. salgamos salgan
ser **siendo** **sido**	soy eres es somos sois son	era eras era éramos erais eran	fui fuiste fue fuimos fuisteis fueron	seré serás será seremos seréis serán	sería serías sería seríamos seríais serían	sea seas sea seamos seáis sean	fuera fueras fuera fuéramos fuerais fueran	sé tú, no seas sea Ud. seamos sean
tener **teniendo** **tenido**	tengo tienes tiene tenemos tenéis tienen	tenía tenías tenía teníamos teníais tenían	tuve tuviste tuvo tuvimos tuvisteis tuvieron	tendré tendrás tendrá tendremos tendréis tendrán	tendría tendrías tendría tendríamos tendríais tendrían	tenga tengas tenga tengamos tengáis tengan	tuviera tuvieras tuviera tuviéramos tuvierais tuvieran	ten tú, no tengas tenga Ud. tengamos tengan
traer **trayendo** **traído**	traigo traes trae traemos traéis traen	traía traías traía traíamos traíais traían	traje trajiste trajo trajimos trajisteis trajeron	traeré traerás traerá traeremos traeréis traerán	traería traerías traería traeríamos traeríais traerían	traiga traigas traiga traigamos traigáis traigan	trajera trajeras trajera trajéramos trajerais trajeran	trae tú, no traigas traiga Ud. traigamos traigan
venir **viniendo** **venido**	vengo vienes viene venimos venís vienen	venía venías venía veníamos veníais venían	vine viniste vino vinimos vinisteis vinieron	vendré vendrás vendrá vendremos vendréis vendrán	vendría vendrías vendría vendríamos vendríais vendrían	venga vengas venga vengamos vengáis vengan	viniera vinieras viniera viniéramos vinierais vinieran	ven tú, no vengas venga Ud. vengamos vengan
ver **viendo** **visto**	veo ves ve vemos veis ven	veía veías veía veíamos veíais veían	vi viste vio vimos visteis vieron	veré verás verá veremos veréis verán	vería verías vería veríamos veríais verían	vea veas vea veamos veáis vean	viera vieras viera viéramos vierais vieran	ve tú, no veas vea Ud. veamos vean

D. STEM-CHANGING AND SPELLING CHANGE VERBS

Infinitive Present Participle Past Participle	INDICATIVE					SUBJUNCTIVE		IMPERATIVE
	Present	Imperfect	Preterite	Future	Conditional	Present	Imperfect	
pensar (pienso) **pensando** **pensado**	pienso piensas piensa pensamos pensáis piensan	pensaba pensabas pensaba pensábamos pensabais pensaban	pensé pensaste pensó pensamos pensasteis pensaron	pensaré pensarás pensará pensaremos pensaréis pensarán	pensaría pensarías pensaría pensaríamos pensaríais pensarían	piense pienses piense pensemos penséis piensen	pensara pensaras pensara pensáramos pensarais pensaran	piensa tú, no pienses piense Ud. pensemos piensen
volver (vuelvo) **volviendo** **vuelto**	vuelvo vuelves vuelve volvemos volvéis vuelven	volvía volvías volvía volvíamos volvíais volvían	volví volviste volvió volvimos volvisteis volvieron	volveré volverás volverá volveremos volveréis volverán	volvería volverías volvería volveríamos volveríais volverían	vuelva vuelvas vuelva volvamos volváis vuelvan	volviera volvieras volviera volviéramos volvierais volvieran	vuelve tú, no vuelvas vuelva Ud. volvamos vuelvan
dormir (duermo) (u) **durmiendo** **dormido**	duermo duermes duerme dormimos dormís duermen	dormía dormías dormía dormíamos dormíais dormían	dormí dormiste durmió dormimos dormisteis durmieron	dormiré dormirás dormirá dormiremos dormiréis dormirán	dormiría dormirías dormiría dormiríamos dormiríais dormirían	duerma duermas duerma durmamos durmáis duerman	durmiera durmieras durmiera durmiéramos durmierais durmieran	duerme tú, no duermas duerma Ud. durmamos duerman
sentir (siento) (i) **sintiendo** **sentido**	siento sientes siente sentimos sentís sienten	sentía sentías sentía sentíamos sentíais sentían	sentí sentiste sintió sentimos sentisteis sintieron	sentiré sentirás sentirá sentiremos sentiréis sentirán	sentiría sentirías sentiría sentiríamos sentiríais sentirían	sienta sientas sienta sintamos sintáis sientan	sintiera sintieras sintiera sintiéramos sintierais sintieran	siente tú, no sientas sienta Ud. sintamos sientan
pedir (pido) (i) **pidiendo** **pedido**	pido pides pide pedimos pedís piden	pedía pedías pedía pedíamos pedíais pedían	pedí pediste pidió pedimos pedisteis pidieron	pediré pedirás pedirá pediremos pediréis pedirán	pediría pedirías pediría pediríamos pediríais pedirían	pida pidas pida pidamos pidáis pidan	pidiera pidieras pidiera pidiéramos pidierais pidieran	pide tú, no pidas pida Ud. pidamos pidan

D. STEM-CHANGING AND SPELLING CHANGE VERBS (*CONTINUED*)

Infinitive Present Participle Past Participle	INDICATIVE					SUBJUNCTIVE		IMPERATIVE
	Present	Imperfect	Preterite	Future	Conditional	Present	Imperfect	
reír (río) (i) **riendo** **reído**	río ríes ríe reímos reís ríen	reía reías reía reíamos reíais reían	reí reíste rio reímos reísteis rieron	reiré reirás reirá reiremos reiréis reirán	reiría reirías reiría reiríamos reiríais reirían	ría rías ría riamos riáis rían	riera rieras riera riéramos rierais rieran	ríe tú, no rías ría Ud. riamos rían
seguir (sigo) (i) **siguiendo** **seguido**	sigo sigues sigue seguimos seguís siguen	seguía seguías seguía seguíamos seguíais seguían	seguí seguiste siguió seguimos seguisteis siguieron	seguiré seguirás seguirá seguiremos seguiréis seguirán	seguiría seguirías seguiría seguiríamos seguiríais seguirían	siga sigas siga sigamos sigáis sigan	siguiera siguieras siguiera siguiéramos siguierais siguieran	sigue tú, no sigas siga Ud. sigamos sigan
construir **(construyo) (y)** **construyendo** **construido**	construyo construyes construye construimos construís construyen	construía construías construía construíamos construíais construían	construí construiste construyó construimos construisteis construyeron	construiré construirás construirá construiremos construiréis construirán	construiría construirías construiría construiríamos construiríais construirían	construya construyas construya construyamos construyáis construyan	construyera construyeras construyera construyéramos construyerais construyeran	construye tú, no construyas construya Ud. construyamos construyan
conducir **(conduzco) (j)** **conduciendo** **conducido**	conduzco conduces conduce conducimos conducís conducen	conducía conducías conducía conducíamos conducíais conducían	conduje condujiste condujo condujimos condujisteis condujeron	conduciré conducirás conducirá conduciremos conduciréis conducirán	conduciría conducirías conduciría conduciríamos conduciríais conducirían	conduzca conduzcas conduzca conduzcamos conduzcáis conduzcan	condujera condujeras condujera condujéramos condujerais condujeran	conduce tú, no conduzcas conduzca Ud. conduzcamos conduzcan

Vocabulario

This Spanish-English Vocabulary contains all of the words that appear in the textbook, with the following exceptions: (1) most close or identical cognates that do not appear in the chapter vocabulary lists; (2) most conjugated verb forms; (3) most diminutives ending in **-ito/a;** (4) augmentatives ending in **-ísimo/a;** (5) most adverbs ending in **-mente.** Only meanings used in the text are given. Numbers following translations indicate the chapter in which that meaning of the word was presented as active vocabulary.

The gender of nouns is indicated, except for masculine nouns ending in **-o** and feminine nouns ending in **-a.** Stem changes and spelling changes are indicated for verbs: **dormir (ue, u); llegar (gu); conocer (zc).**

The following abbreviations are used in this vocabulary.

abbrev.	abbreviation	*L.A.*	Latin America
adj.	adjective	*lit.*	literally
adv.	adverb	*m.*	masculine
Arg.	Argentina	*Mex.*	Mexico
aux.	auxiliary	*n.*	noun
C.A.	Central America	*obj.*	object
Carib.	Caribbean	*p.p.*	past participle
coll.	colloquial	*pl.*	plural
comm.	command	*pol.*	polite (v. formal)
conj.	conjunction	*P.R.*	Puerto Rico
dir.	direct	*prep.*	preposition
D.R.	Dominican Repbulic	*pret.*	preterite
f.	feminine	*pron.*	pronoun
fam.	familiar [v. informal]	*rel.*	relative
form.	formal	*sing.*	singular
ger.	gerund	*S. A.*	South America
gram.	grammatical term	*Sp.*	Spain
Guat.	Guatemala	*sub.*	subject
ind.	indicative	*subj.*	subjunctive
indir.	indirect	*Uru.*	Uruguay
inf.	infinitive	*v.*	verb
inv.	invariable	*var.*	variant
irreg.	irregular		

Spanish-English Vocabulary

A

a to (B); **a cambio de** in exchange for; **a causa de** because of; **¡a comer!** let's eat! (5); **¡a contar!** let's count! (B); **¡a conversar!** let's talk (1); **a horcajadas** astride; **a mano** by hand (14); **a la mañana siguiente** the next morning (11); **a la parrilla** grilled (9); **a la semana** per week (12); **a la vez** at the same time (6); **a menos que** unless (15); **a menudo** often (13); **a pesar de** *prep.* in spite of; **a pie** on (by) foot (11); **¡a poner la mesa!** let's set the table! (9); **a tiempo** on time (10); **a todo volumen** at full volume (6); **a través de** across; **a ver...** let's see . . . (14); **al** + *inf.* upon + *gerund.* (10); **al día** (m.) per day (12); daily; **al día** (m.) **siguiente** the next day, the following day (5); **al gusto** to taste (9); **al horno** baked (9); **al lado (de)** to the side (of) (2); **al llegar** upon arriving (10); **al mes** monthly (14); **al mismo tiempo** at the same time (14); **al momento** instantly, momentarily (8); **al principio** at the beginning; **al punto** medium rare (9); **al tiro** immediately

abajo *adv.* below; down, downwards (11)

abandonar to abandon

abecedario alphabet (1)

abeja bee (15)

abierto/a (*p.p. of* **abrir**) open; opened

abogado/a lawyer (6)

abolición *f.* abolition

abolir to abolish

abordar to board (11); **pase** (*m*) **de abordar** boarding pass (11)

abrazar (c) to hug; to embrace; **abrazarse** to hug each other

abrazo hug

abrelatas *m. sing.* can opener (14)

abreviatura abbreviation

abrigo coat (B)

abril *m.* April (2)

abrir (*p.p.* **abierto**) to open (5); **abran** open (*pol. pl. comm.*) (B)

abrumado/a overwhelmed

abuelo/a grandfather/grandmother (3); **abuelito/a** grandpa/grandma; **abuelos** *pl.* grandparents

abundancia abundance
abundante abundant
aburrido/a boring; bored (2); **¡qué aburrido!** how boring (4)
aburrirse to get bored (10)
abuso abuse (13)
acá here (3)
acabar(se) to end (12); to finish (12)
academia academy
académico/a *adj.* academic (15)
acampar to camp (2)
acceder to agree; to consent
acceso access (15)
accesorio accessory (14)
accidente *m.* accident (8)
acción *f.* action; **Día** (*m.*) **de Acción de Gracias** Thanksgiving (5)
aceite *m.* oil (9)
aceituna olive (9)
aceptar to accept (14)
acero (inoxidable) (stainless) steel (14)
ácido/a *adj.* acid; **lluvia ácida** acid rain (15)
acompañamiento accompaniment
acompañar to accompany (9)
acondicionador *m.* conditioner
aconsejar to advise (6)
acostarse (ue) to go to bed (4); **me acuesto** I go to bed (4); **se acuesta** he/she goes to bed, you (*pol. sing.*) go to bed (4)
actividad *f.* activity (B); **actividades diarias** daily activities
activista *m., f.* activist (8)
activo/a active (10)
acto act
actor *m.* actor (4)
actriz *f.* (*pl.* **actrices)** actress (4)
actualización *f.* update
actualizado/a updated
actualizar (c) to update (5)
actualmente currently, nowadays (15)
acuarela watercolor (6)
acuático/a aquatic
acueducto acqueduct (11)
acuerdo: ¡de acuerdo! I agree!, you're right!; OK!; **de acuerdo con** in accordance with; **estar** (*irreg.*) **de acuerdo** to agree (15)
acumular(se) to accumulate
acusar to accuse
adaptación *f.* adaptation
adaptar(se) to adapt
adecuado/a adequate
adelante *adv.* forward, straight ahead; **adelante (de)** ahead, in front (of) (7); **de hoy en adelante** as of today
además moreover, furthermore; **además (de) in addition, besides (12)**
adentro (de) inside (7)
aderezo (salad) dressing (9)
adicción *f.* addiction
adicto/a *adj.* addicted
adiós goodbye (1)
adivino/a fortune-teller
adivinar to guess
adjetivo adjective (1)
adjunto/a enclosed; **archivo adjunto** attached file; attachment (15)
administrar to administer
admirar to admire (11)
admitir to admit
adolescencia adolescence (10)
adolescente *m., f.* adolescent (4); **joven adolescente** teenager (10)
adonde where; **¿adónde?** to where? (2)
adoptar to adopt
adornar garnish (9)
adorno decoration (10)
adquirir (ie, i) to acquire
aduana *sing.* customs (*immigration*) (11); **derechos** (*pl.*) **de aduana** customs duty, taxes (11)
adulto/a adult (4)
adverbio adverb
advertencia warning
aéreo/a aerial; **compañía aérea** airline (company); **transporte aéreo** air travel (11)
aeróbico/a aerobic (3)
aeropuerto airport (7)
afectar to affect (15)
afeitadora razor; **afeitadora eléctrica** electric razor (4)
afeitarse to shave (4)
Afganistán Afghanistan
afgano/a *adj.* Afghan
afiche *m.* poster
aficionado/a *n.* enthusiast, *adj.* fond of
afirmación *f.* statement
afirmativo/a affirmative
afluencia flow (of water)
afortunado/a fortunate, lucky
africano/a *n., adj.* African
afroamericano/a *n., adj.* African-American (8)
afrocubano/a *n., adj.* Afro-Cuban
afuera (de) outside (of) (7)
agencia agency
agente *m., f.* agent; **agente de inmigración** immigration officer (4)
agosto August (2)
agotarse to run out
agradable pleasant (14)
agregar (gu) to add (9)
agresivo/a aggressive (1)
agrícola *m., f.* agricultural
agricultura agriculture
agua *f.* (*but* **el agua**) water (3); **agua con sal** salt water; **agua mineral** mineral water (9); **agua potable** drinking water (15)
aguacate *m.* avocado (9)
aguacero rain shower; downpour (11)
águila *f.* (*but* **el águila) (calva)** (bald) eagle (15)
agujero hole; **agujero en la capa de ozono** hole in the ozone layer (15)
ahijado/a godson/goddaughter (13)
ahora now (B); **ahora mismo** right now (12)
ahorrado/a saved (*money or time*)
ahorrar to save (*money, time, effort*) (14)
ahorro *n.* saving (14)
aire *m.* air; **al aire libre** (in the) open air (5)
aislamiento isolation
ajedrez *m.* chess
ají *m.* (bell/chili) pepper (9)
ajo garlic (9)
ajustarse to adjust
alacena kitchen cupboard (7)
alarma *n.* alarm
albaricoque *m.* apricot (9)
alberca swimming pool (*Mex.*)
albóndiga meatball (9)
alcance *m.* reach
alcanzar (c) to reach
alcoba bedroom
alcohol *m.* alcohol (12)
aldea village
alegrar to cheer up; **alegrarse** to be glad, to be happy
alegre happy
alegría happiness
alemán *n. m.* German (*language*) (4)
alemán, alemana *n., adj.* German (4)
Alemania Germany (4)
alergia allergy (12)
alérgico/a allergic (9)
alfabetización *f.* literacy teaching
alfabeto alphabet
alfombra carpet (7)
álgebra *f.* (*but* **el álgebra**) algebra
algo something (3)
algodón *m.* cotton (12); **bolita de algodón** cotton ball (14)
alguien someone (7)
algún, alguno/a some (1); any; **alguna vez** once; ever; **algunos/as** some (1)
alianza alliance

alienígena *m., f.* alien
alimentarse to feed oneself
alimento food item; nourishment (9)
aliviar to relieve
allá there (3)
allí there (3)
alma *f. (but* **el alma**) soul
almacén *m.* department store (7)
almacenar to store (12)
almeja clam (9)
almohada pillow (7)
almorzar (ue) (c) to have lunch (3); **almorcé** I ate lunch (8); **almorzaste** you (*fam. sing.*) ate lunch (8); **almorzó** he/she/you (*pol. sing.*) ate lunch (8)
almuerzo lunch (5)
áloe *m.* aloe
alojamiento lodging (11)
alquilar to rent (10); **se alquila** for rent
alquiler *m.* rent
alrededor (de) around (3)
alrededores *m.* outskirts
altar *m.* altar
alternativo/a alternative (2)
altitud *f.* altitude
¡alto! stop! (11)
alto/a tall (1); **en voz alta** aloud, out loud (6); **alta velocidad** high speed (11)
altura height
alucinante amazing
aluminio aluminum (14)
alumno/a student
ama *f. (but* **el ama**) **de casa** housewife (6)
amable *adj.* kind; how nice of you!, thanks! (11)
amante lover
amar to love
amarillo/a yellow (B)
amarrete stingy
Amazonas *m.* Amazon (River)
amazónico/a *adj.* Amazonian, Amazon
ambición *f.* ambition
ambiental environmental (15); **contaminación** (*f.*) **ambiental** environmental contamination
ambiente *m.* environment (9); **medio ambiente** environment (15)
ambiguo/a ambiguous
ambos/as *pl.* both (12)
ambulancia ambulance (12)
ambulante *adj.* traveling
amenaza threat
amenazar (c) to threaten
América Central Central America
América del Sur South America
América Latina Latin America
americano/a *n., adj.* American (4); **pagar (gu) a la americana** to go Dutch, pay individually (9)
amerindio/a *n.*, American Indian
amigo/a friend (B); **Amigos sin Fronteras** Friends without Borders (1); **mejor amigo/a** best friend (1)
amiguito/a little (childhood) friend (10)
amistad *f.* friendship (13)
amistoso/a friendly
amo/a (but **el ama**) owner
amor *m.* love (10); **mi amor** sweetheart, honey (*term of endearment*) (10)
amoroso/a loving
amplio/a roomy
amueblado/a furnished
analizar (c) to analyze
ananá *m.* pineapple (*Arg., Uru.*)
anaranjado/a orange (B)
anatomía anatomy
anciano/a elderly person
andar *irreg.* to walk; **andar en patineta** to skateboard (2); **andar en bicicleta (bici) / en motocicleta (moto)** to ride a bicycle (bike) / motorcycle (3)
anestesia anesthesia
angelito/a little angel
ángulo angle
anidar to nest
anillo ring; **anillo de compromiso** engagement ring (13)
animado/a cheerful
animal *m.* animal; **animal doméstico** pet
animar to encourage
anímico/a: estado anímico mental state (5)
anís *m.* anise
aniversario anniversary (5)
anoche last night (7)
anomalía anomaly
anteayer day before yesterday (2)
antemeridiano antemeridian, a.m.
antena antenna (11)
antes (de) *adv.* before (4); **antes de** + *inf.* before (*doing something*) (4); **antes de que...** *conj.* before... (12)
antibiótico antibiotic (12)
anticipación *f.* anticipation (9)
anticucho kebab
antigüedades *f.* antiques
antiguo/a old; ancient (2)
antihistamínico antihistamine (12)
antiinflamatorio anti-inflammatory (12)
antipático/a unpleasant (1)
antropología anthropology (6)
anual annual
anunciar to announce (11)
año year (2); **año escolar** school year; **Año Nuevo** New Year's Day (5); **¿cuántos años tiene(n)?** how old is he/she (are they)? (2); **¿cuántos años tienes / tiene usted?** how old are you (*fam./pol. sing.*)? (2); **cumplir años** to have a birthday (8); **el próximo año** next year (4); **¡feliz Año Nuevo!** happy New Year! (5); **tengo... años** I am . . . years old (2); **tiene... años** he/she is (you [*pol. sing.*] are) . . . years old (2); **tienen... años** they / you (*pol. pl.*) are . . . years old (2)
apagar (gu) to turn off (6); to put out; **apagar incendios** to put out fires (6)
aparato appliance; **aparato doméstico** household appliance (7); **aparato reproductor** reproductive system (12)
aparecer (zc) to appear (11); **aparece** it appears
apariencia appearance
apartamento apartment
apasionado/a passionate; enthusiastic
apasionar to excite
apellido last name (1)
apio celery (9)
aplicación *f.* app (15)
aplicarse (qu) a to apply (*something*) to
apodo nickname
apreciar to appreciate
aprender to learn (6)
apresar to take prisoner, capture
apretado/a tight
aprobar (ue) to pass (*a law*) (15)
apropiado/a appropriate (7)
aprovechar to take advantage of (15)
aproximadamente approximately
apto/a suitable
apuntes *m. pl.* notes; **tomar apuntes** to take notes (2)
aquel, aquella that (over there) (3)
aquellos/as those (over there) (3); **¡qué tiempos aquellos!** those were the days! (10)
aquí here (3); **aquí lo tiene** here it is (11); **de aquí a (+ *time*)** (*period of time*) from now (15)
árabe *n. m., f.* Arab; *n. m.* Arabic (*language*) (4); *adj.* Arabic (4)
Arabia Saudita Saudi Arabia
arahuaco Arawakan (*indigenous language of C.A. and S.A. and the Carib.*)
árbol *m.* tree (3); **árbol genealógico** family tree (10); **arbolito de Navidad** Christmas tree (5); **subirse a los árboles** to climb trees (10)
arboleda *n.* grove
arbusto bush (7)
arcángel *m.* archangel

archipiélago archipelago (11)
archivo file (15); **archivo adjunto** attached file; attachment (15); **archivo carpeta** file folder
arco arch; **arcoíris** rainbow (11)
área *f. (but* **el área)** area
arena sand (11)
arepa thick corn cake (Col.) (9)
arete earring (14)
argentino/a *adj.* Argentine (2)
arma *f.* (*but* **el arma**) arm, weapon
armario closet (7)
armonía harmony
arpa *f. (but* **el arpa**) harp
arpista *m, f.* harpist
arqueología archaeology
arquitecto/a architect (11)
arquitectónico/a architectural
arquitectura architecture
arrecife *m.* reef (11); **arrecife de coral** coral reef
arreglar to fix; to arrange (6); **arreglarse** to get dressed up; to get ready (4)
arrendar (ie) to rent; **se arrienda** for rent; for lease
arrepentirse (ie, i) to repent
arriba (de) above (7); **miren hacia arriba** look up (*pol. pl. comm.*) (B)
arriesgar (gu) to risk
arroba @ sign (1)
arroz *m.* rice (9); **arroz con coco** coconut rice (Cuba) (9)
arrullar to lull asleep
arte *m. (but* **las artes)** art (1); **artes musicales** music appreciation (6)
artefacto artifact (8)
arteria artery (12)
artesanal handmade
artesanía *sing.* handicrafts (8)
artesano/a craftsman/craftswoman (14)
artista *m., f.* artist (8)
artístico/a artistic
asado/a roasted; **bien asado** well-done (9); **carne asada** grilled meat (14); **poco asado** rare (9)
asador *m* barbecue grill (14)
asar to roast (14)
ascensor *m.* elevator (7)
asegurar to assure; to insure
asesinar to assassinate
asfalto asphalt
así thus, so, this way; **así es** that´s (just) the way it is (10)
Asia Asia (8)
asiático/a *adj.* Asian
asiento seat (11)
asignar to assign (6)
asignatura subject, class (6); **asignatura principal** major
asimilarse to assimilate
asistente *m., f.* assistant (6); **asistente de vuelo** flight attendant (11)
asistir (a) to attend (3); **asistir (a clases)** to attend (classes) (3)
asma *f. (but* **el asma)** asthma (12)
asociado/a associated
asociar to associate (13)
aspecto aspect (5)
aspiradora vacuum cleaner (7); **pasar la aspiradora** to vacuum (6)
aspirina aspirin (12)
asterisco asterisk
astilla: de tal palo, tal astilla a chip off the old block; like father, like son
astronauta *m., f.* astronaut
astronomía astronomy
astronómico/a astronomical
asunto subject, topic; matter, affair
asustado/a scared, frightened (8)
atacar (qu) to attack
ataque *m.* **(al corazón)** (heart) attack (12)
ataúd *m.* coffin
atención *f.* attention; **llamar (le) atención** to draw (someone's) attention (15); **poner** (*irreg.*) **atención** to pay attention (6)
atender (ie) a to wait on; to assist; to attend to (6)
aterrizar (c) to land (11)
atigrado/a striped
atlántico/a Atlantic; **océano Atlántico** Atlantic Ocean
atlético/a athletic (1)
atletismo *sing.* Athletics
atmósfera atmosphere (15)
atmosférico/a atmospheric (11)
átomo atom
atracción *f.* attraction
atractivo/a attractive
atraer (*like* **traer**) to attract
atrás *adv.* behind
atrasarse to run late; to fall behind (11)
atreverse a (+ *inf.*) to dare to (do *something]*
atribuir (y) (a) to attribute (to)
atropellar to run over, knock down (12)
atún *m.* tuna (9)
auditivo/a auditory; listening *adj.* (6)
aumentar to increase (12)
aumento rise, increase (15)
aun even (15)
aún still, yet
aunque even, even though (14)
Australia Australia (4)
australiano/a *adj.* Australian (4)
austro *adj.* Austrian; **austro húngaro/a** *adj.* Austro-Hungarian
auténtico/a authentic
auto auto (11)
autoayuda *n.* self-help
autobús *m.* bus; **parada del autobús** bus stop (3)
autóctono/a indigenous, native
automático/a automatic (7)
auto(móvil) *m.* automobile (11)
autopista freeway, expressway (11)
autor(a) author
autorizado/a authorized
¡auxilio! help! (8)
avance *m.* advance
avanzado/a advanced (15)
avanzar (c) to advance (15)
ave *f.* (*but* **el ave)** bird (15); poultry (9); **AVE** high-speed train (*Sp.*)
avena oatmeal (9)
avenida avenue (7)
aventura adventure
avión *m.* plane; jet (5)
¡ay! oh! (5)
ayer yesterday (2)
ayuda help; **ayuda financiera** financial aid (8)
ayudante *m., f.* assistant
ayudar to help (6)
azúcar *m.* sugar (5)
azul blue (B)

B

babosa slug
bacán: ¡Qué bacán! How cool! (*S.A.*)
bachata *fast-tempo music from the D. R. incorporating Carib. and West African rhythms*
bacteria bacterium; **bacterias** *pl.* bacteria
bahía bay (8)
bailador(a) dancer
bailar to dance (2); **salir** (*irreg.*) **a bailar** to go out dancing (4)
bailarín, bailarina dancer (10)
baile *m.* dance (15)
bajar to lower; to download (8); **bajarse (de)** to get down (from), to get off (of) (8); **baje(n)** (*comm.*) get off, get down (11)
bajo *prep.* under (13); **bajo cero** below zero (3)
bajo/a short (*height*) (1); low; **planta baja** first floor (7), ground floor
bala bullet
balanceado/a balanced
balcón *m.* balcony (7)

ballena whale (8)
balón *m.* ball
baloncesto basketball
balsa raft
bambú *m.* bamboo
banana banana (9)
banco bank (6); bench (7)
banda band
bandera flag
bañador *m.* swim suit (14)
bañar to bathe (6); **bañarse** to bathe (*oneself*) (4)
bañera bathtub (7)
baño bathroom (7); bath
bar *m.* bar (9)
barato/a inexpensive (cheap [price]) (7)
barba beard (1)
barco boat (8)
barranquillero/a *n.* person from Barranquilla, Colombia
barrer to sweep (7)
barrio neighborhood (7)
barro negro clay (*Oaxacan pottery*) (8)
barroco/a baroque
basado/a based (1)
basar to base; **basarse (en)** to be based (on)
base *f.* base, foundation
básico/a basic
básquetbol *m.* basketball
bastante *adj.* plenty of, quite a lot (10)
bastón *m.* walking stick, cane (12)
basura trash; **sacar (qu) la basura** to take out the trash (7)
basurero garbage can; dump
bata robe (14)
batalla battle (8)
batata sweet potato
bate *m.* (baseball) bat
batido milk shake (9), **batido de maracuyá** passion fruit shake (C.R.) (9)
batir to beat
bautizar (c) to baptize (13)
bautizo baptism (13)
bebé *m, f.* baby
bebeleche: jugar (ue) (gu) al bebeleche to play hopscotch (*Mex.*)
beber to drink (3)
bebida drink (5)
beca scholarship
béisbol *m.* baseball; **jugar al béisbol** to play baseball (10)
beisbolista *m.* baseball player (10)
belleza beauty
bello/a beautiful
bemba *sing.* thick lips
bendición *f.* blessing
beneficio benefit
beneficioso/a beneficial
besar to kiss (12); **besarse** to kiss each other
bestia beast
Biblia Bible
biblioteca library (3)
bicarbonato de soda bicarbonate of soda (9)
bici *f.* bike (3)
bicicleta bicycle (3); **andar** (*irreg.*) **en bicicleta (bici)** to ride a bicycle (bike) (3)
bicicross bicycle motocross, BMX
bicitaxi bike-taxi, pedicab
bien *adv.* well; **(muy) bien, gracias** (very) well, thanks (B); **bien asado/a** well-done (9); **estoy (muy) bien** I am (very) well (1); **llevarse bien con** to get along well with (someone) (10); **¡qué bien!** that's great! (5)
bienes (*m. pl.*) **raíces** real estate
bienestar *m.* well-being; **bienestar social** social welfare (15)
bienvenida *n.* welcome; **dar** (*irreg*) **la bienvenida** to welcome (11)
¡bienvenido/a(s)! welcome! (B)
bife *m.* steak
bigote *m.* mustache (1)
bilingüe bilingual
billete *m.* ticket; bill (*paper money*) (11)
biodegradable biodegradable (15)
biodiversidad biodiversity
biográfico/a biographical
biología biology (6)
bióxido dioxide
bisabuelo/a great-grandfather/great-grandmother (13); **bisabuelos** *pl.* great-grandparents
bistec *m.* steak (5)
blanco/a white (B); **espacio en blanco** blank space
bloguear to blog
bloguero/a blogger
blusa blouse (14)
bluyín blue jeans (*Carib.*)
boca mouth (2)
bocadillo sandwich
bocado bite
bocina horn (11)
boda wedding (5)
bola: jugar (ue) (gu) a las bolas to play marbles
bolero *popular slow-tempo Latin musical style originating in Cuba*
boletín *m.* bulletin
boleto ticket
bolígrafo pen (B)
boliviano/a *n., adj.* Bolivian (2)
bolsa bag (9); purse; **bolsa de lona** canvas bag (15)
bolsillo pocket (14)
bomba bomb
bombero, mujer (*f.*) **bombero** firefighter (6)
bondi autobús
boniato sweet potato
bonito/a pretty (1)
bordado *n.* embroidery
bordado/a *adj.* embroidered (14)
borrador *m.* eraser (2)
bosque *m.* forest (11)
bostezar (c) to yawn (5)
bota boot (B); **botas de vaquero** cowboy boots (1)
botana snack, appetizer (*Mex.*)
botánica drugstore
bote *m.* boat (11); **bote de remos** rowboat (11)
botella bottle (9)
botón *m.* button (14)
botones *m. sing.* bellhop (11)
boxear to box
boxeo boxing
brasileño/a *n., adj.* Brazilian (2)
brazo arm (2)
breve *adj.* brief
brindar to drink a toast
brindis *m. sing.* toast (*drink or speech*) **hacer** (*irreg.*) **un brindis** to toast, make a toast (9)
británico/a British
brocheta skewer
brócoli *m.* broccoli (9)
bronquitis *f.* bronchitis (12)
broza undergrowth
brujo/a wizard/witch (5); **Día** (m.) **de las Brujas** Halloween (5); **Noche** (*f.*) **de Brujas** Halloween
bucear to skin/scuba dive (4)
buceo underwater swimming, diving
budista *m., f.* Buddhist
bueno/a (buen) good (5); **¡buen provecho!** bon appetit! (9); **¡buen viaje!** have a nice trip (11); **buenas** hello (*informal*) (14); **buenas noches** good night (B); **buenas tardes** good afternoon (B); **buenos días** good morning (B); **estar** (*irreg.*) **de buen (mal) humor** to be in a good (bad) mood (5); **estar** (*irreg.*) **en buena forma** to be in good shape (15); **hace buen tiempo** the weather is nice (3); **¡qué buena idea!** what a good idea! (4); **¡qué bueno que** + *subj.***!** How/It's great that . . .! (15); **tener buenas/malas notas** to have good/bad grades (6)

bufanda scarf (B)
búho owl
bulto: hacer (*irreg.*) **bulto** to swell the numbers
burbuja bubble
busca: en busca de in search of
buscador *m* search engine
buscar (qu) to look (for) (3); **busca / no busques** look for / don't look for (*fam. pl. comm.*) (13); **busca** look for (*fam. sing. comm.*) (2); **buscaste** you (*fam. sing.*) looked for (8); **buscó** he/she/you (*pol. sing.*) looked for (8); **busqué** I looked for (8)
búsqueda search
buzón *m*. mailbox (15)

C

caballero gentleman
caballito rocking horse
caballo horse; **montar a caballo** to ride a horse (2)
cabello hair
caber (*irreg.*) to fit
cabeza head (2); **dolerle (ue) la cabeza** to have a headache; **tener** (*irreg.*) **dolor** (*m.*) **de cabeza / oído** to have a headache / an earache (12)
cable *m*. cable (6)
cabo: llevar a cabo to carry out
cabra goat
cacahuate *m*. peanut (*S.A.*) (9)
cachumbambé *m*. seesaw (*Cuba*); **montar en el cachumbambé** (*Cuba*) to ride the seesaw (10)
cada *inv*. each (2), every; **cada año** every year; **cada día** (*m.*) every day
cadena chain
cadera hip (12)
caer(se) *irreg.* (*p.p.* **caído)** to fall (8); **caerse** to drop (12); **me caí** I fell (8); **se cayó** he/she/you (*pol. sing.*) fell (8); **se me/te/le/les cayó/cayeron** (*something* [*sing./pl.*]) fell (from my / your (*fam. sing*) / your (*pol. sing.*), his, her / you (*pol. pl*), their hands); **te caíste** you (*fam. sing.*) fell (8)
café *m*. coffee (4); café; **color café (claro/oscuro)** (light/dark) brown (B); **tomar café** to drink coffee (3)
cafeína caffeine (9)
cafetera coffeepot; coffee maker (7)
cafetería cafeteria (3)
caída fall (*accident*)
caja box (9)
cajero/a cashier (6); **cajero automático** ATM (11)
calabacita summer squash (9)
calabaza pumpkin (9); **el pastel de calabaza** pumpkin pie (5)
calamar squid (9)
calavera skull (5)
calcetín *m*. sock (*pl*. **calcetines**) socks (14)
calcio calcium (9)
calculadora calculador
calcular to calculate (9)
caldillo broth
calendario calendar
calentador *m*. heater (7)
calentamiento heating; **calentamiento global** global warming (15)
calentar(se) (ie) to heat, to warm up; to get warm (7)
calentura: tener (*irreg.*) **calentura** to have a fever (12)
caleño *n*. Colombian from Cali
caleta cove
calidez *f*. warmth
cálido/a hot; warm
caliente hot (*to the touch*) (4); **chocolate caliente** hot chocolate (5); **perro caliente** hot dog (5); **té** (m.) **caliente** hot tea
callado/a quiet (1)
calle *f*. street
calma: con calma calmly
calmar to calm
calor *m*. heat; **hace calor** it's hot (3); **tener** (*irreg.*) **calor** to be hot (5)
caloría calorie (5)
caluroso/a hot (*climate*) (11)
calvo/a: águila (*f. but* **el águila) calva** bald eagle (15)
calzoncillos *pl*. men's underpants (14)
cama (matrimonial) (double) bed (7)
camarera hotel maid (11)
camarón *m*. shrimp (9)
cambiar to change (3); **cambiar de turno** take turns; trade shifts (14); **cambiarse de ropa** to change clothes (8); **cambiar dinero** to exchange money (11) **cambiar papeles** to switch (change) roles (14)
cambio money exchange; **cambios** (*pl.*) gears (of *a car*) (11); **a cambio de** in exchange for; **en cambio** on the other hand
camello camel (5)
camilla gurney, stretcher; cot (12)
caminar to walk (3); **camine(n)** walk (*pol. sing., pl. comm.*) (11)
caminata *n*. walk; hike
camino road
camión *m*. truck, bus (*Mex.*) (15)
camioneta pickup (12), small truck (12); van (12)
camisa shirt (B)
camiseta T-shirt (B)
camisón *m*. nightgown (14)
camote sweet potato (9), yam (9)
campamento camp
campanada chime
campaña campaign (15)
campeón, campeona champion (6)
campera jacket
campesino/a peasant; field worker
campo field (11); countryside (11); country (11); field (*of study*)
campus *m*. campus (5)
camuflarse to camouflage
Canadá Canada (4)
canadiense *n., adj*. Canadian (4)
canal *m*. channel (3)
canario canary
cáncer *m*. cancer (15)
cancha court (4), field (*sports*); **cancha de tenis** tennis court (4)
canción *f*. song (6)
candelabro candelabra; menorah (5)
canela cinnamon (9)
cangrejo crab (9)
canicas: jugar (ue) (gu) a las canicas (*Mex.*) to play marbles
canoa canoe
canoso/a white-haired (1)
cansado/a tired (5); **un poco cansado/a** a little tired
cansancio tiredness (12)
cansarse to get tired
cantante *m., f*. singer (6)
cantar to sing (6)
cantautor(a) singer-songwriter
cantidad *f*. quantity (15)
caña cane
cañón *m*. canyon
caos *m*. chaos
capa cape; layer; **agujero en la capa de ozono** hole in the ozone layer (15)
caparazón *m*. shell
capaz capable
capilla chapel
capital *f*. capital city; **ciudad** (*f.*) **capital** capital city (2)
capítulo chapter (1)
capó *m*. hood (11)
cápsula capsule (12)
cara face (2); **lavarse la cara** to wash one's face (4)
caracol *m*. snail
carácter *m*. character
característica *n*. feature, characteristic (13)
característico/a *adj*. characteristic
caramelo candy
carbohidrato carbohydrate (9)

carbón coal (14)
carbono carbon
carburo carbide; **carburo fluorado** fluorocarbon (15)
cardíaco/a cardiac, of or related to the heart
cardiólogo/a cardiologist (12)
carga cargo (11)
cargar (gu) to upload (15); to carry, haul
Caribe *m.* Caribbean (2)
caribeño/a *adj.* Caribbean (7)
caries *sing.* tooth decay, cavity (12)
cariñoso/a affectionate (13)
carismático/a charismatic
carnaval *m.* carnival
carnavalesco/a *adj.* carnival
carnavalito small carnival
carne *f.* (red) meat (5); **carne asada** grilled meat (14); **carne de res** beef (9); **carne molida** ground beef (9)
carnicería meat market (14)
caro/a expensive (1)
carpaccio *appetizer of thinly sliced raw meat or fish*
carpeta folder; file (15); **archivo carpeta** file folder
carrera career; course of study (6)
carretera highway (11)
carrito: jugar (ue) (gu) a los carritos to play with toy cars (10)
carroza carriage
carta letter (7); card; menu (9); **jugar (ue) (gu) a las cartas** to play cards (4); **mandar una carta** to send a letter (7)
cartel *m.* poster (2)
cartera wallet (14)
cartón *m.* cardboard (14)
casa house (7); **ama** *f. (but* **el ama**) **de casa** housewife (6); **de casa en casa** from house to house (5); **ir** (*irreg.*) **a casa** to go home (3); **salir** (*irreg.*) **de casa** to leave home (3)
casado/a married (3); **¿eres / es** (*irreg.*) **casado/a?** are you (*fam./pol. sing.*) married? (3); **recién casado/a** newlywed; **recién casados** newlyweds (13)
casarse to get married (10)
cascada waterfall
cáscara skin (of fruit or vegetable) (9), husk (9), shell (9)
casco helmet (8)
casero/a home, domestic
casi almost; **(casi) nunca** (almost) never (3); **casi termino** I am almost done (13)
casita little house; **jugar (ue) (gu) a las casitas** to play house (10)
castaño/a brown (*hair*) (1)
castañuela castanet
castigar (gu) to punish (8)
castillo castle; **castillo-palacio** castle-palace
catalán *m.* Catalonian (*language*)
Cataluña Catalonia
catarata waterfall
catarro *n.* cold; **tener** (*irreg.*) **catarro** to have a cold (12)
catedral *f.* cathedral (8)
catire/a fair-skinned person
católico/a *adj.* Catholic (5)
catorce fourteen (B)
causa cause (15); **a causa de** because of
causante *m., f.* cause
causar to cause (14)
cavar to dig
caza hunting (15)
cazador(a) hunter
cebolla onion (9)
cebra zebra
ceja eyebrow (12)
celebración *f.* celebration (5)
celebrar to celebrate (4)
celeste celestial
célula cell
celular *n.* cell(phone) (1); *adj.* cellular
cementerio cemetery (5)
cempasúchil Mexican marigold (*flower*)
cena dinner (3); **(a) la hora de la cena** (at) dinner time (10)
cenar to eat dinner/supper (2); **salir** (*irreg.*) **(a cenar)** to go out (to eat) (3)
centavo cent (1)
centígrado: grado centígrado degree centigrade (3)
central central (7); **el correo central** post office (7); **América Central** Central America
centro center; downtown (3); **centro comercial** mall (7)
Centroamérica Central America (2)
centroamericano/a *n., adj.* Central American (5)
cepillarse el pelo / los dientes to brush one's hair/teeth (4)
cepillo (de dientes) (tooth)brush (4)
cerámica *sing.* ceramics (14)
cerca *adv.* close; *n.* fence (7); **cerca de** *prep.* close to (2)
cercano/a near, neighboring
cerdo pork (9); **chuleta de cerdo** porkchop (9)
cereal *m.* cereal (5)
cerebro brain (12)
ceremonia ceremony (7)
ceremonial ceremonial
cero zero (B)
cerrar (ie) to close (7); **cierren** close (*pol. pl. comm.*) (B)
certificación *f.* certification
cervantino/a relating to Cervantes
cerveza beer (5)
césped *m.* lawn, grass; **cortar el césped** to cut/mow the grass (7)
cesta basket
ceviche *m.* raw marinated fish (Perú) (9)
chabacano apricot (*Mex.*)
chambelán *m.* chamberlain
champaña *m.* champagne (5)
champú *m.* shampoo (4)
chao bye (1)
chaqueta jacket (B); **chaqueta de esquí** ski jacket (1)
charla converse, chat (3)
charlar to chat (3)
charqui *m.* dried beef
chatarra: comida chatarra junk food (9)
chatear to chat online (15)
chateo online chatting
cheque *m.* check; **cambiar un cheque** to cash a check (6)
chicha *traditional Peruvian drink (9)*
chícharo green pea (*Mex.*)
chico/a *n.* boy/girl (1); *adj.* small (1); **chicos** children
chido/a fantastic (*Mex.*)
chifa Chinese restaurant
chileno/a *n., adj.* Chilean (2)
chile *m.* chili pepper (9); chile **relleno** stuffed pepper (*Mex.*) (9)
chimenea fireplace (7)
China China (4)
china orange (*P. R.*)
chino *n.* Chinese (*language*) (4)
chino/a *n., adj.* Chinese (4)
chinocostarricense *n.* Chinese-Costa Rican
chistoso/a funny
chivo/a kid, young goat
chocar (qu) to crash (11); to run into (*something*)
choclo ear of corn
chocolate *m.* chocolate (5); **chocolate caliente** hot chocolate (5)
chofer *m., f.* driver (11)
chompa sweater
choque *m.* crash (12)
chubasco rain shower; downpour
chuleta (de cerdo) (pork) chop (9)
chultún rain barrel
churrasco barbecued meat (8)
cibercafé *m.* Internet café (7)
cibernético/a cybernetic
cicatriz *f.* (*pl.* **cicatrices**) scar (12)

ciclismo cycling
ciclista *m., f.* cyclist
ciclón *m.* cyclone (11)
cicloturista cycling tourist
cielo sky (11)
cien, ciento one hundred (1); **por ciento** percent (9)
ciénaga swamp
ciencia science; **las ciencias** (6); **ciencia ficción** science fiction; **ciencias naturales** natural sciences; **ciencias** (*pl.*) **políticas** political science (7); **ciencias sociales** social sciences (6)
científico/a *n.* scientist (15); *adj.* scientific
cierto/a correct; true (3); **es cierto que** + *ind.* it's true that . . . (14)
cigarro cigar
cilantro cilantro (9)
cima top
cinco five (B)
cincuenta fifty (1)
cine *m.* movie theater; **ir** (*irreg.*) **al cine** to go to the movies (2)
cinematográfico/a cinematographic
cinta ribbon
cintura waist (12)
cinturón *m.* belt (14); **cinturón de seguridad** seatbelt (11)
circulación *f.* circulation (12)
circular *v.* to circulate; *adj.* circular (11)
círculo circle (11)
cirugía surgery
cirujano/a surgeon (12)
cita appointment (12); date
ciudad (capital) *f.* (capital) city (2)
ciudadano/a citizen (15)
civil civil; **derechos civiles** civil rights (15); **estado civil** marital status (4); **guerra civil** civil war
civilización *f.* civilization
claro/a *adj.* clear; *adv.* **claro** clearly; **claro (que sí)** of course (4); **color café claro** light brown (B)
clase *f.* class (B); **clase de español** Spanish class (B); **compañero/a de clase** classmate (1)
clásico/a classic (2)
clasificado/a classified
clic: hacer (*irreg.*) **clic** to click
cliente *m., f.* client (6)
clima *m.* climate (11); weather (3)
climático/a climatic
climatología climatology
clínica clinic (6)
club *m.* club (1); **club nocturno** nightclub (6)
coartada alibi
cobrar to charge
coca cocaine
cocaína cocaine
cocer (ue) (z) to cook
coche *m.* car (3); **coche eléctrico** electric car; **coche híbrido** hybrid car
cocido/a cooked (9); **huevo cocido** hard-boiled egg (9)
cocina kitchen (7)
cocinar to cook (2)
cocinero/a cook (6)
coco coconut (9); **arroz** (m.) **con coco** coconut rice (Cuba) (9)
cocodrilo crocodile
cóctel *m.* cocktail
código code
codo elbow (12)
coincidir to coincide
cojín *m.* cushion, pillow (14)
cola tail
colaboración *f.* collaboration
colección *f.* collection
colectivo/a collective
colega *m., f.* colleague
colegio private school (K–12) (7)
cólera *m.* cholera
colesterol *m.* cholesterol (5)
colgado/a *adj.* hanging
colibrí *m.* hummingbird
coliflor *f.* cauliflower (9)
collar *m.* necklace; **collar (de perlas)** (pearl) necklace (14)
colombiano/a *n., adj.* Colombian (2)
colonia colony
colonización *f.* colonization
colonizar (c) to colonize
coloquial colloquial
color *m.* color (B); **color café (claro/oscuro)** (light/dark) brown (B)
colorante *m.* coloring (9)
colorido/a colorful
columna spine (12)
comadre/compadre *name to express the relationship between a child's parents and the godparents* (13)
combatir to fight
combinar to combine (13)
combustible *adj.* combustible; **combustible fósil** fossil fuel
comedia comedy
comedor *m.* dining room (7)
comentar to talk about; to discuss (4); **comenta** comment (*fam. sing. comm.*) (7)
comentario comment (13)
comenzar (ie) (c) to begin; **comenzar a** (+ *inf.*) to begin to (*do something*)
comer to eat (2); **comer (en restaurantes)** to eat (out) (2); **comer fuera** to eat out (9); **comerse las uñas** to bite one's nails (5); **dar** (*irreg.*) **de comer** to feed (7)
cometa kite
comezón *f.* rash; itch**; tener** (*irreg.*) **comezón** to have a rash, itch (12)
cómico/a funny (1); **tiras cómicas** comic strips (10)
comida food (2); **comida chatarra** junk food (9); **comida preelaborada** convenience food (9); **comida rápida** fast food (2)
como as; as a; like (6); since (13); **tan pronto como** as soon as (15)
¿cómo? how?; what?; **¿cómo eres?** what are you (*fam. sing.*) like? (1); **¿cómo es él/ella/usted?** what is he/she / are you (*pol. sing.*) like? (1); **¿cómo está usted?** how are you (*pol. sing.*)? (1); **¿cómo estás tu?** (*fam. sing.*) how are you? (B); **¿cómo se llama?** what is his/her name? (B); **¿cómo se escribe?** how do you spell? (1); **¿cómo se prepara(n)... ?** how do you prepare . . . ? (how is/are . . . prepared?) (9); **¿cómo son ellos/as?** what are they like? (1); **¿cómo te llamas?** what is your (*fam. sing.*) name? (B)
¡cómo no! of course (14)
cómoda chest of drawers, dresser (7)
cómodamente comfortably
cómodo/a comfortable (4); **estar** (*irreg.*) **cómodo/a** to be comfortable
compacto/a: disco compacto compact disc (15)
compadre/comadre *name to express the relationship between a child's parents and the godparents* (13)
compañero/a (de cuarto) roommate; **compañero/a de apartamento** roommate, housemate (3); **compañero/a de clase** classmate (1); **compañero/a (de trabajo)** co-worker (6)
compañía company (6); **compañía aérea** airline (company)
comparación *f.* comparison (7)
comparar to compare (7)
compartir to share (7)
competencia competition
competir (i, i) to compete (10)
complejo/a complex
complemento *gram.* **pronombre de complemento directo** direct object pronoun
completamente completely
completar to complete (2); **completa** complete (*fam. sing. comm.*) (1)
completo/a complete (6); **el empleo de jornada completa** full-time employment

complicado/a complicated (2)
componer (*like* **poner**) (*p.p.* **compuesto**) to make up; **componer** (*irreg.*) **música** to compose music (6)
comportamiento behavior (13)
composición *f.* composition (6)
compositor(a) composer
compra purchase (9); **hacer** (*irreg.*) **la compra** to do the (grocery) shopping (3); **ir** (*irreg.*) **de compras** to go shopping (2)
comprar to buy (4); **comprar a crédito** to buy on credit (14); **comprar al contado** to pay cash (14); **comprar a plazos** to buy in installments (14); **compre(n)** buy (*pol. sing., pl. comm.*) (11)
comprender to understand (6)
comprensión *f.* understanding (12)
comprometerse to become engaged; to undertake something
comprometido/a engaged (13)
compromiso engagement (13); **anillo de compromiso** engagement ring (13)
computadora (portátil) (laptop) computer (2)
común common (13)
comunicación *f.* communication (6)
comunicarse (qu) to communicate with each other (13)
comunidad *f.* community
comunitario/a community
con with (B); **con cuidado** carefully (6); **con frecuencia** frequently (3); **con gusto** with pleasure; **con mucho gusto** gladly, with pleasure (14); **¿con qué frecuencia?** How often? (3); **¡con razón!** no wonder!; **con tal de que** as long as (15)
conceder to concede
concentrar to concentrate
concepción *f.* conception
concepto concept
concierto concert (4)
conclusión *f.* conclusion
concurrido/a well-attended
concurso contest, competition (15)
condición *f.* condition (5)
condicional conditional
condimento condiment (9)
condominio condominium (7)
cóndor *m.* condor
conducir *irreg.* to drive (8); **conduje** I drove (8); **condujiste** you (*fam. sing.*) drove (8); **condujo** he/she/you (*pol. sing.*) drove (8)
conectar to connect; **conecta** connect (*fam. sing. comm.*) (4)
conexión *f.* connection
conferencia conference
confiar (confío) (en) to trust; to confide in (13)
conflicto conflict
confortable comfortable (1)
congelado/a frozen (9)
congeladora freezer (14)
congelar to freeze
congestionado/a congested; **tener** (*irreg.*) **la nariz congestionada** to have a stuffy nose (12)
congreso congress
congrio conger eel
conjugar (gu) to conjugate
conjunto collection
conmigo with me (13)
conmovedor(a) moving, touching
cono cone
conocer (zc) to meet; to know people or places (7); **conocerse** to meet each other (10); to get to know each other
conocido/a (well-)known (8)
conocimiento knowledge
conquista conquest
conquistador(a) conqueror
conquistar to conquer (8)
consecuencia consequence (14)
consejo advice (12)
conservación *f.* conservation
conservador(a) *adj.* conservative (1)
conservante *m.* preservative (9)
conservar to preserve (14)
considerado/a considerate (1)
considerar to consider (7)
consistir (en) to consist (of) (15)
consolar (ue) to console
constipado/a: estar (*irreg.*) **constipado/a** to have a cold
constitución *f.* constitution
construcción *f.* construction (14)
construir (y) to build
consuelo consolation
consultar to consult (11); **consulta** consult (*fam. sing. comm.*) (2)
consultorio doctor's office (12)
consumir to consume
contactar to contact
contacto contact
contador(a) accountant (6)
contagioso/a contagious
contaminación *f.* contamination (15); **contaminación ambiental** environmental contamination
contaminado/a contaminated (15)
contaminar to contaminate
contar (ue) to count; to tell (1); to narrate; **¡a contar!** let's count! (1); **cuéntame** tell me (8); **cuenten** count (*pol. pl. comm.*) (B)
contemplar to contemplate
contemporáneo/a contemporary
contener (*like* **tener**) to contain (9)
contento/a happy; **estar** (*irreg.*) **contento/a** to be happy (5)
contestar to answer (3)
contexto context
contigo with you (*fam.*) (5)
continente *m.* continent (8)
continuar (continúo) to continue (8)
contra against (8)
contrabando contraband (11)
contracción *f.* contraction (12)
contrario contrary; **al contrario** on the contrary
contraseña password (15)
contratiempo mishap
contrato contract
contribución *f.* contribution
contribuir (y) to contribute (8)
control *m.* control
controlar to control (13)
convencer (z) to convince
convención *f.* convention
convencional conventional
convento convent
conversación *f.* conversation (B)
conversar to talk, to chat (2); **¡a conversar!** let's talk! (1); **conversa** talk (*fam. sing. comm.*) (2); **converse(n)** (*pol. comm.*) converse, talk
convertir(se) (ie, i) to convert
convincente convincing (10)
cooperar to cooperate (13)
cooperativa *f.* cooperative, company store
copa wine glass (9)
copiar to copy (13)
coquí *small tree frog native to P.R.*
coral *m.* coral (11); **arrecife** (*m.*) **de coral** coral reef
corazón *m.* heart (12); **ataque** (*m.*) **al corazón** heart attack (12)
corbata tie (1)
cordero lamb (9)
cordillera mountain range (11)
Corea del Norte/Sur North/South Korea
coreano *n. m.* Korean (*language*)
coreano/a *n., adj.* Korean
coro choir
corrección *f.* correction
correcto/a right, correct (2)
corregir (i) (j) to correct
correo mail; **correo electrónico** e-mail (4); **oficina de correos** post office (7); **servidor de correo** e-mail server
correr to run (3); **correr tras** run after (8); **corran** run (*pol. pl. comm.*) (B)

correspondencia correspondence
corresponder to correspond (3)
correspondiente corresponding
corriente *f.* current (11)
corrupción *f.* corruption
cortado/a cut (9)
cortafuegos *m. sing.* firewall
cortar to cut (5); **cortar el césped** to cut/ mow the grass (7); **cortar el pelo** to cut hair; **cortarse** to cut oneself (12)
corte *f.* court
cortésmente courteously
cortina curtain; **cortinas** curtains, drapes (7)
corto/a short (1); **pantalones** (*m., pl.*) **cortos** shorts (B)
cortometraje *m.* (movie) short
cosa thing (B)
cosecha *n.* **harvest**
coser to sew (10)
cosmología cosmology
cosmovisión *f.* world view
costa coast (11)
costado side (12)
costar (ue) to cost; **¿cuénto cuesta(n)?** how much does it (do they cost)? (1); **cuesta(n)**... it costs (they cost) . . . (1)
costarricense *n., adj., m., f.* Costa Rican (2)
costilla rib (12)
costo cost
costoso/a costly (11)
costumbre *f.* habit, custom (15)
cráter *m.* crater
creación *f.* creation; **creación literaria** creative writing
creador(a) creator
crear to create (6)
creatividad *f.* creativity
creativo/a creative (1)
crecer (zc) to grow; to grow up
creciente growing
crédito: comprar a crédito to buy on credit (14); **tarjeta de crédito** credit card (9)
creencia belief
creer (y) to believe (6); **no creer que** + *subj.* not to believe that (15); **¡no lo creo!** I don't believe it! (10)
crema cream
cresta crest
crianza upbringing (13)
criarse to be brought up; to grow up
criatura small child/animal (13)
crimen *m.* (*pl.* **crímenes**) crime (15)
criminal *n. m., f.* criminal
criollo/a *adj.* Creole
crisis *f.* crisis
cristal *m.* crystal
cristianismo Christianity
cristiano/a *n., adj.* Christian
crítica criticism
criticar (qu) to criticize
crítico/a critical
crucero cruise ship (11)
crudo/a raw (9)
cruz *f.* (*pl.* **cruces**) cross (12)
cruzar (c) to cross (8); **cruce(n)** cross (*pol. sing., pl. comm.*) (8)
cuaderno workbook; notebook (B)
cuadrado *n.* square; **cuadrado/a** *adj.* square
cuadro picture, picture (*on the wall*) (7); graph; **de cuadros** checkered (14)
cual that; which
¿cuál? what? (1); **¿cuál? / ¿cuáles?** which? which one? / which ones? (1); **¿cuál es tu nombre?** what is your (*fam. sing.*) name? (1); **¿cuáles?** what? (1)
cualidad *f.* quality (13)
cualquier(a) any (6); **a cualquier hora** at any time (6); **en cualquier parte** any place (6)
cuando when (3); **de vez en cuando** once in a while (3)
¿cuándo? when? (2); **¿cuándo? es tu/su cumpleaños?** when is your (*fam./pol. sing.*) birthday? (2); **¿cuándo naciste/ nació usted?** when were you (*fam./pol.*) born? (2)
cuandoquiera whenever
cuanto: en cuanto(a) as soon as; in regards to (12)
¿cuánto? how much?; how long?; **¿cuánto cuesta(n)?** how much does it (do they) cost? (1); **¿cuánto (tiempo) hace que... ?** how long has it been since . . . ? (8); **¿cuánto vale(n)?** how much is it/are they (worth)? (14)
¿cuánto/a? how much?; **¡cuánto/a(s)...!** so much/many . . . ! (6); **¡cuánto/a(s)** + *noun*! how many+ *noun*! (11); **¿cuántos/as?** how many? **¿cuántos años tiene(n)?** how old is he/she (are they)? (2); **¿cuántos años tienes / tiene usted?** how old are you? (*fam./pol. sing.*) (2)
cuarenta forty (1)
cuaresma Lent
cuartel *sing.* barracks
cuarto room; bedroom; fourth (4); **compañero/a (de cuarto)** roommate; **y cuarto / menos cuarto** quarter after / quarter till (3)
cuatrimestre *m.* four-month period
cuatro four (B)
cuatrocientos/as four hundred (2)
cubano/a *n., adj.* Cuban (2)
cubanoamericano/a *n., adj.* Cuban American (2)
cubierto/a (*p.p. of* **cubrir**) covered (15); **cubiertos** utensils (9)
cubrir (*p.p.* **cubierto**) to cover (9)
cuchara spoon (9)
cucharada tablespoon (*measurement*) (9)
cucharadita teaspoon (*measurement*) (9)
cucharita teaspoon (*utensil*) (9)
cucharón *m.* ladle (9)
cuchillo knife (9)
cuello neck (2)
cuenco large serving bowl
cuenta bill, check; account; **darse** (*irreg.*) **cuenta (de)** to realize; **pagar (gu) la cuenta** to pay the bill (9); **pedir (i, i) la cuenta** to ask for the bill (9)
cuento short story
cuerda rope; **saltar la cuerda** to jump rope (10)
cuerno horn
cuero leather (14)
cuerpo (humano) (human) body (2)
cuestión *f.* issue, matter (15)
cueva cave (8)
cuidado care; **con cuidado** carefully (6); **tener** (*irreg.*) **cuidado** to be careful (6)
cuidar(se) to take care (of oneself) (12)
culinario/a culinary
culminar to culminate
culpa guilt; blame
cultivar to cultivate (15)
cultivo cultivation
cultura culture (1)
cultural cultural (7)
cumbia *music and dance style originating in Colombia*
cumpleaños *m. sing.* birthday (2); **¿cuándo? es tu/su cumpleaños?** when is your (*fam./pol. sing.*) birthday? (2); **¡feliz cumpleaños!** happy birthday! (2)
cumplir años to have a birthday (8)
cuna cradle
cuñado/a brother-in-law/ sister-in-law (10)
cuota fee
cura *m.* priest (13)
curandero/a healer
curar to cure (12)
curativo/a curative
curiosidad *f.* curiosity
curioso/a curious
curita Band-Aid™, adhesive bandage strip (12)
currículum *m.* curriculum; **currículum vitae** curriculum vitae, CV, resume
cuyo/a whose

D

dama lady
danza dance
danzante dancer in a procession
danzón *m. type of dance favored in Cuba*
dañar to damage (14)
dañino/a harmful (15)
daño harm; damage
dar *irreg.* to give (4); **dame / no me des (el/la/los/las)** give me / don't give me (the) (13); **dar de comer** to feed (7); **dar instrucciones** to give directions (11); **dar la bienvenida** to welcome (11); **dar las gracias** to thank; **dar masajes** to give massages (6); **dar(le) miedo** to scare/ frighten (someone) (15); **dar permiso** to give permission (10); **dar rabia** to make angry (15); **dar una fiesta** to give/throw a party (4); **dar un paseo** to go for a walk/stroll (2); **darse cuenta de** to realize; **darse la mano** to shake hands with each other (13); **darse la vuelta** to turn around
dato piece of information; **datos** *pl.* data; **datos personales** personal data (4)
de *prep.* of, from, by (B); **de... a...** from . . . to . . . (6); **de... al...** from . . . to . . . (B); **¡de acuerdo!** I agree!, you're right!; OK!; **de acuerdo con** in accordance with; **de aquí a** (+ *time*) (*period of time*) from now (15); **de casa en casa** from house to house (5); **de cuadros** checkered (14); **¿de dónde es/son?** where is he/ she (are you [*pol. sing.*]) / are they/you (*pol. pl.*) from? (2); **¿de dónde es usted / eres (tú)?** where are you (*pol./fam.*) from? (2); **de estatura mediana** medium height (1); **de hoy en adelante** as of today; **de la mañana/tarde/noche** in the morning/afternoon/evening (3); **de joven...** as a young person . . . / when I was young . . . (10); **de lujo** luxury (14); **de lunes a viernes** from Monday to Friday (4); **de lunares** polka-dotted (14); **de moda** in style (14); **de nada** you're welcome (1); **de niño/a...** as a child . . . / when I was a child . . . (10); **de pronto** all of a sudden (13); **¿de qué está(n) hecho/a(s)... ?** what is/are . . . made of? (14); **¿de quién(es)?** whose?; **de rayas** striped (14); **de repente** suddenly (8) **¿de veras?** really? (8); **de vez en cuando** once in a while (3); **del** of/from/by the (1)
debajo (de) below, under, underneath (2)
debate *m.* debate
deber to owe; **deber** (+ *inf.*) must, ought to (*do something*) (6)
debido a owing to, due to (15)
débito: tarjeta de débito debit card (11)
década decade (8)
decadencia decadence
decidir to decide (8); **decidan** decide (*pol. pl. comm.*) (2)
décimo/a tenth (4)
decir *irreg.* (*p.p.* **dicho**) to say (5); **di** say (*fam. sing. comm.*) (1); **digan** say (*pol. pl. com.*) (2); **dije** I said (8); **dijiste** you (*fam. sing.*) said (8); **dijo** he/she/you (*pol. sing.*) said (8); **dime** tell me (*fam. sing*) (3); **¿me puede decir...?** could you tell me . . . ? (11)
decisión *f.* decision
declaración *f.* declaration; statement
declarar to declare, state (8)
decoración *f.* decoration (5)
decorar to decorate
dedicar (qu) to dedicate (15)
dedo finger (2)
defecto fault, defect
defender (ie) to defend (6)
defensa defense (15)
definición *f.* definition (11)
definir to define
definitivamente definitely (15)
definitivo/a definitive
deforestación *f.* deforestation
dejar to permit (10), to allow (10); to leave (something or someone) (8); **dejar de** (+ *inf.*) to stop (*doing something*) (13); **dejar en** to let go for . . .; **se lo/la/los/ las dejo en...** I'll let you have it/them for . . . (14); **dejar reposar** to let sit (9); **dejar una propina** to leave a tip (9)
del (*contraction of* **de + el**) of/from/by the (1); **del... al...** from . . . to . . . (1)
delante (de) in front (of) (2)
delfín *m.* dolphin (15)
delgado/a thin (1)
delicado/a delicate
delicia delight
delicioso/a delicious (3)
delito crime, criminal offense (15)
demás: los/las demás the others; the rest (8)
demasiado *adv.* too much (13)
demasiado/a *adj.* too much, too many
demostrativo/a *gram., adj.* demonstrative
dental dental; **pasta dental** toothpaste
dentífrico/a: pasta dentífrica toothpaste
dentista *m., f.* dentist (12)
dentro inside; **dentro de** inside; within (*time period*) (15)
denunciar to report, accuse
departamento department; apartment (*Mex.*)
dependencia part of the house
dependiente (*m.*), **dependienta** salesclerk (6)
deporte *m.* sport; **practicar (qu) un deporte** to play a sport (2) **ver** (*irreg.*) **deportes** to watch sports (2)
deportista *m., f.* athlete
deportivo/a sporty, sport (10)
depositar to deposit (7)
deprimido/a depressed; **estar** (*irreg.*) **deprimido** to be depressed (5)
derecha *n.* right side; **a la derecha de** to the right of (7)
derecho *n.* right (*legal*); law; straight ahead, forward (11); **derechos de aduana** customs duty, taxes (11); **derechos civiles** civil rights (15); **derechos humanos** human rights
derecho/a *adj.* right
derivado/a derived (14)
derivar to derive (14)
derramarse to spill; to overflow (12)
derrotar to defeat
desafío challenge
desafortunadamente unfortunately
desagradable unpleasant (12)
desamparado/a *n.* homeless person (15); *adj.* homeless (15)
desaparecer (zc) to disappear (15)
desaparición *f.* disappearance
desarrollo development; **en vías de desarrollo** developing; in the process of developing; **país** (*m.*) **en vías de desarrollo** developing country (14)
desayunar to have breakfast (3)
desayuno breakfast (4)
descansar to rest (2); **descansa / no descanses** rest / don't rest (*fam. sing. comm.*) (13)
descanso rest; break
descarga eléctrica electric shock
descargar (gu) to download (15)
descartar to discard
descendencia *sing.* descendants
descender (ie) to descend
descendiente *m., f.* descendant
descomponerse (*like* **poner**) (*p.p.* **descompuesto**) to break down (12); **se me/te/le/les descompuso/ descompusieron** my / your (*fam. sing.*) / your (*pol. sing.*), his, her / your (*pol. pl.*), their (*something* [*sing./pl.*]) broke down
descompuesto/a (*p.p. of* **descomponer**) broken (14)
descongestionante *n.* decongestant (12)
descontento dissatisfaction
descontrol chaos
descremado/a skimmed; **leche** (*f.*) **descremada** skim milk (9)
describir (*p.p.* **descrito**) to describe (1); **describe** describe (*fam. sing. comm.*)

(2); **describan** describe (*pol. pl. comm.*) (2)
descripción *f.* description (1)
descriptivo/a descriptive
descubierto/a (*p.p. of* **descubrir**) discovered
descubrir (*p.p.* **descubierto**) to discover (8)
desde *prep.* from; since; **desde la(s)... hasta la(s)...** from . . . to/until (*with time*) (4)
desear to want, desire (9)
desembarcar (qu) to disembark
desempleado/a unemployed (15)
desempleo unemployment; **tasa de desempleo** unemployment rate (15)
desempolvar to dust (7)
deseo wish (4); desire
desértico/a *adj.* desert
desfile *m.* parade (5)
desierto desert (11)
designación *f.* designation
desilusionado/a disillusioned
desinflado/a deflated; **llanta desinflada** flat tire (11)
desmayarse to faint (12)
desnutrido/a malnourished
desobedecer (zc) to disobey (13)
desolación *f.* devastation
desorden *m.* untidiness, mess (7)
desordenado/a messy (7)
desorganizado/a unorganized
despacio *adj.* slow (12)
despedida good-bye, farewell (1)
despedir (*like* **pedir**) to fire; **despedirse** to say goodbye
despensa pantry
desperdiciar to waste (15)
desperdicios (nucleares) *pl.* (nuclear) waste (15)
despertador m. alarm (clock) (10)
despertar (ie) to wake (*someone*) up; **despertarse** to wake up (4); **me despierto** I wake up (4); **se despierta** he/she wakes up, you (*pol. sing.*) wake up (4)
despierto/a awake (5); **soñar (ue) (despierto/a)** to (day)dream (5)
desplomo *n.* collapse
después *adv.* afterwards; after (3); **después de** *prep.* after (3); **después de** + *inf.* after (*doing something*) (4); **después de que** *conj.* after (12); **poco después** a little later
destacar (qu) to stand out
destino destination (11); **destino a...** going/headed to . . . (11)
destrucción *f.* destruction (15)
destructivo/a destructive
destruir (y) to destroy (15)
desván *m.* attic (7)
desventaja disadvantage (11)
desvestirse (i, i) to undress, to get undressed (4)
detalle *m.* detail (12)
detective *m., f.* detective (2)
detener(se) (*like* **tener**) to stop (*oneself*) (12)
detergente *m.* detergent
deterioro deterioration
determinar to determine (12)
detrás (de) behind (2)
deuda debt (14)
devoción *f.* devotion
devolver (*like* **volver**) (*p.p.* **devuelto**) to return (an item) (13)
devoto/a devout
día *m.* day (2); **al día** per day (12), daily (10); **al día siguiente** the next day, the following day (5); **buenos días** good morning (B); **cada día** every day; **Día de Acción de Gracias** Thanksgiving (Day) (5); **día de fiesta** holiday (5); **Día de la Independencia** Independence Day (5); **Día de la Madre** Mother's Day (5); **Día de las Brujas** Halloween (5); **Día de los Muertos** All Souls' Day (5); **Día de los Presidentes** (5); **Día de los Reyes (Magos)** Epiphany (Visit of the Magi) (5); **Día de San Valentín** Valentine's Day (5); **Día de Todos los Santos** All Saints' Day; **Día del Padre** Father's Day (5); **día del santo** saint's day; **día feriado** holiday (5); **hoy (en) día** nowadays (10); **¡ni un día más!** not one more day! (15); **plato del día** today's specialty; **todo el día** all day long (7); **todos los días** every day (2)
diablo devil
diagnosticar (qu) to diagnose (12)
diagnóstico diagnosis (12)
dialecto dialect
diálogo dialogue, conversation (1)
diamante *m.* diamond (14)
diariamente daily (13)
diario/a daily (3); **actividades** (*f. pl.*) **diarias** daily activities; **rutina diaria** daily routine (4)
diarrea diarrhea (12); **tener** (*irreg.*) **diarrea** to have diarrhea
dibujar to draw (6)
dibujo drawing (2)
diccionario dictionary
dices: ¿Qué dices? What do you say? (B)
dicho saying
dicho/a (*p.p. of* **decir**) said
diciembre *m.* December (2)
dictador(a) dictator
dictar to dictate
diecinueve nineteen (B)
dieciocho eighteen (B)
dieciséis sixteen (B)
diecisiete seventeen (B)
diente *m.* tooth; **cepillarse los dientes** to brush one's teeth (4); **cepillo (de dientes)** (tooth)brush (4); **lavarse los dientes** to brush one's teeth (4)
diésel *m. adj.* diesel
dieta diet (5); **estar** (*irreg.*) **a dieta** to be on a diet (9)
diez ten (B)
diferencia difference (15)
difícil difficult (1)
dificultad *f.* difficulty (12)
difunto/a *n., adj.* deceased (5)
digestión *f.* digestion
digestivo/a digestive
digital digital (15); **cámara digital** digital camera
dilema *m.* dilemma
dimensión *f.* dimension
diminuto/a tiny
dinero money (6); **(dinero en) efectivo** cash (11); **cambiar dinero** to exchange money (11)
dios(a) god/goddess; **Dios** *m.* God
dirección *f.* direction; address (4); **dirección (electrónica)** (e-mail) address (4); **¿cuál es su** (*pol. sing./pl.*) **dirección?** what is your (*pol. sing./pl.*) address? (4); **¿cuál es tu dirección electrónica?** what is your (*fam. sing.*) e-mail address? (4)
directo direct; *gram.* **pronombre de complemento directo** direct object pronoun
director(a) director
directorio directory
disciplina discipline
disco compacto compact disc (15); **disco de vinilo** vinyl record (15)
discoteca discotheque (7)
discriminación *f.* **(sexual)** (sexual) discrimination (15)
disculpas: pedirse perdón/disculpas to ask each other for forgiveness (13)
disculpe(n) (*comm.*) excuse me (11); I'm sorry (11)
discurso speech
discusión *f.* discussion
discutir to discuss; to argue (10)
diseñar to design
diseño design
disfraz *m.* (*pl.* **disfraces**) costume (5)
disfrazado/a disguised
disfrutar to enjoy (11)
disminuir (y) to decrease, diminish
disperso/a dispersed

disponer (*like* **poner**) **de** to have (*something*) available
dispuesto/a ready (15); **estar** (*irreg.*) **dispuesto/a** to be willing, available (15)
distancia distance
diversidad *f.* diversity (7)
diversión *f.* entertainment
diverso/a diverse
divertido/a fun; **¡qué divertido!** what fun! (4)
divertirse (ie, i) to have fun (7); to have a good time (8) **me divertí** I had a good time (8); **se divirtió** he/she/you (*pol. sing.*) had a good time (8); **te divertiste** you (*fam. sing.*) had a good time (8)
dividirse to be divided
división *f.* division
divorciado/a divorced (4)
divorcio divorce (13)
doblar to turn; to fold (11); **doble(n)** (*comm.*) turn (11)
doble *n., adj.* double
doce twelve (B)
docena dozen (9)
doctor(a) doctor (1)
doctorado doctorate, Ph.D.
documental *adj.* documentary
documento document; **guardar un documento** to save a document (15)
dólar *m.* dollar (1)
doler (ue) to hurt (12); **dolerle la cabeza** to have a headache; **duele** it hurts (12); **le(s) duele(n)** his/her/ your (*pol.*) . . . hurt(s) (12); **me/te duele(n)** my/your (*fam.*) . . . hurt(s) (12)
dolor *m.* pain, ache; **tener** (*irreg.*) **dolor** (*m.*) **de cabeza/estómago/garganta/ muelas/oído** to have a(n) earache / headache / stomachache / sore throat / toothache (12)
doméstico/a domestic; household (*adj.*) (7); **animal** (*m.*) **doméstico** pet; **aparato domestico** household appliance (7); **quehacer** (*m.*) **doméstico** household chore (7)
dominar to dominate
domingo Sunday (2); *pl.* **los domingos** (on) Sundays (3)
dominicano/a *n., adj.* Dominican (2); **República Dominicana** Dominican Republic (2)
dominicanoamericano/a Dominican-American (10)
dominó: jugar (ue) (gu) al dominó to play dominoes (7)
don *m. respectful title used with the first or first and last name of a man* (7)
dona donut (9)
donativo donation (14)
¿dónde? where?; **¿de dónde es/son?** where is he/she (are you [*pol. sing.*]) / are they/you (*pol. pl.*) from? (2); **¿de dónde es usted / eres (tú)?** where are you (*pol./fam. sing.*) from? (2); **¿dónde está(n)... ?** where is (are) . . . ? (2); **¿dónde vives/vive?** where do you (*fam. sing.* / *pol. sing.*) live? (4)
doña *f. respectful title used with the first or first and last name of a woman* (7)
dormir (ue, u) to sleep (3); **dormir la mañana** to sleep in; **dormirse** to fall asleep (12); **durmió** he/she/you (*pol. sing.*) slept (8)
dormitorio bedroom (7)
dos two (B); **dos mil** two thousand (2)
doscientos/as two hundred (1)
dragón *m.* **dragon**
drama *m.* drama, play
dramático/a dramatic; **obra dramática** play (8)
droga drug (15)
drogadicción *f.* drug addiction
drogadicto/a drug addict
ducha shower (4)
ducharse to shower (4)
duda doubt
dudar to doubt (15); **dudar que** + *subj.* to doubt that (14)
dudoso/a doubtful; **es dudoso que** + *subj.* it's doubtful that . . . (14)
dueño/a owner (8)
dueto duet
dulce *adj.* sweet (9); *n. m.* candy; **dulces** *m. pl.* candy (5)
dulcería candy store (14)
duna dune
dúo duo
duque *m.* duke
durable durable (14)
durante during (2)
durar to last
durazno peach (9)
duro/a hard

E

e and (*used instead of* **y** *before words beginning with stressed* **i-** *or* **hi-**, *except* **hie-**)
ebrio/a giddy
echar de menos to miss (someone) (13); **echarse de menos** to miss each other (13)
eclipse *m.* eclipse
ecología ecology (15)
ecológico/a ecological (15)
economía economy, economics (4); **clase de economía** economics class (4)
económicamente economically (15)
económico/a economical (15)
economista *m., f.* economist
ecopaseo ecoride
ecoturismo ecotourism
ecoturístico/a *adj.* ecotourism
ecuatoguineano/a *n., adj.* Equatorial Guinean (2)
ecuatorial equatorial
ecuatoriano/a *n., adj.* Ecuadorian (2)
edad *f.* age (2)
edificio building (6)
educación *f.* education (6); **educación física** physical education, P.E. (6)
educar (qu) to educate
educativo/a educational (15)
efectividad *f.* effectiveness, efficacy
efectivo cash; **dinero en efectivo** cash (11)
efectivo/a effective
efecto effect (12); **efecto invernadero** greenhouse effect (15)
eficaz (*pl.* **eficaces**) efficient
eficiente efficient (15), effective
efigie *f.* image
egipcio/a *n., adj.* Egyptian
Egipto Egypt
egoísta *m., f.* selfish (13)
ejecución *f.* execution
ejemplo example; **por ejemplo** for example (3)
ejercicio (aeróbico) (aerobic) exercise; **hacer** (*irreg.*) **ejercicio** to exercise (3)
ejército army
ejote *m.* green bean (*Mex.*)
el *def. art. m.* the (B); **el/la cual** the one which/that (13)
él *sub. pron.* he (1)
elección *f.* election (15)
electricidad *f.* electricity (15)
electricista *m., f.* electrician (6)
eléctrico/a electric (4); **afeitadora eléctrica** electric razor (4); **coche** (*m.*) **eléctrico** electric car; **descarga eléctrica** electric shock
electrónico/a electronic; **correo electrónico** e-mail; **mensaje electrónico** e-mail message
elefante/a elephant (10)
elegancia elegance
elegante elegante (1)
elemento element
elevado/a tall
eliminación *f.* elimination
eliminar to eliminate (12)
ella *sub. pron.* she (1)
ellos/as *sub. pron.* they (1); *obj. of prep.* them

elote *m.* ear of corn (*Mex.*)
email *m.* e-mail (1)
embajada embassy (11)
embajador(a) ambassador
embarazada pregnant (12); **quedar embarazada** to become pregnant (15)
embarazo pregnancy (12)
embarcarse (qu) to get involved (in)
embargo: sin embargo however
embarque *m.* embarkation, boarding
emergencia emergency; **sala de emergencias** emergency room (12)
emigrar to emigrate
emisión *f.* emission
emisora de radio radio station
emoción *f.* emotion
emocionado/a excited (5)
emocionante exciting
emotivo/a emotional
empanada small meat/vegetable pie (6)
empanizado/a breaded (9)
empapado/a soaked (13)
emparejar to pair up; to match; **empareja** match (*fam. sing. comm.*) (3)
empaste *m.* (tooth) filling (12); **ponerle** (*irreg.*) **un empaste a (alguien)** to fill (someone's) cavity (12)
empeorado/a worsened
emperador *m.* emperor
empezar (ie) (c) to begin (3)
empleado/a employee (6)
emplear to employ
empleo employment, job (4); **el empleo de jornada completa / de media jornada** full-time / part-time employment (6)
empresa company, firm (15)
en in, on (B); **en busca de** in search of (11) **en cambio** on the other hand; **en casa** at home; **en cuanto** as soon as (12); **en cuanto a** in regards to (12); **en línea** online (2); **en medio (de)** in the middle (of) (7); **en orden** in order; **en punto** sharp (*time*) (3); **en todas partes** everywhere (8); **en realidad** really; **en vez de** instead of (13); **en vías de desarrollo** developing; in the process of developing; **en voz** (*f.*) **alta** aloud, out loud (6); **es a las once en punto** it's at eleven o'clock sharp (3)
enamorado/a in love (5); **estar** (*irreg.*) **enamorado/a** to be in love (5)
enamorarse (de) to fall in love (with) (13)
encabezar (c) to head
encantado/a pleased to meet you; delighted (1)
encantador(a) charming
encantar to delight, charm; **me/te/le(s) encanta(n)...** I / you (*fam. sing.*) / you (*pol. sing.* [*pl.*]) love . . . / he/she loves . . . (they love . . .) (+ *sing./pl. n.*) (9)
encanto charm
encender (ie) to light (5)
encerrado/a locked up; enclosed
enchilada *rolled tortilla filled with meat and topped with cheese and sauce, cooked in an oven* (*Mex.*) (9)
encías *pl.* gums (12)
encierro *the moment during the running of the bulls just before the bulls are released*
encima (de) on top (of) (2)
encontrar (ue) to find (8); **encontrarse** to meet (*someone in some place*) (4)
encuentro encounter
encuesta survey; survey (15)
energía energy; **energía renovable** renewable energy (15)
enero January (2)
enfermarse to get sick (12); **me enfermé** I became sick (8)
enfermedad *f.* illness (12)
enfermero/a nurse (6)
enfermo/a sick; **estar** (*irreg.*) **enfermo/a** to be sick (5)
enfilado/a lined up, in a row
enfocarse (qu) to focus (15)
enfrentar(se) to confront, face (15); **enfrentarse a** to face (*something*), to deal with (*something*)
enfrente de in front of (7)
engordar to make fat (9)
enlace *m.* link (15)
enlatado/a canned
enojado/a mad, angry; **estar** (*irreg.*) **enojado** to be angry (5)
enojar to anger (13); **enojarse** to get mad (12); **me enojé** I became mad (angry) (8)
enorgullecerse (zc) to be proud
enorme enormous (11)
enrolarse to enlist
ensalada salad (5); **ensalada mixta** mixed salad
ensaladera large salad bowl (9)
ensayo essay
enseguida *adv.* at once, immediately, right away (14)
enseñanza teaching
enseñar to teach; to show (6)
entender (ie) to understand (6)
enterarse to find out
entero/a entire
entierro funeral, burial
entonces so; then (2)
entorno environment, setting
entrada entrance (11)
entrar to enter (9)
entre between (2)
entregar (gu) to hand in; to deliver (13)
entremés *m.* hors d'oeuvre
entrenador(a) trainer; coach
entrenamiento training
entrenarse to train
entrevista interview (5)
entrevistador(a) interviewer (8)
entrevistar to interview
entusiasmo enthusiasm
entusiasta enthusiastic (1)
envase *m.* packaging, container (9)
enviar (envío) to send (13); **enviarse (se envían)** to send (something) to each other (13)
envidia envy; **¡qué envidia!** I'm so envious! (8), how lucky! (8)
envuelto/a (*p.p. of* **envolver**) wrapped
envolver (*like* **volver**) (*p.p.* **envuelto**) to wrap
enyesado/a in a cast (12)
enyesar to put a cast on (12)
enzima enzyme
epidemia *n.* epidemic
época era
equinácea echinacea (*herb*)
equinoccio equinox
equipaje *m.* luggage (11)
equipo team
equivalente equivalent
ergonómico/a ergonomic (1)
erosión *f.* erosion
erradicar (qu) to eradicate
error *m.* mistake
escala scale
escalar to climb, scale (8); **escalar montañas** to climb mountains (11)
escalera stairs (7); ladder (7)
escalón *m.* step
escándalo scandal
escaparse to escape (10); to run away; to let slip (12) **se me/te/le/les escapó/escaparon** (*something* [*sing./pl.*]) escaped from me / you (*fam. sing.*) / you (*pol. sing.*), him, her / you (*pol. pl.*), them
escarcha frost (11)
escasez *f.* (*pl.* **escaseces**) shortage (15)
escena scene
esclavo/a slave
escoba broom (7)
Escocia Scotland
escoger (j) to choose (8)
escolar *adj.* school; **año escolar** school year
esconder to hide (*something*); **esconderse** to hide (*oneself*) (5)

escondite: jugar (ue) (gu) al escondite to play hide-and-seek (10)
escribir (*p.p.* **escrito**) to write (3); **¿cómo se escribe?** how do you spell/write? (1); **escriban** write (*pol. pl. comm.*) (B); **escribe** write (*fam. sing. comm.*) (B); **se escribe (así)** it's spelled/written (like this) (1)
escrito/a (*p.p. of* **escribir**) written
escritor(a) writer (8)
escritorio desk (2)
escritura writing
escuchar (música) to listen (to music) (2); **escucha** listen (*fam. sing. comm.*) (B); **escuchen** listen (*pol. pl. comm.*) (B)
escuela school (3); **escuela primaria** elementary school (15); **(escuela) secundaria** high school (8)
escultura sculpture
ese, esa that (there) (3)
esencia essence
esencial essential
esfuerzo effort
esguince *m.* sprain (12); **hacerse** (*irreg.*) **un esguince de...** to sprain one's . . . (12)
esmog *m.* smog (15)
eso that; **por eso** for that reason, therefore (13)
esos/as those (there) (3)
espacio space (1)
espacioso/a spacious
espada sword
espaguetis *m. pl.* spaghetti, pasta (5)
espalda back (2)
España Spain (2)
español *n. m.* Spanish (*language*) (B)
español(a) *n.* Spaniard; *adj.* Spanish (2); **tortilla española** omelete made of eggs, potatotes, and onions (*Sp.*) (9)
espárragos *pl.* asparagus (9)
especia spice (9)
especie *f. sing.* species (15)
especial special
especialidad *f.* major (6)
especialización *f.* major
especializarse (c) (en) to specialize (major) (in) (6)
especialmente especially (8)
específico/a specific
espectacular spectacular
espectáculo show
espectador(a) spectator
especular to speculate
espejo mirror (4); **espejo retrovisor** rearview mirror (11)
espera: sala de espera waiting room (11)
esperar to wait (for) (3); to hope (for)
espeso/a thick (consistency) (9)
espinaca spinach
espíritu *m.* spirit; soul
espolear to (give a) spur
esposo/a husband/wife (3); **ex exposo/a** ex-husband, ex-wife (10)
espuela spur
esqueleto skeleton (12)
esquí *m.* (*pl.* **esquíes**) ski (14); **chaqueta de esquí** ski jacket (1)
esquiar (esquío) to ski (3)
esquina corner (*street*) (11)
estabilidad *f.* stability
establecer (zc) to establish (15)
establo *n.* stable (8)
estación *f.* station (11); season (2)
estacionamiento parking lot
estadio stadium (7)
estadística statistic; *sing.* statistics (*discipline*)
estado state; **estado anímico** mental state (5); **estado civil** marital status (4); **estado físico** physical state (5)
Estados Unidos United States (4)
estadounidense *n. m., f.* American, U.S. citizen (2); *adj.* of, from, or pertaining to the United States
estafar to swindle
estampilla stamp (7)
estancia *n.* stay
estándar *n.* standard; *adj. m., f.* standard
estante *m.* shelf (7)
estaño tin
estar *irreg.* to be (2); **¿de qué está(n) hecho/a(s)... ?** what is/are . . . made of? (14); **¿dónde está(n)... ?** where is (are) . . . ? (2); **está(n) hecho/a(s) de...** it is / they are made of . . . (14); **está nublado** it's cloudy (3); **está nevando** it's snowing (3); **estar a dieta** to be on a diet (9); **estar cómodo/a** to be comfortable; **estar constipado/a** to have a cold; **estar contento/a** to be happy (5); **estar de acuerdo** to agree (15); **estar de buen (mal) humor** to be in a good (bad) mood (5); **estar de vacaciones** to be on vacation (3); **estar deprimido/a** to be depressed (5); **estar dispuesto/a** to be willing, available (15); **estar embarazada** to be pregnant (12); **estar en buena forma** to be in good shape (15); **estar en oferta** to be on sale (14); **estar enamorado/a** to be in love (5); **estar enojado/a** to be angry (5); **estar internado/a** to be admitted (12); **estar listo/a** to be ready (9); **estar mareado/a** to be dizzy (12); **estar ocupado/a** to be busy (5); **estar preocupado/a** to be worried (5); **estar seguro/a** to be sure (6); **estar triste** to be sad (5); **estuve** I was (8); **estuviste** you (*fam. sing.*) were (8); **estuvo** he/she was, you (*pol. sing.*) were (8)
estático/a static
estatua statue (7)
estatura: de estatura mediana medium height (1)
este *m.* east; *adj.* eastern
este/a *pron.* this (one); **estos/as** these (ones)
este/a *adj.* this (2); **esta noche** tonight (3); **estos/as** these (2)
estereotipo stereotype (1)
estetoscopio stethoscope (12)
estiércol *m.* manure
estilo style (9)
esto this
estómago stomach (2); **tener** (*irreg.*) **dolor** (*m.*) **de estómago** to have a stomachache (12)
estornudar to sneeze (12)
estornudo sneeze (12)
estrategia strategy
estrecho/a narrow
estrella star (11); **estrella de mar** starfish (13)
estrenar to premiere, debut
estreñido/a constipated
estrés *m.* stress (13)
estresante stressful (14)
estricto/a strict (13)
estudiante *m., f.* student (B); **estudiante universitario/a** university student (15)
estudiar to study (3); **estudia / no estudies** study / don't study (*fam. sing. comm.*) (13)
estudio study, research report (12); **estudios** studies (4); course of study (6)
estudioso/a studious (1)
estufa stove, range (7)
etapa period (*of time*)
estupendo/a stupendous
etcétera etcetera
etiqueta label (9)
etnia ethnic group
étnico/a ethnic
etnomusicología ethnomusicology
euro euro, monetary unit of European Union (11)
Europa Europe (2)
europeo/a *adj.* European
evangélico/a Evangelist
evento event (5)
evidencia evidence
evitar to avoid; **evitarse** to avoid each other (13)
evolución *f.* evolution
evolucionar to evolve
exacto/a exact

examen *m.* exam, test (4)
examinar to examine (12)
excelencia: por excelencia par excellence
excelente *m., f.* excellent (9)
excepcional *m., f.* exceptional
excepto except
excesivo/a excessive
exceso excess (8)
exclusivamente exclusively
excursión *f.* tour, field trip
excusa excuse
exhausto/a exhausted (12)
exhibición *f.* exhibition (7)
exhibir to show, display
exiliarse to be exiled
exilio exile
existir to exist (13)
éxito success; **tener** (*irreg.*) **éxito** to be successful (12)
exitoso/a successful
expectativa expectation
expedición *f.* expedition
expediente *m.* file
experiencia experience (5)
experimento experiment
experto/a expert (6)
explicación *f.* explanation (5)
explicar (qu) to explain (6)
explorador(a) explorer (10)
explorar to explore
explosión *f.* explosion
exportación *f.* exportation, export
exportar to export
exposición *f.* exhibition
expresar to express (5); **expresa** express (*fam. sing. comm.*) (4)
expresión *f.* expression (B)
exquisito/a exquisite (9)
extendido/a extended (13)
extenso/a extensive
exterior *adj.* external, *n. m.* exterior
externo/a external
extinción *f.* extinction (15)
extra extra (11)
extranjero abroad
extranjero/a foreign
extrañar to miss (*someone/someplace*) (13)
extrañarse to miss each other (13)
extraño/a *adj.* strange, odd (5)
extraordinario/a extraordinary
extraterrestre *m., f.* alien, extraterrestrial (2)
extremo/a extreme

F

fábrica factory (6)
fabricación *f.* making, manufacture
fabricante *m., f.* manufacturer (14)
fabricar (qu) to manufacture (14)
fabuloso/a fabulous (8)
fachada façade
fácil easy (1)
facilitar to facilitate, make easy
fácilmente easily
factor *m.* factor (13)
facturado/a checked
facultad *f.* school (*of a university*)
falda skirt (B)
falla defect
fallas *pl. huge painted figures burned during the celebration of* **Las Fallas** *on March 19 in Valencia*
fallecido/a *adj.* deceased
falso/a false (3)
falta lack (15)
faltar to be missing, lacking
fama fame
familia family (1); **en familia** as a family
familiar *adj.* familiy, of/relating to family (4); **lazo familiar** family relationship (13) **planificación familiar** (*f.*) family planning (15)
famoso/a famous (1)
fantasía fantasy
fantasma *m.* ghost (5)
fantástico/a fantastic (2)
farmacéutica *n.* pharmacology; pharmaceutical industry
farmacéutico/a *n.* pharmacist (12)
farmacia pharmacy (7)
fármaco medicine
faro headlight (11)
fascinante fascinating
fascinar(le) to fascinate (15)
fatiga tiredness (12)
fauna fauna (15)
favor *m.* favor; **por favor** please (3)
favorito/a favorite (2)
febrero February (2)
fecha date; **fecha de nacimiento** date of birth (4)
federal *adj.* federal
felicidad *f.* happiness
feliz (*pl.* **felices)** happy (2); **¡feliz Año Nuevo!** happy New Year! (5); **¡feliz cumpleaños!** happy birthday! (2)
femenino/a feminine (12)
fenómeno phenomenon (11)
feo/a ugly (1)
feria fair
feriado/a: día (*m.*) **feriado** holiday (5)

feroz ferocious (13)
ferrocarril *m.* railroad
fértil fertile
fertilizante *m.* fertilizer
festejo celebration
festival *m.* festival (11)
festividad *f.* festivity
festivo/a festive
fibra fiber (5); **fibra de vidrio** fiberglass (14)
ficción *f.* fiction; **ciencia ficción** science fiction
fideo noodle (9)
fiebre *f.* fever; **tener** (*irreg.*) **fiebre** to have a fever (12)
fiel faithful, loyal
fieltro *n.* felt
fiesta party; **dar** (*irreg.*) **una fiesta** to give/throw a party (4); **ir** (*irreg.*) **a fiestas** to go to parties (3)
figura figure
fila line, row
filete *m.* filet (9)
filme *m.* movie
filosofía philosophy (8)
filosófico/a philosophical (1)
filtrar to filter (12)
fin *m.* end; **por fin** at last, finally (4); **fin de semana** weekend (2)
final *n. m.* end; **al final** in the end
finalmente finally (3)
finamente finely
finca farm
fino/a fine (9)
finamente finely (9)
firma signature
firmar to sign (12)
firme firm
físicamente physically (10)
físico/a *adj.* physical (5); **educación** (*f.*) **física** physical education, P.E. (6); **estado físico** physical state (5); **la física** *n.* physics (6)
fisiología physiology
fisioterapeuta *m., f.* physical therapist (12)
flamenco flamenco (dance)
flan *m.* custard (9)
flecha arrow
flor *f.* flower (3)
flora flora
florecer (zc) to flourish
florería flower shop (14)
florero vase (*for flowers*) (12)
flotante *adj.* floating
flotar to float (11)
flote: a flote afloat
fluctuar to fluctuate

fluir (y) to flow
fluorado/a: carburo fluorado fluorocarbon (15)
fobia phobia
folclor (folklore) *m.* folklore
folclórico/a pertaining to folklore (2)
fomentar to foster, encourage
fondo fund (15)
fontanero/a plumber
forestal *adj.* forest
forjar to create
forma form (8); **estar** (*irreg.*) **en buena forma** to be in good shape (15)
formación *f.* education, preparation
formado/a formed
formar to form (4)
fórmula formula
foro forum
fortalecer (zc) to strengthen
fortaleza strength
fortuna fortune
fósil *m.* fossil; **combustible fósil** fossil fuel
foto(grafía) picture, photo(graph); **sacar (qu) fotos** to take pictures (7); **subir fotos** to upload pictures (4)
fotografía photography
fotógrafo/a photographer
fracaso failure (13)
fractura fracture (12)
fracturado/a fractured (6)
fracturarse to fracture (*a bone*) (12)
francés *n. m.* French (*language*) (3)
francés, francesa *n., adj.* French (4)
Francia France (4)
frase *f.* sentence, phrase
frecuencia frequency; **con frecuencia** frequently (3); **¿con qué frecuencia?** how often? (3)
frecuente frequent
frecuentemente frequently (9)
fregadero kitchen sink (6)
freír (*like* **reír**) (*p.p.* **frito**) to fry
frenar to stop (brake) (12); to step on the brakes (12)
freno brake (11)
frente *m.* front; forehead (12); **frente a** *adv.* in front of; facing, in the face of; in front of
fresa strawberry; **helado (de fresa)** (strawberry) ice cream (5)
fresco *n.* cool(ness); **hace fresco** it's cool (3)
fresco/a fresh (9); tender, new
frigorífico refrigerator
frijol (refrito) *m.* (refried) bean (9)
frío/a cold (4); **hace frío** it's cold (3); **tener** (*irreg.*) **frío** to be cold (5)
frito/a (*p.p. of* **freír**) fried (9); **huevos fritos** fried eggs (5); **papas fritas** French fries (5); **plántano frito** fried plantain (Cuba) (9); **pollo frito** fried chicken (5) **yuca frita** friend cassava (Cuba) (9)
frondoso/a lush
frontera border; frontier (8); **Amigos sin Fronteras** Friends without Borders (1)
frustrado/a frustrated (12)
fruta fruit (5)
frutal *adj.* fruit
frutería fruit store (14)
frutilla strawberry (*Arg.*)
fruto fruit
fuego fire; **fuegos artificiales** fireworks (5)
fuente *f.* source; fountain (7); **fuente de vidrio** glass serving dish (9)
fuera (de) outside (of) (6); **comer fuera** to eat out (9)
fuerte strong (1)
fuerza force (11)
fugitivo/a *adj.* fugitive
fumar to smoke (10)
función *f.* function (12)
funcionar to function, to work (5)
fundación *f.* foundation
fundar to found
funerario/a *adj.* funeral
furioso/a furious (12)
fusilar to execute
fusión *f.* fusion; crossover (*music*); **comida fusión** fusion cuisine; **en fusión con** together with
fusionar to fuse, to combine
fútbol *m.* soccer (2); **jugar (ue) al fútbol** to play soccer (2); **jugar al fútbol americano** to play football (3)
futbolista *m., f.* soccer player
futuro *n.* future (15)
futuro/a *adj.* future

G

gafas de sol sunglasses (14)
galería gallery
gallego *n.* Galician (*language*)
galleta cracker, cookie (5)
galletita cookie (5)
gallina hen
gallo rooster; **gallo pinto** black beans and rice (C.R.) (9)
galón *m.* gallon (11)
ganador(a) winner
ganancia profit
ganar to win; **gorra** cap (1)
ganar (dinero) to earn (money) (6)
ganas: tener (*irreg.*) **ganas de** (+ *inf.*) to feel like (*doing something*) (4)
ganga bargain; **¡qué ganga!** what a bargain! (14)
garaje *m.* garage (7)
garantizar (c) to guarantee
garganta throat (12); **tener** (*irreg.*) **dolor** (*m.*) **de garganta** to have a sore throat (12)
gárgaras: hacer (*irreg.*) **gárgaras** to gargle (12)
garífuna *indigenous language of C.A.*
gas *m.* gas (vapor) (15)
gasoil *m.* diesel
gasóleo *m.* diesel
gasolina gasoline (7); **gastar gasolina** to use (waste) gas (11)
gasolinera gas station (7)
gaspar: pez (*m.*) **gaspar** tropical gar
gastar to spend (14); **gastar gasolina** to use (waste) gas (11)
gasto expense; **gastos** expenses, expenditures (14)
gatito/a kitten
gato/a cat (3); **jugar (ue) (gu) al gato** to play tag (10)
gazapo misprint
géiser *m.* geyser
gemelo/a *n., adj.* (identical) twin (3)
genealógico/a genealogical; **árbol genealógico** family tree (10)
generación *f.* generation
generar to generate
general *n.* general; *adj.* general; **en general** in general; **por lo general** generally (3)
generalización *f.* generalization (1)
generalmente generally (2)
genérico/a generic
generoso/a generous (1)
genético/a genetic (15)
genialidad *f.* genius
gente *f., sing.* people (3)
geografía geography (6)
geográfico/a geographic
geología geology
gerente *m., f.* business manager (6)
gesto gesture
gigante *adj.* giant
gimnasia *sing.* gymnastics
gimnasio gymnasium; gym (2)
ginecólogo/a gynecologist (12)
gira tour (11)
girar to turn (11)
gis *m.* chalk (*Mex.*)
gitano/a *n.* gypsy
glaciar *m.* glacier
glifo glyph (*symbolic writing*)

global: calentamiento global global warming (15)

globo balloon (12)

glorieta traffic circle (11), roundabout (11)

gluten m. gluten (9)

gobernador(a) governor

gobernar (ie) to govern (8)

gobierno government (7)

goleador(a) scorer

golfo gulf (11)

golpe (*m.*) **de estado** coup d'etat

golpear to beat (13); to hit (13); **golpearse** to hit each other (13)

goma rubber (14)

gordo/a *adj.* fat (1)

gordito/a chubby

gorila *m.* gorilla (15)

gorro cap (B)

gota drop (11); **gotas (para los ojos)** *pl.* (eye) drops (12)

gótico/a Gothic (11)

gozar (c) to enjoy

gozo joy

grabar to record

gracias thanks, thank you (1); **(muy) bien, gracias** (very) well, thanks (B); **dar** (*irreg.*) **las gracias** to thank (12); **Día** (*m.*) **de Acción de Gracias** Thanksgiving (5)

grado degree; **grado centígrado** degree centigrade (3)

gradualmente gradually

graduarse (me gradúo) to graduate (8)

gramática grammar (1)

gramo gram

gran, grande big (2)

granizado *n.* (flavored) shaved ice (10)

grano grain

grasa fat (5)

gratis *adj.* free

gratuito/a *adj.* free (of charge) (15)

grave grave, serious (15)

grifo faucet

gringo/a person from the United States

gripe *f.* flu (12)

gris gray (B)

gritar to shout (5)

grito shout (8)

grúa tow truck

grueso/a thick

grupo group (1)

guacamole *m.* guacamole (9)

guajiro/a peasant; *Cuban folk song*

guajolote *m.* turkey (*Mex.*)

guante *m.* glove (5)

guapo/a handsome, good-looking (1)

guaraní *m.* Guarani (language)

guarapo *una bebida preparada con el jugo de la caña de azúcar*

guardar (algo) to put (something) away (7); **guardar un documento** to save a document (15)

guardería day care (center), nursery (15)

guatemalteco/a *n., adj.* Guatemalan (2)

guay: ¡qué guay! how cool! (*Sp.*)

guayaba guava

guayabera *embroidered lightweight shirt worn by men in tropical climates* (14)

guerra war (8); **guerra civil** civil war

guía *m., f.* guide (*person*) (10)

guiar (guío) to guide

Guinea Ecuatorial Equatorial Guinea (2)

guiri *m., f.* foreigner (*Sp.*)

guisante *m.* green pea (9)

guita string

guitarra guitar; **tocar (qu) la guitarra** to play the guitar (2)

gustar to be pleasing; to like; **a mí sí / a mí no (me gusta[n])** I do / I do not like + *sing.* (*pl.*) *noun.* (9); **a mí también / a mí tampoco (me gusta[n])** I also like + *sing.* (*pl.*) *noun.* / I don't like + *sing.* (*pl.*) *noun* either (9); **le gusta...** you (*pol. sing.*) / he/she likes to . . . (2); **¿le(s) gustó/gustaron... ?** did he/she (they) like (+ *sing./pl. noun*)? (8); **le(s) gustó/gustaron...** he/she (they) liked (+ *sing./pl. noun*) (8); **¿te/le gustaría... ?** would you (*fam./pol. sing.*) like to . . . ? (11); **me gusta...** I like to . . . (2); **me gustaría...** I would like to . . . (11); **¿qué le gusta hacer?** what do you (*pol. sing.*) / does he/she like to do? (2); **¿qué te gusta hacer?** what do you (*fam. sing.*) like to do? (2); **sí, me gustó mucho** yes, I liked it a lot (7); **¿te gustó?** did you like it? (7)

gusto pleasure (4); **al gusto** to taste (9); **con gusto** with pleasure; **gusto de verte** nice to see you (*fam. sing.*) (1); **mucho gusto** nice to meet you (B)

H

haber *irreg.* (*inf.* of **hay**) to have (*aux.*); to exist; **había** there was / there were (10); **habrá** there will be (15); **hay** there is / there are (B); **hay que** (+ *inf.*) one must (*do something*) (6), one has to (it's necessary to) + *verb* (9); **hubo** there was were (15); **si hubiera...** if there were . . . (15)

habichuela green bean (9)

habilidad *f.* ability (6)

habitación *f.* room (11)

habitante *m., f.* inhabitant

hábitat *m.* habitat (15)

hablador(a) talkative

hablante *m., f.* speaker

hablar to speak, talk; **habla** talk (*fam. sing. comm.*) (1); **habla** he/she talks (B); **hablar por teléfono** to talk on the phone (3)

hacer *irreg.* (*p.p.* **hecho**) to do; to make (2); **¿cuánto (tiempo) hace que... ?** how long has it been since . . . ? (8); **hace** (+ *time*) **que** (*time*) ago (8); **hace buen/mal tiempo** the weather is nice/bad (3); **hace calor** it's hot (3); **hace fresco** it's cool (3); **hace frío** it's cold (3); **hace sol** it's sunny (3); **hace (mucho) tiempo que...** it's been a long time since . . . (8); **hace viento** it's windy (3); **hacer (*algo*) realidad** to make (*something*) a reality / come true (15); **hacer clic** to click; **hacer ejercicio** to exercise (3); **hacer el papel de** to play the role of (12); **hacer gárgaras** to gargle (12); **hacer la compra** to grocery shop (3); **hacer la maleta** to pack a suitcase (5); **hacer las reservas** to make reservations (11); **hacer preguntas** to ask questions (6); **hacer senderismo** to hike, to backpack (3); **hacer Snapchat** to Snapchat (2); **hacer snowboard** to snowboard (3); **hacer un brindis** to toast, make a toast (9); **hacer un picnic** to have a picnic (3); **hacer una reclamación** to file a claim; **hacer un viaje** to make a trip (8); **hacerse** to become (10); **hacerse amigos** [translation is missing; check] (13); **hacerse novios** to become boyfriend and girlfriend; **hacerse un esguince de...** to sprain one's . . . (12); **hacerse un tatuaje** to get a tattoo (13); **¿qué le gusta hacer?** what do you (*pl. sing*) / does he/she like to do? (2); **¿qué te gusta hacer?** what do you (*fam. sing.*) like to do? (2); **¿qué tiempo hace?** what is the weather like? (3); **se me/nos está haciendo tarde** it is getting late for me/us (13)

hacia towards (8)

hambre *f.* (*but* **el hambre**) hunger; **tener** (*irreg.*) **hambre** to be hungry (5)

hamburguesa hamburger (5)

harina flour (9)

harmonía harmony

hasta *prep.* up to; until (4); **desde la(s)... hasta la(s)...** from . . . to/until . . . (*with time*) (4); **hasta luego** see you later (1); **hasta mañana** until (see you) tomorrow (6); **hasta que...** until . . . (12)

hay there is, there are (B); (*see* **haber**)

hebreo *n. m.* Hebrew (*language*) (4)

hecho *n.* event (8)

hecho/a (*p.p. of* **hacer**) made; **de hecho** in fact; **¿de qué está(n) hecho/a(s)... ?** what is/are . . . made of? (14); **está(n) hecho/a(s) de...** it is / they are made of . . . (14)

heladera refrigerator

heladería ice cream parlor (14)

helado (de fresa) (strawberry) ice cream (5); **té** (*m.*) **helado** iced tea (9)
helicóptero helicopter
hemisferio hemisphere (15)
herbolario herbalist shop
herida *n.* wound (12)
hermanastro/a stepbrother/stepsister (10)
hermanito/a little (younger/youngest) brother/sister (13)
hermano/a brother/sister (1); **hermanos** siblings (1); **medio/a hermano/a** half brother / half sister (10)
hermoso/a beautiful (11)
héroe *m.* hero (8)
heroína heroine (8)
herramienta tool (14)
hervir (ie, i) to boil
híbrido/a hybrid (11); **coche** (*m.*) **híbrido** hybrid car
hielo ice (4); **patinar (en el hielo)** to (ice) skate (4)
hierba grass
hierbería *shop that sells medicinal herbs and other natural treatments*
hígado liver (9)
hijastro/a stepson/stepdaughter (10)
hijo/a son/daughter (1); **hijo/a único/a** only child (10); **hijos** sons and daughters (children) (1)
híjole gosh! (*Mex.*)
hilo thread; linen
hinchado/a swollen (12)
hindú *n. m., f.* Hindu
hispánico/a *adj.* Hispanic
hispano/a *adj.* Hispanic (2)
hispanoamericano/a *adj.* Spanish-American
hispanohablante *m., f.* Spanish speaker
historia history (6)
histórico/a historical (8)
hogar *m.* hogar
hoja leaf (11); **hoja de papel** sheet of paper (4)
hola hello, hi (B)
Holanda Holland
hombre *m.* man (1)
hombro shoulder (2)
homenaje *m.* tribute
homeópata *m., f.* homeopath
homeopático/a homeopathic
hondureño/a *n., adj.* Honduran (2)
honestidad *f.* honesty
honor *m.* integrity; sense of honor
honrar to honor
hora time; hour (3); **(a) la hora de la cena** (at) dinner time (10); **¿a qué hora empieza/termina?** what time does it start/end? (3); **¿a qué hora (es)** at what time (is it)? (3); **horas pico** peak hours (11); **¿qué hora es?** what time is it? (3)
horario schedule (6)
horcajadas: a horacajas astride
horchata *rice drink* (3)
hormiga ant
horneado/a baked (9)
hornear to bake
horno oven; **al horno** baked (9); **papa al horno** baked potato (5)
horror *m.* horror **¡qué horror!** how awful! (15)
hospedaje *m., sing.* accomodations (11)
hospedarse to stay (lodging) (11)
hospital *m.* hospital (6)
hostigador(a) bully, harasser (13)
hostigamiento bullying (*n.*) (15)
hostigar (gu) to bother; to harass (13)
hotel *m.* hotel (7)
hoy today (1); **hoy (en) día** (*m.*) nowadays (10)
huancaína: papa a la huancaína *potatoes in a spicy cheese sauce (Peru) (9)*
huérfano/a orphan
hueso bone (12)
huésped(a) guest
huevo egg (5); **huevo cocido** hard-boiled egg (9); **huevos fritos** fried eggs (5); **huevos rancheros** fried eggs served on corn tortillas an smothered with salsa (*Mex.*) (9); **huevos revueltos** scrambled eggs (5)
huipil *m. traditional embroidered dress worn by indigenous women in Mex. and C.A.* (14)
huir (y) to flee
humanidad *f.* humanity
humano/a *adj.* human; **cuerpo humano** human body (2); **derechos humanos** human rights; **ser** (*m.*) **humano** human being (15)
humedad *f.* humidity (11)
humo (de segunda mano) (secondhand) smoke (12)
humor *m.* humor; **estar** (*irreg.*) **de buen (mal) humor** to be in a good (bad) mood (5)
humorístico/a humorous
húngaro/a: austro húngaro/a *adj.* Austro-Hungarian
huracán *m.* hurricane (11)

I

ibérico Iberian (or or relating to the Iberian Peninsula: Spain) (11)
icono icon
idea idea (4); **¡qué buena idea! what** a good idea! (4)
idealista idealistic (1)
idéntico/a identical (3)
identidad *f.* identity
identificación *f.* identification (14)
identificar (qu) to identify (11)
ideológico/a ideological
idioma *m.* language (4)
iglesia church (5)
igual equal, same (15)
igualmente likewise, same here (B)
ilegal illegal
ilustración *f.* illustration
imagen *f.* image
imaginar imagine (9)
imaginario/a imaginary
imaginarse to imagine (13)
imitación *f.* imitation
imitar to imitate
impaciente impatient (5)
impacto impact (12)
impartir clases to teach
imperfecto/a imperfect
imperio empire
implante *m.* implant
implementar to implement
imponente impressive
imponer (*like* **poner**) (*p.p.* **impuesto**) to impose (15)
importancia importance
importante important (5); **lo más importante** the most important thing (12)
importar(le) to matter, be important (to be someone) (15)
imposible impossible; **es imposible que** + *subj.* it's impossible that . . . (14)
impresión *f.* impression
impresionante impressive
impresora printer (14)
imprimir (*p.p.* **impreso**) to print (14)
improbable unlikely; **es improbable que** + *subj.* it's unlikely that . . . (14)
impuesto tax; **los impuestos** taxes (6); **preparar los impuestos** to prepare taxes (6)
impulsivo/a impulsive (1)
inactivo/a inactive
inalámbrico/a wireless
inauguración *f.* inauguration
incendio fire
incentivo incentive (15)
incluir (y) to include (8)
incluso even (13)
incondicional unconditional (13)
incomparable incomparable
inconsciente unconscious (12)
incorporarse to join

increíble incredible
independencia: Día (*m.*) **de la Independencia** Independence Day (5)
independiente independent
indicar (qu) to indicate; **indica** indicate (*fam. sing. comm.*) (7)
indicativo indicative
Índico: océano Índico Indian Ocean
indiferente indifferent
indígena *m., f.* indigenous, relating to native peoples (8)
indio/a *n.* Indian
indiscreto/a indiscreet (8)
indispensable necessary (12)
indocumentado/a undocumented (15)
indudable doubtless; **es indudable que** + *ind.* there's no doubt that . . . (14)
industria industry (15)
industrial industrial (6)
inexistente nonexistent
infancia childhood
infantil childlike; relating to children
infarto heart attack (12)
infección *f.* infection (12)
infinito/a infinite
inflamado/a inflamed (12)
influencia influence (9)
información *f.* information (6)
informar to inform (6)
informática computer science
informativo/a informative
informe *m.* report (8)
ingeniería engineering (6)
ingeniero *m., f.* engineer (6)
inglés *n. m.* English (*language*) (4)
inglés, inglesa *n., adj.* English (4)
ingrediente *m.* ingredient (9)
ingreso income
inicialmente initially
iniciar to initiate (15)
inigualable incomparable
inmaterial intangible
inmenso/a immense
inmigración *f.* immigration (11)
inmigrante *m., f.* immigrant (15)
inmóvil inmobile
inmunológico/a immune
inmunólogo/a immunologist
innecesario/a unnecessary
innovador(a) innovative
inocencia innocence
inodoro toilet (7)
inolvidable unforgettable
insecto insect (15)
insistente insistent (13)
insistir to insist
insomnio insomnia
inspiración *f.* inspiration
inspirar to inspire
instagram *m.* instagram
instalación *f.* installation
instalar to install
instantáneo/a instantaneous (11)
institución *f.* institution
institucional institutional
instituto institute
instrucción *f.* instruction; **dar** (*irreg.*) **instrucciones** to give instructions (11)
instrumento instrument (14)
insultar to insult (13); **insultarse** to insult each other (13)
insulto insult
intacto/a intact
integral comprehensive
integrar to integrate
inteligencia intelligence (13)
inteligente intelligent (1)
intentar to try
interés *m. sing.* interest
interesado/a interested
interesante interesting (1)
interesar(le) to interest (someone) (15)
interior interior; **ropa interior** underwear (14)
internacional international (7)
internacionalmente internationally
internado/a: estar (*irreg.*) **internado/a** to be admitted (12)
internar to admit (*to a hospital*)
Internet *m.* Internet
internista *m., f.* internist (12)
interno/a internal (12)
interpretación *f.* interpretation
interpretar to interpret
intérprete *m., f.* interpreter
interrogar (gu) to interrogate (10)
intersección *f.* intersection (11)
intrínseco/a intrinsic
introducción *f.* introduction
inundación *f.* flood (11)
invadir to invade
invasión *f.* invasion
invasivo/a invasive
invención *f.* invention
inventar to invent; **inventa** invent (*fam. sing. comm.*) (4)
invento invention
invernadero greenhouse; **efecto invernadero** greenhouse effect (15)
investigación *f.* investigation; *pl.* research (15)
investigaciones *pl.* research (15)
investigar (gu) to investigate
invierno winter (2)
invitar to invite (6); to treat (someone), pay (for someone's food) (9)
inyección *f.* shot, injection (12); **ponerle** (*irreg.*) **una inyección a (alguien)** to give (someone) a shot / an injection (12)
ir *irreg.* to go (2); (4); **ir a casa** to go home (3); **ir a fiestas** to go to parties (3); **ir a misa** to attend mass (4); **ir a pie** to go on foot (11); **ir al cine** to go to the movies (2); **ir al teatro** to go to the theater (2); **ir de compras** to go shopping (2); **ir de vacaciones** to go on vacation (2); **ir de viaje** to go on a trip (11); **ir tras** go after (8); **va a...** you (*pol. sing.*) are going to; he/she is going; **vamos a** (+ *inf.*) let's (+ *inf.*) (8); **vas a...** you're (*fam. sing.*) going to . . .; **vaya(n)** go (*pol. sing., pl. comm.*) (11); **voy a...** I'm going to . . . ; **ya me voy** I'm going/leaving now (13)
Irak Iraq (4)
Irán Iran (4)
iraní *adj.* Iranian (4)
iraquí *adj.* Iraqi (4)
Irlanda Ireland
irlandés, irlandesa *adj.* Irish
ironía irony
irritar to irritate
isla island (11)
islandés, islandesa *adj.* Icelandic
Islandia Iceland
Israel Israel (4)
israelí *adj.* Israeli (4)
Italia Italy (4)
italiano *n. m.* Italian (*language*) (4)
italiano/a *n. adj.* Italian (4)
itinerario itinerary (11)
izquierda *n.* left; **a la izquierda de** to the left of (7)
izquierdo/a *adj.* left; **a mano izquierda** on the left hand side

J

jabón *m.* soap (4)
jalar to pull (13)
jalea jelly (9)
jamaica *tropical drink made from hibiscus petals* (3)
jamás never (9)
jamón *m.* ham (5)
janguear (con) (*slang*) to hang out/spend time (with) (2)
Janucá (*var.* **Jánuca**) *m.* Hanukkah (5)
Japón Japan (4)
japonés *n. m.* Japanese (*language*) (4)
japonés, japonesa *n., adj.* Japanese (4)
jarabe *m.* **(para la tos)** (cough) syrup (12)

jardín *m.* garden (3)
jarra pitcher (9)
jazz *m.* jazz; **música jazz** jazz music (2)
jefe/a *m., f.* boss (6)
Jehová *m.* Jehovah
jengibre *m.* ginger
jeroglíficos hieroglyphics
jersey *m.* sweater; **Nueva Jersey** New Jersey
Jesucristo Jesus Christ
jesuita *adj.* Jesuit
jesuítico/a *adj.* Jesuit
¡Jesús! bless you! (*said after a sneeze*) (12)
jinetuelo/a little rider (*dim. of* **jinete**)
jitomate *m.* tomato (9)
jonrón *m.* home run (13)
jornada completa full time
joropo Venezuelan folk dance
joven *m., f.* young man/woman (1); *adj.* young (1); **jovencito/a** young man/lady; **jóvenes** young people (1)
joya jewelry (14)
joyería jewelry store (14)
jubilarse to retire (15)
judío/a *adj.* Jewish (5); **Pascua Judía** Passover (5)
juego game; **jugar (ue) (gu) juegos de mesa** to play board games (7); **Juegos Olímpicos** Olympic games (10)
jueves *m. sing.* Thursday (2); **los jueves** on Thursdays (2)
jugador(a) player (14)
jugar (ue) (gu) to play (2); **jugar a la pelota** to play ball (10); **jugar a la rayuela** to play hopscotch (10); **jugar a las bolas** to play marbles; **jugar a las canicas** to play marbles; **jugar a las cartas** to play cards (4); **jugar a las casitas** to play house (10); **jugar a los carritos** to play with toy cars (10); **jugar a los carritos** to play with toy cars (10); **jugar a mamá y papá** to play house (10); **jugar a videojuegos** to play videogames (3); **al bebeleche** to play hopscotch (*Mex.*); **jugar al béisbol** to play baseball (10); **jugar al dominó** to play dominoes (7); **jugar al escondite** to play hide-and-seek **jugar al fútbol** to play soccer (2); **jugar al fútbol americano** to play football (3); **jugar al gato** to play tag (10); **jugar al tenis** to play tennis (2); **jugar con muñecas** to play with dolls (10); **jugar juegos de mesa** to play board games (7) **jugar ráquetbol** to play racquetball (7)
jugo juice; **jugo de naranja** orange juice (5)
juguete *m.* toy (5)
juguetería toy store (14)
juguetón, juguetona playful
julio July (2)
junio June (2)
junta militar military junta
junto con together with
juntos/as together (2)
jurado jury
jurídico/a *adj.* legal
justicia justice
justo/a just, fair (14)
juvenil *adj.* juvenile
juventud *f.* youth (10)
juzgado court

K

kayak *m.* kayak (11)
kilo kilogram
kilómetro kilometer (3)

L

la *def. art. f. sing.* the (B)
la (*impersonal dir. obj. pron.*) it (5)
labio lip (12)
laboral *adj.* labor
laboratorio laboratory (6)
lacio/a straight (1)
lado: al lado (de) to the side (of) (2)
ladrador(a) barking
ladrar to bark
ladrillo brick (14)
ladrón, ladrona thief (8)
lagarto lizard
lago lake (4)
lágrima tear
laguna lagoon
lámina sheet
lámpara lamp (7)
lana wool (14)
lancha motorboat (11)
langosta lobster (9)
lapicero pen
lápiz *m.* pencil (1)
largo/a long (1)
las *def. art. f. pl.* the (B)
las (*impersonal dir. obj. pron.*) them (5)
lasaña lasagna (9)
lástima shame; **es una lástima que** + *subj.* it's too bad that . . . (14); **¡qué lástima que** + *subj.* it's too bad that . . . (15)
lastimarse to get hurt (12)
lata can (9)
latino/a *adj.* Latin
Latinoamérica Latin America
latinoamericano/a *n., adj.* Latin American (2)
lavabo bathroom sink (7)
lavadora washing machine (7)
lavandería laundromat (7)
lavaplatos *m. sing.* dishwasher (7)
lavar (los platos / el carro) to wash (dishes / the car) (3); **lavarse el pelo / la cara** to wash one's hair/face (4); **lavarse los dientes** to brush one's teeth (4)
lazo tie; **lazo familiar** family relationship (13)
lealtad *f.* loyalty (13)
le *ind. obj. pron.* to/for him her, you (*pol. sing.*) (6)
lección *f.* lesson
leche *f.* milk (4); **leche descremada** skim milk (9)
lechuga lettuce (5)
lectura reading
leer (y) to read (2); **leer las noticias (en línea)** to read the news (online) (2); **leer novelas** to read novels (2); **lean** read (*pol. pl. comm.*) (B); **lee** read (*fam. sing. comm.*) (B)
legalizar (c) to legalize (15)
legislatura legislature
legumbre *f.* vegetable (9)
lejano/a distant
lejos (de) far (from) (5)
lema *m.* motto
lengua tongue (12)
lenguaje *m.* language (6)
lentamente slowly
lentes (*m. pl.*) **(de sol)** sunglasses (1)
lento/a slow
leña firewood
león *m.* lion
leopardo leopard
leotardos *pl.* tights, leotard
les *ind. obj. pron.* to/for them, you (*pol, pl.*) (6)
letra letter (*of the alphabet*) (11)
letrero sign (11)
levantar to raise; to lift; **levantar la mano** to raise one's hand (6); **levantar pesas** to lift weights (2); **levantarse** to get up (4); **levanten la mano** raise your hands (*pol. pl. comm.*) (B)
ley *f.* law (15)
leyenda legend
libanés, libanesa *adj.* Lebanese
libertad *f.* liberty
Libia Libya
libio/a Libyan
libra pound (9); **por libra** per pound (9)
libre free (*not captive*) (7); available, unoccupied; **al aire** (*m.*) **libre** (in the) open air **(5); tiempo libre** free time; **versos libres** free verse

librería bookstore (3)
libro book (B); **libro de texto** textbook (2)
licenciado/a *n.* graduate
licenciatura degree
liceo secondary/high school (6)
licor *m.* liquor (6)
licuadora blender (14)
líder *m., f.* leader
ligero/a light (*weight*) (11)
limitar to limit (15)
límite *m.* limit
limón *m.* lemon (9)
limonada lemonade (9)
limpiaparabrisas *m. sing.* windshield wiper (11)
limpiar to clean (3)
limpio/a clean (15)
lindo/a cute, pretty (10)
línea line; **en línea** online (2); **leer (y) las noticias en línea** to read the news on line (2)
líquido liquid (9)
lírico/a lyrical
lista list
listo/a ready (9); **estar** (*irreg.*) **listo/a** to be ready (9); **ser** (*irreg.*) **listo/a** to be smart, clever
literalmente literally
literario/a literary; **creación** (*f.*) **literaria** creative writing (13)
literatura literature (6)
litro liter
llamada (telefónica) (telephone) call (13)
llamar to call (6); **¿cómo se llama?** what is his/her name? (B); **¿cómo te llamas?** what is your (*fam. sing.*) name? (B); **llamar la atención** to draw (someone's) attention (15); **llamarse** to be called/ named; **me llamo** my name is (B); **se llama** his/her name is (B)
llamativo/a showy; getting one's attention
llano plain (11)
llanta tire (11); **llanta desinflada/pinchada** flat tire (11)
llave (electrónica) *f.* key (fob) (11)
llegada arrival (8)
llegar (gu) to arrive (3); **al llegar** upon arriving (10)
llenar to fill (5)
llevar to wear (3); to take (2); to contain (ingredients) (9); **lleva** he/she is wearing (B); **llevarse** to take away (14); **llevarse bien/mal con** to get along well with (*someone*) (10); **llevarse mal con** to not get along with (*someone*) (10); **lléveselo/la/los/las por** (*cantidad*) take it/ them for (*amount of money*) (14); **llevo** I'm wearing (B); **me lo/la/ los/las llevo** I'll take it/them (14); **¿qué ropa lleva?** what is he/she wearing? (B); **¿qué ropa llevan?** what are they/you (*pol. pl.*) wearing? (1); **¿qué ropa llevas tú?** what are you (*fam. sing.*) wearing? (B)
llorar to cry (5)
llover (ue) to rain (11); **está lloviendo** it's raining (3); **llueve** it rains / it's raining (3)
llovizna drizzle (11)
lloviznar to drizzle (*rain*) (11)
lluvioso/a rainy
lo (*impersonal dir. obj. pron.*) it (5); *d.o. m. sing.* him/it/you (*pol. sing.*); **lo más (importante)** the most (important) thing (12); **lo (necesario)** the (necessary) part (6); **lo que** that which (4); **lo último** the latest (*item*) (14)
lobo wolf (15)
local local (14)
localizar (c) to locate
locamente madly
loción *f.* lotion (12); **loción de sábila** aloe vera lotion (12)
loco/a crazy; **volverse (ue) loco/a** to go crazy (12)
locro *soup of potatoes, fish, and cheese*
lógico/a logical (8)
lograr to achieve; to accomplish (10)
logro achievement
lona canvas; **bolsa de lona** canvas bag (15)
loro/a parrot; **tortuga lora** Atlantic ridley sea turtle
los *def. art. m. pl.* the (B)
los (*impersonal dir. obj. pron.*) them (5)
luchar to fight
lucir (*like* **conducir**) to shine
luego then, afterwards (2); **hasta luego** see you later (1)
lugar *m.* place (2); **lugar de nacimiento** place of birth (4); **lugar de trabajo** workplace (6)
lujo luxury (14); **de lujo** luxury (14)
luna moon (11); **luna de miel** honeymoon (13)
lunares: de lunares polka-dotted (14)
lunes *m. sing.* Monday (2); *pl.* **los lunes** (on) Mondays (3)
luz *f.* (*pl.* **luces**) light (2)

M

maché: papel (*m.*) **maché** paper mache
macroeconomía *sing.* macroeconomics
madera wood (14)
madrastra stepmother (10)
madre *f.* mother (3); **Día** (*m.*) **de la Madre** Mother's Day (5)
madrina godmother; bridesmaid (13)
madrugada dawn
madrugar (gu) to get up early
maduro/a ripe
maestría master's degree
maestro/a teacher (6)
mágico/a magic
magíster *m.* master's degree
magnífico/a magnificent
magnitud *f.* magnitude
magos: Día (*m.*) **de los Reyes Magos** Day of the Magi, Epiphany (5); **Reyes** (*m. pl.*) **Magos** Wise Men, Magi (5)
magro/a lean
mahones *m. pl.* jeans (*P.R.*)
maíz *m.* corn (9); **mazorca de maíz** ear of corn (9); **palomitas** (*pl.*) **de maíz** popcorn (9)
majestuoso/a majestic
mal *n. m.* bad; *adv.* badly (11); **estoy (muy) mal** I'm not (at all) well (1); **llevarse mal con...** to not get along with (10)
mal, malo/a *adj.* bad (5); **estar** (*irreg.*) **de mal humor** to be in a bad mood (5); **hace mal tiempo** the weather is bad (3); **tener** (*irreg.*) **malas notas** to have bad grades (6)
males *m. pl.* ailments (12)
malestar *m.* discomfort
maleta suitcase (5); **hacer** (*irreg.*) **la maleta** to pack a suitcase (5)
maletero trunk (11)
mamá mom (1); **jugar (ue) (gu) a mamá y papá** to play house (10)
mamífero mammal (15)
manantial *m.* spring
manatí *m.* manatee (15)
mandar to send (5); **mandar una carta / un paquete** to send a letter / a package (7)
mandato command (B)
manejar to drive (3)
manera manner, way (8)
mango mango (9)
maní *m.* peanut (*S. A.*) (9)
manito little hand
mano *f.* hand (2); **a mano** by hand (14); **a mano derecha / izquierda** on the right/ left hand side (11); **darse** (*irreg.*) **la mano** to shake hands with each other (13); **de segunda mano** secondhand (14); **levantar la mano** to raise one's hand (6); **levanten la mano** raise your hands (*pol. pl. comm.*) (B); **humo de segunda mano** secondhand smoke (12)
manojo bunch (9)
manta blanket (12)
mantel *m.* tablecloth (9)
mantener (*like* **tener**) to maintain (11)
mantequilla butter (5)

manual *adj.* manual (14)
manzana apple (9)
manzanilla camomile
mañana *n.* morning; tomorrow (2); **de la mañana** in the morning (3); **dormir (ue, u) la mañana** to sleep in; **mañana por la mañana** tomorrow morning (4); **pasado mañana** day after tomorrow (2); **por la mañana** in the morning (2); **por las mañanas** in the mornings (10)
mapa *m.* map (2)
mapundungun *m. language of the Mapuches*
maquiladora assembly plant (*located in a developing country to take advantage of lower wages*) (15)
maquillaje *m.* make-up (14)
maquillar to make up; **maquillarse** to put on make-up (4)
maquinilla de afeitar safety razor
mar *m.* sea (4)
maracuyá *m.* passion fruit
marañón *m.* cashew
maratón *m.* marathon (8)
maravilla *n.* wonder
maravilloso/a marvelous
marca brand (11); mark (11)
marcador *m.* marker (2)
marcha gear (11)
marearse to get seasick (11); to feel dizzy
mareo nausea, seasickness, dizziness; vertigo (12)
margarita margarita (14)
marino/a marine, of the sea
mariposa butterfly 8 [also active un ch 15])
mariquita ladybug
marisco seafood (9)
martes *m. sing.* Tuesday (2); *pl.* **los martes** (on) Tuesdays (3)
marroquí moroccan (4)
Marruecos Morocco (4)
martillo hammer (14)
marzo March (2)
más more (B); **el/la (los/las) más** + *adj.* **de todos** the most + *adj.* of all (7); **más o menos** more or less (6); **lo más (importante)** the most (important) thing (12); **más de** more than (*with quantities*) (8); **más que** more than (6); **más tarde** later (1); **¡ni un día más!** not one more day! (15)
masa dough
masaje *m.* massage; **dar** (*irreg.*) **masajes** to give massages (6)
máscara mask
mascarilla mask (15)
mascota pet (3)
masculino/a masculine
masticar (qu) to chew (12)
matar to kill (15)
matemáticas *pl.* mathematics (6)
materia school subject (6); **materia prima** raw material (14)
material *m.* material
materialista materialistic (1)
materno/a maternal (10)
matriarcal matriarchal
matrícula license plate (11)
matricularse to enroll (8)
matrimonial: cama matrimonial double bed (7)
matrimonio marriage (13)
máximo/a maximum (3)
maya *n. m., f.; adj.* Maya(n)
mayo May (2)
mayonesa mayonnaise (9)
mayor *adj.* older (2); **soy/es mayor que...** I am / he/she is (you [*pol. sing.*] are) older than . . . (2); oldest; major, main; greater
mayoría majority
mayúscula uppercase letter
mazorca de maíz ear of corn (9)
me *dir. obj. pron.* me; *ind.obj. pron.* to/for me (6)
mecánico/a mechanic (6)
mecedora rocking chair (14)
mediano/a medium (1); **de estatura mediana** medium height (1)
medianoche *f.* midnight; **es medianoche** it's midnight (3)
medias *pl.* stockings
medicamentos *pl.* medication
medicina medicine (5)
médico/a *m.* doctor (6); *adj.* medical (7); **seguro médico** medical insurance (12)
medida measurement (9)
medio/a half (8); **en medio (de)** in the middle (of) (7); **medio ambiente** (*m.*) environment (14); **medio/a hermano/a** half brother / half sister (10); **medios de transporte** modes of transportation (11); **por medio de** by means of (12); **y media** half past (3)
mediodía *m.* noon; **es mediodía** it's noon (3)
medir (i, i) to measure (12)
mediterráneo/a Mediterranean
médula bone marrow
megalítico/a megalithic
mejilla cheek (12)
mejor better; best (7); **el/la mejor** the best (7); **mejor amigo/a** best friend (1)
mejora improvement (14)
mejorar to improve; to get better (10); **mejorarse** to get better (12) **¡que te mejores! / ¡que se mejore!** get well! (12)
melodía melody
memorable memorable (8)
memoria memory (15)
mencionado/a mentioned
mencionar to mention (11)
menor younger (2); **soy / es menor que...** I am / he/she is (you [*pol. sing.*] are) older/younger than . . . (2); youngest
menos less; least (5); **echarse de menos** to miss each other (13); **a menos que** unless (15); **menos cuarto** quarter till (3); **el/la menos** + *adj.* **de todos** the least + *adj.* of all (6); **menos que** less than (6); **son las nueve menos cuarto** it's eight forty-five / (a) quarter to (of, till) nine (3)
mensaje *m.* message (4); **mensaje de texto** text message; **mensaje electrónico** e-mail
mensual monthly; **pago mensual** monthly payment (14)
menta peppermint; **té** (*m.*) **de menta** peppermint tea (12)
mental mental (12)
mentir (ie, i) to lie
mentira lie
mentiroso/a liar (1); **¡qué mentiroso/a!** what a liar!
menú *m.* menu (9)
menudo: a menudo often (13)
mercadillo street market
mercado market; **mercado (al aire libre)** (open air) market (7); **mercado sobre ruedas** farmer's market; **salir** (*irreg.*) **al mercado** to come out on the market (a product) (14)
mercancía merchandise (14)
merendar (ie) to have a snack; to picnic (5)
merengue *m. fast paced Dominican music; official dance and music of the D. R.*
merienda snack (4)
mes *m.* month (2); **al mes** monthly (14)
mesa table (2); **¡a poner la mesa!** let's set the table! (9); **jugar (ue) (gu) juegos de mesa** to play board games (7); **poner** (*irreg.*) **la mesa** to set the table (7)
mesero/a waiter/waitress (6), server (6)
mesías *m. sing.* Messiah
mesita coffee table (7)
Mesoamérica Middle America (*most of Mex. and C. A.*)
mestizaje *m.* the mixing of races
mestizo/a *n.* person of mixed race; *adj.* of mixed blood
meta goal; objective (12)
metabolismo metabolism
metal *m.* metal
metálico/a metallic

meter to put
método method
metro subway (11); meter (*unit of measurement*) (8)
mexicano/a *n., adj.* Mexican (1)
mexicoamericano *n., adj.* Mexican-American (2)
mezcla mixture (14)
mezclar to mix (9)
mezclilla denim (14)
mi(s) *sing.* (*pl.*) *poss.* my (B)
mí *obj. of prep.* me (6)
microondas *m. sing.* microwave (oven) (7)
miedo fear; **darle miedo** to scare/ frighten(someone) (15); **tener** (*irreg.*) **miedo** to be afraid (5)
miel *f.* honey (9); **luna de miel** honeymoon (13)
miembro *m., f.* member (1)
mientras while (3)
miércoles *m. sing.* Wednesday (2); *pl.* **los miércoles** (on) Wednesdays (3)
migrar to migrate
mijo/mija (mi + hijo / mi + hija) sweetie (*term of endearment used with children and grandchildren*) (10)
mil one thousand (2); **dos mil** two thousand (2); **cien mil** a hundred thousand (7)
militar *adj.* military
milla mile (7)
millón *m.* million (14); **un millón** a million (14); **un millón (de)** a million (*of something*) (7); **cien millones (de)** one hundred million (*of something*) (7)
millonario/a millionaire
mina *n.* mine
mineral: agua (*f. but* **el agua**) **mineral** mineral water (9)
minero/a mining
mínimo/a minimum (3)
minuto minute (3)
mío(s)/mía(s) *poss.* mine (13)
mirar to watch; to look at (2); **mira** look (*fam. sing. comm.*) (B); **mirar series en maratón** to binge watch (2); **mirar (videos)** to look at, to watch (videos); **mire** look, watch (*pol. sing.*) (11); **miren hacia arriba** look up (*pol. pl. comm.*) (B)
misa Mass (*religious*); **ir a misa** to attend Mass (4)
misión *f.* mission
mismo/a same (2); **ahora mismo** right now (12); **él mismo / ella misma** him/ herself (14)
misquito Miskito (*indigenous Nicaraguan language*)
misterio mystery (2)
misterioso/a mysterious
místico/a mystic
mitad *f.* half
mitigar (gu) to alleviate
mitología mythology
mixto/a: ensalada mixta mixed salad (9)
mochila backpack (1)
moda fashion; **de moda** in style (14)
modales *m. pl.* manners (13)
modelo *m., f.* model (B); fashion model (10)
moderación *f.* moderation
moderno/a modern (2)
modestia aparte modesty aside, without boasting (9)
modesto/a modest
modo way, manner
mojarse to get wet (11)
molécula molecule
molestar to bother (11)
molestia annoyance
molesto/a mad
molido/a: carne (*f.*) **molida** ground beef (9)
momentito just a moment (13)
momento moment; **al momento** at the time, instantly (8)
monarca *n., adj. m., f.* monarch
monasterio monastery
moneda coin (11); currency (11)
mono monkey
monopolio monopoly
monótono/a monotonous
montaña mountain (2); **escalar montañas** to climb mountains (11)
montañismo mountaineering
montañoso/a mountainous
montar to set up, assemble (15); to ride (8); **montar a caballo** to ride a horse/ horseback (2); **montar en bicicleta** to ride a bicycle (8); **montar en el cachumbambé** (*Cuba*) to ride the seesaw (10); **montar en el subibaja** to ride the seesaw (10); **montarse en bicicleta** to get on a bicycle (8)
monumento monument
morado/a purple (B)
mordedor(a) biter
morder (ue) to bite (12)
moreno/a brunette; dark-skinned (1)
morir (ue, u) (*p.p.* **muerto**) to die (13)
moro/a Moorish (11)
mosca fly (8)
mostaza mustard (9)
mostrador *m.* counter (11)
mostrar (ue) to show (6)
motocicleta motorcycle (3); **andar** (*irreg.*) **en motocicleta (moto)** to ride a motorcycle (3)
moto *f.* bike (when referring to a motorcycle) (3)
motor *m.* motor (11)
moverse (ue) to move (12); **muévete** (*fam. sing. comm.*) move (B)
movido/a lively
móvil *n.* (mobile) phone, cell(phone) (1); *adj.* mobile
movilidad *f.* mobility
movimiento movement (8)
muchacho/a young boy/girl, teenager (6)
muchísimo/a (muchísimos/as) very much (very many) (13)
mucho *adv.* a lot (of), lots (of); **mucho gusto** nice to meet you (13)
mucho/a much, a lot (1), (*pl.*) many (1)
mudarse to move (*from one residence to another*) (10)
mudéjar Mudejar (*name given to Muslim subjects who remained on the Iberian peninsula after 1492*)
mueble *m.* furniture (7)
mueblería furniture store (14)
muela molar (tooth) (12); **tener** (*irreg.*) **dolor de muelas** to have a toothache (12)
muerte *f.* death
muerto/a dead (5); **Día** (*m.*) **de los Muertos** All Souls' Day (5)
mujer *f.* woman (1); **mujer bombero** firefighter (6); **mujer plomero** plumber (6); **mujer policía** police officer (8); **mujer soldado** soldier
muletas *pl.* crutches (12)
multa ticket; **ponerle** (*irreg.*) **una multa** to give a traffic ticket to someone (8); **recibir una multa** receive a traffic ticket (8)
multidisciplinario/a multidisciplinary
múltiple multiple
multiplicar (qu) to multiply
multitud *f.* multitude
mundial *adj.* world (wide) (15)
mundo world (2); **por todo el mundo** around (throughout) the world (15)
municipal municipal (7)
municipio municipality
muñeca doll; wrist (12)
muñequito cartoon; doll; **ver** (*irreg.*) **muñequitos** to watch cartoons (10)
muralista *m., f.* muralist (*artist who paints murals*) (8)
muralla outside wall
murciélago bat
músculo muscle (12)
musculoso/a muscular, brawny
museo museum (7)
música music; **componer** (*like* **poner**) **música** to compose music (6);

escuchar música to listen to music (2); **música jazz (rap, rock)** jazz (rap, rock) music (2)

musical musical; **artes** (*f.*) **musicales** music appreciation (6); **grupo musical** musical group (3)

músico/a musician

muslo thigh (12)

musulmán, musulmana *n., adj.* Muslim

muy very (B)

N

nacer (zc) to be born (15); **¿cuándo naciste/nació usted?** when were you (*fam./pol. sing.*) born? (2); **nací...** I was born on . . . (2); **naciste/nació el...** you (*fam. sing. / pol. sing.*) were (he/she was) born on . . . (2)

nacimiento birth; Nativity scene, crèche (5); **fecha de nacimiento** date of birth (4); **lugar** (*m.*) **de nacimiento** place of birth (4)

nación *f.* nation

nacional national (3)

nacionalidad *f.* nationality (2)

nada nothing (8); **de nada** you're welcome (1); **¡para nada!** not at all! (2)

nadar to swim (2); **nadar en una piscina** to swim in a pool (2)

nadie nobody (9)

náhuatl *m.* Nahuatl (*indigenous language of the Aztecs*)

nalga buttock (12)

nanotecnología nanotechnology (15)

naranja orange; **jugo de naranja** orange juice (5)

nariz *f.* nose (2); **tener** (*irreg.*) **la nariz congestionada/tapada** to have a stuffy nose (12)

narración *f.* narration

narrar to tell a story; to narrate **narra** narrate (*fam. sing. comm.*) (3)

narrativo/a narrative

natación *f.* swimming

natal *adj.* birth

natalidad *f.* birth rate; **tasa de natalidad** birth rate (15)

nativo/a native

natural natural (8); **ciencias naturales** natural sciences; **recurso natural** natural resource **reserva natural** nature reserve (15)

naturaleza nature

naturalmente naturally

naturista *adj.* naturist, naturalist

naufragio shipwreck

náuseas *f. pl.*: **tener** (*irreg.*) **nauseas** to be nauseous (12)

navaja razor

navegable navigable

navegación *f.* navigation (15)

navegador *m.* browser (15)

navegante *m., f.* navigator (10)

navegar (gu) to navigate (10)

Navidad *f.* Christmas (5); **arbolito de Navidad** Christmas tree (5)

nazareno/a penitent (*in Holy Week processions*)

neblina mist, light fog (11)

necesario/a necessary; **es necesario** (+ *inf.*) it's necessary to (*do something*) (6); **lo necesario** the necessary part (6)

necesidad *f.* necessity

necesitados people in need (8)

necesitar to need (4)

negar (ie) (gu) to deny; **negarse a** + *inf.* to refuse to (do something) (13)

negativamente negatively

negativo/a negative

negociación *f.* negotiation

negocio business (6)

negro/a black (B); **barro negro** clay (*Oaxacan pottery*) (8)

nervio nerve (12)

nervioso/a nervous (5)

neurona neuron

nevado/a snow-capped

nevar (ie) to snow; **está nevando** it's snowing (3); **nieva** it snows / it's snowing (3)

nevera refrigerator

ni neither; nor; even; **¡ni pensarlo!** don't even think about it! (5); **¡ni un día más!** not one more day! (15); **no soy... ni...** I am not/neither . . . nor . . . (1)

nicaragüense *n. m., f., adj.* Nicaraguan (2)

niebla fog (11)

nieto/a grandson/granddaughter (3); **nietos** grandchildren

nieve *f.* snow (6)

ninguno/a(s) no, none (9); **ninguno/a de los/las dos** neither one (masc./fem.) (4)

niñero/a nanny, babysitter (10)

niñez *f.* childhood (10)

niñito/a little boy/girl

niño/a boy/girl (1); **de niño/a...** as a child . . . / when I was a child . . . (10)

nitrógeno nitrogen

no no (B); **no soy... ni...** I am not/neither . . . nor . . . (1); **¡yo no!** I don't! (5)

Nobel: Premio Nobel Nobel Prize (8)

noche: buenas noches good night (B); **de la noche** in the evening (3); **por la noche** in the evening (3); at night (2); **por las noches** in the evenings (10); **toda la noche** all night long (7)

Nochebuena Christmas Eve (5)

Nochevieja New Year's Eve (5)

nocivo/a harmful (12)

nocturno/a *adj.* night; **club** *m.* **nocturno** nightclub (6)

Noel: Papá Noel Santa Claus, Father Christmas (13)

nombrar to name

nombre *m.* name (B); **¿cuál es tu nombre?** what is your (*fam. sing.*) name? (B); **mi nombre es** my name is (B); **nombre de usuario** username (15)

nominado/a nominated

nordeste *m.* northeast; *adj.* northeastern

normal normal

noroeste *m.* northwest; *adj.* northwestern

norte *m.* north; *adj.* northern

Norteamérica North America (2)

nos *dir. obj. pron. us; ind. obj. pron.* to/for us (6); *refl. pron.* ourselves; **nos vemos** see you later (1)

nosotros/as *sub. pron.* we (1); *obj. of prep.* us

nostálgico/a nostalgic

nota grade; note (5); **sacar (qu) una nota** to get a grade (8); [arr] **recibir/tener** (*irreg.*) **buenas/malas notas** to get/have good/bad grades (6)

notar to note

noticia(s) news (2); **leer (y) las noticias (en línea)** to read the news (online) (2)

novecientos/as nine hundred (2)

novedoso/a *adj.* novel

novela novel (2); **leer (y) novelas** to read novels (2)

novelista *m., f.* novelist

noveno/a ninth (4)

noventa ninety (1)

noviazgo courtship; engagement (13)

noviembre *m.* November (2)

novio/a boyfriend/girlfriend (3); groom/bride (13); **hacerse** (*irreg.*) **novios** to become boyfriend and girlfriend

nube *f.* cloud (10)

nublado cloudy; **está nublado** it's cloudy (3)

nuboso/a cloudy (11)

nuclear: desperdicios nucleares nuclear waste (15); reactor (*m.*) **nuclear** nuclear reactor (15)

nuera daughter-in-law (10)

nuestro/a, nuestros/as our (*poss. sing., pl.*) (3)

nueve nine (B)

nuevo/a new (1); **Nueva Jersey** New Jersey

nuez *f.* (*pl.* **nueces**) nut (9)

numeración *f.* numeration

número number (B); **número ordinal** ordinal number (4)

numeroso/a numerous
nunca never; **casi nunca** almost never (3); **nunca más** never again (10)
nutrición *f.* nutrition (9)
nutritivo/a nutritional (9)
ñame *m.* yam

O

o or (1)
oaxaqueño/a of/from Oaxaca
obediente obedient (13)
obeso/a obese (12)
obesidad *f.* obesity (12)
objetivo *n.* objective
objeto object
obligación *f.* obligation (6)
obligar (gu) to obligate (13)
obra work; **obra de teatro** play; **obra dramática** play (8)
obrero/a worker (6)
observar to observe (13)
observatorio observatory
obsesión *f.* obsession
obtener (*like* **tener**) to obtain
obvio/a obvious (15)
ocasión *f.* occasion (4)
occidental western
Oceanía Oceania
océano ocean (11); **océano Atlántico/Pacífico** Atlantic/Pacific Ocean; **océano Índico** Indian Ocean
ochenta eighty (1)
ocho eight (B)
ochocientos/as eight hundred (2)
octavo/a eighth (4)
octubre *m.* October (2)
oculista *m., f.* eye doctor, ophthalmologist (12)
ocultar to hide
ocupado/a busy; **estar** (*irreg.*) **ocupado** to be busy (5)
ocupar to take up, occupy
ocurrencia: ¡qué ocurrencia! what a silly idea! (5)
ocurrir to occur (15)
odontología dentistry
oeste *m.* west; *adj.* western
oferta offer; sale; **estar** (*irreg.*) **en oferta** to be on sale (14)
oficial *n.* official; **(el oficial de) la aduana** customs (agent) (11)
oficialmente officially
oficina office (3)
oficio job (6)
ofrecer (zc) to offer (11)
ofrenda offering
oído (inner) ear (12); **tener** (*irreg.*) **dolor de oído** to have an earache (12)
oír *irreg.* to hear (12); **oye** listen, hey (*fam. sing.*) (3)
ojalá let's hope (13)
ojo eye (2); **gotas para los ojos** *pl.* eye drops (12); **¡ojo!** attention!, watch out! (3)
ola wave
oler (huelo) (*irreg.*) to smell (12)
olímpico/a Olympic; **Juegos Olímpicos** Olympic games (10)
oliva olive
olla pot
olmeca *n., adj.* Olmec
olvidar to forget (11); **olvidarse** to forget (12), to slip one's mind
once eleven (B)
onda: ¿qué onda? what's new?, what's up? (*Mex.*)
ondulado/a wavy (1)
onza ounce (9)
opción *f.* option
ópera opera
operación *f.* operation (12)
opinar to think, to believe to give one's opinion (12)
opinión *f.* opinion
oportunidad *f.* opportunity
opresivo/a oppressive
optimista *n. m., f.* optimist; *adj.* optimistic
oración *f.* sentence (2)
oral oral
orden (*pl.* **órdenes**) f. command (13)
orden (*pl.* **órdenes**) *m.* order; **en orden** in order
ordenar to order; to put in order (6)
ordinal: número ordinal ordinal number (4)
oreja ear (2)
orgánico/a organic (15)
organismo organism (12)
organización *f.* organization
organizador(a) organizer
organizar (c) to organize (15)
órgano organ (12)
orgulloso/a proud (15)
oriental eastern
origen *m.* origin (2)
originado/a originated
original original
originalmente originally
originar to originate (9)
orilla shore, riverbank (11)
oro gold (14)
orquesta orchestra
os *dir. obj. pron. (Sp.) you (fam. pl.); ind. obj. pron. (Sp.) to/for you (fam. pl.) (6); refl. pron.* (*Sp.*) yourselves (*fam. pl.*)
oscuro/a dark; **color café oscuro** dark brown (B)
óseo/a *adj.* bone
oso bear; **oso panda** panda bear (15)
ostentoso/a ostentatious
ostra oyster (9)
otoño fall (*season*) (2)
otorgar (gu) to award
otro(s)/a(s) other(s), another (3); **otra vez** once more (8)
oxigenado/a oxigenated
oxígeno oxygen
ozono ozone; **agujero en la capa de ozono** hole in the ozone layer (15)

P

paciencia patience (13)
paciente *n. m., f.* patient (6); *adj.* patient (6)
Pacífico: océano Pacífico Pacific Ocean
padrastro stepfather (10)
padre *m.* father (1); **Día** (*m.*) **del Padre** Father's Day (5); **padres** *m.* parents (3)
padrino godfather; best man in a wedding (13)
paella *Spanish* (Valencian) *rice-based entree seasoned with saffron and cooked and served in a large shallow pan* (9)
pagar (gu) to pay (8); **pagar a la americana** to go Dutch, pay individually (9); **pagar la cuenta** to pay the bill (9)
página page (B)
pago (mensual) (monthly) payment (14)
país *m.* country (2); **país en vías de desarrollo** developing country (14)
paisaje *m.* landscape
pájaro bird (3)
pala shovel
palabra word (B)
palacio palace (11); **castillo-palacio** castle-palace
palito small stick
palmada clap (of the hands)
palo: de tal palo, tal astilla a chip off the old block; like father, like son
palomitas (*pl.*) **de maíz** popcorn (9)
palta avocado (*S. A.*)
pan *m.* **bread** (5); **pan tostado** toast (5); **pan tostado a la francesa** french toast (9); **pudín** (*m.*) **de pan** bread pudding (D.R.) (9)
pana *m., f.* buddy
panadería bakery (7)
panameño/a *n., adj.* Panamanian (2)
panamericano/a Pan-American (2)
panda: oso panda panda bear (15)
panel (*m.*) **solar** solar panel (15)
panqueque *m.* pancake (9)
pantaletas *pl.* women's underpants (14)

pantalla screen (2) **televisor a pantalla plana** flat screen (14)

pantalón (*m. sing.*) **pantalones** (*m. pl.*) pants (B); **pantalones cortos** shorts (B)

pantimedias *pl.* pantyhose (14)

pantorrilla calf (12)

paño woollen cloth

pañuelo handkerchief, scarf (12)

papá *m.* dad (2); **jugar (ue) (gu) a mamá y papá** to play house; **Papá Noel** Father Christmas (13)

papa potato (5); **papas a la huancaína** *potatoes in a spicy cheese sauce* (*Peru*) (9); **papa al horno** baked potato (5); **papas fritas** french fries (5); **puré** (*m.*) **de papas** mashed potatoes (5)

papalote *m.* kite; **volar (ue) papalote** to fly a kite (10)

papaya papaya (9)

papel *m.* paper (1); role; **hacer** (*irreg.*) **el papel de** to play the role of (12); **hoja de papel** sheet of paper (4); **papel maché** paper maché

papelería stationery store (7)

paquete *m.* package (7); **mandar un paquete** to send a package (7)

para for (B); **¡para nada!** not at all! (2); **para que** in order that (15); **para qué** for what (*reason, purpose*) (7); **¿para qué se usa(n)...?** what is/are . . . used for? (12)

parabrisas *m. sing.* windshield (11)

paracetamol *m.* acetaminophen, Tylenol™ (12)

parachoques *m. sing.* bumper (11)

parada del autobús bus stop (3)

paradisíaco/a heavenly

parador *m.* government-run hotel

paraguas *m. sing.* umbrella (11)

paraguayo/a *n., adj.* Paraguayan (2); **sopa paraguaya** *creamy dish similar to cornbread* (Par.) (9)

paraíso paradise

parar to stop (11); **¡pare!** stop! (11)

parecerse (me parezco) to look like (10) **¿a quién te pareces?** who do you (*fam. sing.*) look like? (10); **¿en qué se parece él/ella a su...?** how does he/she look like his/her . . .? (10); **¿en qué se parece usted a su...?** how do you (*pol. sing.*) look like your . . .? (10); **¿en qué te pareces a tu...?** how do you (*fam. sing.*) look like your . . .? (10); **me parezco a...** I look like . . . (10); **me parezco a mi... en el pelo** I have my _____'s hair (10); **me parezco a mi... en la nariz** I have my _____'s nose (10); **¿qué te/le parece?** what do you (*sing. fam./sing. pol.*) think? (14); **se parece a...** he/she/ looks like . . . / you (*pol. sing.*) look like . . . (10); **se parece a su... en la nariz** he/she has his/her (your) _____'s nose (10)

parecido/a resemblance, similarity (10)

pared *f.* wall (2)

pareja couple (13)

parentesco family relationship (10)

paréntesis *m.* parenthesis

pariente *n. m., f.* relative (5)

París Paris

parlanchín, parlanchina *adj.* chatty; *n.* chatterbox

parque *m.* park (2)

párrafo paragraph

parrilla grill (9); **a la parrilla** grilled (9)

parrillada grilled meat (*Arg.*) (9)

parte *f.* part; **por (en) todas partes** everywhere (8); **por parte de** on behalf of (15)

participación *f.* participation

participante *m., f.* participant

participar to participate (6)

particular individual, private (6)

particularmente particularly

partido game, match (*sports*) (5); match

pasado *n.* past (8); **pasado/a** *adj.* past (7); **el sábado (mes, año) pasado** last Saturday (month, year) (7); **la semana pasada** last week (7); **pasado mañana** day after tomorrow (2)

pasaje *m.* fare, ticket price

pasajero/a passenger (11)

pasaporte *m.* passport (4)

pasar to happen; to pass; to cross (8); **pasar la aspiradora** to vacuum (6); **pasar tiempo** to spend time (3); **pase** pass, go past (*pol. sing.*) (11)

pasatiempo pastime

Pascua Easter (5); **Pascua Judía** Passover (5)

pase (*m.*) **(de abordar)** (boarding) pass (11)

pasear to stroll, to go for a walk (2)

paseo walk (7); **dar** (*irreg.*) **un paseo** to go for a walk/stroll (2); **pasear (en el carro)** to go for a (car) ride (5)

pasiflora passionflower

pasillo hall

pasión *f.* passion

paso step (9)

pasta *paste*; **pasta de tomate** tomato paste (9); **pasta dental** toothpaste (4); **pasta dentífrica** toothpaste

pastel *m.* pastry; cake; pie (5); **el pastel de calabaza** pumpkin pie (5)

pastelería cake shop (14)

pastoreo pasture

pata foot (animal)

patata potato (*Sp.*)

paterno/a paternal (10)

patín (*pl.* **patines**) *m.* skate

patinar to skate (4); **patinar en el hielo** to ice-skate (4)

patineta skateboard (2); **andar** (*irreg.*) **en patineta** to ride a skateboard (2)

patio patio (3); **patio de recreo** playground (10)

patrimonial hereditary

patrimonio patrimony

pavo turkey; **pavo relleno** (stuffed) turkey (5)

paz *f.* peace

peatón, peatona pedestrian (11)

pecho chest (12)

pediatra *m., f.* pediatrician (12)

pedir (i, i) to ask for (5); to order (8); **pedir la cuenta** to ask for the bill (9); **pedir prestado/a** to borrow (14); **pedirse perdón /disculpas** to ask each other for forgiveness (13); **pedir permiso** to ask for permission (13)

pegar (gu) to hit; to glue

peinar to comb, to arrange hair (6); **peinarse** to comb one's hair (4)

pelar to peel (9)

pelea fight (13)

pelear to fight (10)

película movie; **poner** (*irreg.*) **(una) película** to show a movie; **ver películas** to watch movies (3)

peligro danger (15)

peligroso/a dangerous (11)

pelo hair (B); **cepillarse el pelo** to brush one's hair (4); **cortar el pelo** to cut hair; **lavarse el pelo** to wash one's hair (4) **tiene el pelo...** his/her hair is . . . (he/she has . . . hair) (1)

pelota ball; **jugar (ue) (gu) a la pelota** to play ball (10)

peluquería hair salon, hairdresser's (6)

peluquero/a hairdresser, hair stylist (6)

pena: valer (*irreg.*) **la pena** it's worth the trouble

penicilina penicillin

península peninsula (11)

pensamiento thought (12)

pensar (ie) to think (4); **¡ni pensarlo!** don't even think about it! (5); **pensar** + *inf.* to plan to (*do something*) (4)

peña rock, outcropping; group (*of people*)

peor worse (7); **el/la peor** the worst (7)

pepino cucumber (9)

pequeño/a small, little (1)

pequeñuelo/a little one; **mi pequeñuelo** my little son

percibir to perceive

percusión *f.* percussion

perder (ie) to lose; **perderse** to get lost (12)

perdido/a lost

perdón *m.* pardon; **pedirse (i, i) perdón** to ask each other for forgiveness (13)

perezoso/a lazy (1)

perfectamente perfectly (15)
perfecto/a perfect (6)
perfil *m.* profile
perfume *m.* perfume (6)
perfumería perfume store (14)
periódico newspaper (3); **leer (y) el periódico** to read the newspaper (3)
periodismo journalism
período period (15)
periquito parakeet
perla pearl (14)
permanecer (zc) to stay, remain
permiso permission; **dar** (*irreg.*) **permiso** to give permission (10)
permitir to permit (12)
pero but (1)
perpetuo/a perpetual
perrito/a little dog
perro/a dog (3); **perro caliente** hot dog (5)
persa *n. m.* Persian (*language*) (4)
persistir to persist
persona person (1); **las personas** people (B)
personaje *m.* character (*fictional*)
personal: datos personales personal data (4)
personalidad *f.* personality (1)
peruano/a *n., adj.* Peruvian (2)
pesado/a heavy
pesar to weigh; **a pesar de** *prep.* in spite of
pesas: levantar pesas to lift weights (2)
pesca *n.* fishing (15)
pescado fish (*food*) (5)
pescar (qu) to fish
pesimista *n. m., f.* pessimist; *adj.* pessimistic
peso weight
pestaña eyelash (12)
pesticida *m.* pesticide (15)
petición *f.* petition (15)
petróleo oil, petroleum (14)
pez *m.* (*pl.* **peces**) fish (3)
pianista *m., f.* pianist
piano piano (2); **tocar el piano** to play the piano (2)
picadillo Cuban-style hash of ground meat, vegetables, and raisins (9)
picado/a chopped (9)
picante spicy (9)
picar (qu) to chop (9)
picnic *m.* picnic (3); **hacer** (*irreg.*) **un picnic** to have a picnic (3)
pico peak; **horas pico** peak hours (11)
pie *m.* foot (2); **ir a pie** (*irreg.*) to go on foot (11); **pónganse de pie** stand up (*pol. pl. comm.*) (B)
piedra stone (12); **piedra (preciosa)** (gem)stone (14)
piel *f.* skin (12); leather (14)
pierna leg (2)
pieza piece
pijama *m. sing.* pajamas (4)
pila pile
pileta swimming pool (*Arg.*)
pimentero pepper shaker (9)
pimienta pepper (*spice*) (9)
pimiento bell pepper (9)
pinchado/a: llanta pinchada flat tire (11)
pino pine tree
pintar to paint (6) **pinto: gallo pinto** *black beans and rice* (C.R.) (9)
pintor(a) painter (11)
pintoresco/a picturesque
pintura (rupestre) (cave) painting (8)
piña pineapple (*Arg., Uru.*) (9)
piragua canoe
pirámide *f.* pyramid (8)
Pirineos *pl.* Pyrenees
pisar to tread on
piscina pool (2); **nadar en una piscina** to swim in a pool (2)
piso floor (2)
pista trail, track
pizarra (chalk)board; whiteboard (2)
pizarrón *m.* chalkboard
pizca little bit (9); a pinch (*of salt*)
placa license plate (11)
placentero/a pleasant
placer *n. m.* pleasure
plan *m.* plan (4)
plancha iron (*appliance*) (14)
planchar to iron (7)
planeta *m.* planet (2)
planetario planetarium
planificación (*f.*) **familiar** family planning (15)
planificar (qu) to plan (11)
plano street map (7)
planta plant (3); floor; **planta baja** first floor (7), ground floor
plantación *f.* plantation
plantar to plant
plástico *n.* plastic (14)
plástico/a *adj.* plastic
plata silver (14)
plátano banana; plantain (9); **plátano frito** friend plantain (Cuba) (9)
platillo saucer (9)
plato dish; dish of food (9); **plato del día** today's specialty (9)
playa beach (2)
playera T-shirt (*Mex.*)
plaza plaza; town square (4)
plazos: comprar a plazos to buy in installments (14)
plegable *adj.* folding
plomero, mujer (*f.*) **plomero** plumber (6)
pluma pen
plumaje *m.* plumage
población *f.* population (15); **sobrepoblación** overpopulation (15)
poblado/a populated; **poblado/a de** full of; covered with
pobre poor (5)
pobrecito/a poor thing (5)
pobreza poverty (15)
poco *adv.* little, not much; **poco** (+ *adj.*) not very (+ *adj.*) (5); **poco asado/a** rare (9); **un poco cansado/a** a little tired (1); *pron.* **un poco** a small amount, a little bit (1)
poco/a little, not much
poder *n. m.* power (8)
poder *v. irreg.* to be able (6); **¿en qué puedo servirle?** how may I help you (*pol. sing.*)? (14); **poder** (+ *inf.*) to be able to (*do something*) (6); **pude** I was able (8); **pudiste** you (*fam. sing.*) were able (8); **pudo** he/she was, you (*pol. sing.*) were able (8)
poderoso/a powerful
poema *m.* poem
poesía poetry
poeta *m., f.* poet (10)
poético/a poetic
póker *m.* poker (6)
policía police (*department*) (8); policeman (8); **mujer** (*f.*) **policía** police woman (8)
policial *adj.* police
polinizador(a) *adj.* pollinating
política *sing.* politics
político/a *n.* politician (1); *adj.* political; **ciencias** (*pl.*) **políticas** political science (7)
pollera skirt
pollo chicken (5); **pollo frito** fried chicken (5)
pololo/a boyfriend/girlfriend
poner *irreg.* to put (5); to put on; to put up; **¡a poner la mesa!** let's set the table! (9); **pon** put (*fam. sing. comm.*) (6); **poner atención** to pay attention (6); **poner la mesa** to set the table (7); **poner (una) película** to show a movie; **ponerle un empaste a (alguien)** to fill (someone's) cavity (12); **ponerle una inyección a (alguien)** to give (someone) a shot / an injection (12); **ponerle una multa** to give a traffic ticket to someone (8); **ponerse de pie** to stand up (8); **ponerse (la ropa)** to put on (clothes) (4); **pónganse de pie** stand up (*pol. pl. comm.*) (B); **puse** I put (8); **pusiste** you (*fam. sing.*) put (8); **puso** he/she/you (*pol. sing.*) put (8)

popular popular (2)
popularizado/a popularized
poquito/a small amount (5)
por for; by (3); through; because of; for; per (6); **por ciento** percent (9); **por dos horas** for two hours (3); **por ejemplo** for example (3); **por eso** for that reason, therefore (13); **por excelencia** par excellence; **por favor** please (3); **por fin** at last, finally (4); **por la mañana/tarde** in the morning/afternoon (2); **por la noche** in the evening (2); at night (2); **por las mañanas/tardes** in the mornings/afternoons (10); **por las noches** in the evenings (10); **por lo general** generally (3); **por medio de** by means of (12); **por parte de** on behalf of (15); **¿por qué?** why? (2); **¡por supuesto!** of course!; **por teléfono** on the phone (3); **por todas partes** everywhere (8); **por todo el mundo** around (throughout) the world (15); **por último** lastly (3); **por** + *price for* + *price* (9)
porcentaje *m.* percentage (15)
porción *f.* portion (9)
poroto bean
porque because (3)
portada homepage (15)
portarse to behave (13)
portátil *m.* laptop (computer) (13)
portugués *n. m.* Portuguese (*language*) (4)
porvenir *m.* future (15)
posesión *f.* possesion (3)
posesivo/a possessive
posibilidad *f.* possibility (8)
posible possible (7); **es posible que** + *subj.* it's possible that . . . (14)
positivo/a positive
poste *m.* post
póster *m.* poster
postmeridiano postmeridian, p.m.
postre *m.* dessert (5)
potable: agua (*f. but* **el agua**) **potable** drinking water (15)
potasio potassium (9)
práctica practice; internship
practicante *adj.* practicing
practicar (qu) to practice (2); **practicar un deporte** to play/practice a sport (2)
práctico/a practical (1)
precio price (1); **tiene buen precio** that's a good price (1) **precio rebajado** reduced price (14)
precioso/a precious
precipitación *f.* precipitation (15)
precisamente precisely
preciso/a precise
precolombino pre-Columbian
predecir (*like* **decir**) (*p.p.* **predicho**) to predict
predicción *f.* prediction
predominar to predominate
preelaborado/a: comida preelaborada convenience food (9)
preescolar *adj.* preschool (15)
preferencia preference (4)
preferible preferable
preferido/a preferred (11)
preferir (ie, i) to prefer (4); **prefieres** you (*fam. sing.*) prefer; **prefiero** I prefer
pregunta question (3); **hacer** (*irreg.*) **preguntas** to ask questions (6)
preguntar to ask (6); **pregúntale** (*fam. sing.*) ask him/her (4)
prehispánico/a pre-hispanic
premio award (13); **Premio Nobel** Nobel Prize (8)
prenda de ropa/de vestir garment, piece of clothing (14); article of clothing (14)
preocupación *f.* worry
preocupado/a worried; **estar** (*irreg.*) **preocupado** to be worried (5)
preocupar to worry; **preocuparse** to be worried; **no se preocupe(n)** don't worry (*pol. sing., pl. comm.*) (11)
preparación *f.* preparation (9)
preparado/a ready (6)
preparar to prepare (3); **preparar los impuestos** to prepare taxes (6); **¿cómo se prepara(n)... ?** how do you prepare . . . ? (how is/are . . . prepared?) (9); **Se** + *3rd. pers. sing./pl. verb* One + *3rd. pers. sing./pl. verb* (9)
preparativos *pl.* preparations
preposición *f.* preposition
presbiteriano/a *n.* Presbyterian
presencia presence
presentación *f.* introduction; **presentación de libros** book show, lauch
presentar to present (3); **preséntate** introduce yourself (*fam. sing.*) (1); **te presento a...** I'd like to introduce you (*fam. sing.*) to . . . (1)
presente *n. m.* present (time); *gram.* present tense; *adj.* present, in attendance (13)
presidente/a president (5)
prestado/a loaned (14); **pedir (i, i) prestado/a** to borrow (14)
préstamo loan (13)
prestar to lend (14); **¿me presta(s)... ?** can you (*pol./fam. sing.*) lend me . . . ? (14)
presupuesto budget (14)
pretérito preterite
prevenir (*like* **venir**) to prevent (12)
primario/a primary, elementary; **escuela primaria** elementary school (15)
primavera spring (2)
primaveral spring-like
primer, primero/a first (3)
primo/a *n.* cousin (3); **materia prima** raw material (14)
principal main, principal
príncipe *m.* prince
principio beginning; **al principio** at the beginning (13)
prisa: tener (*irreg.*) **prisa** to be in a hurry (5)
prisionero/a prisoner
privado/a private
privar to deprive
privatización *f.* privatization (15)
privilegio privilege
probabilidad *f.* probability (12)
probable likely (14), probable; **es probable que** + *subj.* it's likely that . . . (14)
probablemente probably
probador *m.* fitting room (14)
probar (ue) to taste (9); **probarse** to try on (14); **pruébatelo/la/los/las** (*comm.*) try (*fam. sing.*) it/them on (14); **pruébeselo/ la/los/las** (*comm.*) try (*pol. sing.*) it/them on (14)
problema *m.* problem (6)
problemático/a problematic
procesión *f.* procession
producción *f.* production (15)
producido/a produced (11)
producir (*like* **conducir**) to produce (14)
producto product (9)
profe *m., f.* prof. (*shortened form of* ***profesor*[*a*]**) (15)
profesión *f.* profession (6)
profesional professional (10)
profesor(a) professor (B)
profundidad *f.* depth
profundo/a deep
programa *m.* program (2)
progresión *f.* progression
progreso progress
prohibido/a prohibited
prohibir (prohíbo) to prohibit
prolífico/a prolific
prolongar (gu) to prolong
promedio average
prometido/a fiancé(e) (13)
prometer to promise
promover (ue) to promote
promulgado/a enacted
pronombre *m.* pronoun
pronóstico forecast (11)
pronto soon (5); **tan pronto como** as soon as (15)
pronunciación *f.* pronunciation
propaganda propaganda (15)
propina tip; **dejar una propina** to leave a tip (9)

propio/a own (7)
proponer (*like* **poner**) (*p.p.* **propuesto**) to propose
prosperidad *f.* prosperity
protagonista *m., f.* protagonist
protección *f.* protection (15)
proteger (j) to protect (11)
protegido/a protected (15)
proteína protein (9)
protestar to protest
provecho: ¡buen provecho! bon appetit! (9)
proveer (y) (*p.p.* **proveído, provisto**) to provide (12)
provenir (*like* **venir**) to come from (*something*)
provincia province
provisión *f.* provision
proximidad *f.* proximity
próximo/a next (4); **la próxima semana next week (4); el próximo año next year (4)**
proyecto project (7)
proyector *m.* projector (2)
prudencia caution, prudence
prueba test, quiz (15)
psicología psychology (6)
psicólogo/a psychologist (12)
psiquiatra *m., f.* psychiatrist (12)
público/a *adj.* public
publicar (qu) to publish (12)
publicación *f.* publication
públicamente publically (13)
publicidad *f.* publicity
publicitario/a *adj.* advertising
público *n.* public (7); audience, fan-base; **público/a** *adj.* public
pudín *m.* pudding; **pudín de pan** bread pudding (D.R.) (9)
pueblo town (7); people
puente *m.* bridge (11)
puerco pig
puerta door (2); **tocar (qu) a la puerta** to knock on the door (11)
puerto port
puertorriqueño/a *n., adj.* Puerto Rican (2)
pues well, then (6)
puesto market stall, small shop
puesto/a (*p.p. of* **poner**) placed; turned
pulgar *f.* thumb (12)
pulga flea (6)
pulmón *m.* lung (12)
pulsera bracelet (14)
pulso pulse (12)
puma *n. m.* puma, mountain lion
punta point, tip; **hora punta** rush hour
punto dot; point (1); **al punto** medium rare (9); **en punto** sharp (*time*) (3); **es a las once en punto** it's at eleven o'clock sharp (3); **punto de vista** point of view
puntualmente punctually
pupitre *m.* classroom desk (2)
pupusa *bean-stuffed cornmeal cakes (El Salvador)* (9)
puré (*m.*) **de papas** mashed potatoes (5)
puro/a pure (15)

Q

que that (2), who (2), which; than; **lo que** that which (4), what
¿qué? what; **¿de qué está(n) hecho/a(s)...?** what is/are . . . made of? (14); **¿en qué puedo servirle?** how may I help you (*pol. sing.*)? (14); **¿por qué?** why? (2); **¿qué dices?** what do you say? (B); **¿qué es?** what is it? (1); **¿qué hace él/ella por la mañana?** what does he/she do in the morning? (3); **¿qué hacen ellos/as por la tarde?** what does they do in the afternoon? (3); **¿qué haces (tú) / hace usted todos los días?** what do you (*fam. sing.*) / (*form., sing.*) do every day? (3); **¿qué hora es?** what time is it? (3); **¿qué le pasó?** what happened to you (*pol. sing.*)? (8); **¿qué onda?** what's new?, what's up?; **¿qué ropa lleva?** what is he/she wearing? (B); **¿qué ropa llevas tú?** what are you (*fam. sing.*) wearing? (B); **¿qué tal?** how's it going?, what's up? (1); **¿qué talla lleva/usa?** what size do you (*sing. pol.*) take/wear? (14); **¿qué le gusta hacer?** what do you (*pol. sing.*) / does he/she like to do? (2); **¿qué te gusta hacer?** what do you (*fam. sing.*) like to do? (2); **¿qué te pasa?** what's wrong with you (*fam. sing.*)?; **¿qué te pasó?** what happened to you (*fam. sing.*)? (8); **¿qué tiempo hace?** what is the weather like? (3)
¡qué! what!; **¡qué** (+ *adj.*)**!** how . . . ! (8); **¡qué** + *noun* + **más/tan** + *adj.***!** what a + *adj.* + *noun*! (11); **¡qué aburrido!** how boring! (4); **¡qué bien!** *that's great!* (5); **¡qué buena idea!** what a good idea! (4); **¡qué divertido!** what fun! (4); **¡qué envidia!** ***I'm so envious! how lucky!*** (8); **¡qué ganga!** what a bargain! (14); **¡qué lástima que** + *subj.* it's too bad that . . . (15); **¡qué mentiroso/a!** what a liar!; **¡qué ocurrencia!** what a silly idea! (5); **¡qué susto!** how scary! (8); **¡qué tiempos aquellos!** those were the days! (10); **¡qué triste que** + *subj.* how sad that . . . (15); **¡qué vergüenza!** how embarrassing! (8)
quechua Quechua/Quichua (*language*)
quedar(se) to remain; **quedar embarazada** to become pregnant (15); **quedarse** to stay (5), to be left (behind) (12)
quehacer (*m.*) **doméstico** household chore (7)
quejarse to complain (8)
quemadura burn
querer *irreg.* to want (4); to love (5); **cuando tú quieras / usted quiera** whenever you (*fam./pol. sing.*) want (15); **quererse** to love each other (13)
querido/a dear; sweetheart (9); **ser** (*m.*) **querido** loved one (15)
queso cheese (5)
quetzal *m.* quetzal (*national currency of Guat.*) (14); quetzal, *colorful bird native to southern Mex. and C. A.* (15)
quiché *m. sing. language of the department of Quiché* (*Guatemala*); *pl. people of Quiché*
quichua Quechua/Quichua (*language*)
quién who: **¿de quién es? / ¿de quién son?** whose ***is it / whose are they?*** (3); **¿de quién(es)?** whose?
química chemistry (6)
químico/a chemical (9)
quince fifteen (B)
quinceañero/a fifteen-year old
quinientos/as five hundred (2)
quinto/a fifth (4)
quitarse (la ropa) to take (clothes) off (4)
quizá(s) perhaps ***(5)***

R

rábano radish (9)
rabia: dar (*irreg.*) **rabia** to make angry (15)
radiación *f.* radiation (15)
radio *f.* radio (*medium*) (15); **emisora de radio** radio station
radiografía *n.* X-ray
raíz (*pl.* **raíces**) root
rallar to grate (9)
Ramadán *m.* Ramadan (5)
rana frog
ranchero/o: huevos rancheros *fried eggs served on corn tortilla and smothered with salsa (Mex.) (9)*
rap: música rap rap music (2)
rapero/a rapper (*music*)
rápidamente quickly, rapidly (4)
rápido/a fast (2); **comida rápida** fast food (2)
ráquetbol *m.* **jugar (ue)** ***al*** **ráquetbol** to play racketball (7)
raro/a strange (2); **raras veces** rarely (5)
rascar(se) (qu) to scratch (12)
rasgo characteristic
rastrillo open-air market (*Sp.*)
rastro trail, track; open-air market (*Sp.*)
rasuradora electric razor
rata stingy (*coll.*)
ratito little while, short time

ratón *m.* mouse
raviolis *m. pl.* ravioli
rayas: de rayas striped (14)
rayuela hopscotch; **jugar (ue) (gu) a la rayuela** to play hopscotch (10)
razón *f.* reason; **¡con razón!** no wonder! (13); **tener** (*irreg.*) **razón** to be right (12)
razonable reasonable
reacción *f.* reaction (4)
reaccionar to react (8)
reaccionario/a reactionary
reactor (*m.*) **(nuclear)** (nuclear) reactor (15)
realidad *f.* reality; **hacer (*algo*) realidad** to make (*something*) a reality / come true (15)
realismo realism
realista *adj.* realistic
realizar (c) to achieve; to carry out (13)
realmente really, in fact
rebajado/a reduced (14)
rebajar to lower a price
rebanada slice (9)
rebozo shawl
recámara bedroom (*Mex.*)
recepción *f.* hotel front desk (11)
recepcionista *m., f.* receptionist
receta recipe (9); prescription (12); **surtir una receta** to fill a prescription (12)
recetar to prescribe (12)
rechazar (c) to reject
rechazo rejection
recibir to receive (5); **recibir una multa** receive a traffic ticket (8)
recibo receipt
reciclaje *m.* recycling (15)
reciclar to recycle (15)
recién recent; **recién casados** *pl.* newlyweds (13); **recién nacido/a** newborn baby boy/ girl (13)
reciente recent (7)
recientemente recently (13)
recipiente *m.* container
reclamacion *f.* complaint; **hacer** (*irreg.*) **una reclamación** to file a claim (11)
recoger (recojo) to pick up (3)
recolección *f.* recollection
recomendación *f.* recommendation (12)
recomendar (ie) to recommend (9)
reconocido/a recognized
recordar (ue) to remember (5)
recorrer to tour, travel across
recreativo/a recreational (15)
recreo recess (10); **patio de recreo** playground (10)
rectangular rectangular (14)
rectángulo rectangle
recto/a straight
recuerdo memory (8)
recuperar to recover (12)
recurrir to turn to
recurso resource
red *f.* net (15); **redes sociales** social media (10)
redondo/a round
reducción *f.* reduction (15)
reducir (*like* **conducir**) to reduce (15)
reembolso refund
reemplazar (c) to replace
referirse to refer to
reflejar to reflect (15)
reflexivo/a reflexive
reforestar to reforest
reforma reform
refrán *m.* saying
refresco soft drink (4)
refri *m.* fridge
refrigerador *m.* refrigerator (7)
refrigeradora refrigerator
regadera shower
regalar to give as a gift
regalo present, gift (4)
regañar to scold (13)
regar (ie) (gu) to water (7)
regatear to bargain (14)
regateo bargaining (14)
régimen *m.* (*pl.* **regímenes**) regime; diet
región *f.* region (2)
regla rule
regresar to return; to come back (3); **regresar a casa** return home (3)
regreso return (8)
regular: estoy regular I'm OK (1)
regularmente regularly (12)
rehabilitación *f.* rehabilitation
reino kingdom
reír (i, i) (río) to laugh
relación *f.* relation (10)
relacionado/a related
relajación *f.* relaxation
relajarse to relax (4)
relámpago lightning (11)
relato *short story, tale*
religión *f.* religion
religioso/a religious (5)
rellenar to stuff
relleno *n.* filling, stuffing, dressing (5); *adj.* **relleno/a** stuffed; **chile** (*m.*) **relleno** stuffed pepper (*Mex.*) (9); **pavo relleno** (stuffed) turkey (5)
reloj *m.* clock (1); wrist watch (1)
remal very bad
remediar to remedy
remedio remedy (12)
remera T-shirt (*Arg.*)
remesa remittance
remis *m.* taxi (*Arg.*)
remos: bote (*m.*) **de remos** rowboat (11)
remoto/a remote
remunerado/a paid
rencor *m.* resentment
renovable renewable (15); **energía renovable** renewable energy (15)
reparación *f.* repair
reparar to repair (4)
repasar to review
repaso *n.* review (1)
repeler to repel
repente: de repente suddenly (8)
repertorio repertoire
repetir (i, i) to repeat
reposar: dejar reposar to let sit (9)
representación *f.* representation
representar to represent (5)
representativo/a representative
reproductor: aparato (sistema *m.***) reproductor** reproductive system (12)
reptil *m.* reptile (15)
república republic; **República Dominicana** Dominican Republic (2); **República de Sudáfrica** South Africa
republicano/a *adj.* Republican
requerido/a required (15)
requerir (ie, i) to require (15)
requisito requirement
res: carne (*f.*) **de res** beef (9)
resbalarse to slip (12)
resentido/a resentful
reserva reservation; preserve (15); **reserva natural** nature preserve (15)
reservación *f.* reservation (9)
resfriado *n.* cold (12)
resfrío *n.* cold (12)
residencia home, residence; **residencia estudiantil** dormitory (6)
residencial residential
residente *m., f.* resident
residir to reside (15)
resistencia resistance
resistente resistant (14)
resistir to resist
resolver (ue) (*p.p.* **resuelto**) to resolve (6)
respetar to respect (15)
respeto respect
respirar to breathe (12)
responder to answer; to respond; **responde** respond; answer (*fam. sing. comm.*) (2)
responsabilidad *f.* responsibility (6)
responsable responsible (8)
respuesta answer (B)
restaurante *m.* restaurant (2); **comer en restaurantes** to eat out (2)
resto rest; *pl.* remains

restricción *f.* restriction (15)
resucitar to resuscitate (12)
resultado result (12)
resumen *m.* summary
resurrección *f.* resurrection
retener (*like* **tener**) to retain
retirarse to withdraw
retrato portrait (6)
retrovisor: espejo retrovisor rearview mirror (11)
reunión *f.* reunion (5)
reunirse (me reúno) to get together (5)
reusable reusable (15)
revelar to reveal
revisar to review; to check, to inspect (11)
revista magazine (4)
revolución *f.* revolution (8)
revolucionario/a revolutionary
revuelto (*p.p. of* **revolver**): **huevos revueltos** scrambled eggs (5)
rey *m.* king; **Día** (*m.*) **de los Reyes Magos** Epiphany, (Visit of the Magi) (5); **Reyes Magos** Wise Men, Magi (5)
riachuelo stream
rico/a rich; tasty (5)
rígido/a rigid
rima rhyme
rincón *m.* corner (*of a room*)
riñón *m.* kidney (12)
río river (4)
riqueza wealth
riquísimo/a delicious
risa laughter
risueño/a smiling
rítmico/a rhythmic
ritmo rhythm
ritual *m.* ritual (13)
rizado/a curly (1)
robo robbery
robusto/a robust
rocío dew (11)
rock *n. m., adj.* rock (*music*); **música rock** rock music (2)
rodaja slice (9)
rodar (ue) to roll
rodeado/a surrounded (11)
rodilla knee (12)
rojo/a red (B)
románico/a romance
romano/a *adj.* Roman (8)
romería procession
romero rosemary
romper(se) (*p.p.* **roto**) to break (12)
roncha bump; swelling (12)
ropa clothing (B); **cambiarse de ropa** to change clothes (8); **ponerse** (*irreg.*) **(la ropa)** to put on (clothes) (4); **prenda de ropa** garment, piece of clothing (14); **ropa interior** underwear (14); **¿qué ropa lleva?** what is he/she wearing? (B); **¿qué ropa llevan?** what are they / you (*pol. pl.*) wearing? (B); **¿qué ropa llevas tú?** what are you (*fam. sing.*) wearing? (B); **secar (qu) la ropa** to dry the clothes (7)
rosado/a pink (B)
roto/a (*p.p. of* **romper**) broken (12)
rotulador *m.* felt-tip pen
rubio/a blond (1)
rueda wheel (11); **mercado sobre ruedas** farmer's market (14)
ruido noise (8)
ruidoso/a noisy (6)
ruina ruin (8)
Rusia Russia (4)
ruso *n. m.* Russian (*language*) (4)
ruso/a *adj.* Russian (4)
ruta route
rutina routine; **rutina diaria** daily routine (4)

S

sábado Saturday (2); *pl.* **los sábados** (on) Saturdays (3)
sábana sheet
saber *irreg.* to know (6); **saber** (+ *inf.*) to know how to (*do something*) (6); **¡ya sé!** I know! (6)
sabiduría wisdom
sábila aloe vera (12); **loción** *f.* **(de sábila)** (aloe vera) lotion (12)
sabio/a wise (13)
sabor *m.* flavor
saborear savor
sabroso/a tasty (9)
sacar (qu) to take out; **sacar fotos** to take photos (7); **sacar la basura** to take out the trash (7); **saquen** take out (*pol. pl. comm.*) (B)
sacerdote *m.* priest
saco sports coat (14)
saeta *devotional song*
sagrado/a holy
sal *f.* salt (5); **agua** (*f. but* **el agua**) **con sal** salt water
sala living room (7); **sala de emergencias** emergency room (12); **sala de espera** waiting room (11)
salado/a salty, savory (5)
salchicha sausage (9)
salero salt shaker (9)
salida exit; department (11)
salir *irreg.* to go out (3); **salir a bailar** to go out dancing (2); **salir (a cenar)** to go out (to eat) **salir al mercado** to come out on the market (a product) (14); **salir de casa** to leave home (3); **salir de vacaciones** to go on vacation (4); **salir de viaje** to go on a trip (7); **salga(n)** leave (*pol. sing./pl. comm.*) (11)
salmón *m.* salmon (9)
salón (*m.*) **(de clase)** classroom (2)
salsa sauce (9); salsa (*dance*)
saltar to jump; **saltar la cuerda** to jump rope (10)
salud *f.* health (12); **¡salud!** cheers!; to your health! (9); bless you! (*said after a sneeze*) (12)
saludable healthy (5)
saludablemente *adv.* healthily
saludar to greet (3); **saluda** say hello, greet (*fam. sing. comm.*) (1)
saludo greeting (B)
salvadoreño/a *n., adj.* Salvadoran (2)
salvadoreñoamericano/a *n., adj.* Salvadoran American (2)
salvaje wild
salvar to save (*someone/something from . . .*) (15)
salvavidas *sing. m., f.* lifeguard
san saint (*used before masculine names except those that begin with* **Do-** *and* **To-**); **Día** (*m.*) **de San Valentín** Valentine's Day (5)
sandalias sandals (B)
sandía watermelon (9)
sándwich *m.* sandwich (3)
sanfermines *pl.* Festival of San Fermín (*where the famous running of the bulls takes place in Pamplona, Sp.*)
sangre *f.* blood (12)
sangría sangria
sanguíneo/a *adj.* blood
sano/a healthy
santería Santeria (*religion resulting from fusion of slave religion and Catholocism*)
santo/a saint; **Día** (*m.*) **de Todos los Santos** All Saints' Day; **día del santo** saint's day; **Santa Clós** Santa Claus (13); **Semana Santa** Holy Week (Easter Week) (5)
sarampión *m. sing.* measles (12)
sartén *m., f.* skillet (14)
satisfacción *f.* satisfaction (15)
satisfecho/a satisfied
saudí, saudita Saudi (Arabian)
saya smock
secador *m.* hair dryer (4); **secador de pelo** hair dryer (7)
secadora clothes dryer (7)
secar (qu) to dry (6); **secar la ropa** to dry the clothes (7); **secarse** to dry off (4); **secarse el pelo** to dry one's hair (4)
sección *f.* section

seco/a dry (3)
secretario/a secretary
secreto *n.* secret
secuencia sequence (13)
secundario/a secondary; **escuela secundaria** high school
sed *f.* thirst; **tener** (*irreg.*) **sed** to be thirsty (5)
seda silk (14)
sede *f.* seat
seguir (i, i) (g) to follow (11); to continue; **siga(n)** keep going (*pol. sing./pl. comm.*) (11); follow (6) (*pol. sing./pl. comm.*)
según according to (3)
segundo/a second (4); **de segunda mano** secondhand (14); **humo de segunda mano** secondhand smoke (12)
seguramente surely, certainly (9)
seguridad *f.* security; **cinturón** (*m.*) **de seguridad** seatbelt (11)
seguro *n.* insurance; **seguro de auto** car insurance (11); **seguro médico** medical insurance (12)
seguro/a *adj.* safe (11, 15); **es seguro que** it's certain that . . . (14)
¿seguro/a? are you sure? (6)
seis six (B)
seiscientos/as six hundred (2)
selección *f.* selection
seleccionar to select (9)
selva jungle (8)
selvático/a *adj.* forest
semáforo traffic light (11)
semana week (2); **a la semana** per week (12) **fin** (*m.*) **de semana** weekend (2); **la semana pasada** last week (7); **la próxima semana** next week (4); **Semana Santa** Holy Week (Easter Week) (5)
sembrar (ie) to plant (15)
semejante similar (B)
semestre *m.* semester (6)
semilla seed (9); **semilla de marañón** cashew nut
sencillo/a simple
senderismo backpacking, hiking; **hacer** (*irreg.*) **senderismo** to hike, to backpack (3)
sensacional sensational
sentado/a seated (13)
sentarse (ie) to sit (down) (8); **siéntense** sit down (*pol. pl. comm.*) (B)
sentencia ruling, judgment (6)
sentido *n.* meaning
sentir(se) (ie, i) to feel (12); **lo siento** I'm sorry (6)
señal *f.* sign ; **(la señal de) tránsito** traffic (sign) (11)
señalar to signal
señor man; Mr. (1)
señorita young lady; Miss (1)
señora woman; Mrs. (1)
separar to separate (13)
séptico/a septic
septiembre *m.* September (2)
séptimo/a seventh (4)
sequía drought (15)
ser *m.* being; **ser humano** human being (15); **ser querido** loved one (15)
ser *irreg.* to be (1); **¿a qué hora (es)... ?** at what time (is it) . . . ? (3); **¿de dónde es/son?** where is he/she (are you [*pol. sing.*]) / are they/you (*pol. pl.*) from? . . . (2); **¿de dónde eres tú / es usted?** where are you (*fam./pol. sing.*) from? (2); **es...** he/she is . . .; you (*pol. sing.*) are (1); **es a las once (en punto)** it's at eleven o'clock (sharp) (3); **es a la una y media** it's at one thirty (3); **es/son de...** he/she is (you [*pol. sing.*] are) / they/ you (*pol. pl.*) are from . . . (2); **es dudoso que** + *subj.* it's doubtful that . . . (14); **es (im)posible que** + *subj.* it's (im)possible that . . . (14); **es (im)probable que** + *subj.* it's (un)likely that . . . (14); **es indudable que** + *ind.* there's no doubt that . . . (14); **es la una y media** it's one thirty (3); **es necesario...** (+ *inf.*) it's necessary to (*do something*) (6); **es seguro que** it's certain that . . . (14); **es una lástima que** + *subj.* it's too bad that . . . (14); **es verdad que** + *ind.* it's true that . . . (14); **fue** he/she was, you (*pol. sing.*) were (8); **fui** I was (8); **fuiste** you (*fam. sing.*) were (8); **no soy... ni...** I am not/neither . . . nor . . . (1); **¿qué es?** what is it? (1); **ser** listo/a to be smart, clever; **son** they/you (*pol. pl.*) are (1) **son las nueve menos cuarto** it's eight forty-five / (a) quarter to eight (3); **soy** I am (B); **soy de...** I am from . . . (2)
serie *f. sing.* series (3); **mirar series en maratón** to bing watch (2)
serio/a serious (1)
serpiente *f.* snake
serrano: jamón (*m.*) **serrano** cured ham
servicio service (2)
servidor (*m.*) **de correo** e-mail server (15)
servilleta napkin (9)
servir (i, i) to serve (6); **¿en qué puedo servirle?** how may I help you? (14); **¿para qué sirve(n)?** what is it (are they) used for? (7)
sesenta sixty (1)
sesión *f.* session
setecientos/as seven hundred (2)
setenta seventy (1)
severo/a severe (12)
sevillano/a *adj.* Sevillian; **sevillana** *n.* *typical Sevillian dance*
sexo sex
sexto/a sixth (4)
sexual sexual (15); **discriminación** (*f.*) **sexual** sexual discrimination
si if (2); **si hubiera...** if there were . . . (15)
sí yes (B); **¡yo sí!** I do! (5)
SIDA *m. sing.* AIDS (15)
siempre always (3)
sierra mountains, mountain range (8)
siesta nap; **tomar una siesta** to take a nap (3)
siete seven (B)
significativo/a significant
siguiente following (4); **al día** (*m.*) **siguiente** the next day, the following day (5)
silla chair (2)
sillón *m.* easy chair (7)
simbólico/a symbolic
símbolo symbol
similar similar (8)
simpático/a nice (1)
simple simple (2)
sin without (1); **sin embargo** however; **sin que** without (15)
sinagoga synagogue
sincero/a sincere (1)
sino but (rather), instead
sintético/a synthetic (14)
síntoma *m.* symptom (12)
Siria Syria
sirio/a Syrian
sistema *m.* system; **aparato (sistema** *m.***) reproductor** reproductive system (12)
sitio site, place, location (8); **sitio Web** web site (6)
situación *f.* situation (4)
snowboard: hacer (*irreg.*) **snowboard** to snowboard (3)
sobre about (1); over, above (8); on (12), on top of; **sobre todo** above all; especially
sobrenombre nickname (13)
sobrepoblación *f.* overpopulation (15)
sobresalir (*like* **salir**) to project
sobreviviente *m., f.* survivor
sobrevivir to survive
sobrino/a nephew/niece (3)
socavón *m.* (*pl.* **socavones**) hole
social social (6); **bienestar** (*m.*) **social** social welfare (15); **ciencias sociales** social sciences (6); **red** (*f.*) **social** social network (15); **trabajador(a) social** social worker (6)
socialista *adj.* socialist
sociedad *f.* society (10)
sociología sociolo
socorrista *m., f.* paramedic, emergency responder (12)
¡socorro! help! (12)

sofá *m.* sofa (7)
sofá-cama *m.* sofa bed
sol *m.* sun; *national currency of Peru;* **gafas de sol** sunglasses (14); **hace sol** it's sunny (3); **lentes** (*m.*) **de sol** sunglasses (1); **tomar el sol** to sunbathe (3)
solamente only (5)
solar solar (15); **panel** (*m.*) **solar** solar panel (15)
soldadera *woman soldier of the Mexican Revolution*
soldado, mujer (*f.*) **soldado** soldier
soleado/a sunny (11)
soledad *f.* solitude
soler (ue) (+ *inf.*) to be accustomed to (*doing something*)
sólido/a solid
solo *adv.* only (6)
solo/a alone (5)
solsticio solstice
soltar (ue) to release
soltero/a single, unmarried (3); **¿eres / es soltero/a?** are you (*fam./ pol. sing.*) single, unmarried? (3)
solución *f.* solution (13)
sombra shadow
sombrero hat (1)
sonar (ue) to sound, to ring (10)
sonido sound
sonoro/a resonant; **cine** (*m.*) **sonoro** talking film
sonreír (i, i) (sonrío) to smile (5)
soñar (ue) (con) to dream (about); **soñar (despierto/a)** to (day)dream (day) dream (5)
sopa soup (5); **sopa paraguaya** *creamy dish similar to cornbread* (*Par.*) (9)
sorprender to surprise; **sorprenderse** to be/get surprised (9)
sorprendente surprising
sorpresa surprise
sorteo raffle, drawing
sos *sub. pron.* you (*fam. sing.*) (*Arg., C.R., Guat., Uru.*)
sospechoso/a *n.* suspect
sostén *m.* bra (14)
sostenible sustainable
sótano basement (7)
soviético/a Soviet
su(s) *poss.* his/her (*sing.*), their (*pl.*) (1); your (*sing./pl. pol.*); their (3)
suave soft
subibaja *m.* seesaw; **montar en el subibaja** to ride the seesaw (10)
subida incline, ascent
subir to go up; to climb (8); to upload (4); **suba(n)** (*comm.*) get on, climb up (*pol. sing./pl.*) (11); **subir fotos** to upload pictures (4); **subirse a los árboles** to climb trees (10)
subjuntivo *gram.* subjunctive
subrayado/a underlined
subte *m.* subway
subterráneo/a underground (11)
suceder to happen
suceso event, happening
sucio/a dirty (7)
sudadera sweatshirt (B)
sudado *n.* stew
Sudáfrica South Africa (4); **República de Sudáfrica** South Africa
sudafricano/a *n., adj.* South African (4)
Sudamérica South America (2)
sudamericano/a *adj.* South American
sudeste *m.* southeast; *adj.* southeastern
suegro/a father-in-law/ mother-in-law (10)
sueldo (mínimo) (minimum) wage, salary (6)
suelo ground (12)
suelto/a loose
sueño dream (13); sleepiness; **tener** (*irreg.*) **sueño** to be sleepy (5)
suerte *f.* luck
suéter *m.* sweater (1)
suficiente sufficient (11)
sufrir to suffer (13)
sugerencia suggestion (11)
sugerir (ie, i) to suggest (12)
sulfúrico/a sulfuric
súper super (14)
superar to exceed
superficie *f.* surface (12)
supermercado supermarket (3)
superpoblación *f.* overpopulation
supervisor(a) supervisor
superviviente *m., f.* survivor
suponer (*like* **poner**) (*p.p.* **supuesto**) to suppose
supremo/a supreme
supuesto: ¡por supuesto! of course!
sur *m.* south (2); *adj.* southern
sureste *m.* southeast; *adj.* southeastern
surfeo: tabla de surfeo surfboard (14)
surfista *m., f.* surfer
surgir (j) to arise, emerge
surtir (una receta) to fill (a prescription) (12)
suspender to suspend
sustancia substance (12)
sustantivo noun (1)
susto fright; **¡qué susto!** how scary! (8)
suyo/a *poss.* your, of yours (*pol. sing., pl.*); his, of his; her, of hers; their, of theirs

T

tabaco tobacco
tabla table; graph; board (4); **tabla de surfeo** surfboard (14)
tablero bulletin board
tableta tablet (1)
tacaño/a stingy (1)
taco taco (5)
tacón: zapato de tacón alto high-heeled shoe (14)
taconeo heel stamping
tailandés, tailandesa *adj.* Thai
taita *m.* dad
tal such; such a; **con tal de que** as long as (15); **¿qué tal?** how's it going?, what's up? (1); **tal vez** perhaps (5)
tala *n.* cutting
talento talent
talentoso/a talented
talla size; **¿qué talla lleva/usa?** what size do you (*pol. sing.*) take/wear? (14)
tallado/a carved
taller *m.* workshop; **taller (de reparaciones)** (repair) shop (6)
tamal *m.* tamale (*dish of minced meat and red peppers rolled in cornmeal wrapped in corn husks or banana leaves*) (*Mex.*) (5)
tamaño size (7)
también also (1); **yo también** me too (4)
tambor *m.* drum
tamborrada drum procession
tampoco neither, not either (5)
tan so; **tan** + *adj.* so + *adj.* (12) **tan... como** as . . . as (7); **tan pronto como** as soon as (15)
tango tango (8)
tanto *adv.* so much; as much
tanto/a *adj.* so much; **tanto/a / tantos/ as... como** as much / as many . . . as (7)
tapa hors d'oeuvres (*Sp.*) (9)
tapado/a covered; **tener** (*irreg.*) **la nariz tapada** to have a stuffy nose (12)
taquería taco stand/restaurant (3)
taquillero/a box-office
tarde *adv.* late (3); **más tarde** later (3); **se me/nos está haciendo tarde** it is getting late for me/us (13); **ya es tarde** it's already late (3)
tarde *n. f.* afternoon; **buenas tardes** good afternoon (B); **de la tarde** in the afternoon (3); **por la tarde** in the afternoon (2); **por las tardes** in the afternoons (10); **toda la tarde** all afternoon long (7)
tarea homework (3)
tarjeta card (5); **tarjeta de crédito** credit card (9); **tarjeta de débito** debit card (11)

tarro jar (9)
tasa de desempleo/natalidad unemployment/birth rate (15)
tatuaje *m.* tatoo (13)
taza cup (9)
tazón *m.* bowl, mixing bowl (9)
te *ind. obj.* to/for you (*fam. sing.*) (6)
té *m.* tea (5); **té caliente** hot tea (9); **té de menta/yerbabuena** peppermint/ spearmint tea (12)
té helado iced tea (9)
teatral *adj.* theater
teatro theater (2); **obra de teatro** play; **ir** (*irreg.*) **al teatro** to go to the theater (2)
techo ceiling; roof (7)
teclado keyboard (15)
técnica *n.* technique
tecnología technology (13)
tejer to weave
tela cloth, fabric (14)
telar *m.* loom
tele *f.* television
teleférico cable car
telefónico/a *adj.* telephone; **llamada telefónica** telephone call (13)
teléfono telephone (2); **por teléfono** on the phone (3)
telenovela soap opera
televisión *f.* television; **ver** (*irreg.*) **televisión** to watch television (2)
televisor *m.* television (set) (7)
tema *m.* topic; theme
temperamental temperamental (1)
temperatura temperature (3)
templado/a mild, temperate (15)
templo temple
temporada season; sports season
temprano early (4)
tendedero clothesline
tender (ie) la cama to make the bed (7)
tenedor *m.* fork (9)
tener *irreg.* to have (2); **tener ... años** to be . . . years old (2); **tener buenas/ malas notas** to have good/bad grades (6); **tener calentura** to have a fever (12); **tener calor** to be hot (5); **tener catarro** to have a cold (12); **tener comezón** to have a rash, itch (12); **tener cuidado** to be careful (6); **tener diarrea** to have diarrhea; **tener dolor** (m.) **de cabeza/ estómago/garganta/muelas/oído** to have a(n) earache headache / stomachache / sore throat / toothache (12); **tener éxito** to be successful (12); **tener fiebre** to have a fever (12); **tener frío** to be cold (5); **tener ganas de** (+ *inf.*) to feel like (doing something) (4); **tener hambre** to be hungry (5); **tener la nariz congestionada/tapada** to have a stuffy nose (12); **tener miedo** to be afraid (5); **tener nauseas** to be nauseous (12); **tener prisa** to be in a hurry (5); **tener que** (+ *inf.*) to have to (do something) (6); **tener razón** to be right (12); **tener sed** to be thirsty (5); **tener sueño** to be sleepy (5); **tener vómitos** to be vomiting (12); **tengo ... años** I am . . . years old (2); **tiene** he/ she has (1) / you (*pol. sing.*) have (1); **tiene... años** he/she is (*you* [*pol. sing.*] are) . . . years old; **tienen... años** they/ you (*pol. sing.*) are . . . years old; **tiene buen precio** that's a good price (1); **tiene el pelo...** his/her hair is . . . (he/ she has . . . hair) (1); **tienen** they have / you (*pol. pl.*) have (1); **tuve** I had (8); **tuviste** you (*fam. sing.*) had (8); **tuvo** you (*pol. sing.*) had (8)
tenis *m.* tennis (2); **jugar (ue) (gu) al tenis** to play tennis (2); **zapatos de** tenis tennis shoes (B)
tenista *m., f.* tennis player (10)
tentempié *m.* snack
teoría theory
tequio *indigenous labor collective system*
terapeuta *m., f.* therapist (6)
tercer, tercero/a third (4)
terma natural hot spring
termal thermal
terminal terminal (15)
terminar to finish (3); **casi termino** I am almost done (13)
término term
termómetro thermometer (12)
ternera veal (9)
ternura tenderness
terraza terrace (7)
terremoto earthquake
terreno plot of land (11)
terrestre earthly
territorio territory
terrorismo terrorism (15)
tesoro treasure
testigo *m., f.* witness (12)
tetera teapot (7)
textear to text (2)
textil *adj., m.* textile
texto text; **libro de texto** textbook (2); **mensaje** (*m.*) **de texto** text message (13)
ti *obj. of prep.* you (*fam. sing.*)
tianguis *m.* street market
tibio/a (luke)warm (5)
tiempo time; weather (3); **a tiempo** on time (10); **¿cuánto (tiempo) hace que... ?** how long has it been since . . . ? (8); **hace buen/mal tiempo** the weather is nice/bad (3); **hace (mucho) tiempo que...** it's been a long time since . . . (8); **tiempo libre** free time; **pasar tiempo** to spend time (3); **¿qué tiempo hace?** what is the weather like? (3); **¡qué tiempos aquellos!** those were the days! (10)
tienda store (6); **tienda de ropa** clothing store (6)
tierno/a tender
tierra earth, land (11); soil; property; **Tierra** Earth
tijeras *pl.* scissors (14)
tímido/a shy (1)
tinto/a: vino tinto red wine (5)
tío/a uncle/aunt (3)
típicamente typically (5)
típico/a typical (3)
tipo type (2)
tirar to throw
tiras (*pl.*) **cómicas** comic strips
tiro: al tiro immediately
titularse to be called
tiza chalk (2)
tizate *m.* chalk
toalla towel (4)
tobillo ankle (12)
tocar (qu) to touch (12); to play (an instrument) (2); **tocar a la puerta** to knock on the door (11); **tocar la bocina** to sound (honk) the horn (11); **tocar la guitarra (el piano)** to play the guitar (the piano) (2)
tocino bacon (5)
todavía still (5); **todavía no** not yet
todo *n.* all; **sobre todo** above all, especially
todo/a(s) *adj.* **all** (1), every; *pl.* everyone; **a todo volumen** at full volume (6); **Día** (*m.*) **de Todos los Santos** All Saints' Day; **por (en) todas partes** everywhere (8); **por todas partes** everywhere (13); **todo el día** all day long (7); **todos los días** every day (2)
togoroz *m.* (*pl.* **togoroces**) national bird of El Salvador
toldo canopy
tolteca *adj.* Toltec
tomar to take (2); to drink (3); **toma / no tomes** take; drink / don't take; don't drink (*fam. sing.*) (13); **tomar apuntes** to take notes (2); **tomar café** to drink coffee (3); **tomar el sol** to sunbathe (3); **tomar fotos** to take pictures (6); **tomar una siesta** to take a nap (3); **tome(n)** take (*pol. sing./pl. comm.*) (11)
tomate *m.* tomato (5)
tonelada ton
tonto/a silly, foolish (1)
torcerse (ue) (z) to twist, to sprain (12)
tormenta storm (11)
tornado tornado (11)
toro bull

toronja grapefruit (9)
torre *f.* tower (8)
torta sandwich (*Mex.*)
tortilla tortilla (*thin bread made of cornmeal or flour*) (9); *omelet made of eggs, potatoes, and onions* (*Sp.*) (9)
tortillería tortilla store (14)
tortuga turtle (3)
tos *f. sing.* cough (12); **jarabe** (*m.*) **para la tos** cough syrup (12)
toser to cough (12)
tostada *crispy tortilla with toppings* (*Mex.*)
tostado/a: pan (*m.*) **tostado** toast (5); **pan** (*m.*) **tostado a la francesa** French toast (9)
tostadora toaster (7)
total total; **en total** altogether (3)
totopo tortilla chip (9)
totora bulrush, cattail
tóxico/a toxic (14)
toxina toxin (12)
trabajador(a) hard-working (1); **trabajador(a) social** social worker (6)
trabajar to work (3); trabaja (*fam. sing.*) work (3)
trabajo work, job (3); **compañero/a de trabajo** co-worker (6); **lugar** (*m.*) **de trabajo** workplace (6)
tradición *f.* tradition
tradicional traditional (5)
tradicionalmente traditionally
traducir (*like* **conducir**) to translate (8); **traduje** I translated (8); **tradujiste** you (*fam. sing.*) translated (8); **tradujo** he/she/you (*pol. sing.*) translated (8)
traer *irreg.* to bring (5)
tráfico traffic (11)
tragar (gu) to swallow (12)
trágico/a tragic
traje *m.* suit (1); **traje de baño** swim suit (14)
tranquilamente calmly (9)
tranquilidad *f.* peace
tranquilizante tranquilizing
tranquilo/a quiet; **¡tranquilo/a!** take it easy!, calm down! (5)
transbordo transfer, change (of train of plane) (11)
transformar to transform
transición *f.* transition
transitado/a busy
tránsito traffic (11)
translúcido/a translucent
transportar to transport (11)
transporte: medios (*pl.*) **de transporte** means of transportation; **transporte** (*m.*) **aéreo** air travel (11)
tranvía *m.* cable car, streetcar (11)
trapiche *m.* sugar mill
tras *prep.* after; **correr tras** run after (8); **ir tras** go after (8)
traste *m.* utensil
tratamiento treatment (12)
tratar to try; to treat (12); **tratar de** + *inf.* to try to (do *something*) (12); **tratarse de** to be about (15)
traumático/a traumatic
través: a través de across
travieso/a naughty, mischievous (10)
trece thirteen (B)
treinta thirty (B)
tren *m.* train (5)
tres three (B)
trescientos/as three hundred (2)
tribunal *m.* courtroom (6)
triciclo tricycle
trilogía trilogy
trimestre *m.* trimester (6)
trinidad *f.* trinity
triste sad; **estar** (*irreg.*) **triste** to be sad (5); **¡qué triste que** + *subj.* ... it's sad that . . . (15)
tristemente sadly
triunfalmente triumphantly
triunfar to triumph
trocito small piece (9)
tropezar (ie) (c) to trip (12)
tropical tropical (11)
trozo piece (5); slice (5); piece, chunk (9)
trueno thunder (11)
tu(s) *fam. sing., (pl.) poss.* your (B)
tú *sub. pron.* you (*fam. sing.*) (B); **¿y tú?** and you (*fam. sing.*)? (B)
tubería plumbing (6)
tumba grave; tomb (5)
tumbadora conga (*percussive instrument*)
turismo tourism (15)
turista *m., f.* tourist (4)
turno: cambiar de turno take turns; trade shifts (14)
tutear to address as **tú** (4)
tutor(a) tutor (6)
tuyo/a *poss.* yours (*fam. sing.*) (13)

U

u or (*used instead of* **o** *before words beginning with* **o** *or* **ho**)
ubicado/a located
ubicarse (qu) to be located
últimamente lately
último/a *n.* last (one) (6); **lo último** the latest (*item*) (14); **por último** lastly (3)
último/a *adj.* last
ultravioleta ultraviolet (15)
un, uno/a *indef. art.* a, an (B); one (B); **unos/as** *pl. indef. art.* some (B)
único/a *adj.* only; unique; **hijo/a único/a** only child (10)
unido/a united; unified; **Estados Unidos** United States (4)
unión *f.* union
unir to join (13)
universidad *f.* university (B)
universitario/a *adj.* university
universo universe
uno/a, unos/as (*see* **un**)
uña nail (12); **comerse las uñas** to bite one's nails (5)
urgente urgent (14)
urgir(le) (j) to be urgent (to someone) (15)
uruguayo/a *n., adj.* Uruguayan (2)
usar to use (4); **¿para qué se usa(n)...?** what is/are . . . used for? (12); **usa** use (*fam. sing. comm.*) (1); **usen** use (*pol. pl.*) (6)
uso use (14)
usted *sub. pron.* you (*pol sing.*) (1); *obj. of prep.* you (*pol. sing.*)
ustedes *sub. pron.* you (*pl.*) (1); *obj. of prep.* you (*pl.*)
usuario/a user; **nombre de usuario** user name (15)
utensilio utensil
útil useful (B)
utilizar (c) to utilize (11)
uva grape (9)

V

vacaciones *f. pl.* vacation; **ir** (*irreg.*) **de vacaciones** to go on vacation (2); **salir** (*irreg.*) **de vacaciones** to take a vacation
vacío/a empty
vacuna vaccine (11)
vainilla vanilla (9)
valenciano/a Valencian
Valentín: Día (*m.*) **de San Valentín** Valentine's Day (5);
valer *irreg.* to be worth (14); **¿cuánto vale(n)?** how much is it / are they (worth)? (14); **vale la pena** it's worth the trouble
valioso/a valuable (12)
valle *m.* valley (11)
valor *m.* value (12)
valorar to value (13)
vals *m. sing.* waltz
vanguardia vanguard
vaquero: botas de vaquero cowboy boots (1); **vaqueros** *pl.* jeans (B)
variante variant
variar (varío) to vary
varicela chicken pox

variación *f.* change
variedad *f.* variety (9)
varios/as various (4)
varón *m.* male infant, male child (13)
vasco *n.* Basque (*language*)
vasco/a *adj.* Basque
vaso drinking glass (5)
vasto/a vast
vecindad *f.* neighborhood
vecindario neighborhood (7)
vecino/a neighbor (7)
vegano/a vegan (9)
vegetación *f.* vegetation (11)
vegetal *m.* vegetable
vegetariano/a vegetarian (9)
vehículo vehicle (12)
veinte twenty (B)
veinticinco twenty-five (B)
veinticuatro twenty-four (B)
veintidós twenty-two (B)
veintinueve twenty-nine (B)
veintiocho twenty-eight (B)
veintiséis twenty-six (B)
veintisiete twenty-seven (B)
veintitrés twenty-three (B)
veintiuno twenty-one (B)
vela candle (5)
velero sailboat (11)
velocidad *f.* speed (8)
vena vein (12)
vencimiento expiration
vendaje *m.* bandage (12)
vendar to bandage (12)
vendedor(a) saleman/salewoman (14)
vender to sell (6)
venezolano/a *n., adj.* Venezuelan (2)
venganza revenge
venir *irreg.* to come (6)
venta sale (14)
ventaja advantage (7)
ventana window (2)
ventanal *m.* large window
ventilador *m.* fan (7)
ver *irreg.* to watch; to see (2); **a ver...** let's see . . . (14); **gusto de verte** nice to see you (*fam. sing.*) (1); **nos vemos** see you later (1); **vamos a vernos** we will see each other (5); **ver deportes** to watch sports (2); **ver muñequitos** to watch cartoons (10); **ver películas** to watch movies (3); **ver televisión/videos** to watch television/videos (2); **verse** to see each other (10); **vi** I saw (8); **viste** you (*fam. sing.*) saw (8); **vio** he/she/you (*pol. sing.*) saw (8)
verano summer (2)
veras: ¿de veras? really? (8)
verbo verb (B)
verdad *f.* truth; **es verdad que** + *ind.* it's true that . . . (14); **¿verdad?** right?; is that true? (10)
verde green (B)
verdura vegetable; **las verduras** vegetables (5)
versión *f.* version (14)
verso verse (10)
vertebral spinal
verter (ie) to shed; to pour
vestido dress (B)
vestir (i, i) to dress; **vestirse** to get dressed (4); **me visto** I get dressed (4); **prenda de vestir** article of clothing (14); **se viste** he/she gets dressed, you (*pol. sing.*) get dressed (4)
veterinario/a veterinarian (6)
vez *f.* (*pl.* **veces**) time; **a veces** sometimes (3); **¿cuántas veces?** how many times? (3); **de vez en cuando** once in a while (3); **en vez de** instead of (13); **muchas veces** many times; much of the time (10); **otra vez** once more (8); **raras veces** rarely (5)
vía: en vías de desarrollo developing; in the process of developing; **país** (*m.*) **en vías de desarrollo** developing country (14)
viajar to travel (2); **viajar por el mundo** to travel the world (10)
viaje *m.* trip (7); **hacer** (*irreg.*) **un viaje** to make a trip (8); **salir** (*irreg.*) **de viaje** to go on a trip (7), while traveling (11)
viajero/a traveler
vibrante vibrant
victoria victory
victorioso/a victorious
vida life (3)
videojuegos: jugar (ue) (gu) (a) videojuegos to play videogames (3)
video: ver (*irreg.*) **videos** to watch videos (2)
videoteca video collection (6)
vidrio glass; **fibra de vidrio** fiberglass (14); **fuente** (*f.*) **de vidrio** glass serving dish (9)
viejo/a old (1)
viento wind; **hace viento** it's windy (3)
vientre *m.* belly
viernes *m. sing.* Friday (2); *pl.* **los viernes** (on) Fridays (3)
Vietnam Vietnam
vietnamita *n. m.* Vietnamese (*language*)
vietnamita *adj. m., f.* Vietnamese
vigilar to keep watch on
vikingo/a *adj.* Viking
vínculo bond, tie
vino (tinto) (red) wine (5)
violentamente violently (13)
virtud *f.* virtue
virus *m.* virus (15)
visa visa (11)
visado visa (11)
visibilidad *f.* visibility
visigodo/a *n.* Voisigoth
visigótico/a Visigothic
visita visit (11); guest (13)
visitante *m., f.* visitor
visitar to visit (4)
vista view; **punto de vista** point of view
visto/a (*p.p. of* **ver**) seen
visual: contaminación (*f.*) **visutal** visual pollution
vitae: currículum vitae curriculum vitae, CV, resume
vital lively
vitamina vitamin (5)
viudo/a widowed (4)
vivero nursery
vivienda housing (15)
vivir to live (4); **¿dónde vives?** where do you (*fam. sing.*) live? (4); **¡viva... !** long live . . . !; **vivo en...** I live at . . . (4)
vivo/a alive; energetic (13)
vocabulario vocabulary (B)
vocalista *m., f.* singer
volante *m.* steering wheel (11)
volar (ue) to fly; **volar cometa(s)/papalote(s)** to fly a kite/kites (10)
volcán *m.* volcano
voleibol *m.* volleyball
volumen *m.* volume; **a todo volumen** at full volume (6)
voluntario/a volunteer
volver (ue) (*p.p.* **vuelto**) to come back (5); **volverse loco/a** to go crazy (12)
vómitos: tener (*irreg.*) **vómitos** to be vomiting (12)
vos *sub. pron.* you (*fam. sing.*) (*Arg., Guat., Uru.*)
vosotros/as *sub. pron.* you (*fam. pl.*) (*Sp.*) (1); *obj. of prep.* (*fam. pl.*) (*Sp.*)
votar to vote (15)
voto vote
voz *f.* (*pl.* **voces**) voice; **en voz alta** aloud, out loud (6)
vuelo flight (5); **asistente** (*m., f.*) **de vuelo** flight attendant (11)
vuelto (*p.p. of* **volver)**
vuestro/a, vuestros/as your (*fam. sing., pl.*) (*Sp.*) (3)

Y

y and (B); **y cuarto** quarter after (3); **y media** half past (3); **¿y tú?** and you (*pol./fam. sing.*)? (B)
ya already; **ya me voy** I'm going/leaving now (13); **ya no** no longer (10); **¡ya sé!** I know! (6)

yate *m.* yacht (11)

yerbabuena spearmint; **té** (*m.*) **de yerbabuena** spearmint tea (12)

yerbería *shop that sells herbs and other medicinal plants*

yerno son-in-law (10)

yeso cast (12)

yo *sub. pron.* I (B); **yo no** not me, not I (4); **¡yo no!** I don't! (5); **¡yo sí!** I do! (5); **yo también** me too (4)

yoga yoga (3)

yogur *m.* yogurt (5)

yuca cassava, manioc; **yuca frita** fried cassava, manioc (*Cuba*) (9)

Z

zaguán *m.* entryway/vestibule/portico of a house (14) **venta de zaguan** garage sale

zanahoria carrot (9)

zanja ditch

zapatería shoe store (7)

zapatilla slipper (14)

zapato (de tenis) (tennis) shoe (B); **zapato de tacón alto** high-heeled shoe (14)

zapoteca *m., f.* Zapotec

zona zone (11)

zoológico zoo (10)

zueco clog (14)

zumo juice (*Sp.*)

Index

Note: Page numbers followed by "n" refer to notes at the bottom of the page.

O

P

U

V

W

Y

Z

MÉXICO, AMÉRICA CENTRAL Y EL CARIBE
ELEVACIÓN
METROS
PIES
3050
10000
1525
5000
610
2000
305
1000
152,5
500
0
0
0
250
500
750 MILLAS
0
250
500
750 KILÓMETROS
N
E
S
O
OCÉANO ATLÁNTICO
OCÉANO PACÍFICO
Golfo de México
MAR CARIBE
Golfo de California
Trópico de Cáncer
Ecuador
Río Misisipí
Río Grande
Baja California
Península de Yucatán
Canal de Panamá
SIERRA MADRE OCCIDENTAL
SIERRA MADRE ORIENTAL
SIERRA MADRE DEL SUR
ESTADOS UNIDOS
MÉXICO
GUATEMALA
BELICE
HONDURAS
EL SALVADOR
NICARAGUA
COSTA RICA
PANAMÁ
COLOMBIA
VENEZUELA
CUBA
BAHAMAS
JAMAICA
HAITÍ
REPÚBLICA DOMINICANA
PUERTO RICO
San Diego
Tijuana
Mexicali
Phoenix
Tucson
Nogales
Santa Fe
Albuquerque
El Paso
Ciudad Juárez
Hermosillo
Chihuahua
Dallas
Austin
San Antonio
Houston
Nuevo Laredo
Memphis
Nueva Orleáns
Mobile
Atlanta
San Agustín
Orlando
Tampa
Miami
Nassau
La Habana
Santiago de Cuba
Guantánamo
Kingston
Port-au-Prince
Santo Domingo
San Juan
Cabo San Lucas
Mazatlán
Durango
Monterrey
Guadalajara
Puerto Vallarta
Guanajuato
Cuernavaca
México, D.F.
Puebla
Veracruz
Acapulco
Oaxaca
Campeche
Mérida
Chichén Itzá
Cancún
Cozumel
Belmopan
Guatemala
San Salvador
Tegucigalpa
Managua
San José
Panamá
Barranquilla
Cartagena
Medellín
Cali
Bogotá
Maracaibo
Mérida
Caracas

AMÉRICA DEL SUR
NICARAGUA
MAR CARIBE
COSTA RICA
PANAMÁ
Barranquilla
Maracaibo
Caracas
Río Orinoco
VENEZUELA
Medellín
Bogotá
Cali
COLOMBIA
Georgetown
GUYANA
Paramaribo
Cayenne
GUAYANA FRANCESA
SURINAM
OCÉANO ATLÁNTICO
Quito
ECUADOR
Guayaquil
Ecuador
Manaos
Belén
Río Amazonas
CORDILLERA DE LOS ANDES
OCÉANO PACÍFICO
PERÚ
BRASIL
Recife
Lima
Machu Picchu
Cuzco
Lago Titicaca
BOLIVIA
Arequipa
La Paz
Sucre
Brasilia
PARAGUAY
Antofagasta
Sao Paulo
Asunción
Puerto Iguazú
Río de Janeiro
Trópico de Capricornio
CHILE
Río Paraná
Córdoba
Valparaíso
Rosario
Santiago
URUGUAY
OCÉANO ATLÁNTICO
ARGENTINA
Buenos Aires
Montevideo
Río de la Plata
Concepción
Bahía Blanca
San Carlos de Bariloche
OCÉANO PACÍFICO
Estrecho de Magallanes
Islas Malvinas
Punta Arenas
Tierra del Fuego
Cabo de Hornos
OCÉANO PACÍFICO
Isla Pinta
Isla Marchena
Isla San Salvador
Isla Santa Cruz
Isla Isabela
Isla San Cristóbal
Puerto Baquerizo Moreno
ISLAS GALÁPAGOS (ECUADOR)
0 100 MILLAS
0 100 KILÓMETROS
0 8 MILLAS
0 8 KILÓMETROS
Cabo Cummings
Hanga Roa
Mataveri
Cabo Sur
OCÉANO PACÍFICO
ISLA DE PASCUA (CHILE)
0 250 500 750 MILLAS
0 250 500 750 KILÓMETROS
ELEVACIÓN
METROS PIES
3050 10000
1525 5000
610 2000
305 1000
152,5 500
0 0

ESPAÑA
0 50 100 150 MILLAS
0 50 100 150 200 250 KILÓMETROS
ELEVACIÓN
METROS PIES
3050 10000
1525 5000
610 2000
305 1000
152,5 500
0 0
N E S O
OCÉANO ATLÁNTICO
MAR CANTÁBRICO
Bahía de Vizcaya
MAR MEDITERRÁNEO
FRANCIA
ANDORRA
PORTUGAL
MARRUECOS
ARGELIA
ÁFRICA
GALICIA
ASTURIAS
CANTABRIA
PAÍS VASCO
NAVARRA
LA RIOJA
CATALUÑA
ARAGÓN
CASTILLA Y LEÓN
MADRID
CASTILLA-LA MANCHA
COMUNIDAD VALENCIANA
MURCIA
EXTREMADURA
ANDALUCÍA
ISLAS BALEARES
LOS PIRINEOS
SIERRA DE GUADARRAMA
SIERRA NEVADA
Costa Brava
Costa Blanca
Costa del Sol
Estrecho de Gibraltar
Río Ebro
Río Duero
Río Tajo
Río Guadiana
Río Guadalquivir
La Coruña
Santiago de Compostela
Vigo
Oporto
Lisboa
Oviedo
León
Santander
Bilbao
San Sebastián
Pamplona
Logroño
Burgos
Valladolid
Zamora
Salamanca
Segovia
Ávila
El Escorial
Madrid
Guadalajara
Toledo
Cáceres
Mérida
Badajoz
Zaragoza
Lérida
Barcelona
Tarragona
Castellón
Valencia
Alicante
Murcia
Albacete
Ciudad Real
Córdoba
Jaén
Granada
Almería
Málaga
Sevilla
Huelva
Jerez de la Frontera
Cádiz
Gibraltar (R.U.)
Ceuta (Esp.)
Tánger
Melilla (Esp.)
Menorca
Mallorca
Palma
Ibiza
Formentera
CAMERÚN
GABÓN
Malabo
GUINEA ECUATORIAL
ISLAS CANARIAS
La Palma
Tenerife
Santa Cruz de Tenerife
Gomera
Hierro
Gran Canaria
Las Palmas de Gran Canaria
Lanzarote
Fuerteventura
0 50 100 MILLAS
0 50 100 KILÓMETROS

Frases útiles para la clase de español

No comprendo, profesor(a).
Perdón, no entendí. Repita, por favor.
Hable más despacio, por favor.

—¿En qué página estamos?
—Estamos en la página 38 (treinta y ocho).

—¿Es mi turno?
—Sí, es tu turno / No, no es tu turno.

—¿Cómo se dice *homework* en español?
—Se dice **tarea.**
—¿Y cómo se escribe?
—Se escribe te-a-ere-e-a.

—¿Qué quiere decir **cuaderno** en inglés?
—Quiere decir *notebook* o *workbook.*

—¿Me permite ir al baño? / ¿Puedo ir al baño?
—Claro. ¡Adelante!

¡(Buena) Suerte!
¡Vale!
¡Bienvenido/a(s)!
Pues…
Espera un momento.
Déjame pensar.
De acuerdo
Tiene(s) razón.

—¿Quién quiere empezar?
—Yo empiezo. / Empieza tú.

—¿Ya terminaron?
—Sí, profesor(a). / No, todavía no. / Ya casi.

—¿Tienen preguntas?
—Sí, profesor(a), tengo una pregunta.
—No, no tengo preguntas. ¡Gracias!

—¿Comprenden?
—Sí, profesor(a). / No, no comprendo.

Guía de referencia

Los números cardinales

0	cero	30	treinta
1	uno	31	treinta y un(o)
2	dos	32	treinta y dos
3	tres	40	cuarenta
4	cuatro	50	cincuenta
5	cinco	60	sesenta
6	seis	70	setenta
7	siete	80	ochenta
8	ocho	90	noventa
9	nueve	100	cien(to)
10	diez	200	doscientos/as
11	once	300	trescientos/a
12	doce	400	cuatrocientos/as
13	trece	500	quinientos/as
14	catorce	600	seiscientos/as
15	quince	700	setecientos/as
16	dieciséis	800	ochocientos/as
17	diecisiete	900	novecientos/as
18	dieciocho	1000	mil
19	diecinueve	2000	dos mil
20	veinte	1.000.000	un millón (de)
21	veintiún/veintiuno	2.000.000	dos millones (de)
22	veintidós		
23	veintitrés		

Los números ordinales

$1^{o}/1^{a}$ (1er)	primero/a (primer)	$6^{o}/6^{a}$	sexto/a
$2^{o}/2^{a}$	segundo/a	$7^{o}/7^{a}$	séptimo
$3^{o}/3^{a}$ (3^{r})	tercero/a (tercer)	$8^{o}/8^{a}$	octavo/a
$4^{o}/4^{a}$	cuarto/a	$9^{o}/9^{a}$	noveno/a
$5^{o}/5^{a}$	quinto/a	$10^{o}/10^{a}$	décimo/a
		$11^{o}/11^{a}$	undécimo/a
		$20^{o}/20^{a}$	vigésimo/a

Verbos regulares

Tiempos simples de indicativo y subjuntivo

Verbos **-ar: hablar**								
Infinitivo		habl + **ar**						
Gerundio		habl + **ando**						
Participio pasado		habl + **ado**						
Presente	habl	o	as	a	amos	áis	an
Imperfecto	habl	aba	abas	aba	ábamos	abais	aban
Pretérito	habl	é	aste	ó	amos	asteis	aron
Futuro	hablar	é	ás	á	emos	éis	án
Condicional	hablar	ía	ías	ía	íamos	íais	ían
Pres. subj.	habl	e	es	e	emos	éis	en
Imp. subj.	habl	ara	aras	ara	áramos	arais	aran

Verbos **-er: comer**							
Infinitivo		com + **er**					
Gerundio		com + **iendo**					
Participio pasado		com + **ido**					
Presente	com	o	es	e	emos	éis	en
Imperfecto	com	ía	ías	ía	íamos	íais	ían
Pretérito	com	í	iste	ió	imos	isteis	ieron
Futuro	comer	é	ás	á	emos	éis	án
Condicional	comer	ía	ías	ía	íamos	íais	ían
Pres. subj.	com	a	as	a	amos	áis	an
Imp. subj.	com	iera	ieras	iera	iéramos	ierais	ieran

Verbos **-ir: vivir**							
Infinitivo		viv + **ir**					
Gerundio		viv + **iendo**					
Participio pasado		viv + **ido**					
Presente	viv	o	es	e	imos	ís	en
Imperfecto	viv	ía	ías	ía	íamos	íais	ían
Pretérito	viv	í	iste	ió	imos	isteis	ieron
Futuro	vivir	é	ás	á	emos	éis	án
Condicional	vivir	ía	ías	ía	íamos	íais	ían
Pres. subj.	viv	a	as	a	amos	áis	an
Imp. subj.	viv	iera	ieras	iera	iéramos	ierais	ieran

El abecedario en español							
a	a	**h**	hache	**ñ**	eñe	**u**	u
b	be	**i**	i	**o**	o	**v**	uve
c	ce	**j**	jota	**p**	pe	**w**	uve doble
d	de	**k**	ka	**q**	cu	**x**	equis
e	e	**l**	ele	**r**	erre,* ere	**y**	ye,* i griega
f	efe	**m**	eme	**s**	ese	**z**	zeta
g	ge	**n**	ene	**t**	te		

*Official recommendation (2010) made by Real Academia Española (RAE).

Frases de cortesía y frases útiles

1. Por favor. / (Muchas) Gracias. / De nada.

2. —Mucho gusto.
—Igualmente. El gusto es mío. / Encantado/a.

3. Perdón.

4. Lo siento.

5. —Con (su) permiso.
—Sí, cómo no.

6. —¡Salud!
—Gracias.

7. ¡Cuidado!

8. ¡Auxilio! ¡Socorro!